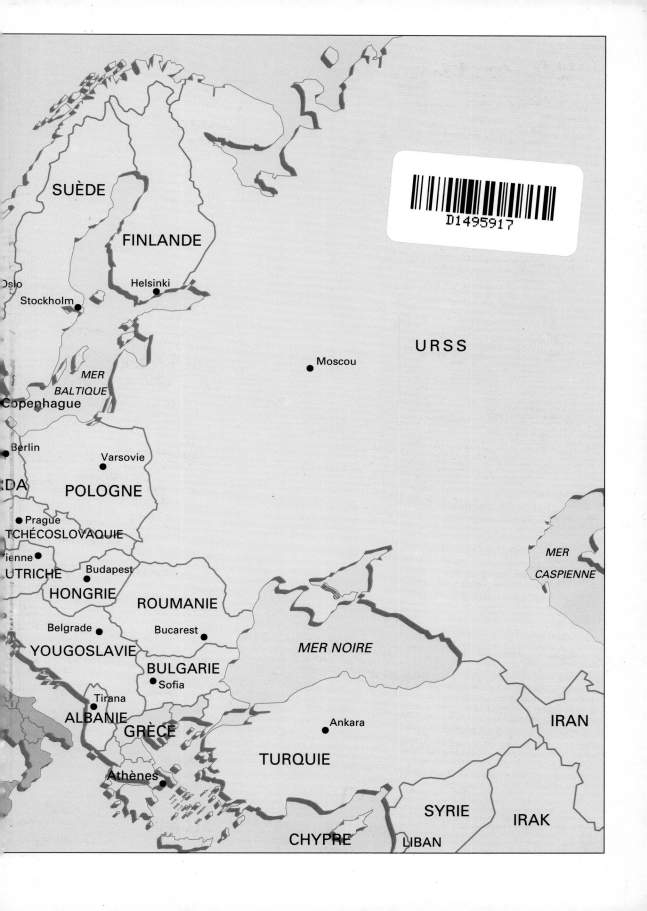

LE LIVRE DE L'EUROPE

ATLAS GÉOPOLITIQUE

Régis Bénichi
Agrégé d'histoire, professeur de classes préparatoires HEC,
maître de conférence à l'IEP, Paris.

Jean-Louis Mathieu
Agrégé de géographie, professeur de Première supérieure,
maître de conférence à l'IEP, Paris.

Alain Mesplier
Agrégé de géographie, professeur de Première supérieure,
conseiller au CEREC.

Marc Nouschi
Agrégé d'histoire, professeur de classes préparatoires HEC,
maître de conférence à l'IEP, Paris.

Guillaume Le Quintrec
Agrégé d'histoire, répétiteur à l'École normale supérieure,
maître de conférence à l'IEP, Paris.

Avec la collaboration de
Nicole Houstin
diplômé de l'École supérieure de cartographie,
directrice de la société CART.

Conception d'ensemble et direction : R. Bénichi et M. Nouschi.
Conception des cartes des parties 1 et 2 : J.-L. Mathieu.
Réalisation des cartes et graphes : N. Houstin.

Stock/Edition° 1

Introduction

Le désir de surmonter les divisions stériles entre des **peuples voisins, souvent nourris de la même culture, est en Europe une vieille idée.** Elle a, hélas, servi d'alibi à bien des conquérants avant de trouver au XIXe siècle des chantres prestigieux et visionnaires comme Giuseppe Mazzini, Friedrich Nietzsche ou Victor Hugo. Appelant de ses vœux les « États Unis d'Europe », Hugo attend de la République européenne un « immense arbitrage fraternel » ; il y voit le moyen et le lieu de la fraternité, de la liberté et de la propérité.

La marche vers l'unité est rendue plus urgente encore au XXe siècle par les déchaînements nationalistes et les ravages occasionnés par les guerres. Grandes puissances rayonnant sur le monde jusqu'en 1914, les nations européennes découvrent dans les années 20 que leur déclin est commencé. L'Europe devient ainsi pour ses nombreux défenseurs de l'époque, aux premiers rangs desquels figurent Richard Coudenhove-Kalergi et Aristide Briand, le moyen d'une réconciliation entre vainqueurs et vaincus de 1918 et le rempart indispensable contre la décadence accélérée par l'émiettement. Mais les rancœurs laissées par le traité de Versailles, la montée des dictatures et les réflexes égoïstes nourris par la crise économique ont réduit à néant les premières tentatives sérieuses de coopération européenne.

C'est, paradoxalement, la Seconde Guerre mondiale qui redonne toute sa force et son urgence au discours en faveur de l'union. L'espace européen est en effet, avec le Pacifique, la principale zone des combats. En 1945, les pays européens sont ruinés et ravagés par la guerre la plus meurtrière et la plus violente de l'histoire de l'humanité. Le déchaînement des forces nationalistes a accéléré le déclin de l'Occident annoncé dès la fin du premier conflit mondial par l'intelligentsia européenne. Conformément à l'analyse prémonitoire de Tocqueville, les deux géants, Russie soviétique et États-Unis d'Amérique, dominent la scène internationale et engagent dès lors un long duel pour délimiter et renforcer leurs zones d'influence réciproques. Transformée en champ clos de la guerre froide, l'Europe est bien vite écartelée par le « rideau de fer ».

Refusant la fatalité du déclin et de la division nationaliste, la « société des Européens » entreprend dès la fin des années 40 la création d'une communauté capable de redonner à chacun des États européens, vainqueur ou vaincu, une place égale dans le concert des nations et surtout destinée à rendre à l'Europe sa place dans le monde.

Incarné par quelques grandes figures comme Winston Churchill, Jean Monnet, Georges Bidault, Paul-Henri Spaak, Alcide de Gasperi, **le rêve européen est cependant jalonné d'embuches.** Unanimes pour souhaiter et organiser une coopération économique, commerciale ou culturelle, les pays européens se divisent et hésitent sur les grandes options. Quelle doit être l'attitude de la communauté européenne en construction face aux deux grands ? Quelle démarche choisir : une union qui respecte les souverainetés nationales ou une fédération qui conduise progressivement à la naissance d'un pouvoir européen ? Quelle dimension géographique donner à ce rassemblement ? Sur tous ces points-clés, l'histoire européenne est jalonnée de péripéties, d'espoirs et de reculs.

C'est le mérite de **Robert Schuman, de Jean Monnet et des six pays fondateurs de la CECA puis de la CEE que d'avoir su forcer le destin.** Avec ce laboratoire de la volonté européenne qu'est la CECA, les frontières évoluent déjà en lignes de contact. Avec l'aventure du Marché Commun, la solidarité économique et sociale entre les Six ouvre le chemin de la renaissance.

Approfondir l'union, élargir le cadre géographique en passant de Six à Douze, transférer des parcelles de souveraineté nationale aux institutions communes, construire une union monétaire, élaborer un véritable « espace social européen », **telles sont les ambitions affirmées au fil du temps par la Communauté.** Pour y parvenir, les partisans de l'Europe ont dû successivement affronter les résistances des États-nations, le poids des égoïsmes et le contexte de dépression économique des années 70 et 80.

Malgré ces vicissitudes, l'idée européenne dispose d'atouts déterminants : un espace favorable, des populations habiles, une culture commune des rives de l'Atlantique à celles de la mer Baltique, un niveau scientifique et technologique qui n'a d'équivalent qu'aux États-Unis ou au Japon... De plus, le rêve européen bénéficie d'une dynamique propre : pour les individus comme pour les États, il est évident que l'unification est le seul moyen pour atteindre cette « masse critique » sans laquelle il ne saurait y avoir d'action sur le destin du monde.

La réussite européenne est d'ailleurs spectaculaire et explique l'engouement croissant dont bénéficie la Communauté de même que la fascination qu'elle exerce aujourd'hui sur les pays d'Europe centrale.

Aujourd'hui, l'Europe est confrontée à de nouveaux défis : conformément aux engagements de l'Acte unique, il lui faut réaliser un authentique marché unifié d'ici 1993 en supprimant les obstacles règlementaires, fiscaux, techniques qui limitent encore la libre circulation des marchandises, des hommes et des capitaux dans l'espace européen. Elle doit aussi accueillir les peuples voisins d'Europe Centrale grisés par la liberté retrouvée en 1989 et les aider à reconstruire un ordre stable fondé sur les grands principes démocratiques. Elle se doit de maintenir une attitude d'ouverture dans le dialogue Nord/Sud, mais on attend aussi d'elle une réponse aux questions nouvelles nées de l'évènement : quelle attitude face à la perspective de réunification allemande, quelle aide aux pays qui abandonnent les références marxistes, quel soutien à la perestroïka, quelle politique de défense dans un monde où les affrontements bipolaires semblent enfin s'éloigner ?...

Les échéances sont proches, les attentes immenses, les chantiers monumentaux. Plus que jamais, l'Europe est ce « chemin qui marche » vers l'avenir.

SOMMAIRE

Belgique

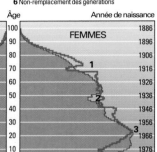

Âge — Année de naissance

HOMMES 1 / FEMMES 2

1886	100	1886
1896	90	1896
1906	80	1906
1916	70	1916
1926	60	1926
1936	50	1936
1946	40	1946
1956	30	1956
1966	20	1966
1976	10	1976
1986	0	1986

% 0,9 0,8 0,7 0,6 0,5 0,4 0,3 0,2 0,1 0   0 0,1 0,2 0,3 0,4 0,5 0,6 0,7 0,8 0,9 %

1 Pertes militaires de la guerre 1914-1918
2 Déficit des naissances dû à la guerre 14-18 (classes creuses)
3 Passage des classes creuses à l'âge de la fécondité
4 Déficit des naissances dû à la guerre 1939-1945
5 Baby-boom
6 Non-remplacement des générations

Espagne

Âge — Année de naissance

HOMMES / FEMMES

1886	100	1886
1896	90	1896
1906	80	1906
1916	70	1916
1926	60	1926
1936	50	1936
1946	40	1946
1956	30	1956
1966	20	1966
1976	10	1976
1986	0	1986

% 0,9 0,8 0,7 0,6 0,5 0,4 0,3 0,2 0,1 0   0 0,1 0,2 0,3 0,4 0,5 0,6 0,7 0,8 0,9 %

1 Déficit des naissances dû à la guerre 1914-1918, à l'épidémie de grippe espagnole et à la surmortalité dans les générations les plus touchées par la guerre civile
2 Déficit des naissance dû à la guerre civile 36-39
3 Maintien de la fécondité à un niveau relativement élevé
4 Déclin rapide de la fécondité

Grèce

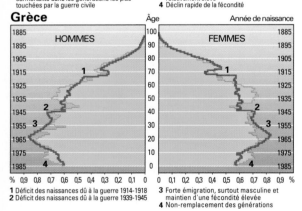

Âge — Année de naissance

HOMMES / FEMMES

1885	100	1885
1895	90	1895
1905	80	1905
1915	70	1915
1925	60	1925
1935	50	1935
1945	40	1945
1955	30	1955
1965	20	1965
1975	10	1975
1985	0	1985

% 0,9 0,8 0,7 0,6 0,5 0,4 0,3 0,2 0,1 0   0 0,1 0,2 0,3 0,4 0,5 0,6 0,7 0,8 0,9 %

1 Déficit des naissances dû à la guerre 1914-1918
2 Déficit des naissances dû à la guerre 1939-1945
3 Forte émigration, surtout masculine et maintien d'une fécondité élevée
4 Non-remplacement des générations

Irlande

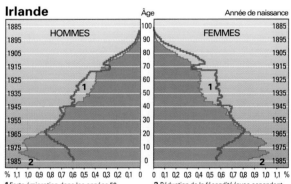

Âge — Année de naissance

HOMMES / FEMMES

1885	100	1885
1895	90	1895
1905	80	1905
1915	70	1915
1925	60	1925
1935	50	1935
1945	40	1945
1955	30	1955
1965	20	1965
1975	10	1975
1985	0	1985

% 1,1 1,0 0,9 0,8 0,7 0,6 0,5 0,4 0,3 0,2 0,1 0   0 0,1 0,2 0,3 0,4 0,5 0,6 0,7 0,8 0,9 1,0 1,1 %

1 Forte émigration dans les années 50 de personnes nées dans les années 30
2 Réduction de la fécondité (avec cependant maintien du remplacement des générations)

Pays-Bas

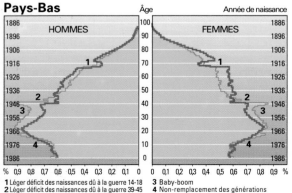

Âge — Année de naissance

HOMMES / FEMMES

1886	100	1886
1896	90	1896
1906	80	1906
1916	70	1916
1926	60	1926
1936	50	1936
1946	40	1946
1956	30	1956
1966	20	1966
1976	10	1976
1986	0	1986

% 0,9 0,8 0,7 0,6 0,5 0,4 0,3 0,2 0,1 0   0 0,1 0,2 0,3 0,4 0,5 0,6 0,7 0,8 0,9 %

1 Léger déficit des naissances dû à la guerre 14-18
2 Léger déficit des naissances dû à la guerre 39-45
3 Baby-boom
4 Non-remplacement des générations

Portugal

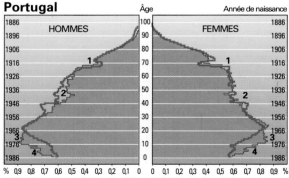

Âge — Année de naissance

HOMMES / FEMMES

1886	100	1886
1896	90	1896
1906	80	1906
1916	70	1916
1926	60	1926
1936	50	1936
1946	40	1946
1956	30	1956
1966	20	1966
1976	10	1976
1986	0	1986

% 0,9 0,8 0,7 0,6 0,5 0,4 0,3 0,2 0,1 0   0 0,1 0,2 0,3 0,4 0,5 0,6 0,7 0,8 0,9 %

1 Déficit des naissances dû à la guerre 1914-1918 et à l'épidémie de grippe espagnole
2 Déficit des naissances dû à la guerre 1939-1945
3 Maintien de la fécondité à un niveau relativement élevé
4 Déclin rapide de la fécondité

Premièr

Les h

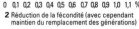

e Partie

mmes

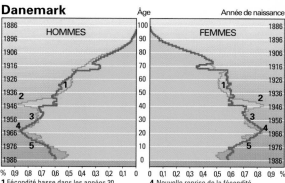

Danemark

Âge — Année de naissance

HOMMES · FEMMES

1 Fécondité basse dans les années 30
2 Reprise de la fécondité
3 Passage des classes peu nombreuses nées dans les années 30 à l'âge de la fécondité
4 Nouvelle reprise de la fécondité
5 Non-remplacement des générations

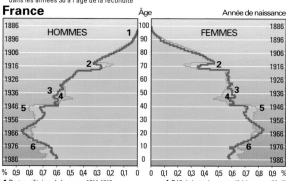

France

Âge — Année de naissance

HOMMES · FEMMES

1 Pertes militaires de la guerre 1914-1918
2 Déficit des naissances dû à la guerre 14-18 (classes creuses)
3 Passage des classes creuses à l'âge de la fécondité
4 Déficit des naissances dû à la guerre 39-45
5 Baby-boom
6 Non-remplacement des générations

Italie

Âge — Année de naissance

HOMMES · FEMMES

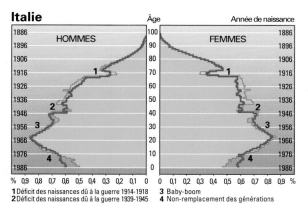

1 Déficit des naissances dû à la guerre 1914-1918
2 Déficit des naissances dû à la guerre 1939-1945
3 Baby-boom
4 Non-remplacement des générations

Luxembourg

Âge — Année de naissance

HOMMES · FEMMES

1 Déficit des naissances dû à la guerre 1914-1918 (classes creuses)
2 Passage des classes creuses à l'âge de la fécondité
3 Déficit des naissances dû à la guerre 39-45
4 Baby-boom
5 Non-remplacement des générations

RFA

Âge — Année de naissance

HOMMES · FEMMES

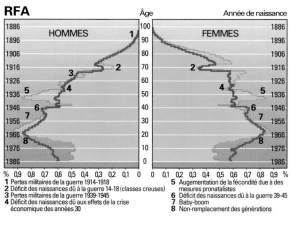

1 Pertes militaires de la guerre 1914-1918
2 Déficit des naissances dû à la guerre 14-18 (classes creuses)
3 Pertes militaires de la guerre 1939-1945
4 Déficit des naissances dû aux effets de la crise économique des années 30
5 Augmentation de la fécondité due à des mesures pronatalistes
6 Déficit des naissances dû à la guerre 39-45
7 Baby-boom
8 Non-remplacement des générations

Royaume-Uni

Âge — Année de naissance

HOMMES · FEMMES

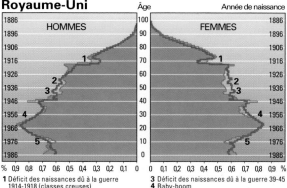

1 Déficit des naissances dû à la guerre 1914-1918 (classes creuses)
2 Passage des classes creuses à l'âge de la fécondité
3 Déficit des naissances dû à la guerre 39-45
4 Baby-boom
5 Non-remplacement des générations

Source : INED Populations et Sociétés septembre 1989

LA BELGIQUE

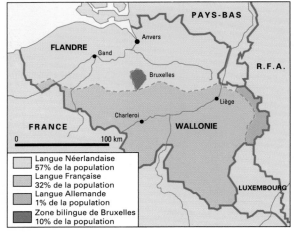

FLANDRE · PAYS-BAS · Anvers · Gand · Bruxelles · R.F.A. · Liège · Charleroi · WALLONIE · FRANCE · LUXEMBOURG

0   100 km

Langue Néerlandaise
57% de la population
Langue Française
32% de la population
Langue Allemande
1% de la population
Zone bilingue de Bruxelles
10% de la population

Superficie	**30 518 km^2**
Population	**9 890 000**
Densité	**324 habitants au km^2**
Capitale	**Bruxelles**
Langues officielles	**néerlandais, français, allemand**
Monnaie	**franc belge**

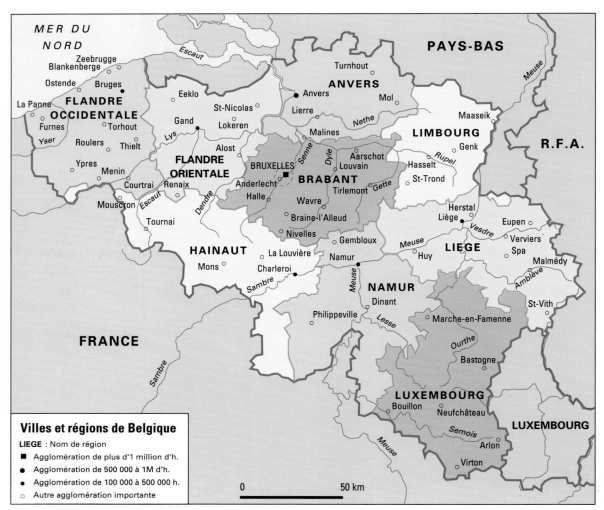

MER DU NORD · PAYS-BAS

Zeebrugge · Blankenberge · Ostende · Bruges · La Panne · FLANDRE OCCIDENTALE · Furnes · Torhout · Yser · Roulers · Thielt · Ypres · Menin · Courtrai · Mouscron · Renaix · Tournai · Escaut · Eeklo · Gand · Lys · Alost · FLANDRE ORIENTALE · St-Nicolas · Lokeren · Malines · Dendre · BRUXELLES · Anderlecht · Halle · BRABANT · Wavre · Braine-l'Alleud · Nivelles · HAINAUT · Mons · La Louvière · Charleroi · Sambre · Turnhout · ANVERS · Anvers · Mol · Lierre · Nethe · Senne · Dyle · Aarschot · Louvain · Tirlemont · Gette · Gembloux · Namur · Meuse · NAMUR · Dinant · Philippeville · Lesse · LIMBOURG · Maaseik · Genk · Rupel · Hasselt · St-Trond · Herstal · Liège · Vesdre · Huy · LIEGE · R.F.A. · Eupen · Verviers · Spa · Malmédy · Amblève · St-Vith · Marche-en-Famenne · Ourthe · Bastogne · LUXEMBOURG · Bouillon · Neufchâteau · Semois · Arlon · Virton · FRANCE · LUXEMBOURG · Meuse

Villes et régions de Belgique

LIEGE : Nom de région
■ Agglomération de plus d'1 million d'h.
● Agglomération de 500 000 à 1M d'h.
● Agglomération de 100 000 à 500 000 h.
○ Autre agglomération importante

0   50 km

ÉVOLUTION DE LA POPULATION

(en millions d'habitants)

8,64 — 1950
9,12 — 1960
9,64 — 1970
9,86 — 1980
9,89 — 1990

ÉVOLUTION DE LA NATALITÉ ET DE LA MORTALITÉ

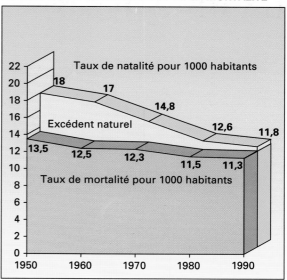

Taux de natalité pour 1000 habitants

18 — 17 — 14,8 — 12,6 — 11,8

Excédent naturel

13,5 — 12,5 — 12,3 — 11,5 — 11,3

Taux de mortalité pour 1000 habitants

1950 1960 1970 1980 1990

LES RÉSIDENTS ÉTRANGERS EN BELGIQUE

Italiens	252 000
Français	93 000
Néerlandais	60 000
Espagnols	51 000
Autres ressortissants de la CEE	82 000
Total communautaire	**538 000**
Marocains	126 000
Turcs	76 000
Autres pays	113 000
Total	**853 000**

Soit 8,5% de la population

RÉPARTITION PAR ÂGES

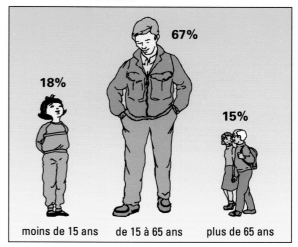

18%   67%   15%

moins de 15 ans   de 15 à 65 ans   plus de 65 ans

STRUCTURE DE L'EMPLOI

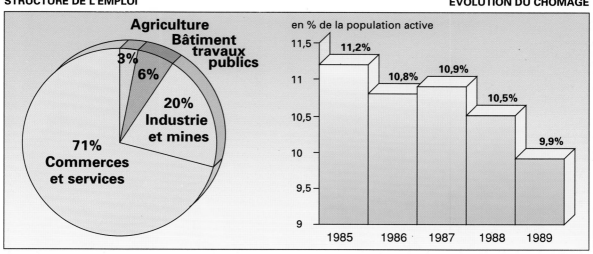

Agriculture
Bâtiment travaux publics
3%
6%
20%
Industrie et mines
71%
Commerces et services

ÉVOLUTION DU CHÔMAGE

en % de la population active

11,2% — 1985
10,8% — 1986
10,9% — 1987
10,5% — 1988
9,9% — 1989

LE DANEMARK

Superficie	**43 069 km²**
Population	**5 135 000**
Densité	**119 habitants au km²**
Capitale	**Copenhague**
Langue officielle	**danois**
Monnaie	**couronne danoise**

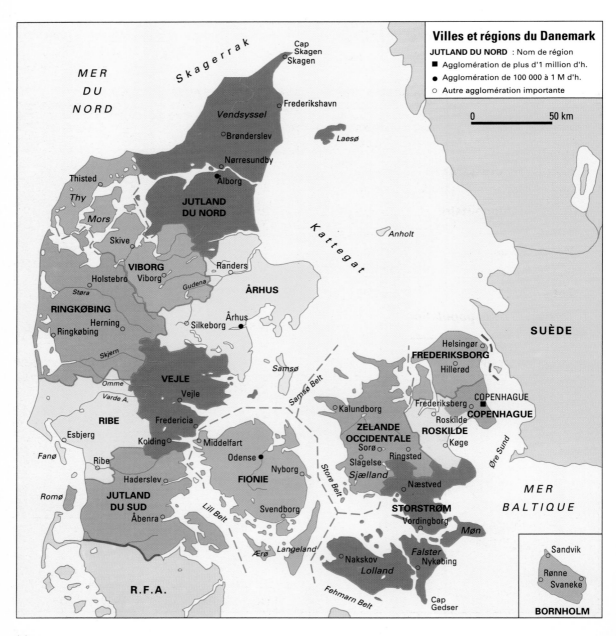

Villes et régions du Danemark

JUTLAND DU NORD : Nom de région
■ Agglomération de plus d'1 million d'h.
● Agglomération de 100 000 à 1 M d'h.
○ Autre agglomération importante

0   50 km

MER DU NORD

Skagerrak

Cap Skagen
Skagen

Frederikshavn

Vendsyssel

Brønderslev

Laesø

Nørresundby

Thisted

Thy

Ålborg

JUTLAND DU NORD

Mors

Skive

Kattegat

Anholt

VIBORG

Randers

Holstebro   Viborg

Gudena

ÅRHUS

Støra

RINGKØBING

Herning

Ringkøbing

Silkeborg

Århus

Samsø

Helsingør

FREDERIKSBORG

Hillerød

SUÈDE

Skjern

VEJLE

Vejle

Samsø Belt

COPENHAGUE

Frederiksberg   COPENHAGUE

Omme

Kalundborg

Roskilde

Varde A.

RIBE

Fredericia

ZELANDE OCCIDENTALE

ROSKILDE

Køge

Esbjerg

Kolding

Middelfart

Sorø

Ringsted

Øre Sund

Fanø

Odense

Slagelse

Ribe

Haderslev

Sjælland

Næstved

MER BALTIQUE

Romø

FIONIE

Nyborg

Store Belt

JUTLAND DU SUD

Åbenra

Lill Belt

Svendborg

STORSTRØM

Vordingborg

Møn

Ærø   *Langeland*

Nakskov

Falster

Nykøbing

Lolland

R.F.A.

Fehmarn Belt

Cap Gedser

Sandvik

Rønne
Svaneke

BORNHOLM

ÉVOLUTION DE LA POPULATION

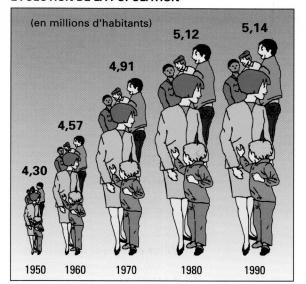

(en millions d'habitants)

4,30 — 1950
4,57 — 1960
4,91 — 1970
5,12 — 1980
5,14 — 1990

ÉVOLUTION DE LA NATALITÉ ET DE LA MORTALITÉ

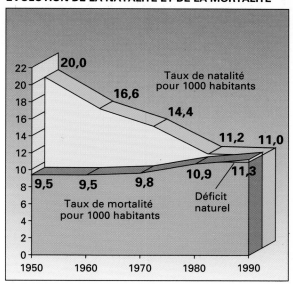

Taux de natalité pour 1000 habitants

20,0 — 16,6 — 14,4 — 11,2 — 11,0

Taux de mortalité pour 1000 habitants

9,5 — 9,5 — 9,8 — 10,9 — 11,3

Déficit naturel

1950 — 1960 — 1970 — 1980 — 1990

LES RÉSIDENTS ÉTRANGERS AU DANEMARK

Britanniques	10 000
Allemands	8 300
Autres ressortissants de la CEE	8 300
Total communautaire	**26 600**
Turcs	22 300
Yougoslaves	8 300
Autres pays	71 000
Total	**128 200**

Soit 2,5% de la population

RÉPARTITION PAR ÂGES

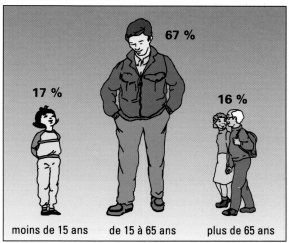

67 %

17 %

16 %

moins de 15 ans — de 15 à 65 ans — plus de 65 ans

STRUCTURE DE L' EMPLOI

ÉVOLUTION DU CHÔMAGE

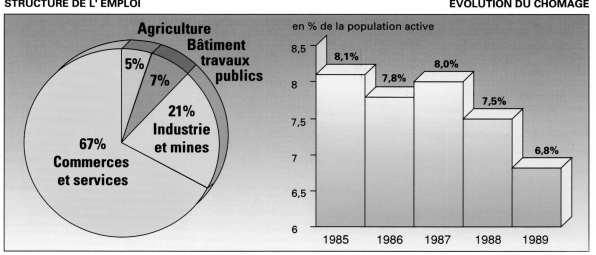

Agriculture
Bâtiment travaux publics
5%
7%
21% Industrie et mines
67% Commerces et services

en % de la population active

8,1% — 7,8% — 8,0% — 7,5% — 6,8%

1985 — 1986 — 1987 — 1988 — 1989

L'ESPAGNE

Superficie	**504 782 km^2**
Population	**39 300 000**
Densité	**78 habitants au km^2**
Capitale	**Madrid**
Langue officielle	**espagnol**
Monnaie	**peseta**

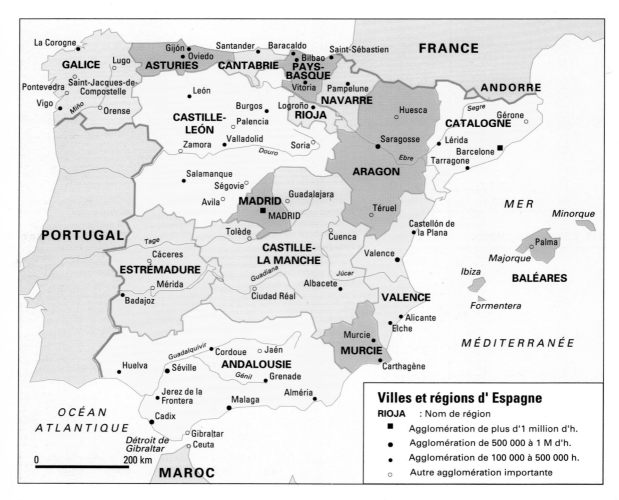

Villes et régions d'Espagne

RIOJA : Nom de région
■ Agglomération de plus d'1 million d'h.
● Agglomération de 500 000 à 1 M d'h.
• Agglomération de 100 000 à 500 000 h.
○ Autre agglomération importante

ÉVOLUTION DE LA POPULATION

(en millions d'habitants)

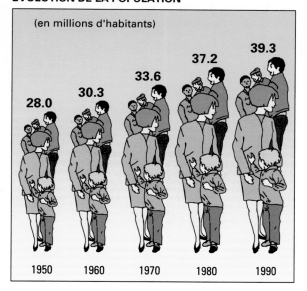

28.0   30.3   33.6   37.2   39.3

1950   1960   1970   1980   1990

ÉVOLUTION DE LA NATALITÉ ET DE LA MORTALITÉ

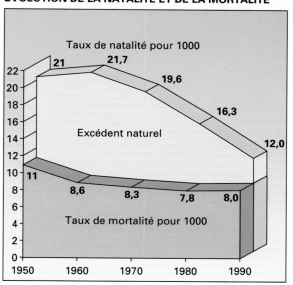

Taux de natalité pour 1000

21   21,7   19,6   16,3   12,0

Excédent naturel

11   8,6   8,3   7,8   8,0

Taux de mortalité pour 1000

1950   1960   1970   1980   1990

ÉVOLUTION DU SOLDE MIGRATOIRE DE L'ESPAGNE

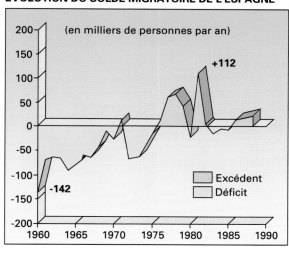

(en milliers de personnes par an)

+112

-142

Excédent
Déficit

1960   1965   1970   1975   1980   1985   1990

RÉPARTITION PAR ÂGES

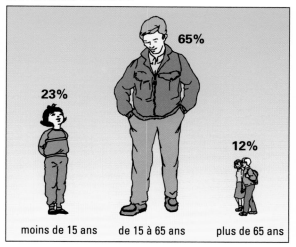

23%   65%   12%

moins de 15 ans   de 15 à 65 ans   plus de 65 ans

STRUCTURE DE L'EMPLOI

ÉVOLUTION DU CHÔMAGE

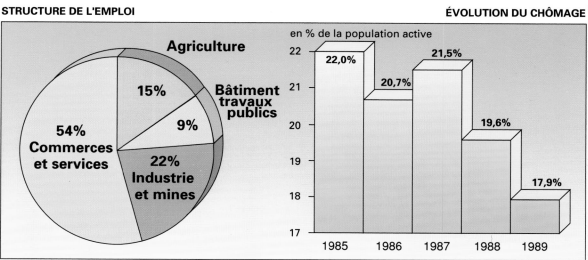

Agriculture

15%

Bâtiment travaux publics

9%

54%
Commerces
et services

22%
Industrie
et mines

en % de la population active

22,0%   20,7%   21,5%   19,6%   17,9%

1985   1986   1987   1988   1989

LA FRANCE

Superficie	**551 695 km²**
Population	**56 300 000**
Densité	**102 habitants au km²**
Capitale	**Paris**
Langue officielle	**français**
Monnaie	**franc français**

Villes et régions de France

BRETAGNE : Nom de région

■ Agglomération de plus d'1 million d'h.
● Agglomération de 500 000 à 1M d'h.
• Agglomération de 100 000 à 500 000 h.
○ Autre agglomération importante

ÉVOLUTION DE LA POPULATION

(en millions d'habitants)

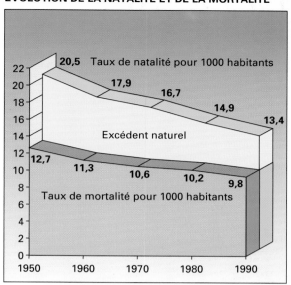

Année	Population
1950	42,0
1960	45,5
1970	50,5
1980	53,7
1990	56,3

ÉVOLUTION DE LA NATALITÉ ET DE LA MORTALITÉ

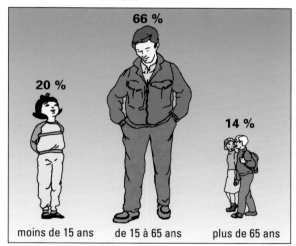

Taux de natalité pour 1000 habitants : 20,5 ; 17,9 ; 16,7 ; 14,9 ; 13,4

Excédent naturel

Taux de mortalité pour 1000 habitants : 12,7 ; 11,3 ; 10,6 ; 10,2 ; 9,8

1950 1960 1970 1980 1990

LES RÉSIDENTS ÉTRANGERS EN FRANCE

Portugais	846 000
Italiens	379 000
Espagnols	351 000
Autre pays de la CEE	193 000
Total communautaire	**1 769 000**
Algériens	725 000
Marocains	559 000
Tunisiens	226 000
Turcs	154 000
Réfugiés et apatrides	170 000
Autres pays	846 000
Total	**4 449 000**

Soit 7,9% de la population

RÉPARTITION PAR ÂGES

66 %

20 %

14 %

moins de 15 ans — de 15 à 65 ans — plus de 65 ans

STRUCTURE DE L'EMPLOI

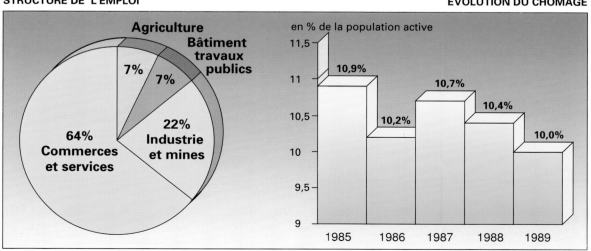

Agriculture 7%

Bâtiment travaux publics 7%

Industrie et mines 22%

Commerces et services 64%

ÉVOLUTION DU CHÔMAGE

en % de la population active

Année	%
1985	10,9%
1986	10,2%
1987	10,7%
1988	10,4%
1989	10,0%

LA GRÈCE

Superficie	**131 944 km^2**
Population	**10 200 000**
Densité	**77 habitants au km^2**
Capitale	**Athènes**
Langue officielle	**grec**
Monnaie	**drachme**

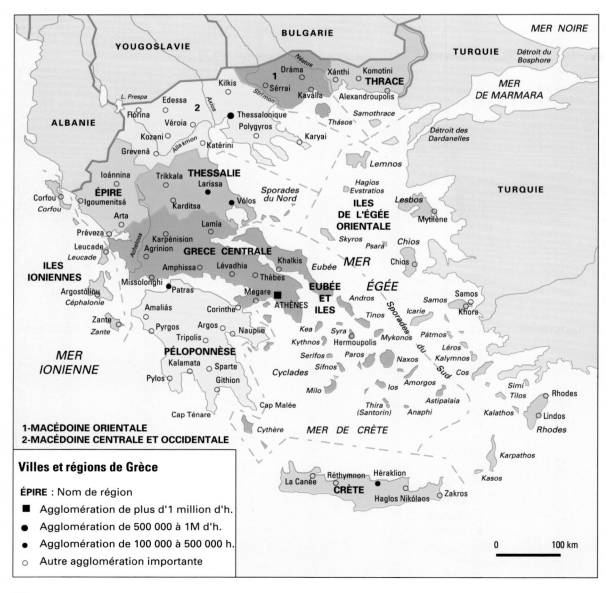

1-MACÉDOINE ORIENTALE
2-MACÉDOINE CENTRALE ET OCCIDENTALE

Villes et régions de Grèce

ÉPIRE : Nom de région

■ Agglomération de plus d'1 million d'h.

● Agglomération de 500 000 à 1M d'h.

• Agglomération de 100 000 à 500 000 h.

○ Autre agglomération importante

0   100 km

ÉVOLUTION DE LA POPULATION

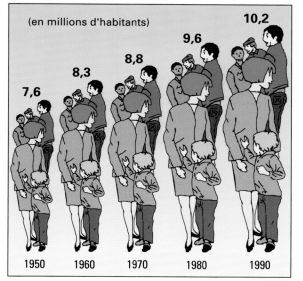

(en millions d'habitants)

7,6 — 1950
8,3 — 1960
8,8 — 1970
9,6 — 1980
10,2 — 1990

ÉVOLUTION DE LA NATALITÉ ET DE LA MORTALITÉ

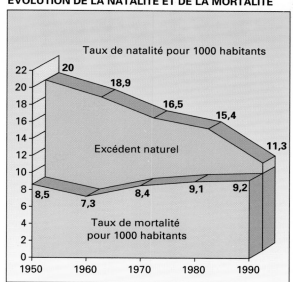

Taux de natalité pour 1000 habitants

20   18,9   16,5   15,4   11,3

Excédent naturel

8,5   7,3   8,4   9,1   9,2

Taux de mortalité pour 1000 habitants

1950   1960   1970   1980   1990

ÉVOLUTION DU SOLDE MIGRATOIRE DE LA GRÈCE

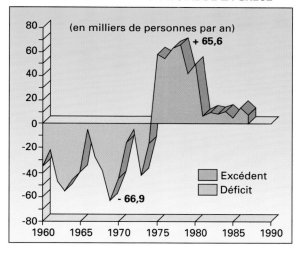

(en milliers de personnes par an)

+ 65,6

- 66,9

Excédent
Déficit

1960   1965   1970   1975   1980   1985   1990

RÉPARTITION PAR ÂGES

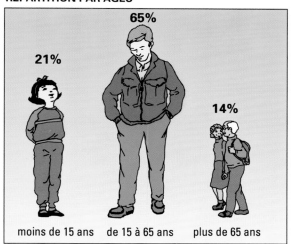

21%   65%   14%

moins de 15 ans   de 15 à 65 ans   plus de 65 ans

STRUCTURE DE L'EMPLOI

50% Commerces et services

25% Agriculture

6% Bâtiment travaux publics

19% Industrie et mines

ÉVOLUTION DU CHÔMAGE

en % de la population active

7,8 %   7,4 %   7,4 %   7,4 %   7,6 %

1985   1986   1987   1988   1989

L'IRLANDE

Superficie	**70 283 km^2**
Population	**3 570 000**
Densité	**51 habitants au km^2**
Capitale	**Dublin**
Langues	**anglais,**
officielles	**gaélique**
Monnaie	**livre irlandaise**

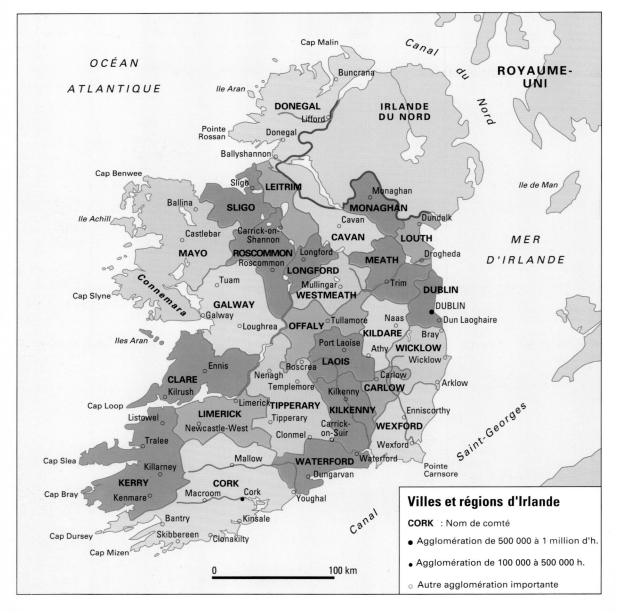

Villes et régions d'Irlande

CORK : Nom de comté

● Agglomération de 500 000 à 1 million d'h.

● Agglomération de 100 000 à 500 000 h.

○ Autre agglomération importante

ÉVOLUTION DE LA POPULATION

(en millions d'habitants)

2,96 1950

2,84 1960

2,94 1970

3,39 1980

3,57 1990

ÉVOLUTION DE LA NATALITÉ ET DE LA MORTALITÉ

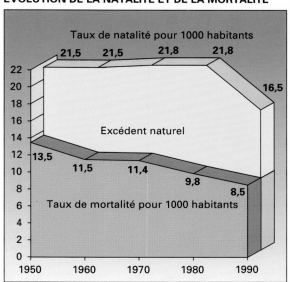

Taux de natalité pour 1000 habitants

	1950	1960	1970	1980	1990
Natalité	21,5	21,5	21,8	21,8	16,5

Excédent naturel

	1950	1960	1970	1980	1990
Mortalité	13,5	11,5	11,4	9,8	8,5

Taux de mortalité pour 1000 habitants

ÉVOLUTION DU SOLDE MIGRATOIRE DE L'IRLANDE

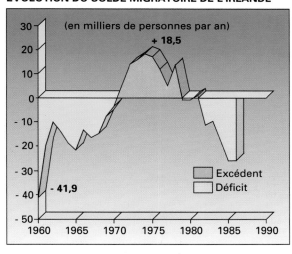

(en milliers de personnes par an)

+ 18,5

- 41,9

Excédent
Déficit

1960   1965   1970   1975   1980   1985   1990

RÉPARTITION PAR ÂGES

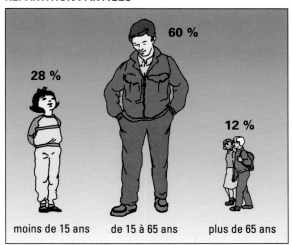

28 % — moins de 15 ans

60 % — de 15 à 65 ans

12 % — plus de 65 ans

STRUCTURE DE L'EMPLOI

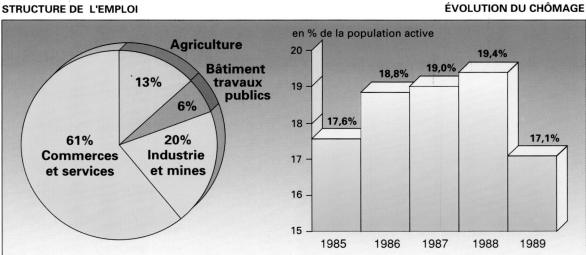

Agriculture 13%

Bâtiment travaux publics 6%

61% Commerces et services

20% Industrie et mines

ÉVOLUTION DU CHÔMAGE

en % de la population active

1985	1986	1987	1988	1989
17,6%	18,8%	19,0%	19,4%	17,1%

L'ITALIE

Superficie	301 225 km^2
Population	57 500 000
Densité	190,9 h. au km^2
Capitale	**Rome**
Langue officielle	**italien**
Monnaie	**lire**

SUISSE

AUTRICHE

YOUGOSLAVIE

Bolzano

TRENTIN-HAUT-ADIGE
FRIOUL-VÉNÉTIE JULIENNE

Sondrio
Trente
Belluno
Udine
Gorizia

LOMBARDIE
Côme
Bergame
Aoste
Varèse
Brescia
VÉNÉTIE
Pordenone
Trieste

VAL D'AOSTE
Milan
VÉNÉTIE
Vicence
Trévise

Novare
Pavie
Vérone
Padoue

Verceil
Crémone
Venise

Turin
Mantoue
Rovigo

PIÉMONT
Plaisance
Parme
Reggio d'Émilie
Ferrare

Alexandrie
Po
Modène

Coni
Asti
ÉMILIE-ROMAGNE
Bologne
Ravenne

Gênes
Forlì

FRANCE
LIGURIE
Savone
Rimini

Imperia
Golfe de Gênes
Prato
Pésaro

La Spezia
Lucques
Ancône

MER LIGURIENNE
Pise
Florence
ST-MARIN

Livourne
TOSCANE
Arezzo
Macerata

Sienne
MARCHES

Massa
Pérouse
Ascoli Piceno

Grosseto
OMBRIE
Teramo

Elbe
Terni
Rieti
Pescara

Corse (France)
Viterbe
L'Aquila
Chieti

Archipel Toscan
LATIUM
ABRUZZES

ROME
Isernia

Asinara
Frosinone
MOLISE
Foggie

Latina
Campobasso
Bari

Olbia
Bénévent

Sassari
Naples
Caserte
Avellino
POUILLES

MER TYRRHÉNIENNE
Ischia
CAMPANIE
Potenza
Brindisi

Nuoro
Capri
Salerne
Matera
Tarente

SARDAIGNE
Lecce

Oristano
BASILICATE

Golfe de Tarente

Ile S. Pietro
Cagliari
Cosenza
Canal d'Otrante

Ile S. Antioco
CALABRE

Catanzaro

Stromboli
MER IONIENNE

Iles Lipari

Ile Égades
Palerme
Messine
Reggio de Calabre

Trapani
Détroit de Messine

SICILE
Enna

Caltanissetta
Catane

Agrigente
Syracuse

MER MÉDITERRANÉE
Raguse

Pantelleria

Linosa
MALTE

Lampione
Lampedusa

0   200 km

Villes et régions d'Italie

PIÉMONT : Nom de région

■ Agglomération de plus d'1 million d'h.

● Agglomération de 500 000 à 1M d'h.

• Agglomération de 100 000 à 500 000 h.

○ Autre agglomération importante

24

ÉVOLUTION DE LA POPULATION

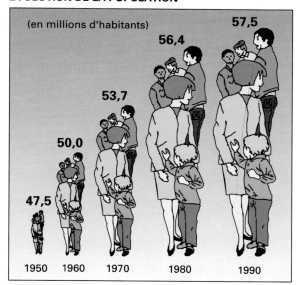

(en millions d'habitants)

57,5
56,4
53,7
50,0
47,5

1950 1960 1970 1980 1990

ÉVOLUTION DE LA NATALITÉ ET DE LA MORTALITÉ

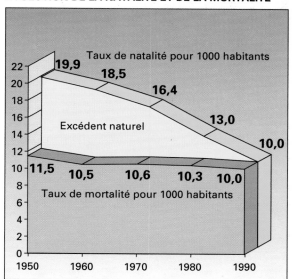

Taux de natalité pour 1000 habitants

22
20
18
16
14
12
10
8
6
4
2
0

19,9   18,5   16,4   13,0   10,0

Excédent naturel

11,5   10,5   10,6   10,3   10,0

Taux de mortalité pour 1000 habitants

1950   1960   1970   1980   1990

ÉVOLUTION DU SOLDE MIGRATOIRE DE L'ITALIE

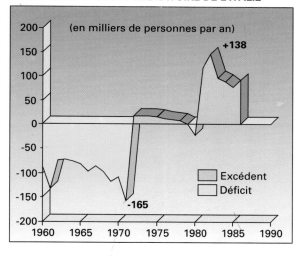

(en milliers de personnes par an)

200
150
100
50
0
-50
-100
-150
-200

+138

-165

Excédent
Déficit

1960   1965   1970   1975   1980   1985   1990

RÉPARTITION PAR ÂGES

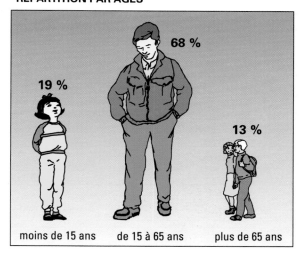

19 %   68 %   13 %

moins de 15 ans   de 15 à 65 ans   plus de 65 ans

STRUCTURE DE L'EMPLOI

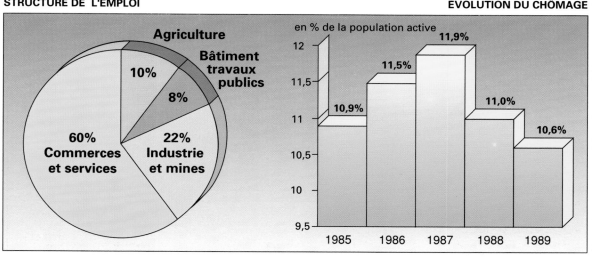

Agriculture

Bâtiment travaux publics

10%

8%

60%
Commerces
et services

22%
Industrie
et mines

ÉVOLUTION DU CHÔMAGE

en % de la population active

12
11,5
11
10,5
10
9,5

10,9%   11,5%   11,9%   11,0%   10,6%

1985   1986   1987   1988   1989

LE LUXEMBOURG

Superficie	**2 586 km^2**
Population	**375 000**
Densité	**145 habitants au km^2**
Capitale	**Luxembourg**
Langues	**français, allemand,**
officielles	**luxembourgeois**
Monnaie	**franc luxembourgeois**

Villes et divisions administratives du Luxembourg

DIEKIRCH : district
● Agglomération de plus de 50 000 h.
● Agglomération de 10 000 à 50 000 h.
○ Autre agglomération importante

0   20 km

BELGIQUE

Troisvierges

Clerve

Troine   Clervaux

Wiltz   Our

Wiltz   Hoscheid

Esch-sur-Sûre
Sûre   Vianden

DIEKIRCH

Arsdorf   Diekirch

Ettelbrück

Grosbous   Sûre

Berg   Echternach

Bissen   Larochette

Redange   Consdorf

Mersch   Berbourg

Lintgen

GREVENMACHER

Eisch   Grevenmacher

Walferdange

Capellen
Mamer   RÉPUBLIQUE
                      FÉDÉRALE
LUXEMBOURG   D'ALLEMAGNE

LUXEMBOURG
                      Moselle
Hespérange

Pétange
Sanem   Remich

Differdange   Alzette Bettembourg

Esch-sur-Alzette   Mondorf

FRANCE   Dudelange

ÉVOLUTION DE LA POPULATION

(en milliers d'habitants)

297 313 339 363 375

1950 1960 1970 1980 1990

ÉVOLUTION DE LA NATALITÉ ET DE LA MORTALITÉ

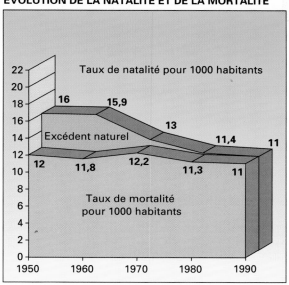

Taux de natalité pour 1000 habitants

16 15,9 13 11,4 11

Excédent naturel

12 11,8 12,2 11,3 11

Taux de mortalité pour 1000 habitants

1950 1960 1970 1980 1990

LES RÉSIDENTS ÉTRANGERS AU LUXEMBOURG

Portugais	29 000
Italiens	21 000
Français	12 500
Belges	8 500
Autres ressortissants de la CEE	17 000
Total communautaire	**88 000**
Autres pays	8 000
Total	**96 000**

Soit 25,6 % de la population

RÉPARTITION PAR ÂGES

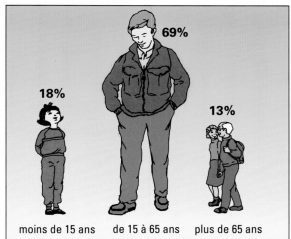

18%   69%   13%

moins de 15 ans   de 15 à 65 ans   plus de 65 ans

STRUCTURE DE L'EMPLOI

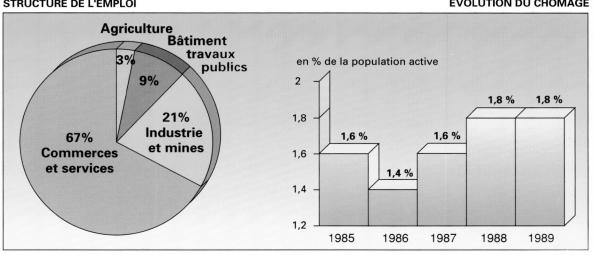

Agriculture 3%

Bâtiment travaux publics 9%

Industrie et mines 21%

Commerces et services 67%

ÉVOLUTION DU CHÔMAGE

en % de la population active

1,6 % 1,4 % 1,6 % 1,8 % 1,8 %

1985 1986 1987 1988 1989

LES PAYS-BAS

Superficie	**33 938 km^2**
Population	**14 900 000**
Densité	**439 habitants au km^2**
Capitale	**Amsterdam**
Langue officielle	**néerlandais**
Monnaie	**florin (gulden)**

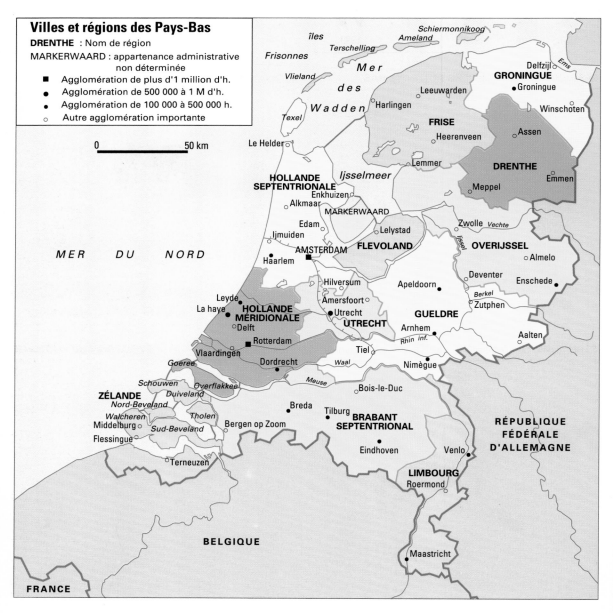

Villes et régions des Pays-Bas

DRENTHE : Nom de région

MARKERWAARD : appartenance administrative non déterminée

- ■ Agglomération de plus d'1 million d'h.
- ● Agglomération de 500 000 à 1 M d'h.
- ● Agglomération de 100 000 à 500 000 h.
- ○ Autre agglomération importante

0   50 km

ÉVOLUTION DE LA POPULATION

(en millions d'habitants)

10,1 — 1950
11,4 — 1960
13 — 1970
14,1 — 1980
14,9 — 1990

ÉVOLUTION DE LA NATALITÉ ET DE LA MORTALITÉ

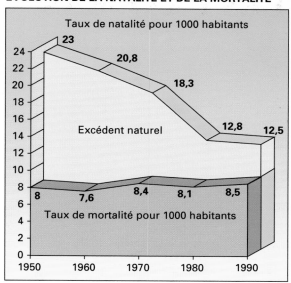

Taux de natalité pour 1000 habitants

23	20,8	18,3	12,8	12,5

Excédent naturel

Taux de mortalité pour 1000 habitants

8	7,6	8,4	8,1	8,5

1950   1960   1970   1980   1990

LES RÉSIDENTS ÉTRANGERS AUX PAYS-BAS

Allemands	40 000
Britanniques	38 000
Belges	23 000
Espagnols	18 000
Italiens	17 000
Autres ressortissants de la CEE	24 000
Total communautaire	**160 000**
Turcs	160 000
Yougoslaves	12 000
Americains	10 000
Autres pays	226 000
Total	**568 000**

Soit 3,8% de la population

RÉPARTITION PAR ÂGES

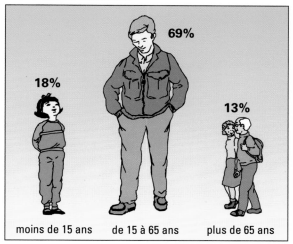

18%   69%   13%

moins de 15 ans   de 15 à 65 ans   plus de 65 ans

STRUCTURE DE L'EMPLOI

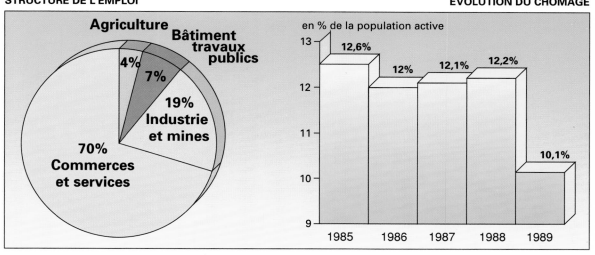

Agriculture 4%

Bâtiment travaux publics 7%

19% Industrie et mines

70% Commerces et services

ÉVOLUTION DU CHÔMAGE

en % de la population active

1985	1986	1987	1988	1989
12,6%	12%	12,1%	12,2%	10,1%

LE PORTUGAL

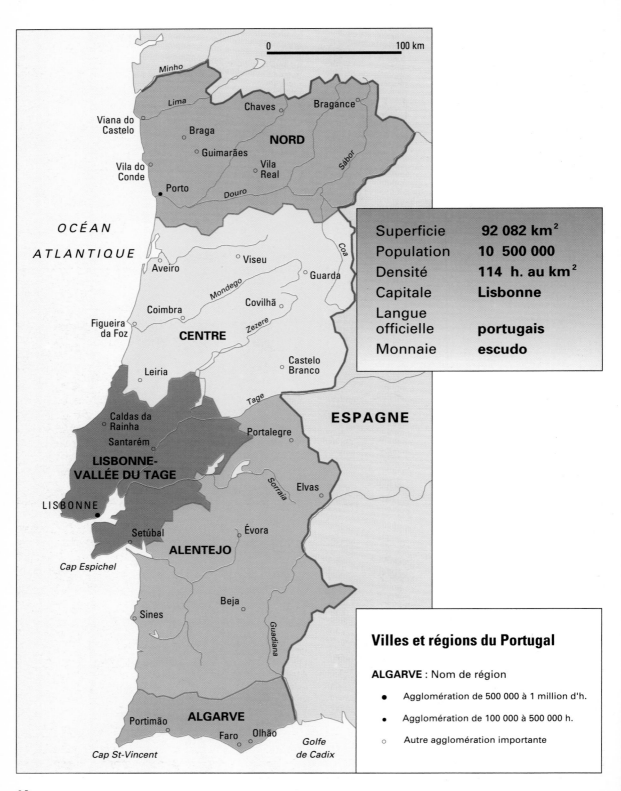

Superficie	92 082 km²
Population	10 500 000
Densité	114 h. au km²
Capitale	Lisbonne
Langue officielle	portugais
Monnaie	escudo

Villes et régions du Portugal

ALGARVE : Nom de région

● Agglomération de 500 000 à 1 million d'h.

● Agglomération de 100 000 à 500 000 h.

○ Autre agglomération importante

ÉVOLUTION DE LA POPULATION

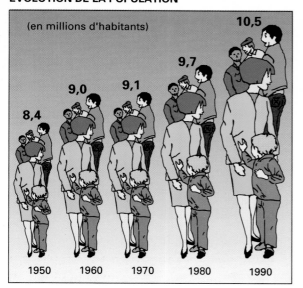

(en millions d'habitants)

10,5

9,7

9,0   9,1

8,4

1950   1960   1970   1980   1990

ÉVOLUTION DE LA NATALITÉ ET DE LA MORTALITÉ

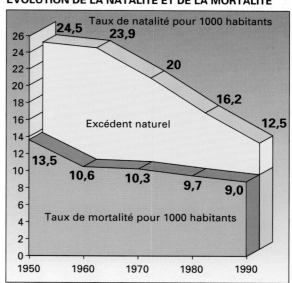

Taux de natalité pour 1000 habitants

24,5   23,9

20

16,2

12,5

Excédent naturel

13,5

10,6   10,3   9,7   9,0

Taux de mortalité pour 1000 habitants

1950   1960   1970   1980   1990

ÉVOLUTION DU SOLDE MIGRATOIRE DU PORTUGAL

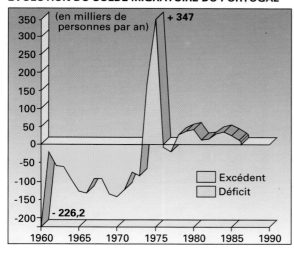

(en milliers de personnes par an)

+ 347

Excédent
Déficit

- 226,2

1960   1965   1970   1975   1980   1985   1990

RÉPARTITION PAR ÂGES

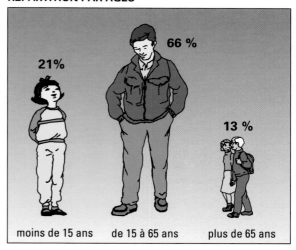

21%   66 %   13 %

moins de 15 ans   de 15 à 65 ans   plus de 65 ans

STRUCTURE DE L'EMPLOI

ÉVOLUTION DU CHÔMAGE

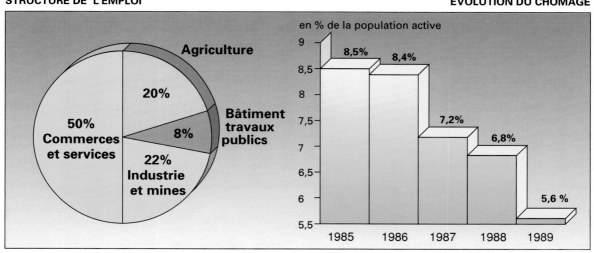

Agriculture

20%

50%
Commerces
et services

8%

Bâtiment
travaux
publics

22%
Industrie
et mines

en % de la population active

8,5%   8,4%

7,2%

6,8%

5,6 %

1985   1986   1987   1988   1989

LA RÉPUBLIQUE FÉDÉRALE D'ALLEMAGNE

ÉVOLUTION DE LA POPULATION

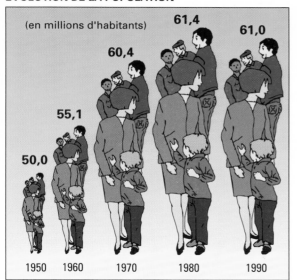

(en millions d'habitants)

61,4
61,0
60,4
55,1
50,0

1950 1960 1970 1980 1990

ÉVOLUTION DE LA NATALITÉ ET DE LA MORTALITÉ

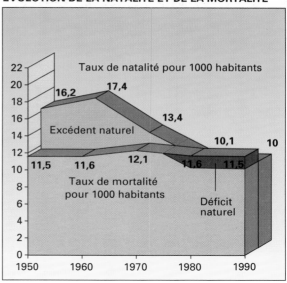

Taux de natalité pour 1000 habitants

22
20
18
16
14
12
10
8
6
4
2
0

16,2   17,4
13,4
10,1   10

Excédent naturel

11,5   11,6   12,1   11,6   11,5

Taux de mortalité
pour 1000 habitants

Déficit
naturel

1950 1960 1970 1980 1990

LES RÉSIDENTS ÉTRANGERS EN R.F.A.

Italiens	**544 000**
Grecs	**280 000**
Espagnols	**147 000**
Néerlandais	**109 000**
Autres ressortissants de la CEE	**298 000**
Total communautaire	**1 378 000**
Turcs	**1 481 000**
Yougoslaves	**598 000**
Autres pays	**1 174 000**
Total	**4 631 000**

Soit 7,6% de la population

RÉPARTITION PAR ÂGES

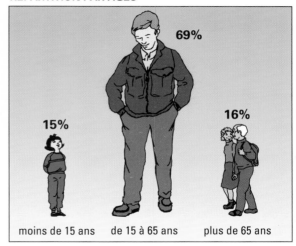

69%

15%

16%

moins de 15 ans   de 15 à 65 ans   plus de 65 ans

STRUCTURE DE L'EMPLOI

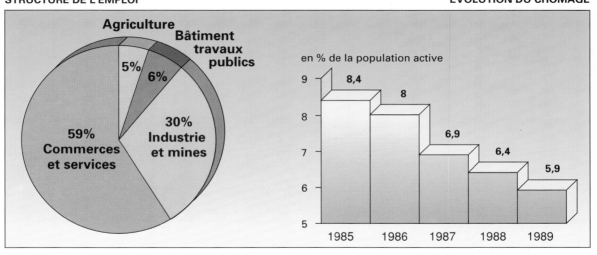

Agriculture
Bâtiment
travaux
publics

5%   6%

30%
Industrie
et mines

59%
Commerces
et services

ÉVOLUTION DU CHÔMAGE

en % de la population active

9
8,4
8
8
6,9
7
6,4
6
5,9
5

1985 1986 1987 1988 1989

LE ROYAUME-UNI

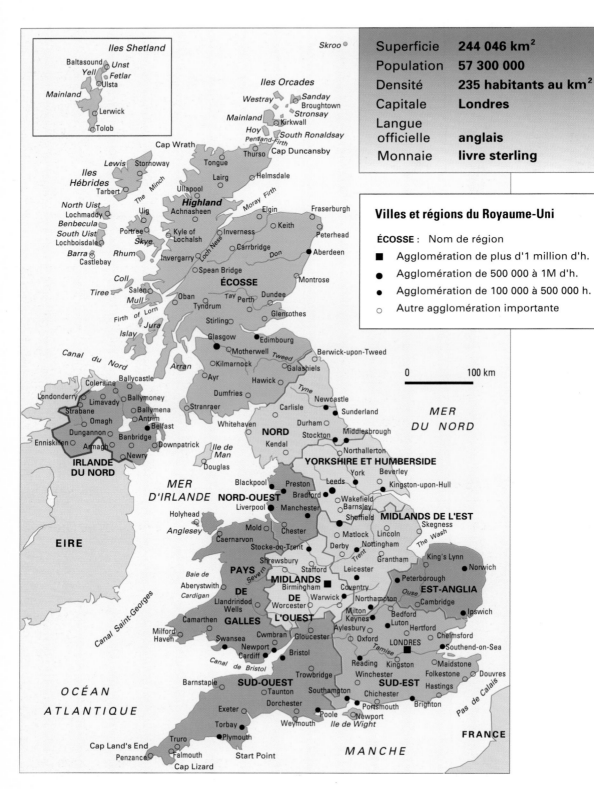

Iles Shetland
Baltasound · Unst
Yell · Fetlar
Ulsta
Mainland
Lerwick
Tolob

Skroo

Iles Orcades
Westray · Sanday
Broughtown
Stronsay
Mainland · Kirkwall
Hoy · South Ronaldsay
Pentland Firth

Cap Wrath
Cap Duncansby
Thurso
Lewis Stornoway Tongue
Iles Hébrides
Tarbert
Lairg Helmsdale
Ullapool
Highland Moray Firth
North Uist Achnasheen Elgin Fraserburgh
Lochmaddy Uig Keith
Benbecula Kyle of Inverness Peterhead
South Uist Lochalsh
Lochboisdale Portree Cárrbridge
Skye Loch Ness Don Aberdeen
Barra Rhum Invergarry
Castlebay Spean Bridge
Coll Salen **ÉCOSSE** Montrose
Tiree Mull
Oban Tay Perth Dundee
Tyndrum Glenrothes
Firth of Lorn Jura Stirling
Islay Glasgow Edimbourg
Arran Motherwell Tweed Berwick-upon-Tweed
Canal du Nord Kilmarnock Galashiels
Ballycastle Ayr Hawick
Coleraine Dumfries Tyne Newcastle
Londonderry Limavady Ballymoney Stranraer Carlisle Sunderland
Strabane Ballymena Whitehaven Durham
Omagh Antrim Stockton Middlesbrough
Dungannon Banbridge Belfast Kendal Northallerton
Enniskillen Armagh Downpatrick Ile de Man
Newry Douglas **YORKSHIRE ET HUMBERSIDE**
IRLANDE DU NORD York Beverley
Blackpool Preston Leeds Kingston-upon-Hull
MER D'IRLANDE **NORD-OUEST** Bradford Wakefield
Liverpool Manchester Barnsley
Holyhead Sheffield **MIDLANDS DE L'EST**
Anglesey Mold Chester Matlock Lincoln Skegness
Caernarvon Derby Nottingham The Wash
Stocke-on-Trent
EIRE Shrewsbury Trent Grantham King's Lynn
Baie de **PAYS** Stafford Leicester Norwich
Aberystwith **DE** **MIDLANDS** Peterborough
Cardigan Llandrindod **DE** Birmingham Coventry **EST-ANGLIA**
Wells Worcester Warwick Northampton Cambridge
Camarthen **GALLES** **L'OUEST** Milton Ipswich
Milford Keynes Bedford Hertford Chelmsford
Haven Swansea Cwmbran Gloucester Aylesbury Luton
Newport Bristol Oxford **LONDRES** Southend-on-Sea
Cardiff Tamise
Canal de Bristol Reading Kingston Maidstone
Trowbridge Winchester Folkestone Douvres
Barnstaple **SUD-OUEST** **SUD-EST** Hastings
Taunton Southampton Chichester Brighton
Dorchester Portsmouth
OCÉAN Exeter Poole Newport
ATLANTIQUE Torbay Weymouth Ile de Wight
Cap Land's End Truro Plymouth **FRANCE**
Penzance Falmouth Start Point **MANCHE**
Cap Lizard

MER DU NORD

Pas de Calais

Superficie	**244 046 km²**
Population	**57 300 000**
Densité	**235 habitants au km²**
Capitale	**Londres**
Langue officielle	**anglais**
Monnaie	**livre sterling**

Villes et régions du Royaume-Uni

ÉCOSSE : Nom de région

■ Agglomération de plus d'1 million d'h.

● Agglomération de 500 000 à 1M d'h.

• Agglomération de 100 000 à 500 000 h.

○ Autre agglomération importante

0   100 km

ÉVOLUTION DE LA POPULATION

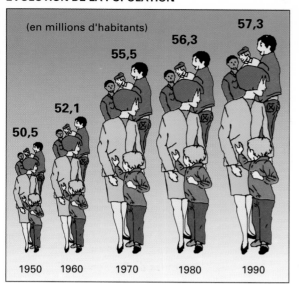

(en millions d'habitants)

50,5 — 1950
52,1 — 1960
55,5 — 1970
56,3 — 1980
57,3 — 1990

ÉVOLUTION DE LA NATALITÉ ET DE LA MORTALITÉ

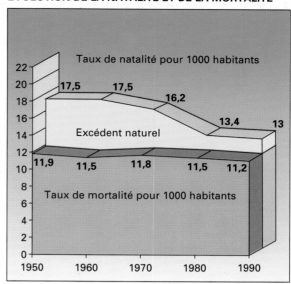

Taux de natalité pour 1000 habitants

17,5   17,5   16,2   13,4   13

Excédent naturel

11,9   11,5   11,8   11,5   11,2

Taux de mortalité pour 1000 habitants

1950   1960   1970   1980   1990

LES RÉSIDENTS ÉTRANGERS AU ROYAUME-UNI

Irlandais	**542 000**
Italiens	**77 000**
Allemands	**37 000**
Espagnols	**29 000**
Français	**25 000**
Autres ressortissants de la C.E.E.	**44 000**
Total communautaire	**754 000**
Américains	**114 000**
Autres pays	**868 000**
Total	**1 736 000**

Soit 3% de la population

RÉPARTITION PAR ÂGES

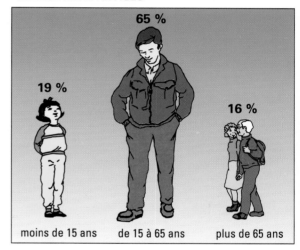

65 %

19 %

16 %

moins de 15 ans   de 15 à 65 ans   plus de 65 ans

STRUCTURE DE L'EMPLOI

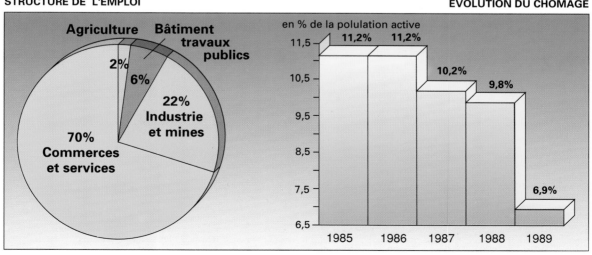

Agriculture   Bâtiment travaux publics

2%

6%

22% Industrie et mines

70% Commerces et services

ÉVOLUTION DU CHÔMAGE

en % de la polulation active

11,2%   11,2%   10,2%   9,8%   6,9%

1985   1986   1987   1988   1989

B. Les « hommes d'influence »

Les grandes consciences européennes

Giuseppe MAZZINI
(1807-1872)

Grand inspirateur de l'unité italienne, Mazzini est aussi un apôtre de l'unité européenne : c'est qu'il ne voyait aucune contradiction entre la nationalité et l'humanité, mais voulait au contraire unir les nationalités fraternelles au sein d'une humanité libre.
Réfugié en Suisse, il fonde en 1834 le mouvement jeune Europe, qu'il conçoit comme une « Sainte-Alliance des nations » dressée contre la Sainte-Alliance de Metternich, celle des empires et de la réaction. Malgré l'échec du printemps des peuples de 1848, Mazzini reste en fait le premier militant européen.

Le programme de la *Jeune Europe*

Croyant que l'Humanité est appelée à procéder par un *progrès continuel* et sous l'empire de la loi morale universelle, au développement *libre et harmonieux* de ses propres facultés et à l'accomplissement de sa propre mission dans l'univers ;
Qu'elle ne le peut pas sans le concours actif de tous ses membres, *librement* unis ; [...]
Convaincus que tout homme et tout peuple a une mission *particulière*, qui, tandis qu'elle constitue l'individualité de cet homme et de ce peuple, concourt nécessairement à l'accomplissement de la mission générale de l'humanité ; [...]
Nous étant auparavant constitués en Associations nationales libres et indépendantes : noyaux primitifs de la Jeune Italie, de la Jeune Pologne et de la Jeune Allemagne ;
Réunis en assemblée dans un but d'utilité générale, le 15 avril 1834, la main sur le cœur et nous portant garants de l'avenir, nous avons décidé ce qui suit :

I. La Jeune Allemagne, la Jeune Pologne et la Jeune Italie, associations républicaines, tendant à une fin identique qui embrasse l'Humanité, et sous l'empire d'une même foi de Liberté, d'Égalité et de Progrès, signent un acte de fraternité valable aujourd'hui et toujours pour tout ce qui concerne le but général.
II. Une déclaration de principe constituant la loi morale universelle appliquée aux sociétés humaines sera préparée et signée par les trois associations nationales. [...]
IV. La ligue d'attaque et de défense solidaire des peuples qui se reconnaissent sera constituée par les trois associations. Toutes les trois travailleront d'accord à s'émanciper. Chacune aura droit au secours des autres, pour toutes les manifestations solennelles et importantes qui auront lieu en sa faveur.
V. La réunion des *Congreghe* nationales ou des délégués de chacune d'elles constituera la *Congrega* de la Jeune Europe. [...]
VII. La *Congrega* de la Jeune Europe choisira un symbole commun à tous les membres des trois associations ; ils se reconnaîtront tous à ce symbole. Une devise commune placée en tête des écrits contresignera l'œuvre de la société.

VIII. Tout peuple qui voudrait participer aux droits et aux devoirs de la fraternité établie entre les trois peuples fédérés par cet acte, adhérera formellement à l'acte même, le signant par l'entremise de sa *Congrega* nationale.

Fait à Berne (Suisse), le 15 avril 1934.

Pourquoi l'échec ?
Bilan et espoirs d'un militant européen

« Oui, la cause est en nous, elle est dans notre manque d'organisation, dans le fractionnement que des systèmes, quelquefois absurdes et dangereux, toujours incomplets et prématurés et cependant soutenus avec l'exclusivisme et l'acharnement de l'intolérance, ont produit dans nos rangs. Elle est dans nos défiances, dans nos mesquines vanités perpétuelles, dans le manque absolu de cet esprit de discipline qui seul accomplit les grandes choses, dans l'éparpillement de nos forces en une multitude de petits foyers, de groupes, de sectes, de coteries puissantes à dissoudre, impuissantes à fonder [...]. Elle est dans l'esprit de nationalisme substitué partout à l'esprit de nationalité, dans la folle prétention que chaque peuple a eue de pouvoir résoudre le problème politique, économique et social en son sein et par ses seules forces, dans l'oubli de cette grande vérité : que la cause des peuples est une ; que la patrie doit s'appuyer sur l'humanité ; [...] que la Sainte-Alliance des nations est le but de nos luttes, la seule force qui puisse terrasser la ligue des pouvoirs issus du privilège ou de l'égoïsme des intérêts. [...]
Dieu merci, l'Europe est émancipée ; elle l'est depuis Marathon. Ce jour-là, le principe *stationnaire* oriental fut vaincu pour toujours ; la liberté baptisa notre sol ; l'Europe marcha. Elle marche encore ; et ce n'est pas par quelques chiffons de papier qu'on l'arrêtera dans sa marche. »

G. MAZZINI, *Foi et Avenir*, Paris, Bureau du Nouveau Monde, 1850 (texte écrit en français).

Ces deux textes, et beaucoup d'autres textes sur l'Europe, sont cités par Denis de Rougemont, *Vingt-Huit Siècles d'Europe*, Paris, Payot, 1961.

Victor HUGO
(1802-1885)

Avec Mazzini, Victor Hugo est le principal représentant de cet « esprit de 1848 » où les nationalités sont exaltées contre les empires et où les États-Unis d'Europe sont rêvés pour mettre un terme à l'oppression et à la guerre. De son grand discours devant le congrès de la Paix réuni à Paris en 1849 jusqu'à sa mort, le poète défend sans relâche l'idée d'une Europe unifiée. Ses paroles ont inspiré plusieurs générations d'« Européens ». Et l'avenir a finalement montré qu'il n'était pas un utopiste, mais un visionnaire.

Un jour viendra...

« Messieurs, si quelqu'un, il y a quatre siècles, à l'époque où la guerre existait de commune à commune, de ville à ville, de province à province, si quelqu'un eût dit à la Lorraine, à la Picardie, à la Normandie, à la Bretagne, à l'Auvergne, à la Provence, au Dauphiné, à la Bourgogne : Un jour viendra où vous ne vous ferez plus la guerre, un jour viendra où vous ne lèverez plus d'hommes d'armes les uns contre les autres, un jour viendra où l'on ne dira plus : les Normands ont attaqué les Picards, les Lorrains ont repoussé les Bourguignons. Vous aurez bien encore des différends à régler, des intérêts à débattre, des contestations à résoudre, mais savez-vous ce que vous mettrez à la place des hommes d'armes ? [...] Vous mettrez une petite boîte de sapin que vous appellerez l'urne du scrutin, et de cette boîte il sortira quoi ? une assemblée en laquelle vous vous sentirez tous vivre, une assemblée qui sera comme votre âme à tous, un concile souverain et populaire qui décidera, qui jugera, qui résoudra tout en loi, qui fera tomber le glaive de toutes les mains et surgir la justice dans tous les cœurs, qui dira à chacun : Là finit ton droit, ici commence ton devoir. Bas les armes ! Vivez en paix... !

« Si quelqu'un eût dit cela à cette époque, messieurs, tous les hommes positifs, tous les gens sérieux, tous les grands politiques d'alors se fussent écriés : Oh ! le songeur ! Oh ! le rêve-creux ! Comme cet homme connaît peu l'humanité ! Que voilà une étrange folie et une absurde chimère ! Messieurs, le temps a marché, et cette chimère c'est la réalité. [...]

« Un jour viendra où les armes tomberont des mains, à vous aussi ! Un jour viendra où la guerre vous paraîtra aussi absurde et aussi impossible entre Paris et Londres, entre Pétersbourg et Berlin, entre Vienne et Turin, qu'elle serait impossible et paraîtrait absurde aujourd'hui entre Rouen et Amiens, entre Boston et Philadelphie. Un jour viendra où vous France, vous Russie, vous Italie, vous Angleterre, vous Allemagne, vous toutes nations du continent, sans perdre vos qualités distinctes et votre glorieuse individualité, vous vous fondrez étroitement dans une unité supérieure, et vous constituerez la fraternité européenne, absolument comme la Normandie, la Bretagne, la Bourgogne, la Lorraine, l'Alsace, toutes nos provinces se sont fondues dans la France. Un jour viendra où il n'y aura plus d'autres champs de bataille que les marchés s'ouvrant au commerce et les esprits s'ouvrant aux idées. Un jour viendra où les boulets et les bombes seront remplacés par les votes, par le suffrage universel des peuples, par le véritable arbitrage d'un grand sénat souverain qui sera à l'Europe ce que le parlement est à l'Angleterre, ce que la diète est à l'Allemagne, ce que l'assemblée législative est à la France ! [...] Un jour viendra où l'on verra ces deux groupes immenses, les États-Unis d'Amérique, les États-Unis d'Europe, placés en face l'un de l'autre, se tendant la main par-dessus les mers, échangeant leurs produits, leur commerce, leur industrie, leurs arts, leurs génies, défrichant le globe, colonisant les déserts, améliorant la création sous le regard du Créateur, et combinant ensemble, pour en tirer le bien-être de tous, ces deux forces infinies, la fraternité des hommes et la puissance de Dieu ! »

V. HUGO, Discours inaugural du congrès de la Paix, Paris, 21 août 1849, in *Œuvres complètes, Actes et Paroles*, I, Paris, Hetzel, 1882.

Construire l'Europe des libertés

« Il devient nécessaire d'appeler l'attention des gouvernements européens sur un fait tellement petit, à ce qu'il paraît, que les gouvernements semblent ne pas l'apercevoir. Ce fait, le voici : on assassine un peuple. Où ? En Europe. Ce fait a-t-il des témoins ? Un témoin, le monde entier. Les gouvernements le voient-ils ? Non. [...]

« Nous allons étonner les gouvernements européens en leur apprenant une chose, c'est que les crimes sont des crimes, c'est qu'il n'est pas plus permis à un gouvernement qu'à un individu d'être assassin, c'est que l'Europe est solidaire, c'est que tout ce qui se fait en Europe est fait par l'Europe [...].

« Ce qui se passe en Serbie démontre la nécessité des États-Unis d'Europe. Qu'aux gouvernements désunis succèdent les peuples unis. Finissons-en avec les empires meurtriers. Muselons les fanatismes et les despotismes. Brisons les glaives valets des superstitions et les dogmes qui ont le sabre au poing. Plus de guerres, plus de massacres, plus de carnages ; libre pensée, libre échange ; fraternité. Est-ce donc si difficile, la paix ? La République d'Europe, la Fédération continentale, il n'y a pas d'autre réalité politique que celle-là. [...] Ce que les atrocités de Serbie mettent hors de doute, c'est qu'il faut à l'Europe une nationalité européenne, un gouvernement un, un immense arbitrage fraternel, la démocratie en paix avec elle-même, toutes les nations sœurs ayant pour cité et pour chef-lieu Paris, c'est-à-dire la liberté ayant pour capitale la lumière. En un mot, les États-Unis d'Europe. C'est là le but, c'est là le port. »

V. HUGO, « Pour la Serbie », 1876, in *Œuvres complètes, Actes et Paroles*, IV, Paris, Hetzel, 1882.

Friedrich NIETZSCHE
(1844-1900)

Délaissant l'Allemagne pour les montagnes de l'Engadine et les rivages de la Méditerranée, Nietzsche se veut un « bon Européen ». Avec une lucidité étonnante pour les années 1880, il fustige la vanité des nationalismes, notamment du pangermanisme et de l'antisémitisme de ses compatriotes. Prophète plein de paradoxes, il rejette certains aspects de la modernité — la société de masses, la démocratie — tout en appelant à l'unification de l'Europe ; il dépasse les tabous de son époque, tout en ayant la nostalgie d'une Europe où le Grand Frédéric rencontrait Voltaire, où Goethe rencontrait Napoléon.

Un processus inéluctable d'*européanisation*

« Qu'on appelle "civilisation", ou "humanisation", ou "progrès" ce qui apparaît aujourd'hui comme la caractéristique de l'Européen ; qu'on l'appelle simplement, sans éloge ni blâme, d'une formule politique, le mouvement *démocratique* de l'Europe : derrière les politiques que désignent ces formules, s'accomplit un immense processus *physiologique* de plus en plus rapide : les Européens commencent à se ressembler, ils se libèrent progressivement des conditions qui font naître des races prisonnières du climat et des classes sociales ; ils s'affranchissent toujours davantage de tout *milieu défini* qui pourrait au cours des siècles imprimer à l'âme et au corps des besoins identiques. Ce qui s'accomplit, c'est donc le lent avènement d'une espèce d'homme essentiellement supranationale et nomade et qui, physiologiquement, possède comme caractère distinctif et typique un maximum de don et de puissance d'adaptation. Ce processus d'"européanisation" verra peut-être son rythme retardé par de grandes rechutes, mais il y gagnera sans doute en véhémence et en profondeur — l'impétueuse poussée de "sentiment national" qui fait encore rage actuellement est une de ces rechutes, tout comme la montée de l'anarchisme —, et il aboutira probablement à des résultats qu'étaient très loin d'attendre ses naïfs promoteurs et panégyristes, les apôtres des "idées modernes". [...] Je voulais dire : la démocratisation de l'Europe nous prépare du même coup et très involontairement une pépinière de tyrans. »

F. NIETZSCHE, *Par-delà le bien et le mal*, § 242.

Les « bons Européens » et la maladie nationaliste

« La folie des nationalités est cause que les peuples européens sont devenus de plus en plus étrangers les uns aux autres, et cette pathologique ignorance réciproque dure encore aujourd'hui ; elle a porté au pinacle des politiciens à la vue courte et à la main leste, qui ne se doutent même pas combien leur politique de désunion ne peut être nécessairement qu'un intermède. C'est pour cela et pour d'autres raisons qu'il est aujourd'hui tout à fait impossible d'exprimer, qu'on feint de ne pas voir — à moins qu'on en donne une interprétation arbitraire et mensongère — les signes qui annoncent avec le plus d'évidence que l'*Europe veut s'unifier*. Chez tous les êtres vastes et profonds de ce siècle, la véritable tendance générale du travail mystérieux de leur âme a été de préparer la voie à cette nouvelle synthèse et d'essayer de réaliser en eux, par anticipation, l'Européen de l'avenir : ce n'est que par leurs façades, ou à leurs heures de faiblesse, par exemple en leur vieillesse, qu'ils ont appartenu à des "patries", en devenant des "patriotes", ils ne faisaient que se reposer d'eux-mêmes. Je pense ici à des hommes comme Napoléon, Goethe, Beethoven, Stendhal, Henri Heine, Schopenhauer ; qu'on ne m'en veuille pas si je leur adjoins Richard Wagner : on ne doit pas se laisser égarer par les jugements erronés qu'il a portés sur lui-même : des génies de son espèce ont rarement le droit de se comprendre eux-mêmes. »

Ibid., § 256.

« Nous autres, "bons Européens", nous avons aussi des heures où nous nous permettons un patriotisme courageux, un plongeon, une rechute dans nos vieilles amours, nos horizons étroits [...], des heures où nous nous laissons submerger par l'émotion nationale, l'angoisse patriotique et toutes sortes d'autres sentiments antiques et vénérables. Mais ce qui, chez nous, est tout au plus l'affaire de quelques heures et ne dure pas davantage, des esprits moins subtils auront peut-être besoin de plus de temps pour en venir à bout ; aux uns il faudra la moitié d'une année, aux autres la moitié d'une vie humaine, selon la rapidité et la force de leur digestion et de leurs "échanges organiques". Je m'imagine très bien des races ternes et hésitantes qui, même dans notre rapide Europe, auraient besoin de demi-siècles entiers pour surmonter de tels accès de chauvinisme atavique et de régionalisme, et pour revenir à la raison, je veux dire au "bon européanisme". »

Ibid., § 241.

« Un peu d'air pur ! Il ne faut pas que cet absurde état de l'Europe dure plus longtemps ! Y a-t-il une pensée quelconque derrière ce nationalisme de bêtes à cornes ? A présent que tout s'oriente vers de plus larges intérêts communs, à quoi rime d'exciter ces égoïsmes galeux ? Et cela au moment où l'absence d'indépendance intellectuelle et la déchéance des nationalismes sautent aux yeux, où toute la valeur, tout le sens de la civilisation présente consiste à se fondre en un seul ensemble où les parties se féconderont réciproquement ! »

F. NIETZSCHE, *La Volonté de puissance*, III, 3.

Stefan ZWEIG
(1881-1942)

Écrivain viennois, ami des plus grands esprits de son temps, familier de Paris, Bruxelles, Londres, Berlin, Zweig, dont l'œuvre est traduite dans toutes les langues, est un des derniers représentants d'une Europe cosmopolite. Mais lorsque Hitler déchaîne à nouveau les démons du nationalisme, Zweig n'est plus qu'un Juif persécuté et apatride : réfugié au Brésil, il écrit ses mémoires : Le Monde d'hier, *puis se suicide. Ce monde perdu, c'est une Europe unie par la culture, dont Vienne était un peu le cœur et le modèle, et en laquelle toute une génération enthousiaste se reconnaissait.*

Vienne, ville de l'harmonie européenne

« A peine trouverait-on une ville en Europe où l'aspiration à la culture se fît plus passionnée qu'à Vienne. Comme la monarchie autrichienne avait depuis des siècles abdiqué ses ambitions politiques et n'avait remporté aucun succès éclatant sur les champs de bataille, l'orgueil patriotique avait tourné en volonté impérieuse de conquérir la suprématie artistique. [...] Les Romains avaient posé les premières pierres de cette cité, ils avaient érigé un *castrum*, poste avancé destiné à protéger la civilisation latine contre les barbares, et, plus de mille ans après, l'assaut des Turcs contre l'Occident s'était brisé sur leurs murailles ; ici étaient venus les Nibelungen, d'ici avait resplendi sur le monde l'immortelle pléiade des musiciens : Gluck, Haydn et Mozart, Beethoven, Schubert, Brahms et Johann Strauss ; ici ont conflué tous les courants de la culture européenne ; à la cour, dans l'aristocratie, dans le peuple, les sangs allemand, slave, hongrois, espagnol, italien, français, flamand s'étaient mêlés, et ce fut le génie propre de cette ville de la musique que de fondre harmonieusement tous ces contrastes en quelque chose de nouveau et de particulier, l'esprit autrichien, l'esprit viennois. Accueillante et douée d'un sens spécial de la réceptivité, cette cité attira à elle les forces les plus disparates, elle les défendit, les assouplit, les adoucit ; la vie était plaisante dans cette atmosphère de conciliation spirituelle et, à son insu, chaque bourgeois de cette ville était promu par son éducation à ce cosmopolitisme qui répudie tout nationalisme étroit, à la dignité, enfin, de citoyen du monde. [...]

« Installés depuis plus de deux cents ans dans la ville impériale, les Juifs y rencontrèrent un peuple de mœurs faciles et d'humeur conciliante, et qui, sous son apparente légèreté, nourrissait le même instinct profond des valeurs esthétiques et spirituelles qui avaient pour eux-mêmes tant d'importance. [...] Par leur amour passionné de cette ville, par leur volonté de s'assimiler à elle, ils s'y étaient parfaitement adaptés, et ils étaient heureux de servir la gloire autrichienne ; ils croyaient par là s'acquitter d'une mission qui leur avait été remplir dans le monde, et il faut y insister dans l'intérêt de la vérité, une bonne part, sinon la plus grande part de ce que l'Europe, de ce que l'Amérique admirent dans la musique, dans la littérature, au théâtre, dans les arts appliqués, comme étant l'expression d'une renaissance de la culture viennoise a été créée par les Juifs de Vienne,

qui s'égalaient ainsi aux plus dignes représentants de la haute spiritualité et du génie millénaire de la race. [...] On se rendra compte au cours des prochaines décennies du crime qu'on a commis contre Vienne, en s'appliquant à nationaliser, à "provincialiser" par les moyens les plus violents une ville dont l'esprit et la culture consistaient justement dans la rencontre des éléments les plus hétérogènes, dans son caractère "supra-national". Car le génie de Vienne, qui est proprement musical, a toujours été d'harmoniser en soi tous les contrastes ethniques et linguistiques, sa culture est une synthèse de toutes les cultures occidentales. [...] Nulle part il n'était plus facile d'être un Européen, et je sais que je dois principalement à cette ville, qui déjà au temps de Marc-Aurèle avait défendu l'universalisme romain, d'avoir appris de bonne heure à aimer, comme la plus noble que mon cœur eût conçue, l'idée de la communauté. »

L'âge d'or du sentiment européen

« J'avais ainsi vécu les dix premières années du siècle nouveau, j'avais vu l'Inde, une partie de l'Amérique et de l'Afrique ; avec une joie nouvelle, mieux informée, je me remis à tourner mes regards vers notre Europe. Jamais je n'ai aimé *davantage* notre vieille Terre que dans ces dernières années qui ont précédé la guerre mondiale, jamais je n'ai espéré *davantage* l'unification de l'Europe, jamais je n'ai cru *davantage* en l'avenir que dans ce temps où nous pensions apercevoir les rougeurs d'une nouvelle aurore. C'était déjà en réalité la lueur de l'incendie qui allait embraser le monde. [...] Nous poussâmes des cris d'allégresse à Vienne, quand Blériot survola la Manche, comme s'il était un héros de notre patrie ; grâce à la fierté qu'inspiraient à chaque heure les triomphes sans cesse renouvelés de notre technique, de notre science, pour la première fois un sentiment de solidarité européenne, une conscience nationale européenne étaient en devenir. Combien absurdes, nous disions-nous, ces frontières qu'un avion se fait un jeu de survoler, combien provinciales, combien artificielles ces barrières douanières et ces gardes-frontières, combien contradictoires à l'esprit de notre temps qui manifestement désire l'union et la fraternité universelle ! Cet essor du sentiment n'était pas moins merveilleux que celui des aéroplanes ; je plains tous ceux qui n'ont pas vécu jeunes ces dernières années de la confiance en l'Europe. »

S. ZWEIG, *Le Monde d'hier*, Paris, Belfond, 1982.

Romain ROLLAND
(1866-1944)

Dans l'auteur de Jean-Christophe, *où s'exprime la foi en une fraternité franco-allemande, Zweig reconnaissait déjà « l'homme qui, à l'heure décisive, serait la conscience de l'Europe ». Et en effet, de Genève où il publie dès septembre 1914 son fameux article « Au-dessus de la mêlée », Romain Rolland dénonce sans relâche la Grande Guerre comme une lutte fratricide et sacrilège, un « crime contre l'Europe et contre la civilisation ». Il veut aussi y voir l'épreuve décisive qui permettra d'en finir avec les nationalismes. Même si ensuite, déçu par la paix de 1919, attiré par la Révolution bolchevique et l'action de Gandhi, il considéra l'Europe comme un but trop limité, Rolland n'en reste pas moins une des grandes voix qui ont appelé à l'unité.*

Reconstruire l'Europe de l'esprit

« Cher ami,

« Vous m'offrez l'hospitalité de votre journal *De Amsterdammer*. Je vous remercie et j'accepte. Il fait bon se grouper entre âmes libres qui se défendent contre les passions de nationalismes déchaînés. Dans l'abominable mêlée où les peuples qui se ruent les uns contre les autres déchirent notre Europe, sauvons au moins le drapeau et rassemblons-nous autour. Il s'agit de reformer une opinion publique européenne. C'est la tâche la plus urgente. Parmi ces millions d'hommes qui ne savent être qu'allemands, autrichiens, français, russes, anglais, etc., efforçons-nous d'être des *hommes* qui, par-delà les intérêts égoïstes des nations éphémères, ne perdent pas de vue ceux de la civilisation humaine tout entière — cette civilisation que chaque race identifie criminellement avec la sienne. Je voudrais que votre fier pays, qui a su toujours défendre son indépendance politique et morale, entre les blocs énormes des grands États qui l'entourent, pût devenir, en ces jours, le cœur de l'Europe idéale, en qui nous avons foi — le foyer où se concentreront les volontés de ceux qui aspirent à la reconstituer. [...]

« Puisque l'Europe tout entière est bouleversée, qu'on en profite pour faire de l'ordre dans cette maison malpropre. [...] Notre devoir, à tous ceux d'entre nous qui ont le sentiment de la fraternité humaine, est de rappeler alors les droits des petites nationalités opprimées. [...] Tout se tient. C'est parce que nos pères ont laissé, par réalisme borné et par peureux égoïsme, violer les droits des peuples de l'Europe orientale, qu'aujourd'hui l'Occident est broyé et la menace suspendue sur tous les petits peuples, sur le vôtre, mes amis, sur celui dont je suis l'hôte, sur la Suisse. Qui fait tort à l'un d'eux fait tort à tous les autres. Unissons-nous ! Au-dessus de toutes les questions de races, qui ne sont le plus souvent qu'un mensonge sous lequel se dissimulent l'orgueil de la multitude et l'intérêt de castes financières ou féodales, il y a une loi humaine, éternelle, universelle, dont nous devons tous être les serviteurs et les défenseurs : c'est celle du droit des peuples à disposer d'eux-mêmes. Et qui viole cette loi, qu'il soit l'ennemi de tous ! »

R. ROLLAND, Lettre à Frédéric Van Eeden, publiée dans *De Amsterdammer*, 24 janvier 1915.

L'unité européenne baptisée dans le sang

« Pendant des siècles s'est forgée l'unité de notre France par les combats entre les provinces. Chaque province, chaque village fut, un jour, la patrie. Plus de cent ans, Armagnacs, Bourguignons (mes grands-pères) se sont cassé la tête pour découvrir enfin que le sang qui coulait dans leurs entrailles était le même. A présent, la guerre qui mêle le sang de France et d'Allemagne le leur fait boire dans le même verre, ainsi qu'aux héros barbares de l'antique épopée, pour leur union future. Qu'ils s'étreignent et se mordent, leur corps-à-corps les lie ! [...] Un jour prochain, l'union des nations d'Occident formera la nouvelle patrie. Elle-même ne sera qu'une étape sur la route qui mène à la patrie plus large : l'Europe. Ne voit-on pas déjà les douze États d'Europe, ramassés en deux camps, s'essayer sans le savoir à la fédération où les guerres de nations paraîtront aussi sacrilèges que le seraient maintenant les guerres entre provinces ? »

Id., « La route en lacets qui monte », *Le Carmel*, Genève, décembre 1916.

« Les destins de l'humanité l'emportent sur ceux de toutes les patries. Rien ne saura empêcher les liens de se reformer entre les pensées des nations ennemies. Celle qui s'y refuserait se suiciderait. Car par ces liens circule le flot de la vie. Mais ils n'ont jamais, au plus fort de la guerre, été rompus complètement. La guerre a même eu l'avantage douloureux de grouper à travers l'univers les esprits qui se refusent à la haine des nations. Elle a trempé leurs forces, elle a soudé en un bloc de fer leurs volontés. Ils se trompent, ceux qui pensent que les idées de libre fraternité humaine sont à présent étouffées ! Elles se taisent, sous le bâillon de la dictature militaire (et civile) qui règne dans toute l'Europe. Mais le bâillon tombera, et elles feront explosion. Je souffre pour les millions d'innocentes victimes, aujourd'hui sacrifiées sur les champs de bataille. Mais je n'ai aucune inquiétude pour l'unité de la société européenne. Elle se réalisera. La guerre d'aujourd'hui est son baptême de sang. »

Id., Lettre au journal *Svenska Dagbladet* de Stockholm, 10 avril 1915.

José ORTEGA Y GASSET
(1883-1955)

Philosophe profondément espagnol mais formé à l'école de l'Allemagne, connaisseur éclairé de Velazquez et Goya, mais aussi de Cézanne, Proust ou Debussy, Ortega est un vrai Européen, convaincu que « toutes les nations européennes se fondent, unies et indifférenciées, dans un sous-sol commun, de l'Islande au Caucase ». Pour que l'Espagne cesse de ressasser sa « décadence » et s'ouvre, il fonde la Revista de Occidente *qui publie tous les philosophes de l'avant-garde européenne. En 1930, dans l'un de ses livres les plus traduits, il montre à une Europe en pleine crise la voie du salut : le dépassement des frontières.*

Les nations ne sont plus que des provinces

« Les Européens ne savent pas vivre s'ils ne sont engagés dans une grande entreprise qui les unit. Quand elle leur fait défaut, ils s'avilissent, s'amollissent, leur âme se désagrège. Nous avons aujourd'hui un commencement de désagrégation sous nos yeux. Les cercles qui, jusqu'à nos jours, se sont appelés nations, parvinrent, il y a un siècle ou à peu près, à leur plus grande expansion. On ne peut plus rien faire avec eux si ce n'est les dépasser. Ils ne sont plus qu'un passé, qui s'accumule autour et au-dessous de l'Européen, un passé qui l'emprisonne et l'alourdit. Après plus de liberté vitale que jamais, nous sentons tous que l'air est irrespirable à l'intérieur de chaque peuple, parce que c'est un air confiné. Chaque nation qui était autrefois la grande atmosphère ouverte, est devenue une province, un "intérieur". Dans la supernation européenne que nous imaginons, la pluralité actuelle ne peut ni ne doit disparaître. Alors que l'État antique annulait la différence entre les peuples, ou la laissait inactive, ou tout au plus la leur conservait cristallisée, l'idée nationale plus purement dynamique exige la permanence active de cette pluralité qui a toujours été la vie de l'Occident.

« Tout le monde perçoit l'urgence d'un nouveau principe de vie. Mais — comme il arrive toujours en de semblables crises — quelques-uns essayent de sauver l'instant présent par une intensification extrême et artificielle de ce principe qui, précisément, est depuis longtemps caduc. Tel est le sens de l'irruption des "nationalismes" de ces dernières années. Et je ne cesse de le redire : il en a toujours été ainsi. C'est la dernière flamme qui est la plus longue ; le dernier soupir qui est le plus profond. A la veille de disparaître, les frontières deviennent plus sensibles que jamais — les frontières militaires et les frontières économiques.

« Mais tous ces nationalismes sont des impasses ; qu'on essaye de les projeter vers le futur et l'on ressentira le contre-coup. Ils n'offrent aucune issue. [...] Le nationalisme n'est rien qu'une manie, un prétexte qui s'offre pour éluder le pouvoir d'invention, le devoir de grandes entreprises. D'ailleurs, la simplicité des moyens avec lesquels il opère et la catégorie des hommes qu'il exalte, révèlent amplement qu'il est le contraire d'une création historique.

« Seule, la décision de construire une grande nation avec le groupe des peuples continentaux relèverait le pouls de l'Europe. Celle-ci recommencerait à croire en elle-même et automatiquement à exiger beaucoup d'elle, à se discipliner. [...] »

Le remède à la crise : réaliser la promesse de l'Europe

« Le pessimisme, le découragement qui pèse aujourd'hui sur l'âme continentale ressemble beaucoup à celui de l'oiseau à grandes ailes qui, en battant l'air, se blesse contre les barreaux de sa cage. La meilleure preuve en est que cette combinaison se répète dans tous les domaines, dont les facteurs sont en apparence très distincts du domaine économique. Par exemple dans la vie intellectuelle. Tout bon intellectuel allemand, anglais ou français se sent aujourd'hui à l'étroit dans les limites de sa nation, sent sa nationalité comme une limitation absolue. [...]

« Si l'on nous réduisait — expérience purement imaginaire — à vivre uniquement de ce que nous sommes, en tant que "nationaux", et que, par un artifice quelconque, on extirpe du Français moyen tout ce dont il se sert, tout ce qu'il sent, tout ce qu'il pense, et qui lui vient des autres pays continentaux, cet homme serait terrifié. Il verrait qu'il ne lui est pas possible de vivre avec ce maigre recours purement national, mais que les quatre cinquièmes de son avoir intime sont des biens de la communauté européenne.

« On ne voit guère quelle autre chose d'importance nous pourrions bien *faire*, nous qui existons de ce côté de la planète, si ce n'est de réaliser la promesse que, depuis quatre siècles, signifie le mot Europe. [...] L'unité de l'Europe n'est pas une fantaisie. Elle est la réalité même ; et ce qui est fantastique c'est précisément l'autre thèse : la croyance que la France, l'Allemagne, l'Italie ou l'Espagne sont des réalités substantives, indépendantes. [...]

« Il est extrêmement improbable qu'une société, une collectivité aussi mûre que celle que forment déjà les peuples européens, ne soit pas près de créer l'appareil politique d'un État, pour donner une forme à l'exercice du pouvoir public européen déjà existant. C'est le réalisme historique qui m'a appris à reconnaître que l'unité de l'Europe comme société n'est pas un *idéal*, mais un fait de très ancienne quotidienneté. Et lorsqu'on a vu cela, la probabilité d'un État général européen s'impose mécaniquement. Quant à l'occasion qui subitement portera le processus à son terme, elle peut être Dieu sait quoi ! la natte d'un Chinois émergeant de derrière les Ourals ou bien la secousse du grand *magma* islamique. »

J. Ortega y Gasset, *La Révolte des masses*, Paris, Stock, 1937 (éd. esp. : 1930).

Denis de ROUGEMONT
(1906-1985)

Né en Suisse — cœur de l'Europe et modèle du fédéralisme — il fonde à Paris avec Emmanuel Mounier la revue Esprit, *puis rencontre à New York pendant la guerre d'illustres représentants de la culture européenne, en exil comme lui : Max Ernst, Breton, Saint-Exupéry, Saint-John Perse — qui voyait en Denis de Rougemont le type même de l'homo europeanus. Il est donc tout désigné pour devenir l'organisateur de l'Europe culturelle. Rapporteur de la commission culturelle au Congrès de La Haye en 1948, il est nommé en 1950 directeur du Centre européen de la culture à Genève. Depuis, il n'a cessé de militer en faveur d'une Europe fédérale, respectueuse des régions et de l'environnement, une Europe à l'échelle de l'homme et qui saurait préserver son héritage culturel.*

La force de l'Europe : la culture

« Avant cette guerre, le nom d'Europe évoquait un foyer intense dont le rayonnement s'élargissait sur tous les autres continents. L'Europe nous semblait donc plus grande qu'elle n'était. D'où l'effet de choc que produisit dans nos esprits, au lendemain de l'autre guerre, la phrase fameuse de Valéry sur l'Europe : "petit cap de l'Asie". Aujourd'hui l'Europe vue d'Amérique, et j'imagine aussi vue de Russie, paraît plus petite que nature : physiquement resserrée entre deux grands empires dont les ombres immenses s'affrontent au-dessus d'elle, rongée et ruinée sur ses bords, moralement refermée sur elle-même. Il y a plus. Nous voyons l'Europe comme vidée, au profit de ces deux empires, de certaines ambitions, de certains rêves et de certaines croyances apparus sur son sol, et qui semblaient parfois définir son génie. Notre rêve du progrès, par exemple, semble avoir évacué l'Europe pour émigrer vers l'Amérique et vers la Russie. [...]

« L'Europe a dominé le monde pendant des siècles par sa *culture* d'abord, dès le Moyen Age, par sa *curiosité* et son *commerce* à l'époque des grandes découvertes, par ses *armes* et son *art de la guerre* mis au service tantôt de la rapacité de telle nation ou de tel prince, tantôt d'*idéaux contagieux* ; enfin par des *machines* et par ses *capitaux*. Mais voici que l'Amérique et la Russie viennent de lui ravir coup sur coup les *machines* et les *capitaux*, les *idéaux contagieux* et les *armes*, le *grand commerce* et jusqu'à la *curiosité* de la planète ! Tout cela dans l'espace de trente ans, et sans retour possible, à vues humaines. Que nous reste-t-il donc en propre ? Un monopole unique : celui de la *culture* au sens le plus large du terme, c'est-à-dire : une mesure de l'homme, un principe de critique permanente, un certain équilibre humain résultant de tensions innombrables. Cela, on nous le laisse encore, et à vrai dire, c'est le plus difficile à prendre ! Mais c'est aussi le plus difficile à maintenir en état d'efficacité. »

L'honneur de l'Europe : le respect de l'homme

« A l'origine de la religion, de la culture et de la morale européenne, il y a l'idée de la contradiction, du déchirement fécond, du conflit créateur. Il y a ce signe de contradiction par excellence qui est la croix. Au contraire, à l'origine des deux empires nouveaux, il y a l'idée de l'unification de l'homme lui-même, de l'élimination des antithèses et du triomphe de l'organisation bien huilée, sans histoire et sans drame. Il s'ensuit que le héros européen sera l'homme qui atteint, dramatiquement, le plus haut point de conscience et de signification : le saint, le mystique, le martyr. Tandis que le héros américain ou russe sera l'homme le plus conforme au standard du bonheur, celui qui réussit, celui qui ne souffre plus parce qu'il s'est parfaitement adapté. L'*homme exemplaire* pour nous, c'est l'homme exceptionnel, c'est le grand homme ; pour eux, c'est au contraire l'homme moyen, le *common man*, base ou produit des statistiques. Pour nous, l'homme exemplaire, c'est le plus haut exemple ; pour eux, c'est l'exemplaire de série. [...] Pour nous, la vie résulte d'un conflit permanent, et son but n'est pas le bonheur, mais la conscience plus aiguë, la découverte d'un sens, d'une signification, fût-ce dans le malheur de la passion, fût-ce dans l'échec. Ils visent à l'inconscience heureuse, et nous à la conscience à n'importe quel prix. Ils veulent la vie, nous des raisons de vivre, même mortelles. » [...]

Européenne sera donc, typiquement, la volonté de rapporter à l'homme, de mesurer à l'homme toutes les institutions. Cet homme de la contradiction (s'il la domine en création), c'est celui que j'appelle la *personne*. Et ces institutions à sa mesure, à hauteur d'homme, traduisant dans la vie de la culture, comme dans les structures politiques, les mêmes tensions fondamentales, je les nommerai : *fédéralistes*. »

D. de Rougemont, *L'Esprit européen*, Édition de la Baconnière, Neuchâtel, 1949.

Milan KUNDERA

Né en Tchécoslovaquie en 1929, naturalisé français, Kundera est l'héritier dans ses romans de la très riche tradition culturelle de l'Europe centrale. Il rappelle l'apport essentiel au patrimoine européen de cet espace situé entre Allemagne et Russie, et centré sur Vienne, Prague et Budapest. C'est de là que vient une grande partie de notre culture : le baroque, la musique de Mozart à Bartok, la littérature de Kafka à Gombrowicz, la psychanalyse et le structuralisme. Le drame, pour Kundera, c'est la rupture de cette unité culturelle depuis 1945, quand l'Europe centrale a été tirée par Staline vers la Russie soviétique, cet « anti-Occident ».

L'Europe centrale rayée de la carte de l'Occident

« L'Europe géographique (celle qui va de l'Atlantique à l'Oural) fut toujours divisée en deux moitiés qui évoluaient séparément : l'une liée à l'ancienne Rome et à l'Église catholique (signe particulier : alphabet latin) ; l'autre ancrée dans Byzance et dans l'Église orthodoxe (signe particulier : alphabet cyrillique). Après 1945, la frontière entre ces deux Europes se déplaça de quelques centaines de kilomètres vers l'Ouest, et quelques nations qui s'étaient toujours considérées comme occidentales se réveillèrent un beau jour et constatèrent qu'elles se trouvaient à l'Est. Par suite, se sont formées après la guerre trois situations fondamentales en Europe : celle de l'Europe occidentale, celle de l'Europe orientale et celle, la plus compliquée, de cette partie de l'Europe située géographiquement au Centre, culturellement à l'Ouest et politiquement à l'Est. [...]

« A la frontière orientale de l'Occident qu'est l'Europe centrale, on a toujours été plus sensible au danger de la puissance russe. Et non seulement les Polonais. Frantisek Palacky, le grand historien et la personnalité la plus représentative de la politique tchèque du XIXᵉ siècle, écrivit en 1848 la lettre fameuse au parlement révolutionnaire de Francfort par laquelle il justifiait l'existence de l'Empire des Habsbourg, seul rempart possible contre la Russie, "cette puissance qui, ayant aujourd'hui une grandeur énorme, augmente sa force plus que ne pourrait le faire aucun pays occidental". [...] Selon Palacky, l'Europe centrale aurait dû être le foyer des nations égales qui, avec un respect mutuel, à l'abri d'un État commun et fort, cultiveraient leurs originalités diverses. Bien qu'il ne se soit jamais pleinement réalisé, ce rêve, partagé par tous les grands esprits centre-européens, n'en est pas moins resté puissant et influent. L'Europe centrale voulait être l'image condensée de l'Europe et de sa richesse variée, une petite Europe archieuropéenne, modèle miniaturisé de l'Europe des nations conçue selon la règle : le maximum de diversité sur le minimum d'espace. Comment ne pouvait-elle pas être horrifiée par la Russie qui, en face d'elle, se fondait sur la règle opposée : le minimum de diversité sur l'espace maximal ? [...]

« Je veux souligner encore une fois ceci : c'est à la frontière orientale de l'Occident que, mieux qu'ailleurs, on perçoit la Russie comme un anti-Occident ; elle apparaît non seulement comme une des puissances européennes parmi d'autres mais comme une civilisation particulière, comme une *autre* civilisation. [...] C'est pourquoi l'Europe que j'appelle centrale ressent le changement de son destin après 1945 non seulement comme une catastrophe politique mais comme la mise en question de sa civilisation. Le sens profond de leur résistance, c'est la défense de leur identité ; ou, autrement dit : c'est la défense de leur occidentalité. On ne se fait plus d'illusions sur les régimes des pays satellites de la Russie. Mais on oublie l'essence de leur tragédie : ils ont disparu de la carte de l'Occident.[...] »

Un destin prémonitoire

« L'Europe centrale en tant que foyer de petites nations a sa propre vision du monde, vision basée sur la méfiance profonde à l'égard de l'Histoire. L'Histoire, cette déesse de Hegel et de Marx, cette incarnation de la Raison qui nous juge et qui nous arbitre, c'est l'Histoire des vainqueurs. Or les peuples centre-européens ne sont pas vainqueurs. Ils sont inséparables de l'Histoire européenne, ils ne pourraient exister sans elle, mais ils ne représentent que l'envers de cette Histoire, ses victimes et ses outsiders. C'est dans cette expérience historique désenchantée qu'est la source de l'originalité de leur culture, de leur sagesse, de leur "esprit de non-sérieux" qui se moque de la grandeur et de la gloire. "N'oublions pas que ce n'est qu'en s'opposant à l'Histoire en tant que telle que nous pouvons nous opposer à celle d'aujourd'hui." J'aimerais graver cette phrase de Witold Gombrowicz sur la porte d'entrée de l'Europe centrale.

« Voilà pourquoi dans cette région de petites nations qui "n'ont pas encore péri", la vulnérabilité de l'Europe, de toute l'Europe, fut visible plus clairement et plus tôt qu'ailleurs. En effet, dans notre monde moderne, où le pouvoir a tendance à se concentrer de plus en plus entre les mains de quelques grands, *toutes* les nations européennes risquent de devenir bientôt petites nations et de subir leur sort. En ce sens-là, le destin de l'Europe centrale apparaît comme l'anticipation du destin européen en général, et sa culture prend d'emblée une énorme actualité. »

M. Kundera, « Un Occident kidnappé ou la tragédie de l'Europe centrale », *Le Débat*, nᵒ 27, novembre 1983.

Richard COUDENHOVE-KALERGI
(1894-1972)

Aristocrate cosmopolite — Hitler le traitait avec mépris de « bâtard universel » — le comte Coudenhove-Kalergi est le moins connu des pères de l'Europe. Pourtant, sa doctrine paneuropéenne a exercé une grande influence sur Briand, Churchill et sur les dirigeants européens depuis 1945. Elle est directement née du drame de l'entre-deux-guerres, quand la disparition de l'empire multinational des Habsbourg laissa le champ libre au déchaînement des nationalismes.

Fils d'une Japonaise et d'un comte du Saint-Empire romain d'ascendance brabançonne et italo-byzantine, Coudenhove-Kalergi grandit dans le château familial de Bohême. A Vienne, au lycée puis à la faculté de philosophie, il côtoie toutes les nationalités de l'**Empire austro-hongrois**. Lorsque celui-ci est disloqué en 1918, Coudenhove-Kalergi devient citoyen tchécoslovaque. Inquiet devant la montée des nationalismes et le cloisonnement de l'Europe centrale en États rivaux, il fonde en 1922-1923 l'**Union paneuropéenne**. « Paneurope » serait une organisation regroupant tous les États d'Europe autour de quelques principes communs, sans aliéner leur souveraineté. Ses modèles sont la **Confédération helvétique** et **Cavour**, qui sut dépasser les intérêts bornés du Piémont pour en faire le noyau d'une Italie unifiée. En 1926, Coudenhove-Kalergi rassemble à Vienne pour le **Ier Congrès paneuropéen** un parterre de personnalités, dont Briand, Herriot, Stresemann, Adenauer, Benes, le comte Sforza. Après l'échec du projet européen de Briand et devant la montée des périls en Europe centrale, il fonde en 1933 à Vienne le **Centre économique paneuropéen**.

Mais la violence l'emporte bientôt : en 1938 Hitler annexe l'Autriche et Coudenhove-Kalergi se réfugie à Paris. Il reçoit la **citoyenneté française** quand la Tchécoslovaquie est à son tour envahie par les nazis. En 1940, il part aux États-Unis, où se trouvent d'autres exilés comme Monnet ou Sforza, et où il est chargé par la New York University d'un cours sur « l'Europe fédérale de l'après-guerre ». Revenu en Europe en 1946, il est l'inspirateur principal des premiers pas de la construction européenne. En 1947, il fonde l'**Union parlementaire européenne**. En 1950, il reçoit le premier prix Charlemagne « à titre de récompense d'un vie tout entière consacrée à la création des États-unis d'Europe ». En de Gaulle, revenu au pouvoir en 1958, il croit avoir enfin trouvé le Cavour de l'Europe. Il soutient donc, contre la plupart des amis de l'Union paneuropéenne, l'« Europe des États », à laquelle aspire le Général, et place de grands espoirs dans le rapprochement franco-allemand. Le 8 juillet 1962, il assiste à la rencontre Adenauer/de Gaulle à Reims. Après l'échec du plan Fouchet, il tente d'accélérer la construction **politique** de l'Europe.

Reconstruire l'Europe pour la paix

« L'Europe de demain ne ressemblera ni à l'Europe d'hier, ni à celle d'aujourd'hui : une nouvelle conception s'impose dont la réalisation devient la plus grande tâche de notre siècle et de notre génération. [...] Nous devons nous rendre compte que la paix de 1919 a échoué : parce qu'elle était basée sur l'humiliation et l'inégalité d'une grande nation européenne ; et parce qu'elle portait ainsi, en soi, tous les germes de nouvelles haines et de nouvelles conflagrations. D'autre part, la tentative de Fédération qui a suivi la dernière guerre a échoué : parce que la Société des nations tentait l'organisation du monde autour d'une Europe anarchique ; et parce qu'elle ne se basait ni sur une force armée, ni sur une communauté économique, ni sur une mystique commune. [...]

« Si nous voulons organiser une paix stable, il faut qu'elle repose sur l'approbation libre de toutes les nations de notre continent. [...] Elle doit s'inspirer du principe de l'égalité de tous les États, de toutes les nations, de toutes les races européennes. [...] La paix de demain ne peut reposer sur la souveraineté illimitée et anarchique des nations européennes ; cette souveraineté doit être complétée par le respect des intérêts communs de l'Europe. [...] Cette Fédération de demain doit se baser, non seulement sur une collaboration économique et monétaire, supprimant successivement les entraves économiques qui déchirent le marché européen, mais elle doit également créer une force capable de protéger les États européens contre toute agression possible. »

R. Coudenhove-Kalergi, discours au théâtre Marigny devant un rassemblement paneuropéen, mai 1939.

Toujours jeune d'allure, Coudenhove-Kalergi fête ses 60 ans à Munich, en novembre 1954 : inlassable militant paneuropéen, il donne une conférence sur le thème : « L'Europe et la paix ».

Aristide BRIAND
(1862-1932)

« Pèlerin de la paix », champion de la Société des nations, Briand est le premier homme d'État à avoir proposé officiellement une union européenne. Il a ainsi anticipé sur l'histoire, comme le dit en 1942 son ancien collaborateur Alexis Léger, alias Saint-John Perse : « L'apôtre de l'Union fédérale européenne n'appartient pas au passé. Il appartient à l'avenir, dont un jour sera fait le présent. »

Né en 1862 à Nantes d'un père cafetier, Aristide Briand se fait connaître comme **avocat** de gauche, défenseur de la grève générale. En 1902, il fonde avec Jaurès le Parti socialiste français et est élu **député**. Rapporteur de la loi de séparation de l'Église et de l'État en 1905, il fait remarquer ses talents de conciliateur et devient **ministre** en 1906. En 1909, il est le premier socialiste à être nommé **président du Conseil**. « Socialiste indépendant », ayant refusé d'entrer à la SFIO, il se rapproche peu à peu du centre au cours de son exceptionnelle carrière politique (vingt-cinq fois ministre, onze fois président du Conseil).

Son attitude conciliante à l'égard des réparations allemandes fait scandale : Briand est désavoué par le président Millerand et remplacé par Poincaré. La politique dure de celui-ci ayant échoué, Briand est rappelé au **Quai d'Orsay** en avril 1925 : il y reste sans discontinuer jusqu'en janvier 1932. Pendant ces sept années, il exerce dans le monde entier un véritable **magistère moral**, en défendant la Société des nations et la paix.

Il commence par mener à bien la **réconciliation franco-allemande**, scellée par l'entrée de l'Allemagne dans la SDN en 1926 : ses efforts et ceux de son homologue allemand Stresemann sont alors récompensés par le **prix Nobel de la paix**. Puis Briand cherche à assurer la sécurité collective du monde, par un pacte de renonciation à la guerre : en 1928 à Paris, soixante États signent le pacte « Briand-Kellogg ». Enfin, pour renforcer la SDN et l'entente franco-allemande, il propose le 5 septembre 1929, en des termes assez vagues, la création d'une **fédération européenne**.

Il y songeait au moins depuis ses entretiens en 1926-1927 avec le comte de Coudenhove-Kalergi, fondateur de l'Union paneuropéenne. Les vingt-sept États européens membres de la SDN chargent Briand de rédiger un **mémorandum**, publié le 1er mai 1930. Presque tous les pays, à commencer par l'Angleterre, émettent alors des réserves. Et la SDN enterre le projet en chargeant Briand de présider une commission d'études pour l'Union européenne, qui disparaît à sa mort (7 mars 1932). C'est le grand échec de Briand, avec sa défaite aux présidentielles de 1931. Son projet a été victime de ses hésitations (priorité du politique ou de l'économique ?), mais surtout de l'irrésistible montée des nationalismes.

Les relations franco-allemandes déjà au cœur de la paix en Europe

« Ah ! Messieurs les ironistes, les détracteurs de la Société des nations, ceux qui se plaisent journellement à mettre en doute sa solidité et qui périodiquement annoncent sa disparition, que pensent-ils, s'ils assistent à cette séance ? N'est-ce pas un spectacle émouvant, particulièrement édifiant et réconfortant, que, quelques années à peine après la plus effroyable guerre qui ait jamais bouleversé le monde, après que les champs de bataille sont encore presque humides de sang, les peuples, les mêmes peuples qui se sont heurtés si rudement se rencontrent dans cette assemblée pacifique et s'affirment mutuellement leur volonté commune de collaborer à l'œuvre de la paix universelle ? « Quelle espérance pour les peuples ! Et comme je connais des mères qui, après cette journée, reposeront leurs yeux sur leurs enfants sans sentir leur cœur se serrer d'angoisse. Messieurs, la paix, pour l'Allemagne et pour la France, cela veut dire : c'en est fini de la série des rencontres douloureuses et sanglantes dont toutes les pages de l'Histoire sont tachées ; c'en est fini des longs voiles de deuil sur des souffrances qui ne s'apaiseront jamais ; plus de guerres, plus de solutions brutales et sanglantes à nos différends ! Certes, ils n'ont pas disparu, mais désormais, c'est le juge qui dira le droit. Comme les individus qui s'en vont régler leurs difficultés devant le magistrat, nous aussi, nous réglerons les nôtres par des procédures pacifiques. Arrière, les fusils, les mitrailleuses, les canons ! Place à la conciliation, à l'arbitrage, à la paix ! »

A. BRIAND, discours du 10 septembre 1926 pour la réception de l'Allemagne à la SDN, cité par G. SUARÈS, *Briand*, t. IV, Plon, 1952.

Le discours de Briand, grand orateur à la « voix de violoncelle », est toujours le temps fort de l'Assemblée générale de la SDN en septembre. Mais le « roi de Genève » ne parvient pas, dans ses dernières interventions (1929, 1930, 1931), à lancer une fédération européenne.

Konrad ADENAUER
(1876-1967)

En forçant la jeune République fédérale d'Allemagne, travaillée par le désir de la réunification et la tentation du neutralisme, à se tourner vers l'Ouest, et en permettant, avec Monnet, Schuman puis de Gaulle, le rapprochement franco-allemand, Adenauer fut l'un des grands bâtisseurs de l'Europe.

Né en 1876 à Cologne dans la famille d'un petit magistrat, Adenauer est un Allemand de l'Ouest, **catholique** et **rhénan**, hostile aux traditions prussiennes. Élu **maire de Cologne** en 1917, il doit faire face au séparatisme rhénan, pour lequel il éprouve une certaine sympathie. Membre dirigeant du Zentrum, le parti des catholiques militants, il est chassé de sa mairie par les nazis en 1933 et il reste en marge des événements jusqu'en 1945.
Adenauer rassemble alors les démocrates-chrétiens dans un nouveau parti, la CDU, tout en présidant le Conseil parlementaire chargé d'élaborer la Loi fondamentale. Le 14 septembre 1949 il devient le premier **Chancelier** de la RFA. Pendant quatorze ans, il entraîne avec autorité son pays dans une voie nouvelle : **l'intégration à l'Ouest** — Otan et Europe — refusant de céder aux mirages de la réunification des deux Allemagnes. Tout l'y pousse : son tempérament rhénan, tourné vers la France ; son anticommunisme viscéral, qui lui fait rechercher la protection américaine ; son patriotisme pragmatique, qui voit dans la construction européenne la seule façon de redonner son prestige à l'Allemagne.
La base de cette politique est le **rapprochement franco-allemand**, qui est facilité par les bonnes relations d'Adenauer avec Monnet et Schuman, catholique rhénan comme lui. En acceptant la **CECA** le 9 mai 1950 au matin, le Chancelier accomplit un des actes essentiels de la construction européenne. En 1952, il signe les traités de Bonn et de Paris, qui rendent sa souveraineté à l'Allemagne de l'Ouest. Après le rejet de la CED par le parlement français — « une journée sombre pour l'Europe », dit-il dans ses *Mémoires* — Adenauer participe à la **relance** de la construction européenne, qui aboutit aux traités de Rome.
Le 14 septembre 1958, c'est la première rencontre avec **de Gaulle** et le début d'une longue complicité. Adenauer soutient le projet d'**union politique** européenne du Général, dénoncé par ceux qui craignent un affaiblissement des institutions supranationales et une hégémonie franco-allemande sur la Communauté. Le projet échoue et aboutit à la signature du traité de coopération franco-allemand de janvier 1963. Mais Adenauer, très critiqué en Allemagne pour sa politique « gaulliste », doit céder la chancellerie en octobre 1963 à Ehrard, plus tourné vers les États-Unis et l'Angleterre que vers la France, partisan d'un libre-échange à l'échelle mondiale et donc européen assez tiède.

L'« histoire d'amour » entre Adenauer et de Gaulle repose sur la conviction commune aux deux hommes que leur pays ne pourrait tenir son rang que dans une Europe forte. Les relations franco-allemandes en furent renforcées, mais cette conception « carolingienne » de l'Europe ne fit pas l'unanimité.

Alcide De GASPERI
(1881-1954)

L'homme qui a résolument engagé l'Italie dans la construction de l'Europe est étrangement proche de ses pairs Adenauer et Schuman : c'est un militant démocrate-chrétien, né aux confins de deux aires culturelles, germanique et latine. La diversité comme richesse et le christianisme comme héritage commun : leur définition de l'Europe est toujours partagée.

Né dans le **Trentin**, alors province de l'Empire austro-hongrois, De Gasperi, **catholique** militant et journaliste, devient l'un des principaux porte-parole de l'irrédentisme — c'est-à-dire du rattachement à la mère patrie des territoires peuplés majoritairement par les Italiens. Il trouve une tribune à Vienne, lorsqu'il est élu en 1911 député au Reichsrat. En 1918, il devient citoyen italien, et il se consacre alors, avec don Sturzo, à l'organisation du **Parti populaire italien**, d'inspiration démocrate-chrétienne.
Député en 1921, il fait partie des opposants au fascisme et il est finalement arrêté en 1926. Condamné à quatre ans de prison, il est relâché au bout de seize mois sur l'intervention du pape Pie XI, qui lui procure un emploi à la bibliothèque Vaticane. A ce modeste poste, il s'emploie à restructurer le mouvement démocrate-chrétien puis à organiser la résistance. En juin 1944, il entre dans le gouvernement Bonomi comme représentant au sein du Comité de libération nationale d'un nouveau parti : la **Démocratie chrétienne**. En décembre 1944, il est nommé ministre des Affaires étrangères.
Le 10 décembre 1945, il devient **président du Conseil**. Il reste à la tête de la vie politique italienne jusqu'en juillet 1953, à travers huit cabinets successifs, comme chef du parti dominant, allié d'abord aux communistes, puis aux petits partis du centre. Pendant plus de sept ans, il se consacre à la reconstruction de l'Italie et surtout à son rétablissement dans la **communauté occidentale**, à la fois atlantique et européenne. Il est secondé dans cette tâche par le comte Carlo **Sforza**, européen convaincu (il a publié en 1929 un livre intitulé *Les États-Unis d'Europe*) et ministre des Affaires étrangères de 1947 à 1951.
De Gasperi s'attache à régler les problèmes frontaliers avec les voisins de l'Italie : France (val d'Aoste), Autriche (Trentin/Haut-Adige), Yougoslavie (Trieste), et à donner un statut d'autonomie aux **régions** périphériques. Il s'engage avec Schuman dans le projet d'union douanière franco-italienne, qui tourne court en 1949. Il milite alors activement pour l'**intégration politique** de l'Europe, plaçant ses espoirs dans une assemblée de la CED ou de la CECA qui aurait peu à peu élargi ses pouvoirs. Selon Monnet, « il avait compris que l'Italie ne jouerait en Europe un rôle équivalent à celui des États industrialisés qu'en accélérant le processus politique qui était en suspens dans les premiers traités européens ». Il meurt le 19 août 1954, quelques jours avant l'échec définitif de la CED.

L'Europe du réalisme

« Nous sommes un État trop périphérique pour espérer que notre situation géographique nous rende indispensables [...], et nous sommes trop pauvres en matières premières et en ressources propres pour nous en remettre à une situation de neutralité qui préserverait la sécurité de nos frontières et notre liberté intérieure. Dans ces conditions, c'est une perception lucide de la réalité, plus encore que l'affinité des sentiments ou que la communauté des intérêts, qui a dicté notre décision d'adhérer au Pacte atlantique. Mais c'est l'union européenne qui vient au premier chef dans nos pensées et qui constitue la première de nos préoccupations.
« La communauté européenne signifie l'assurance de la paix entre la France et l'Allemagne. Elle signifie pour l'Italie une place, modeste mais permanente, dans le concert des nations. Elle signifie l'ouverture d'un marché commun du travail et un accès progressif aux ressources communes. Elle signifie sinon la fin, en tout cas la réduction des égoïsmes nationaux et la libération des énergies des peuples. A l'évidence, l'Italie souhaite voir clairement les conséquences que pourrait avoir la communauté de défense sur son propre territoire et sur ses frontières [...]. Mais quand viendra le moment d'en tirer les conclusions, on verra que l'alternative est la suivante : la part de nos droits qui ne trouverait pas une satisfaction concrète et immédiate sera-t-elle mieux préservée dans le cadre d'une formule européenne, ou dans une position de retrait et d'isolement ? »

A. De Gasperi, discours d'ouverture du Ve Congrès de la Démocratie chrétienne, Naples, 27 juin 1954.

« C'était un homme d'une grande distinction d'esprit et dont le désintéressement suscitait le respect dans son pays et partout en Europe où on le voyait décider en profonde entente avec Adenauer et Schuman. Son apparence était austère, mais ceux qui l'approchaient découvraient une âme sensible et amicale. » (Jean Monnet.)

47

Jean MONNET
(1888-1970)

Toute sa vie, il passe les frontières et transcende les préjugés nationaux : peu d'hommes de son temps ont eu des horizons aussi vastes et une action si profondément internationale. Jean Monnet est non seulement un père de l'Europe, mais encore un pionnier du monde contemporain, dont il avait compris très tôt les interdépendances croissantes.

Né en 1888 à Cognac, Jean Monnet quitte le lycée à seize ans pour entrer dans l'entreprise paternelle : il devient représentant en cognac et sillonne le monde. De Londres à Saint-Pétersbourg, de l'Égypte au Canada, il acquiert une **culture internationale** rare pour un jeune Français d'avant 1914. Réformé pour raison de santé, il décide d'agir à sa manière quand la guerre éclate. Il persuade le président du Conseil Viviani de l'envoyer à Londres pour renforcer la **coopération économique interalliée**. Triomphant des préventions nationales, il met sur pied le Comité allié des transports maritimes.

En récompense de ses efforts, il est nommé en 1920 secrétaire général adjoint de la **Société des nations**. Il joue un rôle central dans les débuts de la première grande organisation internationale, mais il doit démissionner en 1923 pour aller au secours de l'entreprise familiale. En 1926, il commence une carrière de **financier international** : pour le compte d'une société américaine, il monte de grands emprunts de Varsovie à Shanghai. En 1934, il épouse à Moscou une Italienne, privée dans son pays du droit de divorce.

Mais, devant le danger hitlérien, il consacre à nouveau tous ses efforts, dès 1938, à la coopération économique entre Paris, Londres et Washington. Il est l'un des principaux artisans du gigantesque effort qui a fait des États-Unis l'« arsenal des démocraties » ; selon Keynes, Jean Monnet a ainsi **raccourci d'un an la Seconde Guerre mondiale**. Après avoir poussé de Gaulle et Churchill à proclamer en juin 1940 l'Union franco-britannique, il fait toute la guerre comme fonctionnaire *britannique* détaché aux États-Unis !

La reconstruction de la France est logiquement confiée à cet organisateur ; commissaire général au Plan en 1946, il prend comme devise : « modernisation ou décadence ». Pour moderniser la France, il faut l'intégrer à un ensemble plus vaste : **l'Europe**, qui devient le cheval de bataille de Monnet pour trente ans. En 1950, il propose la **CECA** à Schuman et la **CED** à Pleven. Attaqué par de Gaulle, qui dénonce en lui l'« inspirateur » des funestes projets européens ; déçu par l'échec de la CED, il quitte en 1955 la Haute-Autorité de la CECA pour défendre plus librement ses thèses. Il crée le **Comité d'action pour les États-Unis d'Europe**, qui rassemble les représentants de vingt partis et de dix syndicats européens pour relancer la construction européenne. En 1975, Monnet dissout le Comité, estimant qu'il a rempli ses buts. En 1976, il est fait « citoyen d'honneur de l'Europe ».

Jean Monnet inaugurant le 1er mai 1953 au Luxembourg la première coulée de l'acier européen. « Notre Communauté n'est pas une association de producteurs de charbon et d'acier : elle est le commencement de l'Europe », affirme alors le président de la Haute-Autorité de la CECA.

Robert SCHUMAN
(1886-1963)

Homme de deux cultures, il se sentait investi d'une mission de réconciliation franco-allemande, qui passait par l'intégration européenne. Il sut prendre l'initiative décisive en couvrant de son autorité politique le projet de Jean Monnet. Il fut ainsi « un homme à l'échelle de l'histoire », comme a dit de lui un autre catholique de la frontière : Adenauer.

Né en 1886 d'un père mosellan installé au Luxembourg après l'annexion de l'Alsace-Lorraine par le Reich, Robert Schuman est un **citoyen allemand** jusqu'en 1918. Et sa culture est essentiellement germanique : après des études secondaires, en allemand et en français, au Luxembourg, il fait son droit dans les universités de Berlin, Munich, Bonn et Strasbourg. En 1912, il ouvre un cabinet d'avocat à Metz. Dès cette époque, c'est un **catholique engagé**. A partir de 1919, il poursuit en France cet engagement « démocrate-chrétien », jusqu'à devenir en 1945 une figure clé du MRP.

« J'étais, en somme, un cosmopolite, ou un indifférent, comme il y en a beaucoup dans nos pays frontières... Vinrent les événements 1914-1918, qui me forcèrent à choisir et m'ouvrirent les yeux. » C'est ainsi que Schuman explique comment la guerre, qu'il fit dans les services administratifs de la Reichswehr, le poussa vers la France. Élu **député de la Moselle** en 1919 — et toujours réélu jusqu'à sa retraite en 1962 —, il devient le champion d'une Alsace-Lorraine française mais conservant son particularisme. Contre les autonomistes et contre les ministres centralisateurs, il défend, en avance sur son temps, un « **régionalisme** sérieux », étendu à toute la France.

Chargé des réfugiés en 1940, il vote les pleins pouvoirs à Pétain mais refuse de rester au gouvernement et rentre à Metz. Placé en résidence surveillée par la Gestapo, il s'évade et entre dans la clandestinité en 1942. Blanchi de certaines accusations en 1945, il commence une brillante **carrière ministérielle** : les Finances, puis la présidence du Conseil en novembre 1947, où il triomphe avec sang-froid des grèves insurrectionnelles. En juillet 1948, il s'installe au **Quai d'Orsay**, qu'il occupe, à travers huit cabinets, jusqu'en décembre 1952.

C'est là qu'il réalise son grand dessein : régler le problème allemand par l'intégration européenne. En 1948-1949, tout en signant le Pacte atlantique, il joue un rôle central dans la naissance du **Conseil de l'Europe** de Strasbourg. Surtout, en avril 1950, alors que la Sarre alimente un crise franco-allemande, il accepte de prendre la responsabilité politique du projet de CECA préparé par Monnet. Le 9 mai 1950, c'est l'annonce spectaculaire du « **plan Schuman** ». Il se charge ensuite de défendre la CED, mais, cible privilégiée des anti-Européens, il doit quitter le Quai d'Orsay. En 1955, garde des Sceaux et président du Mouvement européen, il prend part à la « relance » de l'Europe. En 1958, il devient le premier président de l'Assemblée parlementaire européenne.

La vision du juriste et du diplomate

« Faire l'Europe », c'est précisément coordonner les activités des pays européens, accroître leur efficacité en les libérant des égoïsmes à courte vue, les orienter vers un bien commun supranational [...]. Dans le passé, les États assuraient une telle coopération par le moyen de contrats bilatéraux et multilatéraux. Ces contrats étaient une nomenclature de concessions accordées réciproquement, de sacrifices exactement dosés, plus ou moins librement consentis. Chaque partie était avant tout préoccupée de faire prévaloir, de sauvegarder, de marchander au mieux ses propres intérêts nationaux. [...]

« Désormais, les traités devront créer non seulement des obligations, mais des institutions, c'est-à-dire des organismes supranationaux dotés d'une autorité propre et indépendante. Comme dans le domaine contentieux, des États se soumettent à des sentences qui émanent de juridictions supranationales ; ainsi ils reconnaîtront, à des organismes économiques ou politiques supranationaux, certains pouvoirs nettement limités et définis. [...] Au sein de ces organismes ne s'affronteront pas des intérêts nationaux qu'il s'agirait d'arbitrer ou de concilier ; ces organismes sont au service d'une communauté supranationale ayant des objectifs et des intérêts distincts de ceux de chacune des nations affiliées. »

R. SCHUMAN, « Comment le Français d'aujourd'hui peut-il concevoir l'Europe ? », conférence du 2 mars 1951.

Schuman (à gauche) en discussion avec Adenauer au Quai d'Orsay, le 27 mai 1952, après la signature du traité créant la CED. La joie des deux hommes fut de courte durée, puisque le traité ne fut pas ratifié par le Parlement français.

Paul-Henri SPAAK
(1899-1972)

Peut-être parce que la Belgique est habituée à regarder au-delà de ses frontières, Spaak a consacré tous ses efforts aux organisations internationales. Malgré les imprécations gaulliennes contre l'atlantisme et la supranationalité, l'histoire lui a donné raison : l'Europe ne pouvait se construire qu'avec l'aide des États-Unis et dans un véritable processus d'intégration.

Né à Bruxelles-Schaerbeek, d'un père écrivain, Spaak fait son droit et devient avocat en 1921. Mais élevé dans une tradition **socialiste** militante, il se consacre bientôt à la politique. Il est député en 1932, puis ministre en 1935. En 1936, il prend pour la première fois la responsabilité des Affaires étrangères, qui resteront toujours sa tâche de prédilection. En mai 1938, il devient le premier chef de gouvernement socialiste de Belgique.

En février 1939, il est de nouveau ministre des Affaires étrangères, dans le cabinet Pierlot qui émigre rapidement à Londres. Là, pendant toute la guerre, Spaak dresse les plans d'une Europe pacifiée et unie. Il est notamment l'artisan du **Benelux**, convention douanière signée en septembre 1944 par la Belgique, les Pays-Bas et le Luxembourg. De la Libération à 1949, il dirige presque sans interruption la politique belge, s'efforçant de placer son pays en première ligne dans la reconstruction d'un ordre international et surtout européen. Le 10 janvier 1946, Spaak devient le premier président de l'Assemblée générale de l'**Onu**.

En 1949, il inaugure une autre présidence, celle de l'**Assemblée consultative du Conseil de l'Europe**, qui est notamment à l'origine de la Convention européenne des droits de l'homme. Mais il démissionne le 10 décembre 1951, devant le refus — essentiellement britannique — d'élargir les pouvoirs du Conseil de l'Europe. Spaak décide alors de servir la cause de l'intégration européenne comme président de l'**Assemblée de la CECA** (1952-1954). Il élabore le projet de communauté politique européenne, rapidement enterré, puis subit l'échec de la CED.

Redevenu ministre des Affaires étrangères (1954-1957), il est avec Monnet le principal artisan de la « relance » européenne. La Conférence de Messine le place en 1955 à la tête de deux comités successifs chargés d'avancer l'intégration européenne : les « **comités Spaak** », réunis à Bruxelles au château de Val-Duchesse, aboutissent en 1957 au traité de Rome. Après ce triomphe, Spaak se charge du secrétariat général de l'**Otan** de 1957 à 1961. Il revient aux Affaires étrangères en 1961, et il fait échouer l'année suivante le projet d'union politique imaginé par de Gaulle et contraire à la véritable intégration européenne. En 1966, il se retire de la vie politique pour rédiger ses mémoires, dont le titre, *Combats inachevés*, montre qu'il poursuit la lutte pour l'intégration européenne.

« Que l'Europe s'unisse ! »

« Il faut sans cesse réfuter l'argument qui consiste à prétendre que les partisans de l'Alliance atlantique et les pionniers de l'idée européenne — ce sont, en fait, les mêmes hommes — s'étaient résignés à placer l'Europe sous la direction et le contrôle des États-Unis. Rien n'est plus contraire à la vérité historique. Vivant dans la peur des Russes et de la charité des Américains, nous voulions rendre à l'Europe, avec sa richesse économique retrouvée, son importance politique. Nous voulions en faire, au sein d'une grande alliance qui en face des communistes aurait défendu les positions du monde démocratique et libre, le partenaire valable des États-Unis. [...]

« Mais, pour réaliser cette politique, la participation de la France était indispensable. Elle nous fait aujourd'hui défaut. Nous la trouvons contre nous aussi bien sur le terrain atlantique que sur le terrain européen. [...] Depuis la perte de leurs empires coloniaux, les pays européens manifestent à l'égard du reste du monde une singulière indifférence politique. La France se réfugie dans une sorte de neutralisme. La Grande-Bretagne se replie progressivement sur elle-même. [...] Caton terminait tous ces discours, quels qu'en fussent les sujets, par les mêmes mots "Que Carthage soit détruite." M'inspirant de cet exemple, je terminerai souvent mes articles en disant : "Que l'Europe s'unisse." C'est la seule voie de son salut. »

P.-H. SPAAK, « Complexes et faiblesses de l'Europe », *Le Soir*, 1er août 1967.

Ce portrait de Spaak derrière un planisphère, dans son bureau de l'OTAN, est hautement symbolique d'une carrière consacrée avant tout aux relations internationales et à l'organisation de l'Occident.

C. Les témoins

L'Europe vue de Londres : Churchill

Winston Churchill, dans son retentissant discours de Zurich en 1946, est l'homme qui a relancé une idée européenne quelque peu discréditée par l'usage pervers qu'en avait fait Hitler. Mais ses sentiments européens, plus marqués que chez ses compatriotes travaillistes, restent dans des limites très nettes. Churchill ne prône pas une véritable intégration, mais une union politique pour faire face au péril soviétique. Et, surtout, cette union est pour lui continentale : pas question pour la Grande-Bretagne de renoncer à ses liens privilégiés avec le Commonwealth et le « Grand Large ».

« Que l'Europe ressuscite »

« Il nous faut édifier une sorte d'États-Unis d'Europe. [...] L'Union paneuropéenne a fait beaucoup pour arriver à ce but et ce mouvement doit beaucoup au comte Coudenhove-Kalergi et à ce grand patriote et homme d'État français que fut Aristide Briand. Il y a eu aussi cette organisation colossale de doctrine et de procédure et à laquelle s'attachèrent tant d'espoirs, je veux parler de la Société des nations. Si la SDN n'a pas connu le succès, ce n'est pas parce que ses principes firent défaut, mais bien du fait que les États qui l'avaient fondée ont renoncé à ces principes. Elle a échoué parce que les gouvernements d'alors n'osèrent pas regarder les choses en face.

« Il ne faut pas que ce malheur se répète. [...] Il n'y a aucune raison pour que l'organisation de l'Europe entre en conflit d'une manière quelconque avec l'Organisation mondiale des Nations unies. Au contraire, je crois que l'organisation générale ne peut subsister que si elle s'appuie sur des groupements naturellement forgés. Il existe déjà un tel groupement d'États dans l'hémisphère occidental. Nous autres Britanniques, nous avons le Commonwealth. L'organisation du monde ne s'en trouve pas affaiblie, mais au contraire renforcée et elle y trouve en réalité ses maîtres piliers. Et pourquoi n'y aurait-il pas un groupement européen qui donnerait à des peuples éloignés l'un de l'autre le sentiment d'un patriotisme plus large et d'une sorte de nationalité commune ? [...]

« Nous devons tous tourner le dos aux horreurs du passé et porter nos regards vers l'avenir. [...] Si l'on veut préserver l'Europe d'une misère sans nom, il faut faire place à la foi en la famille européenne et oublier toutes les folies et tous les crimes du passé. [...] J'en viens maintenant à une déclaration qui va vous étonner. Le premier pas vers la création de la famille européenne doit consister à faire de la France et de l'Allemagne des partenaires. Seul, ce moyen peut permettre à la France de reprendre la conduite de l'Europe. On ne peut pas s'imaginer une renaissance de l'Europe sans une France intellectuellement grande et une Allemagne intellectuellement grande. [...]

« Je ne veux pas essayer d'élaborer dans le détail un programme pour les centaines de millions d'êtres humains qui veulent vivre heureux et libres, à l'abri du besoin et du danger. [...] Mais j'aimerais lancer un avertissement. Nous n'avons pas beaucoup de temps à disposition. Nous vivons aujourd'hui un moment de répit. Les canons ont cessé de cracher la mitraille et le combat a pris fin. Mais les dangers n'ont pas disparu. Si nous voulons créer les États-Unis d'Europe — ou quelque nom qu'on leur donne —, il nous faut commencer maintenant. [...]

« Dans cette tâche impérieuse, il faut que la France et l'Allemagne s'associent. La Grande-Bretagne, la famille des peuples britanniques, la puissante Amérique, et, j'en ai confiance, la Russie aussi — tout serait alors pour le mieux — doivent être les amis et les soutiens de la nouvelle Europe et défendre son droit à la vie et à la prospérité. Et c'est dans cette pensée que je vous dis : Que l'Europe ressuscite ! »

W. CHURCHILL, discours à l'université de Zurich, 18 septembre 1946.

Européen sans l'être ?

16 fév. 1930 : Dans le *Saturday Evening Post*, Churchill écrit : « Nous sommes avec l'Europe, mais pas de l'Europe. »

Juin 1940 : Il accepte l'Union franco-britannique proposée par Monnet.

1943 : Il prône la création d'un Conseil de l'Europe au sein d'un Conseil mondial suprême.

4 juin 1944 : Il dit à de Gaulle : « Chaque fois qu'il nous faudra choisir entre l'Europe et le Grand Large, nous serons toujours pour le Grand Large. »

12 mai 1945 : Dans un télégramme à Truman, il dénonce le « rideau de fer » qui s'est abattu sur l'Europe de l'Est. Il popularise l'expression le 5 mars 1946 dans son discours de Fulton.

1946-1947 : Il relance l'Europe dans son discours de Zurich. Il crée l'United Europe Movement, dirigé par son gendre Ducan Sandys.

1948 : Il est président d'honneur du Congrès de La Haye (mai) et du Mouvement européen (oct.).

11 août 1950 : Devant l'Assemblée consultative du Conseil de l'Europe, il préconise une armée européenne.

Octobre 1951 : Revenu au pouvoir, il maintient le Royaume-Uni hors de la CECA et de la CED et refuse de renforcer l'autorité du Conseil de l'Europe.

L'Europe vue de Paris : De Gaulle

Soucieux avant tout de la grandeur de la France, de Gaulle a combattu, parfois durement, ceux qui avaient pour priorité la construction européenne. Ses bêtes noires s'appelaient : atlantisme, intégration, supranationalité. Mais, conscient des nécessités du temps et devant assumer, de retour au pouvoir en 1958, le traité de Rome, il défend sa conception de l'Europe : une Europe des États, *respectant la souveraineté nationale ; une* Europe européenne, *indépendante des États-Unis et n'acceptant qu'une Angleterre détachée du Grand Large ; une* Europe de l'Atlantique à l'Oural, *refusant la fatalité du rideau de fer.*

L'Europe gaullienne

« Pour moi j'ai, de tout temps, mais aujourd'hui plus que jamais, ressenti ce qu'ont en commun les nations qui la [l'Europe] peuplent. Toutes étant de même race blanche, de même origine chrétienne, de même manière de vivre, liées entre elles depuis toujours par d'innombrables relations de pensée, d'art, de science, de politique, de commerce, il est conforme à leur nature qu'elles en viennent à former un tout, ayant au milieu du monde son caractère et son organisation. C'est en vertu de cette destination de l'Europe qu'y régnèrent les empereurs romains, que Charlemagne, Charles Quint, Napoléon, tentèrent de la rassembler, que Hitler prétendit lui imposer son écrasante domination. Comment, pourtant, ne pas observer qu'aucun de ces fédérateurs n'obtint des pays soumis qu'ils renoncent à être eux-mêmes ? Au contraire, l'arbitraire centralisation provoqua toujours, par choc en retour, la virulence des nationalités. Je crois donc qu'à présent, non plus qu'à d'autres époques, l'union de l'Europe ne saurait être la fusion des peuples, mais qu'elle peut et doit résulter de leur systématique rapprochement. Or tout les y pousse en notre temps d'échanges massifs, d'entreprises communes, de science et de technique sans frontières, de communications rapides, de voyages multipliés. Ma politique vise donc à l'institution du concert des États européens, afin qu'en développant entre eux des liens de toutes sortes grandisse leur solidarité. Rien n'empêche de penser qu'à partir de là, et surtout s'ils sont un jour l'objet d'une même menace, l'évolution puisse aboutir à leur confédération.

« En fait, cela nous conduit à mettre en œuvre la communauté économique des Six ; à provoquer leur concertation régulière dans le domaine politique ; à faire en sorte que certains autres, avant tout la Grande-Bretagne, n'entraînent pas l'Occident vers un système atlantique qui serait incompatible avec toute possibilité d'une Europe européenne, mais qu'au contraire ces forces centrifuges se décident à faire corps avec le continent en changeant d'orientation, d'habitudes et de clientèles ; enfin à donner l'exemple de la détente, puis de l'entente et de la coopération avec les pays de l'Est, dans la pensée que, par-dessus les partis pris des régimes et des propagandes, ce sont la paix et le progrès qui répondent aux besoins et aux désirs communs des hommes dans l'une et l'autre moitié de l'Europe accidentellement brisée. [...]

« A quelle profondeur d'illusion ou de parti pris faudrait-il plonger pour croire que des nations européennes, forgées au long des siècles par des efforts et des douleurs sans nombre, ayant chacune sa géographie, son histoire, sa langue, ses traditions, ses institutions, pourraient cesser d'être elles-mêmes et n'en plus former qu'une seule ? [...] Par contre, étant reconnu que ces pays ont leur personnalité nationale et admis qu'ils doivent la garder, ne sauraient-ils organiser leur concertation en tous domaines ? [...] Le groupement ainsi formé par les Six n'amènerait-il pas peu à peu les autres États du Continent à se joindre à lui dans les mêmes conditions ? N'est-ce pas ainsi que, contre la guerre, qui est l'histoire des hommes, se réaliserait peut-être l'Europe unie, qui est le rêve des sages ? »

Ch. de GAULLE, *Mémoires d'espoir, Le Renouveau, 1958-1962,* Plon, 1970.

Les formules du Général

« Dante, Goethe, Chateaubriand, appartiennent à toute l'Europe dans la mesure même où ils étaient respectivement et éminemment italien, allemand et français. Ils n'auraient pas beaucoup servi l'Europe s'ils avaient été des apatrides et s'ils avaient pensé, écrit en quelque "esperanto" ou "volapük" intégrés. »
(Conférence de presse du 15 mai 1962.)

« Tout système qui consisterait à transmettre notre souveraineté à des aréopages internationaux serait incompatible avec les droits et les devoirs de la République française. Mais aussi un pareil système se trouverait, à coup sûr, impuissant à entraîner et à diriger les peuples, et, pour commencer, le nôtre, dans des domaines où leur âme et leur chair sont en cause. »
(Allocution radiotélévisée du 19 avril 1963.)

« Il est absolument normal que s'établisse entre ces pays occidentaux une solidarité. C'est cela l'Europe, et je crois que cette solidarité doit être organisée. Il s'agit de savoir comment et sous quelle forme. Alors, il faut prendre les choses comme elles sont, car on ne fait pas de politique autrement que sur les réalités. Bien entendu, on peut sauter sur sa chaise comme un cabri en disant "l'Europe !", "l'Europe !", "l'Europe !", mais cela n'aboutit à rien et cela ne signifie rien. »
(Interview télévisée du 14 décembre 1965.)

Textes cités par A. PASSERON, *De Gaulle parle,* Fayard, 1966.

L'Europe vue de Washington : J.F. Kennedy, H. Kissinger

L'Europe, qui doit en grande partie aux Américains sa reconstruction économique, sa sécurité militaire et ses premiers pas sur le chemin de l'union, devient un concurrent de plus en plus sérieux pour les États-Unis. Soucieux de maintenir la cohésion du bloc occidental, tout en tenant compte des nouveaux rapports de force, les Américains tentent deux fois sans grand succès de redéfinir la communauté atlantique. En 1962, Kennedy propose un equal partnership entre les États-Unis et la CEE élargie à la Grande-Bretagne, mais de Gaulle refuse l'«Europe atlantique». En 1973, devant les risques croissants d'un déclin américain, Kissinger relance le projet, mais la crise qui commence avive les rivalités économiques et les susceptibilités nationales.

1962 : le « Grand Dessein »

« Nous ne considérons pas une Europe forte et unie comme une rivale, mais comme un partenaire. Contribuer à son progrès a constitué un objectif de base de notre politique étrangère depuis dix-sept ans. Je suis persuadé que l'Europe sera plus à même de jouer un rôle important dans la défense commune, de répondre plus généreusement aux besoins des nations pauvres, de se joindre aux États-Unis et à d'autres pour abaisser les barrières douanières, pour résoudre les problèmes de devises et de matières premières, de développer une politique coordonnée dans tous les domaines d'ordre diplomatique, économique et politique. Nous voyons dans une telle Europe un partenaire avec lequel nous pourrions traiter sur la base de pleine égalité en ce qui concerne toutes les tâches immenses que constituent la mise sur pied et la défense d'une communauté de nations libres. »

J.F. KENNEDY, discours du 4 juillet 1962 à Philadelphie.

C'est Jean Monnet, reçu à la Maison-Blanche en avril 1961, qui souffla à Kennedy l'idée d'une coopération sur un pied d'égalité entre les États-Unis et la CEE élargie à la Grande-Bretagne. Monnet ne voyait aucune contradiction entre l'intégration européenne et l'alliance américaine, qu'il associait dans un unique mouvement de coopération entre les démocraties, né en 1941 avec la Charte de l'Atlantique.

L'Europe vue de Moscou : Gorbatchev

Alors que ses prédécesseurs envisageaient la CEE comme un simple « appendice de l'impérialisme américain », Mikhaïl Gorbatchev tient un discours nouveau, soulignant l'importance et la spécificité de l'Europe dans le monde, et prônant un rapprochement entre les deux moitiés du continent. L'ouverture économique vers l'ouest étant l'un des piliers de la perestroïka, la Communauté européenne apparaît à la fois comme un partenaire privilégié et comme un modèle pour le Conseil d'assistance économique mutuel (CAEM), dont l'intégration est moins avancée. En insistant sur le désarmement, les droits de l'homme, l'héritage culturel et religieux commun aux deux Europes, Gorbatchev se présente en défenseur d'une « maison commune » à tous les Européens.

L'Europe, notre maison commune

« M'étant moi-même familiarisé avec une nouvelle perspective politique, je ne pouvais plus accepter comme auparavant le patchwork muticolore qu'offre la carte politique de l'Europe. Le continent a eu plus que sa part de guerres et de larmes. Il en a eu bien assez. Balayant le panorama de cette terre qui a tant souffert et songeant aux racines communes de cette civilisation européenne, à la fois protéiforme et une dans son essence, j'en suis venu à ressentir avec une acuité grandissante le caractère artificiel et temporaire de la confrontation entre blocs et la nature archaïque du "rideau de fer". C'est sans doute ainsi qu'a surgi dans mon esprit cette notion d'un "Europe, notre maison commune" et que juste au bon moment la formule m'est venue aux lèvres. [...]

« L'Europe est en effet une maison commune où la géographie et l'histoire ont étroitement tissé les destinées de dizaines de pays et de nations. Bien sûr, chacune d'entre elles a ses problèmes propres, chacune veut vivre sa propre vie, suivre ses propres traditions. Par conséquent, en poursuivant la métaphore, on pourrait dire : la maison est commune, certes, mais chaque famille y a son propre appartement, et de plus, il existe plusieurs entrées. Mais ce n'est qu'ensemble, collectivement, et en suivant les normes sensées de la coexistence que les Européens pourront sauver leur maison, la protéger d'une conflagration et d'autres calamités, l'améliorer et la rendre plus sûre, la maintenir en bon ordre. [...]

« On peut mentionner un certain nombre de circonstances objectives qui créent le besoin d'une politique paneuropéenne. Densément peuplée et fortement urbanisée, l'Europe est hérissée d'armes, tant nucléaires que conventionnelles. Le terme de "baril de poudre" serait un euphémisme pour la qualifier aujourd'hui. S'y confrontent les plus puissants groupes militaires, équipés d'un matériel dernier cri perpétuellement remis au goût du jour. [...] L'Europe est l'une des régions les plus industrialisées du globe. Son industrie et ses transports se sont développés au point où le risque qu'ils présentent pour l'environnement n'est pas loin d'être critique. Ce problème a de loin débordé les frontières nationales et il est aujourd'hui partagé par toute l'Europe.

« Des processus d'intégration se développent de manière intensive dans les deux moitiés de l'Europe. Il est temps de songer à ce que sera la prochaine étape. [...] Les nécessités du développement économique dans les deux moitiés de l'Europe de même que les progrès scientifique et technique, incitent l'une et l'autre à rechercher une forme de coopération mutuellement avantageuse. Je ne veux pas parler de quelque forme d'"autarcie européenne", mais d'un meilleur emploi du potentiel global de l'Europe au profit de ses peuples et de ses relations avec le reste du monde. »

M. GORBATCHEV, *Perestroïka*, Flammarion, 1987.

1992 et... le CAEM

« Les pays de la Communauté européenne se sont fixé la tâche de créer pour 1992 un marché intérieur unique. Le processus de leur intégration politique et militaire avance également à grands pas. [...] Beaucoup dépendra de ce que cette organisation voudra être : un point d'appui supplémentaire du bloc de l'Otan en Europe ou un facteur de nouvelle pensée européenne, de construction d'une maison européenne commune. Et ici, beaucoup dépendra de nous. Ce n'est pas un secret que l'intégration socialiste retarde sur l'intégration occidentale, à la fois par son rythme, son ampleur, ses buts et ses résultats obtenus. [...] Le moment approche sans doute de commencer une large démocratisation également dans la politique d'intégration socialiste. Une étape importante pourrait être la création d'un Parlement de la communauté socialiste, élu au suffrage direct par la population des pays du CAEM. »

I. KVITSINSKI, ambassadeur de l'Urss à Bonn, discours à la 19e conférence du Parti, 1988.

La perestroïka et l'Europe

Déc. 1984 : Gorbatchev, en visite à **Londres** à la tête d'une délégation du Soviet suprême, évoque les intérêts communs à toute l'Europe.

Oct. 1985 : A **Paris** pour son premier voyage en tant que secrétaire général, Gorbatchev reprend le thème gaullien de « l'Europe de l'Atlantique à l'Oural ».

Déc. 1987 : Le traité de Washington sur le démantèlement des missiles à portée intermédiaire laisse certains rêver à une **Europe dénucléarisée**.

Juin 1988 : La célébration du millénaire de l'évangélisation de la Russie témoigne de la réhabilitation du **christianisme**, patrimoine culturel européen. Signature à Luxembourg d'un accord de reconnaissance mutuelle entre la CEE et le CAEM.

Juin 1989 : La visite de Gorbatchev à **Bonn** entretient les espoirs de rapprochement entre les deux Allemagnes dans une Europe centrale pacifiée.

Juill. 1989 : Discours de Gorbatchev devant le **Conseil de l'Europe** à Strasbourg.

1991 : Une conférence sur les **droits de l'homme** est prévue à Moscou, pour réactiver le « processus d'Helsinki ».

L'Europe vue de Tokyo : A. Morita

La géographie pousse le Japon à développer ses relations commerciales d'abord dans la zone du Pacifique ; les différences culturelles profondes ne facilitent pas un rapprochement entre l'Empire du Soleil levant et l'Europe. C'est pourquoi les flux économiques entre ces deux puissances montantes du bloc occidental sont encore assez faibles et déséquilibrés. Mais les deux partenaires, au nom de leur intérêt bien compris, tentent aujourd'hui d'intensifier leurs relations et de vaincre leurs réticences mutuelles. Ainsi le Japon, craignant ou feignant de craindre que l'Europe ne devienne super-protectionniste en 1993, multiplie les investissements au cœur de la «forteresse».

Apprendre à mieux se connaître

« "Nous avons, certes, d'importants excédents commerciaux, mais nous avons aussi un grand déficit de communication." M. Tamotsu Shinotsuka, responsable de l'information au ministère japonais des Affaires étrangères, connaît bien son métier. [...] "La communication, explique-t-il, passe bien entre les États-Unis et le Japon, entre les États-Unis et l'Europe, mais pas entre le Japon et l'Europe." Dans les sphères officielles l'objectif est clairement défini : expliquer ce que sont les intentions du Japon à l'égard du marché unique européen, réclamer de la part des habitants du Vieux Continent une meilleure, une bien meilleure compréhension de ce pays. [...] "On accepte vos critiques, vos critiques amicales, nous en ferons notre profit, et nous essayerons de nous corriger", dit comme en écho M. Masaya Miyoshi, directeur général au Keidanren (le patronat japonais). [...] "Il y a de grandes différences dans les systèmes de production et de distribution entre l'Europe et le Japon, explique-t-il. Il faut apprendre à les connaître de part et d'autre." [...] Que nous vaut cette offensive de charme ? Bien évidemment, la perspective du marché unique. Trop heureux de trouver là l'occasion de sortir d'un lien bilatéral et "presque infernal", selon l'expression d'un haut fonctionnaire français en poste à Tokyo, qui les rattache aux États-Unis, les Japonais font porter maintenant leurs efforts vers le Vieux Continent, avec l'espoir que celui-ci se présentera bientôt sous un seul visage. »

F. SIMON, « L'offensive de charme des Japonais », *Le Monde*, 8 juillet 1989.

Un regard sans complaisance sur la « mentalité économique » européenne

« L'automne 1985, je fis un voyage en Europe avec Yoshihiro Inayama, le président du Keidanren (la Fédération des organisations économiques du Japon), et nous rencontrâmes de nombreux Européens pleins de jactance. "Aucune idée nouvelle ne vient du Japon. C'est ici, en Europe, que naissent les idées".

Je dis à l'un d'eux : "Écoutez ! A quoi cela sert-il de prétendre que vous avez des idées ? Tout le monde peut avoir certaines idées que les gens trouvent bonnes. L'important, c'est de savoir adapter votre idée à votre industrie. Le Japon a consacré beaucoup d'efforts à ce domaine. Pas vous. Alors cessez de faire les fanfarons." Les nations européennes apprécient les esprits scientifiques — nous sommes d'accord là-dessus. Un bon nombre de chercheurs américains ont leurs racines en Europe : parfois ils y ont fait leurs études. Ils sont un apport considérable pour les États-Unis. Mais, alors qu'aux États-Unis comme au Japon on accorde la même estime aux ingénieurs, ces hommes qui traduisent les inventions en objets de consommation sont victimes d'un certain mépris pour leur rôle d'exécutants, de techniciens, mépris engendré par un certain snobisme. En tout cas, pendant longtemps, les ingénieurs ont été considérés en Europe comme de simples artisans. Ce fut en Amérique et au Japon que l'importance du rôle des ingénieurs fut d'abord reconnue. [...]

« Je proposai un collègue au cours d'une conversation avec le vicomte Étienne Davignon, alors vice-président de la commission de la Communauté européenne chargée des problèmes industriels. Il visita Tokyo et nous abordâmes les problèmes commerciaux et de la coopération dans l'industrie, et je lui fis quelques suggestions. Je lui annonçai que le Japon travaillait sur des produits qui ne seraient pas mis sur le marché avant dix ans. Parlant de la vidéo, je lui dis : "Il y a dix ans, tout le monde au Japon s'intéressait à la vidéo. Quand nous l'introduisîmes chez Sony, tout le monde suivit le mouvement. Mais considérez l'industrie européenne. Presque personne ne s'y intéressait ; aucune compagnie n'avait des produits prêts à être commercialisés, alors que le Japon vendait déjà les siens. Vos importateurs nous achetèrent ces appareils en quantités considérables, puis ils commencèrent à nous manifester de l'indignation, parlant de nos exportations comme s'il s'agissait d'avalanches torrentielles." Je lui dis que je ne tenais pas à me complaire dans le passé, mais j'ajoutai "Vos compagnies ne savent même pas de quoi l'avenir sera fait. Nous pensons à nos orientations dix ans à l'avance, votre industrie devrait en faire autant. Pourquoi les chefs de l'industrie ne tiendraient-ils pas des réunions au sommet avec leurs homologues japonais pour aborder le problème ?" [...]

« Ces réunions permirent aux participants de mieux se comprendre ; c'était déjà un résultat. Mais je ne suis pas sûr que ces réunions aient abattu les murailles traditionnelles du comportement du monde européen des affaires. »

Akio MORITA, *Made in Japan*, Laffont, 1986.

L'Europe vue d'Afrique : J.K. Nyerere

L'Europe, pour la plupart des pays du tiers monde, c'est d'abord l'ancienne puissance coloniale. Aussi le « Vieux Continent » a-t-il longtemps été considéré, en Afrique notamment, avec une certaine méfiance. Mais alors que d'autres impérialismes ont pris le relais, l'Europe ne peut plus guère apparaître comme une menace. Elle pourrait même devenir un modèle dans la redéfinition des rapports Nord-Sud : les accords de Lomé, conclus entre la CEE et les pays « ACP » (Afrique, Caraïbes, Pacifique), représentent en effet, malgré leurs imperfections, un pas important vers un nouvel ordre économique international. L'Europe cherche-t-elle à utiliser sa force croissante pour s'engager résolument dans cette voie ? C'est ce qu'espère Julius Nyerere, ancien président de la Tanzanie, grande figure de la décolonisation et du panafricanisme.

L'Europe initiatrice
d'une « perestroïka planétaire » ?

« Question : *En 1992 la Communauté européenne constituera un grand Marché commun qui deviendra sans doute l'une des plus grandes puissances économiques du monde. En tant que leader du tiers monde, que pensez-vous de cet événement ?*

« Je crois à l'unité. Depuis plusieurs années je préconise une unité et une coopération plus grandes en Afrique et au sein du tiers monde. Connaissant les multiples difficultés — d'ordre économique, social et politique — qui compliquent ce processus, comment ne pourrais-je pas admirer toute la somme de travail et de persévérance consacrés à la création de l'unité économique européenne ? Les nations de l'Europe occidentale ont surmonté l'héritage des nationalismes et des conflits aigus en reconnaissant que l'union fait la force. C'est là un signe de maturité. L'Afrique a le même besoin de force par l'union. [...]

« La question majeure qui se pose est de savoir quelles seraient les implications de l'unité européenne, en termes de développement, pour les luttes en Afrique et dans le tiers monde. Cette unité européenne pourrait aider le tiers monde à créer — ou plutôt à consolider — la puissance économique qui servirait de contrepoids à la suprématie économique actuelle des États-Unis d'Amérique. Mais pour nous la question est simple : quel usage l'Europe fera-t-elle de sa puissance renforcée ? S'en servira-t-elle pour promouvoir une plus grande justice économique internationale ? Ou seulement pour accroître ses propres profits ? [...] Que fera donc le Marché commun européen à partir de 1992 ? Va-t-il persister à donner des subventions à l'agriculture européenne tout en demandant que les pays du tiers monde suppriment les subventions à leurs propres agriculteurs ? Va-t-il prôner le maintien du "marché libre" pour les matières premières tout en permettant à ses producteurs de biens manufacturés de fixer leurs propres prix ? Ou bien va-t-il se servir de son pouvoir accru pour promouvoir la création d'un indice global des prix des marchandises agricoles et manufacturées ? [...]

« Question : *Est-il possible à votre avis de formuler une stratégie spécifiquement européenne pour le développement du tiers monde ? Et dans ce cas, en quoi pourrait-elle consister ?*

« L'Europe pourrait jouer un rôle positif dans la lutte contre la pauvreté dans le monde. Elle pourrait le faire à travers une assistance réaliste, non politique, non idéologique, aux pays du tiers monde qui font un réel effort pour développer leurs économies, sans tenir compte du caractère capitaliste ou socialiste de la voie que ces pays décident de suivre. Elle pourrait donner l'exemple en accroissant le montant de ses aides et en modifiant ses relations avec les pays ACP dans le cadre des conventions de Lomé ; en élargissant également le système Stabex et en l'actualisant afin qu'il tienne compte à la fois des prix d'exportation et des pris d'importation[1]. Des progrès dans tous ces domaines s'imposent !

« Mais le tiers monde ne réclame pas une "stratégie européenne pour le développement du tiers monde". Il réclame une stratégie internationale à l'élaboration de laquelle il serait associé sur un pied d'égalité. La pauvreté et le retard technique de l'Afrique et de larges régions d'Asie et d'Amérique latine ne sont pas seulement le problème du tiers monde. C'est un problème mondial, car nous sommes tous liés les uns aux autres à travers la finance, le commerce, la communication, et par une multiplicité d'autres liens encore. La stratégie de lutte internationale contre la pauvreté mondiale doit être formulée par l'ensemble des nations, dans une rencontre entre égaux, fondée sur le respect mutuel. Le rôle particulier de l'Europe pourrait consister : *a)* à reconnaître le caractère urgent et la profondeur du problème de la pauvreté ; *b)* à établir exemplaireent un rapport nouveau et plus juste entre les pays développés et les pays en développement à travers ses relations avec les pays ACP ; et *c)* à soutenir, à partir de sa position de force, un projet de négociations internationales visant à changer le système économique international, qui est injuste.

« Une Europe unifiée, ayant davantage de confiance en elle-même, pourrait-elle montrer la voie vers une *perestroïka* planétaire, une restructuration des rapports entre Nord et Sud, entre riches et pauvres ? Si elle le fait, le tiers monde pourra alors avoir des raisons de se féliciter du renforcement de l'unité européenne. »

J. K. NYERERE, « L'Europe unie pourra-t-elle, voudra-t-elle... ? », entretien avec S. Naïr, *L'Événement européen*, nº 3-4, 1988.

---

1. Sur les accords de Lomé entre la CEE et les pays Afrique/Caraïbes/Pacifique, et sur le Stabex, voir pp. 232 à 238.

L'Europe vue de Rome : Jean Paul II

L'Église catholique, institution universelle par excellence, n'a pu qu'accueillir favorablement les efforts d'intégration européenne. Jean Paul II, originaire d'un pays profondément marqué par les divisions de l'Europe, «pape slave parmi les Latins et latin parmi les Slaves», défend avec une énergie redoublée l'unification de toute l'Europe. Mais il appelle en même temps à la «nouvelle évangélisation» d'une Europe qu'il estime en pleine crise spirituelle. Pour Jean Paul II, l'Europe ne peut être unie que par le ciment que représente l'héritage chrétien.

La mission d'un pape slave

«Avec Jean Paul II, la géographie politique de l'Europe se modifie. L'irruption soudaine de l'Est européen au Vatican crée une nouvelle dynamique. Par l'Église, le monde slave, et plus généralement l'Europe de l'Est sont désormais reliés à l'Europe occidentale au moyen, presque incongru en ces lieux, de la religion. En accédant au trône de Pierre, Jean Paul II a mesuré quel enjeu son élection représentait pour l'avenir de l'Europe et celui du monde. [...] Après avoir solidement établi que l'Europe est une dans son baptême, Jean Paul II rappelle à chaque intervention que cette unité spirituelle reste néanmoins répartie en deux "catégories", fruits de l'histoire mais également de la culture antique sur laquelle cette histoire s'est greffée, une partie occidentale latine et une partie orientale et byzantine, dont l'originalité singulière est à la fois soulignée et revendiquée par Jean Paul II. Entre ces deux parties, le monde slave, catholique pour les Lituaniens, les Polonais, les Ukrainiens, les Croates, et orthodoxe ou réformé pour les autres peuples slaves, joue à la fois un rôle de tampon et de catalyseur. Enfin dans ces deux parties, une grande diversité de nations, elles aussi nées de l'enracinement du christianisme autour d'une communauté humaine particulière, se reconnaissent européennes. Jean Paul II, par son origine et la singularité historique de sa patrie, entend que cette diversité soit identifiée comme naturelle et respectée comme un signe de la richesse culturelle que contient en germe le christianisme au moment de son inculturation en chaque peuple.»

Jean et Blandine CHELINI, *L'Église de Jean Paul II face à l'Europe*, Paris, Nouvelle Cité, 1989.

Le christianisme est l'âme de l'Europe

«L'Acte unique, qui entrera en vigueur à la fin de 1992, va hâter le processus de l'intégration européenne. Une structure politique commune, émanation de la libre volonté des citoyens européens, loin de mettre en péril l'identité des peuples de la Communauté, sera plus à même de garantir plus équitablement les droits, notamment culturels, de toutes ses régions. [...]

«D'autres nations pourront certainement rejoindre celles qui aujourd'hui sont ici représentées. Mon vœu de pasteur suprême de l'Église universelle, venu de l'Europe de l'Est et qui connaît les aspirations des peuples slaves, cet autre "poumon" de notre même patrie européenne, mon vœu est que l'Europe, se donnant souverainement des institutions libres, puisse un jour se déployer aux dimensions que lui ont données la géographie et plus encore l'histoire. [...]

«Les nations européennes se sont toutes distinguées par leur ouverture sur le monde et les échanges vitaux qu'elles ont établis avec les peuples d'autres continents. Nul n'imagine qu'une Europe unie puisse s'enfermer dans son égoïsme. Parlant d'une seule voix, unissant ses forces, elle sera en mesure, plus encore que par le passé, de consacrer ressources et énergies nouvelles à la grande tâche du développement des pays du tiers monde, spécialement ceux qui entretiennent déjà avec elle des liens traditionnels. [...]

«Chez certains, la liberté civile et politique, jadis conquise par un renversement de l'ordre ancien fondé sur la foi religieuse, est encore conçue comme allant de pair avec la marginalisation, voire la suppression de la religion, dans laquelle on a tendance à voir un système d'aliénation. Pour certains croyants, en sens inverse, une vie conforme à la foi ne serait possible que par un retour à cet ordre ancien, d'ailleurs souvent idéalisé. Ces deux attitudes antagonistes n'apportent pas de solution compatible avec le message chrétien et le génie de l'Europe. [...]

«A ce point, il me paraît important de rappeler que c'est dans l'humus du christianisme que l'Europe moderne a puisé le principe — souvent perdu de vue pendant les siècles de "chrétienté" — qui gouverne le plus fondamentalement sa vie publique : je veux dire le principe, proclamé pour la première fois par le Christ, de la distinction entre "ce qui est à César" et "ce qui est à Dieu". [...] Toutes les familles de pensée de notre Vieux Continent devraient réfléchir à quelles sombres perspectives pourrait conduire l'exclusion de Dieu de la vie publique, de Dieu comme ultime instance de l'éthique et garantie suprême contre tous les abus du pouvoir de l'homme sur l'homme. Notre histoire européenne montre abondamment combien souvent la frontière entre "ce qui est à César" et "ce qui est à Dieu" a été franchie dans les deux sens. [...] Aussi mon devoir est-il de souligner avec force que si le substrat religieux et chrétien de ce continent devait en venir à être marginalisé dans son rôle d'inspirateur de l'éthique et dans son efficacité sociale, c'est non seulement tout l'héritage du passé européen qui serait nié, mais c'est encore un avenir digne de l'homme européen — je dis de tout homme européen, croyant ou incroyant — qui serait gravement compromis.»

Jean Paul II, discours devant le Parlement européen, Strasbourg, 11 octobre 1988.

L'Europe vue par les chefs d'entreprise

Les dirigeants d'entreprise raisonnent souvent depuis longtemps en termes européens, voire mondiaux. Pour eux, le marché unique de 1993 est une véritable nécessité. Selon François Périgot, président du Conseil national du patronat français, c'est même la dernière chance, pour les entreprises européennes, de jouer les bonnes cartes dans le nouveau jeu économique mondial. Encore faut-il exploiter ses atouts : l'Italien Carlo De Benedetti — dont le groupe a près de la moitié de ses actifs dans d'autres pays de la CEE — dénonce une classe politique beaucoup moins « européenne » que le monde des affaires.

L'*Europe dure* ou le déclin

« 1992 sera aussi la fin des particularismes nationaux. Qu'il s'agisse des marchés publics, des prestations de services, de la réglementation et de l'exercice des professions, des systèmes réglementaires, juridiques et fiscaux, nous allons assister à la fin des protections et des cloisonnements. Un profond changement des attitudes et des mentalités s'impose. Nous allons, en un mot, quitter l'Europe douce pour entrer dans l'Europe dure. [...] Au cours des dix ou quinze dernières années, les pays européens ont été passablement malmenés par l'apparition de nouveaux rapports de forces mondiaux. De nouveaux concurrents ont émergé. Les marchés se sont normalisés. La zone Pacifique est montée en puissance. Les transformations technologiques ont bouleversé nos sociétés. Dans ce monde indiscutablement plus dur, nous avons payé cher la remise à plus tard de notre adaptation économique et sociale et les atermoiements européens. Les destructions d'emplois et les pertes de parts de marchés qui continuent de peser actuellement en témoignent. C'est cela, le coût de la non-Europe !

« C'est pourquoi l'émergence d'un véritable pôle européen peut aujourd'hui nous permettre d'atteindre la dimension nécessaire pour réussir les restructurations industrielles indispensables, étendre notre potentiel de recherche technologique, développer un cadre de solidarité monétaire et financière capable de résister aux perturbations internationales, comme les récents événements en soulignent l'impérative nécessité. Les enjeux de 1992 constituent clairement pour nous autant de chances. Des chances qu'il nous faut maintenant exploiter. »

F. Périgot, « L'Europe, ardente obligation », *Politique industrielle*, n° 10, hiver 1988.

Des atouts à exploiter de toute urgence

« C. De B. — Les deux limites de capacité de l'acteur économique ont été classiquement l'espace et le temps. La technique est en train d'opérer une annulation de ces limites de l'espace et du temps : on raisonne maintenant en temps réel et dans un espace dont les barrières et les distances ont été extraordinairement réduites. [...] Second changement inscrit lui aussi dans les conditions technologiques. Pour lancer aujourd'hui un nouveau modèle, il faut des investissements de beaucoup supérieurs à ce qu'ils étaient hier, alors que par ailleurs la durée de vie des nouveaux produits est rendue plus brève par les capacités de renouvellement technologique. [...] La globalisation du marché découle de la technologie, de l'élimination des frontières de l'espace et du temps et de la nécessité de récupérer dans un temps plus court des investissements plus élevés, ce qui veut dire sur un périmètre plus grand. Ce sont ces contraintes qui sont à la base des nouvelles formes d'entreprises multinationales. Et il y a des gens qui continuent de penser en termes italiens, allemands ou français. [...]

« *Le Débat — Vous pensez que dans cette compétition l'Europe a une chance ?*

« C. De B. — A mon avis, oui, et même une grande chance. [...] Nous entrons aujourd'hui dans une société d'information dans laquelle les axes porteurs seront les réseaux de télécommunication, et la matière première, le *know how*, le savoir. Nous avons en Europe la ressource rare par excellence de demain : l'intelligence des hommes. Notre principal problème, à cet égard, c'est le vieillissement [...]. Pour le reste, l'avantage différentiel de l'Europe est considérable : la proportion de cerveaux bien formés y est au moins équivalente à ce qu'elle est au Japon ou aux États-Unis. Elle le sera d'autant plus que nous ferons ce qu'il s'impose de faire dans l'éducation. Nous avons des hommes : 270 millions d'habitants, avec un niveau d'instruction moyen/supérieur. Nous avons l'argent : nous sommes le deuxième épargnant du monde — avec le Japon, nous finançons par notre épargne le déficit américain. Nous avons donc en main les atouts de la réussite. A une seule condition : c'est que nous comprenions les contraintes technologiques qui sont déterminantes aujourd'hui. Ce n'est plus une intuition politique qui peut seulement porter l'Europe aujourd'hui, celle des fondateurs du marché commun dans les années cinquante. C'est une constatation technologique qui l'impose.

« *Le Débat — Vous êtes en somme très optimiste quant à l'avenir de l'Europe ?*

« C. De B. — Non. Car si tous les éléments sont réunis, il n'est pas dit pour autant que nous parvenions à les exploiter. L'obstacle est du côté des hommes politiques qui, comme l'Église au temps de Galilée, cherchent à retarder le progrès scientifique, parce qu'ils comprennent qu'ils vont y perdre du pouvoir. La base de raisonnement du personnel politique est locale. Elle n'est même pas nationale : elle est le plus souvent régionale. Comment voulez-vous que des gens qui cherchent leur réélection par le consensus local pensent en termes européens ? Ils en parlent, parce que cela fait bien, mais cela ne correspond à rien dans leur action. »

C. De Benedetti, « Vers un capitalisme démocratique ? », entretien, *Le Débat*, n° 45, mai-sept. 1987.

L'Europe vue par les syndicats

Face à un patronat qui chante les vertus de l'intégration économique, les syndicats semblent plus réticents devant le bilan de la construction européenne et les perspectives du grand marché. La grande diversité des législations sociales dans la CEE peut faire craindre en effet une harmonisation par le bas, ou une dérégulation permettant aux entreprises de mettre en concurrence sauvage les différents pays. C'est pourquoi les dirigeants syndicaux, réunis dans la CES (Confédération européenne des syndicats), appellent à la construction d'une vraie Europe sociale — *épaulés par la Commission de Bruxelles qui cherche à marier les principes de concurrence et de solidarité.*

Grande-Bretagne et RFA : deux attitudes syndicales opposées face à l'Europe

« Lors de son congrès annuel, en septembre dernier à Bornmouth, le Trades Union Congress a adopté à l'unanimité une motion réclamant une harmonisation européenne des législations nationales sur les salaires minimaux, la retraite et la durée hebdomadaire du travail. Sur le plan politique, l'événement était de taille, aussi sensationnel qu'inattendu. Les syndicats anglais affirmaient ainsi un engagement nouveau en faveur de l'Europe de 1992. Engagement vivement soutenu par le président de la Commission européenne, J. Delors, ovationné lors du Congrès, lorsqu'il a prononcé un vibrant plaidoyer pro-européen. [...] Bien que cette volte-face ait surpris, il est facile de comprendre ce changement stratégique dans le contexte actuel des relations entre les syndicats et le gouvernement de Mme Thatcher. [...] Dans le contexte des quatre lois antisyndicales, du niveau élevé du chômage, des conséquences désastreuses de la grève menée par le syndicat des mineurs en 1984-1985, de la désyndicalisation croissante depuis 1979 [...], l'Europe prend, en quelque sorte, figure de canot de sauvetage. [...] Dans l'esprit des syndicalistes britanniques, l'idée qu'il serait possible de se servir de la Commission de Bruxelles contre Mme Thatcher fait son chemin. [...] En RFA plusieurs syndicats et notamment l'IG Metal — syndicat le plus puissant et le plus influent parmi les confédérations du DGB (*Deutscher Gewerkschaftsbund*) — sont à l'opposé des positions du TUC. Leur préoccupation est centrée sur le risque de dérégulation ou d'harmonisation à la baisse des conditions de travail, de la protection sociale et, par voie de conséquence, des rapports de force des salariés et de leurs organisations face au patronat. [...] C'est pour cette raison que F. Steinkulher (secrétaire général de l'IG Metal) mettait en garde les travailleurs contre le risque de sacrifier "le niveau social de l'Allemagne de l'Ouest sur l'autel de l'union européenne". »

J. BASTIAN, « Les syndicats européens face au temps de travail : le marché unique comme défi pour la reformulation de revendication syndicales », *Sociologie du travail*, n° 3/89.

Un espace social européen quasi désertique

« L'Europe de 1993 reste sans doute la dernière grande ambition susceptible de porter l'espoir collectif. Pourtant, la perspective européenne ne fait déjà plus l'objet d'un consentement large. Une inquiétude sourde se répand dans l'opinion : où conduit le processus économico-financier en plein développement ? Et si, au bout du chemin, la situation du plus grand nombre devait s'aggraver ? D'ailleurs, le rapport officiel qui crédite à terme la construction européenne de 2 à 5 millions d'emplois supplémentaires, selon la qualité des politiques d'accompagnement, souligne aussi qu'elle se traduira d'abord, en première étape, par 500 000 chômeurs de plus. [...]

« Le doute n'est plus permis : il y a risque de retournement de l'opinion publique française à l'encontre de la construction européenne. [...] L'inquiétude populaire tient, à notre sens, à l'absence de contenu social, ce pan béant de la construction européenne. D'un côté, l'union économique et monétaire progresse et mobilise les énergies ; bientôt la circulation des hommes, des marchandises et des capitaux ne rencontrera plus d'entraves. De l'autre, l'espace social reste semi-désertique et les tenants de la dérégulation sociale tiennent le haut du pavé. [...] Quel projet de société pour l'Europe ? La croissance et l'emploi, certes. Mais l'intégration économique ne suffira pas à résoudre les problèmes sociaux brûlants d'aujourd'hui : chômage structurel, déséquilibres régionaux, incertitudes sur l'avenir de la protection sociale. L'Europe doit être bien plus qu'un marché avantageux. Elle doit être le moyen de préserver ce que les Européens ont de meilleur en commun : une tradition de liberté, un niveau élevé de protection sociale, une certaine qualité de vie. L'Europe, c'est l'espace où nos peuples peuvent maîtriser les mutations de notre époque et vaincre le chômage par un type de développement reposant sur l'augmentation du temps libre, l'amélioration de la qualité de la vie et la protection de l'environnement. [...]

« L'objectif à fixer consiste, à partir de principes communs, à rapprocher les politiques d'emploi, de formation, de protection sociale, dans ce qu'elles ont de meilleur, et à empêcher les concurrences sauvages, le "dumping social". [...] L'instauration d'un socle européen de garanties sociales et de droits sociaux fondamentaux est la pierre de touche de la construction sociale de l'Europe. Ainsi, des principes communs doivent permettre le développement de relations contractuelles au plan européen ; tout travailleur européen doit bénéficier d'une convention collective ; des règles du jeu de solidarité et de protection contre les concurrences au rabais sont nécessaires en matière de temps de travail, de protection sociale, ou droit à la retraite, d'insertion professionnelle des jeunes, de conditions d'emploi : contrats à durée déterminée, intérim, temps partiel, égalité professionnelle. »

Edmond Maire, « Le social, faille de l'Europe », *Le Monde*, 23 août 1988.

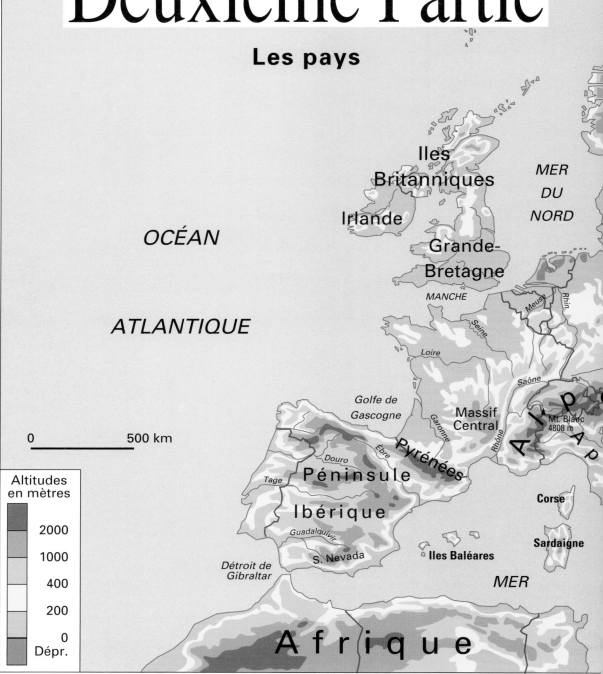

Deuxième Partie

Les pays

Islande

Iles Britanniques

Irlande

Grande-Bretagne

MANCHE

MER DU NORD

OCÉAN

ATLANTIQUE

Meuse

Rhin

Seine

Loire

Saône

Golfe de Gascogne

Garonne

Massif Central

Mt. Blanc 4808 m

A L P E S

Rhône

Pyrénées

Douro

Péninsule

Tage

Ibérique

Ebre

Corse

Guadalquivir

Sardaigne

S. Nevada

Iles Baléares

Détroit de Gibraltar

MER

Afrique

Altitudes en mètres

2000
1000
400
200
0
Dépr.

0   500 km

Monts Oural

Narodnaïa ▲
1894 m

Ob

Laponie

Chaîne Scandinave

Plateau
lacustre
de Finlande

Lac
Onega

Europe du Nord

Svir

Lac
Ladoga

Lac de
Rybinsk

Kama

Galdhöpig
2496 m

Lac
Tchoud

Volga

Oural

MER

BALTIQUE

Plaine d'Europe

Plateau
de
Russie
Centrale

Plateau
de la
Volga

Vistule

Odra

Tatra
2655 m

Dniepr

Ukraine

Don

MER

CASPIENNE

C a r p a t e s

Dniestr

s

Drave

Mer
d'Azov

Elbrous
▲ 5633 m

Terek

C a u c a s e

Save

Alpes Dinariques

Danube

MER NOIRE

MER

ADRIATIQUE

Péninsule

des Balkans

n
i
n
s

A s i e

Sicile

Malte

MÉDITERRANÉE

Crète

Chypre

LA BELGIQUE

Superficie	**30 518 km** ^{2}
Frontières	
terrestres	**1 379 km**
Longueur	
des côtes	**66 km**
Point culminant	**694 m**

LE RELIEF

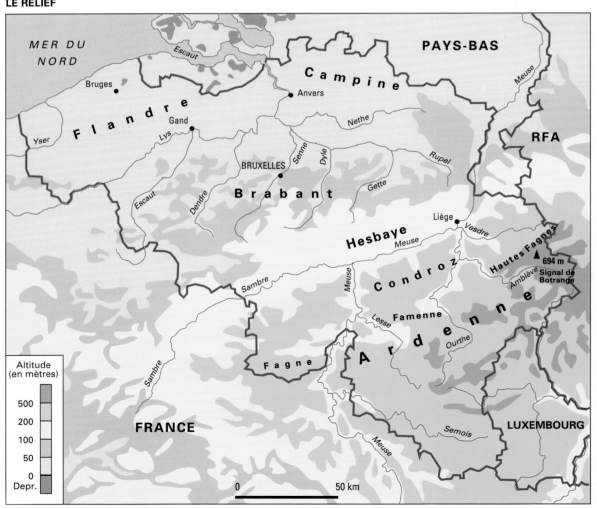

L'OCCUPATION DU SOL

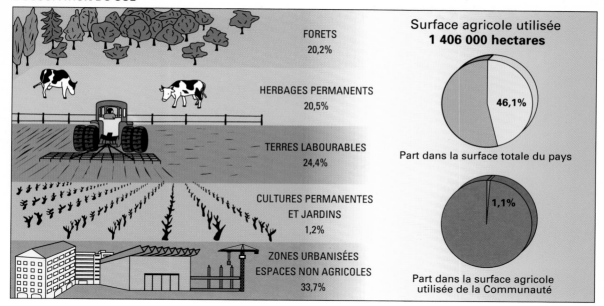

FORETS
20,2%

HERBAGES PERMANENTS
20,5%

TERRES LABOURABLES
24,4%

CULTURES PERMANENTES
ET JARDINS
1,2%

ZONES URBANISÉES
ESPACES NON AGRICOLES
33,7%

Surface agricole utilisée
1 406 000 hectares

46,1%

Part dans la surface totale du pays

1,1%

Part dans la surface agricole
utilisée de la Communauté

L'HISTOIRE RÉCENTE DE LA BELGIQUE

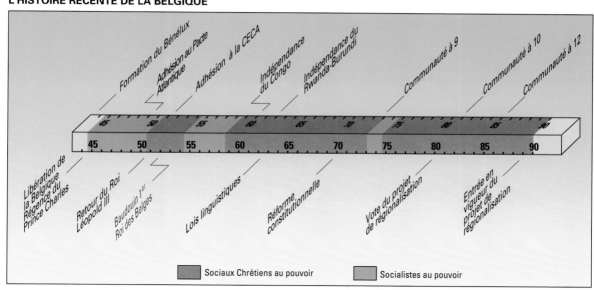

Formation du Bénélux
Adhésion au Pacte Atlantique
Adhésion à la CECA
Indépendance du Congo
Indépendance du Rwanda-Burundi
Communauté à 9
Communauté à 10
Communauté à 12

45 50 55 60 65 70 75 80 85 90

Libération de la Belgique Régence du Prince Charles
Retour du Roi Léopold III
Baudouin 1er Roi des Belges
Lois linguistiques
Réforme constitutionnelle
Vote du projet de régionalisation
Entrée en vigueur du projet de régionalisation

Sociaux Chrétiens au pouvoir   Socialistes au pouvoir

LES CHEFS D'ÉTAT ET DE GOUVERNEMENT

**Les Premiers ministres belges
depuis la signature du traité de Rome
(date d'entrée en fonction)**

Achille Van Acker	(avril 1954)
Gaston Eyskens	(juin 1958)
Théo Lefèvre	(avril 1961)
Pierre Harmel	(juillet 1965)
Paul Vanden Boeynants	(mars 1966)
Gaston Eyskens	(juin 1968)
Edmond Leburton	(janvier 1973)
Léo Tindemans	(avril 1974)
Paul Vanden Boeynants	(novembre 1978)
Wilfried Martens	(mars 1979)
Mark Eyskens	(avril 1981)
Wilfried Martens	(décembre 1981)

LES RÉSULTATS DES ÉLECTIONS EUROPÉENNES DU 15 JUIN 1989

**Répartition des sièges dans les groupes
du Parlement européen**

Taux de participation : 90,7 %

Socialistes

Libéraux, Démocrates et Réformateurs

Verts

Groupe Arc en Ciel

Parti Populaire Européen

4
8
3
7
1

LA BELGIQUE

PIB 1989 en milliards d'Écus	**131**
PIB 1989 par habitant, en Écus	**13 246**
% du PIB consacré à l'éducation	**5,5**
% du PIB consacré à la défense	**2,3**
% du PIB consacré à la recherche-développement	**1,6**
Taux d'inflation 1989	**2,4 %**
Solde de la balance commerciale (pour l'UEBL, Belgique-Luxembourg)1988 en milliards d'Écus	**- 2,8**
Forces armées	**88 000 h.**

L'ÉCONOMIE

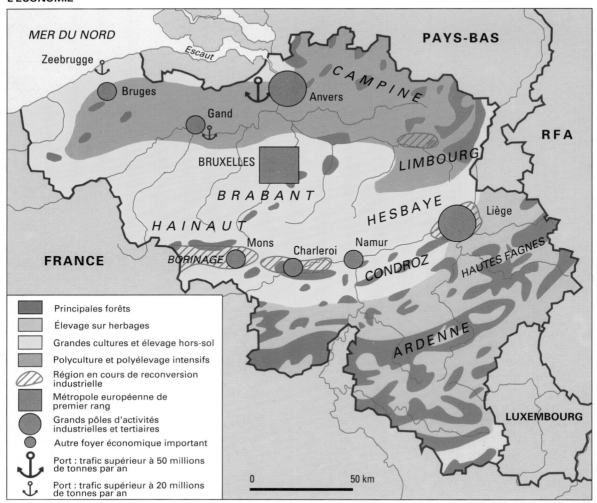

▨	Principales forêts
▨	Élevage sur herbages
□	Grandes cultures et élevage hors-sol
▨	Polyculture et polyélevage intensifs
▨	Région en cours de reconversion industrielle
■	Métropole européenne de premier rang
●	Grands pôles d'activités industrielles et tertiaires
•	Autre foyer économique important
⚓	Port : trafic supérieur à 50 millions de tonnes par an
⚓	Port : trafic supérieur à 20 millions de tonnes par an

LE PRODUIT INTERIEUR BRUT

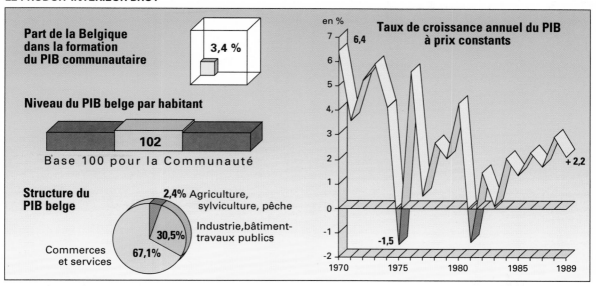

Part de la Belgique dans la formation du PIB communautaire

3,4 %

Niveau du PIB belge par habitant

102

Base 100 pour la Communauté

Structure du PIB belge

2,4% Agriculture, sylviculture, pêche

30,5% Industrie, bâtiment-travaux publics

67,1% Commerces et services

Taux de croissance annuel du PIB à prix constants

en %

6,4

-1,5

+ 2,2

1970 1975 1980 1985 1989

LA SITUATION ÉCONOMIQUE

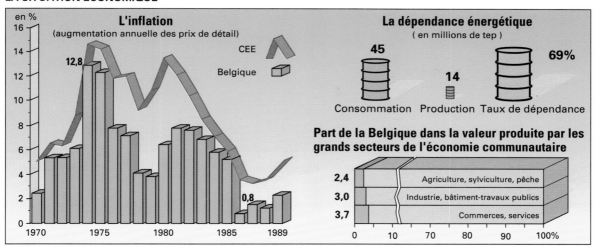

L'inflation
(augmentation annuelle des prix de détail)

en %

CEE

Belgique

12,8

0,8

1970 1975 1980 1985 1989

La dépendance énergétique
(en millions de tep)

45
Consommation

14
Production

69%
Taux de dépendance

Part de la Belgique dans la valeur produite par les grands secteurs de l'économie communautaire

2,4 Agriculture, sylviculture, pêche

3,0 Industrie, bâtiment-travaux publics

3,7 Commerces, services

0 10 70 80 90 100%

LE COMMERCE EXTÉRIEUR DE L'UNION BELGO-LUXEMBOURGEOISE

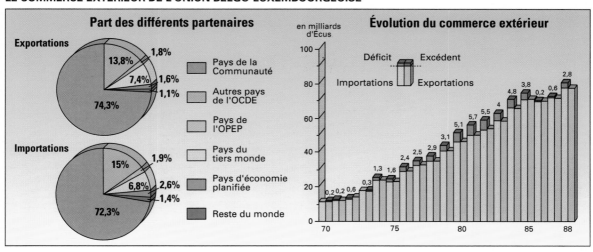

Part des différents partenaires

Exportations

13,8% 1,8%
7,4% 1,6%
1,1%
74,3%

Pays de la Communauté

Autres pays de l'OCDE

Pays de l'OPEP

Pays du tiers monde

Pays d'économie planifiée

Reste du monde

Importations

15% 1,9%
6,8% 2,6%
1,4%
72,3%

Évolution du commerce extérieur

en milliards d'Écus

Déficit Excédent

Importations Exportations

0,2 0,2 0,6 0,3 1,3 1,6 2,4 2,5 2,9 3,1 5,1 5,7 5,5 4 4,8 3,8 0,2 0,6 2,8

70 75 80 85 88

LE DANEMARK

Superficie	**43 069 km²**
dont îles	**13 316 km²**
Frontières terrestres	**68 km**
Longueur des côtes	**7 314 km**
Point culminant	**173 m**

LE RELIEF

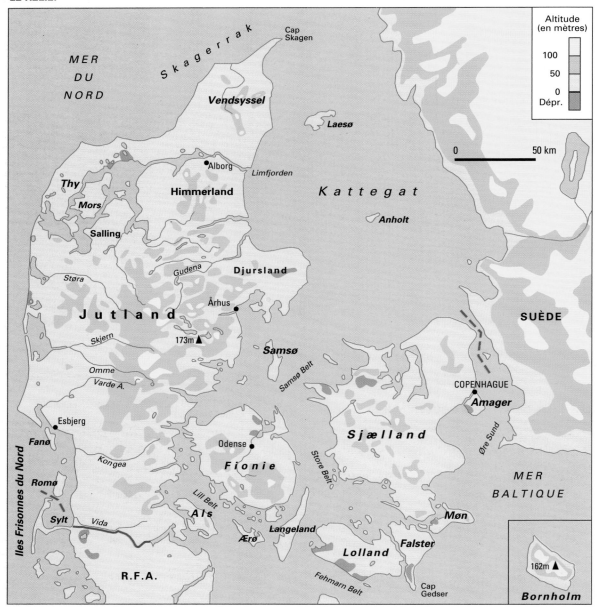

Altitude (en mètres)

100
50
0
Dépr.

0   50 km

MER DU NORD · Skagerrak · Cap Skagen · Vendsyssel · Laesø · Kattegat · Alborg · Limfjorden · Thy · Himmerland · Mors · Anholt · Salling · Støra · Gudena · Djursland · Jutland · Århus · 173m · Samsø · Samsø Belt · SUÈDE · Omme · Varde A. · Skjern · COPENHAGUE · Amager · Esbjerg · Fanø · Odense · Fionie · Sjælland · Øre Sund · Iles Frisonnes du Nord · Kongea · Store Belt · MER BALTIQUE · Romø · Lill Belt · Als · Langeland · Møn · Sylt · Vida · Ærø · Falster · Lolland · 162m · R.F.A. · Fehmarn Belt · Cap Gedser · Bornholm

L'OCCUPATION DU SOL

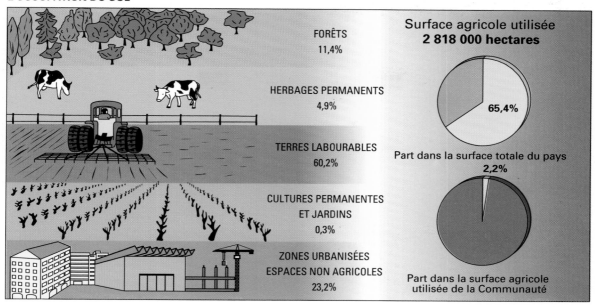

FORÊTS
11,4%

HERBAGES PERMANENTS
4,9%

TERRES LABOURABLES
60,2%

CULTURES PERMANENTES
ET JARDINS
0,3%

ZONES URBANISÉES
ESPACES NON AGRICOLES
23,2%

**Surface agricole utilisée
2 818 000 hectares**

65,4%

Part dans la surface totale du pays

2,2%

Part dans la surface agricole
utilisée de la Communauté

L'HISTOIRE RÉCENTE DU DANEMARK

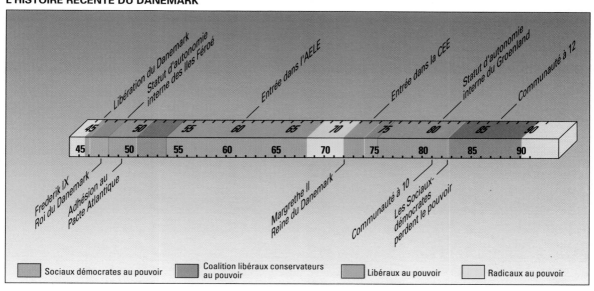

Libération du Danemark
Statut d'autonomie interne des Îles Féroé
Entrée dans l'AELE
Entrée dans la CEE
Statut d'autonomie interne du Groenland
Communauté à 12

45 50 55 60 65 70 75 80 85 90

Frederik IX Roi du Danemark
Adhésion au Pacte Atlantique
Margrethe II Reine du Danemark
Communauté à 10
Les Sociaux-démocrates perdent le pouvoir

Sociaux démocrates au pouvoir • Coalition libéraux conservateurs au pouvoir • Libéraux au pouvoir • Radicaux au pouvoir

LES CHEFS D'ÉTAT ET DE GOUVERNEMENT

Les Premiers ministres danois

Wilhem Buhl	*(mai 1945)*
Knud Kristensen	*(novembre 1945)*
Hans Hedtoft	*(novembre 1947)*
Erik Eriksen	*(octobre 1950)*
Hans Hedtoft	*(septembre 1953)*
Hans Christian Hansen	*(février 1955)*
Viggo Kampmann	*(février 1960)*
Jens Otto Krag	*(septembre 1962)*
Hilmar Baunsgaard	*(février 1968)*
Jens Otto Krag	*(octobre 1971)*
Anker Jorgensen	*(octobre 1972)*
Poul Hartling	*(décembre 1973)*
Anker Jorgensen	*(février 1975)*
Poul Schlüter	*(septembre 1982)*

LES RÉSULTATS DES ÉLECTIONS EUROPÉENNES DU 15 JUIN 1989

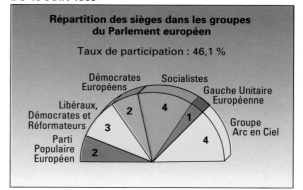

**Répartition des sièges dans les groupes
du Parlement européen**

Taux de participation : 46,1 %

Démocrates Européens
Socialistes
Gauche Unitaire Européenne
Libéraux, Démocrates et Réformateurs
Groupe Arc en Ciel
Parti Populaire Européen

3 2 4 1 4 2

LE DANEMARK

PIB 1989 en milliards d'Écus	**95,7**
PIB 1989 par habitant, en Écus	**18 637**
% du PIB consacré à l'éducation	**7,7**
% du PIB consacré à la défense	**1,9**
% du PIB consacré à là recherche-développement	**1,2**
Taux d'inflation 1989	**3,7 %**
Solde de la balance commerciale 1988 en milliards d'Écus	**+ 0,9**
Forces armées	**29 300 h.**

L'ÉCONOMIE

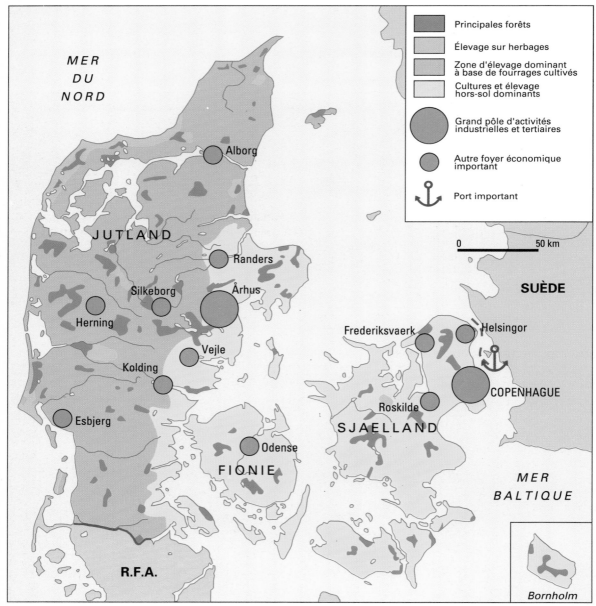

MER DU NORD

JUTLAND

Alborg

Randers

Silkeborg · Århus

Herning

Vejle

Kolding

Esbjerg

Odense

FIONIE

R.F.A.

SUÈDE

Frederiksvaerk · Helsingor

COPENHAGUE

Roskilde

SJAELLAND

MER BALTIQUE

Bornholm

Légende :
- Principales forêts
- Élevage sur herbages
- Zone d'élevage dominant à base de fourrages cultivés
- Cultures et élevage hors-sol dominants
- Grand pôle d'activités industrielles et tertiaires
- Autre foyer économique important
- Port important

0   50 km

LE PRODUIT INTÉRIEUR BRUT

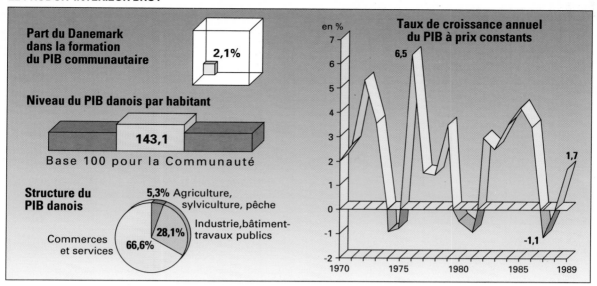

Part du Danemark dans la formation du PIB communautaire — 2,1%

Niveau du PIB danois par habitant — 143,1

Base 100 pour la Communauté

Structure du PIB danois
- 5,3% Agriculture, sylviculture, pêche
- 28,1% Industrie, bâtiment-travaux publics
- 66,6% Commerces et services

Taux de croissance annuel du PIB à prix constants
en %

6,5
1,7
-1,1

1970 1975 1980 1985 1989

LA SITUATION ÉCONOMIQUE

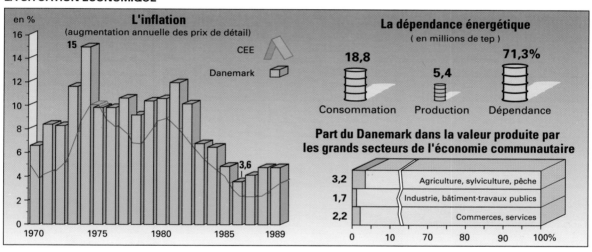

L'inflation
(augmentation annuelle des prix de détail)
en %

CEE
Danemark

15
3,6

1970 1975 1980 1985 1989

La dépendance énergétique
(en millions de tep)

18,8 Consommation
5,4 Production
71,3% Dépendance

Part du Danemark dans la valeur produite par les grands secteurs de l'économie communautaire
- 3,2 Agriculture, sylviculture, pêche
- 1,7 Industrie, bâtiment-travaux publics
- 2,2 Commerces, services

0 10 70 80 90 100%

COMMERCE EXTÉRIEUR DU DANEMARK

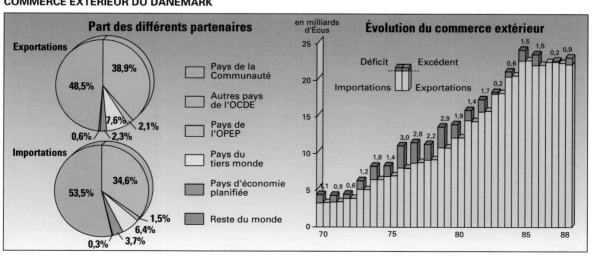

Part des différents partenaires

Exportations
- 38,9%
- 48,5%
- 7,6%
- 2,1%
- 0,6%
- 2,3%

Importations
- 34,6%
- 53,5%
- 1,5%
- 6,4%
- 0,3%
- 3,7%

Légende:
- Pays de la Communauté
- Autres pays de l'OCDE
- Pays de l'OPEP
- Pays du tiers monde
- Pays d'économie planifiée
- Reste du monde

Évolution du commerce extérieur
en milliards d'Écus

Déficit — Excédent
Importations — Exportations

1,1 0,9 0,6 1,2 1,8 1,4 3,0 2,8 2,2 2,9 1,9 1,4 1,7 0,2 0,6 1,5 1,5 0,2 0,9

70 75 80 85 88

L'ESPAGNE

Superficie	**504 782 km²**
Frontières terrestres	**1 945 km²**
Longueur des côtes	**5 940 km**
Espace maritime contrôlé	**1 150 000 km²**
Point culminant	**3 478 m**

LE RELIEF

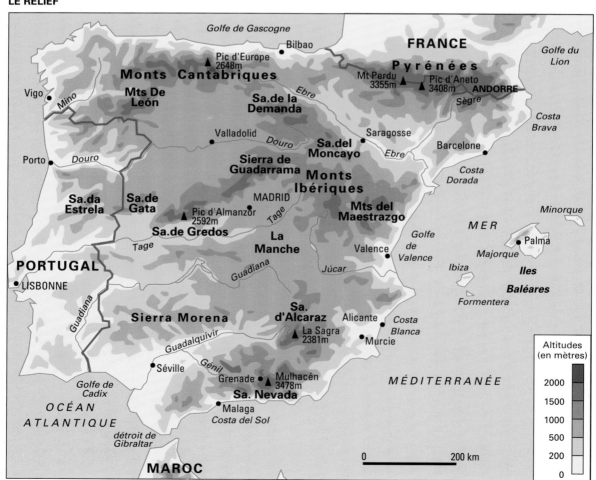

L'OCCUPATION DU SOL

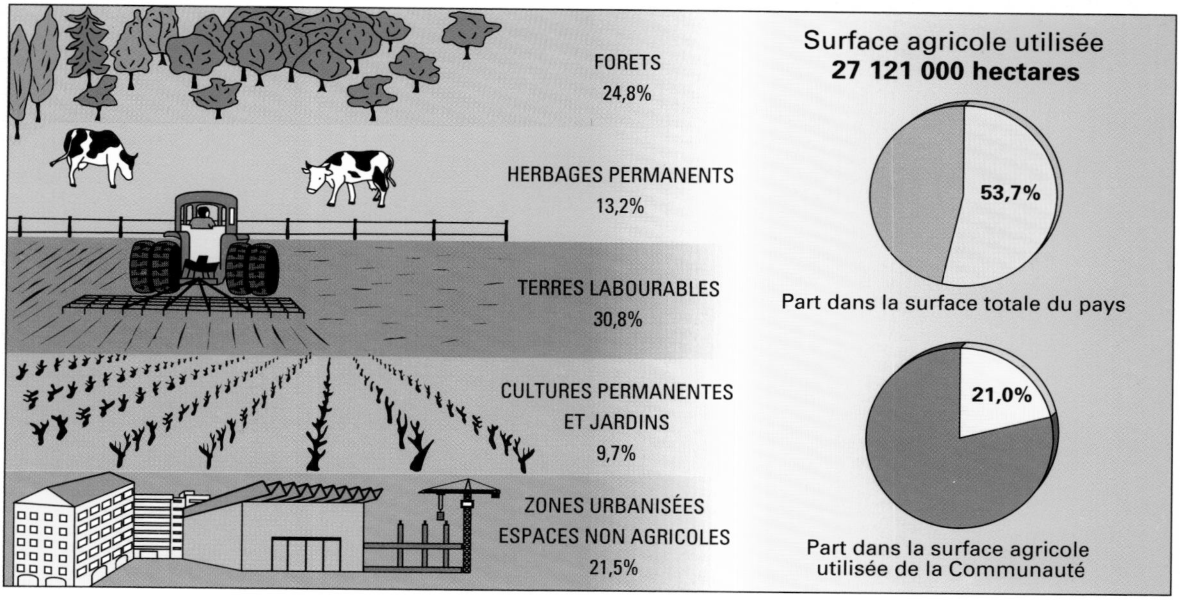
FORETS
24,8%
HERBAGES PERMANENTS
13,2%
TERRES LABOURABLES
30,8%
CULTURES PERMANENTES ET JARDINS
9,7%
ZONES URBANISÉES ESPACES NON AGRICOLES
21,5%
Surface agricole utilisée
27 121 000 hectares
53,7%
Part dans la surface totale du pays
21,0%
Part dans la surface agricole utilisée de la Communauté

L'HISTOIRE RÉCENTE DE L'ESPAGNE

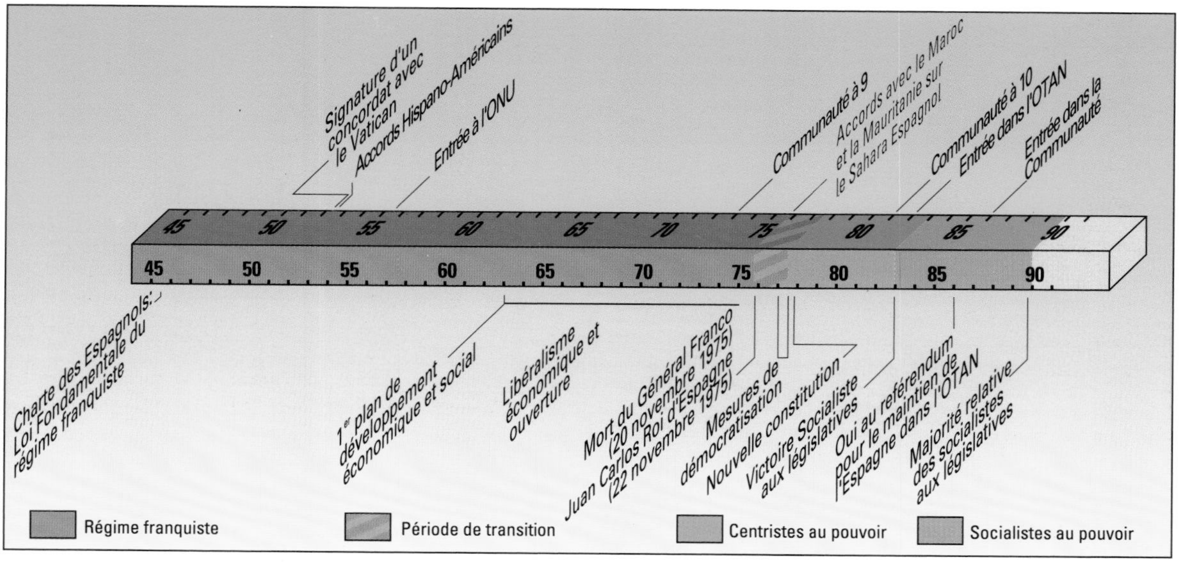
Signature d'un concordat avec le Vatican
Accords Hispano-Américains
Entrée à l'ONU
Communauté à 9
Accords avec le Maroc et la Mauritanie sur le Sahara Espagnol
Communauté à 10
Entrée dans l'OTAN
Entrée dans la Communauté
45
50
55
60
65
70
75
80
85
90
Charte des Espagnols: Loi Fondamentale du régime franquiste
1er plan de développement économique et social
Libéralisme économique et ouverture
Mort du Général Franco (20 novembre 1975)
Juan Carlos Roi d'Espagne (22 novembre 1975)
Mesures de démocratisation
Nouvelle constitution
Victoire Socialiste aux législatives
Oui au référendum pour le maintien de l'Espagne dans l'OTAN
Majorité relative des socialistes aux législatives
Régime franquiste
Période de transition
Centristes au pouvoir
Socialistes au pouvoir

LES CHEFS D'ÉTAT ET DE GOUVERNEMENT

Chefs de l'État	**(date d'entrée en fonction)**
Francisco Franco	*(septembre 1936)*
Juan Carlos	*(novembre 1975)*

Premiers ministres de l'après franquisme

Carlos Arias Navarro	*(décembre 1975)*
Adolfo Suarez	*(juillet 1976)*
Leopoldo Calvo Sotelo	*(février 1981)*
Felipe Gonzales	*(décembre 1982)*

LES RÉSULTATS DES ÉLECTIONS EUROPÉENNES DU 15 JUIN 1989

Répartition des sièges dans les groupes du Parlement européen

Taux de participation : 54,8 %

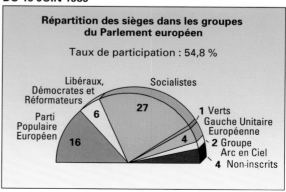

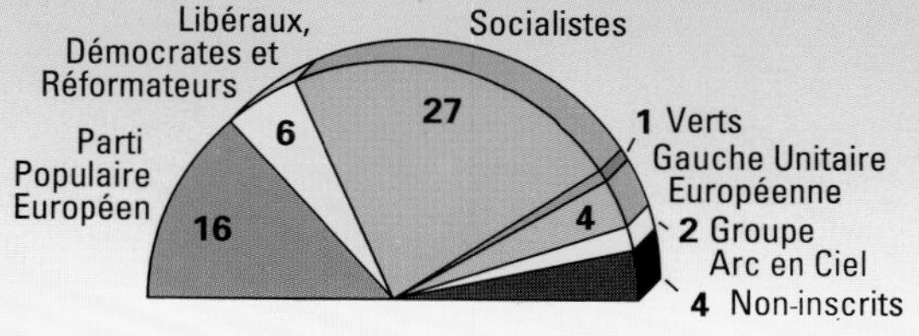
Libéraux, Démocrates et Réformateurs
6
Socialistes
27
Parti Populaire Européen
16
1 Verts
Gauche Unitaire Européenne
4
2 Groupe Arc en Ciel
4 Non-inscrits

L'ESPAGNE

PIB 1989, en milliards d'Écus	**310,7**
PIB 1989 par habitant, en Écus	**7 906**
% du PIB consacré à l'éducation	**3,2**
% du PIB consacré à la défense	**1,9**
% du PIB consacré à la recherche-développement	**0,6**
Taux d'inflation 1989	**6,7%**
Solde de la balance commerciale en 1988, en milliards d'Écus	**- 12,1**
Forces armées	**310 000 h.**

L'ÉCONOMIE

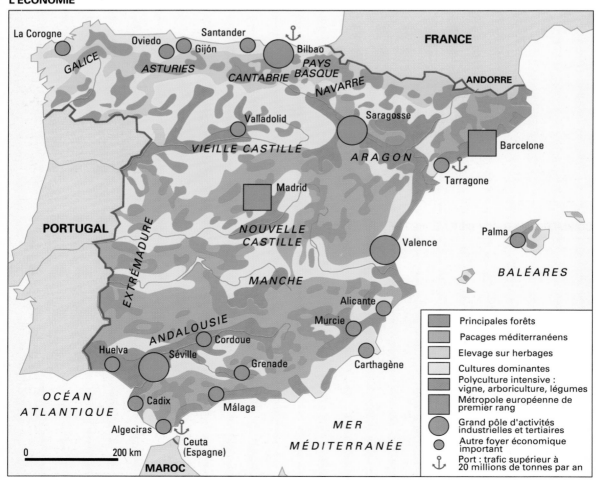

LE PRODUIT INTÉRIEUR BRUT

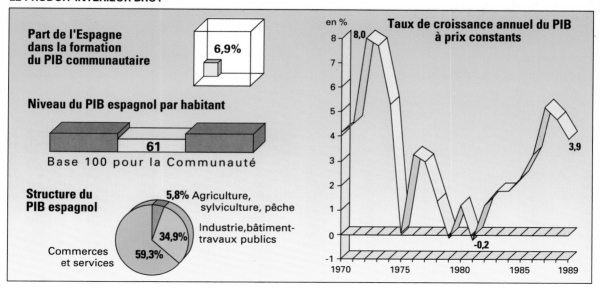

Part de l'Espagne dans la formation du PIB communautaire — 6,9%

Niveau du PIB espagnol par habitant — 61 — Base 100 pour la Communauté

Structure du PIB espagnol
- 5,8% Agriculture, sylviculture, pêche
- 34,9% Industrie, bâtiment-travaux publics
- 59,3% Commerces et services

Taux de croissance annuel du PIB à prix constants (en %) — 8,0 ... -0,2 ... 3,9 — 1970 1975 1980 1985 1989

LA SITUATION ÉCONOMIQUE

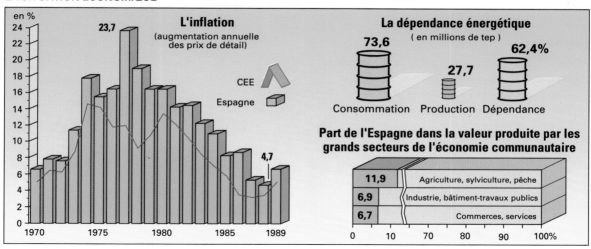

L'inflation (augmentation annuelle des prix de détail) — en % — 23,7 ... 4,7 — CEE, Espagne — 1970 1975 1980 1985 1989

La dépendance énergétique (en millions de tep)
- Consommation 73,6
- Production 27,7
- Dépendance 62,4%

Part de l'Espagne dans la valeur produite par les grands secteurs de l'économie communautaire
- 11,9 Agriculture, sylviculture, pêche
- 6,9 Industrie, bâtiment-travaux publics
- 6,7 Commerces, services
- 0 10 70 80 90 100%

COMMERCE EXTÉRIEUR DE L'ESPAGNE

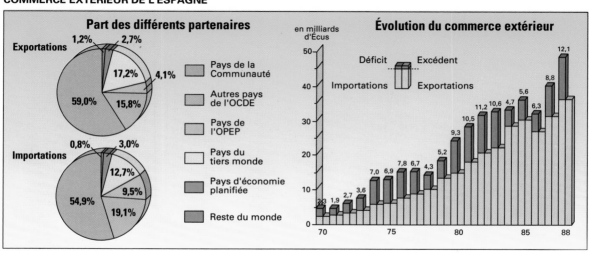

Part des différents partenaires

Exportations : 1,2% — 2,7% — 17,2% — 4,1% — 59,0% — 15,8%

Importations : 0,8% — 3,0% — 12,7% — 9,5% — 54,9% — 19,1%

Légende :
- Pays de la Communauté
- Autres pays de l'OCDE
- Pays de l'OPEP
- Pays du tiers monde
- Pays d'économie planifiée
- Reste du monde

Évolution du commerce extérieur — en milliards d'Écus — Déficit / Excédent — Importations / Exportations

2,3 1,9 2,7 3,6 7,0 6,9 7,8 6,7 4,3 5,2 9,3 10,5 11,2 10,6 4,7 5,6 6,3 8,8 12,1 — 70 75 80 85 88

LA FRANCE

Superficie	**551 695 km²**
Départements d'Outre mer	**96 390 km²**
Territoires d'Outre mer	**23 930 km²**
Frontières terrestres	**2 970 km**
Longueur des côtes	**5 500 km**
Espace maritime controlé	**10 200 000 km²**
Point culminant	**4 808 m**

LE RELIEF

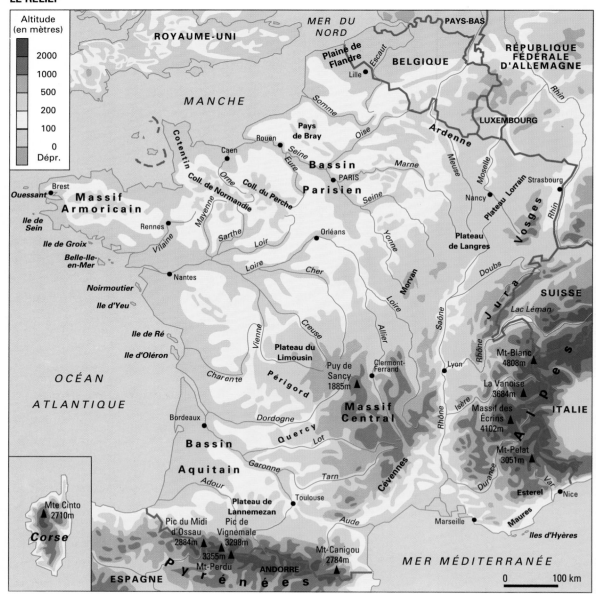

Altitude
(en mètres)

2000
1000
500
200
100
0
Dépr.

ROYAUME-UNI

MER DU NORD

PAYS-BAS

Plaine de Flandre

BELGIQUE

RÉPUBLIQUE FÉDÉRALE D'ALLEMAGNE

MANCHE

Lille

Escaut

Somme

Oise

Ardenne

LUXEMBOURG

Rhin

Rouen

Pays de Bray

Seine

Caen

Eure

Bassin

Marne

Meuse

Moselle

Plateau Lorrain

Strasbourg

Cotentin

Coll. de Normandie

Orne

Coll. du Perche

PARIS

Parisien

Seine

Nancy

Vosges

Rhin

Brest

Ouessant

Massif

Armoricain

Mayenne

Sarthe

Yonne

Plateau de Langres

Ile de Sein

Rennes

Vilaine

Loir

Orléans

Ile de Groix

Loire

Cher

Morvan

Doubs

SUISSE

Belle-Ile-en-Mer

Nantes

Loire

Loire

Saône

Lac Léman

Noirmoutier

Jura

Ile d'Yeu

Creuse

Allier

Mt-Blanc
4808m

Alpes

Ile de Ré

Vienne

Plateau du Limousin

Clermont-Ferrand

Lyon

Rhône

La Vanoise
3684m

Ile d'Oléron

Périgord

Puy de Sancy
1885m

Isère

OCÉAN

Charente

Massif
des Écrins
4102m

ITALIE

ATLANTIQUE

Bordeaux

Dordogne

Quercy

Massif
Central

Rhône

Mt-Pelat
3051m

Bassin

Lot

Durance

Aquitain

Garonne

Tarn

Cévennes

Var

Adour

Esterel

Nice

Toulouse

Aude

Marseille

Maures

Plateau de Lannemezan

Mte Cinto
2710m

Pic du Midi
d'Ossau
2884m

Pic de
Vignemale
3298m

Mt-Canigou
2784m

MER MÉDITERRANÉE

Iles d'Hyères

Corse

3355m
Mt-Perdu

ANDORRE

ESPAGNE

Pyrénées

0   100 km

L'OCCUPATION DU SOL

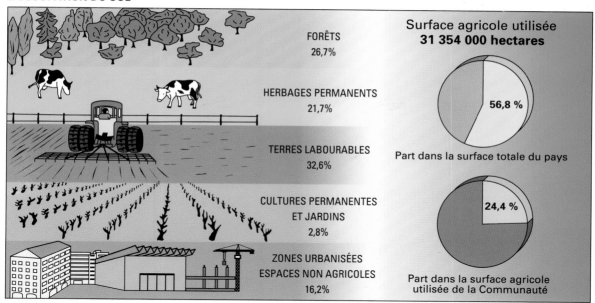

FORÊTS
26,7%

HERBAGES PERMANENTS
21,7%

TERRES LABOURABLES
32,6%

CULTURES PERMANENTES
ET JARDINS
2,8%

ZONES URBANISÉES
ESPACES NON AGRICOLES
16,2%

Surface agricole utilisée
31 354 000 hectares

56,8 %

Part dans la surface totale du pays

24,4 %

Part dans la surface agricole
utilisée de la Communauté

L'HISTOIRE RÉCENTE DE LA FRANCE

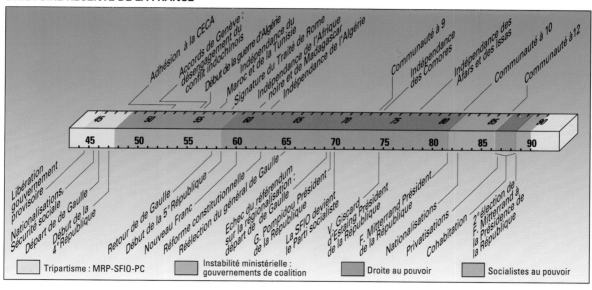

Adhésion à la CECA
Accords de Genève : désengagement du conflit indochinois
Début de la guerre d'Algérie
Indépendance du Maroc et de la Tunisie
Signature du Traité de Rome
Indépendance de l'Afrique noire et de Madagascar
Indépendance de l'Algérie
Communauté à 9
Indépendance des Comores
Indépendance des Afars et des Issas
Communauté à 10
Communauté à 12

| 45 | 50 | 55 | 60 | 65 | 70 | 75 | 80 | 85 | 90 |

Libération gouvernement provisoire
Nationalisations, Sécurité sociale
Départ de Gaulle
Début de la 4e République
Retour de Gaulle
Début de la 5e République
Nouveau Franc
Réforme constitutionnelle
Réélection du général de Gaulle
Echec du référendum sur la régionalisation : départ de de Gaulle
G. Pompidou Président de la République
La SFIO devient le Parti socialiste
V. Giscard d'Estaing Président de la République
F. Mitterrand Président de la République
Nationalisations
Privatisations
Cohabitation
2e élection de F. Mitterrand à la Présidence de la République

Tripartisme : MRP-SFIO-PC | Instabilité ministérielle : gouvernements de coalition | Droite au pouvoir | Socialistes au pouvoir

LES CHEFS D'ÉTAT ET DE GOUVERNEMENT

Les Présidents de la République depuis la guerre	
Vincent Auriol	(janvier 1947)
René Coty	(décembre 1954)
Charles de Gaulle	(décembre 1958)
Georges Pompidou	(juin 1969)
Valéry Giscard d'Estaing	(mai 1974)
François Mitterrand	(mai 1981)
François Mitterrand	(mai 1988)
Liste des Premiers ministres de la Ve République	
Michel Debré	(janvier 1959)
Georges Pompidou	(avril 1962)
Maurice Couve de Murville	(juillet 1968)
Jacques Chaban-Delmas	(juin 1969)
Pierre Messmer	(juillet 1972)
Jacque Chirac	(mai 1974)
Raymond Barre	(août 1976)
Pierre Mauroy	(mai 1981)
Laurent Fabius	(juillet 1984)
Jacque Chirac	(juin 1986)
Michel Rocard	(mai 1988)

LES RÉSULTATS DES ÉLECTIONS EUROPÉENNES DU 15 JUIN 1989

Répartition des sièges dans les groupes du Parlement européen

Taux de participation : 48,7 %

Socialistes

Rassemblement des Démocrates Européens

Droites Européennes

Libéreaux, Démocrates et Réformateurs

Verts Coalition des Gauches

Parti Populaire Européen

13 — 22 — 10 — 8 — 7

13 — 6

1 Groupe Arc en Ciel

1 Non-inscrit

LA FRANCE

PIB 1989, en milliards d'Écus	**838**
PIB 1989 par habitant, en Écus	**14 885**
% du PIB consacré à l'éducation	**6,1**
% du PIB consacré à la défense	**3,2**
% du PIB consacré à la recherche-développement	**2,3**
Taux d'inflation 1989	**3,4 %**
Solde de la balance commerciale en 1988, en milliards d'Écus	**- 12,2**
Forces armées	**442 000 h.**
Nombre d'ogives nucléaires	**930**

L'ÉCONOMIE

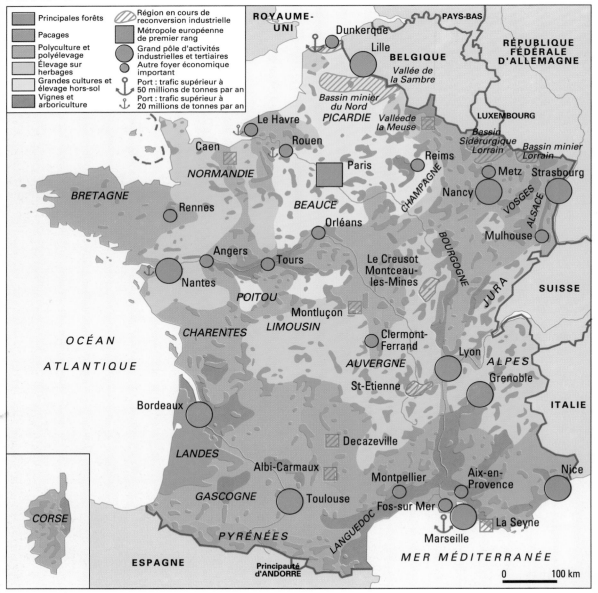

Principales forêts

Pacages

Polyculture et polyélevage

Élevage sur herbages

Grandes cultures et élevage hors-sol

Vignes et arboriculture

Région en cours de reconversion industrielle

Métropole européenne de premier rang

Grand pôle d'activités industrielles et tertiaires

Autre foyer économique important

Port : trafic supérieur à 50 millions de tonnes par an

Port : trafic supérieur à 20 millions de tonnes par an

LE PRODUIT INTÉRIEUR BRUT

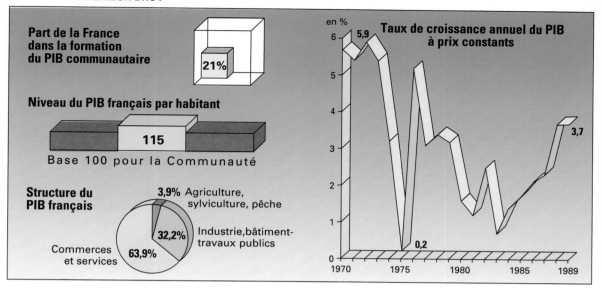

Part de la France dans la formation du PIB communautaire

21%

Niveau du PIB français par habitant

115

Base 100 pour la Communauté

Structure du PIB français

3,9% Agriculture, sylviculture, pêche
32,2% Industrie, bâtiment-travaux publics
63,9% Commerces et services

en %

Taux de croissance annuel du PIB à prix constants

5,9
3,7
0,2

1970 · 1975 · 1980 · 1985 · 1989

LA SITUATION ÉCONOMIQUE

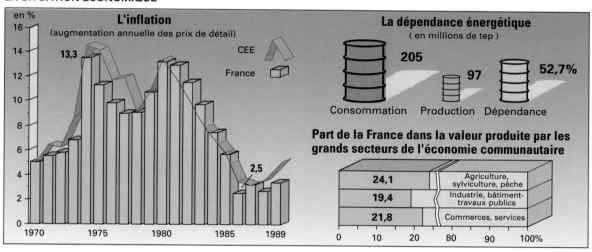

en %

L'inflation
(augmentation annuelle des prix de détail)

CEE
France

13,3
2,5

1970 · 1975 · 1980 · 1985 · 1989

La dépendance énergétique
(en millions de tep)

205
Consommation

97
Production

52,7%
Dépendance

Part de la France dans la valeur produite par les grands secteurs de l'économie communautaire

24,1 — Agriculture, sylviculture, pêche
19,4 — Industrie, bâtiment-travaux publics
21,8 — Commerces, services

0 · 10 · 20 · 80 · 90 · 100%

COMMERCE EXTÉRIEUR DE LA FRANCE

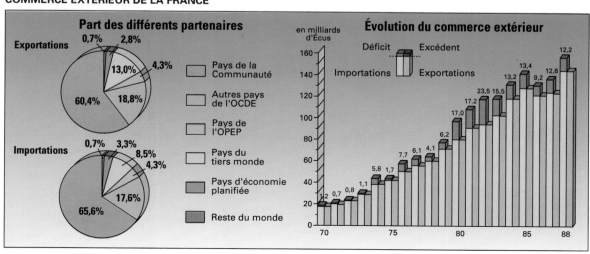

Part des différents partenaires

Exportations
0,7% · 2,8%
13,0% · 4,3%
60,4% · 18,8%

Importations
0,7% · 3,3%
8,5%
4,3%
65,6% · 17,6%

Pays de la Communauté
Autres pays de l'OCDE
Pays de l'OPEP
Pays du tiers monde
Pays d'économie planifiée
Reste du monde

en milliards d'Écus

Évolution du commerce extérieur

Déficit · Excédent
Importations · Exportations

1,2 · 0,7 · 0,8 · 1,1 · 5,8 · 1,7 · 7,7 · 6,1 · 4,1 · 6,2 · 17,0 · 17,2 · 23,5 · 15,5 · 13,2 · 13,4 · 9,2 · 12,6 · 12,2

70 · 75 · 80 · 85 · 88

LA GRÈCE

Superficie	**131 944 km^2**
dont îles	**24 796 km^2**
Frontières terrestres	**1 180 km**
Longueur des côtes	**15 000 km**
Point culminant	**2 917 m**

LE RELIEF

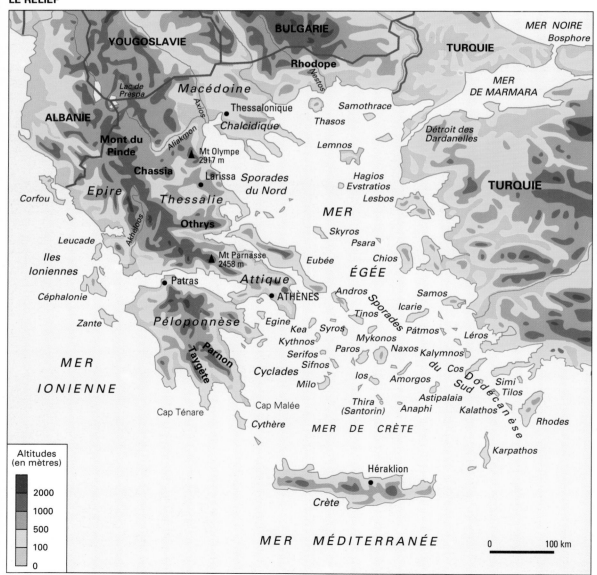

L'OCCUPATION DU SOL

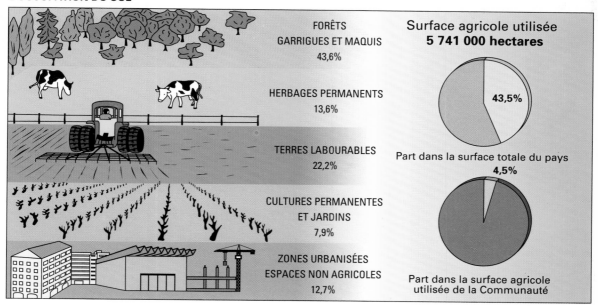

FORÊTS
GARRIGUES ET MAQUIS
43,6%

HERBAGES PERMANENTS
13,6%

TERRES LABOURABLES
22,2%

CULTURES PERMANENTES
ET JARDINS
7,9%

ZONES URBANISÉES
ESPACES NON AGRICOLES
12,7%

Surface agricole utilisée
5 741 000 hectares

43,5%

Part dans la surface totale du pays
4,5%

Part dans la surface agricole
utilisée de la Communauté

L'HISTOIRE RÉCENTE DE LA GRÈCE

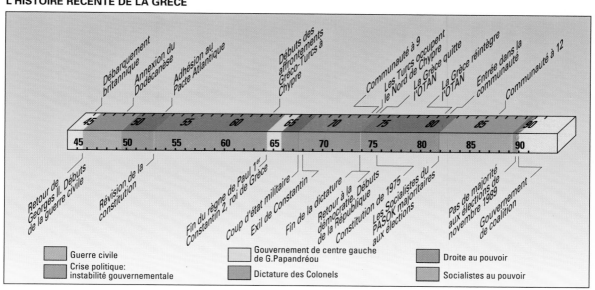

Débarquement britannique
Annexion du Dodécanèse
Adhésion au Pacte Atlantique
Débuts des affrontements Gréco-Turcs à Chypre
Communauté à 9
Les Turcs occupent le Nord de Chypre
La Grèce quitte l'OTAN
La Grèce réintègre l'OTAN
Entrée dans la communauté
Communauté à 12

45 50 55 60 65 70 75 80 85 90

Retour de Georges II. Débuts de la guerre civile
Révision de la constitution
Fin du règne de Paul 1er Constantin 2, roi de Grèce
Coup d'état militaire
Exil de Constantin
Fin de la dictature
Retour à la démocratie. Débuts de la République
Constitution de 1975
Les Socialistes du PASOK majoritaires aux élections
Pas de majorité aux élections de novembre 1989
Gouvernement de coalition

Guerre civile

Crise politique: instabilité gouvernementale

Gouvernement de centre gauche de G.Papandréou

Dictature des Colonels

Droite au pouvoir

Socialistes au pouvoir

LES CHEFS D'ÉTAT ET DE GOUVERNEMENT

Liste des Présidents de la République et des Premiers ministres depuis le rétablissement de la démocratie

Présidents de la République

Constantin Tsatsos	*(juin 1975)*
Constantin Caramanlis	*(mai 1980)*
Christos Sartzetakis	*(mars 1985)*

Premiers ministres

Constantin Caramanlis	*(juillet 1974)*
Georges Rallis	*(mai 1980)*
Andréas Papandréou	*(octobre 1981)*
Tzannis Tzanétakis	*(juillet 1989)*
Xénophon Zolotas	*(novembre 1989)*

LES RÉSULTATS DES ÉLECTIONS EUROPÉENNES DU 15 JUIN 1989

Répartition des sièges dans les groupes du Parlement européen

Taux de participation : 79,8 %

Rassemblement des Démocrates Européens

Socialistes

Parti Populaire Européen

Gauche Unitaire Européenne

Coalition des Gauches

10 1 9 1 3

LA GRÈCE

PIB 1989, en milliards d'Écus	**47,4**
PIB 1989 par habitant, en Écus	**4 647**
% du PIB consacré à l'éducation	**2,4**
% du PIB consacré à la défense	**4,7**
% du PIB consacré à la recherche-développement	**0,3**
Taux d'inflation 1989	**13,6 %**
Solde de la balance commerciale en 1988, en milliards d'Écus	**- 6,6**
Forces armées	**210 000 h.**

L'ÉCONOMIE

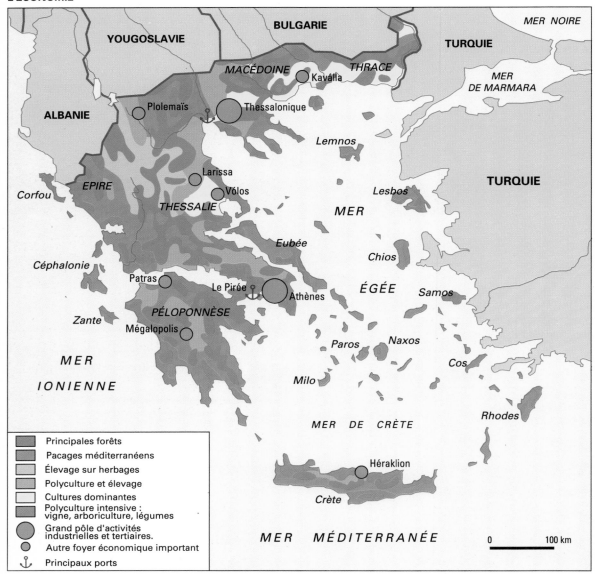

Principales forêts
Pacages méditerranéens
Élevage sur herbages
Polyculture et élevage
Cultures dominantes
Polyculture intensive : vigne, arboriculture, légumes
Grand pôle d'activités industrielles et tertiaires.
Autre foyer économique important
Principaux ports

LE PRODUIT INTÉRIEUR BRUT

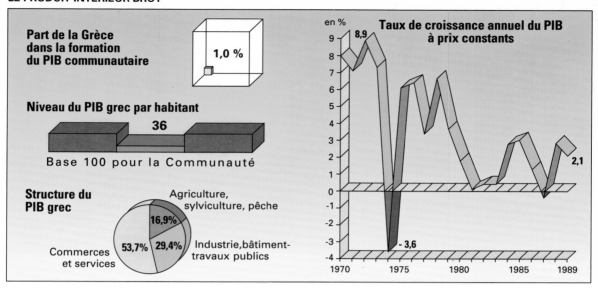

Part de la Grèce dans la formation du PIB communautaire

1,0 %

Niveau du PIB grec par habitant

36

Base 100 pour la Communauté

Structure du PIB grec

- Agriculture, sylviculture, pêche : 16,9%
- Industrie, bâtiment-travaux publics : 29,4%
- Commerces et services : 53,7%

Taux de croissance annuel du PIB à prix constants

en %

8,9

- 3,6

2,1

1970   1975   1980   1985   1989

LA SITUATION ÉCONOMIQUE

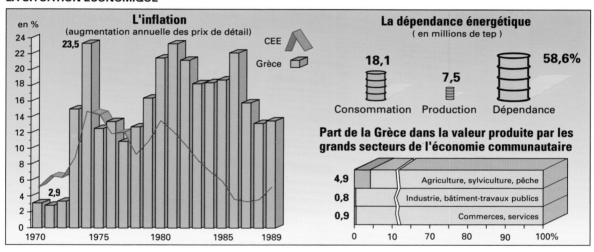

L'inflation
(augmentation annuelle des prix de détail)

en %

CEE

Grèce

23,5

2,9

1970   1975   1980   1985   1989

La dépendance énergétique
(en millions de tep)

- Consommation : 18,1
- Production : 7,5
- Dépendance : 58,6%

Part de la Grèce dans la valeur produite par les grands secteurs de l'économie communautaire

- Agriculture, sylviculture, pêche : 4,9
- Industrie, bâtiment-travaux publics : 0,8
- Commerces, services : 0,9

0   10   70   80   90   100%

LE COMMERCE EXTÉRIEUR DE LA GRÈCE

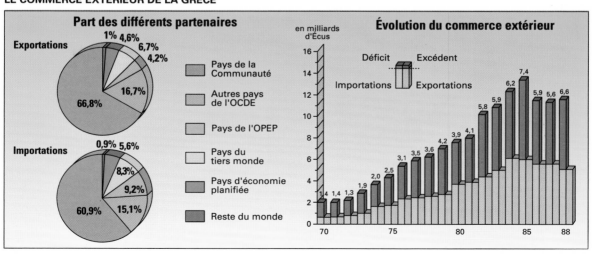

Part des différents partenaires

Exportations

1%   4,6%   6,7%   4,2%   16,7%   66,8%

Importations

0,9%   5,6%   8,3%   9,2%   15,1%   60,9%

- Pays de la Communauté
- Autres pays de l'OCDE
- Pays de l'OPEP
- Pays du tiers monde
- Pays d'économie planifiée
- Reste du monde

Évolution du commerce extérieur

en milliards d'Écus

Déficit   Excédent

Importations   Exportations

1,4   1,4   1,3   1,9   2,0   2,5   3,1   3,5   3,6   4,2   3,9   4,1   5,8   5,9   5,9   6,2   7,4   5,9   5,6   6,6

70   75   80   85   88

81

L'IRLANDE

Superficie	**70 283 km^2**
Frontières terrestres	**483 km**
Longueur des côtes	**3 170 km**
Point culminant	**1 040 m**

LE RELIEF

OCÉAN ATLANTIQUE

Cap Malin
Lough Swilly
Chaussée des Géants
Canal du Nord
ROYAUME-UNI

L. Foyle
Foyle

IRLANDE DU NORD
U L S T E R

Cap Malinmore
Baie de Donegal

Lough Neagh
Belfast

Lough Erne

Cap Erris

Nephin 807m ▲
C O N N A U G H T

Ile Achill
L. Conn

Dundalk

MER D'IRLANDE

Shannon

Cap Slyne
CONNEMARA
L. Mask
L. Corrib
L. Ree

Boyne

Baie de Galway
Galway
Athlone

Liffey
Dublin

Iles Aran

E I R E

L. Derg

Lugnaguilla 926m ▲
Monts Wicklow

LEINSTER

Cap Loop
Shannon
Limerick

Nore

Slaney

Saint-Georges

Galtymore 920m ▲

Suir

Cap Slea
Mt Brandon ▲ 954m
M U N S T E R

Waterford

Pointe Carnsore

Carrantuohill ▲ 1040m

Blackwater

Baie de Dingle
I. Valentia
Monts Kerry
Lee
Cork

Canal

Baie de Kenmare
C. Dursey
Baie de Bantry
Cap Mizen

0   100 km

Altitude (en mètres)

500
200
100
0

L'OCCUPATION DU SOL

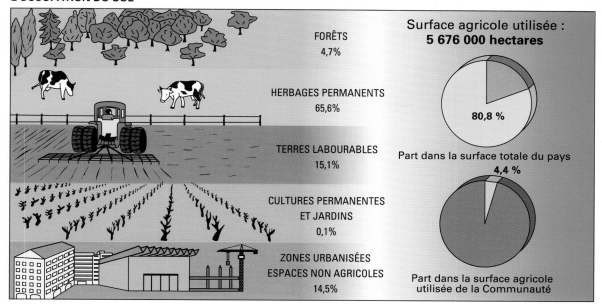

FORÊTS
4,7%

HERBAGES PERMANENTS
65,6%

TERRES LABOURABLES
15,1%

CULTURES PERMANENTES
ET JARDINS
0,1%

ZONES URBANISÉES
ESPACES NON AGRICOLES
14,5%

Surface agricole utilisée :
5 676 000 hectares

80,8 %

Part dans la surface totale du pays

4,4 %

Part dans la surface agricole
utilisée de la Communauté

L'HISTOIRE RÉCENTE DE L'IRLANDE

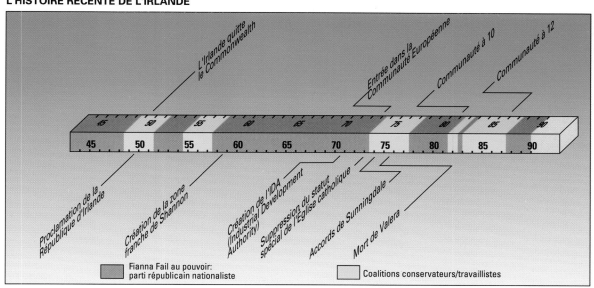

L'Irlande quitte le Commonwealth

Entrée dans la Communauté Européenne

Communauté à 10

Communauté à 12

45 50 55 60 65 70 75 80 85 90

Proclamation de la République d'Irlande

Création de la zone franche de Shannon

Création de l'IDA (Industry) Development Authority)

Suppression du statut spécial de l'Église catholique

Accords de Sunningdale

Mort de Valera

Fianna Fail au pouvoir:
parti républicain nationaliste

Coalitions conservateurs/travaillistes

LES CHEFS D'ÉTAT ET DE GOUVERNEMENT

**Liste des chefs de gouvernement
depuis la guerre :**

Eamon de Valera	*(mars 1932)*
John Costello	*(février 1948)*
Eamon de Valera	*(juin 1951)*
John Costello	*(juin 1954)*
Eamon de Valera	*(mars 1957)*
Sean Lemass	*(juin 1959)*
John Lynch	*(novembre 1966)*
Liam Cosgrave	*(mars 1973)*
John Lynch	*(juillet 1977)*
Charles Haughey	*(décembre 1979)*
Garret Fitzgerald	*(juin 1981)*
Charles Haughey	*(mars 1982)*
Garret Fitzgerald	*(décembre 1982)*
Charles Haughey	*(mars 1987)*

LES RÉSULTATS DES ÉLECTIONS EUROPÉENNES
DU 15 JUIN 1989

**Répartition des sièges dans les groupes
du Parlement européen**

Taux de participation : 68,3 %

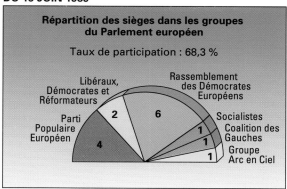

Libéraux,
Démocrates et
Réformateurs

Rassemblement
des Démocrates
Européens

Parti
Populaire
Européen

Socialistes

Coalition des
Gauches

Groupe
Arc en Ciel

2 6 4 1 1 1

L'IRLANDE

PIB 1989, en milliards d'Écus	**28,3**
PIB 1989 par habitant, en Écus	**7 927**
% du PIB consacré à l'éducation	**6,7**
% du PIB consacré à la défense	**1,4**
% du PIB consacré à la recherche-développement	**0,9**
Taux d'inflation 1989	**4,9 %**
Solde de la balance commerciale en 1988, en milliards d'Écus	**+ 2,7**
Forces armées	**13 200 h.**

L'ÉCONOMIE

Principales forêts

Pacages, landes

Elevage sur herbages

Elevage et polyculture

Cultures dominantes

Grand pôle d'activités industrielles et tertiaires

Autre foyer économique important

LE PRODUIT INTÉRIEUR BRUT

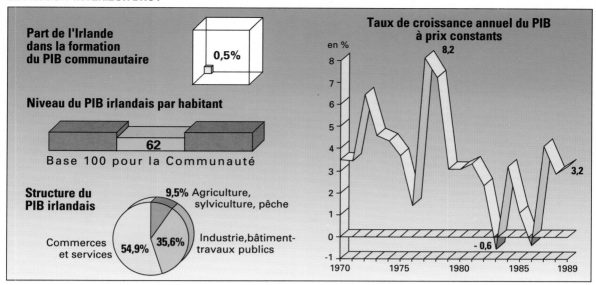

Part de l'Irlande dans la formation du PIB communautaire 0,5%

Niveau du PIB irlandais par habitant 62
Base 100 pour la Communauté

Structure du PIB irlandais
- 9,5% Agriculture, sylviculture, pêche
- 35,6% Industrie, bâtiment-travaux publics
- 54,9% Commerces et services

Taux de croissance annuel du PIB à prix constants
en %
8,2
- 0,6
3,2
1970 1975 1980 1985 1989

LA SITUATION ÉCONOMIQUE

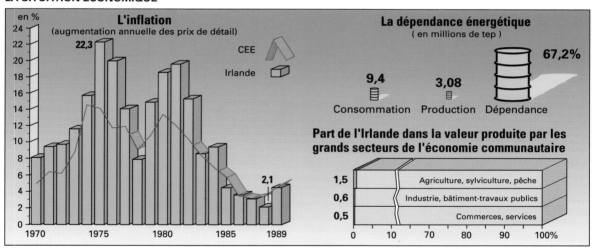

L'inflation (augmentation annuelle des prix de détail)
en %
22,3
2,1
CEE
Irlande
1970 1975 1980 1985 1989

La dépendance énergétique (en millions de tep)
Consommation 9,4
Production 3,08
Dépendance 67,2%

Part de l'Irlande dans la valeur produite par les grands secteurs de l'économie communautaire
- 1,5 Agriculture, sylviculture, pêche
- 0,6 Industrie, bâtiment-travaux publics
- 0,5 Commerces, services
0 10 70 80 90 100%

LE COMMERCE EXTÉRIEUR DE L'IRLANDE

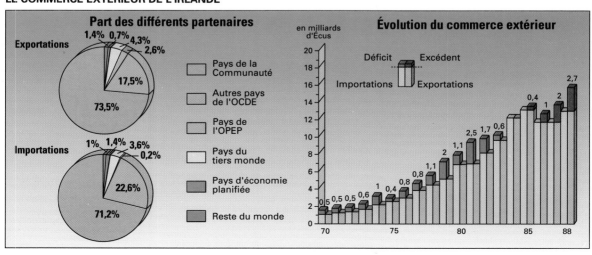

Part des différents partenaires

Exportations
1,4% 0,7% 4,3% 2,6%
17,5%
73,5%

Importations
1% 1,4% 3,6% 0,2%
22,6%
71,2%

- Pays de la Communauté
- Autres pays de l'OCDE
- Pays de l'OPEP
- Pays du tiers monde
- Pays d'économie planifiée
- Reste du monde

Évolution du commerce extérieur
en milliards d'Écus
Déficit — Excédent
Importations — Exportations
0,5 0,5 0,5 0,6 1 0,4 0,8 0,8 1,1 2 1,1 2,5 1,7 0,6 0,4 1 2 2,7
70 75 80 85 88

L'ITALIE

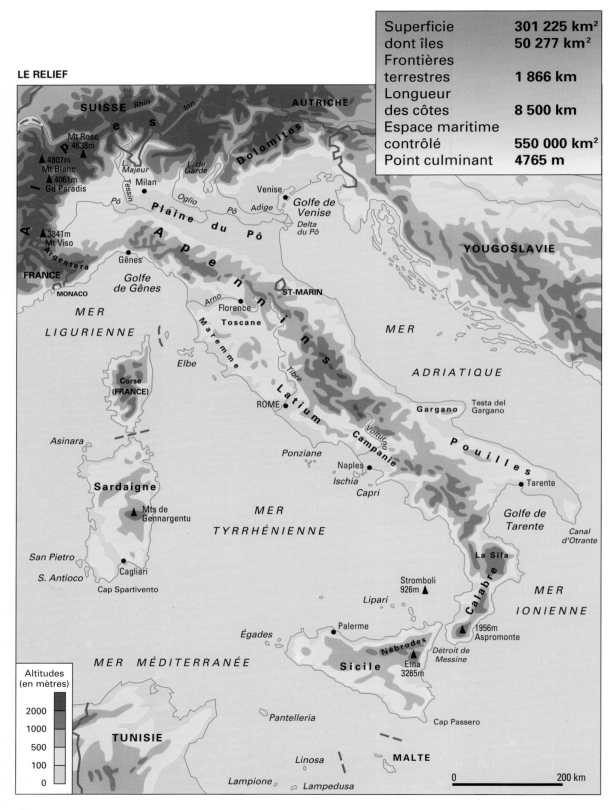

LE RELIEF

Superficie	301 225 km²
dont îles	50 277 km²
Frontières terrestres	1 866 km
Longueur des côtes	8 500 km
Espace maritime contrôlé	550 000 km²
Point culminant	4765 m

SUISSE
Rhin
Inn
AUTRICHE

Mt Rose
4638m

Dolomites

▲4807m
Mt Blanc
▲4061m
Gd Paradis

L. Majeur
L. de Garde

Milan

Venise

Golfe de Venise

Tessin

Plaine du Pô

Oglio

Pô

Adige

Delta du Pô

YOUGOSLAVIE

▲3841m
Mt Viso

Argentera

FRANCE

MONACO

Gênes

Golfe de Gênes

Pô

Appennins

ST-MARIN

Arno

Florence

Toscane

Maremme

Elbe

MER LIGURIENNE

MER ADRIATIQUE

Corse (FRANCE)

Tibre

Latium

ROME

Gargano

Testa del Gargano

Asinara

Ponziane

Voltur

Campanie

Pouilles

Sardaigne

Mts de Gennargentu

MER TYRRHÉNIENNE

Naples

Ischia

Capri

Tarente

Golfe de Tarente

Canal d'Otrante

San Pietro

S. Antioco

Cagliari

Cap Spartivento

Stromboli
926m ▲

La Sila

Calabre

MER IONIENNE

Lipari

1956m
Aspromonte

Égades

Palerme

Nébrodes

Détroit de Messine

MER MÉDITERRANÉE

Altitudes
(en mètres)

2000
1000
500
100
0

TUNISIE

Sicile

Etna
3265m

Pantelleria

Cap Passero

MALTE

Linosa

Lampione   Lampedusa

0   200 km

L'OCCUPATION DU SOL

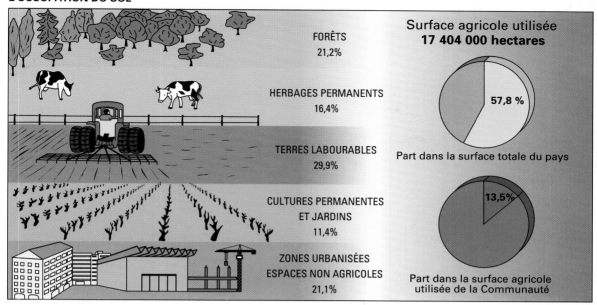

FORÊTS
21,2%

HERBAGES PERMANENTS
16,4%

TERRES LABOURABLES
29,9%

CULTURES PERMANENTES
ET JARDINS
11,4%

ZONES URBANISÉES
ESPACES NON AGRICOLES
21,1%

Surface agricole utilisée
17 404 000 hectares

57,8 %

Part dans la surface totale du pays

13,5%

Part dans la surface agricole
utilisée de la Communauté

L'HISTOIRE RÉCENTE DE L'ITALIE

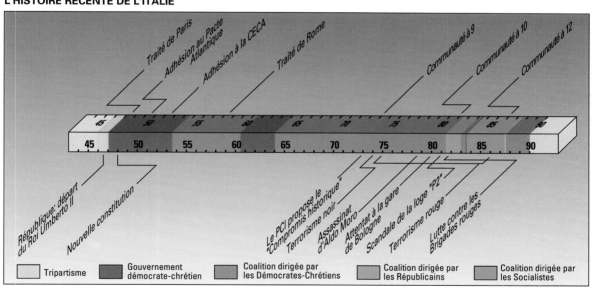

Traité de Paris
Adhésion au Pacte Atlantique
Adhésion à la CECA
Traité de Rome
Communauté à 9
Communauté à 10
Communauté à 12

45   50   55   60   65   70   75   80   85   90

République: départ du Roi Umberto II
Nouvelle constitution
Le PCI propose le "Compromis historique"
Terrorisme noir
Assassinat d'Aldo Moro
Attentat à la gare de Bologne
Scandale de la loge "P2"
Terrorisme rouge
Lutte contre les Brigades rouges

| | Tripartisme | | Gouvernement démocrate-chrétien | | Coalition dirigée par les Démocrates-Chrétiens | | Coalition dirigée par les Républicains | | Coalition dirigée par les Socialistes |

LES CHEFS D'ÉTAT ET DE GOUVERNEMENT

Les Premiers ministres italiens depuis l'instauration de la République

Alcide de Gasperi	*(décembre 1945)*	Giulio Andreotti	*(février 1971)*
Giuseppe Pella	*(août 1953)*	Mariano Rumor	*(juillet 1973)*
Amintore Fanfani	*(janvier 1954)*	Aldo Moro	*novembre 1974)*
Mario Scelba	*(février 1954)*	Giulio Andreotti	*(juillet 1976)*
Antonio Segni	*(juillet 1955)*	Ugo La Malfa	*(février 1979)*
Adone Zoli	*(mai 1957)*	Giulio Andreotti	*(mars 1979)*
Amintore Fanfani	*(juillet 1958)*	Francesco Cossiga	*(août 1979)*
Antonio Segni	*(février 1959)*	Arnaldo Forlani	*(octobre 1980)*
Fernando Trambroni	*(mars 1960)*	Giovani Spadolini	*(juin 1981)*
Amintore Fanfani	*(juillet 1960)*	Amintore Fanfani	*(décembre 1982)*
Giovani Leone	*(juin 1963)*	Bettino Craxi	*(août 1983)*
Aldo Moro	*(décembre 1963)*	Amintore Fanfani	*(avril 1987)*
Giovani Leone	*(juin 1968)*	Giovani Goria	*(juillet 1987)*
Mariano Rumor	*(décembre 1968)*	Ciriaco de Mita	*(avril 1988)*
Emilio Colombo	*(août 1970)*		

LES RÉSULTATS DES ÉLECTIONS EUROPÉENNES DU 15 JUIN 1989

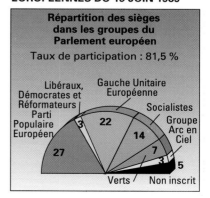

**Répartition des sièges
dans les groupes du
Parlement européen**

Taux de participation : 81,5 %

Libéraux, Démocrates et Réformateurs
Gauche Unitaire Européenne
Parti Populaire Européen
Socialistes
Groupe Arc en Ciel
3   22   14
27   7
3   5
Verts   Non inscrit

87

L'ITALIE

L'ÉCONOMIE

PIB 1989 en milliards d'Écus	**741,2**
PIB 1989 par habitant, en Écus	**12 890**
% du PIB consacré à l'éducation	**4,0**
% du PIB consacré à la défense	**1,6**
% du PIB consacré à la recherche-développement	**1,3**
Taux d'inflation 1989	**6,3%**
Solde de la balance commerciale 1988 en milliards d'Écus	**- 8,4**
Forces armées	**386 000 h.**

SUISSE

AUTRICHE

TRENTIN HAUT-ADIGE

FRIOUL

Trieste

Venise

Milan

Vérone

Turin

Brescia

Padoue

PIÉMONT

Parme

LOMBARDIE

Gênes

Bologne

Ravenne

FRANCE

ÉMILIE

Rimini

La Spézia

Florence

MER LIGURIENNE

Livourne

MARCHES

Ancône

YOUGOSLAVIE

OMBRIE

MER ADRIATIQUE

Corse (France)

LATIUM

ROME

MOLISE

CAMPANIE

Bari

Brindisi

MER TYRRHÉNIENNE

Naples

Salerne

BASILICATE

Tarente

POUILLES

SARDAIGNE

CALABRE

MER IONIENNE

Cagliari

Palerme

Messine

Reggio de Calabre

Catane

SICILE

Gela

Augusta

MER MÉDITERRANÉE

MALTE

Légende

- Principales forêts
- Pacages méditerranéens
- Élevage sur herbages
- Cultures dominantes
- Polyculture intensive: vigne, arboriculture, légumes
- Métropole européenne de premier rang
- Grand pôle d'activités industrielles et tertiaires.
- Autre foyer économique important
- Port : trafic supérieur à 20 millions de tonnes par an

0   200 km

LE PRODUIT INTÉRIEUR BRUT

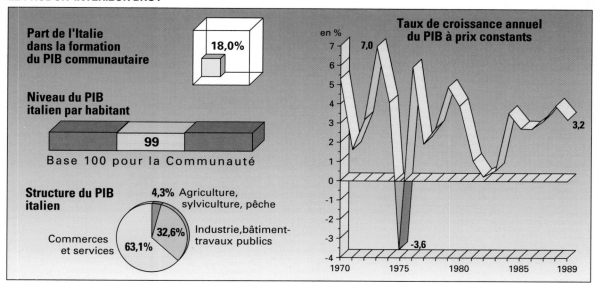

Part de l'Italie dans la formation du PIB communautaire 18,0%

Niveau du PIB italien par habitant 99
Base 100 pour la Communauté

Structure du PIB italien
- 4,3% Agriculture, sylviculture, pêche
- 32,6% Industrie, bâtiment-travaux publics
- 63,1% Commerces et services

Taux de croissance annuel du PIB à prix constants
en %
7,0
-3,6
3,2
1970 — 1975 — 1980 — 1985 — 1989

LA SITUATION ÉCONOMIQUE

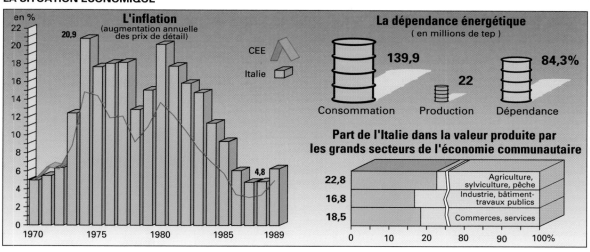

L'inflation
(augmentation annuelle des prix de détail)
en %
20,9
4,8
CEE
Italie
1970 — 1975 — 1980 — 1985 — 1989

La dépendance énergétique
(en millions de tep)
Consommation 139,9
Production 22
Dépendance 84,3%

Part de l'Italie dans la valeur produite par les grands secteurs de l'économie communautaire
- 22,8 — Agriculture, sylviculture, pêche
- 16,8 — Industrie, bâtiment-travaux publics
- 18,5 — Commerces, services

0 — 10 — 20 — 80 — 90 — 100%

LE COMMERCE EXTÉRIEUR DE L'ITALIE

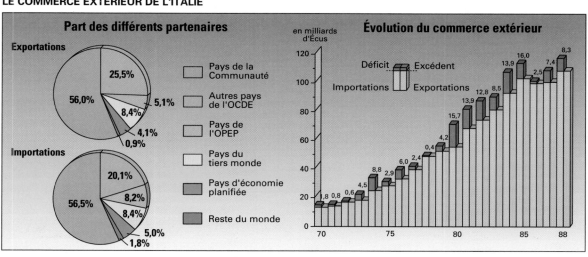

Part des différents partenaires

Exportations
- 25,5%
- 56,0%
- 5,1%
- 8,4%
- 4,1%
- 0,9%

Importations
- 20,1%
- 56,5%
- 8,2%
- 8,4%
- 5,0%
- 1,8%

Légende:
- Pays de la Communauté
- Autres pays de l'OCDE
- Pays de l'OPEP
- Pays du tiers monde
- Pays d'économie planifiée
- Reste du monde

Évolution du commerce extérieur
en milliards d'Écus
Déficit — Excédent
Importations — Exportations
1,8 0,8 0,6 4,5 8,8 2,9 6,0 2,4 0,4 4,2 15,7 13,9 12,8 8,5 13,9 16,0 2,5 7,4 8,3
70 — 75 — 80 — 85 — 88

89

LE LUXEMBOURG

LE RELIEF

Superficie	2 586 km^2
Frontières	356 km
Point culminant	559 m

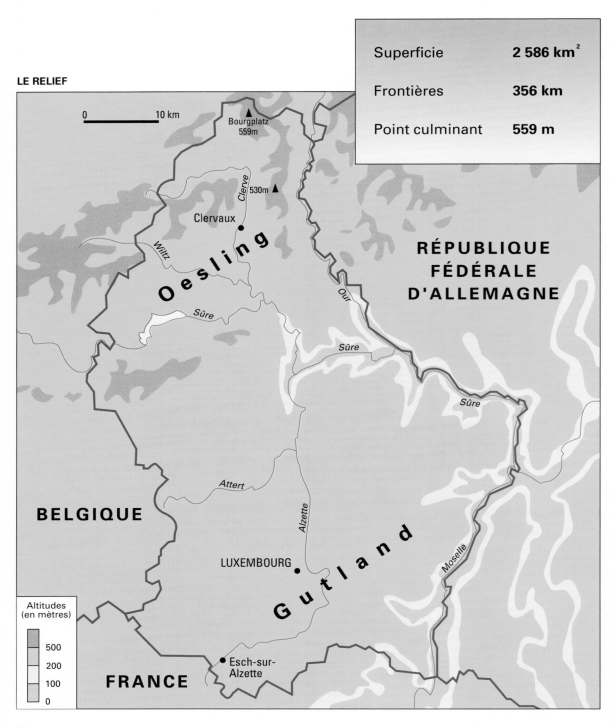

0   10 km

Bourgplatz
559m ▲

Clerve

530m ▲

Clervaux

Wiltz

O e s l i n g

Sûre

Our

Sûre

Sûre

**RÉPUBLIQUE
FÉDÉRALE
D'ALLEMAGNE**

Attert

Alzette

BELGIQUE

LUXEMBOURG

G u t l a n d

Moselle

Esch-sur-
Alzette

FRANCE

Altitudes
(en mètres)

500
200
100
0

L'OCCUPATION DU SOL

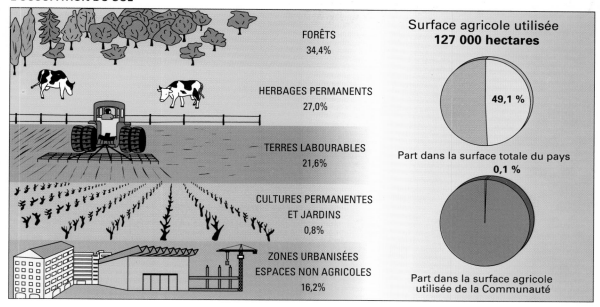

FORÊTS
34,4%

HERBAGES PERMANENTS
27,0%

TERRES LABOURABLES
21,6%

CULTURES PERMANENTES
ET JARDINS
0,8%

ZONES URBANISÉES
ESPACES NON AGRICOLES
16,2%

Surface agricole utilisée
127 000 hectares

49,1 %

Part dans la surface totale du pays
0,1 %

Part dans la surface agricole
utilisée de la Communauté

L'HISTOIRE RÉCENTE DU LUXEMBOURG

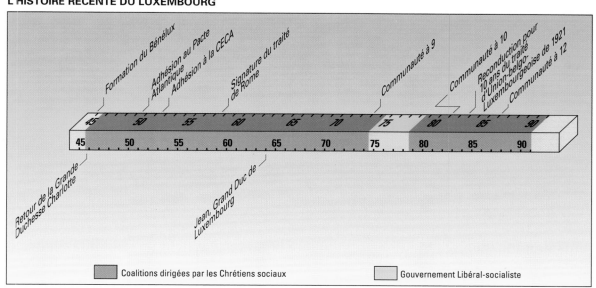

Formation du Bénélux

Adhésion au Pacte
Atlantique

Adhésion à la CECA

Signature du traité
de Rome

Communauté à 9

Communauté à 10

Reconduction pour
10 ans du traité
d'Union-belgo-
Luxembourgeoise de 1921

Communauté à 12

Retour de la Grande
Duchesse Charlotte

Jean, Grand Duc de
Luxembourg

■ Coalitions dirigées par les Chrétiens sociaux   ■ Gouvernement Libéral-socialiste

LES CHEFS D'ÉTAT ET DE GOUVERNEMENT

**Les Présidents du gouvernement
depuis la guerre**

Pierre Dupong	*(novembre 1945)*
Joseph Bech	*(décembre 1953)*
Pierre Frieden	*(mars 1958)*
Pierre Werner	*(mars 1959)*
Gaston Thorn	*(juin 1974)*
Pierre Werner	*(juillet 1979)*
Jacques Santer	*(juin 1984)*

LES RÉSULTATS DES ÉLECTIONS EUROPÉENNES
DU 15 JUIN 1989

**Répartition des sièges dans les groupes
du Parlement européen**

Taux de participation : 87 %

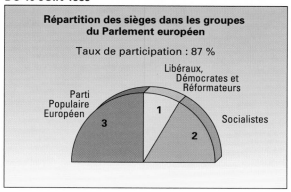

Libéraux,
Démocrates et
Réformateurs

Parti
Populaire
Européen
3

1

Socialistes

2

LE LUXEMBOURG

L'ÉCONOMIE

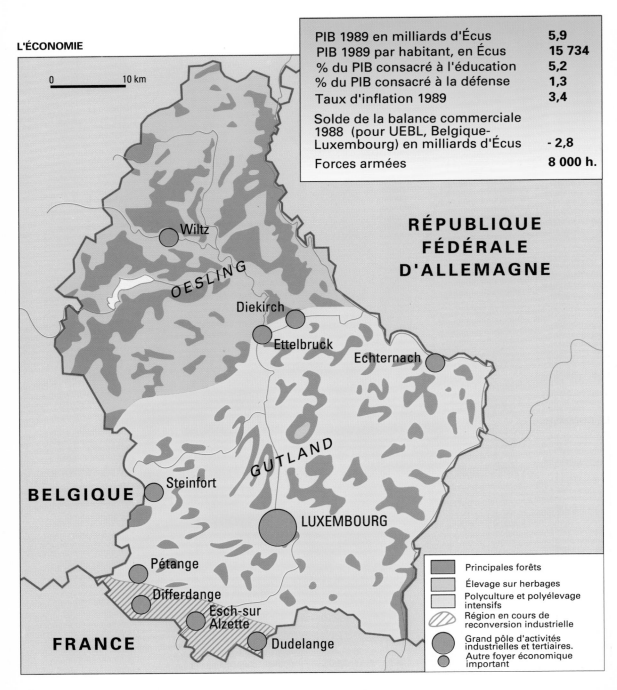

PIB 1989 en milliards d'Écus	**5,9**
PIB 1989 par habitant, en Écus	**15 734**
% du PIB consacré à l'éducation	**5,2**
% du PIB consacré à la défense	**1,3**
Taux d'inflation 1989	**3,4**
Solde de la balance commerciale 1988 (pour UEBL, Belgique-Luxembourg) en milliards d'Écus	**- 2,8**
Forces armées	**8 000 h.**

0   10 km

Wiltz

OESLING

Diekirch

Ettelbruck

Echternach

RÉPUBLIQUE FÉDÉRALE D'ALLEMAGNE

GUTLAND

Steinfort

BELGIQUE

LUXEMBOURG

Pétange

Differdange

Esch-sur Alzette

FRANCE

Dudelange

Principales forêts

Élevage sur herbages

Polyculture et polyélevage intensifs

Région en cours de reconversion industrielle

Grand pôle d'activités industrielles et tertiaires.

Autre foyer économique important

LE PRODUIT INTÉRIEUR BRUT

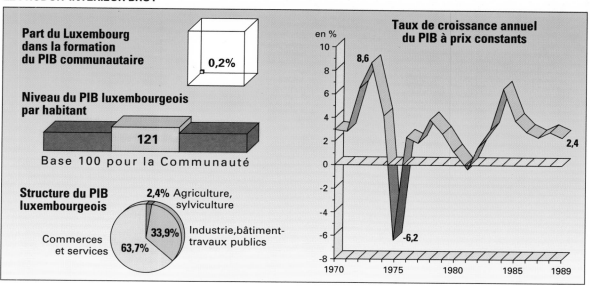

Part du Luxembourg dans la formation du PIB communautaire

0,2%

Niveau du PIB luxembourgeois par habitant

121

Base 100 pour la Communauté

Structure du PIB luxembourgeois

2,4% Agriculture, sylviculture
33,9% Industrie, bâtiment-travaux publics
63,7% Commerces et services

Taux de croissance annuel du PIB à prix constants

en %
8,6
-6,2
2,4
1970   1975   1980   1985   1989

LA SITUATION ÉCONOMIQUE

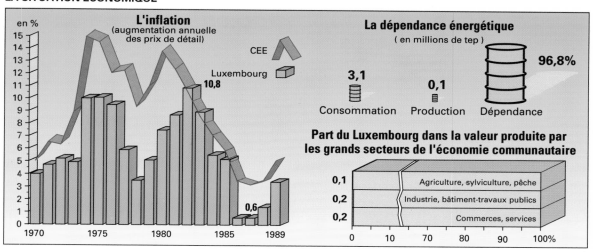

L'inflation
(augmentation annuelle des prix de détail)

CEE
Luxembourg

en %
10,8
0,6
1970   1975   1980   1985   1989

La dépendance énergétique
(en millions de tep)

3,1 Consommation
0,1 Production
96,8% Dépendance

Part du Luxembourg dans la valeur produite par les grands secteurs de l'économie communautaire

0,1 Agriculture, sylviculture, pêche
0,2 Industrie, bâtiment-travaux publics
0,2 Commerces, services

0   10   70   80   90   100%

LE COMMERCE EXTÉRIEUR DE L'UNION BELGO-LUXEMBOURGEOISE

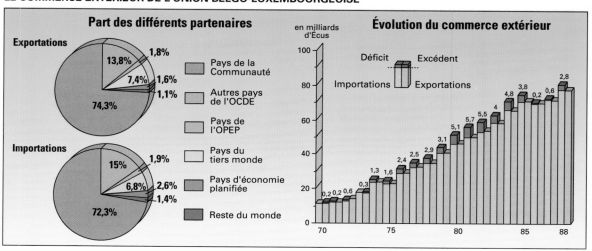

Part des différents partenaires

Exportations
1,8%
13,8%
7,4%
1,6%
1,1%
74,3%

Importations
15%
1,9%
6,8%
2,6%
1,4%
72,3%

Pays de la Communauté
Autres pays de l'OCDE
Pays de l'OPEP
Pays du tiers monde
Pays d'économie planifiée
Reste du monde

Évolution du commerce extérieur

en milliards d'Écus

Déficit   Excédent
Importations   Exportations

100
80
60
40
20
0

0,2 0,2 0,6 0,3 1,3 1,6 2,4 2,5 2,9 3,1 5,1 5,7 5,5 4 4,8 3,8 0,2 0,6 2,8

70   75   80   85   88

LES PAYS-BAS

Superficie	**33 938 km^2**
Frontières terrestres	**1 080 km**
Longueur des côtes	**1 200 km**
Point culminant	**322 m**

LE RELIEF

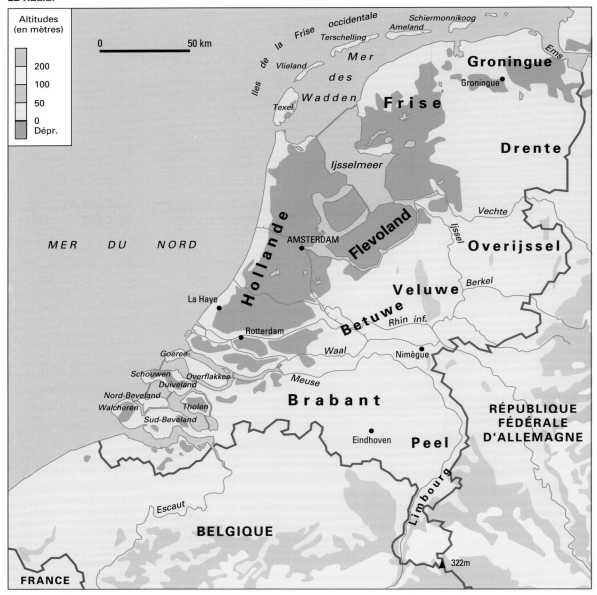

Altitudes
(en mètres)

200
100
50
0
Dépr.

0   50 km

Îles de la Frise occidentale
Schiermonnikoog
Ameland
Terschelling
Vlieland
Mer des Wadden
Texel

Groningue
Groningue
Ems

Frise

Drente

Ijsselmeer

Vechte

Hollande

AMSTERDAM

Flevoland

Ijssel

Overijssel

La Haye

Veluwe

Berkel

Betuwe

Rhin inf.

Rotterdam

Waal

Nimègue

MER   DU   NORD

Goeree

Meuse

Schouwen
Duiveland
Overflakkee

Nord-Beveland
Walcheren
Tholen
Sud-Beveland

Brabant

Eindhoven

Peel

**RÉPUBLIQUE
FÉDÉRALE
D'ALLEMAGNE**

Limbourg

Escaut

BELGIQUE

322m

FRANCE

L'OCCUPATION DU SOL

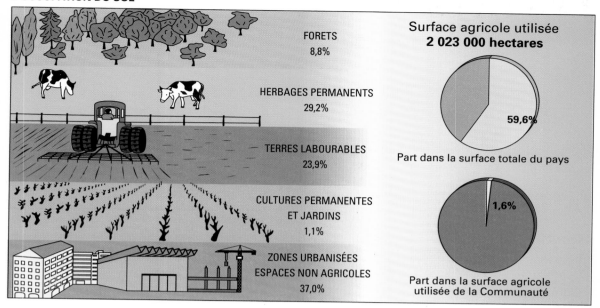

FORETS
8,8%

HERBAGES PERMANENTS
29,2%

TERRES LABOURABLES
23,9%

CULTURES PERMANENTES
ET JARDINS
1,1%

ZONES URBANISÉES
ESPACES NON AGRICOLES
37,0%

Surface agricole utilisée
2 023 000 hectares

59,6%

Part dans la surface totale du pays

1,6%

Part dans la surface agricole
utilisée de la Communauté

L'HISTOIRE RÉCENTE DES PAYS-BAS

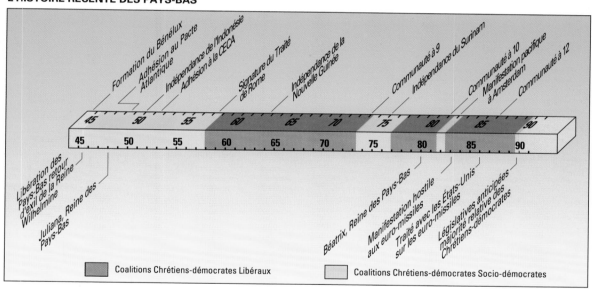

Formation du Bénélux
Adhésion au Pacte Atlantique
Indépendance de l'Indonésie
Adhésion à la CECA
Signature du Traité de Rome
Indépendance de la Nouvelle Guinée
Communauté à 9
Indépendance du Surinam
Communauté à 10
Manifestation pacifique à Amsterdam
Communauté à 12

45   50   55   60   65   70   75   80   85   90

Libération des Pays-Bas retour d'exil de la Reine Wilhelmine
Juliana, Reine des Pays-Bas
Béatrix, Reine des Pays-Bas
Manifestation hostile aux euro-missiles
Traité avec les États-Unis sur les euro-missiles
Législatives anticipées majorité relative des Chrétiens-démocrates

Coalitions Chrétiens-démocrates Libéraux   Coalitions Chrétiens-démocrates Socio-démocrates

LES CHEFS D'ÉTAT ET DE GOUVERNEMENT

Liste des Premiers ministres néerlandais

Peter Gerbrandy	(février 1945)
Willem Schermerhorn	(juin 1945)
Louis Beel	(juillet 1946)
Willem Drees	(août 1948)
Louis Beel	(décembre 1958)
Jan de Quay	(mai 1959)
Victor Marijnen	(juillet 1963)
Joseph Cals	(avril 1965)
Jelle Zijlstra	(novembre 1966)
Petrus de Jong	(avril 1967)
Barend Biesheuvel	(juillet 1971)
Johannes den Uyl	(mai 1973)
Andries Van Agt	(décembre 1977)
Rudolphus Lubbers	(novembre 1982)

LES RÉSULTATS DES ÉLECTIONS EUROPÉENNES DU 15 JUIN 1989

Répartition des sièges dans les groupes du Parlement européen

Taux de participation : 47,2 %

Libéraux, Démocrates et Réformateurs

Socialistes

Parti Populaire Européen

10   4   8

Verts

2

1 Non-inscrits

95

LES PAYS-BAS

PIB 1989 en milliards d'Écus	**195,7**
PIB 1989 par habitant, en Écus	**13 134**
% du PIB consacré à l'éducation	**6,9**
% du PIB consacré à la défense	**1,6**
% du PIB consacré à la recherche-développement	**2,2**
Taux d'inflation 1989	**1,1 %**
Solde de la balance commerciale 1988 en milliards d'Écus	**+1,2**

L'ÉCONOMIE

Sable, dunes
Forêts
Élevage sur herbages
Grandes cultures et élevage hors-sol
Polyculture et polyélevage intensifs
Horticulture
Métropole européenne de premier rang
Grand pôle d'activités industrielles et tertiaires
Autre foyer économique important
Port : trafic supérieur à 50 millions de tonnes par an
Port : trafic supérieur à 20 millions de tonnes par an

0 50 km

MER DU NORD
Mer des Wadden
FRISE
Groningue
Ijsselmeer
Zaandam
AMSTERDAM
FLEVOLAND
VELUWE
TWENTE
Haarlem
Apeldoorn
Enschede
HOLLANDE
Leyde
Utrecht
La Haye
Arnhem
Rotterdam
BETUWE
Dordrecht
Nimègue
NORD BRABANT
ZÉLANDE
Breda
Tilburg
Flessingue
Eindhoven
Escaut
RÉPUBLIQUE FÉDÉRALE D'ALLEMAGNE
BELGIQUE
Maastricht
FRANCE

LE PRODUIT INTÉRIEUR BRUT

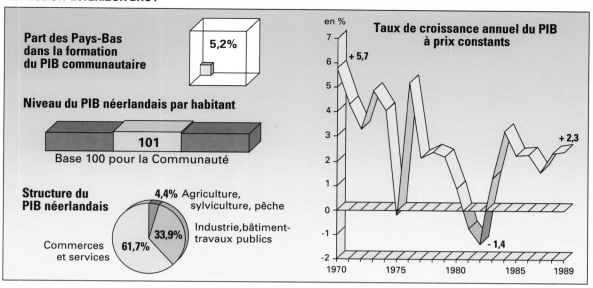

Part des Pays-Bas dans la formation du PIB communautaire

5,2%

Niveau du PIB néerlandais par habitant

101

Base 100 pour la Communauté

Structure du PIB néerlandais

4,4% Agriculture, sylviculture, pêche

33,9% Industrie, bâtiment-travaux publics

61,7% Commerces et services

Taux de croissance annuel du PIB à prix constants

en %

+ 5,7

+ 2,3

- 1,4

1970 1975 1980 1985 1989

LA SITUATION ÉCONOMIQUE

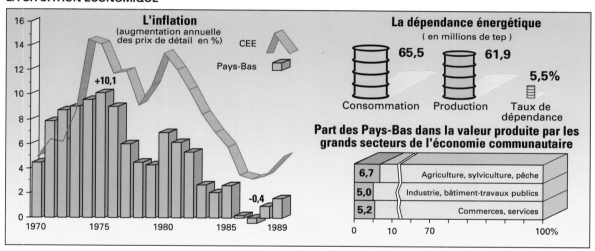

L'inflation (augmentation annuelle des prix de détail en %)

CEE

Pays-Bas

+10,1

-0,4

1970 1975 1980 1985 1989

La dépendance énergétique (en millions de tep)

65,5 Consommation

61,9 Production

5,5% Taux de dépendance

Part des Pays-Bas dans la valeur produite par les grands secteurs de l'économie communautaire

6,7	Agriculture, sylviculture, pêche
5,0	Industrie, bâtiment-travaux publics
5,2	Commerces, services

0 10 70 100%

LE COMMERCE EXTÉRIEUR DES PAYS-BAS

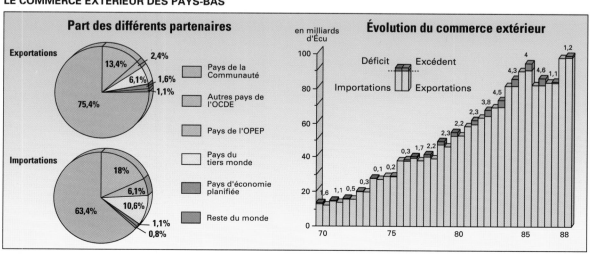

Part des différents partenaires

Exportations

2,4%
13,4%
6,1% 1,6%
1,1%
75,4%

Importations

18%
6,1%
10,6%
63,4%
1,1%
0,8%

Pays de la Communauté

Autres pays de l'OCDE

Pays de l'OPEP

Pays du tiers monde

Pays d'économie planifiée

Reste du monde

Évolution du commerce extérieur

en milliards d'Écu

Déficit Excédent

Importations Exportations

1,6 1,1 0,5 0,3 0,1 0,2 0,3 1,7 2,2 2,3 2,2 2,3 3,8 4,5 4,3 4 4,6 1,1 1,2

70 75 80 85 88

LE PORTUGAL

LE RELIEF

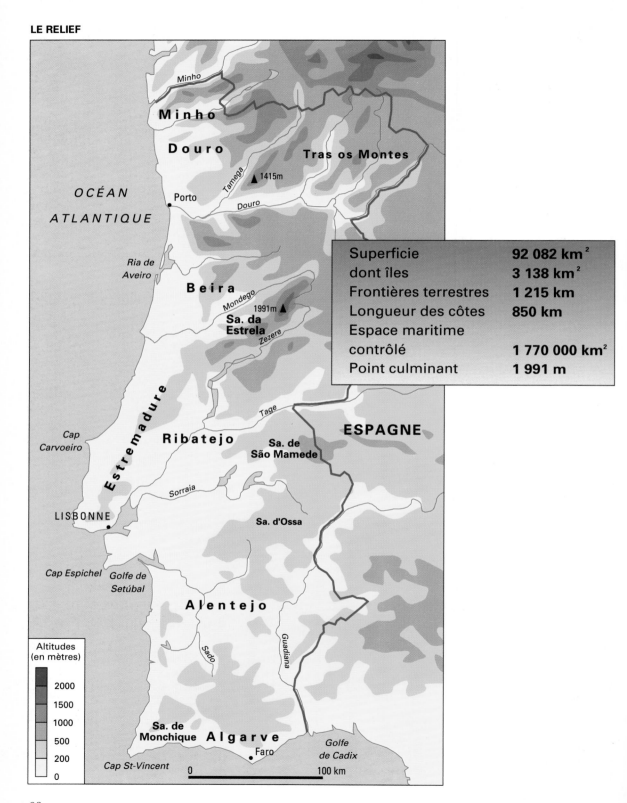

Superficie	92 082 km²
dont îles	3 138 km²
Frontières terrestres	1 215 km
Longueur des côtes	850 km
Espace maritime contrôlé	1 770 000 km²
Point culminant	1 991 m

L'OCCUPATION DU SOL

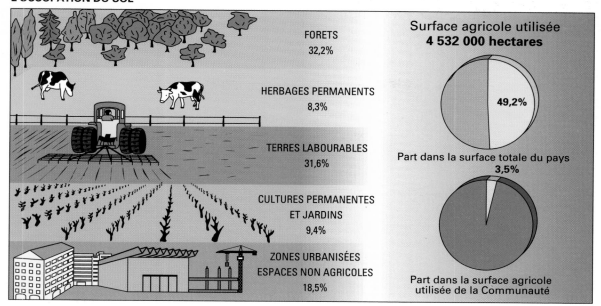

FORÊTS
32,2%

HERBAGES PERMANENTS
8,3%

TERRES LABOURABLES
31,6%

CULTURES PERMANENTES
ET JARDINS
9,4%

ZONES URBANISÉES
ESPACES NON AGRICOLES
18,5%

**Surface agricole utilisée
4 532 000 hectares**

49,2%

Part dans la surface totale du pays
3,5%

Part dans la surface agricole
utilisée de la Communauté

L'HISTOIRE RÉCENTE DU PORTUGAL

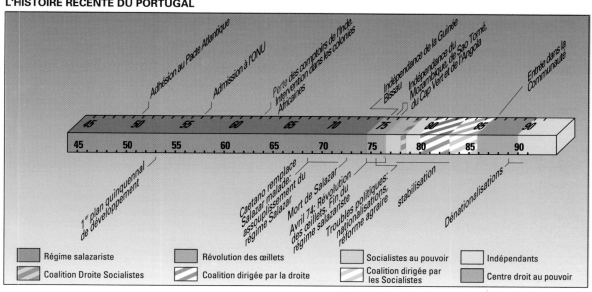

Adhésion au Pacte Atlantique

Admission à l'ONU

Perte des comptoirs de l'Inde.
Intervention dans les colonies
Africaines

Indépendance de la Guinée
Bissau

Indépendance du
Mozambique, de Sao Tomé,
du Cap Vert et de l'Angola

Entrée dans la
Communauté

| 45 | 50 | 55 | 60 | 65 | 70 | 75 | 80 | 85 | 90 |

1er plan quinquennal
de développement

Caetano remplace
Salazar malade:
assouplissement du
régime Salazar

Mort de Salazar

Avril 74: Révolution
des œillets. Fin du
régime salazariste

Troubles politiques:
nationalisation,
réforme agraire

stabilisation

Dénationalisations

- Régime salazariste
- Révolution des œillets
- Socialistes au pouvoir
- Indépendants
- Coalition Droite Socialistes
- Coalition dirigée par la droite
- Coalition dirigée par les Socialistes
- Centre droit au pouvoir

LES CHEFS D'ÉTAT ET DE GOUVERNEMENT

Liste des Premiers ministres

Antonio de Oliveira Salazar	*(juillet 1932)*
Marcello Caetano	*(mai 1969)*
Adelino da Palma Carlos	*(mai 1974)*
Vasco Gonçalves	*(juillet 1974)*
Pinheiro de Azevedo	*(septembre 1975)*
Mario Soares	*(juillet 1976)*
Alfredo Nobre da Costa	*(août 1978)*
Mota Pinto	*(novembre 1978)*
Maria de Lourdes Pintassilgo	*(juillet 1979)*
Francisco Sà Carneiro	*(janvier 1980)*
Freitas do Amaral	*(décembre 1980)*
Francisco Pinto Balsemao	*(janvier 1981)*
Mario Soares	*(juin 1983)*
Anibal Cavaco Silva	*(novembre 1985)*

LES RÉSULTATS DES ÉLECTIONS EUROPÉENNES DU 15 JUIN 1989

**Répartition des sièges dans les groupes
du Parlement européen**

Taux de participation : 51,3 %

Libéraux,
Démocrates et
Réformateurs
9

Socialistes
8

Verts
1

Coalition des
Gauches
3

Parti
Populaire
Européen
3

LE PORTUGAL

Minho

Douro

Tras os Montes

Porto

OCÉAN
ATLANTIQUE

Aveiro

Beira

Coimbra

Marinha
Grande

Santarém

Estremadure

Ribatejo

LISBONNE

Barreiro
Setúbal

Evora

Sines

Alentejo

Beja

Portimào

Algarve

Faro

ESPAGNE

PIB 1989 en milliards d'Écus	**38,3**
PIB 1989 par habitant, en Écus	**3 648**
% du PIB consacré à l'éducation	**4,4**
% du PIB consacré à la défense	**2,9**
% du PIB consacré à la recherche-développement	**0,5**
Solde de la balance commerciale 1988, en milliards d'Écus	**- 5,2**
Forces armées	**74 000 h.**

Principales forêts

Pacages méditerranéens

Élevage sur herbages

Cultures dominantes

Polyculture intensive : vigne, arboriculture, légumes

Grand pôle d'activités industrielles et tertiaires

Autre foyer économique important

Port important : plus de 10 millions de tonnes par an

0   100 km

LE PRODUIT INTÉRIEUR BRUT

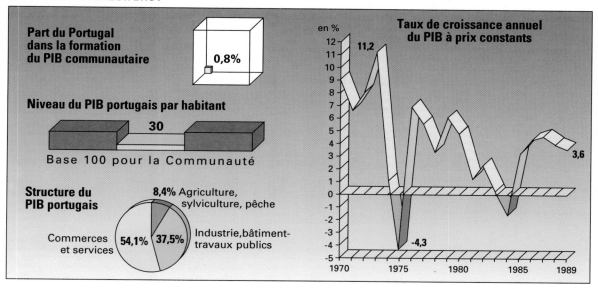

Part du Portugal dans la formation du PIB communautaire 0,8%

Niveau du PIB portugais par habitant 30
Base 100 pour la Communauté

Structure du PIB portugais
8,4% Agriculture, sylviculture, pêche
Industrie, bâtiment-travaux publics 37,5%
Commerces et services 54,1%

en %
Taux de croissance annuel du PIB à prix constants
11,2
-4,3
3,6
1970 1975 1980 1985 1989

LA SITUATION ÉCONOMIQUE

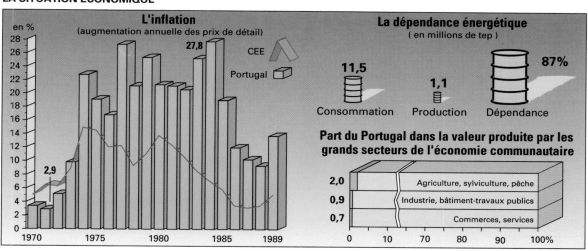

en %
L'inflation
(augmentation annuelle des prix de détail)
27,8
CEE
Portugal
2,9
1970 1975 1980 1985 1989

La dépendance énergétique
(en millions de tep)
11,5 Consommation
1,1 Production
87% Dépendance

Part du Portugal dans la valeur produite par les grands secteurs de l'économie communautaire
2,0 Agriculture, sylviculture, pêche
0,9 Industrie, bâtiment-travaux publics
0,7 Commerces, services
0 10 70 80 90 100%

LE COMMERCE EXTÉRIEUR DU PORTUGAL

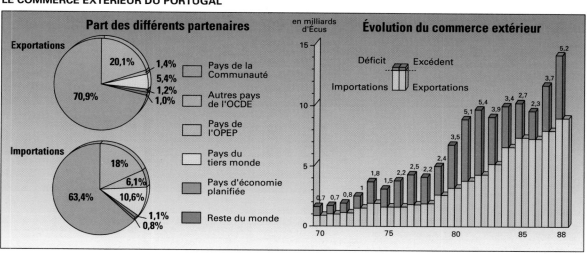

Part des différents partenaires
Exportations
20,1% 1,4%
5,4%
1,2%
70,9% 1,0%

Importations
18%
6,1%
63,4% 10,6%
1,1%
0,8%

Pays de la Communauté
Autres pays de l'OCDE
Pays de l'OPEP
Pays du tiers monde
Pays d'économie planifiée
Reste du monde

en milliards d'Écus
Évolution du commerce extérieur
Déficit ---- Excédent
Importations / Exportations
0,7 0,7 0,8 1 1,8 1,5 2,2 2,2 2,4 3,5 5,1 5,4 3,9 3,4 2,7 2,3 3,7 5,2
70 75 80 85 88

LA RÉPUBLIQUE FÉDÉRALE D'ALLEMAGNE

LE RELIEF

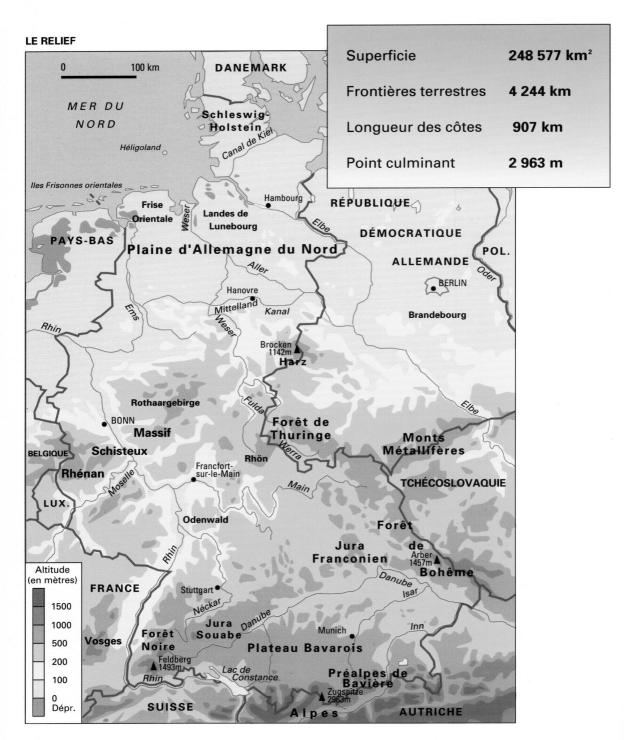

Superficie	248 577 km²
Frontières terrestres	4 244 km
Longueur des côtes	907 km
Point culminant	2 963 m

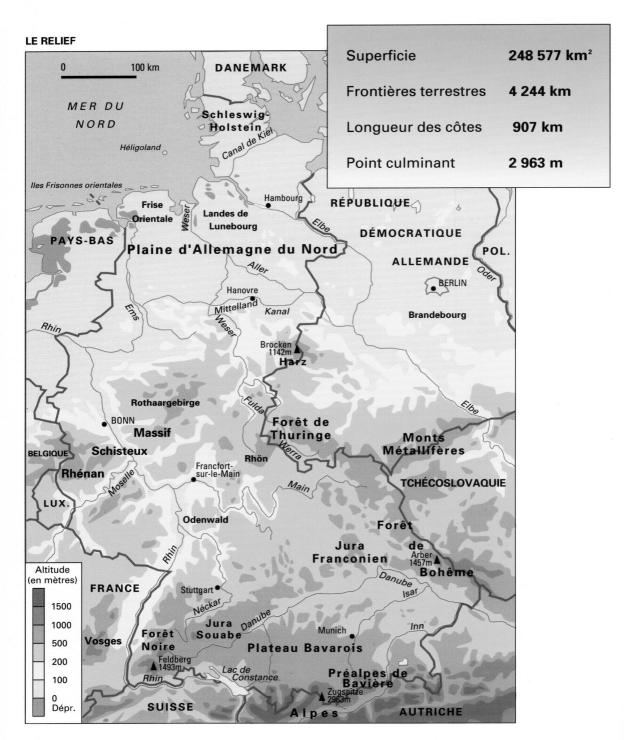

(Carte du relief avec légende : 0 — 100 km)

MER DU NORD · DANEMARK · Schleswig-Holstein · Canal de Kiel · Héligoland · Iles Frisonnes orientales · Frise Orientale · Hambourg · RÉPUBLIQUE DÉMOCRATIQUE ALLEMANDE · POL. · Landes de Lunebourg · Weser · Elbe · PAYS-BAS · Plaine d'Allemagne du Nord · Oder · BERLIN · Rhin · Ems · Aller · Hanovre · Mittelland Kanal · Weser · Brandebourg · Brocken 1142m · Harz · Elbe · Rothaargebirge · Fulda · BONN · Massif · Forêt de Thuringe · Monts Métallifères · BELGIQUE · Schisteux · Rhön · Werra · Rhénan · Francfort-sur-le-Main · Moselle · Main · TCHÉCOSLOVAQUIE · LUX. · Odenwald · Forêt · Jura Franconien · de Bohême · Arber 1457m · Altitude (en mètres) · Rhin · FRANCE · Stuttgart · Danube · Isar · Néckar · Jura Souabe · Danube · Munich · Inn · 1500 · 1000 · 500 · 200 · 100 · 0 Dépr. · Vosges · Forêt Noire · Plateau Bavarois · Feldberg 1493m · Lac de Constance · Préalpes de Bavière · Rhin · Zugspitze 2963m · SUISSE · Alpes · AUTRICHE

L'OCCUPATION DU SOL

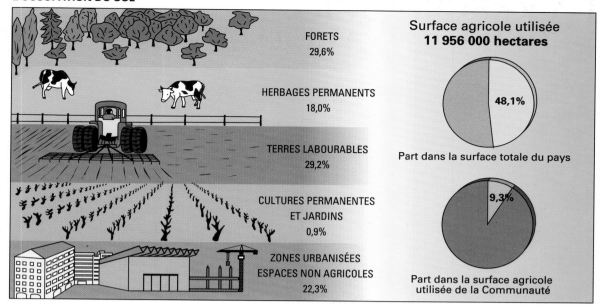

FORÊTS
29,6%

HERBAGES PERMANENTS
18,0%

TERRES LABOURABLES
29,2%

CULTURES PERMANENTES
ET JARDINS
0,9%

ZONES URBANISÉES
ESPACES NON AGRICOLES
22,3%

Surface agricole utilisée
11 956 000 hectares

48,1%

Part dans la surface totale du pays

9,3%

Part dans la surface agricole
utilisée de la Communauté

L'HISTOIRE RÉCENTE DE LA RÉPUBLIQUE FÉDÉRALE D'ALLEMAGNE

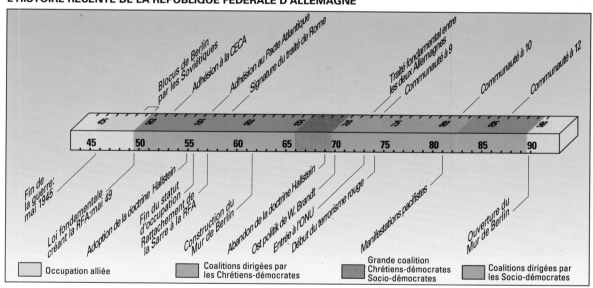

Blocus de Berlin par les Soviétiques
Adhésion à la CECA
Adhésion au Pacte Atlantique
Signature du traité de Rome
Traité fondamental entre les deux Allemagnes
Communauté à 9
Communauté à 10
Communauté à 12

45 50 55 60 65 70 75 80 85 90

Fin de la guerre: mai 1945
Loi fondamentale créant la RFA: mai 49
Adoption de la doctrine Hallstein
Fin du statut d'occupation Rattachement de la Sarre à la RFA
Construction du Mur de Berlin
Abandon de la doctrine Hallstein
Ost politik de W. Brandt
Entrée à l'ONU
Début du terrorisme rouge
Manifestations pacifistes
Ouverture du Mur de Berlin

Occupation alliée | Coalitions dirigées par les Chrétiens-démocrates | Grande coalition Chrétiens-démocrates Socio-démocrates | Coalitions dirigées par les Socio-démocrates

LES CHEFS D'ÉTAT ET DE GOUVERNEMENT

Liste des Chanceliers depuis la fondation de la RFA

Konrad Adenauer	*(septembre 1949)*
Ludwig Erhard	*(octobre 1963)*
Kurt Kiesinger	*(décembre 1966)*
Willy Brandt	*(octobre 1969)*
Helmut Schmidt	*(mai 1974)*
Helmut Kohl	*(octobre 1982)*

LES RÉSULTATS DES ÉLECTIONS EUROPÉENNES DU 15 JUIN 1989

Répartition des sièges dans les groupes du Parlement européen

Taux de participation : 62,4 %

Libéraux, Démocrates et Réformateurs
Socialistes
Parti Populaire Européen
Droites Européennes
Verts

32   4   31   6   8

103

LA RÉPUBLIQUE FÉDÉRALE D'ALLEMAGNE

PIB 1989 en milliards d'Écus	**1 069,7**
PIB 1989 par habitant, en Écus	**17 536**
% du PIB consacré à l'éducation	**4,6**
% du PIB consacré à la défense	**2,4**
% du PIB consacré à la recherche-développement	**2,7**
Taux d'inflation 1989	**2,9 %**
Solde de la balance commerciale 1988 en milliards d'Écus	**+ 61**
Forces armées	**477 000 h.**

L'ÉCONOMIE

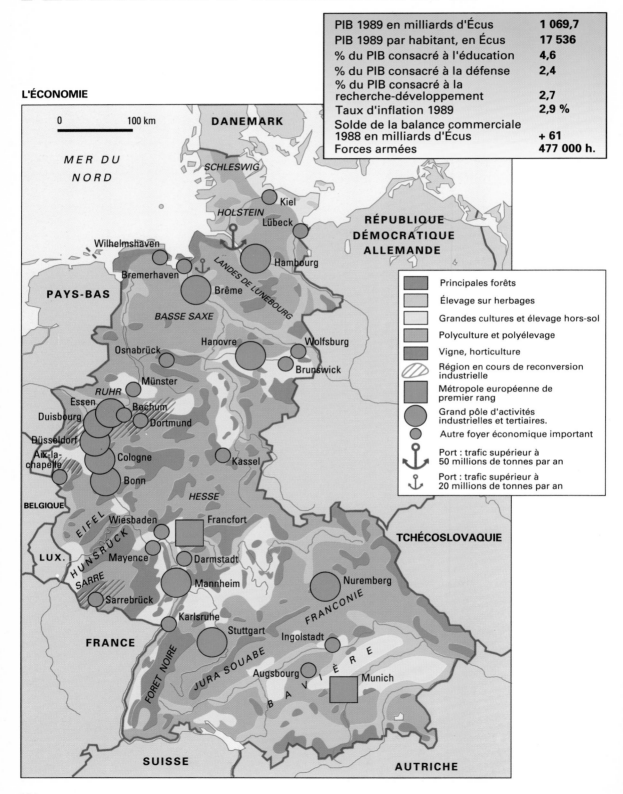

DANEMARK

MER DU NORD

SCHLESWIG

HOLSTEIN

Kiel

Lübeck

RÉPUBLIQUE DÉMOCRATIQUE ALLEMANDE

Wilhelmshaven

Hambourg

Bremerhaven

LANDES DE LUNEBOURG

PAYS-BAS

Brême

BASSE SAXE

Osnabrück

Hanovre

Wolfsburg

Brunswick

Münster

RUHR

Essen

Bochum

Duisbourg

Dortmund

Düsseldorf

Cologne

Kassel

Aix-la-chapelle

Bonn

HESSE

BELGIQUE

EIFEL

Wiesbaden

Francfort

HUNSRÜCK

LUX.

Mayence

Darmstadt

SARRE

Mannheim

Nuremberg

Sarrebrück

FRANCONIE

Karlsruhe

Stuttgart

Ingolstadt

FRANCE

FORÊT NOIRE

JURA SOUABE

Augsbourg

Munich

B A V I È R E

SUISSE

AUTRICHE

TCHÉCOSLOVAQUIE

Légende :

- Principales forêts
- Élevage sur herbages
- Grandes cultures et élevage hors-sol
- Polyculture et polyélevage
- Vigne, horticulture
- Région en cours de reconversion industrielle
- Métropole européenne de premier rang
- Grand pôle d'activités industrielles et tertiaires.
- Autre foyer économique important
- Port : trafic supérieur à 50 millions de tonnes par an
- Port : trafic supérieur à 20 millions de tonnes par an

0 — 100 km

LE PRODUIT INTÉRIEUR BRUT

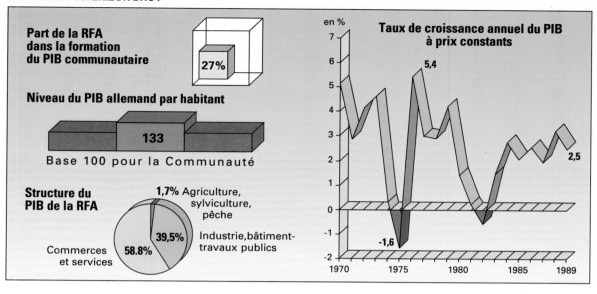

Part de la RFA dans la formation du PIB communautaire

27%

Niveau du PIB allemand par habitant

133

Base 100 pour la Communauté

Structure du PIB de la RFA

1,7% Agriculture, sylviculture, pêche

39,5% Industrie, bâtiment-travaux publics

58.8% Commerces et services

Taux de croissance annuel du PIB à prix constants

en %

5,4

-1,6

2,5

1970 1975 1980 1985 1989

LA SITUATION ÉCONOMIQUE

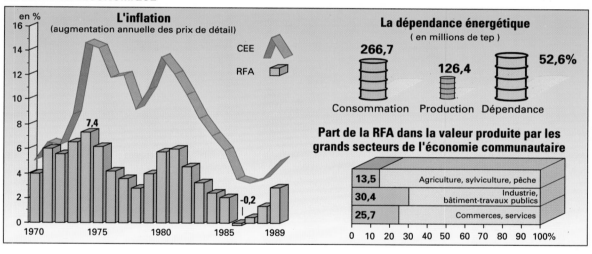

L'inflation
(augmentation annuelle des prix de détail)

en %

CEE

RFA

7,4

-0,2

1970 1975 1980 1985 1989

La dépendance énergétique
(en millions de tep)

266,7 126,4 52,6%

Consommation Production Dépendance

Part de la RFA dans la valeur produite par les grands secteurs de l'économie communautaire

13,5 Agriculture, sylviculture, pêche

30,4 Industrie, bâtiment-travaux publics

25,7 Commerces, services

0 10 20 30 40 50 60 70 80 90 100%

LE COMMERCE EXTÉRIEUR DE LA RFA

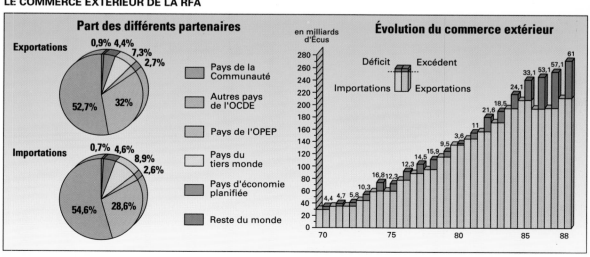

Part des différents partenaires

Exportations

0,9% 4,4%
7,3%
2,7%
52,7% 32%

Importations

0,7% 4,6%
8,9%
2,6%
54,6% 28,6%

Pays de la Communauté

Autres pays de l'OCDE

Pays de l'OPEP

Pays du tiers monde

Pays d'économie planifiée

Reste du monde

Évolution du commerce extérieur

en milliards d'Écus

Déficit Excédent

Importations Exportations

4,4 4,7 5,8 10,3 16,8 12,3 12,3 14,5 15,9 9,5 3,6 11 21,6 18,5 24,1 33,1 53,1 57,1 61

70 75 80 85 88

LE ROYAUME-UNI

LE RELIEF

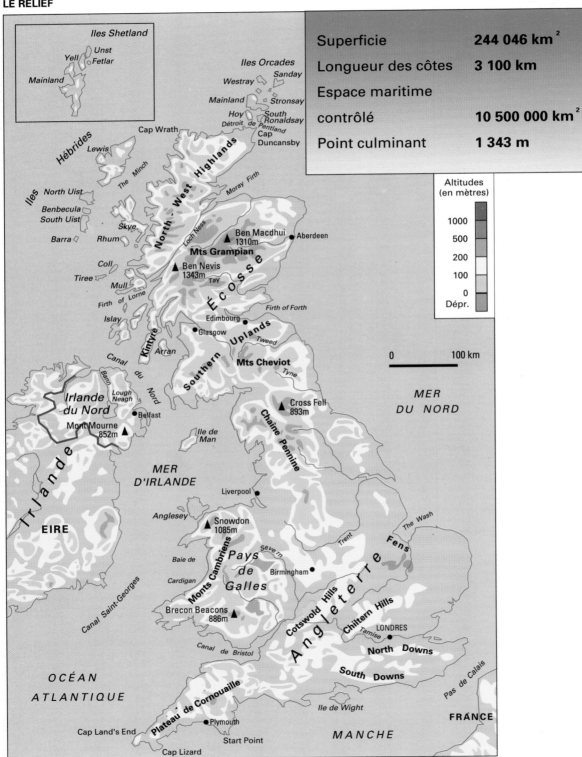

Superficie **244 046 km²**
Longueur des côtes **3 100 km**
Espace maritime
contrôlé **10 500 000 km²**
Point culminant **1 343 m**

Altitudes (en mètres)
1000
500
200
100
0
Dépr.

0   100 km

Iles Shetland
Yell Unst
Fetlar
Mainland

Iles Orcades
Westray Sanday
Mainland Stronsay
Hoy South
Détroit de Ronaldsay
Pentland
Cap Wrath Cap
Duncansby

Hébrides
Lewis
The Minch
Iles
North Uist
Benbecula
South Uist
Barra Rhum
Skye
Coll
Tiree Mull
Firth of Lorne
Islay

North - West Highlands
Moray Firth
Loch Ness
Ben Macdhui
1310m Aberdeen
Mts Grampian
Ben Nevis
1343m Tay

Écosse

Firth of Forth
Edimbourg
Glasgow Tweed
Kintyre
Arran

Southern Uplands

Mts Cheviot
Tyne

Irlande
du Nord
Bann
Lough
Neagh
Belfast
Mont Mourne
852m

Cross Fell
893m

MER
DU NORD

Ile de
Man

Chaîne Pennine

Irlande

MER
D'IRLANDE

EIRE

Liverpool

Anglesey
Snowdon
1085m
Baie de
Cardigan
Monts Cambriens
Pays
de
Galles
Brecon Beacons
886m

Severn
Trent
Birmingham

The Wash
Fens

Angleterre
Cotswold Hills Chiltern Hills
LONDRES
Tamise
Canal Saint-Georges
Canal de Bristol

North Downs
South Downs
Pas de Calais

OCÉAN
ATLANTIQUE

Plateau de Cornouaille
Cap Land's End Plymouth
Start Point
Cap Lizard

Ile de Wight
FRANCE
MANCHE

L'OCCUPATION DU SOL

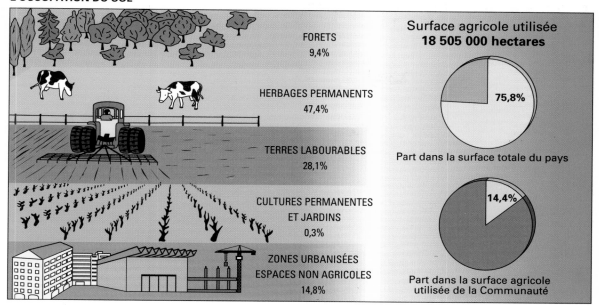

FORÊTS
9,4%

HERBAGES PERMANENTS
47,4%

TERRES LABOURABLES
28,1%

CULTURES PERMANENTES
ET JARDINS
0,3%

ZONES URBANISÉES
ESPACES NON AGRICOLES
14,8%

Surface agricole utilisée
18 505 000 hectares

75,8%

Part dans la surface totale du pays

14,4%

Part dans la surface agricole
utilisée de la Communauté

L'HISTOIRE RÉCENTE DU ROYAUME-UNI

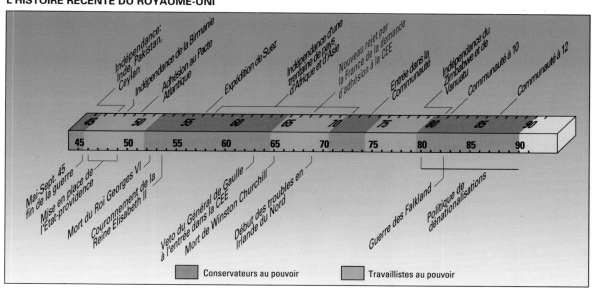

Indépendance: Inde, Pakistan, Ceylan,
Indépendance de la Birmanie
Adhésion au Pacte Atlantique
Expédition de Suez
Indépendance d'une trentaine de pays, d'Afrique et d'Asie
Nouveau rejet par la France de la demande d'adhésion à la CEE
Entrée dans la Communauté
Indépendance du Zimbabwe et de Vanuatu
Communauté à 10
Communauté à 12

Mai-Sept. 45 fin de la guerre
Mise en place de l'État-providence
Mort du Roi Georges VI
Couronnement de la Reine Elisabeth II
Veto du Général de Gaulle à l'entrée dans la CEE
Mort de Winston Churchill
Début des troubles en Irlande du Nord
Guerre des Falkland
Politique de dénationalisations

Conservateurs au pouvoir   Travaillistes au pouvoir

LES CHEFS D'ÉTAT ET DE GOUVERNEMENT

Liste des Premiers ministres

Winston Churchill	*(mai 1940)*
Clement Attlee	*(juillet 1945)*
Winston Churchill	*(octobre 1951)*
Anthony Eden	*(avril 1955)*
Harold Mac Millan	*(janvier 1957)*
Alec Douglas-Home	*(octobre 1963)*
Harold Wilson	*(octobre 1964)*
Edward Heath	*(juin 1970)*
Harold Wilson	*(mars 1974)*
James Callaghan	*(avril 1976)*
Margaret Thatcher	*(mai 1979)*

LES RÉSULTATS DES ÉLECTIONS EUROPÉENNES DU 15 JUIN 1989

Répartition des sièges dans les groupes du Parlement européen

Taux de participation : 37 %

Libéraux, Démocrates et Réformateurs

Socialistes

32

46

Parti Populaire Européen   1

1 Groupe Arc en Ciel
1 Non-inscrits

LE ROYAUME-UNI

L'ÉCONOMIE

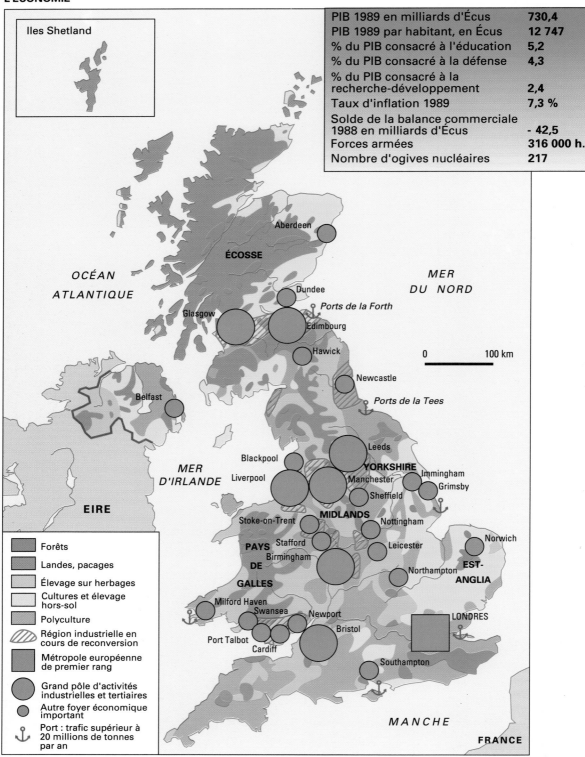

Iles Shetland

PIB 1989 en milliards d'Écus	**730,4**
PIB 1989 par habitant, en Écus	**12 747**
% du PIB consacré à l'éducation	**5,2**
% du PIB consacré à la défense	**4,3**
% du PIB consacré à la recherche-développement	**2,4**
Taux d'inflation 1989	**7,3 %**
Solde de la balance commerciale 1988 en milliards d'Écus	**- 42,5**
Forces armées	**316 000 h.**
Nombre d'ogives nucléaires	**217**

OCÉAN ATLANTIQUE

MER DU NORD

Aberdeen

ÉCOSSE

Dundee

Ports de la Forth

Glasgow

Édimbourg

Hawick

0   100 km

Newcastle

Ports de la Tees

Belfast

Leeds

MER D'IRLANDE

Blackpool

Liverpool

YORKSHIRE

Immingham

Manchester

Grimsby

EIRE

Sheffield

Stoke-on-Trent

MIDLANDS

Nottingham

Stafford

Leicester

Norwich

PAYS DE GALLES

Birmingham

Northampton

EST-ANGLIA

Milford Haven

Swansea

Newport

LONDRES

Port Talbot

Bristol

Cardiff

Southampton

MANCHE

FRANCE

Légende :

- Forêts
- Landes, pacages
- Élevage sur herbages
- Cultures et élevage hors-sol
- Polyculture
- Région industrielle en cours de reconversion
- Métropole européenne de premier rang
- Grand pôle d'activités industrielles et tertiaires
- Autre foyer économique important
- Port : trafic supérieur à 20 millions de tonnes par an

LE PRODUIT INTÉRIEUR BRUT

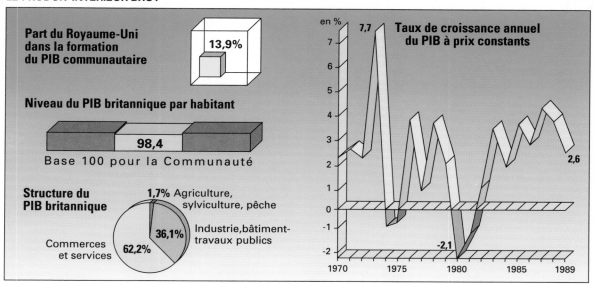

Part du Royaume-Uni dans la formation du PIB communautaire
13,9%

Niveau du PIB britannique par habitant
98,4
Base 100 pour la Communauté

Structure du PIB britannique
- 1,7% Agriculture, sylviculture, pêche
- 36,1% Industrie, bâtiment-travaux publics
- 62,2% Commerces et services

Taux de croissance annuel du PIB à prix constants
en %
7,7
-2,1
2,6
1970 1975 1980 1985 1989

LA SITUATION ÉCONOMIQUE

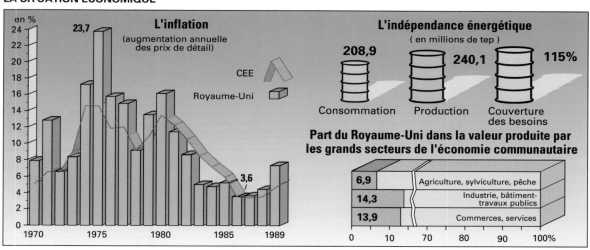

L'inflation
(augmentation annuelle des prix de détail)
en %
23,7
3,6
CEE
Royaume-Uni
1970 1975 1980 1985 1989

L'indépendance énergétique
(en millions de tep)
208,9 Consommation
240,1 Production
115% Couverture des besoins

Part du Royaume-Uni dans la valeur produite par les grands secteurs de l'économie communautaire
- 6,9 Agriculture, sylviculture, pêche
- 14,3 Industrie, bâtiment-travaux publics
- 13,9 Commerces, services
0 10 70 80 90 100%

COMMERCE EXTÉRIEUR DU ROYAUME-UNI

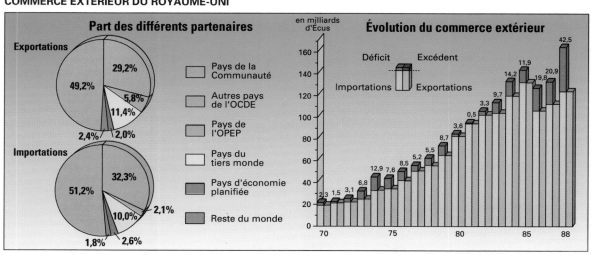

Part des différents partenaires

Exportations
- 29,2%
- 5,8%
- 11,4%
- 49,2%
- 2,4%
- 2,0%

Importations
- 32,3%
- 51,2%
- 10,0%
- 2,1%
- 1,8%
- 2,6%

- Pays de la Communauté
- Autres pays de l'OCDE
- Pays de l'OPEP
- Pays du tiers monde
- Pays d'économie planifiée
- Reste du monde

Évolution du commerce extérieur
en milliards d'Écus
Déficit Excédent
Importations Exportations
2,3 1,5 3,1 6,8 12,9 7,6 8,5 5,2 5,5 8,7 3,6 0,5 3,3 9,7 14,2 11,9 19,8 20,9 42,5
70 75 80 85 88

Les étapes de

La Communauté de Six (1957) à Douze (1986).

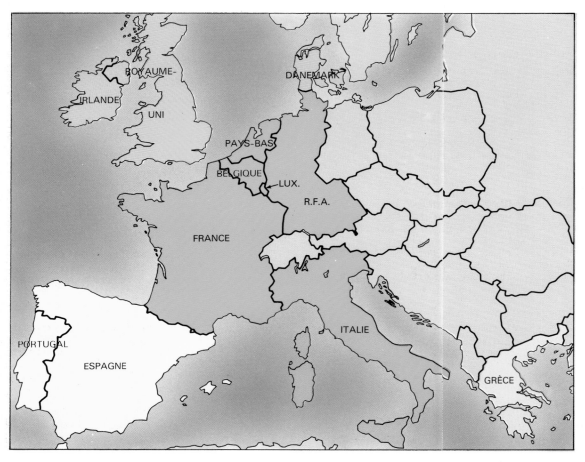

e Partie

la construction

La construction européenne depuis 1945

Le temps de la coopération

16 avril 1948 : Traité créant l'OECE pour répartir l'aide Marshall.

4 avril 1949 : Traité de l'Atlantique-Nord.

5 mai 1949 : Traité de Strasbourg créant le Conseil de l'Europe.

Le temps de l'intégration

9 mai 1950 : Déclaration de Robert Schuman.

18 avril 1951 : Traité de Paris créant la CECA, Communauté européenne du charbon et de l'acier, entre six pays.

30 août 1954 : Échec de la CED devant le Parlement français.

1er-3 juin 1955 : Conférence de Messine.

25 mars 1957 : Traité de Rome créant la Communauté économique européenne et la Communauté européenne de l'énergie atomique.

14 janvier 1962 : Premiers règlements sur la PAC, politique agricole commune.

20 juillet 1963 : Signature de la Convention de Yaoundé entre la CEE et les pays africains et malgaches associés.

8 avril 1965 : Fusion des exécutifs des trois Communautés, CECA, CEE et CEEA.

29 janvier 1966 : Compromis de Luxembourg.

1er juillet 1968 : Réalisation de l'union douanière.

Le temps de l'élargissement

1er-2 décembre 1969 : Acceptation par les Six de l'élargissement de la Communauté à quatre nouveaux pays.

22 janvier 1972 : Signature des traités d'élargissement avec la Grande-Bretagne, l'Irlande, le Danemark et la Norvège.

1er janvier 1973 : Élargissement de l'Europe au Danemark, à l'Irlande et au Royaume-Uni.

1er avril 1974 : Début de la renégociation des conditions d'accès du Royaume-Uni.

28 février 1975 : Signature de la première convention de Lomé avec les pays ACP.

27 juillet 1976 : Début des négociations pour l'adhésion de la Grèce.

28 juillet 1977 : Demande d'adhésion de l'Espagne.

17 octobre 1978 : Début des négociations officielles pour l'adhésion du Portugal.

7-10 juin 1979 : Premières élections du Parlement au suffrage universel.

30 mai 1980 : Accord temporaire pour la contribution britannique au budget communautaire.

1er janvier 1981 : Entrée de la Grèce dans la Communauté.

Le temps de l'approfondissement

17-19 juin 1983 : Adoption d'une déclaration sur l'Union européenne au Conseil de Stuttgart.

14 février 1984 : Vote du Parlement en faveur de l'Union européenne.

28 février 1984 : Adoption du projet Esprit, coopération en matière de recherche et de technologie.

14-17 juin 1984 : Deuxièmes élections au Parlement.

17 avril 1985 : Propositions françaises en faveur d'une Europe de la technologie, projet « Euréka ».

14 juin 1985 : La Commission transmet au Conseil un Livre blanc sur l'achèvement du marché intérieur d'ici 1992.

2-3 décembre 1985 : Accord au Conseil de Luxembourg sur l'Acte unique européen.

1er janvier 1986 : Entrée de l'Espagne et du Portugal dans la Communauté.

17-28 février 1986 : Signature par les Douze de l'Acte unique.

1er juillet 1987 : Entrée en vigueur de l'Acte unique.

27-28 juin 1988 : Conseil de Hanovre sur l'union monétaire et l'Europe sociale.

16-18 juin 1989 : Troisièmes élections au Parlement.

1er juillet 1990 : Libération totale de la circulation des capitaux.

A. Le temps de l'histoire

---

1. Les Europes, de l'Empire romain à Napoléon

Toutes les constructions qui émaillent l'histoire du « Vieux Continent » illustrent le même principe : elles expriment la volonté des princes et la supériorité des armes. Réalisations plus ou moins éphémères, aux limites changeantes, elles imposent par la force une unité européenne au mépris du droit des peuples à disposer d'eux-mêmes.

Si l'Europe est un continent bien délimité à l'ouest par des façades maritimes, **sa frontière avec l'Asie est des plus floue** : la seule limite orientale est l'Oural qui, d'ailleurs, n'est pas une réelle barrière naturelle. Sur la route transsibérienne, une simple borne indique aux voyageurs qu'ils passent de la Russie européenne à la Russie asiatique ! L'Europe est donc un « **finistère** », un cap du continent asiatique.

L'absence de frontières géographiques explique **la perméabilité de l'Europe** aux influences exogènes. Ainsi, le peuple européen est la conséquence de migrations qui proviennent des confins eurasiatiques. Ces populations se sont alors mélangées dans un immense « creuset » pour se fondre avec les occupants plus anciennement établis. La civilisation européenne est donc marquée par la dialectique de **l'ouverture**, de l'emprunt aux autres aires humaines,

et **de la fermeture**, du refus d'autrui : ainsi l'Espagne est pendant la plus grande partie du Moyen Age un trait d'union entre le monde islamique et l'Europe chrétienne, mais avec la prise de Grenade, en 1492, la chrétienté se ferme totalement aux influences musulmanes.

En permanence, aux périodes d'**unité**, ainsi l'*imperium romanum*, ainsi le fragile empire de Charlemagne, succèdent des phases **d'émiettement**, par exemple, la féodalité médiévale. Les seuls liens qui transcendent alors ce puzzle de pouvoirs sont une langue commune, **le latin, et l'unité de la foi, le christianisme**, encore que la religion catholique romaine se différencie assez vite de celle en pratique dans le monde byzantin. Malgré les divisions et les schismes qui peuvent secouer la Chrétienté, les Avicenne, Thomas More, et autres Leonardo da Vinci, symbolisent **l'unité d'une Europe du savoir**.

L'Empire romain à son apogée au IIᵉ siècle après J.-C. ou le triomphe d'une politique d'intégration autour de la *Mare Nostrum*, la mer Méditerranée.

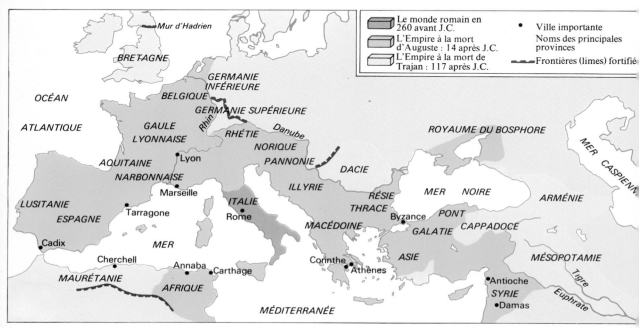

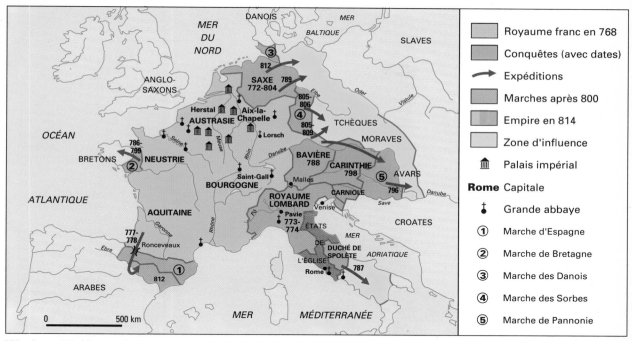

Légende (carte 1) :

- Royaume franc en 768
- Conquêtes (avec dates)
- Expéditions
- Marches après 800
- Empire en 814
- Zone d'influence
- 🏛 Palais impérial
- **Rome** Capitale
- ✝ Grande abbaye
- ① Marche d'Espagne
- ② Marche de Bretagne
- ③ Marche des Danois
- ④ Marche des Sorbes
- ⑤ Marche de Pannonie

L'Empire en 814, à la mort de Charlemagne, ou l'éphémère Europe lotharingienne de **la foi chrétienne**.

L'Empire napoléonien en 1812 ou l'Europe de la Berezina à l'Atlantique.

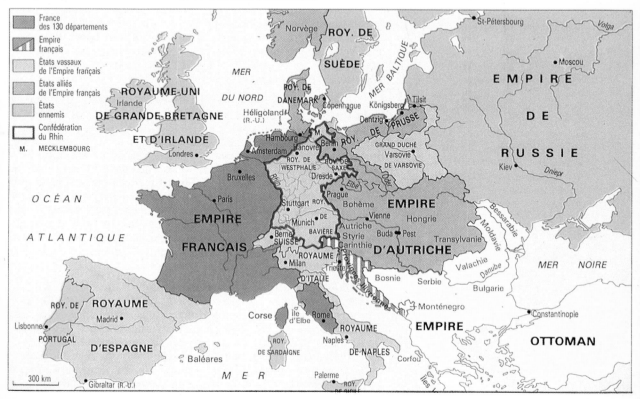

Légende (carte 2) :

- France des 130 départements
- Empire français
- États vassaux de l'Empire français
- États alliés de l'Empire français
- États ennemis
- Confédération du Rhin
- M. MECKLEMBOURG

2. L'Europe entre le passé et la modernité

Les contradictions du XIXe siècle

Le XIXe siècle est dominé par l'affrontement en Europe de forces contradictoires :

— **Le congrès de Vienne,** qui liquide en 1815 les conquêtes napoléoniennes, illustre le principe du « concert européen » voulu par Metternich. La carte européenne est redessinée dans le souci d'assurer un équilibre durable entre les grandes puissances. **La Sainte Alliance** exprime la solidarité des dynasties contre les idées nouvelles et subversives. L'entente entre les grandes capitales est mise au service d'une politique de statu quo et **de restauration des principes d'Ancien Régime.**

— A l'opposé, la grande « vague de révolutions atlantiques » de la fin du XVIIIe siècle **exalte la souveraineté nationale, le droit des peuples à disposer d'eux-mêmes** et nourrit la religion nouvelle du nationalisme. Force de rassemblement, le nationalisme est aussi un facteur d'affrontements fratricides et un combat pour l'émancipation des peuples sans nations. Après le cosmopolitisme des philosophes du XVIIIe siècle, le nationalisme suscite un mouvement culturel soucieux de renouer avec le folklore régional et les valeurs nationales : l'Italie frémit aux opéras de Verdi ; les Allemands s'enthousiasment pour Wagner.

— Au-delà de ces divisions, le « Vieux Continent » s'identifie à l'une des plus importantes **aventures de l'humanité** : à la fin du XVIIIe et au cours du XIXe siècle, les pays de l'Europe occidentale entrent successivement, à la suite de l'Angleterre, dans **l'âge industriel** : la révolution énergétique et technique nourrit la croissance économique ; la révolution agricole et médicale fait reculer la mortalité. Jamais cette terre n'a été aussi riche d'hommes destinés à coloniser de « nouvelles Europes ». Jamais le sentiment de supériorité de l'Européen n'a été aussi marqué que durant ce siècle. Jamais cette civilisation, dont les « phares » sont Londres, Paris, Berlin et Vienne, n'a tant brillé. « **Age d'or** » **de la puissance européenne,** le XIXe siècle technicien alimente un puissant sentiment d'orgueil dont témoignent de nombreux écrivains et penseurs. **La libre circulation des hommes, des capitaux, des techniques, des idées** appuyée sur la stabilité monétaire qui unifie les conditions de vie, les sociétés, les mentalités, conduit au même moment à un vif sentiment d'unité : **l'Europe incarne la civilisation et le progrès.**

Malheureusement pour les Européens, la guerre de 1914-1918 marque le triomphe du déchaînement nationaliste et le début du déclin du Vieux Continent.

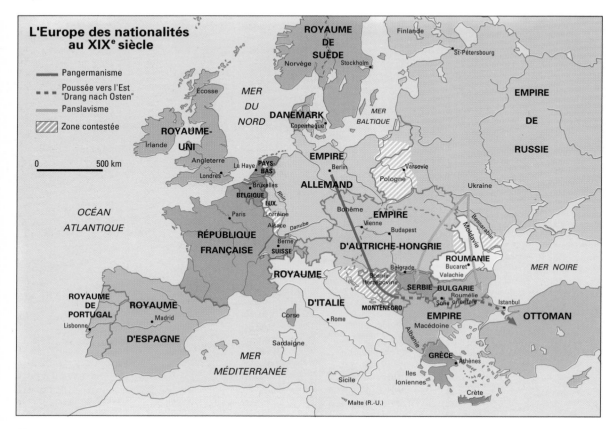

Quelques « rêves » européens...

« Le nom de notre partie du monde est celui d'une princesse phénicienne, enlevée à l'Asie et poursuivie d'île en île jusqu'à cette rive-ci de l'Archipel. Poursuivie, et jamais atteinte. Recherchée, et jamais trouvée. Le nom de notre mince continent est son nom. Être européen, c'est peut-être seulement poursuivre l'Europe, la rechercher sans cesse, en tous lieux et au cours des siècles, sans jamais l'atteindre. Les anciens Grecs, dans leur géographie mythologique, ne donnaient pas les noms au hasard. »

J.-F. DENIAU,
L'Europe interdite, Le Seuil, 1977.

1306 Dante propose de confier le pouvoir à un monarque, l'empereur, au-dessus des autres souverains, pour assurer la paix universelle.

1464 Le roi de Bohême, Georges Podiebrad, entend créer une assemblée européenne à Bâle pour lutter contre l'Islam.

1612 Sully présente son « grand dessein », une réorganisation de l'Europe en quinze États de force égale.

1623 E. Crucé entend proposer une assemblée mondiale formée de tous les princes.

1693 W. Penne publie un *Essai sur la paix présente et future de l'Europe*, dans lequel il défend l'idée d'une assemblée composée de représentants d'États proportionnels au poids démographique et économique de chacun d'entre eux.

1713 *Projet pour rendre la paix perpétuelle en Europe,* de l'abbé de Saint-Pierre, visant à éviter la guerre pour développer le commerce.

1795 *Projet de paix perpétuelle*, de Kant. « Le droit des gens doit être fondé sur une fédération d'États libres. La possibilité de réaliser (il s'agit de réalité objective) cette idée de fédération européenne, qui doit s'étendre à tous les États, et les conduire ainsi à la paix perpétuelle, peut se concevoir. Car s'il arrivait, par bonheur, qu'un peuple puissant et éclairé se constituât en une république (qui, par nature, doit incliner à la paix perpétuelle), il y aurait ainsi un centre d'alliance fédérative à laquelle les autres États pourraient adhérer, afin d'assurer ainsi leur liberté, conformément à l'idée du droit des gens, et d'étendre cette alliance peu à peu par d'autres associations de ce genre. »

1814 *De la réorganisation de la société européenne ou de la nécessité et des moyens de rassembler les peuples de l'Europe en un seul corps politique en conservant à chacun son indépendance nationale.* Saint-Simon recommande la formation d'un Grand Parlement européen composé d'élites technocratiques.

L'enlèvement d'Europe : École italienne, fin XVIIe siècle. Collection particulière.

« L'Europe aurait la meilleure organisation possible si toutes les nations qu'elle renferme, étant gouvernées chacune par un parlement, reconnaissaient la suprématie d'un parlement général placé au-dessus de tous les gouvernements nationaux et investis du pouvoir de juger leurs différends. [...] Des négociants, des savants, des magistrats et des administrateurs doivent être appelés seuls à composer la Chambre des députés du Grand Parlement.

« Et, en effet, tout ce qu'il y a d'intérêts communs à la société européenne peut être rapporté aux sciences, aux arts, à la législation, au commerce, à l'administration et à l'industrie. »

1834 Publication du manifeste *La Jeune Europe*, inspiré par Mazzini. « Le pacte de l'Humanité ne peut être signé par des individus mais par des peuples libres, égaux, ayant un nom, un drapeau, la conscience d'une vie propre. »

1849 Victor Hugo préside à Paris le Congrès de la paix et annonce l'Europe fondée sur le suffrage universel.

1851 Victor Hugo à l'Assemblée législative.

« Le peuple français a taillé dans un granit indestructible et posé au milieu même du vieux continent monarchique la première assise de cet immense édifice de l'avenir, qui s'appellera un jour les États-Unis d'Europe ! »

3. Grandeur et misère de l'idée européenne de 1919 à 1945

Le choc de la guerre

Quatre années de guerre moderne signifient pour l'Europe plus de huit millions de morts, des destructions massives dans la zone des combats, le déchaînement de l'inflation, la ruine des monnaies, la mise en accusation de la science : **le bilan est accablant.** Mais, plus encore, la guerre pèse sur les années vingt.

La Conférence de Versailles, malgré les principes généreux de Wilson, est l'occasion pour les vainqueurs de manifester leur puissance : la paix qui en sort ne répond ni au « concert européen » ni au souci d'équilibre. Elle sème discordes et amertumes. L'exigence démesurée des **réparations**, les humiliations imposées à une Allemagne déclarée responsable **empoisonnent les rapports franco-allemands.** Le non-règlement des dettes de guerre et les divergences sur la question allemande **minent la solidarité inter-alliée. L'insoluble problème des minorités** amplifie les frustrations des petits États. Avec l'émergence d'un nouveau système socio-économique né de la révolution bolchevique, la **Russie sort de l'Europe** et suscite une méfiance durable de la part des Occidentaux.

La Société des nations, **SDN**, est une idée généreuse, mais elle est dépourvue d'emblée de moyens et d'audience : « **parlement sans épée** », elle est aussi affaiblie par l'abstention américaine et le rejet des vaincus. **La disparition de l'Empire austro-hongrois** au profit d'États-nations balkanisés **crée un vide dangereux au cœur de l'espace européen** : l'Europe centrale est déjà un ventre mou prêt à subir le *Drang nach Osten*, avant la « stratégie du salami ». **Les données économiques et financières** aggravent l'émiettement européen : la disparition de l'étalon-or conduit aux flottements monétaires erratiques, exploités dangereusement par la spéculation. L'Europe découvre les jeux subtils de l'arbitrage et des affrontements entre places financières rivales. Les flux commerciaux butent sur de nouvelles barrières douanières et sur des formes perverses du protectionnisme.

La conscience du déclin

Au-delà des tensions nées du conflit et de son règlement, une réalité majeure s'impose : l'Europe entre dans **l'ère du déclin. Au déclin démographique, se surajoutent le déclin économique et la crise des valeurs.**

L'hécatombe de la guerre accélère la dénatalité, le vieillissement, au moment où s'amorce l'essor démographique des espaces colonisés. **Le Vieux Continent** cesse d'être un foyer d'émigration pour devenir, France en tête, **une terre d'accueil.** Face à un monde nouveau, les peuples sont vieillis, frileux, plus tournés vers la nostalgie de la Belle Époque que vers des solutions constructives.

Symbolisé par la crise britannique, le déclin économique est aggravé par **des choix passéistes** : gouverner c'est retrouver un ordre ancien, privilégier l'équilibre budgétaire, défendre la monnaie, laisser faire les forces du marché. Hier créancière du monde,

l'Europe se réveille débitrice d'une Amérique dominante. La crise des valeurs morales nourrit **un pessimisme** exprimé par le surréalisme, le dadaïsme et l'expressionnisme. **La violence fasciste, l'intolérance raciste et l'exaltation de la lutte des classes** par les courants révolutionnaires enflamment les sociétés européennes.

Menacée dans son essence même, l'Europe tente de réagir contre la décadence et la division : une floraison de livres, d'essais, de témoignages expriment **ce refus de la fatalité.** Au cri d'alarme des penseurs et des consciences fait écho **le pacifisme profond des masses** choquées par l'inutile « boucherie » de la Grande Guerre qualifiée de « der des der ».

Selon la formule du sociologue E. Morin, « **tout ce qui forme l'Europe moderne la divise et tout ce qui la divise la forme** ». Les divisions et le sentiment du déclin favorisent la renaissance des projets paneuropéens.

Le concert européen
« Toi qui es journaliste, explique-moi ce que c'est que ce concert européen dont on parle tant.
— C'est une réunion de musiciens, avec toutes sortes d'instruments et où chacun cherche à s'emparer de la grosse caisse. » (Armengol, Le Petit Bleu). Caricature du Larousse mensuel, *juin 1924.*

Trois diagnostics sur l'Europe

Un Anglais à Paris en 1919

« Poussé par une folle erreur et un égoïsme indifférent, le peuple allemand a bouleversé les fondements sur lesquels tous nous vivions et nous construisions. Mais les représentants de l'Angleterre et de la France courent le risque d'achever la ruine commencée par l'Allemagne. Leur paix, si elle est mise en application, affaiblira au lieu de le renforcer l'organisme délicat et compliqué, déjà ébranlé et brisé par la guerre, qui seul peut faire travailler et vivre les peuples de l'Europe. [...]

« Pour celui qui a passé à Paris la plus grande partie des six mois qui ont suivi l'armistice, une visite à Londres, de temps à autre, était une étonnante expérience. L'Angleterre est toujours restée hors d'Europe. Elle ne remarque pas les agitations silencieuses de l'Europe. L'Europe est à côté d'elle et l'Angleterre n'est pas un morceau de sa chair, un membre de son corps. Mais l'Europe forme un bloc compact : France, Allemagne, Italie, Autriche, Hollande, Russie, Roumanie et Pologne respirent à l'unisson. Leur structure, leur civilisation sont foncièrement une. Ensemble ces pays ont prospéré, ensemble ils ont été jetés dans une guerre en dehors de laquelle nous sommes économiquement restés (comme l'Amérique, mais à un moindre degré), malgré nos sacrifices et nos secours énormes ; ensemble ils peuvent succomber. C'est là que se trouve la signification destructive de la paix de Paris. Si, à la fin de la guerre civile européenne, la France et l'Italie victorieuses abusent de leur pouvoir momentané pour détruire l'Allemagne et l'Autriche-Hongrie à présent abattues, elles appellent aussi leur propre destruction, par suite des liens cachés intellectuels et économiques qui les attachent d'une façon si forte et si inextricable à leurs victimes. En tout cas, un Anglais qui a pris part à la Conférence de Paris et a été pendant ce temps membre du Conseil suprême économique des Alliés, était forcé — c'était pour lui une expérience toute nouvelle — de devenir européen par ses vues et ses soucis. Là, au cœur du système européen, ses préoccupations anglaises devaient largement disparaître devant d'autres spectres plus effrayants. » (J.M. KEYNES, *Les Conséquences économiques de la paix*, 1919.)

Un intellectuel viennois

« De notre point de vue d'aujourd'hui, ces dix petites années qui s'étendent de 1924 à 1933, de la fin de l'inflation allemande jusqu'à la prise du pouvoir par Hitler, représentent, malgré tout, une pause dans la succession des catastrophes dont notre génération a été le témoin et la victime depuis 1914. Non pas que cette époque eût manqué de tensions, d'agitations et de crises — la crise économique de 1929 surtout —, mais durant cette décennie la paix semblait assurée en Europe, et c'était déjà beaucoup. On avait accueilli l'Allemagne avec tous les honneurs dans la Société des nations, on avait favorisé, en souscrivant des emprunts, son redressement économique — en réalité son réarmement secret —, l'Angleterre avait désarmé, en Italie Mussolini avait assumé la protection de l'Autriche. Le monde semblait vouloir se reconstruire. Paris, Vienne, Berlin, New York, Rome, les villes des vainqueurs comme des vaincus, se faisaient plus belles que jamais, l'avion rendait les communications plus rapides, les prescriptions relatives aux passeports s'adoucissaient. Les fluctuations monétaires avaient cessé, on savait combien on gagnait, combien on pouvait dépenser, l'attention ne se portait pas aussi fiévreusement sur ces problèmes matériels. On pouvait se remettre au travail, se recueillir, penser aux choses de l'esprit. On pouvait même de nouveau rêver et espérer une Europe unie. Ces dix années semblaient un moment de l'histoire universelle, comme si une vie normale allait être enfin accordée à notre génération éprouvée. » (S. ZWEIG, *Le Monde d'hier*, 1944 ; Belfond, 1982.)

Un géographe français

« Quand on rêve d'une union européenne, on pense d'abord aux inconvénients économiques qui résultent du morcellement politique du continent. Mais il existe un autre danger, plus grave et inéluctable, contre lequel on ne sera fort que si l'on s'unit : c'est le détrônement de l'Europe par les jeunes pays d'outre-mer ; le monde commence à se détacher d'elle ; pour assurer son salut, elle devra regarder davantage vers elle-même et chercher à mieux exploiter ses ressources ; c'est en solidarisant les structures économiques de tous ses peuples qu'elle pourra se défendre, vivre et travailler.

« L'Europe compte aujourd'hui vingt-six États, au lieu des vingt-deux d'avant guerre. Les traités de paix ont accru de onze mille kilomètres la longueur de ses frontières. Elle se décompose en une série de marchés nationaux, dont le plus grand, le marché allemand, contient une population de moitié moins nombreuse que celle des États-Unis. On a souvent déjà démontré les inconvénients de ce morcellement : isolement des pays arriérés, qui, par leur inertie, retardent le progrès des autres ; impossibilité d'une division du travail industriel puisque chaque État veut posséder ses propres industries ; multiplication des industries nationales incapables de produire en masse pour un vaste débouché et de réduire leurs frais généraux ; impossibilité de constituer des marchés assez larges, ayant des besoins uniformes et des habitudes commerciales homogènes. Ce système qui vise à faire travailler et à desservir un grand nombre de petites nations entraîne un grand gaspillage de forces et de temps. Il rend difficiles et compliquées les relations commerciales de l'Europe avec un continent aussi vaste que le territoire des États-Unis. [...]

« Il importe donc à l'Europe actuelle d'atténuer la notion de frontière par la notion de fédération. » (A. DEMANGEON, Extrait des *Annales d'histoire économique et sociale*, n° 17, 1932.)

Vers les États-Unis d'Europe

Dès 1922, **le comte Richard de Coudenhove-Kalergi**, dont le père est austro-hongrois et la mère japonaise, commence son long combat pour la création d'une union pan-européenne. Le *Manifeste pan-européen* qu'il publie en 1924 et la *Lettre ouverte aux parlementaires français*, parue la même année, connaissent un retentissement considérable : pour sauvegarder l'indépendance de l'Europe, il propose une alliance politique, économique et militaire entre tous les États démocratiques du continent. Au même moment, **l'Institut international de coopération intellectuelle de la SDN** rassemble des savants français ou allemands, tels Bergson et Einstein, pour préserver la paix dans le monde. Le Bureau international du travail, BIT, est lui aussi une pépinière d'hommes désireux de transcender les frontières nationales. C'est donc à **Genève** que se réunit cette première « **société d'Européens** », rassemblement disparate de fonctionnaires internationaux, de diplomates, de dirigeants politiques, d'hommes d'affaires partisans d'une union douanière... Mais l'idée européenne concerne plus une élite que la grande masse populaire restée à l'écart de ces initiatives.

L'Union pan-européenne, fondée en 1923, réunit des esprits aussi différents que Herriot, Painlevé, Blum, Schacht, Sforza, Claudel, Freud, Einstein, Mann... Trois années plus tard, **le mouvement européen** trouve son interprète politique dans la personne de **Briand**. Partisan de la réconciliation franco-allemande, le ministre des Affaires étrangères français donne au mouvement pour les États-Unis d'Europe un nouveau souffle. Grand et brillant orateur, il prononce, le 7 septembre 1929, un discours qui fait frémir par son lyrisme l'assemblée générale de la SDN à Genève, et il lui propose une ligne d'action : « Je pense qu'entre des peuples qui sont géographiquement groupés comme les peuples d'Europe, il doit exister une **sorte de lien fédéral** [...]. Évidemment, l'association agira surtout **dans le domaine économique**. »

Malgré les imprécisions et même les contradictions du plan, Aristide Briand est chargé de préparer un mémorandum servant de base à une consultation générale des gouvernements. Un an plus tard, le mémorandum sur *L'Organisation d'un régime d'union fédérale européenne* est prêt : les réponses des gouvernements concernés sont aussi vagues que le texte lui-même ! La crainte de voir les souverainetés nationales limitées et les réflexes protectionnistes relancés par la grande crise économique de 1929 expliquent l'échec de ce rêve d'union européenne.

En plein milieu de l'entre-deux-guerres, l'idée européenne se brise à cause d'intérêts nationaux trop contradictoires, victime de circonstances contraires... Plus tard, les Monnet, Schuman, Adenauer, Spaak sauront tirer les leçons de cette première tentative, dont il ne reste plus qu'un souvenir mythifié.

Pan-Europe

« Sans une garantie durable de la paix en Europe, toute union douanière européenne reste impossible. Aussi longtemps que chaque État vit dans la peur continuelle de ses voisins, il doit s'assurer de sa subsistance autonome en temps de guerre, comme une place assiégée. Il lui faut pour cela des industries nationales et des cordons douaniers. Seule, la substitution de l'arbitrage obligatoire au risque de guerre pourrait ouvrir la voie à la suppression des frontières douanières et au libre-échange européen. [...]

« La communauté des intérêts pave le chemin qui mène à la communauté politique.

« La question européenne, la voici : est-il possible que sur la petite presqu'île européenne, vingt-cinq États vivent côte à côte dans l'anarchie internationale, sans qu'un pareil état de choses conduise à la plus terrible catastrophe politique, économique et culturelle ?

« L'avenir de l'Europe dépend de la réponse qui sera donnée à cette question. Il est donc entre les mains des Européens. Vivant dans des États démocratiques, nous sommes coresponsables de la politique de nos gouvernements. Nous n'avons pas le droit de nous borner à la critique, nous avons le droit de contribuer à l'élaboration de nos destins politiques.

« Si les peuples de l'Europe le veulent, la Pan-Europe se réalisera : il leur suffit, pour cela, de refuser leurs voix à tous les candidats et partis dont le programme est anti-européen.

« Il ne faut pas se lasser de répéter cette vérité simple : une Europe divisée conduit à la guerre, à l'oppression, à la misère, une Europe unie à la paie, à la prospérité !

« Sauvez l'Europe et vos enfants ! » (Comte de Coudenhove-Kalergi, *Manifeste pan-européen*, 1924.)

« Pavane pour une Europe défunte »...

1919	O. Spengler	*Le Déclin de l'Occident*
1920	A. Demangeon	*Le Déclin de l'Europe*
1924	R. de Coudenhove-Kalergi	*Manifeste pan-européen*
1927	J. Benda	*La Trahison des clercs*
1928	G. Riou	*Europe, ma patrie*
1928	J. Drieu la Rochelle	*Le jeune Européen*
1929	Comte Sforza	*Les États-Unis d'Europe*
1930	B. de Jouvenel	*Vers les États-Unis d'Europe*
1930	S. Freud	*Le malaise de la civilisation*
1930	E. Herriot	*Europe*
1931	J. Romains	*Pour que l'Europe soit*
1933	A. Salter	*The United States of Europa*
1937	T. Mann	*Avertissement à l'Europe*
1939	R. de Coudenhove-Kalergi	*L'Europe unie*

L'EUROPE FIN 1942 : la domination allemande

OCÉAN ATLANTIQUE

NORVÈGE

SUÈDE

FINLANDE

Leningrad

ESTONIE

U.R.S.S.

Moscou

Mer du Nord

DANEMARK

LETTONIE

LITUANIE

Reichkommisariat d'Ostland

Kama

IRLANDE

ROYAUME-UNI

PAYS-BAS

Berlin

Varsovie

Kiev

Reichkommisariat d'Ukraine

Don

Stalingrad

Londres

Manche

BELGIQUE

ALLEMAGNE

Volga

Iles Anglo-Normandes

Paris

Odessa

Loire

FRANCE

Rhin

SLOVAQUIE

Vienne

Budapest

HONGRIE

Caucase

Vichy

SUISSE

ROUMANIE

Mer Noire

ITALIE

CROATIE

Bucarest

Danube

Belgrade

SERBIE

Sofia

ESPAGNE

Corse

MONTENEGRO

BULGARIE

TURQUIE

Rome

ALBANIE

Sardaigne

GRÈCE

SYRIE

Sicile

Athènes

Rhodes

Chypre

IRAK

MAROC

ALGÉRIE

Tunis

Malte

Crète

LIBAN

TRANS-JORDANIE

TUNISIE

MER MÉDITERRANÉE

PALESTINE

Nil

0   500 km

LIBYE

El-Alamein

ÉGYPTE

ARABIE

Puissances de l'Axe   Sous administration allemande   Occupation militaire de l'Axe   Pays satellites de l'Axe

Alliés   Occupation des Alliés   —— Frontières du grand Reich   - - - - Ligne de démarcation jusqu'au 11-11-1942

Vers la nuit hitlérienne

Durant les neuf années qui précèdent la Seconde Guerre mondiale, **tout vole en éclats** : l'« esprit de Genève » succombe sous le poids des égoïsmes et de la raison du plus fort. La politique de la chaise vide pratiquée par les puissances totalitaires, alors même que la Russie commence à réintégrer la communauté internationale, **vide de sa substance la SDN.**

Les solidarités monétaires, tant bien que mal rétablies depuis 1922, **disparaissent après les dévaluations sauvages** pratiquées par des gouvernements confrontés à la marée noire du chômage. **L'Europe se divise en blocs :** bloc Reichsmark esquissé depuis 1931, zone sterling constituée en septembre 1931, bloc or organisé en 1933 sous la bannière de la France... **Le commerce européen,** aussitôt gravement affecté par l'éclatement monétaire, **alimente la crise économique** et nourrit les ajustements déflationnistes. Désemparés et incapables de trouver des réponses

satisfaisantes, les pouvoirs publics ne trouvent refuge que dans le malthusianisme économique, les destructions de récoltes et le repli colonial pour tenter de mettre un terme à la surproduction.

Sous la pression d'opinions publiques excédées par la violence de la crise, les gouvernements agissent dans le cadre national, exportent leur chômage en renvoyant les travailleurs immigrés dans leur terre d'origine, **exaltent les valeurs bellicistes.**

Dans la nuit qui commence à s'abattre sur l'Europe, la voix hurlante d'Adolf Hitler séduit les esprits désemparés en leur proposant un nouveau rêve : **une Europe allemande,** débarrassée des races impures, un Reich pangermanique vidé de toutes les idéologies corruptrices, la démocratie, les droits de l'homme, la dignité humaine, un « espace vital » réservé à quelques « sur-hommes » qui renoueraient ainsi avec leurs origines aryennes. Comme le vociférait le Dr Goebbels, « le sens de cette guerre, c'est l'Europe »...
Mais quelle Europe ?

B. Le temps de l'espoir : 1945-1957

1. L'union, une nécessité ?

L'attente d'un monde nouveau

Le soulagement qui accueille la capitulation sans conditions du Reich hitlérien, les 7 et 8 mai 1945 à Reims et Berlin, ne peut effacer pour les populations européennes **les dures réalités du moment**, déchaînement d'une inflation nourrie par les pénuries et par les destructions des moyens de communication, insuffisance criante de logements, désorganisation de l'emploi... A ces difficultés du quotidien marquées par le maintien du rationnement alimentaire jusqu'en 1948 en France et 1952 au Royaume-Uni, s'ajoutent des bouleversements politiques.

L'Allemagne « à genoux dans ses ruines », privée de sa souveraineté, est soumise à la loi des vainqueurs : gestion par les armées alliées d'occupation, dénazification symbolisée par le procès de Nuremberg, démocratisation, démontage d'usines, interdiction de toute production militaire...

L'Italie est confrontée simultanément à l'effondrement du fascisme, à la montée du parti communiste et des démocrates-chrétiens qui ont à faire face à la misère exceptionnelle décrite par K. Malaparte et par le cinéma néo-réaliste.

La France libérée doit rassembler les morceaux d'un puzzle disparate : partisans de la France libre, résistants, prisonniers, déportés, attentistes, vichyssois et collaborateurs. Il lui faut aussi contrôler l'épuration, remettre en marche l'économie, redéfinir les rapports avec un Empire où gronde la révolte, rédiger une nouvelle constitution...

Aux Pays-Bas, la rupture des digues du Zuiderzee opérée par les Allemands livre la population à une famine qui fait 25 000 victimes en avril 1945.

Quant au Royaume-Uni, comme le dit W. Churchill dans son discours célébrant la victoire, « la fin de la guerre n'est pas la fin des efforts ». L'inconvertibilité de la monnaie, l'énormité de l'endettement externe, la reconversion de l'appareil de production, l'agitation dans les territoires du Commonwealth, notamment dans le sous-continent indien, autant de questions brûlantes appelant des choix immédiats.

A l'opposé de 1919 où dans les traités de paix, triomphe un principe du XIXe siècle, le nationalisme et le respect des nationalités, **en 1945, l'internationalisme semble l'emporter** ; les heurts d'un nationalisme débridé ayant conduit à la catastrophe, les Grands choisissent de bâtir le monde nouveau sur des **principes universels** : retour au libre-échange, solidarité financière et monétaire à travers le FMI, Fonds monétaire international, coopération diplomatique selon les principes de la charte de l'Onu. Ces projets généreux trouvent un écho favorable auprès de populations européennes traumatisées par la succession de deux « guerres civiles » à vingt ans d'intervalle. L'attente d'un monde nouveau, meilleur, plus juste, où la violence serait bannie, se traduit par un glissement à gauche dans les élections en France, en Grande-Bretagne, et dans toutes les démocraties européennes.

L'effervescence de l'idée européenne dans les années 40

1943 *Movimento Federalista Europeo.*
1943 *Per una Federazione Economica Europea,* essai de B. Croce et L. Einaudi.
1944 *La Parola dei democratici cristiani,* opuscule d'Alcide de Gasperi.
1944 Comité français pour la fédération européenne, formé par A. Camus, A. Ferrat.
1944 Parution du journal *Fédération* à l'initiative d'A. Voisin, M. Richard, A. Marc.
1945 Union fédérale belge.
1945 *Federale Unie* hollandaise.
1946 *Nederland Toekomst.*
1946 *Paneuropa Union,* créée par H. Dahlmeyer en Allemagne.
1946 *Socialisme et liberté,* d'H. Frenay.
1946 Cercles socialistes communautaires en France.
1946 *Deutsche Liga für europaïsche Union.*
1946 Début des entretiens des jeunes Européens à Alpbach en Allemagne.
1946 Conférence en Suisse des Fédéralistes européens.
1946 Formation à Paris de l'Union européenne des Fédéralistes.
1947 Van Zeeland, H. Butler, J. Retinger forment la Ligue indépendante de coopération économique européenne.
1947 Mouvement pour les États-Unis socialistes d'Europe.
1947 *United Europe Movement,* créé par W. Churchill.
1947 Conseil français pour l'Europe unie.
1947 Union parlementaire européenne.

Un tel contexte marqué par la recherche d'une solidarité mondiale explique la relativisation de l'idée européenne. Comme le dit E. Morin, dans l'immédiat après-guerre, « l'idée européenne me paraissait étriquée, mesquine, car le planète s'ouvrait à nous ».

Cependant, la coopération apparaît comme la condition nécessaire pour effacer les ruines et construire la paix.

Reste à définir le cadre géographique, institutionnel de cette solidarité : pour les uns, comme Churchill dans son discours de Zurich en septembre 1946, il faut construire les « États-Unis d'Europe » sur la réconciliation franco-allemande, mais sans la Grande-Bretagne et dans le respect des souverainetés nationales. Pour l'« Union européenne des fédéralistes » créée en décembre 1946 à Paris, qui regroupe 40 associations et 100 000 cotisants sous la présidence de Brugmans, il faut au contraire réduire le pouvoir des États et promouvoir une autorité centrale. Le « Mouvement pour les États-Unis socialistes d'Europe » constitué en 1947 milite pour une Europe sociale, tandis que l'« Union européenne des démocrates-chrétiens » cherche d'abord à contenir la poussée communiste. Reprenant son combat des années vingt, le comte de Coudenhove-Kalergi préside à la naissance de l'« Union parlementaire européenne » pour défendre l'idée de la pan-Europe.

Le pullulement de ces mouvements pan-européens animés par le même objectif, mais divisés quant aux moyens, est à l'origine du **congrès de La Haye** rassemblant 800 personnalités, **en mai 1948**, sous la présidence de W. Churchill. Cette réunion marque l'acte de naissance de l'Europe contemporaine.

La peur du « rouge »

L'européisme se trouve aussi conditionné par **le poids de l'Urss et par la stratégie stalinienne** : entre 1945 et 1948, l'Armée rouge, accueillie en libératrice par les populations d'Europe centrale, se transforme en armée d'occupation imposant, au mépris des accords de Yalta, l'ordre soviétique. **La « tactique du salami »** permet aux partis communistes d'éliminer successivement les autres organisations politiques nationalistes, « bourgeoises », et de créer des « démocraties populaires » fondées sur la dictature d'un parti unique : **la réalité géographique de la Mittel-Europa**, Europe centrale et danubienne, disparaît au profit du **concept géopolitique d'Europe de l'Est, enfermée derrière le « rideau de fer »**

L'expansionnisme soviétique a trois conséquences en Europe occidentale :

— Il favorise le rejet dans le « ghetto » des partis communistes italien et français ; par là, le poids de l'idéologie démocrate-chrétienne et son engagement en faveur de l'union se renforcent. K. Adenauer, A. de Gasperi, P.-H. Spaak, G. Bidault sont les nouveaux « croisés » de l'idée européenne.

— L'inquiétude d'une opinion publique qui, à l'occasion du « coup de Prague » de février 1948, revit une nouvelle crise des Sudètes, facilite l'action des européistes. Seule une Europe unie pourra contenir ces nouveaux « Barbares » qui campent sur les bords de l'Elbe.

— La troisième conséquence de la satellisation des démocraties populaires a une portée historique plus

durable : elle délimite pour un demi-siècle, et peut-être plus, l'espace où peut s'exprimer l'ambition de rassemblement. **L'Europe unie ne peut être que l'Europe de l'Ouest.**

Le soutien actif des États-Unis

Le contraste entre la misère, les ruines européennes et **la prospérité retrouvée des États-Unis est saisissant** : leur situation géographique les tient à l'abri des coups de l'adversaire, leur fonction de « grenier » et d'« arsenal » des démocraties permet à l'appareil de production de retrouver tout son dynamisme ; le repli en Amérique des plus grands savants européens et la course à l'innovation du *Victory Program* leur assurent une supériorité technologique écrasante. Le rôle décisif joué par les *Boys* dans l'écrasement des dictatures et le triomphe de la liberté n'est non seulement conforme à leur idéal traditionnel mais leur vaut un prestige immense. Cette puissance nouvelle se manifeste dans ce qu'il est convenu d'appeler la *Pax americana*.

Un instant tenté par le retour à l'isolationnisme traditionnel, le président Truman, entré en fonctions en avril 1945, comprend et assume rapidement les responsabilités mondiales de son pays. Conseillé par un lobby favorable à l'Europe, formé de Hopkins, Stimson, McCloy, Acheson, Marshall, le président Truman est surtout attentif aux initiatives staliniennes et au non-respect des accords de Yalta et de Potsdam. Au cours des années 1945 et 1946, l'administration américaine formule un diagnostic sur l'équilibre des forces en Europe et dans le monde :

— Truman est persuadé, contrairement à l'idéalisme de son prédécesseur F.D. Roosevelt, que les Soviétiques ne sont sensibles qu'à la force.

— Il constate que la présence de l'Armée rouge en Europe centrale rend illusoires les élections libres prévues par Yalta.

— Il s'inquiète de la double menace pesant sur l'Europe occidentale : la puissance des partis communistes en Italie et en France, la misère générale créent un risque de subversion jugé intolérable pour l'Amérique.

Après avoir suspendu le prêt-bail en août 1945, la Maison-Blanche utilise l'immense richesse financière pour renforcer l'UNRRA ; mise en place dès 1944, l'*United Nations Relief and Rehabilitation Administration*, distribue des vivres, des secours d'urgence aux populations civiles victimes de la guerre, et en premier lieu aux personnes déplacées.

Les divergences croissantes sur la question allemande entre les deux Grands, l'incapacité des Britanniques à assurer leur rôle traditionnel de gardiens de la Méditerranée orientale, les ambitions soviétiques sur le détroit du Bosphore conduisent Truman en 1947 à définir officiellement la stratégie de *Containment* : les États-Unis sont donc désormais les défenseurs du « monde libre » et les protecteurs de l'Europe occidentale. A partir de cette date, le redressement économique de la partie de l'Allemagne sous contrôle allié et le relèvement de l'Europe occidentale sont intimement liés.

Le plan proposé par G. Marshall le 5 juin 1947 entre en action un an plus tard : il apporte 12 milliards de dollars aux 16 pays qui l'ont accepté. Il ouvre surtout la voie de la coopération entre les bénéficiaires. La condition posée par Washington est en effet l'élaboration d'un plan commun de redressement, l'ouverture douanière, et la création d'**un organisme commun, l'OECE, Organisation européenne de coopération économique**, dont le secrétariat est confié à Robert Marjolin. L'objectif du plan Marshall est triple : casser l'inflation par la suppression des pénuries ; rééquilibrer les balances des paiements ; enfin, accélérer la reconstruction et la croissance.

Violemment dénoncé par les communistes comme un « plan d'inféodation aux intérêts américains », le plan Marshall cristallise la coupure de l'Europe entre les deux blocs. **La poussée soviétique a délimité l'espace de la construction européenne ; la pluie de dollars définit l'orientation de cette construction : un grand marché sous influence atlantique.**

Directeur de l'*European Cooperation Administration*, l'Américain P. Hoffman déclare devant le conseil de l'OECE, le 31 octobre 1949 : « Dans sa réalité essentielle, l'intégration signifie la formation d'un grand marché unique à l'intérieur duquel les frontières quantitatives aux mouvements de marchandises, les barrières monétaires aux mouvements des capitaux, et éventuellement tous les droits de douane auraient été définitivement abolis ! »

Pays	Total en millions de dollars	%	dont Prêts	%
Tous les pays dont :	12 992,5	100	1 139,6	100
Angleterre.....	3 165,8	24,4	336,9	29,6
France	2 629,8	20,2	182,4	16
Italie	1 434,6	11	72	6,4
All. de l'Ouest..	1 317,3	10,1		
Pays-Bas.....	1 078,7	8,3	150,7	13,2
Autriche......	653,8	5		
Grèce	628	4,8		
Belg.-Lux......	546,6	4,2	68,1	6,0
Danemark....	266,4	2,1	31,0	2,7
Norvège	241,9	1,9	35,0	3,1
Autres pays....	515,4	3,9	263,5	23

Le discours du général Marshall à Harvard, le 5 juin 1947 (extraits)

« En dehors des effets démoralisants sur le monde en général et des risques de troubles résultant du désespoir des peuples en cause, les conséquences sur l'économie américaine sont claires pour tous. Il est logique que les États-Unis fassent tout ce qui est en leur pouvoir pour favoriser le retour du monde à une santé économique normale, sans laquelle il ne peut y avoir ni stabilité politique ni paix assurée.

« Notre politique n'est dirigée contre aucun pays ni doctrine, mais contre la faim, la pauvreté, le désespoir et le chaos. Son but devrait être le rétablissement d'une économie mondiale saine de façon à permettre le retour à des conditions politiques et sociales dans lesquelles peuvent exister des institutions libres... Tout gouvernement qui consent à nous aider dans la tâche de renaissance trouvera, j'en suis sûr, une coopération complète de la part du gouvernement américain. Tout gouvernement qui manœuvre pour arrêter la renaissance d'autres pays ne peut attendre d'aide de notre part. De plus, les gouvernements, partis politiques ou groupements qui cherchent à perpétuer la misère humaine pour en profiter politiquement ou autrement, rencontreront l'opposition des États-Unis.

« Il est déjà évident qu'avant que le gouvernement des États-Unis puisse aller beaucoup plus loin dans son effort pour soulager le monde européen et aider celui-ci à repartir dans la voie du redressement, il doit y avoir un certain accord entre les pays d'Europe sur ce que la situation exige et sur le rôle que ces pays eux-mêmes joueront pour donner son plein effet à toute action que le gouvernement des États-Unis pourrait entreprendre. Il ne serait ni convenable ni efficace de notre part de mettre en application unilatéralement un programme destiné à remettre l'Europe sur ses pieds, économiquement. C'est l'affaire des Européens. L'initiative, à mon avis, doit en effet venir d'Europe. Le rôle de notre pays devrait consister à aider les Européens à élaborer un tel programme, et ensuite à l'appliquer, dans la mesure où nous pouvons le faire. Le programme devrait être agréé par la majorité sinon la totalité des nations européennes. » (H.S. TRUMAN, *Mémoires*, t. II, Plon, 1956.)

Affiche de Gaston Van den Eynde (1950). Comme l'arbre, l'Europe va pouvoir fleurir.

Les progrès de la coopération

Sous la poussée des mouvements européens et à l'initiative du ministre français des Affaires étrangères, G. Bidault, l'Europe occidentale s'engage en 1949 dans une nouvelle forme de coopération. **Le 5 mai 1949**, dix pays signent le statut du **Conseil de l'Europe**. Club de nations attachées à la démocratie et au pluralisme, le Conseil exclut de ses compétences les problèmes de défense, laisse à l'OECE les questions économiques et se donne pour ambition **la concertation dans les domaines politique, culturel et social**.

La participation des Britanniques hostiles à tout abandon de souveraineté explique les pouvoirs limités du Conseil : l'assemblée formée de parlementaires nationaux siège à Strasbourg ; réunie pour la première fois en août 1949, sous la présidence de P.-H. Spaak, elle n'est qu'un brillant « **laboratoire d'idées** ». Le conseil des ministres réunissant les ministres des Affaires étrangères des pays membres doit statuer à l'unanimité. L'application des textes adoptés par le Conseil relève uniquement de la bonne volonté des gouvernements nationaux.

Le Conseil de l'Europe s'est progressivement élargi à **l'ensemble des pays démocratiques du Vieux Conti-**nent ; il est devenu en particulier le défenseur **des droits de l'homme** qu'il proclame solennellement dans la convention adoptée le 4 novembre 1950.

De son côté, le Congrès des États-Unis souhaite accélérer l'intégration commerciale en Europe. Le problème est alors double ; **les barrières protectionnistes** héritées du passé et **le manque de liquidités internationales** freinent considérablement les échanges intra-européens, donc retardent la reconstruction et limitent les exportations américaines. La formation de **l'Union européenne des paiements, UEP**, en septembre 1950, est une réponse à ces handicaps. Ce nouvel organisme, dont les fonds de roulement sont fournis par les États-Unis, fonctionne selon le principe de la compensation multilatérale. Dès lors, **la libéralisation et l'essor des échanges sont facilités** : à peine trois mois après sa création, près de 60 % du commerce intra-européen privé est libéré de toutes restrictions quantitatives. Quatre années plus tard, le pourcentage atteint 89 % ! Pour nourrir l'expansion commerciale, l'UEP met des crédits à la disposition des pays membres. Elle est ainsi le moteur de l'intégration commerciale européenne ; elle parfait l'œuvre de l'OECE qui consacre près d'un quart des

Le Conseil de l'Europe depuis 1949

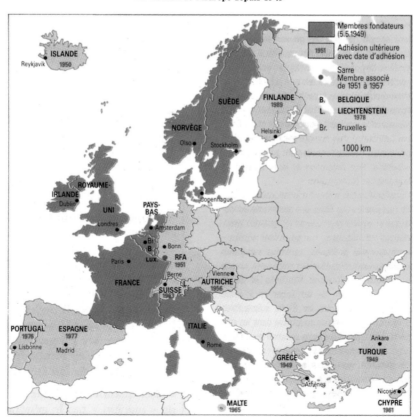

crédits Marshall au commerce extérieur de l'Europe.

Premier pas vers la réalisation d'un marché commun souhaité par les États-Unis, l'OECE n'est jamais devenue cette instance supranationale voulue par Washington ; dès le début des années cinquante, **les Britanniques s'opposent en permanence à toute dérive supranationale** que la France est au contraire prête à l'accepter. Ainsi, la candidature du Belge P.H. Spaak à la tête de l'OECE ne peut aboutir à cause de l'opposition anglaise. Ce comportement des Britanniques amène la France à se rallier à une conception plus étroite de l'Europe.

Le « système » Monnet

« **Être grand, c'est épouser une grande querelle.** » L'épigraphe placé par le général de Gaulle en tête de son livre *Le Fil de l'épée* pourrait très bien s'appliquer à Jean Monnet. **Homme de convictions**, Monnet est guidé par quelques **idées clefs** qu'il souhaite voir triompher :

— Les « États-Unis d'Europe » ne pourront s'imposer que si la France reconnaît à l'Allemagne l'égalité des droits qu'elle lui a refusée dans les années vingt.

— « L'Europe ne se fera pas d'un coup ni dans une construction d'ensemble : elle se fera par des réalisations concrètes, créant d'abord une solidarité de fait. »

Commissaire général au plan français depuis 1946, Monnet vit au quotidien les difficultés d'approvisionnement en coke allemand qui entravent la production d'acier national. Dès lors, **une Europe du charbon et de l'acier** apporterait la sécurité d'importation en charbon à la France et effacerait au plus vite l'amertume allemande, née de la défaite. En outre, quoi de plus symbolique que l'acier qui a servi à « hacher » des centaines de milliers de combattants français, allemands, et d'autres pays européens, sur les champs de bataille de la Première et de la Seconde Guerre mondiale !

Monnet est donc à l'origine de l'idée d'une Europe intégrée du charbon et de l'acier dirigée par un organisme supranational, la Haute Autorité.

La déclaration Schuman

« Homme de la frontière », car originaire de la Lorraine alors allemande, homme de double culture, le ministre des Affaires étrangères, **Robert Schuman, reprend cette idée révolutionnaire qu'il propose le 9 mai 1950** à l'ensemble des pays européens.

La déclaration Schuman est immédiatement amplifiée par le « réseau d'influence » de J. Monnet : R. Pleven, R. Mayer, F. Gaillard, B. Clappier, E. Hirsch... en France, J.F. Dulles, J. McCloy, G. Ball aux États-Unis, et tous les amis de Monnet en RFA, en Italie, en Angleterre rendent hommage à l'originalité, à l'initiative de la France qui sait faire œuvre novatrice à un moment où la situation internationale le nécessite.

K. Adenauer, le premier concerné par la déclaration, y voit une « mesure magnanime » qui permettra à son pays de retrouver plus vite sa souveraineté.

Les Britanniques, au contraire, manifestent leur hostilité : la puissante sidérurgie anglaise n'a pas besoin d'échanger des matières premières avec l'Europe continentale. Les travaillistes au pouvoir craignent une remise en cause des avantages sociaux distribués depuis la fin de la guerre ; en outre, la classe politique tout entière ne veut pas entendre parler d'une quelconque autorité supranationale, « non démocratique et irresponsable » selon le Premier ministre C. Attlee.

Quant aux communistes et à l'Urss, ils sont totalement hostiles à cette politique inspirée par les « monopoles américains », qui vise à « remilitariser l'Allemagne » (Radio Moscou, 14 mai 1950). Dans le contexte de guerre froide, le projet de CECA est d'abord rejeté et condamné pour des raisons idéologiques.

Le « **système** » **Monnet** a donc trois caractéristiques : il illustre **la force d'une idée simple et pragmatique qui profite d'une situation de crise pour s'imposer grâce à un réseau d'amitiés.** Il privilégie **une stratégie sectorielle** jugée plus efficace qu'une politique globale. Il confie le pouvoir à **des technocrates** et exprime une méfiance à l'égard des politiques prisonniers des égoïsmes nationaux.

La CECA

Le 18 avril 1951, moins d'un an après la déclaration Schuman, six pays, la France, la RFA, l'Italie et le Benelux signent **le traité de Paris** qui met en place la **Communauté européenne du charbon et de l'acier, CECA**, pour une durée de cinquante ans, et qui fixe les pouvoirs des institutions : la Haute Autorité est un collège doté de pouvoirs autonomes et exécutoires, le Conseil des ministres exprime l'intérêt des États, l'Assemblée commune contrôle la Haute Autorité, la Cour de justice juge les litiges. Le marché commun du charbon et de l'acier devient effectif à partir de 1953. La libération des échanges, la lutte contre les cartels ne peuvent que satisfaire les partisans du libéralisme économique, comme L. Erhard, ministre de l'Économie allemande. Les interventions sectorielles, les orientations que la CECA prodigue en matière de production et ses actions pour assurer le progrès social satisfont les interventionnistes présents en France. Telle est l'ambivalence de la CECA, **laboratoire de l'intégration européenne.**

Facteur de croissance des échanges intra-européens, stimulant de la productivité, agent d'amélioration sociale pour les salariés de la mine et de la sidérurgie, la CECA n'a pas cependant réussi à empêcher la formation d'ententes entre les producteurs d'acier ; en outre, elle ne parvient pas à éviter la crise charbonnière de 1958-1959.

Malgré ses limites, le plan Monnet-Schuman amorce **la réconciliation franco-allemande**, cinq années à peine après la fin de la guerre, en tissant une communauté de destin entre les deux peuples. En l'absence de traité de paix entre les anciens belligérants, Monnet comme Hallstein, ont réussi à donner naissance à une communauté, instrument d'intégration qui « intériorise » les conflits jusqu'alors extérieurs.

Le mémorandum Monnet

« De quelque côté qu'on se tourne, dans la situation du monde actuel, on ne rencontre que des impasses, qu'il s'agisse de l'acceptation grandissante d'une guerre jugée inévitable, du problème de l'Allemagne, de la continuation du relèvement français, de l'organisation de l'Europe, de la place même de la France dans l'Europe et dans le monde.

« D'une pareille situation, il n'est qu'un moyen de sortir : une action concrète et résolue, portant sur un point limité mais décisif, qui entraîne sur ce point un changement fondamental et, de proche en proche, modifie les termes mêmes de l'ensemble des problèmes. [...]

« Il faut changer le cours des événements. Pour cela, il faut changer l'esprit des hommes. Des paroles n'y suffisent pas. Seule une action immédiate portant sur un point essentiel peut changer l'état statique actuel. Il faut une action profonde, réelle, immédiate et dramatique qui change les choses et fasse entrer dans la réalité les espoirs auxquels les peuples sont sur le point de ne plus croire. Et ainsi donner aux peuples des pays "libres" de l'espoir dans les objectifs plus lointains qui leur seront assignés, créera chez eux la détermination active de les poursuivre.

« La situation allemande devient rapidement un cancer dangereux pour la paix dans un avenir prochain, et pour la France immédiatement, si son développement n'est pas dirigé pour les Allemands vers l'espoir et la collaboration avec les peuples libres.

« Cette situation ne peut pas être réglée par l'unification de l'Allemagne, car il faudrait un accord USA-Urss, impossible à concevoir pour le moment.

« Elle ne peut pas être réglée par l'intégration de l'Ouest allemand avec l'Occident :

« — car les Allemands de l'Ouest se mettraient de ce fait, à l'égard de l'Est, en situation d'avoir accepté la séparation, tandis que l'unité doit nécessairement être leur objectif constant ;

« — car l'intégration pose la question de l'armement de l'Allemagne, provocation à l'égard des Russes, et entraînera la guerre ;

« — pour des questions politiques insolubles.

« Et cependant les Américains vont insister pour que l'intégration de l'Ouest se fasse :

« — parce qu'ils veulent que quelque chose se fasse et qu'ils n'ont pas d'autre idée prochaine ;

« — parce qu'ils doutent de la solidarité et du dynamisme français. Certains pensent qu'il faut commencer l'établissement d'un remplaçant pour la France.

« Il ne faut pas chercher à régler le problème allemand qui ne peut être réglé avec les données actuelles. Il faut en changer les données en les transformant.

« Il faut entreprendre une action dynamique qui transforme la situation allemande et oriente l'esprit des Allemands, et non rechercher un règlement statique sur les données.

« La continuation du relèvement de la France sera arrêtée si la question de la production industrielle allemande et de sa capacité de concurrence n'est pas réglée rapidement.

« La base de la supériorité que les industriels français reconnaissent traditionnellement à l'Allemagne est sa production d'acier à un prix qui ne peut concurrencer la France. D'où ils concluent que toute la production française en est handicapée.

« Déjà l'Allemagne demande d'augmenter sa production de 11 à 14 millions de tonnes. Nous refuserons, mais les Américains insisteront. Finalement nous ferons des réserves, mais nous céderons. En même temps, la production française plafonne ou même baisse.

« Il suffit d'énoncer ces faits pour n'avoir pas besoin d'en décrire en détail les conséquences : Allemagne en expansion, dumping allemand à l'exportation ; demande de protection pour les industries françaises ; arrêt ou camouflage de la libération des échanges ; recréation des cartels d'avant-guerre ; orientation éventuelle de l'expansion allemande vers l'Est, prélude aux accords politiques ; France retombée dans l'ornière d'une production limitée et protégée.

« Les décisions qui vont amener cette situation vont être amorcées, sinon prises, à la conférence de Londres sous pression américaine.

« Or les États-Unis ne souhaitent pas que les choses se développent ainsi. Ils accepteront une autre solution si elle est dynamique et constructive, surtout si elle est prononcée par la France.

« Avec la solution proposée disparaît la question de la domination de l'industrie allemande, dont l'existence créerait en Europe une crainte, cause de troubles constants, et finalement empêcherait l'union de l'Europe et causerait à nouveau la perte de l'Allemagne elle-même. Cette solution crée au contraire pour l'industrie, tant allemande que française et européenne, des conditions d'expansion commune dans la concurrence, mais sans domination.

« Au point de vue français, une telle solution met l'industrie nationale sur la même base de départ que l'industrie allemande, élimine le dumping à l'exportation qu'autrement poursuivrait l'industrie allemande de l'acier, fait participer l'industrie d'acier française à l'expansion européenne, sans crainte de dumping, sans la tentation de cartel. La crainte chez les industriels, qui entraînerait le malthusianisme, l'arrêt des "libéralisations", et finalement le retour aux ornières du passé, sera éliminée. Le plus grand obstacle à la continuation du progrès industriel français aura été écarté. [...]

« Pour la paix future, la création d'une Europe dynamique est indispensable. Une association des peuples "libres", à laquelle participeraient les États-Unis, n'exclut pas la création d'une Europe ; au contraire, parce que cette association sera fondée sur la liberté, donc sur la diversité, l'Europe, si elle est adaptée aux nouvelles conditions du monde, développera ses facultés créatrices et ainsi, graduellement, apparaîtra une force d'équilibre. [...] »

(Ce texte est adressé au président du Conseil Georges Bidault, le 28 avril 1950.)

Le Monde du 11 mai 1950
France-Soir du 10 mai 1950
Les Dernières Nouvelles d'Alsace du 10 mai 1950
L'Humanité du 10 mai 1950

A l'Ouest

Au Royaume-Uni, un journal libéral, *News Chronicle*, 10 mai 1950 :

« De Paris arrive la nouvelle que la France propose que les productions de charbon et d'acier française et allemande passent sous le contrôle d'un organisme international auquel, on l'espère, se joindront d'autres nations.

« Chacun de ces développements est de la première importance. L'avenir de l'Europe dépend de l'unité. Sans la coopération loyale de l'Allemagne, il ne peut y avoir de véritable unité.

« De même pour le charbon et l'acier. Ce sont les matériaux de base de la production de temps de paix comme de celle des armements. Tant qu'ils resteront sur un contrôle purement national, la coopération des peuples européens ne pourra jamais être aussi complète et fructueuse qu'il le faudrait. [...] »

Un journal communiste, *Daily Worker*, 10 mai 1950 :

« La guerre n'a jamais été préparée aussi ouvertement qu'aujourd'hui. M. Acheson, secrétaire d'État américain, est venu dire aux pays d'Europe occidentale qui reçoivent l'"aide" Marshall qu'il est mécontent de leurs préparatifs de guerre. [...] Personne ne fait même le simulacre de consulter les peuples de l'Europe occidentale, M. Acheson vient de formuler ses exigences et ses satellites s'y soumettent. »

En RFA, le *General Anzeiger*, journal chrétien-démocrate, le 10 mai 1950 :

« Il est naturellement trop tôt pour parler d'un revirement de la politique française à l'égard de l'Allemagne. Il faut aussi dire que le plan de M. Schuman n'est pas exempt d'arrière-pensées. Le ministre des Affaires étrangères français se propose d'étendre aux deux pays la compétence de l'Autorité internationale de la Ruhr, dont le fonctionnement jusqu'ici n'a pas été satisfaisant. Il est évident que l'Allemagne de l'Ouest accusera toujours un retard sur la France dans la mesure où son indépendance sera plus limitée que sa voisine. »

Dans le *Berliner Sozialdemokrat, Das Berliner Stadtblatt*, le 10 mai 1950, W. Brandt écrit :

« Les propositions faites hier par la France expriment d'une façon remarquable la volonté de procéder à une révision des relations franco-allemandes et de s'éloigner d'un passé qui n'a été que trop funeste pour tous les intéressés.

« Les sociaux-démocrates ont réclamé depuis trop longtemps une véritable "européisation" de toutes les industries lourdes pour ne pas saluer avec joie toute possibilité de se rapprocher de cet objectif. »

Aux Pays-Bas, le journal libéral, *Algemeen Handelsblad*, le 10 mai 1950 :

« Nous espérons que l'on confirmera à Paris que le projet de Schuman doit être vu dans le cadre européen — et ce sera ainsi une nouvelle et puissante impulsion pour sortir de l'impasse où l'on se trouve à l'égard de l'intégration européenne. Dès lors, on ne pourra que se réjouir de cette initiative, tout en répétant cependant que l'Europe occidentale est aujourd'hui une partie du monde atlantique. Si le plan français est un nouveau point de départ pour des négociations efficaces au sujet de la coopération internationale, et non seulement franco-allemande, il aura des conséquences utiles. »

A l'Est

En RDA, le *Berliner Zeitung*, le 11 mai 1950 :

« En prétendant, comme le fait Schuman, que la "fusion économique est indispensable au maintien de la paix", le gouvernement français travestit la vérité de la façon la plus grotesque. En effet, quels seront les milieux dirigeants du pool des industries lourdes et qui donc décidera de la production et des investissements de capitaux, sinon les mêmes qui ont gagné des millions lors des deux dernières guerres mondiales, et qui sont toujours là où des affaires d'armement peuvent être réalisées ? Qu'une telle concentration des milieux intéressés à la guerre ne puisse servir la paix, mais seulement aggraver les risques de guerre, cela saute aux yeux. »

En Urss, la *Pravda*, le 17 mai 1950 :

« Le principal but que se proposent les fauteurs de guerre impérialistes est d'inclure directement l'Allemagne occidentale dans le bloc agressif de l'Atlantique-Nord afin d'utiliser son industrie et ses ressources en hommes pour leurs desseins agressifs...

« C'est sous le même jour qu'il convient de considérer le prétendu "plan de mise en commun des productions charbonnières et sidérurgiques allemandes et françaises", plan élaboré à Washington et proposé par R. Schuman. Grâce à une telle "union" des ressources industrielles et des matières premières des bassins de la Ruhr et de la Lorraine, on se propose de jeter les bases de l'industrie de guerre du bloc agressif de l'Atlantique-Nord dirigé par les impérialistes américains. On sacrifie à ce plan l'indépendance nationale et économique de la France. Aussi comprend-on parfaitement bien l'inquiétude provoquée par la proposition Schuman dans les milieux de l'opinion démocratique française. Il est clair que pour tous les véritables patriotes français ce plan non seulement implique une nouvelle aggravation de l'asservissement à l'Amérique, mais encore fait naître une menace directe dirigée contre la sécurité de la France. »

L'échec de la CED

De 1945 à 1950, dans le contexte croissant de guerre froide, s'esquisse une coopération militaire entre les pays d'Europe occidentale. L'inquiétude ressentie après le « coup de Prague » conduit à la signature, **le 17 mars 1948, du traité de Bruxelles** : il crée pour cinquante ans une alliance défensive entre la France, le Royaume-Uni et les pays du Benelux. Un an plus tard, le **4 avril 1949**, l'alliance défensive est élargie à 12 pays occidentaux et coiffée par les États-Unis : c'est le **traité de l'Atlantique-Nord**.

Quatre éléments nouveaux interviennent à la charnière entre les années 40 et 50 : le blocus de Berlin de juin 1948 à mai 1949 et la perte du monopole nucléaire par les États-Unis démontrent la nécessité de forces conventionnelles indispensables à la défense de l'Europe « libre ». La pression stalinienne en faveur d'une réunification-neutralisation du territoire allemand et le déclenchement soudain, en juin 1950, de **la guerre de Corée** aggravent les inquiétudes européennes et américaines : en juillet 1950, J. McCloy lance l'idée d'une contribution allemande à la sécurité européenne. Il est clair que la défense de l'Europe commence désormais **non sur le Rhin, mais sur l'Elbe**.

Le président Truman et D. Acheson hésitent alors entre deux options : réarmer la RFA, soit dans le cadre atlantique, soit dans le cadre européen. En août 1950, le Conseil de l'Europe vote la résolution défendue par W. Churchill d'une « **armée européenne unifiée** ». Soucieuse de contrôler le réarmement allemand et de briser toute renaissance éventuelle du militarisme outre-Rhin, la France propose à l'automne 1950 **le plan Pleven** : il prévoit la formation d'une armée européenne de 100 000 hommes, « soit six divisions et demie, par juxtaposition de bataillons nationaux, parmi lesquels des Allemands. Le commandant en chef de l'Otan aurait ainsi sous ses ordres des divisions nationales, dont aucune ne serait allemande, et des divisions européennes à participation allemande, relevant d'un ministère européen de la Défense ».

Après approbation de principe par le Parlement français et ralliement progressif des Américains, le plan Pleven fait l'objet de longues négociations entre les pays européens réunis dans la conférence de Paris. En mars 1952, le projet de **Communauté européenne de défense** est prêt ; la querelle de la CED peut commencer. Après **la phase confidentielle** où les problèmes de défense sont débattus entre spécialistes et membres éminents de la « Société des Européens », commence la **phase médiatique** : la nécessaire ratification du projet par les parlements nationaux oblige les partis à prendre position ; les colonnes de journaux sont envahies par la polémique. Vive partout en 1952, elle atteint son apogée en France. Selon le mot célèbre de R. Aron, la CED y déclenche pendant plus de deux ans « la plus grande querelle idéologico-politique depuis l'affaire Dreyfus ».

La violence des affrontements entre « cédistes » et « anticédistes » inhibe les gouvernements successifs de la IVᵉ République et les conduit à différer le débat et le vote à l'Assemblée nationale. Lorsque la CED est finalement examinée par les parlementaires, le contexte international n'a plus rien à voir avec les urgences de 1950. La menace soviétique s'estompe

depuis la mort de Staline en mars 1953, l'armistice signé à Pam-Mun-Jom en juillet de la même année met fin à la guerre de Corée, l'apparition d'armes nucléaires de terrain, dites tactiques, bouleverse les données stratégiques de la bataille d'Europe. Le 30 août 1954, le vote négatif des parlementaires français enterre définitivement le projet. Dans ces conditions, **le réarmement allemand s'opère dans le cadre atlantique** : en octobre 1954, la RFA recouvre sa souveraineté, le pacte de Bruxelles s'élargit aux anciens vaincus, Italie et Allemagne, et se transforme **en Union européenne occidentale, UEO**. Un an plus tard, à l'intégration de la RFA dans l'Otan répond l'intégration de la RDA dans le pacte de Varsovie.

« Bataille de la mémoire » pour l'historien J.-P. Rioux, la querelle de la CED réveille en France les vieilles préventions germanophobes et le cauchemar d'Oradour-sur-Glane. Échec pour le MRP, pour les militants européens, dont Monnet, échec pour la politique étrangère de la IVᵉ République, le rejet de la CED n'est-il pas une fausse victoire pour les adversaires les plus acharnés du projet, gaullistes et communistes ? La construction européenne est durablement déséquilibrée et entravée par ce faux pas. L'ambition initiale de rendre à l'Europe sa place dans le concert des nations est pour longtemps hors de portée : **il n'y a pas de puissance sans défense**. Les paneuropéens sont contraints de se retourner vers la coopération et l'intégration économiques.

Les Français et la CED en %				
	Mai 1953	Juillet 1954	19 août 1954	31 août 1954
Pour.........	30	19	21	16
Plutôt pour ...		17	16	18
Plutôt contre ..		11	12	11
Contre	21	20	22	22
Indécis ou ne répondant pas .	49	33	29	33

Source : J.-P. RIOUX, Revue *Relations Internationales*, nᵒ 37, printemps 1984.

Affiche anticédiste

3. La relance communautaire

Au milieu des années cinquante, la construction européenne paraît condamnée au piétinement : les Britanniques ont empêché toute transformation du Conseil de l'Europe en communauté politique, les Français sonnent le glas d'une communauté militaire. Après les empoignades de la CED, l'intérêt des opinions publiques retombe et les militants européens semblent désorientés.

Or la relance a été aussi rapide que réussie. En deux ans, les Six franchissent une étape essentielle et entament en 1957 une politique d'intégration économique générale. Cette avancée inattendue tient à trois facteurs : l'action déterminante de quelques hommes, l'initiative des responsables politiques du Benelux, enfin le poids des circonstances.

Atome et Europe

L'échec de la CED amène la « société des Européens » à reprendre l'initiative en liant **objectifs généraux et politique sectorielle** : construire les **États-Unis d'Europe** est toujours le but ultime, mais, pour y parvenir, le laboratoire de l'intégration doit être **l'énergie atomique**.

Trois groupes de pression militent alors activement, en France et dans certains pays européens, en faveur de l'atome :

— Dans le premier, L. Armand, président de la SNCF et directeur des applications industrielles au Commissariat à l'énergie atomique, mais aussi, F. Etzel, F. Giordani, s'emploient à démontrer le danger des besoins énergétiques croissants de l'Europe occidentale, couverts par des importations provenant de zones instables, par exemple, le Proche-Orient. Seule l'électricité d'origine nucléaire assurerait une forme d'indépendance à l'Europe qui doit se regrouper pour abaisser les coûts de production.

— Dans le second, J. Monnet, P. Uri, P.-H. Spaak, Kohnstamm, après avoir vainement cherché à étendre les compétences de la CECA aux transports et autres sources d'énergie, se décident à œuvrer dans le cadre d'une structure nouvelle consacrée à l'atome.

— Troisième force motrice, le CEA, Commissariat à l'énergie atomique, voit dans l'Europe de l'atome un moyen pour obtenir plus facilement de l'uranium enrichi indispensable à l'arme atomique ; et puis l'Euratom se consacrant au domaine civil, les crédits du CEA pourraient être centrés sur les recherches militaires. Enfin, alors même que la RFA a retrouvé la plénitude de son indépendance, une Europe de l'atome permettrait de mieux surveiller les études allemandes dans ce secteur de pointe.

La conjonction de ces trois *lobbies* explique l'attitude du gouvernement d'E. Faure : ne voulant pas recommencer l'erreur de la CED, il se rallie en avril 1955 à une Europe nucléaire pacifique.

La conférence de Messine

Aux propositions sectorielles s'ajoutent les initiatives en faveur d'un Marché commun général. Les milieux d'affaires allemands et le ministre de l'Économie L. Erhard souhaitent une libération des échanges. Les Néerlandais prennent officiellement position pour une intégration économique globale dans une structure supranationale. Mais le premier rôle revient au ministre des Affaires étrangères de Belgique, P.-H. Spaak. Dès le début de 1955, il multiplie les contacts pour convaincre les capitales de l'opportunité d'une relance. Le 9 mai 1955, l'Assemblée de la CECA se prononce à l'unanimité pour une reprise de la construction incluant à la fois les projets sectoriels et les ambitions plus larges de la RFA et du Benelux. **Le 3 juin 1955, les ministres des Affaires étrangères des Six réunis à Messine** adoptent une résolution qui affirme la volonté commune de « **franchir une nouvelle étape** ». Un comité de délégations gouvernementales et d'experts est chargé d'élaborer un projet sous la présidence de P.-H. Spaak. Remis aux gouvernements le 21 avril 1956, le rapport Spaak esquisse les grandes lignes d'un Marché commun général et d'une communauté nucléaire civile.

Résolution adoptée par les ministres des Affaires étrangères des États membres de la CECA, à la conférence de Messine

« Les gouvernements de la République fédérale d'Allemagne, de Belgique, de France, d'Italie, du Luxembourg et des Pays-Bas croient le moment venu de franchir une nouvelle étape dans la voie de la construction européenne. Ils sont d'avis que celle-ci doit être réalisée tout d'abord dans le domaine économique.

Ils estiment qu'il faut poursuivre l'établissement d'une Europe unie par le développement d'institutions communes, la fusion progressive des économies nationales, la création d'un marché commun et l'harmonisation progressive de leurs politiques sociales.

Une telle politique leur paraît indispensable pour maintenir à l'Europe la place qu'elle occupe dans le monde, pour lui rendre son influence et son rayonnement, et pour augmenter d'une manière continue le niveau de vie de sa population.

A ces fins, les six ministres se sont mis d'accord sur les objectifs suivants :

1. L'extension des échanges de marchandises et le mouvement des hommes appellent le développement en commun de grandes voies de communication. [...]

2. La mise à la disposition des économies européennes d'énergie plus abondante à meilleur marché constitue un élément fondamental de progrès économique. [...]

3. Le développement de l'énergie atomique à des fins pacifiques ouvrira à brève échéance la perspective d'une nouvelle révolution industrielle sans commune mesure avec celle des cent dernières années. [...] »

La dynamique européenne

Une fois de plus, à un moment crucial de son histoire, la construction européenne a été facilitée par la création, le 13 octobre 1955, du **Comité d'action pour les États-Unis d'Europe. Voulu par Monnet** qui a abandonné la présidence de la Haute-Autorité de la CECA, le comité d'action réunit des représentants officiellement mandatés par leurs organisations : à côté des délégués des partis libéraux, chrétiens-démocrates, sociaux-démocrates, le comité rassemble aussi les responsables des syndicats non communistes, en fait, une centaine de personnalités européennes capables d'être des relais auprès des opinions publiques et des gouvernements. Structure très légère, le comité contacte, anime, éveille, appuie le « **pouvoir fédéral européen** », selon l'expression de J.-J. Servan Schreiber. Le comité a ainsi inspiré les conclusions du mémorandum Spaak ; il a aussi contré les tentatives britanniques de dilution du Marché commun en gestation dans un vaste ensemble libre-échangiste.

Mais l'action du comité est facilitée **par le soutien des chefs de gouvernement et par la collaboration de certains hauts fonctionnaires.** En RFA, K. Adenauer, en France, G. Mollet, en Italie les démocrates-chrétiens, en Belgique, et même aux États-Unis, Eisenhower et J.F. Dulles, appuient sans réserve ces projets européens. Le contexte international est en 1956, à nouveau favorable à la dynamique européenne : à l'Est, en Hongrie, les T 34 soviétiques écrasent dans le sang la révolution de Budapest et réveillent les inquiétudes occidentales, particulièrement allemandes. Au sud, Nasser, battu sur le terrain militaire, prend une éclatante revanche diplomatique : en bloquant le canal de Suez, il démontre la fragilité énergétique des pays européens et devient, selon le mot de P.-H. Saak, le « fédérateur européen ». En effet, ces deux crises majeures rendent plus nécessaire que jamais l'union sans laquelle l'Europe ne « pourra faire entendre sa voix et être respectée dans le monde actuel ». Le refus du déclin et la volonté d'exister dans un monde dominé par les super-puissances sont donc l'accélérateur de la marche au traité de Rome qui dure de juin 1956 au début de l'année 1957.

En quelques mois, le comité Spaak, réuni à Val-Duchesse près de Bruxelles, rédige les traités en tenant compte à la fois des ambitions communes et des intérêts de chacun. Le 25 mars 1957, les deux traités de Rome sont signés dans la grande salle des Horaces, au Capitole, par les représentants des Six. Ils sont ratifiés la même année par les parlements nationaux : l'aventure du Marché commun peut commencer.

La signature du Traité de Rome, le 25 mars 1957

C. Le temps de l'ambition

1. Promesses et acquis de l'Europe à six (1957-1969)

Les conditions initiales

A la différence de la CECA, les deux nouvelles communautés européennes **ne sont pas supranationales**. Le pouvoir de décision appartient en effet au Conseil des ministres qui statue à l'unanimité. La Commission est cantonnée dans un double rôle d'initiative et d'exécution. Le parlement est formé de délégués des assemblées nationales et non d'élus européens au suffrage universel direct. Il ne dispose que de pouvoirs limités et joue un rôle consultatif. Le budget est fourni par des contributions des États membres et non par des recettes autonomes.

Cette prudence des institutions n'exclut pas l'ambition des objectifs. Énumérées par l'article 3 du traité, les missions de la Communauté sont la réalisation d'une **union douanière** assurant la libre circulation des marchandises, des hommes et des capitaux, l'élaboration de **politiques communes** de l'agriculture et des transports, **une croissance économique équilibrée** génératrice de **progrès social**, enfin, **une association avec les pays dépendants d'outre-mer**.

Le traité de Rome se réfère donc à la doctrine libérale : faisant écho aux exhortations des États-Unis et aux principes du Gatt, il **parie sur les vertus du marché**. Contre le cloisonnement des années trente, les Six veulent créer un grand marché, générateur d'économies d'échelle, de rajeunissement structurel, d'innovation, de dynamisme, favorables à la fois aux producteurs et aux consommateurs. Mais, en même temps, le traité prévoit une intervention commune dans les domaines jugés les plus importants. **A l'esprit de concurrence doit s'ajouter l'esprit de coopération et de solidarité.** Contre le nationalisme et ses ravages, les Six souhaitent organiser des politiques sectorielles communes, conduisant progressivement à une intégration économique et sociale, si ce n'est politique. Enfin, **aux principes de concurrence et de coopération s'ajoute celui d'ouverture.** L'élargissement aux autres pays de l'Europe est prévu dans le traité de même que l'association du tiers monde. La création d'une Communauté européenne ne se limite donc pas à des préoccupations d'ordre économique : **les Six s'engagent dans un rassemblement dont ils attendent une renaissance ; le but ultime et essentiel est de redonner un jour à l'Europe sa place dans le monde.** Sinon la première, du moins une place égale à celle des deux Grands. Entre la concurrence et la coopération, entre la solidarité et l'élargissement, entre l'efficacité économique et le progrès social, entre le Marché commun et l'ouverture extérieure, il existe d'évidentes contradictions. Les arbitrages vont se révéler souvent difficiles, générateurs de tensions et même de blocages.

Le contexte du démarrage est cependant favorable. Le Marché commun s'amorce en pleine période des « Trente Glorieuses » dans une ambiance d'euphorie économique et de forte croissance. Les mesures de redressement et de modernisation prises par le général de Gaulle dès le début de la Vᵉ République favorisent une adaptation rapide de l'économie française et une atténuation de l'inquiétude exprimée par les milieux industriels au moment de la signature du traité. L'essor spectaculaire et immédiat des échanges internes convainc les opinions publiques de l'opportunité des engagements pris.

L'ouverture commerciale

Ambition première, l'union douanière est réalisée plus rapidement que prévu. La période transitoire consacrée à l'élargissement des contingents et à la disparition progressive des douanes internes se termine dès le 1ᵉʳ juillet 1968 : **les marchandises circulent librement dans l'espace communautaire.** Dans le même délai, l'Europe adopte un tarif extérieur commun, TEC, à l'égard des pays tiers. Le *Kennedy Round* s'achève en 1967 par une réduction des droits de douane industriels de 35 %, applicables par les signataires, USA, CEE et Japon, de 1968 à 1972. En 1963, la Communauté négocie avec les anciennes possessions belges et françaises devenues indépendantes l'accord de Yaoundé. Conclu pour cinq ans et renouvelé en 1969, il laisse entrer en franchise les produits originaires des EAMA, États africains et malgaches associés, et s'accompagne d'une aide au

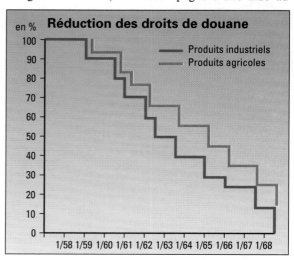

Réduction des droits de douane

en %

— Produits industriels
— Produits agricoles

1/58 1/59 1/60 1/61 1/62 1/63 1/64 1/65 1/66 1/67 1/68

développement. Enfin, en 1961, la Communauté inaugure avec la Grèce un chapelet d'accords commerciaux méditerranéens : ils offrent aux bénéficiaires un accès privilégié au marché européen symbolisé par des tarifs préférentiels.

Le principe de concurrence tant interne qu'externe a donc été largement respecté. En Europe comme dans les autres pays occidentaux industrialisés, le commerce tire la croissance économique, facilitant ainsi le plein-emploi. **La communauté offre aux pays tiers l'ouverture la plus large possible compatible avec l'existence d'un Marché commun intérieur.** Au-delà, l'Europe se dilue dans une vaste zone de libre-échange.

Pour autant, les limites ne sont pas négligeables : les Américains s'indignent du protectionnisme agricole et dénoncent l'« empire commercial européen ». Les pays pauvres exclus des accords de Yaoundé protestent contre le « régionalisme de l'Europe » assimilé au rêve néo-colonial de constituer une Eurafrique. Le Marché commun intérieur reste aussi imparfait. L'harmonisation des fiscalités, des normes techniques et l'ouverture des marchés publics nationaux, prévus dans le traité mais sans échéancier précis, demeurent lettre morte. Les dispositions antitrust destinées à éviter les abus de position dominante sont faiblement appliqués : face à la montée de la concurrence externe, les gouvernements et l'administration bruxelloise favorisent les concentrations au risque de laisser se constituer des ententes. Partout, dans la Communauté, **les entreprises fusionnent** pour atteindre cette « taille critique » adaptée à un marché transnational : la formation de groupes industriels, l'émergence de holdings financiers est la conséquence la plus visible de l'intégration européenne. En outre, les chefs d'entreprises américanisent leurs méthodes de gestion, ont recours à des *managers* sortis de *Business Schools*. **Le défi européen**

est donc facteur de modernité et d'uniformité. Il impose aux structures de production et d'échanges des pays membres une véritable « **cure de jouvence** ».

L'Europe verte

L'Europe verte est le second grand chantier de la construction européenne. Selon le traité, la politique agricole commune, PAC, doit protéger **les revenus des producteurs** mais aussi **satisfaire les consommateurs, accélérer la modernisation tout en stabilisant les marchés.** Les divergences entre les États membres qui avaient alors tous engagé des politiques nationales expliquent qu'il ait fallu de nombreux « marathons » agricoles et près de huit années de négociation pour aboutir. **En 1968, la PAC est sur pied :** la production communautaire est protégée par un droit mobile ou « prélèvement » ; les principaux produits sont couverts par des règlements qui assurent une libre circulation et un soutien des prix sous la responsabilité du FEOGA, Fonds européen d'orientation et de garantie agricole. Des prix uniques européens sont institués en juillet 1968 ; enfin, l'exportation des surplus sur le marché mondial est facilitée par des subventions ou « restitutions ».

Mais, la publication en décembre 1968 du rapport Mansholt, très critique à l'égard de l'Europe verte, montre que la PAC ne fait pas l'unanimité : **oubli des structures, coût trop élevé absorbant les deux tiers du budget, inefficacité économique structurant les excédents, effets sociaux pervers** favorisant la grande agriculture et les régions les plus dynamiques, **les défauts sont évidents.** L'Europe verte voulue par la France a absorbé l'essentiel de l'énergie des gouvernements européens depuis 1958 : à la fin de la période transitoire, elle apparaît comme **la construction la plus achevée mais aussi la plus fragile.**

L'Europe, une cure de jouvence pour les groupes industriels français

| Les 20 premiers groupes | En 1960 | | Les 20 premiers groupes | En 1986 | | |
	Chiffre d'affaires (millions F)	Effectifs		Chiffre d'affaires (millions F)	Effectifs	Résultats (millions F)
1. Renault	19 500	61 000	1. Renault	131 060	182 400	− 5 847
2. Co. Française des pétroles	18 600	6 000	2. Elf-Aquitaine	119 730	76 100	+ 4 279
3. Citroën	12 600	25 000	3. Peugeot	104 950	165 000	+ 3 590
4. Simca	12 240	25 000	4. Co. française des pétroles	95 720	34 100	− 471
5. Peugeot	10 140	20 000	5. Co. générale d'électricité	80 900	149 000	+ 1 160
6. De Wendel	9 720	22 500	6. Saint-Gobain	77 720	140 100	+ 1 451
7. Esso Saf.	9 360	6 500	7. Usinor-Sacilor*	72 280	102 200	− 12 375
8. Usinor	9 060	19 300	8. Thomson	62 200	104 500	+ 882
9. Michelin	9 000	40 000	9. Rhône-Poulenc	52 700	77 000	+ 2 008
10. Lorraine-Escaut	8 100	29 000	10. Michelin	46 330	118 600	+ 1 910
11. Sidelor	8 040	29 000	11. Bouygues	41 940	59 000	+ 481
12. Shell française	7 800	5 000	12. Shell française	36 680	7 300	+ 202
13. Antar	6 960	3 300	13. IBM-France	36 630	22 200	+ 472
14. Française BP	6 600	5 600	14. Péchiney	34 670	49 900	− 451
15. Sud Aviation	6 000	23 200	15. Aérospatiale	33 840	42 900	+ 303
16. Saint-Gobain	5 940	23 000	16. BSN	33 620	42 800	+ 1 081
17. Mobil Oil française	5 820	3 800	17. CEA-Industrie	30 960	31 900	+ 1 306
18. Péchiney	5 760	7 000	18. Esso Standard France	27 450	4 400	− 545
19. Ugine	5 640	12 300	19. Schneider	25 750	59 300	+ 314
20. CGE	5 520	15 000	20. British Petroleum France	23 510	4 000	+ 53

N.B. : Pour rendre les chiffres d'affaires comparables, on les a exprimés en francs constants en multipliant les valeurs de 1960 par 6, cœfficient de transformation des francs de 1960 en francs de 1986.
* Résultats du holding regroupant les deux entreprises.

Le « boom » des échanges entre 1958 et 1973

1. **Le développement de la solidarité interne :** part des échanges intracommunautaires dans le commerce total des États-membres

2. **La compétition entre les Six :** part des différents pays dans les échanges intracommunautaires (en %)

	Importations		Exportations	
	1958	1973	1958	1973
France.......	26,1 %	55,4 %	28 %	56,1 %
Italie........	29 %	48,9 %	31,3 %	50,1 %
Pays-Bas.....	50 %	61 %	56,5 %	72,5 %
RFA	33,6 %	52,2 %	34,5 %	47,1 %
UEBL.......	54,6 %	70,7 %	52,8 %	73,1 %

	Importations		Exportations	
	1958	1973	1958	1973
France.......	17,4 %	22 %	16,5 %	20,7 %
Italie........	11,2 %	14,7 %	9,3 %	11,6 %
Pays-Bas.....	21,5 %	16 %	20,9 %	18 %
RFA	29,4 %	30,6 %	34,8 %	32,7 %
UEBL.......	20,5 %	16,7 %	18,5 %	17 %

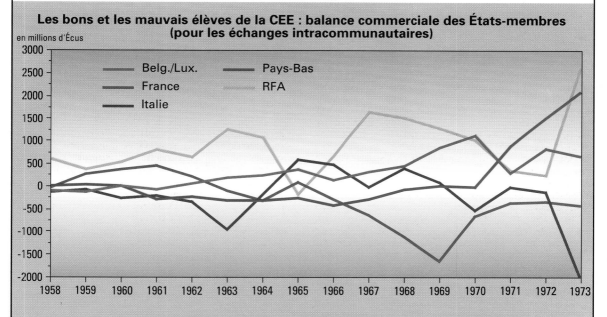

Les bons et les mauvais élèves de la CEE : balance commerciale des États-membres (pour les échanges intracommunautaires)

en millions d'Écus

Belg./Lux. — Pays-Bas — France — RFA — Italie

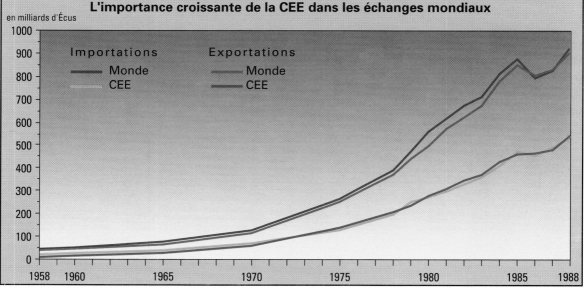

L'importance croissante de la CEE dans les échanges mondiaux

en milliards d'Écus

Importations : Monde, CEE — Exportations : Monde, CEE

133

Les grandes déceptions

Le bilan le plus négatif et le plus dangereux à terme concerne sans aucun doute **l'énergie**. Face à la crise qui frappe le charbon européen à partir de juin 1958, la CECA se révèle inadaptée ; l'abaissement des prix mondiaux du pétrole entre 1958 et 1960, l'apport croissant du gaz naturel, la concurrence du charbon américain entraînent une surproduction structurelle des charbonnages, génératrice de déficits de plus en plus lourds. Face aux transferts de la consommation au profit des hydrocarbures, les pays membres sont contraints de mettre en place des plans nationaux de repli. La CECA se contente de les accompagner par des mesures sociales en faveur des « pays noirs ».

L'échec nucléaire est encore plus net. L'insuffisance des moyens d'Euratom, les réticences de la France gaullienne à faire bénéficier ses partenaires de son avance, l'absence de rentabilité immédiate des centrales atomiques, l'abstention des Britanniques, la « guerre des filières », tout conduit à la paralysie progressive d'une communauté économique atomique dont les fondateurs attendaient sans doute trop. L'abandon par la France en 1969 de sa propre filière au profit de la technologie américaine récompense le soutien des États-Unis à la construction européenne et démontre la lourdeur des contraintes dans ce secteur de pointe.

A la fin des années soixante, **le bilan social apparaît aussi décevant**. Malgré la prospérité ambiante, l'accélération des concentrations, la course à la productivité, les crises sectorielles sécrètent **des poches de chômage**. L'intervention du FSE, Fonds social européen, est limitée par les prélèvements excessifs du FEOGA sur le budget communautaire. L'absence d'harmonisation des diplômes limite la libre circulation des hommes aux travailleurs non qualifiés. L'égalité des salaires entre population active masculine et féminine reste une utopie. Enfin, la concurrence accentue les disparités régionales : **le triangle lourd de l'Europe se renforce aux dépens des régions périphériques ;** malgré leur coût, les politiques nationales d'aménagement du territoire se révèlent peu efficaces. L'acquis social le plus important est aussi le moins bien perçu : les consommateurs sont les grands bénéficiaires du Marché commun ; la concurrence et la libre circulation des marchandises leur assurent en effet des prix compétitifs et une grande variété de choix. Les partis de gauche et les syndicats dénoncent la priorité accordée à l'« Europe du capital » sur l'« Europe des travailleurs ».

Les grandes carences

Le traité de Rome ne dit mot d'une quelconque politique industrielle commune. Le contraste, si ce n'est le recul, est donc total par rapport à la CECA dont les finalités étaient la mise sur pied d'une Europe du charbon et de l'industrie sidérurgique. Si,

dans les années soixante, l'absence de politique industrielle commune ne porte pas préjudice aux Six, **la crise des années soixante-dix démontre toute la fragilité industrielle de l'Europe,** car la crise récente est d'abord celle de l'appareil productif.

Cet oubli tient à **l'hostilité de la RFA**, dirigée depuis le départ de Konrad Adenauer par le très libéral Ludwig Erhard, qui a en horreur toute intervention étatique. **Mais les susceptibilités nationales, le désir jaloux d'indépendance** exprimés par la politique gaullienne dans les domaines industriels de pointe, aéronautique, électronique, nucléaire civil..., garants de l'indépendance et de la « grandeur nationale », expliquent cette absence de politique industrielle et d'efforts communautaires en matière de recherche. Seules les entreprises multinationales américaines et les grands groupes européens mènent une véritable stratégie industrielle à l'échelle des Six, mettant à profit les différences de législation nationale. Comme le souligne un mémorandum adressé par la Commission au Conseil des ministres : « Il serait dommageable pour l'économie communautaire que des positions dominantes, dépendantes de centres de décisions situés dans les pays tiers, se créent dans certains secteurs industriels importants pour la Communauté, ou que les capacités de recherche des entreprises européennes passant sous contrôle étranger soient réduites et assujetties à une stratégie industrielle qui ne soit pas conforme aux intérêts de la Communauté. »

Définie dans l'article 3 du traité de Rome, **la politique commune des transports devait occuper un rôle central pour harmoniser les conditions d'échanges et permettre une concurrence loyale.** Mais l'hétérogénéité des situations initiales oppose les pays les uns aux autres : en France, priment le réseau routier et ferré et une politique dirigiste des transports, aux Pays-Bas, les voies fluviales jouent un rôle central et la conception est libérale... De plus, la spécificité des problèmes régionaux, le poids des lobbies de transporteurs constituent des obstacles supplémentaires à la définition d'une politique commune des transports. Malgré les décisions de 1965 et de 1967 qui prévoient les grandes lignes de l'organisation des transports et les résultats sont bien modestes.

Certes, les Six sont parvenus à s'entendre sur quelques domaines très précis, par exemple, la réglementation du temps de conduite pour les chauffeurs routiers, l'harmonisation des méthodes comptables pour les sociétés ferroviaires... Mais la dynamique européenne profite d'abord aux régions centrales, ainsi l'axe rhénan, véritable dorsale de la CEE : le problème de la desserte des régions périphériques, des zones montagneuses enclavées est resté entier. Les réalisations d'infrastructures de transport d'intérêt européen sont trop rares pour assurer une intégration des réseaux nationaux. Si la coopération piétine, la concurrence nourrit cependant un progrès permanent des matériels roulants. L'Europe profite de la révolution des transports maritimes marquée notamment par la course au gigantisme et l'essor des porte-conteneurs. Son industrie automobile est particulièrement dynamique. Les sociétés ferroviaires améliorent sans cesse leur productivité. Les constructeurs aéronautiques inventent des structures de coopération en dehors du cadre communautaire. **Certains en viennent ainsi à s'interroger sur l'utilité réelle d'une politique commune dans ce secteur vital.**

Le temps des crises

Après les années 1958-1962, dites de « lune de miel », entre les Six et les institutions communautaires, commence une deuxième période marquée par **la grave crise institutionnelle de 1965.**

Toute une série de facteurs est à l'origine d'un tel affrontement. D'abord, **le départ du chancelier Adenauer**, vieux complice du général de Gaulle depuis leur première entrevue à Colombey-les-Deux-Églises, le 14 septembre 1958, met un terme à des relations privilégiées : les deux hommes se rencontrent une quinzaine de fois entre 1958 et 1963 et s'écrivent une quarantaine de lettres ; c'est dire la chaleur de ces relations qui conduisent à la signature du traité d'amitié et de coopération, le 22 janvier 1963, entre les deux pays. Au contraire, **Ludwig Erhard**, le successeur d'Adenauer à la Chancellerie, **beaucoup plus proche des Américains**, est assez hostile à ce type de relations exclusives avec la seule France. **Les « petits »** membres de la Communauté, le Benelux, et même l'Italie, **redoutent de plus en plus un condominium franco-allemand sur la CEE.** Mais la cassure de l'unité morale de la CEE provient **du refus catégorique du général de Gaulle opposé à la demande d'adhésion britannique formulée en 1961.**

Dans ce contexte, **la crise éclate à propos d'une question institutionnelle** : la Commission européenne, composée de neuf membres, est alors dirigée par **l'Allemand Hallstein qui cherche à étendre le plus possible le pouvoir de Bruxelles.** Au lieu de fournir au Conseil des ministres la primeur des résultats de son travail relatif au financement de la politique agricole commune, Hallstein et la Commission le divulguent à l'Assemblée de Strasbourg, le 24 mars 1965. La Commission propose que ses ressources proviennent des prélèvements agricoles et que le budget de la CEE soit voté par le parlement de Strasbourg. **La dérive fédérale voulue par Hallstein heurte de plein fouet la conception gaulliste de l'Europe.** Selon le mot du ministre des Affaires étrangères français, Maurice Couve de Murville, « la décision difficile, ingrate, lourde de conséquences au-dedans et en dehors, mais inévitable » de ne plus participer au Conseil des ministres de la Communauté, devient effective à partir du 1er juillet 1965. La politique de la **« chaise vide »** dure jusqu'en janvier 1966 où, à Luxembourg, « un accord » est obtenu « pour constater le désaccord » : la règle du vote à l'unanimité, dès qu'un État juge que ses intérêts essentiels sont en cause, s'impose aux dépens du vote à la majorité qualifiée. Avec l'adoption du « compromis de Luxembourg », la marche vers la supranationalité est cassée pour longtemps : la filiation entre l'intégration douanière, économique et la mise en place d'une véritable union politique supranationale est interrompue au profit de la **vision gaulliste d'une « Europe des patries ».**

La crise de 1965

Le point de vue du général de Gaulle

« Ce qui s'est passé à Bruxelles, le 30 juin, au sujet du règlement financier agricole a mis en lumière non seulement les réticences de la plupart de nos partenaires en ce qui concerne l'entrée de l'agriculture dans le Marché commun, mais aussi certaines erreurs et équivoques de principes qui figurent dans les traités relatifs à l'union économique des Six. C'est pourquoi la crise était, tôt ou tard, inévitable... Je dois ajouter qu'à la lumière de l'événement nous avons plus clairement mesuré dans quelle situation notre pays risquait de se trouver demain si telles et telles dispositions initialement prévues par le traité de Rome étaient réellement appliquées. C'est ainsi qu'en vertu du texte les décisions du Conseil des ministres des Six seraient, dès le 1er janvier prochain, prises à la majorité, autrement dit que la France serait exposée à se voir forcer la main dans n'importe quelle matière économique, par conséquent sociale et souvent même politique, et qu'en particulier ce qui aurait paru acquis dans le domaine agricole pourrait être, malgré elle, remis en cause à tout instant. »

Conférence de presse du 9 septembre 1965.

Le point de vue de R. Marjolin, vice-président de la Commission depuis le 7 janvier 1958

« L'histoire de la CEE entre mars 1965 et janvier 1966 apparaît pleine de confusion et de contradictions. C'est une période au cours de laquelle la France et quelques-uns de ses partenaires (la Hollande et l'Italie notamment) s'affrontent avec violence, à propos des pouvoirs de l'Assemblée de Strasbourg et aussi du règlement financier agricole, qui est une pièce maîtresse, la clé de voûte, de la politique agricole commune. Lorsqu'elle se termine, la Communauté a pris sinon sa forme définitive, du moins celle qu'elle gardera au cours des vingt années qui suivront. Quelles que soient les apparences, le "compromis" de Luxembourg de janvier 1966 consacre, ou probablement confirme, la victoire des conceptions gaullistes en matière d'institutions européennes. La Communauté en sort dépouillée des quelques éléments supranationaux qui avaient trouvé leur place dans le traité de Rome. Mais si l'Europe fédérale est ainsi enterrée, l'Europe des États ne l'emporte pas par là même. Les partenaires de la France sont encore moins disposés qu'en 1962 à accepter les idées gaullistes sur l'Europe politique. Les relations entre la France et l'Allemagne se refroidissent sensiblement, bien qu'un lien particulier subsiste entre les deux pays. »

R. MARJOLIN,
Le Travail d'une vie. Mémoires 1911-1986,
Laffont, 1986.

2. De l'Europe des Six à l'Europe des Neuf

Les ambiguïtés britanniques

Le comportement de la Grande-Bretagne à l'égard de la construction européenne entre la fin de la Seconde Guerre mondiale et 1961, date de la première demande officielle d'adhésion à la CEE, peut surprendre à bien des égards : **les Britanniques semblent en effet jouer un rôle moteur dans les premiers pas de l'idée européenne à la fin des années quarante avant de s'enfermer dans une attitude de refus et même d'hostilité au moment de la signature du traité de Rome.**

Winston Churchill est le premier homme politique d'envergure à prendre ouvertement position pour le rassemblement des pays européens. Le 5 mars 1946, dans le discours qu'il prononce à Fulton en présence du président Truman, il dénonce le « rideau de fer » qui s'est abattu sur l'Europe de Stettin à Trieste ; le 19 septembre 1946, à Zurich, il se prononce pour les États-Unis d'Europe, la création d'un conseil européen, la réconciliation franco-allemande. Leader de l'opposition depuis la victoire travailliste aux élections de 1945, il regroupe en 1947 les conservateurs pro-européens dans l'*United Europe Movement*. En mai 1948, il est le président d'honneur du Congrès de La Haye puis du Mouvement européen créé en octobre 1948.

Bien que nettement en retrait, le gouvernement travailliste ne fait pas obstacle à l'époque aux progrès européens. Il participe en 1947 à la Conférence de Paris, réunie après la proposition Marshall pour organiser la coopération économique européenne souhaitée par les États-Unis, et signe le 16 avril 1948 la convention créant l'OECE. Dès janvier 1948, le ministre des Affaires étrangères, Ernest Bevin, préconise un rapprochement stratégique des pays européens face à la menace soviétique, qui aboutit le 17 mars 1948 à la signature du pacte de Bruxelles. Le 4 avril 1949, le Royaume-Uni signe à Washington le traité créant l'alliance atlantique. Enfin, il fait partie des dix États fondateurs du Conseil de l'Europe en 1949.

Cette participation active aux différentes formes de coopération qui s'organisent en Europe occidentale ne peut cependant masquer la prudence des Britanniques et déjà leurs fortes réticences à l'égard de certaines tendances de la construction européenne. La diplomatie britannique est en effet dictée par la « théorie des trois cercles » formulée après la guerre par Churchill. La Grande-Bretagne est d'abord soucieuse de maintenir sa participation au **cercle atlantique, symbolisé par les relations spéciales qui la lient aux États-Unis.** L'aide massive reçue de 1941 à 1945 au titre du prêt-bail ainsi que la suppression en décembre 1945 de l'essentiel de la créance américaine renforcent ce sentiment de solidarité anglo-saxonne ; la préférence pour le « grand large » est incarnée par Churchill dont la mère est américaine et qui jouit aux États-Unis d'un immense prestige. **Le deuxième cercle est représenté par le Commonwealth.** Héritage victorien consolidé en 1932 par les accords de préférence impériale, il donne à l'Angleterre une respon-

sabilité mondiale. Le rôle qu'il a joué pendant la guerre, les relations commerciales étroites avec la métropole militent à l'évidence en faveur du maintien de cette communauté vivante aux dimensions planétaires. **Le troisième cercle, plus géographique qu'historique, est constitué par l'Europe.** Mais, à son égard, la Grande-Bretagne nourrit des réflexes d'insularité.

Le rejet de l'Europe intégrée

Le second fondement de la diplomatie britannique est en effet l'hostilité déterminée des gouvernements et l'aversion de l'opinion publique envers toute organisation comportant un abandon de souveraineté et des contraintes institutionnelles trop fortes. Les débats qui se déroulent à La Haye en 1948 le montrent clairement : les Britanniques sont **unionistes**, c'est-à-dire partisans d'une démarche informelle favorisant le libre-échange et la coopération intergouvernementale. Ils s'opposent aux **fédéralistes** qui rêvent d'un pouvoir central européen s'imposant aux capitales. Le rejet d'un exécutif européen supranational est rappelé avec force par Ernest Bevin tout au long des négociations qui préparent en 1948 la création du Conseil de l'Europe. Les Britanniques marquent ainsi nettement les limites de leur participation européenne. Comme le dit Churchill au moment de la CED : « Nous sommes avec eux, sans être des leurs. »

Le Royaume-Uni est ainsi conduit à prendre des distances croissantes à l'égard des initiatives de J. Monnet, P.-H. Spaak, A. de Gasperi... au début des années cinquante. Son rejet de la proposition Schuman du 9 mai 1950 est sans équivoque : condamnant le principe d'une Haute Autorité, le **gouvernement travailliste refuse d'emblée de participer aux négociations d'élaboration de la CECA.** De même, **les Britanniques rejettent la CED** proposée par le plan Pleven et maintiennent cette attitude malgré le retour des conservateurs au pouvoir en octobre 1951. Par contre, après l'échec de la CED consécutif au vote négatif du Parlement français le 30 août 1954, ils sont les premiers à proposer l'entrée de l'Allemagne fédérale et de l'Italie dans le pacte de Bruxelles et à précipiter la Conférence de Paris d'octobre 1954. Celle-ci crée l'UEO, qui prévoit la concertation entre les ministres des Affaires étrangères des pays associés, mais exclut toute décision autre qu'unanime. « Solution atlantique à façade européenne » et dépourvue de toute supranationalité, l'UEO est parfaitement compatible avec les principes du Royaume-Uni. La Grande-Bretagne accepte également sans grande difficulté en octobre 1954 une association avec la CECA qui se limite à des consultations réciproques et à d'éventuelles coopérations sectorielles.

Le combat contre la « petite Europe »

Cette politique de rejet sélectif, fondé sur la conception d'une « Europe à la carte », se transforme, **entre 1955 et 1960, en une véritable attitude de** combat contre une orientation européenne jugée de plus en plus dangereuse pour les intérêts britanniques.

Invité par la Conférence de Messine à se joindre aux travaux du comité Spaak, le gouvernement britannique retire presque immédiatement son observateur. Le projet d'Euratom ne peut en effet intéresser un pays qui bénéficie grâce au Canada d'un approvisionnement sûr en uranium et qui dispose d'une large avance technique nourrie par les États-Unis. Quant au projet d'un marché commun général fondé sur une union douanière, il est tout à fait contraire aux choix britanniques et incompatible avec le maintien de la préférence impériale.

Sûre de pouvoir compter sur les préférences libre-échangistes de la majorité des Allemands, spéculant sur les hésitations du Benelux dont les liens commerciaux avec le Royaume-Uni sont particulièrement forts, la Grande-Bretagne **tente de substituer au projet de marché commun la création d'une grande zone de libre échange englobant tous les pays de l'OECE, excluant tout tarif extérieur commun, toute institution commune et se limitant aux seuls produits industriels.**

Cette stratégie d'étouffement échoue cependant à la fin de l'année 1958. Le projet britannique présente en effet de sérieux inconvénients pour les Six ; il crée, en l'absence de tarif extérieur commun, un risque de concurrence déloyale, les produits tiers pouvant entrer par le pays le moins protégé, puis circuler librement dans tout l'espace européen. Il donne à l'Angleterre la possibilité de concilier deux systèmes de préférence et donc de doper ses productions destinées au marché européen grâce aux approvisionnements à bon compte venus du Commonwealth ; excluant l'agriculture, il ne peut que déplaire à la France qui souhaite avant tout une politique agricole commune.

Le retour du général de Gaulle au pouvoir et la sympathie immédiate entre de Gaulle et le chancelier Adenauer, dès leur première rencontre en septembre 1958, cristallisent la résistance des Six ; les deux hommes s'accordent pour une construction européenne fondée sur un rapprochement franco-allemand et comportant des disciplines communes et des règles du jeu précises. **Comme l'affirme le Parlement européen dès juin 1958 : « La Communauté ne peut accepter de se dissoudre dans un ensemble qui lui ferait perdre le bénéfice de l'intégration économique et politique actuellement entreprise. »**

L'échec de 1958 ne désarme pas l'hostilité des Britanniques. Au contraire, ils s'empressent de négocier au cours de l'année 1959 avec les autres pays de l'OECE pour obtenir la création d'une zone de libre-échange conforme à leurs vœux. **Le 4 janvier 1960, l'Europe des Sept apparaît face à l'Europe des Six, la « petite Europe » ! Le traité de Stockholm crée l'Association européenne de libre-échange, ou AELE ;** elle a pour mission de constituer progressivement un espace sans douane entre les signataires, Grande Bretagne, Suède, Norvège, Danemark, Suisse, Autriche et Portugal. Excluant l'agriculture, l'AELE ne prévoit ni institutions communes ni abandon de souveraineté. Cadre de l'affrontement entre deux conceptions différentes de la construction européenne, **l'OECE** ne pouvait survivre à la présence en son sein de deux communautés rivales. Elle est **remplacée en 1960 par l'OCDE, Organisation de coopération et de développement économique**, devenue progressivement une structure de concertation et de dialogue regroupant l'ensemble des pays développés occidentaux.

La Grande-Bretagne chassée du marché français au profit de la RFA : l'expression d'une complémentarité déclinante ou la conséquence d'une coupure douanière ?
Commerce de la France avec ses principaux partenaires (en %).

	1913	1930	1938	1949	1955	1960
Grande-Bretagne						
% total des importations	13,2	10,1	7	3,5	4,5	4,5
% total des exportations......	21,1	15,2	11,8	8,9	7,2	5
Allemagne						
% total des importations	12,7	15,1	7,1	10,1	9,2	15,6
% total des exportations......	12,6	9,7	6,5	5	10,2	13,7
Union Belgo-Luxembourgeoise						
% total des importations	6,6	8	6,9	3,5	5,5	5,9
% total des exportations......	17	12,7	13,7	5,7	6,9	7,5

Relations Internationales n° 55. *France-Grande-Bretagne mésentente commerciale* R. Frank.

La conversion britannique à la CEE (1961-1972)

Après avoir tenté de « noyer l'Europe dans l'Atlantique » au cours des années cinquante, le Royaume-Uni semble faire une volte-face brutale en faisant connaître officiellement en juillet 1961 son désir d'adhérer à la CEE. Les Britanniques sont en fait contraints à une révision déchirante par les évolutions mondiales qui périment la stratégie des trois cercles et le « splendide isolement ».

L'alliance spéciale avec les États-Unis évolue rapidement en rapport de subordination. Alors que Washington manifeste tout au long des années cinquante sa sympathie à l'égard des Six, Londres doit constater lors de la crise de Suez en octobre 1956 que la diplomatie américaine ne lui est pas forcément favorable : c'est l'ultimatum américain renforcé par une pression sur le sterling qui contraint A. Eden à retirer ses troupes de l'expédition engagée contre l'Égypte nassérienne. **Les liens avec le Commonwealth se révèlent eux aussi décevants :** la croissance tend à remplacer une complémentarité économique par une concurrence qui commence à devenir gênante. De plus, l'évolution politique éloigne progressivement la métropole et les pays faisant allégeance à la couronne britannique. Comme le reconnaît McMillan, la décolonisation s'accélère et « le vent du changement l'emporte ». En 1961, les échanges entre l'Angleterre et la CEE sont devenus sensiblement plus forts que le commerce avec le Commonwealth ; le bassin de Londres vit plus en symbiose avec les courants d'échange et d'activité de l'Europe occidentale qu'avec une lointaine outre-mer. **Les Anglais constatent aussi rapidement le peu d'intérêt de l'AELE :** leur poids dans l'ensemble est excessif, les niveaux de développement économique sont trop disparates et la population totale de l'AELE est insuffisante pour créer un effet de grand marché.

Mais le Royaume-Uni est surtout obligé de constater que le spendide isolement conduit à la stagnation économique. Depuis l'échec malheureux du retour précipité du sterling à la convertibilité en juillet-août 1947, le pays ne peut ignorer sa fragilité monétaire aggravée par le lourd endettement hérité de la guerre.

Le déclin britannique
(taux de croissance annuel moyen du PIB) (en %)

	1950/1955	1955/1960	1960/1965	1965/1970	1970/1975
En volume					
RFA......	9,5	6,5	5	4,4	2,1
France....	4,2	5	5,8	5,4	4,8
Royaume-Uni	2,9	2,6	3,1	2,5	2,1
Italie......	5,9	5,5	5,2	6,2	2,4

L'existence de rigidités internes rend toute expansion dangereuse ; génératrice de déficit commercial et budgétaire, elle débouche rapidement sur une fuite des capitaux et une crise monétaire ; le pays se trouve ainsi enfermé dans **le piège du *stop and go***. **Réintroduisant une croissance irrégulière et cyclique**, le *stop and go* transforme le Royaume-Uni en « lanterne

rouge de l'Occident ». Par contre, le continent européen est à l'heure des « miracles » : après la croissance exemplaire de la RFA au cours de la décennie cinquante, s'esquissent le redressement de l'économie française et l'essor de l'Italie, la « Cendrillon du Marché commun ». Le gouvernement conservateur est ainsi contraint à l'orée de la décennie soixante à se rendre à l'évidence : **contre un déclin britannique de plus en plus prononcé, la CEE est une planche de salut indispensable.** Si « Paris vaut bien une messe », Bruxelles vaut bien une conversion !

La marche vers l'élargissement

Trois candidatures et onze années de délai ont cependant été nécessaires pour aboutir à l'intégration du Royaume-Uni dans la CEE. Les négociations ouvertes en octobre 1961 après le dépôt officiel de la première candidature sont interrompues en **janvier 1963 par le veto de la France.** Dans sa conférence de presse du 14 janvier, le président de la République déclare que « la nature, la structure, la conjoncture qui sont propres à l'Angleterre » ne permettent d'envisager qu'un simple statut d'association. Partisan d'une « Europe européenne » c'est-à-dire indépendante, le général de Gaulle constate l'atlantisme toujours vivace d'une Angleterre « cheval de Troie » des États-Unis ; en acceptant le 18 décembre 1962, par l'accord de Nassau, d'utiliser, à défaut de lanceur national, les fusées américaines Polaris pour l'arme nucléaire anglaise et en plaçant du même coup ses sous-marins nucléaires sous contrôle américain, **MacMillan provoque le veto gaulliste.** Le 4 juillet 1962, le président Kennedy propose en effet son « grand dessein » de *partnership* entre l'Europe en formation et les États-Unis. Mais cette offre flatteuse s'accompagne de la volonté clairement exprimée par Kennedy de maintenir le *leadership* nucléaire américain. L'accord de Nassau montre que l'Angleterre accepte ce que de Gaulle considère comme inacceptable pour la France et contraire à l'autonomie de l'Europe.

Près de trois ans après le retour des travaillistes au pouvoir, Wilson présente la seconde candidature britannique, en juillet 1967. Avant même toute ouverture des négociations, **le général de Gaulle réitère son refus lors de la conférence de presse du 27 novembre 1967.** Les griefs français sont cette fois essentiellement économiques. Outre la méfiance que suscite la conversion tardive des travaillistes qui ont jusque-là affiché une grande aversion à l'égard de la CEE, de Gaulle argue de **l'incompatibilité entre les comportements économiques, la situation financière de l'Angleterre et les règles du Marché commun.** Il craint donc que l'Angleterre n'obtienne tous les droits sans avoir aucun devoir et, par son entrée, n'entraîne une dilution de la construction communautaire.

La situation ne se débloque qu'après son départ et l'élection de son successeur Georges Pompidou. Le **sommet de La Haye** se conclut le 2 décembre 1969 sur un triple accord pour **l'achèvement, l'approfondissement et l'élargissement** du Marché commun. En juillet 1970, les négociations entre les Six et les candidats, Angleterre, Danemark, Irlande et Norvège, sont ouvertes ; elles aboutissent aux traités d'adhésion signés à Bruxelles le 22 janvier 1972. La ratifi-

La « mésentente » cordiale

Déclaration faite à la Chambre des communes, le 2 mai 1967, par M. H. Wilson, Premier ministre

« Le gouvernement de Sa Majesté a décidé aujourd'hui d'adresser, en vertu de l'article 237 du traité de Rome, une demande d'adhésion à la Communauté économique européenne et des demandes parallèles d'adhésion à la Communauté européenne du charbon et de l'acier et à l'Euratom. *(Marques d'approbation.)* [...]

« J'en viens maintenant aux questions majeures que nous devons nous proposer de résoudre au cours des négociations.

« D'abord, il y a les problèmes que comporte l'application de la politique agricole commune de la Communauté : les problèmes de ses effets possibles sur le coût de la vie et sur la structure et la prospérité de l'agriculture britannique ; les problèmes des conséquences de son système de financement sur le budget et la balance des paiements ; et certains problèmes du Commonwealth dont je parlerai dans un moment.

« Comme je l'ai déjà clairement et publiquement déclaré, nous devons être réalistes et reconnaître que la politique agricole de la Communauté est partie intégrante de la Communauté : nous devons en venir à un accommodement avec elle. Mais le gouvernement reconnaît que cette politique impliquerait des changements d'une grande portée dans la structure de l'agriculture britannique. Cela exigera des arrangements appropriés, y compris une suffisante période de transition permettant de procéder aux ajustements nécessaires.

« Le point de vue du gouvernement est aussi que les arrangements financiers qui ont été conclus pour faire face aux exigences de la politique agricole de la Communauté, telle que cette politique existe aujourd'hui, impliqueraient, s'ils étaient appliqués à la Grande-Bretagne dans leur état actuel une part inéquitable de la charge financière et imposeraient à notre balance des paiements un fardeau supplémentaire qu'en bonne justice on ne doit pas nous demander d'assumer.

« Il y a aussi des intérêts du Commonwealth, hautement importants, surtout dans le domaine de l'agriculture, pour lesquels nous avons le devoir de rechercher des sauvegardes au cours des négociations. Ils comprennent notamment les problèmes spéciaux de la Nouvelle-Zélande et des pays du Commonwealth producteurs de sucre dont les besoins sont actuellement sauvegardés par l'accord du Commonwealth sur le sucre. [...]

« Comme la Chambre le sait aussi, le mouvement des capitaux soulève des questions d'une importance spéciale. Nos discussions suggèrent que ces questions peuvent être réglées par des arrangements appropriés.

« Une autre question importante est celle de la politique régionale. Là aussi, nous avions à nous assurer que nous pourrions, comme membres de la Communauté, continuer à prendre les mesures nécessaires pour permettre le développement industriel et social des régions du pays auxquelles la Chambre porte toujours un intérêt spécial. »

Conférence de presse du général de Gaulle (Palais de l'Élysée, 27 novembre 1967)

« On assiste là au cinquième acte d'une pièce au cours de laquelle les comportements très divers de l'Angleterre à l'égard du marché commun s'étaient succédé sans paraître se ressembler.

« Le premier acte avait été le refus de Londres de participer à l'élaboration du traité de Rome dont, outre-Manche, on pensait qu'il n'aboutirait à rien. Le deuxième acte manifesta l'hostilité foncière de l'Angleterre à l'égard de la construction européenne, dès que celle-ci parut se dessiner. J'entends encore les sommations qu'à Paris, dès juin 1958, m'adressait mon ami MacMillan, alors Premier ministre, qui comparait le Marché commun avec le blocus continental, et qui menaçait de lui déclarer tout au moins la guerre des tarifs. Le troisième acte, ce fut une négociation menée à Bruxelles par M. Maudling, pendant un an et demi, négociation destinée à plier la Communauté aux conditions de l'Angleterre et terminée quand la France fit observer à ses partenaires qu'il s'agissait non pas de cela mais précisément de l'inverse. Le quatrième acte, au commencement du gouvernement de M. Wilson, fut marqué par le désintéressement de Londres à l'égard du Marché commun, le maintien autour de la Grande-Bretagne des six autres États européens formant la zone de libre-échange et un grand effort déployé pour resserrer les liens intérieurs du Commonwealth. Enfin, se jouait le cinquième acte pour lequel la Grande-Bretagne posait, cette fois, sa candidature et afin qu'elle fût adoptée, s'engageait dans la voie de toutes les promesses et de toutes les pressions imaginables. [...]

« Le peuple anglais discerne sans doute de plus en plus clairement que dans le grand mouvement qui emporte le monde, devant l'énorme puissance des États-Unis, celle grandissante de l'Union soviétique, celle renaissante des Continentaux, celle nouvelle de la Chine, et, compte tenu des orientations de plus en plus centrifuges qui se font jour dans le Commonwealth, la structure et les habitudes de son activité et même sa personnalité nationale, sont désormais en cause. Et, au demeurant, les grandes difficultés économiques, financières, monétaires et sociales avec lesquelles il est aux prises, le lui font sentir, jour après jour. De là, dans ses profondeurs, une tendance à découvrir un cadre, fût-il européen, qui puisse l'aider à sauver, sauvegarder, sa propre substance, qui lui permette de jouer encore un rôle dirigeant et qui l'allège d'une part de son fardeau.

« Il n'y a rien là qui, en principe, ne soit salutaire pour lui et ne puisse être, à brève échéance, satisfaisant pour l'Europe. Mais, à condition que le peuple anglais, comme ceux auxquels il souhaite se joindre, veuille et sache se contraindre lui-même aux changements fondamentaux qui seraient nécessaires pour qu'il s'établisse dans son propre équilibre, car c'est une modification, une transformation radicales de la Grande-Bretagne qui s'imposent pour qu'elle puisse se joindre aux continentaux. [...] »

cation est soumise soit aux parlements nationaux soit à l'ensemble des électeurs par référendum. Si l'approbation des Communes est assez large et les référendums très positifs en Irlande et au Danemark, les « non » l'emportent en Norvège. **La communauté se transforme donc officiellement en Europe des Neuf, le 1er janvier 1973.**
Les conditions de l'élargissement semblent confirmer les orientations de la CEE. Les nouveaux membres acceptent les traités et toutes les décisions prises depuis 1957. La période transitoire pour suppression des douanes internes et alignement sur le TEC est réduite à cinq ans. Les concessions sont minimes : l'Angleterre bénéficie de deux années supplémen-

taires avant de supporter les contraintes budgétaires ; le sucre venu du Commonwealth et les produits néo-zélandais obtiennent des facilités provisoires d'accès au marché communautaire. La CEE offre aux pays pauvres du Commonwealth la possibilité de négocier une convention élargie du type de Yaoundé ; enfin, les pays de l'AELE signent en 1972 un accord de libre-échange avec la CEE pour les produits industriels, applicable dans un délai de cinq ans. Paradoxalement, l'attitude gaulliste a levé le principal obstacle aux yeux des insulaires : **en bloquant toute dérive supranationale, le général de Gaulle montre aux Britanniques qu'il est possible d'entrer dans la CEE tout en préservant les souverainetés nationales.**

---

3. Vers la grande Europe ? (1973-1989)

Le premier élargissement : relance ou blocage ?

Conforme au vœu des fondateurs, **l'élargissement** permet à la CEE d'atteindre **une taille critique adaptée à ses ambitions.** L'Europe des Neuf est plus peuplée que les États-Unis ou l'Urss ; elle assure le tiers des échanges mondiaux ; elle dispose de la seconde puissance industrielle mondiale. L'heure paraît donc propice à la relance de la construction communautaire. **Le sommet de Paris** qui réunit les neuf pays à l'**automne 1972** définit un ambitieux programme. L'article 1 du communiqué final affirme la volonté de réaliser, après l'union douanière, l'« **union économique et monétaire** » avant la fin de 1980. Le calendrier prévoit successivement la réduction des fluctuations entre les monnaies nationales, la création d'un fonds de coopération monétaire, la coordination des luttes contre l'inflation, avant la mise en commun des réserves et la création d'une monnaie commune. L'article 16 définit comme objectif la **réalisation d'une « union européenne » avant la fin de la décennie.** Mais le terme d'union européenne est énigmatique et les engagements sont flous ; il faut attendre le sommet de décembre 1975 pour que soit prise la décision de faire élire le Parlement européen au suffrage universel direct. **Les Neuf se déclarent aussi décidés à renforcer l'action sociale, accordent une « haute priorité » à la politique régionale et souhaitent l'élaboration d'une politique de l'industrie, de la science et de la technologie.**
Deux obstacles imprévus contrarient cependant le respect de ces engagements. Conçu dans la période des « Trente Glorieuses », **l'élargissement entre en application dans un climat de crise et de dépression.** L'impact de la crise est très variable selon les pays : le ralentissement industriel est inégal, les différentiels d'inflation s'accentuent, la fragilité énergétique est plus ou moins prononcée. Les choix nationaux divergent donc d'autant plus que la crise réveille les égoïsmes et les tentations de repli. **Les fluctuations monétaires cassent l'Europe en deux** et opposent des

monnaies fortes comme le deutschemark dont la revalorisation est impressionnante et des monnaies faibles comme la lire, le franc français ou le sterling, qui flottent à la baisse. **Les capitales se divisent sur l'attitude à adopter :** faut-il recourir aux recettes keynésiennes et relancer l'économie pour combattre le chômage ? Faut-il au contraire revenir à la doctrine libérale, freiner les déséquilibres du budget, des prix, des balances et prôner l'austérité ? Dans ce climat d'incertitude, les pilotages à vue l'emportent et la stratégie des « petits pas » s'impose à Bruxelles.
La deuxième difficulté vient du comportement britannique. Justifiant les pronostics les plus sombres du général de Gaulle, **l'Angleterre** est à peine entrée dans la CEE qu'elle **exige une renégociation.** La première demande suit la victoire des travaillistes en 1974. Estimant excessives les concessions faites par son prédécesseur, Wilson présente immédiatement une réclamation en huit points. Feignant d'attribuer à la CEE la profonde dégradation de la situation britannique issue de la crise, il revendique notamment une réduction de la contribution anglaise au budget communautaire, une réforme de la PAC ainsi qu'un accès élargi pour les produits originaires du Commonwealth ou de Nouvelle-Zélande, une mise en place sans délai du fonds régional dont l'Angleterre attend beaucoup, etc. Après de longues discussions, l'Angleterre obtient presque satisfaction. Le fonds régional est créé en 1975. La même année, l'accord de Lomé englobe les pays du Commonwealth, leur offre non seulement une franchise douanière pour leurs productions et une aide pour leur développement, mais un mécanisme de stabilisation de leurs recettes d'exportation. Le sommet de Dublin en mars 1975 élabore enfin un compromis sur le point le plus délicat, celui du règlement financier : un mécanisme correcteur assure pour sept ans à l'Angleterre un **remboursement partiel de sa contribution budgétaire** si celle-ci dépasse dans les recettes totales la part du PNB anglais dans celui de la Communauté. Satisfait, Wilson fait ratifier par réfé-

Le Parlement britannique face à la Communauté : des réticences permanentes

Déclaration de James Callaghan, secrétaire d'État britannique aux affaires étrangères et au Commonwealth devant le Conseil
(Luxembourg, 1er avril 1974)

[...] « Le parti travailliste s'oppose à la participation britannique aux Communautés européennes sur la base des conditions négociées par le gouvernement conservateur.

Nous avons déclaré que nous sommes prêts à renégocier. Pour la renégociation de ces conditions d'adhésion, nos objectifs principaux sont les suivants :

Des modifications majeures de la *politique agricole commune*, afin qu'elle cesse de constituer une menace pour les échanges mondiaux de produits alimentaires, et de sorte que des pays producteurs de produits à prix de revient faible en dehors de l'Europe puissent continuer à avoir accès au marché britannique des produits alimentaires.

Des méthodes nouvelles et plus équitables de financement du *budget communautaire*. Ni les taxes qui constituent les "ressources propres" des Communautés, ni l'objet des allocations de ressources — principalement aide à l'agriculture — ne nous sont acceptables. Nous ne sommes disposés à contribuer, en faveur des ressources communautaires, que des montants équitables par rapport à ce que les autres pays membres paient et reçoivent.

Ainsi que nous l'avons dit plus haut, nous rejetterons tout accord international qui nous obligerait à accepter un taux de chômage plus élevé, afin de maintenir une parité fixe, ainsi que le demandent les propositions actuelles pour une *Union économique et monétaire* européenne. Nous sommes convaincus que les problèmes monétaires des pays européens ne pourront être résolus que dans un cadre mondial.

Le *Parlement* doit conserver les pouvoirs sur l'économie britannique qui sont nécessaires à la poursuite d'une politique régionale, industrielle et fiscale efficace. De même, il nous faut un accord sur les mouvements de capitaux qui protège notre politique relative à la balance des paiements et notre politique de plein emploi. Et il faut mieux tenir compte des intérêts économiques des pays du *Commonwealth* et des pays en voie de *développe-ment*. Dans ce but, il faut leur assurer un accès continu au marché britannique et, d'une manière plus générale, la Communauté élargie doit adopter des politiques commerciales et d'aide tendant à faire bénéficier non seulement les "territoires associés d'outre-mer" en Afrique, mais aussi les pays en voie de développement dans le monde entier.

Aucune harmonisation de la *taxe à la valeur ajoutée* qui nous oblige à imposer des biens essentiels.

Si les renégociations sont menées à bien, la politique du parti travailliste est que, en raison de l'importance unique de la décision à prendre, le peuple doit être mis à même de prendre la décision finale au moyen d'élections générales ou d'un référendum consultatif. Une fois ces deux épreuves passées — renégociations menées à bien et approbation exprimée par la majorité du peuple britannique — alors serons-nous prêts à jouer à plein notre rôle dans l'œuvre de développement d'une Europe nouvelle et plus large.

Si les renégociations ne sont pas menées à bien, nous ne nous tiendrons pas pour liés par les obligations du traité. Nous ferons alors connaître au peuple britannique les raisons pour lesquelles nous considérons que les nouvelles conditions ne sont pas acceptables, et nous le consulterons quant à savoir s'il est souhaitable de négocier notre retrait des communautés. [...]

Pour conclure, nous allons œuvrer pour mener bientôt à bonne fin ce que nous appelons, en Grande-Bretagne, la renégociation. En attendant, nous participerons aux travaux de la Communauté et nous nous conformerons aux procédures communautaires, sous réserve de ne pas aller plus avant sur la route de l'intégration s'il semble s'y trouver des éléments qui préjugent les résultats des négociations. Notre objectif sera d'obtenir un accord qui assure un bon équilibre des avantages en faveur de chaque pays. Si nous pouvons y réussir, la renégociation, loin de nuire à la Communauté, la renforcera. »

rendum en juin 1975 le maintien de son pays dans la CEE.

Les concessions européennes n'ont cependant pas empêché **Margaret Thatcher d'ouvrir une seconde renégociation** à la suite de la victoire de son parti aux élections de 1979. Développant une stratégie simple, *(« I want my money back »)* mais déterminée, la « dame de fer » finit par obtenir une limitation permanente de la contribution budgétaire britannique. De guerre lasse, ses partenaires acceptent **au sommet de Fontainebleau en juin 1984 une correction qui permet à l'Angleterre de récupérer une bonne partie de sa contribution annuelle.** En contradiction avec les attitudes initiales, la règle du « juste retour » est ainsi introduite dans la Communauté. Reprenant à son compte les attitudes gaullistes, Margaret Thatcher se révèle aussi une farouche adversaire de la supranationalité au moment où resurgissent les projets d'Europe fédérale. Bien qu'elle ait signé l'« Acte unique », elle freine la création d'une monnaie commune, maintient le sterling hors du SME et ne manque pas une occasion d'affirmer son souci de défendre l'intégralité de la souveraineté britannique.

Facteur de blocage, le comportement britannique est aussi facteur de réformes positives pour la CEE. La pression anglaise favorise les initiatives de la Commission destinées à assurer une maîtrise nécessaire des dépenses et une meilleure répartition des interventions communautaires. L'Angleterre joue un rôle actif dans la réforme de la PAC et la limitation des prix garantis et des volumes soumis à l'intervention, préalable indispensable à une réorientation des dépenses au profit des fonds structurels jusque-là très pauvrement dotés.

Le second élargissement : un pari

Le processus du deuxième élargissement de la CEE s'engage au milieu des années soixante-dix à la suite du retour à la démocratie des trois pays méditerranéens candidats. En Grèce, la fin du régime des colonels, en 1974, permet au gouvernement Caramanlis de formuler une demande d'adhésion le 12 juin 1975. Au Portugal, après la révolution des œillets, le gouvernement Soares dépose une candidature à la CEE le 28 mars 1977. Enfin, après la mort de Franco, la demande d'adhésion est rendue publique par le gouvernement Suarez le 27 juillet 1977. Ainsi, à la différence du premier élargissement, **les candidatures sont échelonnées** et les négociations séparées. **Le traité d'adhésion de la Grèce est signé à Athènes le 28 mai 1979 et entre en vigueur le 1er janvier 1981. Les traités d'adhésion sont signés à Madrid et Lisbonne le 12 juin 1985. Le 1er janvier 1986, la CEE compte douze pays membres.**

La rapidité des adhésions ne doit pas masquer les risques assumés par la Communauté. **Si le premier élargissement accentue les divergences, le second aggrave les disparités.** Celle-ci sont particulièrement évidentes dans les niveaux de développement économique : le poids considérable de l'agriculture, la faiblesse de l'industrie et sa fragilité marquent l'archaïsme de la Grèce et du Portugal ; seule, l'Espagne peut être considérée comme une puissance industrielle mais son développement est handicapé par une forte inflation, un chômage record, une balance déséquilibrée et une « monnaie fondante ». La disparité des conjonctures est également préoccupante ; les trois pays, fragilisés par la crise, sont contraints de pratiquer des politiques d'austérité d'ailleurs peu efficaces. De même, niveaux de vie et revenus par tête contrastent par leur faiblesse avec le reste de la Communauté. L'élargissement aggrave les disparités régionales et suppose un renforcement des actions destinées aux espaces défavorisés.

L'élargissement accentue aussi les déséquilibres. Les productions agricoles méditerranéennes, en particulier les fruits et les légumes, le vin, l'huile d'olive, dépassent les besoins communautaires et menacent à la fois les producteurs du midi de la France et de l'Italie et les pays fournisseurs étrangers avec lesquels la CEE a signé des accords préférentiels. Le problème posé par la reconversion des vieilles industries est alourdi de l'apport de la sidérurgie espagnole ou des textiles portugais. L'Europe bleue est menacée par la puissance des flottes de pêche de la péninsule ibérique. La priorité donnée à la concentration est contrariée par l'extrême émiettement des structures industrielles et même agricoles des nouveaux membres.

Cependant **l'élargissement est aussi porteur d'avantages.** Ils sont évidents **sur le plan économique.** Pour les consommateurs, c'est le renforcement de l'effet de grand marché avec trois cent vingt millions d'habitants pour les Douze ; pour les producteurs, c'est la perspective de séries allongées, d'investissements favorisés par la libre circulation des capitaux et les différentiels de salaires. Pour les nouveaux pays membres, c'est surtout l'espoir d'une croissance accélérée et d'une modernisation facilitée par la concurrence et les aides communautaires. Moins visibles, **les avantages politiques sont aussi importants.** La CEE voit non seulement son poids mondial alourdi, mais aussi son rôle renforcé : en s'ouvrant aux pays méditerranéens, elle rééquilibre son espace et englobe des pays dont le passé colonial est considérable ; elle peut ainsi se rapprocher de l'Amérique latine et développer son influence dans le dialogue Nord-Sud. Fidèle aux inspirations de l'après-guerre, elle apparaît comme le garant de ces nouvelles démocraties. Les **avantages sociaux sont plus aléatoires.** L'adhésion ouvre certes des perspectives positives pour les revenus agricoles des nouveaux membres et pour l'évolution des salaires, un choix très élargi pour les consommateurs, mais elle induit aussi des risques pour de nombreux emplois menacés par la modernisation et la hausse de la productivité ; elle suppose des disciplines renforcées en matière de prix, de budget, de monnaie ; elle inquiète les ressortissants des régions frontalières et conduit les plus pessimistes à envisager une aggravation des migrations humaines après l'invasion des marchandises.

L'ambivalence des effets attendus explique la **prudence des traités d'adhésion.** Certes, la Grèce a signé dès 1961 un accord d'association avec la CEE. L'Espagne a obtenu une franchise douanière très large en 1970 ; enfin le Portugal bénéficie d'une franchise pour ses produits industriels depuis 1972. Le développement des échanges réciproques est donc largement engagé au moment de l'élargissement. Cependant les traités retiennent des périodes transitoires de sept à dix ans selon les secteurs, accompagnées de conditions particulières et de mécanismes de sauvegarde pour tous les produits sensibles.

L'Europe des années quatre-vingt : le retour aux sources ?

Le 13 mars 1989, l'Europe a fêté le dixième anniversaire du SME, système monétaire européen. Face à la tempête monétaire déclenchée par l'éclatement du système de Bretton Woods et aux risques de désorganisation du marché commun induits par les flottements erratiques des taux de change, la **Communauté a tenté de 1972 à 1979 une première stabilisation des monnaies nationales grâce au « serpent monétaire ».** Mais en entérinant la pratique des changes flottants, la Conférence internationale de la Jamaïque de janvier 1976 maintient une incertitude incompatible avec les intérêts des Neuf. Le président de la Commission, Roy Jenkins, propose donc en octobre 1977 la relance de l'union monétaire. Sous l'impulsion du président de la République française, Valéry Giscard d'Estaing, et du chancelier de la RFA, Helmut Schmidt, **le Conseil européen de Copenhague décide le 8 avril 1978 l'élaboration d'un système monétaire européen qui entre en vigueur le 13 mars 1979.** La solidarité ainsi créée a pour objectif la stabilité des taux de change. Malgré onze réajustements des parités depuis 1979, **le SME est un des grands succès de la construction européenne.** Il a été renforcé par la décision de gestion concertée des taux d'intérêt prise en septembre 1987. L'élargissement progressif du rôle de l'Ecu et l'intégration des douze monnaies européennes dans le SME sont les étapes nécessaires à la réalisation d'une véritable monnaie commune. Mais l'Europe a été capable, dans une conjoncture de désordre monétaire, de reconstituer au moins en partie la stabilité des taux de change des années soixante.

Le retour aux sources caractérise surtout la démarche adoptée par Jacques Delors, président de la Commission depuis janvier 1985. En proposant « un espace unique, commun à trois cent vingt millions de personnes, débarrassé des multiples obstacles aux échanges et à la coopération entre les douze pays », il choisit, comme il le dit lui-même, « selon les principes chers à Jean Monnet, de désigner un objectif mobilisateur et de fixer un calendrier pour l'atteindre ». Présenté aux Conseils européens de Bruxelles et Milan en 1985, l'objectif du grand marché suppose un changement de méthode. Une conférence intergouvernementale prépare le texte de l'Acte unique européen, ainsi nommé car il regroupe les dispositions portant réforme des institutions européennes et les dispositions concernant la coopération en politique étrangère.

Adopté par le Conseil européen de Luxembourg en décembre 1985 puis ratifié par les Parlements nationaux, l'Acte unique européen est la décision la plus importante depuis la signature des traités de Rome. Il est entré en vigueur le 1er juillet 1987. Le titre 1 institutionnalise le Conseil européen, c'est-à-dire la réunion des chefs d'État et de gouvernement devenue depuis 1973 le véritable organe de décision de la CEE. Le titre 2 renforce les pouvoirs du Parlement, généralise le vote du Conseil à la majorité qualifiée (l'unanimité reste la règle pour tout élargissement et pour toute décision affectant l'emploi, la sécurité, la santé), et fixe au 1er janvier 1993 la mise en place effective d'un grand marché unifié et d'un véritable espace sans frontières ; il renforce aussi les actions régionales, la coopération scientifique et technique, la protection de l'environnement. Le titre 3 prévoit la réunion régulière des ministres des Affaires étrangères et la recherche d'un consensus dans les questions internationales.

L'Europe est donc engagée, sous l'impulsion de Jacques Delors dans une « **révolution tranquille** » qui nécessite en un court délai l'ouverture des marchés publics, l'établissement de normes communes, la constitution d'un espace financier commun, la réunion « des talents et des ressources » en matière technologique, etc. Pour éviter que le renforcement de la concurrence ne transforme l'Europe en une jungle, la constitution d'un **espace économique commun** doit s'accompagner de l'élaboration d'un **espace social commun** et d'une vigilance à l'égard des « appétits extérieurs ».

Ainsi, la Communauté, élargie et désormais enrichie d'une longue expérience, renoue avec ses racines : **mobiliser l'enthousiasme créateur de ses élites et de ses populations pour assurer par l'union la prospérité et le progrès social et redonner à l'Europe sa place dans le concert des nations.**

Avant le sommet de Malte...
Le Monde,
15 novembre 1989.

143

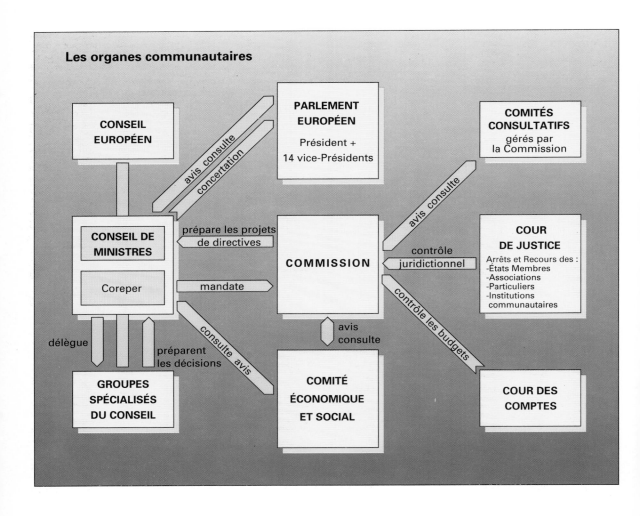

Les organes communautaires

CONSEIL EUROPÉEN

PARLEMENT EUROPÉEN

Président +
14 vice-Présidents

COMITÉS CONSULTATIFS
gérés par
la Commission

avis consulte
concertation

CONSEIL DE MINISTRES

Coreper

prépare les projets
de directives

mandate

COMMISSION

avis consulte

contrôle
juridictionnel

COUR DE JUSTICE

Arrêts et Recours des :
-États Membres
-Associations
-Particuliers
-Institutions
 communautaires

contrôle les budgets

délègue

préparent
les décisions

consulte avis

avis
consulte

GROUPES SPÉCIALISÉS DU CONSEIL

COMITÉ ÉCONOMIQUE ET SOCIAL

COUR DES COMPTES

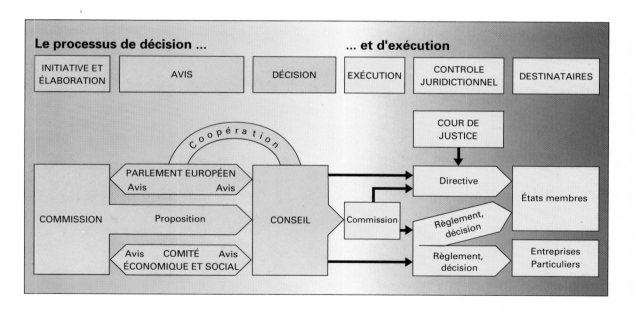

Le processus de décision ...   **... et d'exécution**

| INITIATIVE ET ÉLABORATION | AVIS | DÉCISION | EXÉCUTION | CONTROLE JURIDICTIONNEL | DESTINATAIRES |

Coopération

PARLEMENT EUROPÉEN — Avis   Avis

COUR DE JUSTICE

COMMISSION — Proposition — CONSEIL — Commission

Directive

États membres

Avis   COMITÉ   Avis ÉCONOMIQUE ET SOCIAL

Règlement, décision

Règlement, décision

Entreprises Particuliers

Les traités de Paris et de Rome avaient prévu pour les trois Communautés, CECA, CEE, CEEA, des organismes distincts. Jusqu'en 1965, la première avait une Haute Autorité et un Conseil spécial de ministres ; la deuxième et la troisième avaient chacune à leur tête une Commission et un Conseil de ministres. Mais, en avril 1965, ces différentes institutions fusionnent : un seul Conseil et une seule Commission président aux destinées des trois Communautés. Le Parlement et la Cour de justice sont dès le début communs aux trois ensembles.

Les élargissements successifs de l'Europe des Six à Douze n'entraînent que des modifications dans la composition des différentes institutions. L'Acte unique entré en vigueur le 1er juillet 1987, introduit des modifications significatives dans le fonctionnement des organismes européens et dans leurs rapports réciproques. Il précise dans son article 2 les attributions du Conseil européen. Il pose les fondements d'un dialogue élargi entre le Parlement et le Conseil de ministres. Il donne un statut juridique à la coopération politique qui fonctionnait sur la base de simples accords intergouvernementaux.

Alors que les traités de Paris et de Rome n'étaient qu'économiques, l'Acte unique ouvre la voie à l'union politique, objectif le plus profond des « pères fondateurs » de l'Europe.

A. Le cœur de la Communauté

> **La Commission**

Siège à Bruxelles et au Luxembourg.

**L'immeuble Berlaymont, siège de la Commission des Communautés européennes, et, à côté,
l'immeuble Charlemagne, où se réunit le Conseil de ministres**

Le président de la Commission des Communautés

Traité constituant un Conseil unique et une Commission unique. 8 avril 1965, modifié en 1975.

Article 11
« Les membres de la Commission sont nommés d'un commun accord par les gouvernements des États membres. [...] »

Article 14
« Le président et les cinq vice-présidents de la Commission sont désignés parmi les membres de celle-ci pour deux ans, selon la même procédure que celle prévue pour la nomination des membres de la Commission. Leur mandat peut être renouvelé.
Sauf dans le cas d'un renouvellement général, la nomination est faite après consultation de la Commission. [...] »

Le président de la Commission a la charge de convoquer la Commission en séance, d'arrêter l'ordre du jour, de présider les séances, ainsi que de représenter la Commission à l'extérieur. Ces fonctions dépendent beaucoup de la personnalité du titulaire.

7 janvier 1958	Walter Hallstein
6 juillet 1967	Jean Rey
2 juillet 1970	Mario Malfatti
21 mars 1972	Sicco Mansholt
6 janvier 1973	François-Xavier Ortoli
6 janvier 1977	Roy Jenkins
6 janvier 1981	Gaston Thorn
6 janvier 1985	Jacques Delors

17 Commissaires

Nommés par les gouvernements de la Communauté pour QUATRE ans

2

français, allemands, italiens, anglais, espagnols

1

pour chaque pays restant

Les commissaires agissent dans l'intérêt de la seule Communauté, ne peuvent recevoir d'instructions d'aucun gouvernement et ne sont soumis qu'au contrôle du Parlement Européen qui seul peut les contraindre à abandonner collectivement leurs fonctions.

Chaque commissaire est responsable d'un portefeuille qui lui donne autorité sur une ou plusieurs directions générales ou même services.

Les membres de la Commission se réunissent chaque semaine.

Gardienne des traités

« Chien de garde » des traités, la Commission veille à la correcte application de leurs dispositions et des décisions prises par les institutions communautaires. En cas de manquement, la Commission, organisme impartial, se prononce de façon objective, fait connaître à l'État défaillant, sous le contrôle de la Cour de justice, les mesures nécessaires pour régulariser sa situation : les règlements communautaires sont directement applicables et priment sur le droit national des Douze.

Organe de proposition

Elle présente au Conseil de ministres les projets de réglementation communautaire et toute mesure utile au développement des politiques communautaires. Elle établit des rapports sur les situations économique, sociale, juridique dans la Communauté et publie chaque année un rapport général sur l'activité des Communautés. Ses recommandations lui permettent d'attirer l'attention des États membres sur les intérêts communautaires et sur les politiques jugées désirables.

Organe d'exécution

Les traités donnent à la Commission des pouvoirs d'exécution étendus :

— **elle établit les textes d'application** de certaines dispositions du traité et d'actes pris par le Conseil ;

— **elle applique les règles des traités aux cas particuliers,** qu'il s'agisse de mesures concernant un gouvernement ou un particulier ;

— **elle gère les fonds communautaires,** le FSE, le FEOGA, le FEDER, le FED, **et le budget destiné aux interventions publiques des Communautés** ;

— **elle dispose de délégations dans différents pays et représente la Communauté** dans les négociations commerciales internationales et dans les négociations entre la CEE et les pays tiers.

Dans ses différentes tâches, la Commission est aidée par une multiplicité de comités :

— comités consultatifs formés des différents représentants des États membres ;

— comités de gestion mis en place depuis 1962 pour gérer chaque catégorie de produits agricoles ;

— comités de réglementation pour les questions douanières, pour la gestion et l'adaptation des normes communes, alimentaires, vétérinaires, phytosanitaires...

Le Conseil de ministres

Siège à Bruxelles ; de temps à autre, au Luxembourg.

Session du Conseil de ministres

> Traité instituant un Conseil unique et une Commission unique des Communautés européennes, 8 avril 1965.
>
> *Article 2 :*
> « Le Conseil est formé par les représentants des États membres. Chaque gouvernement y délègue un de ses membres.
> « La présidence est exercée à tour de rôle par chaque membre du Conseil pour une durée de six mois [...] »

Le Conseil réunit, en fonction des questions à traiter, les ministres de l'**Agriculture** pour les prix agricoles, les ministres de l'**Économie et des Finances**, ceux des **Transports**... **Seuls les ministres des Affaires étrangères** en sont membres de droit. Ne siégeant que de façon discontinue, le Conseil décide, dès janvier 1958, de créer un **Comité des représentants permanents**, **Coreper**, chargé de « préparer les travaux du Conseil et d'exécuter les mandats qui lui sont confiés par celui-ci ». (Article 16 du règlement intérieur du Conseil.)

Le Conseil, organe législatif des Communautés

— **Le Conseil adopte les règlements**, directives, décisions sur proposition de la Commission après consultation du Comité économique et social.
— **Le Conseil adopte le budget.**
— **Le Conseil coordonne les politiques économiques** des pays membres.

Les délibérations du Conseil

L'article 148 du traité de Rome qui prévoit le vote à la majorité est remplacé par la règle de l'unanimité, du compromis de Luxembourg, le 29 janvier 1966, à la signature de l'Acte unique : la réalisation du marché unique nécessite une certaine rapidité dans la prise de décision. A cet effet, la règle du **vote à la majorité qualifiée** (art. 6 de l'Acte unique) concerne les modifications du tarif douanier commun (art. 28 du traité de Rome), la libre prestation des services (art. 59-2), la libre circulation des capitaux (art. 70-1), la politique des transports maritimes et aériens (art. 84-2). **L'unanimité** est requise dans quatre domaines :
— **les dispositions fiscales ;**
— **les questions relatives à la libre circulation des personnes ;**
— **les dispositions relatives aux droits et intérêts des travailleurs salariés ;**
— **l'adhésion d'un nouvel État européen à la Communauté.**

Le principe du vote à la majorité qualifiée

Pour les délibérations du Conseil qui requièrent une majorité qualifiée, les voix des États membres sont affectées de la pondération suivante :
Belgique = 5, Danemark = 3, Espagne = 8, France = 10, Grèce = 5, Irlande = 3, Italie = 10, Luxembourg = 2, Pays-Bas = 5, Portugal = 5, RFA = 10, Royaume-Uni = 10.

« Les délibérations sont acquises si elles ont recueilli au moins 54 voix, lorsqu'en vertu du présent traité elles doivent être prises sur proposition de la Commission.

« 54 voix exprimant le vote favorable d'au moins 8 membres dans les autres cas. » (Article 148-2 du traité de Rome modifié par les différents actes d'adhésion.)

Le Conseil européen

Session du Conseil européen à Strasbourg, le 8 décembre 1989

Article 2 de l'Acte unique :
« Le Conseil européen réunit les chefs d'État et de gouvernement des États membres de la Communauté ainsi que le président de la Commission des Communautés européennes. Ceux-ci sont assistés par les ministres des Affaires étrangères et par un membre de la Commission.

« Le Conseil européen se réunit au moins deux fois par an. »

La composition du Conseil européen

— Le Premier ministre belge
— Le Premier ministre espagnol
— Le Premier ministre danois
— Le Président de la République française
— Le Premier ministre grec
— Le Premier ministre irlandais
— Le Président du Conseil italien
— Le Premier ministre luxembourgeois
— Le Premier ministre hollandais
— Le Premier ministre portugais
— Le Chancelier de la RFA
— Le Premier ministre britannique
— Le Président de la Commission des Communautés.

Adopté en décembre 1974, à Paris, sur proposition de Valéry Giscard d'Estaing, le premier Conseil européen se réunit dès mars 1975, à Dublin. L'Acte unique institutionnalise le Conseil européen né de la pratique. Le rôle du Conseil, qui n'a cessé de croître, renforce la fonction de la Commission qui, par la personne de son président, assiste à toutes ses discussions et délibérations.

Le Conseil, un animateur politique de la dynamique européenne

Le faible nombre de participants, uniquement des hommes politiques, sans experts ni fonctionnaires, est le ressort essentiel de l'efficacité du Conseil qui doit :

— **régler certains problèmes vitaux pour le progrès de l'Europe** : renégociation des conditions d'adhésion du Royaume-Uni, compensations octroyées aux Anglais, modalités de l'élection du Parlement... ;
— **donner l'impulsion politique nécessaire au franchissement de nouvelles étapes** : Acte unique, union monétaire, adoption d'une charte sociale...

Le Conseil européen est présidé par l'un des chefs d'État ou de gouvernement des pays membres : la présidence est souvent l'occasion, pour le pays en charge de la fonction, d'un engagement favorable à la relance communautaire. Le renouvellement de la présidence a lieu tous les six mois.

« La coopération entre présidence et Commission reste la règle générale : bien appliquée, elle procure une efficacité accrue par un partage des rôles, pour autant que la Commission ne renonce ni à ses prérogatives ni à sa vigilance et que la présidence du Conseil joue effectivement son rôle d'animateur politique et d'arbitre impartial des réunions du Conseil et de ses organes préparatoires. » E. NoëL, *Les Institutions de la Communauté européenne*, Luxembourg, 1988. Office des publications officielles des Communautés européennes.

Le Parlement européen

Siège en séances plénières à Strasbourg.
Les commissions se tiennent à Bruxelles.
Le secrétariat administratif est à Luxembourg.

Une séance plénière à Strasbourg

L'élection des députés européens

Plus de vingt ans après le traité de Rome, en 1979, les citoyens européens élisent au suffrage universel direct les membres du Parlement : 518 élus en 1989. Malheureusement, la procédure d'élection des députés n'est pas unifiée entre les différents pays. Tous les pays, sauf un, ont choisi un mode de scrutin reposant sur la représentation proportionnelle. Seule la Grande-Bretagne est restée fidèle au scrutin majoritaire.

Les élus ne sont pas regroupés par délégations nationales mais siègent, en fonction de leurs affinités, au sein de onze groupes politiques.

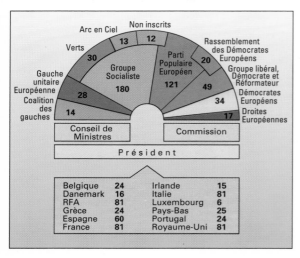

Répartition des groupes dans la salle de séance

Le fonctionnement du Parlement

Dans ses grands principes, l'organisation et le fonctionnement de l'Assemblée ressemblent à ceux d'un parlement démocratique. Il se réunit tout au long de l'année, sauf au mois d'août, une semaine par mois. Entre chaque session mensuelle, deux semaines sont réservées aux réunions des Commissions parlementaires et, la troisième semaine, aux réunions des groupes politiques.

L'ensemble des activités du Parlement et de ses organes est placé sous la direction du Président assisté de 14 vice-présidents : ils forment le bureau.

Liste des présidents du Parlement européen

Ils sont élus pour deux années et demie.
17 juillet 1979 : Simone Veil
19 janvier 1982 : Piet Dankert
24 juillet 1984 : Pierre Pflimlin
20 janvier 1987 : Sir Henry Plumb
25 juillet 1989 : Enrique Baron Cresto

Les commissions préparent le travail du Parlement : sur chaque sujet qu'elles traitent, elles invitent le responsable de l'exécutif chargé du dossier. Ce dernier explique les décisions prises par l'exécutif, expose les propositions faites au Conseil... Les commissions préparent l'avis du Parlement sur les propositions de la Commission au Conseil.

Liste des 18 commissions

Commission politique
Commission de l'agriculture, de la pêche et de l'alimentation
Commission des budgets
Commission économique, monétaire et de la politique industrielle
Commission de l'énergie, de la recherche et de la technologie
Commission des relations extérieures
Commission juridique et des droits des citoyens
Commission des affaires sociales et de l'emploi
Commission de la politique régionale et de l'aménagement du territoire
Commission des transports
Commission de l'environnement, de la santé publique et de la protection des consommateurs
Commission de la jeunesse, de la culture, de l'information et des sports
Commission du développement et de la coopération
Commission du contrôle budgétaire
Commission institutionnelle
Commission des règlements, de la vérification des pouvoirs et des immunités
Commission des droits de la femme
Commission des pétitions.

Outre le traditionnel travail législatif, chacune des sessions est l'occasion pour les parlementaires de disposer d'un « temps de questions » posées à la Commission, au Conseil et à la conférence des ministres des Affaires étrangères. Les débats d'urgence offrent aux députés l'occasion d'intervenir sur les problèmes d'actualité, en échappant au processus un peu lourd des communications de l'exécutif et des renvois en commission avant l'évocation en séance plénière.

L'éclatement du travail parlementaire entre trois capitales, l'absence d'une langue commune et la lenteur de la traduction simultanée dans les neuf langues des États membres, la nécessité de rédiger tous les documents en autant de langues sont des freins au travail parlementaire : les députés ont très souvent le sentiment d'une très grande inutilité et sont privés par la traduction d'une arme essentielle dans les débats, l'éloquence, l'art oratoire. Si bien que la première mesure de rationalisation passe **par la définition d'un siège unique** pour les travaux préparatoires, le secrétariat et les réunions plénières. Seule la France s'est opposée à la centralisation des activités parlementaires à Bruxelles qui lui ferait perdre l'une des capitales européennes.

Les compétences et les pouvoirs du Parlement

— **Pouvoirs de contrôle sur la Commission** : il peut la renverser à la majorité des deux tiers ;

— **pouvoirs de participation au processus législatif de la Communauté européenne** ;

— **pouvoirs budgétaires.**

D'abord cantonné dans l'examen et le vote du budget des Communautés, le Parlement s'est employé à étendre son influence au domaine législatif : le traité de Rome n'octroyait à l'Assemblée que la possibilité de formuler un avis sur certaines des propositions de la Commission. Depuis 1979 et l'élection au suffrage universel, les députés cherchent à obtenir le partage des compétences législatives entre le Parlement et le Conseil.

L'Acte unique confère à l'Assemblée **un pouvoir d'avis conforme**, c'est-à-dire un pouvoir de codécision en matière d'élargissement et pour les accords d'association, de coopération avec les pays du Sud.

L'Acte unique donne au Parlement la possibilité d'exprimer son avis sur les propositions de la Commission avant que le Conseil puisse se prononcer sur le texte revu par la Commission :

— **l'élimination des discriminations fondées sur la nationalité** (article 6-3, de l'Acte unique) ;

— **l'harmonisation des dispositions nationales en vue de la réalisation du marché unique** (article 6-4) ;

— **la libre circulation des citoyens** (article 6-6) ;

— **l'amélioration des conditions de travail** (article 21) ;

— **l'application des fonds structurels** (article 23) ;

— **certaines décisions en matière de recherche** (article 24).

La Cour de justice

Elle est installée à Luxembourg.

La composition de la Cour de justice

Treize juges assistés de six avocats généraux désignés d'un commun accord par les douze gouvernements pour une durée de six années.

Les compétences de la Cour de justice

Succédant à la Cour de justice de la CECA, la Cour de justice unique des Communautés a d'abord eu à juger des **recours de la Commission contre les gouvernements**, à l'issue de procédures d'infractions. Puis s'ajoutent **les recours des gouvernements contre des décisions de la Commission, et les recours des particuliers**.

Les principaux recours qui peuvent être introduits devant la Cour sont :
— les recours en annulation ;
— les recours en carence ;
— les recours en manquement ;
— les recours en responsabilité ;
— les recours portant sur les litiges entre la Communauté et ses fonctionnaires.

De plus en plus, la Cour se prononce, à la demande d'un tribunal national, sur l'interprétation ou la validité du droit communautaire. Chaque fois qu'un procès fait apparaître une contestation à cet égard, les juridictions nationales peuvent demander **une décision préjudicielle** à la Cour.

Le droit communautaire

Les différents traités signés depuis 1951 définissent cinq types d'actes :
— **Le règlement :** acte le plus important de l'ordre juridique communautaire ; **il a une portée générale ; il est obligatoire dans sa totalité ; il s'impose à tous ; il est directement applicable dans le droit des États membres.**

L'applicabilité directe « signifie que les règles du droit communautaire doivent déployer la pénitude de leurs effets, d'une manière uniforme dans tous les États membres, à partir de leur entrée en vigueur et pendant toute la durée de leur validité ; qu'ainsi ces dispositions sont une source immédiate de droits et d'obligations pour tous ceux qu'elles concernent, qu'il s'agisse des États membres ou des particuliers qui sont partie à des rapports juridiques relevant du droit communautaire » (arrêt Simmenthal du 9 mars 1978).
— **La décision :** actes individuels, obligatoires qui s'imposent aux États membres, aux entreprises, aux individus visés (article 189 du traité CEE).
— **La directive :** « Elle lie tout État membre destinataire quant au résultat à atteindre, tout en laissant aux instances nationales la compétence quant à la forme et aux moyens. » C'est donc un moyen d'intervention indirecte qui comporte pour tous les États une obligation de résultat.
— **La recommandation et les avis :** ils n'ont pas de caractère contraignant et sont donnés à titre consultatif par le Parlement et par le Comité économique

et social. Seules les recommandations de la CECA sont obligatoires.
— **Les actes « inommés » :** ce sont les actes qui ne sont pas définis par les traités, ainsi les actes internes concernant l'organisation et le fonctionnement des organes institutionnels, les règlements intérieurs...

En outre, les arrêts de la Cour constituent une **jurisprudence** et permettent de donner une interprétation des textes sujets à controverses : **un véritable droit communautaire s'est progressivement formé.**

Les principes généraux du droit communautaire

La Cour de justice fait appel aux principes généraux du droit qui reposent sur
— **Le principe d'égalité et de non-discrimination :**

> « Dans le domaine d'application du présent traité, et sans préjudice des dispositions particulières qu'il prévoit, est interdite toute discrimination exercée en raison de la nationalité. [...] »

— **Le principe de liberté de circulation des personnes :**

> *Article 48 du traité de Rome :*
> « *1.* - La libre circulation des travailleurs est assurée à l'intérieur de la Communauté au plus tard à l'expiration de la période de transition.
> « *2.* - Elle implique l'abolition de toute discrimination, fondée sur la nationalité, entre les travailleurs des États membres, en ce qui concerne l'emploi, la rémunération et les autres conditions de travail.
> « *3.* - Elle comporte le droit, sous réserve des limitations justifiées par des raisons d'ordre public, de sécurité publique et de santé publique :
> « *a)* de répondre à des emplois effectivement offerts ;
> « *b)* de se déplacer à cet effet librement sur le territoire des États membres ;
> « *c)* de séjourner dans un des États membres afin d'y exercer un emploi conformément aux dispositions législatives, réglementaires et administratives régissant l'emploi des travailleurs nationaux ;
> « *d)* de demeurer, dans des conditions qui feront l'objet de règlements d'application établis par la Commission, sur le territoire d'un État membre, après y avoir occupé un emploi.
> « *4.* - Les dispositions du présent article ne sont pas applicables aux emplois dans l'administration publique. »

— **Le principe de solidarité entre les États membres.**
— **Le principe d'unité.**
— **Le principe du respect des droits fondamentaux de la personne.**

Le droit ainsi créé prime sur le droit national des différents adhérents à la Communauté.

B. Les organes auxiliaires

Les eurocrates

Les effectifs

Commission : environ 11 500 fonctionnaires.

Les services de la Commission résultent de la fusion entre les administrations de la CECA, de la CEE et de la CEEA. Ils comportent un secrétariat général, un service juridique, un office statistique, 22 directions générales et quelques autres services.

Sur les 11 500 agents, 2 800 environ sont des fonctionnaires de responsabilité et de conception. Plus de 1 600 personnes sont employées aux services linguistiques pour traduire l'ensemble des travaux dans les neuf langues officielles de la Communauté. Ce personnel est réparti entre Bruxelles et le Luxembourg où travaillent 2 800 personnes dépendant de la Commission.

Secrétariat général du Conseil des ministres : 1 900 fonctionnaires.

Secrétariat administratif du Parlement : 2 900 fonctionnaires.

La dispersion des lieux de réunion et de travail implique le transport régulier de dossiers, le déplacement du personnel. **Ces déménagements absorbent environ 15 pour cent des besoins de personnel de l'Assemblée.** A cela s'ajoutent les frais inhérents à la traduction des discours et débats dans les neuf langues officielles.

Les dépenses de fonctionnement des services de la Commission et des autres institutions s'élèvent à environ 5 pour cent du budget communautaire, soit 1,74 milliard d'Écu en 1987.

Le salaire de l'eurocrate

Le barème de la Communauté européenne définit les salaires des eurocrates. Il est fonction de la moyenne des normes nationales en vigueur dans l'ensemble des pays membres, chacun étant pourvu d'un coefficient de pondération propre. Tous les fonctionnaires européens sont classés dans une grille qui va de la catégorie D pour les chauffeurs, les porteurs et les huissiers, souvent des Italiens, à la catégorie C pour les secrétaires et les commis, B pour les agents de gestion et A pour les fonctionnaires de responsabilité.

Exemple de progression salariale des eurocrates :
Catégorie D : de 58 000 FB[1] à 95 000 FB/mois ;
Catégorie C : de 64 000 FB à 122 000 FB/mois.

Les revenus salariaux sont soumis à l'impôt communautaire : établi à 8 pour cent pour les tranches les plus basses, il progresse et plafonne à 45 pour cent pour un salaire mensuel excédant les 150 000 FB. Outre l'impôt sur le revenu retenu à la source, les cotisations sociales représentent 1,35 pour cent du traitement de base et 6,75 pour cent pour le régime de pension communautaire[2].

Aux revenus salariaux s'ajoutent les allocations mensuelles de 6 000 FB par enfant à charge, ainsi qu'une allocation scolaire qui peut varier de 2 000 à 11 000 FB par mois. De plus, l'eurocrate perçoit une « allocation de foyer » égale à 5 pour cent de son traitement affecté d'un coefficient correcteur correspondant à l'inflation.

Au moment de leur première installation à Bruxelles, les eurocrates peuvent acheter une voiture bénéficiant de la détaxe, de même que les meubles et objets divers, « produits blancs » dans les cuisines, « produits marrons » dans les salons... Ce privilège n'est valable qu'une seule fois dans leur carrière.

Les fonctionnaires de la Communauté disposent d'un économat où certains produits sont vendus moins cher. Enfin, ils jouissent de possibilités d'emprunts à des taux préférentiels. Ces différents avantages en nature sont donc très difficiles à calculer.

Mais, comme le dit le chef de cabinet de Karel Van Miert, commissaire belge aux Transports et à la Protection du consommateur : « Les salaires sont confortables, il ne faut pas s'en cacher. Mais il faut voir aussi le triple fait que le fonctionnaire se trouve à l'étranger, que son épouse ne peut pas toujours travailler et que la qualification est de très haut niveau. Les revenus des hauts fonctionnaires doivent être à peu près les mêmes que ceux des cadres supérieurs américains ou japonais. Le scandale n'est pas là, en réalité. Ce que l'on doit dénoncer, ce sont les fonctionnaires qui ne travaillent pas. Mais il y en a peu... »

---

1. Pour obtenir des francs français, il faut diviser la somme par 6,1.
2. Après 35 années de cotisation, 70 pour cent du traitement sont assurés au titre de la retraite.

Pour ou contre la bureaucratie européenne

● Un jugement désabusé

« Il faut un peu imaginer ce qu'est la vie quotidienne de la Communauté au niveau des institutions chargées de la diriger. Chaque jour, au moins vingt comités techniques réunissent des experts des neuf pays[1] dans les domaines les plus divers, douaniers, budgétaires, sociaux, monétaires, agricoles, médicaux, juridiques, commerciaux, scientifiques... pour traiter de la teneur en colorants chimiques périlleux de telle qualité de moutarde, tenter de fixer l'implantation de la future usine de fusion thermonucléaire envisagée à fonds communs, décider d'une aide à la rénovation des palmeraies du Togo. On croise dans les couloirs plus d'ingénieurs, de financiers ou de vétérinaires que de diplomates. Chaque jour, vingt problèmes à régler où la technique et la politique se mélangent de façon inextricable, où les intérêts matériels s'opposent — et ils sont souvent considérables —, où les intérêts et les doctrines parfois se recouvrent, parfois s'affrontent. Aussi il ne faut pas s'étonner si l'ordre du jour d'un Conseil à Bruxelles a quelque chose à la fois d'écrasant et de plutôt surréaliste. [...]

« C'était le pari du Marché commun : faire l'Europe à partir de la technique. L'Europe est prise à son propre piège. » (J.-F. DENIAU, *L'Europe interdite*, Le Seuil, 1977.)

1. Aujourd'hui, douze.

● Le jugement d'un journaliste sur la « bureaucratie appointée » de Bruxelles

« [...] Bien que la Communauté prenne de plus en plus de décisions qui touchent directement ou indirectement les citoyens des États membres, les responsables officiels de ces décisions n'ont pas ou guère de comptes à rendre directement aux citoyens eux-mêmes, qui n'ont peu ou pas de moyens d'influencer la décision au niveau communautaire ou de la contrôler. Margaret Thatcher aurait-elle donc raison de vilipender la bureaucratie appointée de Bruxelles ?

« En réalité la Commission européenne est, depuis toujours, un bouc émissaire fort commode, pour ceux qui, à l'instar de Mrs. Thatcher ou, à l'occasion, de Jacques Chirac, se servent du problème bien réel du déficit démocratique pour combattre les velléités d'indépendance des institutions communautaires qui échappent à leur contrôle.

« La mauvaise foi est une arme qu'ils ne répugnent pas d'utiliser dans ce combat, comme en attestent les accusations contre des "eurocrates" de Bruxelles qui imposeraient leur loi alors que les véritables maîtres du jeu européen œuvrent dans les capitales ou, tout le moins, à l'ombre du Conseil de ministres.

« L'analyse de l'Association transeuropéenne d'études politiques ne laisse planer aucun doute à cet égard : malgré le dynamisme recouvré par la Commission sous Jacques Delors et la légitimité conférée au Parlement par son élection au suffrage universel direct, les décisions importantes continuent, pour l'essentiel, d'être préparées et contrôlées par les administrations nationales, très souvent sans la moindre décision parlementaire directe et sans débat politique ouvert comme il est d'usage pour les décisions au niveau national. Le consensus au sujet des questions politiques importantes se situe principalement, entre les administrations et les milieux politiques dominants, nationaux, et européens, réduisant le rôle des Parlements nationaux et du Parlement européen.

« Le diagnostic est donc on ne peut plus limpide, la répartition des responsabilités on ne peut plus claire. Reste à savoir si cette structure démocratique boiteuse engendrée par un système institutionnel qui l'est tout autant (selon le député européen français Jacques Mallet, le principal défaut de l'abominable bureaucratie de Bruxelles ne serait pas sa prétendue omnipotence mais bien sa faiblesse face aux bureaucraties nationales) restera tolérable dans l'Europe de 1992. » (Michel THEYS, « Europe, les promesses de l'Acte unique », *Le Monde*, 1989.)

● Un objectif de l'Acte unique : améliorer le fonctionnement des institutions

« Le mot routine a été prononcé à propos de la procédure dite de convergence des politiques économiques. Il pourrait s'appliquer à l'ensemble de la vie communautaire. L'Europe décide mal et trop tard, elle est rarement d'une grande efficacité dans l'application des décisions prises. Et c'est ainsi que naît un processus de bureaucratisation, à la fois paralysant et trop interventionniste.

« L'Acte unique entend remédier à ces défauts. Encore faut-il avoir la volonté de l'appliquer dans le meilleur esprit. Sans quoi, l'Europe ne sortira pas de sa maladie congénitale : une succession de bonnes résolutions qui s'enlisent dans les sables de délibérations trop longues et parfois sans conclusion. Pour casser ce funeste engrenage, il convient que le Conseil utilise pleinement le vote à la majorité qualifiée, que la Commission soit enfin dotée de moyens d'exécution qui lui font actuellement défaut, que le Parlement européen prenne ses pleines responsabilités de colégislateur dans la procédure de coopération. » (Communication de la Commission au Conseil, janvier 1987.)

Le Comité économique et social

Il siège à Bruxelles.

Article 193 du traité de Rome :
« Il est institué un Comité économique et social, à caractère consultatif.

« Le Comité est composé de représentants des différentes catégories de la vie économique et sociale, notamment des producteurs, des agriculteurs, des transporteurs, des travailleurs, des négociants et artisans, des professions libérales et de l'intérêt général. »

Article 194 (modifié par les actes d'adhésion) :
« Le nombre des membres du Comité est fixé ainsi qu'il suit. Belgique : 12, Danemark : 9, Espagne : 21, France : 24, Grèce : 12, Irlande : 9, Italie : 24, Luxembourg : 9, Pays-Bas : 24, Portugal : 12, RFA : 24, Royaume-Uni : 24.

« Les membres du Comité sont nommés, pour quatre ans, par le Conseil statuant à l'unanimité. Leur mandat est renouvelable.

« Les membres du Comité sont désignés à titre personnel et ne doivent être liés par aucun mandat impératif. »

Article 198 :
« Le Comité est obligatoirement consulté par le Conseil ou par la Commission dans les cas prévus au présent traité. Il peut être consulté par ces institutions dans tous les cas où elles le jugent opportun.

« S'il l'estime nécessaire, le Conseil ou la Commission impartit au Comité, pour présenter son avis, un délai qui ne peut être inférieur à dix jours à compter de la communication qui est adressée à cet effet au président. A l'expiration du délai imparti, il peut être passé outre à l'absence d'avis.

« L'avis du Comité et l'avis de la section spécialisée, ainsi qu'un compte rendu des délibérations, sont transmis au Conseil et à la Commission. »

Un reflet des sensibilités socio-professionnelles

Structuré en sections spécialisées, section de l'agriculture, des transports..., **le Comité économique et social rend des avis, émet des suggestions transmises à la Commission et au Conseil**. Ses observations peuvent aider le COREPER à préparer des dossiers dans les domaines économiques et sociaux les plus variés.

Les organisations socio-professionnelles, par exemple le CNPF, Conseil national du patronat français, ont donc un moyen d'acheminer directement des propositions au cœur du système institutionnel des Communautés.

De plus, le Conseil économique et social a le droit d'émettre de sa propre initiative des avis ou autosaisines sur toutes les questions relatives aux tâches communautaires.

La Cour des comptes

Elle siège à Luxembourg.

Traité portant modification de certaines dispositions financières des traités instituant les Communautés européennes et du traité instituant un Conseil unique et une Commission unique des Communautés européennes. 22 juillet 1975.

Article 11 :
« Le contrôle des comptes est assuré par une Cour des comptes, qui agit dans les limites des attributions qui lui sont conférées par le présent traité. »

Les compétences de la Cour

— **Elle examine la totalité des recettes et des dépenses de la Communauté** (article 206 *bis*-1 du traité de Rome).

— **Elle examine le budget de tout organisme européen créé par la Communauté** (article 206 *bis*-2).

— **Elle contrôle les opérations du FED.**

— **Elle rédige un rapport annuel sur les budgets des Communautés**, publié au *Journal officiel* (article 206 *bis*-4).

— **Elle fait des observations sur les questions particulières et rend des avis à la demande d'une des institutions de la Communauté.**

Un organe indispensable

Se substituant à la Commission de contrôle de la CEE, de la CEEA et au commissaire aux comptes de la CECA, la Cour des comptes est née de l'ampleur croissante des dépenses communautaires. Organisme permanent, il dispose d'un appareil administratif important qui peut procéder à des vérifications auprès des institutions de la Communauté et dans les États membres pour des opérations que ceux-ci effectuent pour le compte de la Communauté. Le rapport annuel établi après chaque exercice budgétaire par la Cour des comptes, les rapports spécialisés relatifs à des questions fondamentales, fonctionnement du FEOGA..., sont des instruments essentiels au travail du Parlement européen : le contrôle du budget par les députés implique en effet la plus grande transparence possible des finances communautaires.

C. La décision communautaire

Article 199 du traité de la CEE :

« Toutes les recettes et les dépenses de la Communauté, y compris celles qui se rapportent au Fonds social européen, doivent faire l'objet de prévisions pour chaque exercice budgétaire et être inscrites au budget.

« Le budget doit être équilibré en recettes et en dépenses. »

Décision relative au remplacement des contributions financières des États membres par des ressources propres aux Communautés, 21 avril 1970.

Article 1 :

« Les ressources propres sont attribuées aux Communautés en vue d'assurer l'équilibre de leur budget selon les modalités fixées dans les articles ci-après. »

Article 4 :

« A partir du 1er janvier 1975, le budget des Communautés est, sans préjudice des autres recettes, intégralement financé par des ressources propres au Communautés [...]. »

Traité portant modification de certaines dispositions financières des traités instituant les Communautés européennes et du traité instituant un Conseil unique et une Commission unique des Communautés européennes, 22 juillet 1975.

Article 12 :

« 1. - L'exercice budgétaire commence le 1er janvier et s'achève le 31 décembre.

« 2. - Chacune des institutions de la Communauté dresse, avant le 1er juillet, un état prévisionnel de ses dépenses. La Commission groupe ces états dans un avant-projet de budget. Elle y joint un avis qui peut comporter des prévisions divergentes.

« 3. - Le Conseil doit être saisi par la Commission de l'avant-projet de budget au plus tard le 1er septembre de l'année qui précède celle de l'exécution du budget. [...]

« 4. - L'Assemblée doit être saisie du projet de budget au plus tard le 5 octobre de l'année qui précède celle de l'exécution du projet. [...]

Dans l'histoire de l'Europe, la question budgétaire a été l'occasion de nombreuses frictions. Celles-ci ne peuvent guère s'expliquer par l'ampleur des sommes en jeu : alors que les budgets nationaux sont alimentés par des prélèvements supérieurs à 30 pour cent ou même 40 pour cent du PNB des États membres, le budget de la CEE a toujours « géré la pénurie » et l'évolution récente confirme la tendance : le Conseil européen du 12 février 1988 plafonne les ressources jusqu'en 1992 à 1,4 pour cent du PNB communautaire. Les querelles sont donc dues aux divergences sur les orientations de la construction, aux rivalités de compétence et aux oppositions de doctrine. **Trois types de conflits** se sont succédé :

— **Des litiges entre la Commission et un État membre.** La France, par exemple, rejette le projet présenté par la Commission le 15 juin 1965 : elle dénonce dans le renforcement des prérogatives budgétaires du Parlement une dérive supranationale contraire aux options gaullistes. La « politique de la chaise vide » débouche après six mois de crise sur le « compromis de Luxembourg ».

— **Des litiges entre un État membre et les autres pays de la CEE.** Ainsi, l'Angleterre place la question budgétaire au centre de ses renégociations. Elle conteste la contribution britannique jugée excessive ainsi que la priorité donnée aux dépenses agricoles. Elle obtient au sommet de Fontainebleau en 1984 à la fois une limitation de sa participation et l'amorce d'une réforme des dépenses aux dépens notamment de la PAC.

— **Des litiges entre la Commission ou le Conseil et le Parlement.** Ce dernier cherche à modifier la répartition entre les « dépenses obligatoires » découlant des engagements légaux du traité qui lui échappent en grande partie et les « dépenses non obligatoires » pour lesquelles il est habilité à formuler des amendements. Fort de la légitimité acquise par l'élection au suffrage universel en 1979, il rejette pour la première fois le projet de budget de 1980 et contraint la Communauté à recourir pendant six mois au régime des « douzièmes provisoires » (les dépenses mensuelles sont limitées au douzième des crédits de l'année précédente).

Enjeu politique central, le budget communautaire est donc, malgré sa modestie, un révélateur des litiges qui accompagnent la construction européenne et un facteur de blocage ou de retard dans l'approfondissement de l'Europe. C'est pour remédier à ces inconvénients que la Commission a engagé dans les années 80 une réforme financière rendue d'ailleurs indispensable par l'élargissement à Douze et la perspective du grand marché.

Les ressources

Jusqu'en 1970, les finances européennes reposent sur des versements des États membres, selon une clé de répartition. Conformément à l'article 201 du traité qui prévoit l'indépendance financière de la Communauté, le Conseil décide le 21 avril 1970 d'y substituer des « **ressources propres** ». Selon la Commission, une ressource propre est un **prélèvement fiscal, indépendant des décisions des États membres**, perçu par eux mais pour le compte de la Communauté (article 2 de la décision du 21 avril 1970). Jusqu'en 1986, les ressources propres sont représentées par les droits de douane, les prélèvements agricoles et 1 pour cent des recettes de TVA. Le Conseil européen du 29 juin 1984 porte le prélèvement de TVA à 1,4 pour cent à compter du 1er janvier 1986. Sur proposition de la Commission, le Conseil européen du 13 février 1988 crée une « quatrième ressource » calculée sur une clé PNB tout en plafonnant l'ensemble des recettes à 1,4 pour cent du PNB communautaire.

1. Les clés de répartition des versements nationaux au budget jusqu'en 1970.

RFA	28	pour cent
France	28	pour cent
Italie	28	pour cent
Belgique	7,9	pour cent
Pays-Bas	7,9	pour cent
Luxembourg	0,2	pour cent

2. Les recettes budgétaires de la CEE en 1987.

	Millions d'Écu
Droits de douane	8 397
Prélèvements agricoles	1 764
Cotisations sucre et isoglucose	1 438
Ressources TVA	23 433
Recettes diverses	1 136
Total	36 168

3. Les bases de la revendication britannique à la fin des années 70 : part des États membres dans le budget et dans le PNB de la Communauté.

	Belgique	Danem.	RFA	France	Irlande	Italie	Luxemb.	Pays-Bas	R.-Uni
1976									
% dans le budget . . .	7,40	2,26	35,13	22,01	0,34	11,34	0,18	10,60	10,74
% dans le PNB	4,77	2,88	31,49	24,77	0,58	13,26	0,21	6,37	15,67
1978									
% dans le budget . . .	6,46	2,29	31,14	19,29	0,58	14,45	0,12	10,31	15,36
% dans le PNB	4,86	2,82	32,22	23,88	0,62	13,16	0,24	6,62	15,58
1979									
% dans le budget . . .	6,68	2,51	30,63	20,00	0,75	12,11	0,14	9,60	17,58
% dans le PNB	4,64	2,81	30,70	23,69	0,67	14,25	0,23	6,31	16,70
1980									
% dans le budget . . .	6,07	2,42	30,12	19,99	0,90	11,52	0,13	8,36	20,49
% dans le PNB	4,64	2,84	30,92	24,36	0,67	13,94	0,23	6,36	16,04

Les exigences budgétaires britanniques vues par le caricaturiste du journal *Le Monde*, Plantu

4. Les versements des États membres dans les années 80.

Pays	1982 En MÉcu[1]	1982 %	1983 En MÉcu	1983 %	1984 En MÉcu	1984 %	1985 En MÉcu	1985 %	1986 En MÉcu	1986 %
RFA	5 698,5	26,9	6 472,1	28,1	7 052,4	28,4	7 504,3	28,8	8 730,2	26,2
Royaume-Uni	5 115,5	24,2	5 084,4	22,1	5 429,5	21,8	5 090,3	19,5	4 825,2	14,5
France..........	**4 225,9**	**20,0**	**4 506,5**	**19,6**	**4 802,3**	**19,3**	**5 319,2**	**20,4**	**6 885,1**	**20,7**
Italie	2 487,2	11,8	2 998,7	13,0	3 443,4	13,8	3 629,5	13,9	4 718,2	14,2
Pays-Bas	1 466,4	6,9	1 564,9	6,8	1 687,8	6,8	1 889,4	7,2	2 232,0	6,7
Belgique	1 148,3	5,4	1 215,9	5,3	1 238,3	5,0	1 292,6	5,0	1 448,1	4,4
Danemark	402,2	1,9	479,9	2,1	532,9	2,1	620,4	2,4	790,7	2,4
Grèce	381,6	1,8	377,7	1,6	355,8	1,4	368,0	1,5	632,4	1,9
Luxembourg	30,1	0,1	43,9	0,2	51,3	0,2	50,7	0,2	65,8	0,2
Espagne.	—	—	—	—	—	—	—	—	2 320,6	7,0
Portugal	—	—	—	—	—	—	—	—	278,6	0,8
Total	21 164,2	100	23 013,6	100	24 880,0	100	26 080,8	100	33 270,7	100

Source : Cour des comptes européenne. — (1) Millions d'Écu.

5. Tableau de la procédure budgétaire.

La procédure budgétaire

La procédure d'élaboration et de ratification du budget est définie par l'article 203 du traité de Rome modifié en 1970 et le 22 juillet 1975.

1. La Commission élabore un avant-projet transmis au Conseil.

2. Le Conseil établit à la majorité qualifiée un projet transmis au Parlement.

3. Première lecture du Parlement. Il peut :
— approuver le projet : le budget est définitivement adopté ;
— proposer des motifications pour les « dépenses obligatoires » et voter des amendements pour les « dépenses non obligatoires » (25 pour cent du total).
Dans ce cas le projet revient devant le Conseil.

4. Deuxième lecture du Conseil. Il peut :
— approuver les amendements et modifications du Parlement : le budget est définitivement adopté ;
— procéder à des inflexions : le Parlement doit être de nouveau consulté.

5. Deuxième lecture du Parlement. Il peut :
— après « procédure de concertation » avec le Conseil statuer à la majorité qualifiée (3/5 des suffrages exprimés) : le budget est définitivement adopté ;
— rejeter le projet et obliger le Conseil à élaborer un nouveau projet.

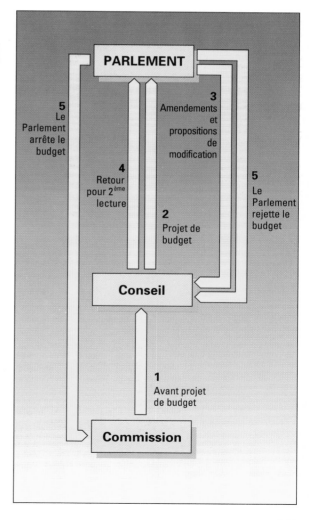

Les dépenses budgétaires

Les dépenses agricoles représentent le poste le plus lourd, en fort accroissement à partir de la fin des années 70 : de 1977 à 1987, les dépenses du FEOGA-garantie sont multipliées par 4 pour une croissance de 20 pour cent de la production agricole. Pour les maîtriser, la Commission propose à partir de 1981 une réforme progressive de la PAC. Le Conseil européen du 30 juin 1987 retient comme objectif prioritaire « la stabilisation des dépenses agricoles par une discipline budgétaire effective et contraignante ».

6. Part du FEOGA dans les dépenses.

| Années | Dépenses totales (en MÉcu) | FEOGA | | PIB de la Communauté (en MMÉcu) | Dépenses du FEOGA-garantie en % du PIB communautaire |
		Garantie	Orientation		
1980	16 289	11 315	479	1 997	0,57
1981 (a)	18 500	10 980	737	2 220	0,49
1982	21 430	12 406	650	2 421	0,51
1983	25 313	15 788	720	2 593	0,61
1984	27 398	18 328	648	2 776	0,66
1985	28 433	19 726	690	2 975	0,66
1986 (b)	35 174	22 158	802	3 338	0,66
1987 (c)	41 393	27 045	996	3 611	0,75

(a) CEE à 10. - (b) CEE à 12. - (c) Estimations.

Source : Cour des comptes européenne.

La réforme adoptée en 1988 plafonne les dépenses du fonds de garantie à 27,5 milliards d'Écu pour l'année ; la croissance du fonds ne peut excéder d'ici 1992 80 pour cent de la croissance du PNB communautaire (des baisses de prix sont prévues pour les céréales et les oléagineux en cas de dépassement des maxima garantis).

Longtemps limitées par le coût de soutien des produits agricoles, les sommes allouées aux autres postes sont en augmentation rapide à la fin des années 80. **Le Conseil européen de juin 1987 décide en effet la réforme des « fonds structurels », FEOGA-orientation** (2,6 pour cent des dépenses en 1986), **FEDER** (7,5 pour cent des dépenses en 1986) et **Fonds social** (7,5 pour cent des dépenses en 1986). Les crédits affectés à ces fonds doivent augmenter de 80 pour cent entre 1987 et 1992 pour atteindre 13 milliards d'Écu.

7. Paiement du FEOGA-garantie aux États membres*.

Pays	1982 %	1983 %	1984 %	1985 %	1986 En MÉcu	1986 %
France	23,2	22,6	19,6	23,5	5 453,0	24,7
RFA	16,4	19,5	18,2	18,4	4 298,4	19,5
Italie	20,2	17,9	21,3	17,3	3 062,7	13,9
Pays-Bas	11,5	10,8	10,7	10,4	2 280,8	10,3
Royaume-Uni	10,3	10,7	11,6	9,6	1 999,9	9,1
Grèce.	5,5	6,4	5,2	6,0	1 412,4	6,4
Irlande	4,0	3,9	4,8	5,9	1 215,1	5,5
Danemark . . .	4,5	4,3	4,8	4,3	1 070,7	4,8
Belgique.	4,4	3,9	3,8	4,6	976,1	4,4
Luxembourg. .	0	0	0	0	2,0	0
Espagne	—	—	—	—	271,4	1,2
Portugal	—	—	—	—	30,8	0,2
Total					**22 079,2**	**100**

* Ces données n'intègrent pas le FEOGA-orientation qui ne représente que 2,6 pour cent des dépenses communautaires.

Source : Cour des comptes européenne.

8. Structure des dépenses du FEOGA-garantie.

Années	Restitutions En MÉcu	Restitutions %	Intervention En MÉcu	Intervention %	Total du FEOGA « Garantie » En MÉcu	Total du FEOGA « Garantie » %
1980.	5 696	50	5 606	50	11 302	100
1981.	5 209	47	5 933	53	11 142	100
1982.	5 054	41	7 352	59	12 406	100
1983.	5 560	35	10 360	65	15 920	100
1984.	6 619	36	11 753	64	18 372	100
1985.	6 716	34	12 991	66	19 707	100
1986.	7 409	34	14 670	66	22 079	100

Source : Rapports du FEOGA.

9. Dépenses budgétaires en 1987 :

FEOGA-garantie	22 960 millions d'Écu
FEOGA-orientation	943
FEDER	2 738
Fonds social	2 719
Autres dépenses	2 264
Fonctionnement et frais divers	4 544
Total	36 168

Le cheminement de la décision

1re étape   La Commission élabore un projet en liaison avec les comités spécialisés. Le projet est alors discuté dans la Commission et adopté à la majorité simple. Il est transmis au Conseil.

2e étape   Avant que le Conseil prenne sa décision, les propositions sont examinées par le Comité économique et social et/ou par le Parlement. Ces avis sont obligatoires dans les domaines prévus par l'Acte unique : un règlement communautaire peut être frappé de nullité si l'obligation de consultation n'a pas été respectée.

L'Acte unique prévoit une participation directe du Parlement dans les domaines suivants :

— **l'élimination des discriminations fondées sur la nationalité** (article 6-3 de l'Acte unique) ;

— **l'harmonisation des dispositions nationales en vue de la réalisation du marché unique** (article 6-4) ;

— **la libre circulation des citoyens** (article 6-6) ;

— **l'amélioration des conditions de travail** (article 21) ;

— **l'application des fonds structurels** (article 23) ;

— **certaines décisions en matière de recherche** (article 24).

3e étape   Le COREPER prépare les délibérations du Conseil en indiquant les points d'accords et ceux de désaccords. Les premiers sont adoptés par le Conseil sans débats, les seconds font l'objet de discussions.

Le Conseil statue à la majorité qualifiée pour :

— les modifications du tarif douanier ;

— la libre prestation des services ;

— la libre circulation des capitaux ;

— la politique des transports maritimes et aériens.

Le Conseil statue à l'unanimité pour :

— les dispositions fiscales ;

— les questions relatives à la libre circulation des personnes ;

— les dispositions relatives aux droits et intérêts des travailleurs ;

— l'adhésion d'un nouvel État européen.

4e étape   Le texte est alors soumis au Parlement.
Dans un délai de trois mois, il peut :

— soit l'adopter à la majorité simple des votes exprimés ;

— soit le rejeter à la majorité absolue de ses membres ;

— soit l'amender à la majorité absolue de ses membres.

5e étape   La Commission transmet le résultat du vote du Parlement au Conseil, mais elle a le pouvoir de reprendre ou non les amendements éventuels. Elle s'efforce dans la mesure du possible de les reprendre à son compte (article 149-2 du traité de la CEE).

6e étape   Le Conseil adopte la position finale après approbation du Parlement.
Il doit se prononcer à l'unanimité si le Parlement a amendé ou rejeté la première proposition du Conseil (4e étape).

La procédure décisionnelle est donc longue. L'efficacité de la procédure et la rapidité d'application dépendent de la coopération entre trois acteurs principaux. Mais elle laisse le dernier mot au Conseil.

Cinquie

Les défis et les g
de la

Du « Big-Steel » (complexe sidérurgique de l'Arbed)...

me Partie

randes réponses
CEE

... au « Big-Bang » (vue de Londres).

A. La crise en Europe

La crise de l'énergie

Reflet de la croissance économique, de l'augmentation du niveau de vie mais aussi du gaspillage, la consommation énergétique de la CEE triple de 1957 à 1973. Cette boulimie énergétique s'accompagne d'un transfert dicté par les prix et les commodités d'utilisation : le charbon communautaire est délaissé au profit du charbon importé des États-Unis et surtout des hydrocarbures en provenance du Moyen-Orient.

Mal perçue par une opinion publique indifférente, cette évolution condamne dès les années 60 les « gueules noires » au chômage ou à la reconversion. Elle provoque une dépendance dangereuse. Les chocs pétroliers de 1973 et 1979 déséquilibrent les balances commerciales des pays européens, aggravent l'inflation, menacent la monnaie. Symbole de la fin des Trente Glorieuses, la crise énergétique impose la recherche de réponses nationales et communautaires.

La montée de la dépendance

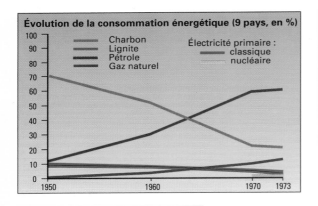

Évolution de la consommation énergétique (9 pays, en %)

Charbon — Lignite — Pétrole — Gaz naturel — Électricité primaire : classique, nucléaire

	1963	1973
Belgique	49	88
Danemark	98	99,6
France	52	82
Irlande	72	86
Italie	70	86
Luxembourg	99,7	99,8
Pays-Bas	63	23
RFA	22	56
Royaume-Uni	26	50

Taux de dépendance énergétique (en % de la consommation totale).

Une consommation excessive ?

UEBL	5 250
France	4 342
Italie	3 224
RFA	5 700
Royaume-Uni	5 464
États-Unis	11 485
Australie	5 997
Japon	3 840
Argentine	1 860
Chine	650
Inde	200
Moyenne mondiale	2 060

Consommation énergétique par habitant en 1973 (kilo-équivalent-charbon).

Concorde au décollage ; symbole des Trente Glorieuses, le supersonique Concorde est un avion pouvant transporter 120 passagers sur 6 500 km à Mach 2. Il est malheureusement beaucoup trop gourmand en carburant.

Dès les années soixante, le drame des « gueules noires »

Date	Production CEE (millions de tonnes)	Production (millions de tonnes)				Emplois (en milliers)			
		RFA	France	R.-Uni	Belgique	RFA	France	R.-Uni	Belgique
1960......	437	148	56	196	22,5	309	131	434	77
1961......	429								
1962......	434								
1963......	428								
1964......	431								
1965......	414	141	51	190	20	225	108	333	55
1966......	387								
1967......	387								
1968......	364								
1969......	348								
1970......	330	117	37	144	11,4	138	66	201	26
1971......	315								
1972......	312								
1973......	270								
1974......	242								
1975......	257	99	22	128	7,5	110	41	172	19

Évolution de la production charbonnière et de l'emploi dans les mines.

Manifestation de mineurs en 1963, à Lens.

La production charbonnière de la CEE a décliné presque continuellement depuis la création du Marché commun, à l'inverse des trois grands producteurs mondiaux, États-Unis, URSS et Chine. Cette réduction est due à la stagnation de la demande, en raison de la préférence croissante pour les hydrocarbures ; elle s'explique aussi par les prix concurrentiels des charbons étrangers. Elle tient enfin à la médiocrité des gisements qui réduit les rendements et alourdit les prix. Depuis le traité de Rome, le nombre de mines en activité est divisé par trois.

L'impact des chocs pétroliers

	1958	1973	1981
UEBL........	− 233	− 1 023	− 7 247
Danemark	− 218	− 563	− 2 716
France	− 785	− 2 660	− 26 895
Grèce	− 61	− 183	− 1 396
Irlande	− 71	− 143	− 1 336
Italie........	− 442	− 2 165	− 23 896
Pays-Bas	− 192	− 208	− 1 344
RFA	− 170	− 3 614	− 27 154
Royaume-Uni .	− 846	− 2 703	− 4 347

Évolution des balances énergétiques (en millions d'Écu).

Peu après la guerre du Kippour, en décembre 1973, les pays arabes membres de l'Opep décident un quadruplement des prix du pétrole. Les économies occidentales mal remises du premier choc pétrolier de 1973, accompagné de la nationalisation des installations occidentales, connaissent, en 1979-1980, un deuxième choc pétrolier qui voit le baril de pétrole atteindre le prix de 30 dollars.

L'envolée des prix est lourde de conséquences : le déficit commercial est fatal. Les activités industrielles liées aux hydrocarbures, automobile, transport aérien, entrent en récession. L'inflation s'aggrave et les monnaies des pays les plus dépendants s'affaiblissent.

Les chocs pétroliers se traduisent donc pour les économies européennes par un transfert de richesse supplémentaire vers les pays exportateurs de pétrole.

La crise de la croissance

De la fin de la Seconde Guerre mondiale à 1973, la croissance économique est particulièrement vive dans les pays européens : le produit intérieur brut, PIB, augmente en moyenne de 5 % par an ; seul le Royaume-Uni reste à la traîne. Mais la crise pétrolière révèle les fragilités industrielles, commerciales et financières de l'Europe. Le taux de croissance est réduit de moitié entre 1973 et 1985. Les gouvernements et les économistes sont confrontés à la « stagflation », coexistence d'une croissance molle et d'une inflation forte. La crise entraîne le blocage des investissements privés, la contrainte externe limite le relais par les investissements publics.

Une croissance industrielle ralentie

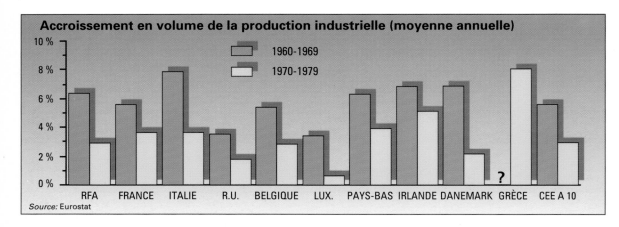

Source: Eurostat

Une situation nouvelle : la « stagflation »

Jusqu'à la crise de 1973, les économistes et les pouvoirs publics considèrent qu'une croissance forte réduit le chômage mais favorise les dérapages inflationnistes, et qu'à l'inverse, une croissance faible diminue l'inflation mais gonfle le chômage.

A partir du premier choc pétrolier, force est de constater que la hausse des prix accompagne la « marée noire du chômage » : le nouveau phénomène est qualifié de « stagflation ». Dans ces conditions, les gouvernements sont paralysés ; toute relance ne peut en effet qu'aggraver le déséquilibre inflationniste.

Prix à la consommation (Pourcentages de variation par rapport à l'année précédente)
Croissance du PIB réel au prix du marché dans la zone de l'OCDE

	1970		1973		1974		1975		1979		1980		1981	
Belgique	3,9	6,4	7	5,9	12,7	4,1	12,8	− 1,5	4,5	2,1	6,6	4,1	7,6	− 1,5
Danemark	5,8	2	9,3	3,6	15,3	− 0,9	9,6	− 0,7	9,6	3,5	12,3	− 0,4	11,7	− 0,9
Espagne	5,7	4,1	11,4	7,9	15,7	5,7	16,9	1,1	15,7	0,2	15,5	1,5	14,6	− 0,2
États-Unis	5,9	− 0,3	6,2	5	11	− 0,7	9,1	− 1	11,3	2	13,5	0	10,4	2,1
France	5,2	5,7	7,3	5,4	13,7	3,2	11,8	0,2	10,8	3,3	13,6	1,1	13,4	0,5
Grèce	3,2	8	15,5	7,3	26,9	− 3,6	13,4	6,1	19	3,7	24,9	1,8	24,5	− 0,3
Irlande	8,2	3,5	11,4	4,7	17	4,3	20,9	3,7	13,3	3,1	18,2	3,1	20,4	3,4
Italie	5	5,3	10,8	7	19,1	4,1	17	− 3,6	14,8	4,9	21,2	3,9	17,8	0,2
Japon	7,7	9,4	11,7	7,9	24,5	− 1,2	11,8	2,6	3,6	5,2	8	4,4	4,9	3,9
Luxembourg	4,6	1,7	6,1	8,8	9,5	4,1	10,7	− 5,7	4,5	3,1	6,3	1,5	8,1	− 1,4
Pays-Bas	3,6	5,7	8	4,7	9,6	4	10,2	− 0,1	4,2	2,4	6,5	0,9	6,7	− 0,7
Portugal	6,3	9,1	11,5	11,2	29,2	1,1	20,4	− 4,3	23,9	6,1	16,6	4,8	20	0,5
RFA	3,4	5,1	6,9	4,7	7	0,3	6	− 1,6	4,1	4,2	5,5	1,4	6,3	0,2
Royaume-Uni	6,4	2,3	9,2	7,7	16	− 1	24,2	− 0,6	13,4	2,2	18	− 2,3	11,9	− 1,2

Source : *Perspectives économiques de l'OCDE*, n° 40, décembre 1986.

Le commerce en rouge

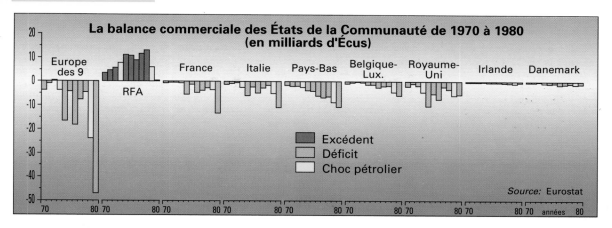

La balance commerciale des États de la Communauté de 1970 à 1980 (en milliards d'Écus)

Europe des 9 — RFA — France — Italie — Pays-Bas — Belgique-Lux. — Royaume-Uni — Irlande — Danemark

Excédent
Déficit
Choc pétrolier

Source: Eurostat

L'arrêt de l'investissement, moteur de la croissance

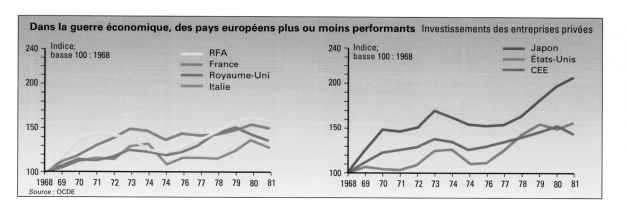

Dans la guerre économique, des pays européens plus ou moins performants — Investissements des entreprises privées

Indice; basse 100 : 1968 — RFA, France, Royaume-Uni, Italie

Indice; basse 100 : 1968 — Japon, États-Unis, CEE

Source : OCDE

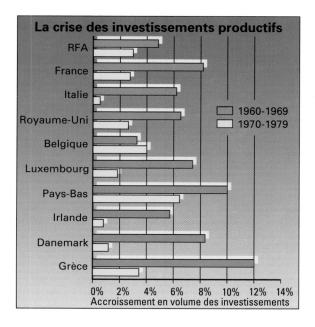

La crise des investissements productifs

RFA — France — Italie — Royaume-Uni — Belgique — Luxembourg — Pays-Bas — Irlande — Danemark — Grèce

1960-1969
1970-1979

0% 2% 4% 6% 8% 10% 12% 14%
Accroissement en volume des investissements

L'investissement, qui commande toute croissance durable, ne peut repartir de lui-même tant que les budgets publics et les bilans des entreprises n'auront pas été rééquilibrés. Or, d'un côté, il n'est plus possible de continuer à augmenter les impôts comme par le passé ; de l'autre, l'expérience du président Reagan montre combien il est difficile de réduire les dépenses publiques. [...]

Depuis les années 70, beaucoup d'études ont été consacrées au thème de la « relance économique ». Elles proposent en général que les États membres augmentent de manière coordonnée leur déficit budgétaire, de façon à obtenir un effet de relance commune. Aujourd'hui, il faut se tenir à une belle distance du réel pour oser encore formuler, d'une manière plus ou moins enveloppée, de telles recommandations. Les déficits publics ont atteint, en effet, des proportions telles que les gouvernements ne peuvent plus envisager de les augmenter encore.

La question aujourd'hui n'est plus celle de la relance de la consommation par le déficit, mais du redressement de l'investissement — d'abord de l'investissement productif — à financer autrement que par les budgets des États. (M. ALBERT, Un pari pour l'Europe, Le Seuil, Paris, 1983.)

La crise monétaire

Avant d'être énergétique, la crise est d'origine monétaire : le déficit croissant de la balance des paiements américaine conduit à une expansion des liquidités internationales, génératrice d'inflation et d'une méfiance grandissante à l'égard du dollar. La supression en 1971 de la convertibilité en or du billet vert prélude au flottement généralisé des monnaies, effectif dès 1973.

L'instabilité des taux de change menace dangereusement la construction européenne et rend impraticables les prix communs agricoles ; elle met aussi en péril la libre circulation des marchandises et fausse la concurrence. La crise monétaire est aggravée par les divergences de plus en plus prononcées entre des monnaies fortes, deutschemark, florin... et des monnaies faibles, franc français, lire, livre sterling...

Un choc venu d'outre-Atlantique

« J'ai donné l'instruction à John Connally, secrétaire au Trésor, de suspendre temporairement la convertibilité du dollar en or ou en autres instruments de réserve [...].

« Cette mesure aura pour effet de stabiliser le dollar [...].

« A nos amis étrangers, y compris les nombreux dirigeants de la communauté bancaire internationale, qui ont à cœur la stabilité et le maintien des échanges commerciaux, je donne l'assurance suivante : l'Amérique a toujours été et continuera d'être un partenaire soucieux de l'avenir et digne de confiance. Avec la pleine et entière coopération du Fonds monétaire international et de ceux qui commercent avec nous, nous réclamons les réformes nécessaires pour mettre sur pied de toute urgence un nouveau système monétaire international. La stabilité et l'équité sont dans le meilleur intérêt de tout le monde. Je suis fermement décidé à ce que le dollar ne soit plus jamais un otage aux mains des spéculateurs internationaux.

« Nous devons protéger la position du dollar américain en tant que pilier de la stabilité monétaire dans le monde.

« Au cours des dernières semaines, les spéculateurs ont déclaré la guerre ouverte au dollar.

« Il y a eu, au cours des sept dernières années, en moyenne une crise monétaire internationale tous les ans. Qui bénéficie de ces crises ? Ce n'est pas le travailleur, l'épargnant ou les véritables producteurs de la richesse. Les bénéficiaires sont les spéculateurs internationaux. Du fait qu'ils profitent des crises, ils font tout pour les créer [...].

« A la fin de la Seconde Guerre mondiale, les économies des principales nations industrielles d'Europe et d'Asie étaient saccagées. Pour les aider à se remettre sur pied et à protéger leur liberté, les États-Unis leur ont fourni 143 milliards de dollars au titre de l'aide à l'étranger. Il nous appartenait de le faire.

« Aujourd'hui en grande partie grâce à notre aide, elles ont retrouvé leur dynamisme et sont devenues de fortes concurrentes. A présent qu'elles sont économiquement puissantes, le moment est venu pour elles de porter une part équitable du fardeau pour la défense de la liberté dans le monde. Le moment est arrivé pour que les taux de change soient rectifiés et pour que les principales nations se fassent concurrence sur un pied d'égalité. Il n'y a plus de raison que les États-Unis luttent avec une main attachée derrière le dos. »

Allocution télévisée du président Nixon, le 15 août 1971.

La divergence des taux de change

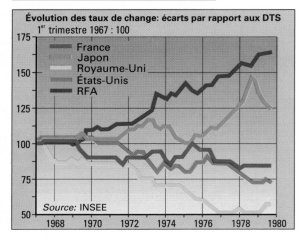

Évolution des taux de change: écarts par rapport aux DTS
1er trimestre 1967 : 100
France / Japon / Royaume-Uni / États-Unis / RFA
Source: INSEE

Jusqu'en 1971, les monnaies des Six forment, selon le mot du général de Gaulle, « une société solide, solidaire et assurée ». L'entrée de la Grande-Bretagne dans le Marché commun et la généralisation des taux de change flottants en 1973 ouvrent au contraire une période d'incertitude. Aux réévaluations en chaîne du deutschemark qui reflètent la bonne santé commerciale de la RFA, s'oppose l'affaiblissement de la plupart des autres monnaies européennes minées par le déficit et l'inflation.

La guerre des monnaies : l'instabilité des taux de change. Le DTS, droit de tirage spécial est émis depuis 1969 par le Fonds monétaire international ; c'est une nouvelle liquidité destinée à devenir la monnaie centrale du système.

Une Europe écartelée

La guerre des monnaies disloque les solidarités dans le monde occidental, particulièrement en Europe. Elle rend difficile le fonctionnement de la politique agricole commune ; elle entrave les échanges commerciaux en rendant aléatoire la signature des contrats de vente et d'achat. Les désordres monétaires faussent la concurrence et le fonctionnement du Marché commun.

La crise en est d'autant prolongée ; la spéculation l'emporte sur les investissements productifs et nourrit l'inflation. La hausse des prix affecte d'abord les équilibres comptables des entreprises confrontées à l'alourdissement des charges financières, à des pertes de compétitivité et à des revendications salariales incessantes. Le pouvoir d'achat des ménages est aussi menacé.

Flottement des monnaies ou flottement de l'Europe ?

Une Europe menacée d'asphyxie

Reflets à la fois de l'offre et de la demande de monnaie et des décisions gouvernementales, les taux d'intérêt pèsent sur l'activité économique et l'emploi : leur décrue favorise l'investissement et la consommation, mais décourage l'épargne ; leur montée freine la croissance en renchérissant le coût de l'investissement.

Tout au long des Trente Glorieuses, l'emprunt est favorisé par des taux d'intérêt souvent inférieurs à l'inflation. Dans les années 70 et plus encore au début des années 80, le taux d'intérêt réel atteint des sommets. Pour limiter l'hémorragie de capitaux vers les États-Unis, l'Europe est contrainte d'élever le loyer de l'argent.

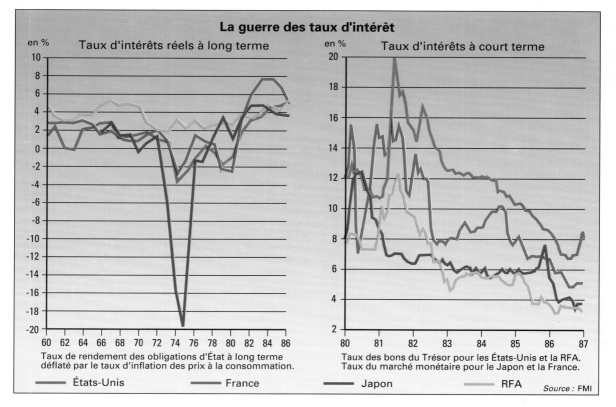

La guerre des taux d'intérêt

Taux d'intérêts réels à long terme

Taux de rendement des obligations d'État à long terme déflaté par le taux d'inflation des prix à la consommation.

Taux d'intérêts à court terme

Taux des bons du Trésor pour les États-Unis et la RFA. Taux du marché monétaire pour le Japon et la France.

États-Unis — France — Japon — RFA

Source : FMI

La crise des industries traditionnelles

Jadis orgueil des pays industrialisés, les pays noirs sont devenus de véritables cimetières industriels, des « bassins de rouille ». A la crise ancienne du charbonnage, succèdent le repli d'une sidérurgie ravagée par les surcapacités, le déclin d'une industrie textile confrontée à la concurrence des nouveaux pays industrialisés, NPI, du tiers monde. L'absence d'industries de remplacement explique l'importance du chômage dans les pays noirs, Lorraine, Middlands, Ruhr... et l'exode vers des régions plus attractives.

Les fronts de mer, très dynamiques dans les années 60, sont eux aussi affectés par la crise de la construction navale, la réduction du raffinage pétrolier, la mise en sommeil des complexes sidérurgiques sur l'eau. Seules les industries de pointe à haute intensité en capitaux et en matière grise, électronique, aéronautique, biotechnologie... ignorent la crise.

Un espace industriel disloqué par la crise

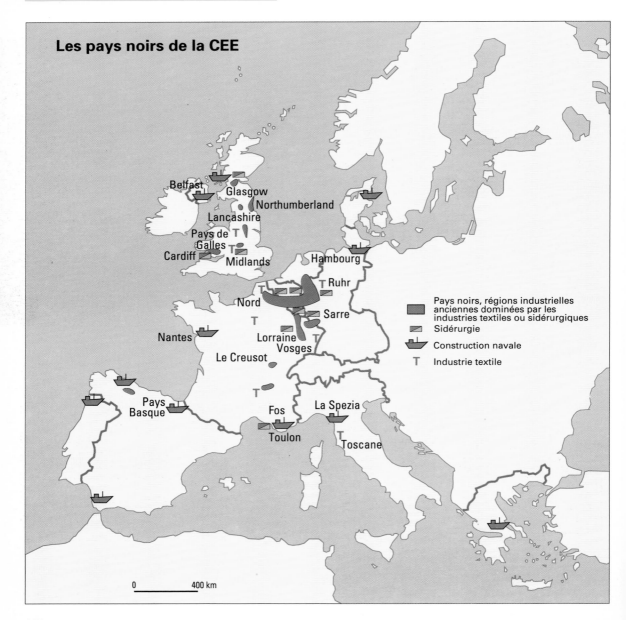

Les pays noirs de la CEE

Belfast
Glasgow
Northumberland
Lancashire
Pays de Galles
Cardiff
Midlands
Hambourg
Ruhr
Nord
Sarre
Nantes
Lorraine
Vosges
Le Creusot
Pays Basque
Fos
La Spezia
Toulon
Toscane

Pays noirs, régions industrielles anciennes dominées par les industries textiles ou sidérurgiques
Sidérurgie
Construction navale
T Industrie textile

0 — 400 km

Des secteurs industriels durement touchés

(en milliers)

Pays	Extraction et agglomération de combustibles solides, coke		Production et première transformation des métaux		Industrie textile		Industrie du cuir	
	1974	1981	1974	1981	1974	1981	1974	1981
Belgique	32,5	23,2	105,2	78,3	106	65	6	3,1
Danemark.	—*		5,4	5,1	18,5	13,6	2,2	1,6
France	100,2	6,7	307,5	206,6	387,5	273,2	45,2	34,6
Irlande	0,3	0,3	4,1	2,3	20,2	16,6	2,1	1,6
Italie	6,2	6,5	258,7	285,2	549	479,6	64,9	77,8
Luxembourg	—	—	25,3	—	—	—	—	—
Pays-Bas.	4,2	0,3	38,9	36,2	59,8	29,2	5,7	3,2
RFA.	191,4	209,4	468,4	381	425,9	319	50,6	39,7

Source : Eurostat.

* Pas de données ; en raison d'insuffisances statistiques, la Grèce est exclue de ce tableau.

Un exemple de désindustrialisation

Des secteurs résistants

(en milliers)

Pays	Construction de machines de bureau et de traitement de l'information		Construction électrique et électronique		Construction automobile		Industrie agro-alimentaires	
	1974	1981	1974	1981	1974	1981	1974	1981
Belgique	2	1	102	80	51	56	114	99
Danemark.	— *	3	41	36	5	6	92	88
France	33	47	481	477	419	453	491	508
Irlande	1	5	11	14	8	6	57	53
Italie	48	44	375	385	254	240	355	364
Pays-Bas.	9	8	123	117	23	24	434	388
RFA.	95	77,3	1 028	1 029	634	658	754	741
Royaume-Uni	77	61	790	628	498	366	767	635

Source : Eurostat. Pas de données suffisantes pour le Luxembourg et la Grèce.

La crise démographique

Avant la crise industrielle, avant la rupture monétaire de 1971-1973, avant la menace énergétique de 1973-1979, la crise démographique que connaissent tous les pays européens depuis 1964 amorce la fin d'une époque : au baby-boom succède le papy-boom qui voit la population du troisième âge occuper une place grandissante dans les sociétés européennes. Partout, au nord comme au sud, en RFA comme en Italie, les courbes de fécondité présentent une trajectoire descendante. La dénatalité et l'allongement de l'espérance de vie à la naissance remettent en question les systèmes de protection sociale et hypothèquent gravement le financement des retraites à l'aube du troisième millénaire. Le malthusianisme démographique, le vieillissement de la population européenne annoncent peut-être une forme de sclérose économique, et limitent à terme l'influence de l'Europe face aux autres aires continentales.

La « peste blanche »

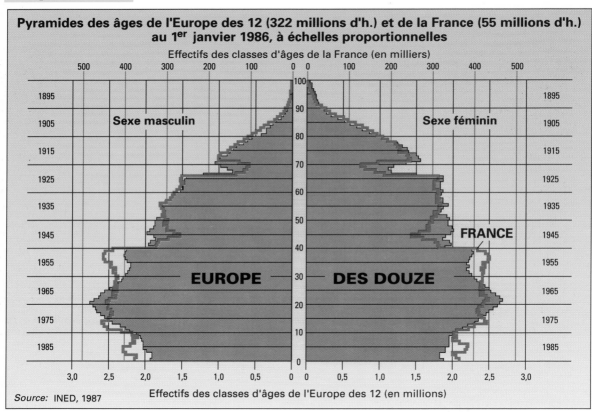

Pyramides des âges de l'Europe des 12 (322 millions d'h.) et de la France (55 millions d'h.) au 1er janvier 1986, à échelles proportionnelles

Effectifs des classes d'âges de la France (en milliers)

Sexe masculin — Sexe féminin

EUROPE DES DOUZE — FRANCE

Effectifs des classes d'âges de l'Europe des 12 (en millions)

Source: INED, 1987

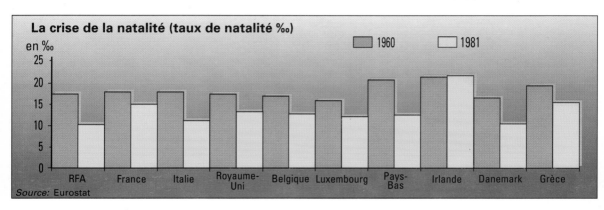

La crise de la natalité (taux de natalité ‰)

en ‰ — 1960 — 1981

RFA, France, Italie, Royaume-Uni, Belgique, Luxembourg, Pays-Bas, Irlande, Danemark, Grèce

Source: Eurostat

172

Le papy-boom

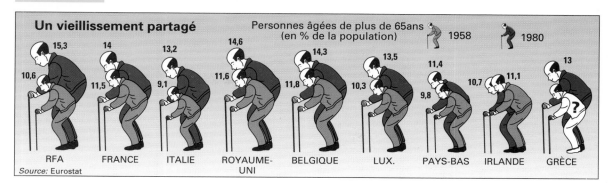

Un vieillissement partagé — Personnes âgées de plus de 65ans (en % de la population) — 1958 — 1980

	RFA	FRANCE	ITALIE	ROYAUME-UNI	BELGIQUE	LUX.	PAYS-BAS	IRLANDE	GRÈCE
1958	10,6	11,5	9,1	11,6	11,8	10,3	9,8	10,7	?
1980	15,3	14	13,2	14,6	14,3	13,5	11,4	11,1	13

Source: Eurostat

Une Europe partout malthusienne ?

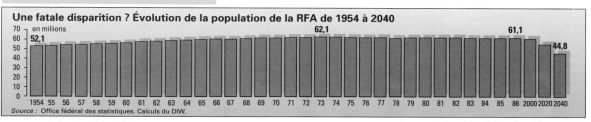

Une fatale disparition ? Évolution de la population de la RFA de 1954 à 2040

en millions — 52,1 ... 62,1 ... 61,1 ... 44,8

1954 55 56 57 58 59 60 61 62 63 64 65 66 67 68 69 70 71 72 73 74 75 76 77 78 79 80 81 82 83 84 85 86 2000 2020 2040

Source : Office fédéral des statistiques. Calculs du DIW.

Une convergence inquiétante, nombre moyen d'enfants par femme

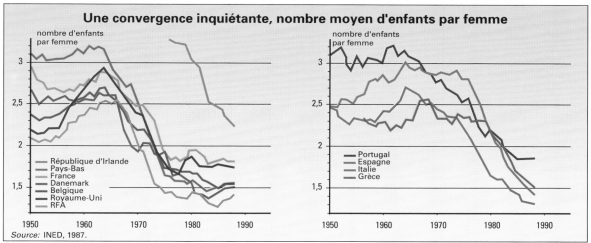

nombre d'enfants par femme

- République d'Irlande
- Pays-Bas
- France
- Danemark
- Belgique
- Royaume-Uni
- RFA

nombre d'enfants par femme

- Portugal
- Espagne
- Italie
- Grèce

Source: INED, 1987.

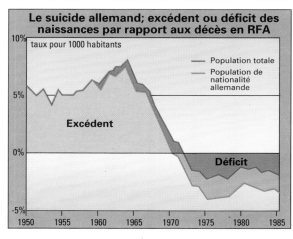

Le suicide allemand; excédent ou déficit des naissances par rapport aux décès en RFA

taux pour 1000 habitants

- Population totale
- Population de nationalité allemande

Excédent

Déficit

« Les Européens devraient avoir une politique familiale et démographique commune. On connaît les conséquences à long terme : quand les Allemands seront 36 millions et que nous aurons perdu, nous Français, un million d'actifs de moins de 25 ans, quel dynamisme économique aurons-nous par rapport au reste du monde ?

« Nous avons choisi la liberté de vieillir. Celle-ci a son prix : la charge croissante des retraites, le manque croissant de main-d'œuvre qualifiée. Je ne peux concevoir que l'Europe se résigne à vieillir passivement et s'abandonne à la fatalité.

« En France, sans les enfants de travailleurs immigrés, quel serait notre taux de fécondité ? » (P. GUILLEN, président de la commission sociale du CNPF, *le Monde*, 7 juin 1989.)

La crise de l'emploi

Les perturbations économiques qui secouent les Douze affectent les équilibres sociaux nés des Trente Glorieuses. Face à une population active qui continue à augmenter, se féminise, se tertiarise, le stock d'emplois disponibles se contracte : la décrue des activités agricoles et la réduction des effectifs industriels ne sont qu'en partie compensées par les créations dans les services. C'est la fin du plein emploi et la montée du chômage.

Toujours plus d'actifs

Pays	1960	1970	1982
Belgique..........	3 564	3 735	4 081
Danemark........	2 016	2 332	2 670
France..........	18 951	20 750	22 813
Grèce..........	3 363	3 235	3 678
Irlande..........	1 109	1 110	1 268
Italie..........	20 338	19 123	22 610
Luxembourg......	132	135	160
Pays-Bas........	4 069	4 641	5 587
RFA..........	26 225	26 318	26 970
Royaume-Uni.....	23 980	24 928	25 979
CEE..........	103 747	106 307	115 817
États-Unis........	65 778	82 715	110 204
URSS..........	—	82 300	134 860
Japon..........	44 610	51 530	57 740

L'augmentation de la population active européenne (en milliers).

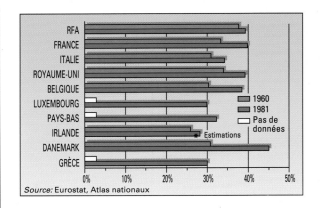

Source: Eurostat, Atlas nationaux

La généralisation du travail féminin : part des femmes dans la population active, en 1960 et 1981.

Toujours plus de tertiaires

Répartition en pourcentage des emplois civils 1958 , 1984

Pays	Agriculture		Industrie		Services	
Belgique...........	9	2,9	46,6	32,4	44,4	64,7
Danemark.........	14,9*	8,5	37,4	26,3	47,7	65,2
France............	23,7	8,4	39	34,6	37,3	57
Grèce*...........	57,7*	30,7	18	29	24,3	40,3
Irlande..........	38,4	17,3	22,9	31,1	38,7	51,6
Italie............	34,9	12,4	36,4	37	28,7	50,6
Luxembourg........	16,8	5,1	45	37,5	38,2	57,4
Pays-Bas..........	12,6	5	41,5	28,7	45,9	66,3
RFA.............	15,7	5,5	47,7	42,7	36,7	51,8
CEE (10)..........	—	7,7	—	36,2	—	56,1
États-Unis..........	8,9	3,6	33,7	28,4	57,4	68
Urss..............		20		39		41
Japon.............	35,2	9,7	27,2	34,9	37,6	55,4

Source : Eurostat, Atlas nationaux ; BIT.
* 1965 et non 1958 pour le Danemark ; 1981 pour la Grèce.

La fin du plein emploi

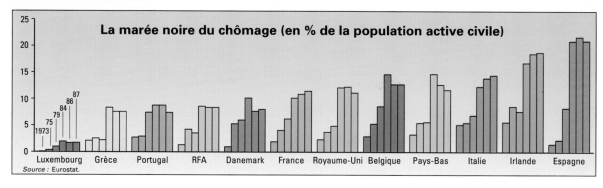

La marée noire du chômage (en % de la population active civile)

Luxembourg · Grèce · Portugal · RFA · Danemark · France · Royaume-Uni · Belgique · Pays-Bas · Italie · Irlande · Espagne

(années : 1973, 75, 79, 84, 86, 87)

Source : Eurostat.

	Part des femmes dans le chômage (en %)		Part des jeunes de moins de 25 ans dans le chômage	
	1975	1982	1975	1982
Belgique	52,3	55,9	33	40,4
Danemark	29,2	44,6	22,1	30,1
France.	49	50,7	36,4	46,4
Grèce	34,2	39,2	—	—
Irlande	18,7	24,7	—	29,5
Italie.	36,7	49,4	—	50,8
Luxembourg . .	35,2	47,4	—	50,9
Pays-Bas	21,7	31,7	36	46,3
RFA	42	45,8	25	23**
Royaume-Uni .	20,5	29,6	36,4	39,7
CEE à 10	36,3	42,3	35**	—

* Octobre 1982 : pas de données.
** Estimation.
Source : Eurostat.

Un chômage sélectif : d'abord, les femmes et les jeunes.

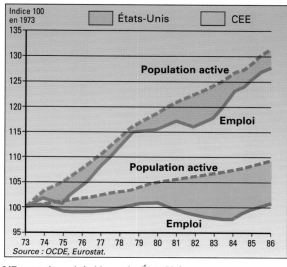

États-Unis   **CEE**

Indice 100 en 1973

Population active

Emploi

Population active

Emploi

73 74 75 76 77 78 79 80 81 82 83 84 85 86

Source : OCDE, Eurostat.

L'Europe plus vulnérable que les États-Unis.

Manifestation contre le chômage au Royaume-Uni et en RFA.

Des acquis sociaux menacés

Depuis 1945, l'Europe est le laboratoire de l'État-providence ; à la protection contre les grands risques de l'existence, maladie, accidents, chômage, vieillesse, s'ajoutent les allocations familiales et l'aide aux plus démunis. La crise introduit une triple menace sur cet héritage : le financement des charges sociales pèse sur la compétitivité et contredit la politique libérale de baisse des impôts ; la légitimité de l'État-providence est remise en question par tous ceux qui dénoncent l'excès des rigidités ; les syndicats, gardiens traditionnels des acquis sociaux, subissent une perte d'audience. Une société à deux vitesses s'amorce.

Une crise de financement

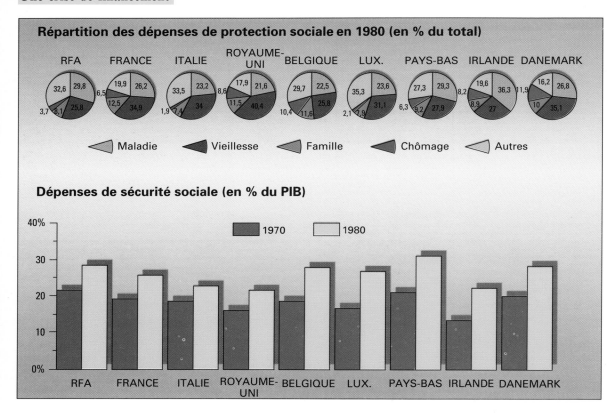

Une crise de légitimité

Depuis 1945, l'État-providence s'impose donc, à des règles variables, comme une caractéristique commune aux pays européens. Le « grande illusion » de 1945 a pour but la réconciliation de la liberté et de la justice, des droits de l'individu et de la cohésion de la société. En Europe, cette mission incombe à l'État, seule institution capable d'arbitrer entre les égoïsmes individuels et corporatifs. Dans la ligne de la philosophie des Lumières, il s'agit d'établir un nouveau contrat social, adapté à la société industrielle. Les deux courants majeurs de pensée de ces années — personnalisme de la démocratie-chrétienne, travaillisme des socialismes non communistes — voient dans l'État l'instrument d'une société consciente, volontariste, conduite par-fois par une planification souple. Quarante ans plus tard, le volume des dispositions légales et réglementaires, qui en résultent, constitue, pour le développement des activités économiques, un facteur de rigidité d'autant plus contraignant que ces dispositions varient fortement d'un pays à un autre, contribuant à morceler un peu plus un marché déjà divisé par les barrières traditionnelles de la souveraineté étatique.

L'Europe se présente comme une zone de blocages : l'attachement au pré carré, d'où toute présence étrangère doit être chassée, conduit à une protection farouche des avantages acquis, dont toute remise en cause est perçue comme *a priori* suspecte. *Ramsès*, 1986-1987. Economica, Paris, 1986.

Vers une société duale ?

	1960	1970	1980	1989
Belgique	60	65	80	75
Danemark[1]	60	63	69	80
Espagne[2]	—[3]	—	52	17
France........		31	14	10,6[4]
Grèce.........		—		80[5]
Irlande		53	59	
Italie	41	45	49	39
Luxembourg ...				49
Pays-Bas	42		39	30
Portugal	—	—	40	60
RFA[6]........	37	36	38	39
Royaume-Uni..	44	49	53	38[7]

Taux de syndicalisation en 1960, 1970, 1980, 1989.

1. L'administration des caisses d'assurance-chômage par les seuls syndicats explique un tel taux.
2. Les syndicats ne sont légalement autorisés que depuis la mort de Franco.
3. Interdiction du syndicat.
4. Le taux de syndicalisation dans le secteur privé n'est que de 5,6 %.
5. Le taux indiqué est celui de la fonction publique.
6. Avec 7,8 millions d'adhérents, la DGB est le plus fort syndicat de RFA.
7. Depuis l'arrivée au pouvoir de M. Thatcher, le TUC a perdu près de 3 millions d'adhérents. Il regroupe un peu plus de 8 millions de cotisants.

Les données 1960-1980 proviennent de l'ouvrage de H. KAELBLE, *Vers une société européenne, 1880-1980*, Belin, 1987, p. 82.

La montée des « petits boulots ».

Le syndicalisme doit s'adapter à un monde qui remet en cause ses principes d'action et ses modes d'intervention. En Europe occidentale, il se trouve confronté aux efforts réalisés par les employeurs pour donner à la gestion du personnel plus de flexibilité, cette dernière allant finalement dans le sens d'une meilleure qualité de la vie, d'une plus grande liberté dans l'organisation de l'emploi du temps [...].

C'est en Europe occidentale que l'adaptation des structures syndicales se révèle la plus difficile, parfois la plus dramatique, du fait à la fois de l'ampleur des dispositions législatives, réglementaires... et du poids des « droits acquis », des oppositions à la mobilité. *Ramsès*, 1986-1987, Economica, Paris, 1986.

« Petit boulot », emploi intermédiaire, emploi précaire, emploi d'attente, nouvelles formes d'emplois, emplois de formes particulières, la multiplication du vocabulaire reflète un phénomène nouveau et multiforme. Difficiles à nommer, difficiles à classer, ces emplois se distinguent des emplois classiques dont les normes avaient été définis pendant les Trente Glorieuses : travail à temps complet, contrat à durée indéterminée. *Ecoflash*, 18 avril 1987, INSEE.

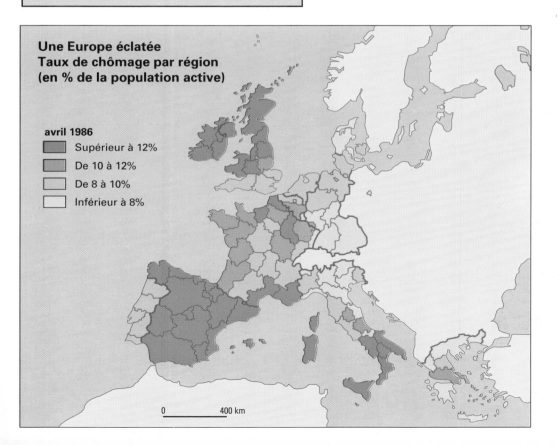

Une Europe éclatée
Taux de chômage par région
(en % de la population active)

avril 1986
- Supérieur à 12%
- De 10 à 12%
- De 8 à 10%
- Inférieur à 8%

0   400 km

B. L'Europe en crise

<table>
<tr><td>

La crise des solidarités

</td></tr>
</table>

Pour faire face à la crise, la CEE aurait besoin de consensus et d'unité ; or les vingt dernières années sont jalonnées de tensions, souvent accompagnées de violences aux origines diverses : affrontements religieux, querelles linguistiques, revendications autonomistes... La période contemporaine y ajoute l'irruption du terrorisme, la tentation du racisme et du rejet de l'autre.

Contestations, tensions et violences en Europe

Motif \ Pays concerné	Belgique	Dan.	Espagne	France	Grèce	Irlande	Italie	Lux.	Pays-Bas	Portugal	RFA	R.-Uni
Lutte contre l'État centralisé, mouvements autonomistes, terrorisme	Cellules communistes combattantes.*		ETA dans le Pays Basque[1] * (fondé en 1860)	Iparetarak (Pays basque), FLNC[2] (Corse) « Action directe »			« Brigades rouges » (1970-1982) « Ordre noir » (1974-1980)				« Rote Armee Fraktion », Bande à Baader (1968*, 1981)	
Affrontements entre communautés différentes	Wallons-Flamands											Protestants-Catholiques en Irlande du Nord
Attentats racistes contre des immigrés				Contre les Maghrebins							Contre les Turcs	
« Hooliganisme »	Tragédie du Heysel, Bruxelles, 1985								Violence endémique sur les stades			Violence endémique sur les stades
Mouvement écologique	79 : 5,1 % 84 : 9,85 %	Mouvement en expansion 79/84 : 1,3 %	Très minoritaire	Mouvement en voie d'émergence	Très dispersé (11 organisations)	Minoritaire 0,6 %	Dispersé, en essor 2 %	6 %	Mouvement structuré 84 : 5,6 %	Allié du PC	Mouvement puissant : « Die Grünen » 8 %	Résultats très irréguliers
Grand banditisme menaçant l'État	Tueurs du Brabant						Mafia					
Attentats terroristes d'origine proche-orientale[3]			▢	* Sept. 86	*		*		*	*	*	* Boeing 747. Lockerby. Déc. 1988
Attentats dirigés contre la présence militaire américaine	*		*	*			*				*	
Tentations pacifistes		Pacifisme								Pacifisme	« Rouge plutôt que mort »	

1. De 1968 à 1987, 731 attentats dont 531 revendiqués par l'ETA.
2. En 1987, 499 attentats en Corse, dont 405 revendiqués par le FLNC.
3. En 1985, année record, 441 attentats provoquant la mort de 230 personnes et faisant 820 blessés, sont recensés à travers le monde.
* Actions violentes.

La tentation de l'intolérance

Évolution du solde migratoire annuel (en milliers)

Pays	1960	1965	1970	1972	1974	1976	1978	1980	1981
Belgique	+ 4	+ 26	+ 4	+ 13	+ 23	+ 7	− 4	− 4	− 7
Danemark....	+ 3	—	+ 12	+ 5	− 7	+ 3	+ 5	—	− 2
France.......	+140	+110	+180	+102	+ 30	− 0	− 0	− 0	− 0
Grèce	− 31	− 40	− 46	− 1	− 19	− 56	− 66	+ 50	+ 7
Irlande	− 42	− 22	− 3	+ 14	+ 19	+ 12	+ 15	− 1	—
Italie........	− 94	− 158	− 47	+ 91	+110	+ 58	+ 48	+ 49	+ 23
Luxembourg ..	*	+ 2	+ 1	+ 3	+ 5	+ 1	—	+ 1	—
Pays-Bas	− 13	+ 19	+ 20	+ 19	+ 33	+ 22	+ 45	+ 53	+ 17
RFA........	+336	+245	+560	+336	− 9	− 73	+115	+312	+152
Royaume-Uni .	+ 87	− 52	− 84	− 11	− 87	− 24	+ 7	− 76	− 80
CEE	+390	+130	+597	+571	+ 91	− 50	+165	+384	+110

Source : Eurostat.
* Très petit nombre.

L'Europe, toujours une terre d'accueil ? Évolution du solde migratoire annuel, en milliers.

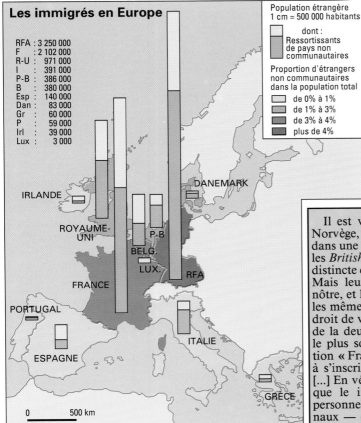

Les immigrés en Europe

RFA : 3 250 000
F : 2 102 000
R-U : 971 000
I : 391 000
P-B : 386 000
B : 380 000
Esp : 140 000
Dan : 83 000
Gr : 60 000
P : 59 000
Irl : 39 000
Lux : 3 000

Population étrangère
1 cm = 500 000 habitants

dont :
Ressortissants
de pays non
communautaires

Proportion d'étrangers
non communautaires
dans la population total

de 0% à 1%
de 1% à 3%
de 3% à 4%
plus de 4%

IRLANDE
ROYAUME-UNI
P-B
DANEMARK
BELG.
LUX.
RFA
FRANCE
PORTUGAL
ESPAGNE
ITALIE
GRÈCE

0   500 km

Quels droits pour les immigrés ?

Il est vrai que divers pays scandinaves (Suède, Norvège, Danemark), mais aussi les Pays-Bas et, dans une certaine mesure, la Grande-Bretagne (pour les *British subject*) ont admis une citoyenneté locale, distincte de la nationalité, et fondée sur la résidence. Mais leur tradition politique est différente de la nôtre, et le problème des immigrés ne s'y pose dans les mêmes termes qu'en France. [...] La question du droit de vote ne se pose déjà plus pour les immigrés de la deuxième génération qui, nés en France, ont le plus souvent la nationalité française : l'association « France Plus » n'a-t-elle pas poussé les beurs à s'inscrire massivement sur les listes électorales ? [...] En vérité, autant il est légitime de faire en sorte que le immigrés étrangers bénéficient de droits personnels ou sociaux équivalant à ceux des nationaux — c'est le cas pour le droit syndical, le droit d'association ou le droit de vote aux élections prud'homales — autant il n'y a pas lieu de revenir sur la tradition républicaine, qui lie citoyenneté et nationalité. Tout étranger désireux d'exercer des droits civiques a la possibilité, après un certain délai, de demander sa naturalisation : il aura les mêmes droits, mais aussi les mêmes obligations (notamment de service militaire) que les autres nationaux.

R. Hadas-Lebel, « *Vote des étrangers : un débat superflu* », L'Express, 29 avril-5 mai 1988.

La crise de la construction : la disharmonie fiscale

La libre-circulation des marchandises et l'établissement d'une concurrence loyale sont deux principes fondamentaux de la construction européenne. L'abolition des frontières fiscales est donc aussi importante que la disparition des frontières douanières. Les divergences entre la structure et le poids des prélèvements introduisent en effet des distorsions dans les coûts, une limitation de la concurrence, une incitation à la fraude. Domaine privilégié de la souveraineté nationale, la fiscalité reste, après trente ans de CEE, diverse et hétérogène.

Une double divergence fiscale

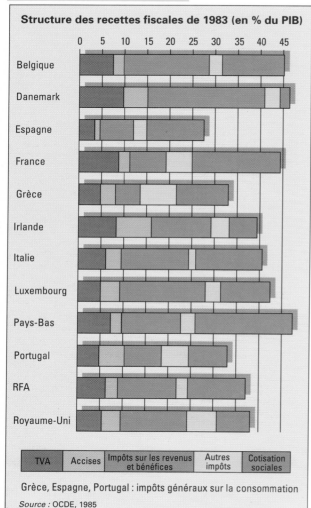

Structure des recettes fiscales de 1983 (en % du PIB)

Grèce, Espagne, Portugal : impôts généraux sur la consommation

Source : OCDE, 1985

L'Europe des Douze présente une très grande variété de situation fiscale : aux pays à fort prélèvements fiscaux, Danemark, Pays-Bas, s'opposent ceux qui profitent de taux plus faibles, Espagne, Royaume-Uni. La nature des impôts nourrit des divergences supplémentaires : ainsi, les recettes fiscales de la République française sont d'abord indirectes, tandis que celles des pays anglo-saxons sont plutôt directes. Enfin, les cotisations sociales pèsent différemment sur les entreprises et les salariés.

L'histoire, la nature du développement économique suivi, les modalités d'intervention de l'État dans l'économie et la société sont à l'origine de telles différences qui doivent disparaître à la veille de la mise sur pied du Grand Marché unique prévu pour la fin 1992.

Des prélèvements plus ou moins lourds
(en % du PIB)

	1980	1983	1986
Belgique	43,5	45,4	45,4
Danemark	45,5	46,5	50,6
Espagne	24,1	27,9	30,4
France	41,7	43,6	44,2
Grèce	28,6	33,3	36,7
Irlande	34	38,6	40,2
Italie	30	35,9	36,2
Luxembourg	40,9	44,8	42,4
Pays-Bas	45,8	46,7	45,5
Portugal	28,7	32,8	32,4
RFA	38	37,3	37,5
Royaume-Uni	35,3	37,9	39
Moyenne OCDE	35,1	36,8	38,1
Moyenne CEE	36,3	39,2	40

Définitions

TVA (taxe à la valeur ajoutée) : créée en 1954 en France, elle se généralise à l'Europe en 1967 ; elle est appliquée par l'Espagne en 1986, la Grèce en 1987, le Portugal à partir de 1989. Principal impôt indirect, la TVA est payée par le consommateur et ne pèse pas sur les produits exportés.

Droit d'accise : taxe spécifique frappant les boissons alcoolisées, le tabac, les carburants.

Impôt sur le revenu et les bénéfices : principal impôt direct, souvent perçu à la source, il est calculé sur le revenu annuel des ménages et sur les bénéfices des sociétés.

Cotisations sociales : prélèvement obligatoire destiné à financer les systèmes de protection sociale.

Autres impôts : par exemple, l'impôt sur le patrimoine, les droits d'enregistrement et de timbre.

Un aspect clef de la « non-Europe »

La divergence des taux de TVA entre les pays européens fausse totalement le fonctionnement du Marché commun. En effet, plus les taux sont légers et plus les prix hors taxes peuvent être élevés : les firmes dégageant des marges confortables, disposent de moyens financiers importants et donc effectuent de lourdes dépenses de recherche et d'investissement. Au contraire, plus la TVA est lourde et plus les prix hors taxes doivent être bas, réduisant d'autant les marges et les moyens d'investissement.

Une TVA inégale (en %)

	Taux réduit	Taux normal	Taux majoré
Belgique	6 et 17	19	25 et 33
Danemark. . . .		22	
Espagne.	6	12	33
France.	5,5 et 7	18,6	28 et 33,3
Grèce	TVA non introduite		
Irlande	0 et 10	23	
Italie.	2 et 9	18	38
Luxembourg. .	3 et 6	12	
Pays-Bas	5	19	
Portugal	8	16	30
RFA	7	14	
Royaume-Uni		15	

« Le fisc est peut-être le plus intéressé par le contrôle aux frontières. Chaque fois que des marchandises passent d'un pays à l'autre, elles doivent être accompagnées d'une liasse de formulaires à la douane afin que les autorités fiscales puissent percevoir les taxes — TVA et droits d'accises — qui relèvent de leur compétence. Une Europe sans frontière devra trouver d'autres moyens d'assurer le recouvrement des taxes sur les marchandises au moment et à l'endroit voulus.

A l'évidence, l'intention de la Communauté a toujours été d'harmoniser la fiscalité indirecte. Le bon fonctionnement d'un véritable marché commun exige que tous les facteurs qui sont source de distorsions de concurrence et de différences des prix artificielles entre les États membres soient supprimés. Parmi ces facteurs : des régimes très divergents de taxes indirectes.

Nous ne partons pourtant pas de zéro. Des résultats considérables ont déjà été obtenus dans le domaine fiscal. Il n'est que de rappeler l'introduction de la TVA en tant que taxe commune sur le chiffre d'affaires dans la Communauté. Mais les taux et l'assiette de la TVA, et plus encore l'ensemble de la structure des principaux droits d'accise, continuent de présenter de grandes différences suivant les États membres.

Et c'est précisément pour défendre et même renforcer ces différences que les gouvernements maintiennent des contrôles fiscaux aux frontières. [...]

Si l'objectif de l'abolition des contrôles aux frontières est de créer un marché européen unique, il est donc logique que le système fiscal applicable dans ce marché fonctionne de la même façon qu'au sein d'un seul État membre.

Les ventes et les achats transfrontaliers seraient traités exactement de la même façon que les ventes et les achats à l'intérieur d'un État membre. Dans le cas de la TVA, les exportateurs appliqueraient le taux positif habituel sur les ventes, tant pour les exportations que pour les transactions intérieures, et les importateurs récupéreraient le montant en tant que taxe payée amont, comme dans le cas d'achats intérieurs. » Lord Cockfield. (*Un grand marché sans frontières*, Office des publications officielles des Communautés européennes, Luxembourg, 1987.)

A lire les documents de la Commisssion européenne — et parfois certains articles de journaux —, l'Europe actuelle ressemble à la France de 1790, hérissée d'octrois où les marchandises franchissant les frontières se grevaient de taxes les plus diverses et les plus lourdes.

Il n'en est rien. Une marchandise exportée d'un État membre de la CEE vers un autre ne paie aucune TVA dans son pays d'origine, et n'acquitte que la TVA dans le pays de destination, c'est-à-dire dans le pays de consommation. En d'autres termes, un appareil ménager allemand quitte la RFA sans être grevé d'une quelconque taxe indirecte et ne paie qu'en France, au Trésor français, la TVA. Le système est simple et ingénieux : c'est le seul moyen d'égaliser les conditions de concurrence, à l'intérieur de chaque pays, entre les marchandises importées et celles produites dans le pays. Les taux de TVA sont en effet très disparates selon les pays. Si l'appareil ménager évoqué plus haut était vendu en France après avoir acquitté uniquement la TVA allemande, beaucoup plus faible que la nôtre, c'en serait rapidement terminé des productions françaises d'appareils ménagers.

On peut donc affirmer sans hésitation que les frontières fiscales ont d'ores et déjà largement disparu. Les produits européens circulent librement, sans aucune entrave fiscale, et ne sont taxés qu'au moment de la consommation. Les octrois de Louis XVI ou de l'Allemagne d'avant le Zollverein n'ont rien à voir avec cette situation.

Un second argument parfois retenu mérite à peu près autant de crédit : le mécanisme de dégrèvement de la TVA imposerait de lourdes formalités douanières. C'est faux : la simple déclaration en douane, indispensable, si l'on veut éviter l'invasion frauduleuse de produits sous-taxés, est devenue au fil des années très simple et se trouve de plus en plus remplacée par des procédures électroniques expéditives. Aucun observateur de bonne foi ne peut assimiler ce processus à une bureaucratie tatillonne. (J. FEVRE, « *Europe : le grand marché intérieur* », Revue *Après-demain*, février 1988.)

Un marché commun inachevé

Le traité de Rome fixe un calendrier précis et contraignant pour le désarmement contingentaire et douanier. Ces engagements ont été respectés : les contingents disparaissent dès 1959, les droits de douanes internes sont supprimés en juillet 1968, avec dix-huit mois d'avance sur les dates initialement fixées. L'établissement des conditions d'une concurrence loyale, c'est-à-dire l'harmonisation des normes et des règlements, s'est révélé par contre plus délicat. Aux retards pris dans les années 60, s'ajoutent les difficultés nées de l'élargissement et les protections nourries par la crise de 1973. Ces obstacles immatériels maintiennent le cloisonnement des marchés nationaux et expliquent le défi du grand marché unique prévu pour le 1ᵉʳ janvier 1993.

Des principes oubliés

« Les restrictions quantitatives à l'importation ainsi que toutes mesures d'effet équivalent sont interdites entre États membres, sans préjudice des dispositions ci-après. »

Article 36.

« Les dispositions des articles 30 à 34 inclus ne font pas obstacle aux interdictions ou restrictions d'importation, d'exportation ou de transit, justifiées par des raisons de moralité publique, de protection de la santé et de la vie des personnes et des animaux ou de préservation des végétaux, de protection des trésors nationaux ayant une valeur artistique, historique ou archéologique, ou de protection de la propriété industrielle et commerciale. Toutefois, ces interdictions ou restrictions ne doivent constituer ni un moyen de discrimination arbitraire, ni une restriction déguisée dans le commerce entre les États membres. »

Article 100.

« Le Conseil statuant à l'unanimité sur proposition de la Commission, arrête les directives pour le rapprochement des dispositions législatives, réglementaires et administratives des États membres qui ont une incidence directe sur l'établissement ou le fonctionnement du marché commun [...]. »

Les dispositions du traité de Rome en faveur de la libre circulation des marchandises.

La remise en question des principes de 1957.

Dans l'esprit des auteurs du traité, le seul fait de créer un marché de 300 millions de consommateurs devait entraîner une dynamique conduisant à la disparition de toutes les barrières existantes au commerce intracommunautaire et, en conséquence, à une unification de l'ensemble des règles techniques régissant chaque marché national.

Or, si la suppression des droits de douane a pu être effectuée très rapidement, l'unification normative n'a pas été réalisée, loin s'en faut ! [...]

Cependant, sous l'effet de la crise de 1973, les États membres ont édicté des réglementations concernant tant les produits nationaux que les produits importés.

Ces réglementations semblaient être dictées par des considérations de santé publique ou protection des consommateurs, donc normalement couvertes par l'exception de l'article 36 du traité. En fait, elles constituaient autant d'entraves techniques aux échanges.

Ainsi, il n'y avait, certes, plus de restrictions quantitatives dès 1965 dans les échanges intracommunautaires, mais une variété infinie d'obstacles liés à la qualité, à la composition, la conservation, le contrôle, voire le conditionnement (présentation, étiquetage, récipients, etc.) des marchandises. J.-P. SPITZER, « La libre circulation des marchandises », *Le Moniteur du commerce international*, numéro du 29 février 1988.

Les principaux coûts de la « non-Europe » peuvent se résumer comme suit :

— Frais administratifs élevés pour satisfaire à des exigences bureaucratiques nationales différentes.

— Alourdissement des frais de transport en raison des formalités à la frontière.

— Majoration des coûts due à l'obligation d'appliquer des normes nationales différentes et à l'impossibilité de réaliser des économies d'échelle.

— Doubles emplois dans le financement de travaux séparés de recherche et de développement.

— Coûts élevés des activités publiques qui échappent à la concurrence et sont lourdement réglementées (exemple type : le domaine des marchés publics).

— Coûts élevés et choix plus restreint pour le consommateur qui doit se limiter à son marché national, combiné avec

— Le coût d'opportunité qui empêche ou, à tout le moins, décourage l'activité économique de franchir les frontières pour bénéficier de toutes les possibilités du marché. *Un grand marché sans frontières*, avril 1987. Office des publications officielles des Communautés européennes, Luxembourg.

Des frontières internes

Des marchés réservés, les marchés publics nationaux.

Les marchés publics de la CEE représentent, chaque année, quelque 250 milliards d'Ecu. Les textes européens n'en visent qu'une partie. La directive « fournitures » couvre ainsi environ 15 milliards d'Ecu et la directive « travaux » 25 milliards. Sur ce montant, soit 40 milliards, la part enlevée par des entreprises étrangères au pays où est lancé l'appel d'offres, n'excède pas 10 %. Même si le chiffre réel est sans doute supérieur, les rares statistiques existantes en la matière ne prenant pas en compte les marchés remportés par les filiales locales d'entreprises étrangères, il faut le comparer à celui qui mesure le commerce intracommunautaire, 33 % du PNB de la Communauté. « La part représentée par les marchés publics paraît alors tout à fait négligeable », note Reginald Spence, chef de la division « marchés publics » de la Commission. [...]

Ce sont donc les directives de 1971, pour les marchés de travaux, et de 1976, pour les fournitures, qui servent de fondement à la réglementation. S'y ajoute un ensemble de dispositions mises en place, pour les marchés de fournitures, par la Communauté et le Gatt. [...]

Quelles sont ces règles qui constituent les textes de base à connaître pour tout candidat à un marché public européen ?

D'abord l'obligation de publier les appels d'offres d'un certain montant (plus de 1,1 million de francs pour les fournitures et plus de 7,5 millions pour les travaux). Les avis de marchés sont ainsi publiés au supplément S du du *Journal Officiel* des Communautés européennes, qui paraît dans toutes les langues officielles tous les jours, sauf le dimanche et le lundi. [...]

Difficile de dire que les directives sont mal appliquées. Ailleurs réside la raison véritable de la non-ouverture des marchés publics européens. 50 % sont en effet en dessous du seuil prescrit et échappent donc à toute règlementation. Beaucoup d'organismes d'achats fractionnent les marchés pour passer en dessous de la barre. En outre, 25 % des procédures se font de gré à gré. Seuls les 25 % restants entrent

dans le cadre de l'application de l'obligation de publication. Un faible pourcentage, d'autant plus qu'au départ d'autres limitations existent. *Quatre secteurs clefs, l'énergie, le transport, l'eau et, dans le cas des marchés de fournitures, les télécommunications, ne sont actuellement pas visés par les directives.* [...]

En ce qui concerne les marchés de travaux, les contrats effectivement obtenus par des entreprises non nationales sont très rares. Ils le sont pour des motifs précis : l'exécution de travaux au voisinage des frontières, la mise en œuvre de techniques particulièrement reconnues. C'est le cas des parkings souterrains pour la France ou des dragages pour les Pays-Bas. Le troisième cas concerne les sociétés possédant des intérêts locaux (filiales par exemple).

Quant aux marchés de fournitures, une communication de la commission au Conseil des Communautés européennes du 14 décembre 1984, fait le point. En 1981, 4,5 % de la valeur globale des marchés attribués ont fait l'objet de contrats avec des entreprises européennes non nationales. En 1982, ce chiffre atteignait à peine 1 %. « Dans l'ensemble, il est manifeste que, malgré un respect croissant des dispositions des directives en matière de publication d'avis, la mise en concurrence des marchés n'est pas réellement souhaitée par tous les participants. Les événements suivant la publication sont même trop souvent caractérisés par un désir d'éviter la concurrence », constate le rapport.

Constat d'échec ? Oui, d'un certain point de vue, et la Commission le reconnaît, qui tente de remédier à cet état de fait, par une amélioration des directives. Certes, le poids des héritages, l'inertie dont font preuve les administrations, par exemple, pèsent encore lourd dans la balance. Mais combien d'entreprises ne se contentent pas de tel ou tel alibi ? A l'ignorance de certaines règles élémentaires ne vient-il pas s'ajouter parfois une mauvaise appréciation du marché que représente le Vieux Continent ? S. BÉLUJON et P. PASQUET, « CEE : les marchés publics », *Le Moniteur du Commerce international*, numéro du 20 janvier 1986.

Une Europe sans défense ?

L'idée européenne est fondée sur trois ambitions fondamentales : créer un grand marché pour susciter le dynamisme économique et le progrès social ; rapprocher des pays voisins mais trop longtemps rivaux pour constituer une entité politique entre les super-grands ; redonner enfin à l'Europe son rayonnement culturel et sa puissance stratégique du passé.

Or, force est de constater que la marche vers une défense commune a été un des grands échecs de la construction. Confrontée à la volonté américaine de réduire ses engagements à l'étranger et à la « main tendue » de Gorbatchev, la CEE est dominée par une urgence : européaniser sa défense.

Un dilemme permanent : défense Atlantique ou défense européenne ?

4 mars 1947	Traité de Dunkerque : *alliance France, Grande-Bretagne.*
17 mars 1948	Traité de Bruxelles : *alliance défensive France, Grande-Bretagne, Bénélux.*
	Le traité prévoit une solidarité militaire automatique pour cinquante ans, des plans communs de défense, un état-major unique établi à Fontainebleau. Sollicités par la France, les États-Unis refusent d'adhérer au traité : l'engagement automatique est contraire aux principes américains ; seul le Congrès peut décider une entrée en guerre.
4 avril 1949	Traité de l'Atlantique-Nord ou Otan.
	Signé à Washington par douze pays occidentaux, il crée une alliance défensive sous direction militaire américaine.
19 décembre 1950	*Création d'une force militaire atlantique intégrée commandée par le général Eisenhower.*
20 décembre 1950	*Les compétences militaires du pacte de Bruxelles sont transférées à l'Otan. L'état-major européen de Fontainebleau disparaît et est remplacé par le Shape, Supreme Headquarters Allied Powers Europe.*
27 mai 1952	Traité de Paris, *création de la CED, Communauté européenne de défense.*
	Le traité prévoit un budget militaire commun, des programmes communs d'armement et une armée unifiée.
30 août 1954	*Ratifié par la RFA, le Bénélux, l'Italie, le traité de Paris est rejeté par l'Assemblée nationale française.*
23 octobre 1954	Création de l'UEO, Union de l'Europe Occidentale.
	Regroupant sept pays, France, Royaume-Uni, RFA, Bénélux, Italie, l'UEO est chargée de contrôler le niveau d'armement conventionnel et nucléaire et de standardiser les programmes militaires. La RFA retrouve sa souveraineté militaire, armes nucléaires exclues, et entre dans l'Otan.
14 mai 1955	Pacte de Varsovie.
	Traité de défense mutuelle entre l'Urss et les démocraties populaires de l'Europe de l'Est.
18 juillet 1961	Le général de Gaulle propose le plan Fouchet.
	Il prévoit, dans le cadre des Six, un conseil des chefs d'État chargé de définir une diplomatie et une politique de défense communes. Il est rejeté par les partenaires de la France.
22 janvier 1963	Traité de l'Élysée entre la France et la RFA.
	Il prévoit l'élaboration de conceptions communes en matière de défense.
7 mars 1966	*La France annonce son retrait du commandement militaire de l'Otan.*
1983	*Début d'un rapprochement franco-allemand en matière de défense ; projet d'une brigade commune.*
23 avril 1985	Le conseil de l'UEO formé des ministres des Affaires étrangères et de la Défense des sept pays membres publie la « déclaration de Rome ».
	Elle vise à réactiver une institution en sommeil et à développer la coopération en matière d'armement.
27 octobre 1987	Le conseil de l'UEO adopte la « plate-forme sur les intérêts européens en matière de sécurité » qui rappelle le couplage entre les États-Unis et l'Europe dans le domaine de la défense et qui insiste sur les responsabilités des États membres en matière de défense.
7 décembre 1987	Accord de Washington entre les États-Unis et l'Urss.
	Il prévoit la destruction des euromissiles dans un délai de trois ans.
18 avril 1988	Le conseil de l'UEO invite l'Espagne et le Portugal à ouvrir des négociations en vue de leur adhésion.

L'Europe entre l'Est et l'Ouest

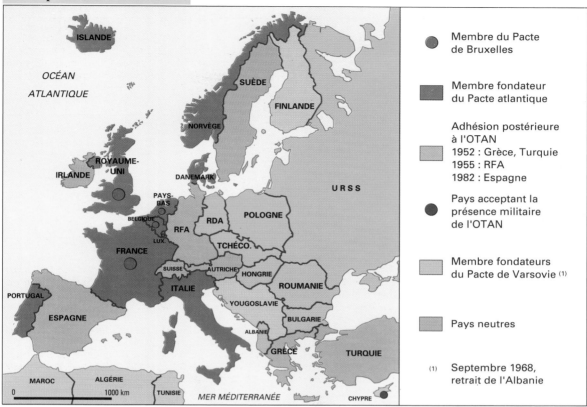

Légende :
- Membre du Pacte de Bruxelles
- Membre fondateur du Pacte atlantique
- Adhésion postérieure à l'OTAN
  1952 : Grèce, Turquie
  1955 : RFA
  1982 : Espagne
- Pays acceptant la présence militaire de l'OTAN
- Membre fondateurs du Pacte de Varsovie (1)
- Pays neutres
- (1) Septembre 1968, retrait de l'Albanie

	PACTE DE VARSOVIE		ALLIANCE ATLANTIQUE	
	Selon l'Otan	*Selon Moscou*	*Selon Moscou*	*Selon l'Otan*
Effectifs totaux	3 090 000[1]	3 573 100[2]	3 660 200[2]	2 193 593[1]
dont Urss		2 458 000		
États-Unis				593 000
dont France				442 500
RFA				495 000
Chars	51 500	59 470	30 690	16 364
dont Urss	37 000	41 580		
États-Unis			6 980	1 800
Missiles antichars	44 200	11 465	18 070	18 240
dont Urss	36 500	8 840		
États-Unis			4 940	3 300
Transports de troupes blindés	93 400	70 330	46 900	40 814
dont Urss	64 000	45 000		
États-Unis			7 590	6 550
Avions de combat	8 250	7 876	7 130	4 077
dont Urss	6 050	5 955		
États-Unis			1 960	800
Hélicoptères	3 700	2 785	5 270	2 519
dont Urss	2 850	2 200		
États-Unis			2 180	700
Missiles tactiques		1 608	136	
dont Urss		1 121		
États-Unis			36	
Gros navires de surface		102	499	
dont porte-avions		2	15	

(1) Forces terrestres seules. — (2) Y compris forces aériennes et maritimes.

L'Europe à l'heure du dialogue entre les super-grands

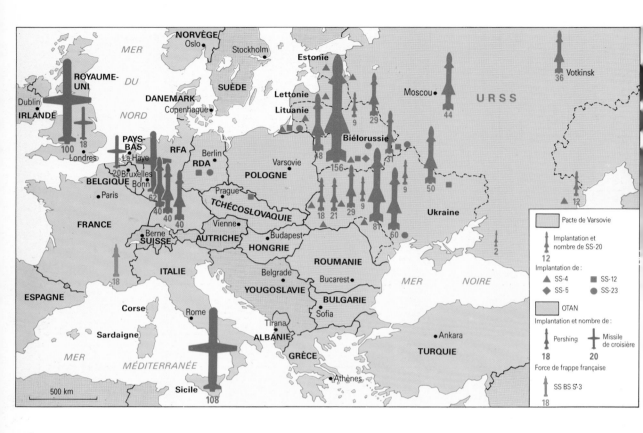

Carte de l'Europe avec :
- MER DU NORD, NORVÈGE (Oslo), SUÈDE (Stockholm), DANEMARK (Copenhague)
- ROYAUME-UNI (Londres) 100, 18
- IRLANDE (Dublin)
- PAYS-BAS (La Haye), BELGIQUE (Bruxelles), 20
- RFA (Bonn), Berlin, RDA
- Estonie, Lettonie, Lituanie 9, 29
- Biélorussie 18, 156, 31
- Moscou 44, URSS
- 36 Votkinsk
- Varsovie, POLOGNE 50
- TCHÉCOSLOVAQUIE 62, 40, 40, 40, Prague 18, 21, 29, 9, 9
- Ukraine 81, 60
- FRANCE (Paris), SUISSE (Berne), AUTRICHE (Vienne), HONGRIE (Budapest) 2
- ITALIE (Rome) 18, Corse, Sardaigne, Sicile 108
- ESPAGNE
- ROUMANIE (Bucarest), Belgrade, YOUGOSLAVIE, BULGARIE (Sofia), ALBANIE (Tirana), GRÈCE (Athènes)
- TURQUIE (Ankara)
- MER NOIRE, MER MÉDITERRANÉE
- 12
- 500 km

Légende :
- Pacte de Varsovie
- Implantation et nombre de SS-20 : 12
- Implantation de : ▲ SS-4, ◆ SS-5, ■ SS-12, ● SS-23
- OTAN
- Implantation et nombre de : Pershing 18, Missile de croisière 20
- Force de frappe française : SS BS S-3 18

« La plupart des experts européens, même allemands, reconnaissent que la réalisation de l'"option double zéro*" — qui en tout état de cause s'étendra sur plusieurs années — sans réaménagement de la posture de l'Alliance, créerait un trou dans la dissuasion qui pourrait bien se traduire finalement par un avantage militaire soviétique substantiel, et donc dangereux pour la sécurité de l'Europe occidentale. [...] Les Pershing 2 et les missiles de croisière déployés en Europe, parce qu'ils permettent de frapper des cibles en territoire soviétique à partir du territoire agressé, constituent un élément important pour la crédibilité de la dissuasion. L'élimination des systèmes de portée comprise entre 500 et 5 500 kilomètres ne laisserait plus, pour atteindre l'Urss, que les avions F111 basés en Angleterre, et naturellement les systèmes stratégiques américains, alors que l'Europe resterait à la portée des vecteurs intercontinentaux soviétiques. »
T. de MONTBRIAL, *Sur la politique de sécurité de la France. Commentaire*, 1987.

* Option double zéro : destruction des forces nucléaires intermédiaires de 500 à 5 500 kilomètres.

L'Europe à la recherche d'un consensus en matière de défense

« Toute guerre, qu'elle soit nucléaire ou conventionnelle, doit être empêchée, les conflits qui sévissent dans différentes régions de la planète doivent être réglés et la paix doit être maintenue et concrètement mise en œuvre.

« Les droits de tous les peuples et de tous les États à décider librement de leur destin et à conduire souverainement leurs relations mutuelles sur la base du droit international doivent être garantis en politique intérieure et internationale. [...]

« Les deux parties sont déterminées à assumer les responsabilités qui découlent de la reconnaissance de cet état de fait. Les différences qui continuent d'exister entre les systèmes de valeurs et les ordres politiques et sociaux ne constituent pas un obstacle à la conception d'une politique d'avenir dépassant les frontières des systèmes.

« L'Europe est appelée à jouer un rôle éminent dans la construction d'un avenir pacifique. Bien que ce continent ait été séparé pendant des décennies, la conscience d'une identité et d'une communauté européennes est restée vivante et s'affirme de plus en plus. Ce développement doit être encouragé.

« La République fédérale d'Allemagne et l'Union soviétique considèrent que la tâche essentielle de leur politique est de renouer avec les traditions européennes historiques et de contribuer ainsi à surmonter la séparation de l'Europe. [...] »

Déclaration commune germano-soviétique signée par H. Kohl et M. Gorbatchev, le 13 juin 1989.

1) Quelles sont, dans la liste suivante, les menaces les plus graves pour les prochaines années dans le monde ?

	La montée du terrorisme	Une crise économique	Les risques de guerre	La faim et le sous-développement	Les menaces sur l'environnement	Sans réponse
en %	45	27	22	24	48	3

2) Selon vous, quel est, à l'heure actuelle, le bloc le plus puissant sur le plan militaire ?

	Les pays de l'Ouest	Les pays de l'Est	Les deux blocs sont à égalité	Sans réponse
en %	10	35	41	14

3) Si les armées soviétiques envahissent l'Allemagne, estimez-vous que la France doit...

	Se servir de l'arme nucléaire contre l'Urss	Soutenir militairement la RFA mais sans se servir de l'arme nucléaire	Essayer de négocier avec l'Urss et ne pas entrer dans le conflit militaire	Rester totalement neutre	Sans réponse
en %	2	19	46	21	12
Sympathie partisane :					
Parti communiste ..		7	45	37	11
Parti socialiste.....	1	18	51	20	10
Écologiste	1	23	45	23	8
UDF...........	3	25	42	24	6
RPR...........	1	27	43	12	14
Front national		29	41	13	

4) Et si les armées soviétiques entrent sur le territoire français, pensez-vous que la France doit...

	Se servir de l'arme nucléaire contre l'Urss	Se défendre militairement mais sans se servir de l'arme nucléaire	Essayer de négocier avec l'Urss mais sans essayer de se défendre militairement	Sans réponse
en %	8	25	56	11
Sympathie partisane :				
PCF	12	29	48	11
Parti socialiste	6	26	61	7
Écologiste.........	5	26	59	10
UDF............	12	21	62	5
RPR	11	25	53	11
Front national	13	32	39	16

Sondage CSA-Le Monde-FR3, 16-17 mai 1989. Échantillon : 1 000 personnes de plus de 18 ans.

C. Les grandes politiques

La politique douanière

Le pilier de la construction européenne

Avec la libre circulation des personnes, des services et des capitaux, l'Union douanière constitue la base du traité de Rome créant la CEE. C'est en effet sur elle que repose en partie le budget communautaire et c'est elle qui permet la mise en place des politiques communes, tant dans le domaine agricole que commercial.

L'Union douanière se traduit par :

— **la suppression des droits de douane et des restrictions quantitatives entre les pays membres ;**

— **l'adoption d'un tarif douanier extérieur commun dans leurs échanges avec les pays tiers.**

Par ce dernier point elle se différencie d'une association de libre-échange, comme l'AELE qui regroupe d'autres États européens tels que la Suisse, l'Autriche, l'Islande et les pays scandinaves. Dans une telle association, les pays participants se contentent de supprimer les droits de douane sur les produits originaires de la zone, mais ils conservent leur propre tarif extérieur ainsi que leur politique douanière vis-à-vis des pays tiers. Au contraire, la libre circulation s'applique dans l'union douanière, quelle que soit l'origine des marchandises.

Une vue aérienne du port d'Anvers.

L'abolition des frontières intracommunautaires

La réalisation de cette union se fait **par étapes** en raison des disparités accusées qui existent entre les politiques douanières des Six lors de la création de la Communauté. En effet, en 1957, **la France et l'Italie disposent d'une protection douanière assez élevée**, héritée pour la première d'une longue tradition protectionniste, issue pour la seconde du souci de protéger une économie nationale encore fragile.

Au contraire, **la RFA et les pays du Benelux**, depuis longtemps libre-échangistes, **n'offrent qu'une protection limitée**. De plus, les droits de douane ont été supprimés entre les pays du Benelux lors de la création de cette organisation en 1948.

Pour ne pas perturber l'économie des pays européens par un élargissement brutal de la concurrence, le traité prévoit d'étaler le désarmement douanier sur douze ans. Tirant profit d'un contexte économique particulièrement favorable — les Trente glorieuses — la réduction se fait plus rapidement que prévu et le **1er juillet 1968**, toutes les barrières douanières sont supprimées entre les Six. Il en est de même des restrictions quantitatives ; une bonne partie des contingents avait d'ailleurs déjà été éliminée dans le cadre de l'OECE.

Un tarif douanier extérieur commun

L'adoption de ce tarif donne aussi lieu à de longues discussions en raison de la diversité des politiques douanières nationales. Le tarif est calculé pour chaque produit en fonction de la **moyenne arithmétique des taux** en vigueur dans les six pays au 1er janvier 1957 et les listes nationales de droits de douane fusionnent en une seule.

L'harmonisation des tarifications se fait par étapes et elle s'achève également le **1er juillet 1968**. A compter de cette date, les marchandises en provenance d'un pays tiers acquittent si nécessaire un droit de douane lors de leur arrivée aux frontières de la Communauté puis **circulent librement** au sein de celle-ci. **Les droits acquittés sont versés directement au budget de la Communauté.**

Ceci a permis de réduire les formulaires administratifs nécessaires au passage de la douane. Un même document est aujourd'hui suffisant pour franchir les différentes frontières intérieures de la Communauté. C'est ce que l'on appelle le transit communautaire, pratique qui a été étendue à l'Autriche et à la Suisse en 1974. L'adoption d'un tarif douanier commun s'est aussi doublée d'une harmonisation des législations douanières afin de mettre au point une définition commune de la notion de pays d'origine.

Le Conseil fixe le niveau des droits de douane et décide de toute modification des tarifs survenant à la suite d'une négociation internationale. Le désarmement douanier est irréversible, mais les pays membres peuvent toutefois être amenés à prendre des **mesures de sauvegarde** sur certaines importations. Ces mesures ne peuvent être que temporaires et doivent obtenir l'aval de la Commission. La Communauté peut aussi instaurer des droits compensateurs en cas de dumping de la part d'un pays tiers.

Les élargissements successifs de la Communauté se font dans le cadre d'une intégration progressive des nouveaux membres. L'élimination des droits de douane s'effectue entre 1973 et 1977 pour le Royaume-Uni, l'Irlande et le Danemark, entre 1981 et 1986 pour la Grèce et elle sera effective en 1993 pour l'Espagne et le Portugal. Quelques mesures spécifiques sont parfois adoptées en fonction de la spécificité économique des nouveaux partenaires. Le Royaume-Uni obtient le droit d'importer jusqu'au 31 décembre 1974 du sucre du Commonwealth ainsi

que du beurre et du fromage néo-zélandais à des conditions avantageuses. Il bénéficie en outre de la création de montants compensatoires « adhésion » pour faciliter le rapprochement de ses prix agricoles avec ceux de ses partenaires. De même, l'Espagne et le Portugal se sont vu imposer une longue période transitoire pour limiter le choc brutal de nouvelles concurrences tant au sein des pays ibériques que des Dix.

Une Communauté ouverte sur le monde

La mise en place de l'Union douanière n'a pas entraîné de réflexe protectionniste de la part de la Communauté.

Celle-ci constitue aujourd'hui la première puissance commerciale du globe, assurant 21 pour cent des exportations et 20 pour cent des importations mondiales. Non seulement elle devance les États-Unis et le Japon, mais son ouverture commerciale, illustrée par le rapport exportations/PIB est largement supérieure à celle de ses concurrents : 32 pour cent contre 7,5 pour cent pour les États-Unis et 15 pour cent pour le Japon.

Par ailleurs, depuis la mise en place du Marché commun, **la Communauté n'a cessé de réduire ses droits de douane**. Ceux-ci figuraient déjà en 1957 parmi les plus faibles du monde, avec une moyenne de 11 pour cent, soit à un niveau sensiblement inférieur à celui de ses principaux partenaires. Les tarifs douaniers ont depuis lors fait l'objet de nombreuses réductions dans le cadre des grandes négociations du GATT, accord général sur les tarifs et le commerce : Dillon Round (1960-1962), Kennedy Round (1964-1967), Tokyo Round (1973-1979). Actuellement, la moyenne des droits de douane ne dépasse pas 7,5 pour cent pour les Douze.

De plus, la Communauté conclut de nombreux accords commerciaux avec des organisations régionales ou des pays tiers. Elle représente en effet les intérêts des pays membres dans les négociations internationales, qu'il s'agisse de la CNUCED ou du GATT ou encore l'Organisation des pêcheries de l'Atlantique-Nord.

A ce titre, elle a négocié des accords de libre-échange avec les pays de l'AELE, mais aussi conclu de nombreux accords commerciaux avec des pays de

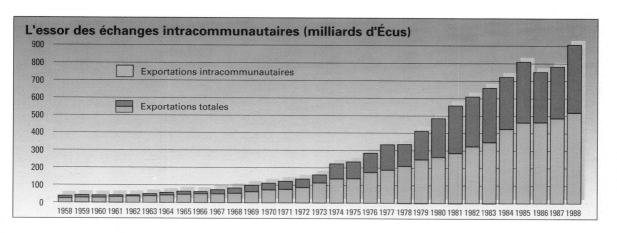

L'essor des échanges intracommunautaires (milliards d'Écus)

Exportations intracommunautaires

Exportations totales

1958 1959 1960 1961 1962 1963 1964 1965 1966 1967 1968 1969 1970 1971 1972 1973 1974 1975 1976 1977 1978 1979 1980 1981 1982 1983 1984 1985 1986 1987 1988

tous les continents. Elle accorde par ailleurs de larges franchises douanières aux pays en voie de développement dans le cadre du « système des préférences généralisées » et entretient des relations commerciales privilégiées avec 68 pays d'Afrique, des Caraïbes et du Pacifique, dans le cadre des accords de Lomé. Ces pays bénéficient du libre accès au marché communautaire pour la presque totalité de leurs produits agricoles et industriels.

Un bilan remarquable

L'union douanière joue un rôle considérable dans le processus d'intégration européenne. Elle sert de moteur au développement d'autres politiques communes qu'il s'agisse de la PAC ou de la politique régionale.

L'ouverture des marchés constitue un stimulant efficace pour les entreprises. Confrontées à de nouvelles concurrences, dépourvues de toute protection douanière vis-à-vis de leurs homologues européennes, elles doivent développer leur compétitivité pour conserver ou accroître leur part de marché.

Les échanges intracommunautaires se sont rapidement développés, à un rythme supérieur à celui des échanges avec les pays tiers. La Communauté est devenue le cadre privilégié des échanges extérieurs de tous les pays membres, bien que cette intégration commerciale présente encore des disparités. C'est ainsi que les pays du Benelux apparaissent comme les mieux insérés au cadre européen. Leur situation géographique, l'existence des puissants complexes portuaires de Rotterdam et d'Anvers, la densité de leurs réseaux de transport, en font des plaques tournantes du commerce européen. Au contraire, le Royaume-Uni a certes vu progresser ses échanges avec ses partenaires, mais il conserve des liens étroits avec les pays du Commonwealth qui lui fournissent encore une part importante de son approvisionnement en produits alimentaires, comme la Nouvelle-Zélande et le Canada, mais aussi en matières premières agricoles et industrielles.

Les balances commerciales laissent aussi apparaître de grandes disparités. La RFA et les Pays-Bas présentent ainsi des excédents commerciaux considérables dans le cadre des échanges intracommunautaires. Le solde néerlandais traduit le dynamisme de l'agriculture nationale, mais aussi les exportations énergétiques de gaz et le rayonnement de Rotterdam, par lequel s'effectue une bonne partie des échanges allemands. La RFA, quant à elle, trouve son succès dans la structure de son industrie dont la chimie, la construction automobile, la machine-outil et les constructions mécaniques sont les principaux fleurons ; mais le solde allemand marque aussi la montée en puissance d'une agriculture et d'une industrie agro-alimentaire longtemps sous-estimées.

La plupart des autres pays enregistrent des déficits structurels. C'est le cas de la France dont le déficit a quadruplé depuis 1976. Les exportations agro-alimentaires nationales ne suffisent pas à combler un déficit industriel considérable. Le Royaume-Uni enregistre aussi un solde négatif en dépit des revenus tirés de l'exportation d'une partie des hydrocarbures extraits de la mer du Nord.

Une inégale intégration
(Part de la Communauté dans les exportations totales du pays)

| | 1958 | 1988 |

RFA	+ 27 038
Pays-Bas	+ 13 417
UEBL	+ 1 270
France	− 13 900
Royaume-Uni	− 15 260
Irlande	+ 1 574
Danemark	− 1 223
Italie	− 4 477
Espagne	− 3 142
Grèce	− 3 080
Portugal	− 1 797

Solde des échanges intracommunautaires. Moyenne 1986-1988, en millions d'Écu.

La prépondérance allemande

	Importations	Exportations
RFA	20,9 %	27,3 %
France	18,9 %	16,5 %
Royaume-Uni	15,1 %	11,3 %
Italie	12,6 %	11,5 %
Pays-Bas	10,1 %	12,4 %
UEBL	10,5 %	10,7 %
Irlande	1,7 %	2,2 %
Danemark	2,2 %	2,1 %
Grèce	1,3 %	0,7 %
Espagne	5 %	4,1 %
Portugal	1,7 %	1,2 %

Part des pays dans le commerce intracommunautaire en 1988.

Mais un marché commun inachevé

En dépit de ces succès, la libre circulation des marchandises n'est pas encore totalement effective entre les Douze. De nombreuses obstacles persistent, qui ont conduit le Conseil à adopter l'Acte unique pour mettre en place le grand marché de 1993.

Il s'agit tout d'abord d'**entraves sanitaires** qui perturbent le fonctionnement du marché agricole, comme le rappellent notamment la « guerre de la dinde » franco-britannique et, plus récemment, le conflit sur la bière entre la France et la RFA.

Il s'agit aussi d'**entraves techniques**. Les pays disposent en ce domaine d'un arsenal de normes de qualité et de sécurité destinées à protéger le consommateur et l'environnement, mais également susceptibles de constituer des armes protectionnistes. Il en résulte des difficultés d'harmonisation que les directives adoptées par la Commission et les arrêts de la Cour de justice réduisent cependant peu à peu.

De même, **la protection des marchés publics** constitue un obstacle à la libre concurrence. Les États et les collectivités locales tendent en effet à réserver leurs contrats à des entreprises du même pays, notamment dans le domaine des travaux publics, des transports et des télécommunications, de la production et de la distribution d'énergie. Les restrictions peuvent aussi résulter de l'existence de monopoles nationaux de production et de commercialisationi, comme pour le tabac, l'alcool et les hydrocarbures.

Par ailleurs, **les aides d'État**, encore fréquentes, **faussent la concurrence**. Elles sont normalement prohibées, sauf lorsqu'elles favorisent le développement régional, revêtent un caractère social ou visent à préserver l'environnement. De même, les ententes entre firmes visant à réduire, fausser ou éliminer la concurrence, sont en principe interdites.

A cela s'ajoutent **des disparités fiscales**. Illustrées par la TVA, celles-ci peuvent entraîner des distorsions de prix importantes pour un même produit. C'est pourquoi la Commission propose un rapprochement des taux et la perception de la TVA dans le pays consommateur. Elle se heurte à l'opposition de nombreux pays, les uns soucieux de ne pas sacrifier de confortables rentrées fiscales, en cas de baisse des taux, les autres inquiets d'une reprise éventuelle de l'inflation en cas de relèvement de ces mêmes taux. De longues négociations se révèlent donc indispensables pour parfaire l'union douanière.

La grève des chauffeurs routiers en février 1984, au tunnel du Mont-Blanc.

Las de patienter, les transporteurs routiers se mettent en grève pour obtenir une simplification des formalités douanières.

La PAC

Le fruit de longues négociations

Le traité de Rome instituant la CEE accorde une **place privilégiée à l'agriculture.** Ceci s'explique par le poids considérable que revêt encore cette activité dans la vie économique et sociale de la Communauté en 1957.

A cette date, l'agriculture mobilise en effet 22,6 pour cent de la population active au sein des Six, 35 pour cent en Italie et 23,7 pour cent en France. Elle assure 11,6 pour cent du PIB européen, 9,2 pour cent de celui des Pays-Bas et 16,8 pour cent de celui de l'Italie. Les agriculteurs, nombreux, tiennent une place importante dans la vie politique, d'autant que les campagnes sont surreprésentées au sein des Parlements nationaux, comme en France, et que le monde rural concentre parfois ses votes sur un parti charnière, comme sur le Parti libéral en RFA.

De plus, les exportations de produits agricoles et agro-alimentaires totalisent une part importante du commerce extérieur. C'est le cas en France, 13 pour cent, et aux Pays-Bas 27,8 pour cent, pays qui espèrent élargir leurs ventes grâce au Marché commun agricole et compenser ainsi leur déficit commercial en produits industriels avec la RFA.

Les négociations en vue de la mise en place d'une politique agricole commune commencent en 1958 à Stresa, en Italie. **L'agriculture européenne**, à l'exception de celle des Pays-Bas, **présente alors de graves déficiences :** la Communauté n'assure qu'une partie de ses besoins, la mécanisation reste limitée, les exploitations sont de taille modeste et souvent tenues par des agriculteurs âgés. La plupart des pays soutiennent le revenu de leurs paysans et protègent leur production par des taxes douanières et des contingentements.

Après de longues discussions, auxquelles participent les organisations professionnelles, les Six parviennent à un accord, entériné par le Conseil des ministres **en 1962.**

Les « marathons agricoles », temps fort de la contestation paysanne

Des objectifs ambitieux

La politique agricole commune se donne comme objectifs principaux de :

— **moderniser l'agriculture** par l'accroissement de la productivité, ceci grâce à la mécanisation et à la régionalisation des productions ;
— **stabiliser les marchés agricoles** ;
— **améliorer le niveau de vie des agriculteurs** ;
— **garantir la sécurité des approvisionnements**, point important dans des pays qui ont souffert de graves restrictions pendant et après la guerre ;
— **assurer des prix raisonnables aux consommateurs.**

Pour assurer la réalisation de ces objectifs, la politique agricole commune repose sur trois principes fondamentaux : l'unicité du marché, la préférence communautaire et la solidarité financière.

L'unicité du marché impose la libre circulation des produits, c'est-à-dire **la suppression des droits de douane aux frontières intracommunautaires**, mais aussi des entraves techniques et sanitaires qui constituent souvent des armes décisives pour un protectionnisme déguisé. Elle exige aussi **des tarifs douaniers extérieurs**, des prix et des règles de concurrence communs. Les prix sont proposés chaque année au Conseil de ministres par la Commission. Les discussions, fréquemment ponctuées de manifestations paysannes, sont parfois très longues en raison de la divergence des intérêts nationaux, ce qui leur a valu le surnom de « marathons ».

La préférence communautaire veille à privilégier les producteurs en facilitant l'écoulement des productions nationales et d'autre part les consommateurs en plaçant le marché européen à l'abri des fluctuations brutales des cours mondiaux.

La solidarité financière s'exprime par le biais du **FEOGA, ou Fonds européen d'orientation et de garantie agricole, institué en 1962.** Des organisations de marché, communes à tous les États, sont progressivement mises en place et assurent la gestion des différents produits. Il en existe de plusieurs types :
— 70 pour cent de la production, notamment les céréales, le sucre, les produits laitiers, les viandes bovine, porcine et ovine, bénéficient de prix de soutien et d'intervention. Si les cours tombent endessous du prix d'intervention, la Communauté achète les productions à ces prix minima garantis et finance leur stockage et leur écoulement. Pour certains produits, comme la viande de porc ou les vins de table, des mesures spécifiques sont prévues, comme des aides au stockage ou à la distillation.
— 25 pour cent de la production, en particulier les fleurs, les œufs, la volaille et certains fruits et légumes, ne bénéficient que d'une protection extérieure, sans garantie de prix. Lorsque des importations en provenance des pays tiers perturbent le marché européen, la Communauté met en place des protections tarifaires ponctuelles et de brève durée.
— Les autres productions, souvent limitées en volume et très localisées, relèvent d'organisations de marché octroyant soit une aide complémentaire, coton, tabac, huile d'olive, blé dur, soit une aide forfaitaire à l'hectare ou à la production, lin, chanvre, houblon.

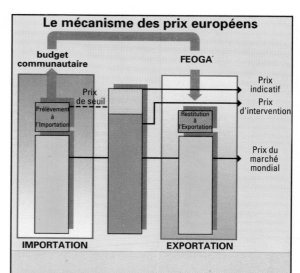

Le mécanisme des prix européens

La préférence communautaire protège le marché européen de la fluctuation des cours mondiaux. Lorsque ceux-ci sont inférieurs aux prix européens — ce qui est souvent le cas — les produits agricoles importés dans la Communauté sont frappés d'une taxe, le prélèvement à l'importation, qui les place au niveau des prix communautaires.

Au contraire, si les prix mondiaux sont supérieurs aux prix européens, ce sont les exportations communautaires qui sont assujetties à une taxe, appelée prélèvement à l'exportation, visant à assurer un approvisionnement prioritaire du marché communautaire.

Enfin, pour faciliter l'écoulement des excédents européens, la Communauté verse des subventions — les restitutions à l'exportation — aux producteurs européens pour compenser la différence entre les cours européens et mondiaux.

Une trop belle réussite ?

La fixation de prix agricoles communs à un niveau élevé, très supérieur aux cours mondiaux entraîne **une progression rapide de la production**. Si les superficies agricoles demeurent stables, les rendements doublent en trente ans grâce à une sélection rigoureuse des plantes et des cheptels, au recours massif à la chimie, qu'il s'agisse des engrais et des produits phyto-sanitaires, et à l'extension des périmètres irrigués dans les régions méridionales. Les rendements en blé excèdent les 120 quintaux à l'hectare en Beauce et les meilleures vaches néerlandaises et danoises fournissent plus de 10 000 litres de lait par an.

Dans le même temps, la productivité augmente rapidement. Le parc de matériel agricole s'accroît considérablement et se spécialise, les pays méditerranéens enregistrent les progrès les plus spectaculaires. Les exploitations se concentrent à la faveur d'un exode agricole, massif jusqu'en 1973 — chaque minute, un agriculteur quitte la terre —, puis ralenti par la crise économique. Le revenu des agriculteurs s'améliore et les consommateurs demeurent à l'abri des fortes fluctuations des cours mondiaux.

Ces **progrès** permettent à la Communauté, non seulement **de réduire considérablement son déficit alimentaire**, mais de devenir excédentaire pour bon nombre de productions : produits laitiers, vin de table, viande bovine, puis céréales.

De nouveaux défis

Dès la fin des années 60, la PAC doit faire face à plusieurs menaces et s'adapter à de nouveaux impératifs.

Le désordre monétaire menace l'unicité d'un marché qui suppose des parités fixes. La dévaluation du franc français en 1969, la réévaluation du deutschemark, puis le flottement généralisé des monnaies après 1971, imposent la mise en place de correctifs monétaires. Pour limiter la fluctuation brutale des prix agricoles dans les pays ayant dévalué ou réévalué leur monnaie, il est décidé de maintenir l'ancien taux de change pour les seuls produits agricoles. C'est la « monnaie verte ». De même, pour éviter des détournements de trafic entre pays membres, la Communauté met en place des **« montants compensatoires monétaires » ou MCM.** Ces derniers fonctionnent en fait comme des taxes à l'exportation pour les pays ayant dévalué leur monnaie et comme des subventions à l'exportation pour les pays ayant réévalué. **Cette distorsion est d'autant plus forte que les coûts de production diffèrent fortement.** C'est ainsi que les horticulteurs néerlandais bénéficient de la livraison à bas prix du gaz de Groningue, que les agriculteurs allemands profitent de la bonne tenue du deutschemark qui minore le coût des produits importés et d'une inflation modérée qui limite la hausse des engrais, des produits phytosanitaires et des salaires.

La crise de 1973 exacerbe aussi les égoïsmes nationaux et avive certaines tensions commerciales, illustrées par la guerre du mouton entre la France et le Royaume-Uni et par les crises viticoles franco-italiennes.

Les disparités sociales demeurent très accusées au sein du monde paysan. Les céréaliers et les betteraviers des régions septentrionales, mieux protégés, apparaissent comme les grands bénéficiaires de la PAC, alors que les producteurs de fruits et légumes des régions méditerranéennes ne profitent que d'un soutien limité.

Les élargissements successifs de la Communauté pèsent également sur la PAC. Le Royaume-Uni, qui compte peu d'exploitants, remet rapidement en cause la lourdeur des dépenses agricoles, exige une plus grande rigueur budgétaire et une réforme de l'Europe verte. L'adhésion de l'Espagne et du Portugal soulève l'inquiétude des viticulteurs et des producteurs de fruits et légumes du midi français. Il faut de laborieuses négociations et la mise en place de périodes de transition pour permettre l'entrée des deux pays. Pour faciliter l'intégration des agricultures espagnoles et portugaises, la Communauté finance des programmes de développement agricole dans les deux nouveaux États membres et des Programmes intégrés Méditerranéens, PIM, en Grèce et dans les régions méridionales de l'Italie et de la France. Ces PIM, qui intègrent des interventions communautaires, nationales et locales, doivent faciliter le développement économique de tous les secteurs d'activité.

Par ailleurs, **la politique structurelle du FEOGA est jugée trop modeste** en raison de l'insuffisance des ressources de la section « Orientation ». Les crédits ont privilégié les aides aux agriculteurs mettant en place des plans de modernisation et de développement ; des aides visent à rajeunir la population agricole en favorisant le départ des plus âgés et l'installation des jeunes. Les régions défavorisées, notamment en montagne, bénéficient d'aides particulières.

A ces problèmes intérieurs s'ajoutent **des rivalités accrues sur le marché mondial.** La lutte pour la conservation ou la conquête des marchés avive la tension entre la Communauté et les États-Unis. Ces derniers reprochent à la PAC de subventionner les exportations européennes et de protéger le marché communautaire.

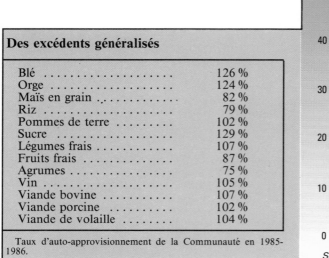

Des excédents généralisés

Blé	126 %
Orge	124 %
Maïs en grain	82 %
Riz	79 %
Pommes de terre	102 %
Sucre	129 %
Légumes frais	107 %
Fruits frais	87 %
Agrumes	75 %
Vin	105 %
Viande bovine	107 %
Viande porcine	102 %
Viande de volaille	104 %

Taux d'auto-approvisionnement de la Communauté en 1985-1986.

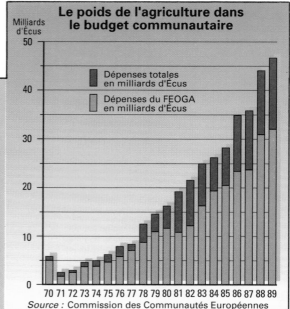

Le poids de l'agriculture dans le budget communautaire

Milliards d'Écus

Dépenses totales en milliards d'Écus

Dépenses du FEOGA en milliards d'Écus

70 71 72 73 74 75 76 77 78 79 80 81 82 83 84 85 86 87 88 89

Source : Commission des Communautés Européennes

Repenser la PAC

Face à ces contraintes, et particulièrement au problème des excédents, structurés par des garanties de prix inconditionnelles sans quotas, la Commission a réagi très tôt. Dès la fin des années 60 et à l'initiative de Sico Mansholt, elle a proposé de réduire les prix garantis, d'encourager l'exode agricole, de concentrer la production sur les exploitations les plus grandes et les plus rentables et de mettre hors culture 5 millions d'hectares de terres médiocres ou mal entretenues.

Devant les conséquences politiques et sociales de ce plan, les pays membres refusent de l'adopter. Pourtant, dès la décennie 70 et plus encore depuis 1983, la Communauté est contrainte de réviser sa politique de garantie et sa politique structurelle. L'objectif de la sécurité alimentaire ayant été atteint, il est désormais indispensable de résorber les excédents et d'accélérer la modernisation de l'agriculture européenne pour la rendre plus compétitive sur le marché mondial.

Dès 1977, une taxe de correspabilité est mise en place sur les livraisons de lait aux laiteries et aux industries de transformation. Son efficacité limitée impose **en 1984 l'adoption de quotas de production dans tous les États membres.** De lourdes pénalisations frappent désormais les laiteries ou les éleveurs qui dépassent les quantités accordées.

En 1985, la Commission publie un Livre vert où elle insiste sur la nécessité de diversifier les instruments de la politique agricole. Les stocks atteignent en effet des niveaux élevés, dépassant le million de tonnes pour le beurre et le lait en poudre. On s'oriente dès lors vers le gel ou la baisse des prix qui devient effective dès 1986 pour les céréales, le lait et le beurre. **De plus, les prix ne sont plus garantis pour des quantités illimitées de production.**

En 1988, le Conseil adopte de nouvelles mesures. Des stabilisateurs sont mis en place. Ils visent à abaisser automatiquement le niveau de soutien des prix en cas de dépassement d'un certain niveau de production. Dès 1988, la Commission a ainsi abaissé de 20 pour cent le prix de soutien de certains oléagineux.

Dans le même temps, **la discipline budgétaire est renforcée.** Désormais, les dépenses agricoles relatives au soutien des marchés ne pourront excéder 74 pour cent du taux de croissance annuel du PNB de la Communauté, soit environ 2 pour cent par an, contre 6 pour cent entre 1980 et 1987. Des mesures complémentaires sont adoptées pour certains produits. C'est ainsi que des aides à l'arrachage définitif des vignes et des modifications des mécanismes d'intervention ont été adoptés pour limiter les coûteuses distillations de vins de table.

La Communauté multiplie également les mesures structurelles et décide **de doubler avant 1993 les crédits du FEOGA Orientation. Un programme de gel des terres** est adopté. Les exploitants s'engageant à retirer au moins 20 pour cent de leurs terres de la production bénéficient d'une aide de 100 à 700 Écu par hectare. L'extensification de la production est encouragée et des préretraites sont allouées aux exploitants âgés qui décideraient de cesser leur activité. Par ailleurs, la Communauté accorde une attention nouvelle à la préservation de l'environnement, au reboisement et au développement de nouvelles activités, comme le tourisme vert, pour assurer le maintien de l'activité agricole dans des régions rurales menacées de dépeuplement.

Des aides disparates

	Dépenses totales en millions d'Écu	Dépense moyenne par exploitation en Écu
Belgique	843,9	8 611
Danemark	1 090,8	11 856
RFA	4 118	5 565
Grèce	1 458,8	1 532
Espagne	683,5	376
France	5 944,6	5 624
Irlande	1 059	4 813
Italie	4 043,1	1 443
Luxembourg	5,5	1 375
Pays-Bas	2 761,9	20 308
Portugal	209,4	272
Royaume-Uni ...	1 993,5	7 727

Montant des dépenses du FEOGA par État membre en 1987.

La Communauté, un géant mondial

Blé	12,3 %
Orge	20,6 %
Maïs	5 %
Betteraves sucrières	32,5 %
Pommes de terre	12,8 %
Vin	61,9 %
Lait	23,4 %
Fromage	33,9 %
Viande	17,5 %

Part de la Communauté dans la production agricole mondiale en 1987.

La politique régionale et la politique sectorielle

Régions riches et régions pauvres

Les régions de la Communauté offrent des disparités économiques accusées qui traduisent des influences très variées. C'est ainsi que les contraintes naturelles ou l'insularité ont entravé le développement de l'Auvergne, de l'Écosse, des Cyclades et de la Corse. De même, l'absence ou la médiocrité des ressources minérales et énergétiques ont laissé à l'écart de la révolution industrielle certaines régions comme le Sud-Ouest français et le Portugal, et contribué ainsi à leur retard économique actuel. Les vicissitudes de l'histoire ont aussi joué un rôle considérable, notamment en Irlande, longtemps considérée comme une colonie anglaise, et dans le Mezzogiorno italien, qui a gravement souffert de l'unité nationale à la fin du XIXᵉ siècle.

Aujourd'hui, les régions les plus riches se concentrent dans le **triangle Londres-Ruhr-Paris**, si l'on excepte quelques espaces isolés comme la région lyonnaise ou la plaine du Pô. Ces régions offrent généralement des densités supérieures à 300, voire à 500 habitants par kilomètre carré, alimentées par des puissants courants migratoires ; elles présentent des taux d'urbanisation élevés et rassemblent la plupart des grandes métropoles européennes. Le secteur tertiaire y est solidement représenté et l'industrialisation, ancienne, s'est rapidement diversifiée. Les réseaux de communication sont denses et performants et le niveau de vie de la population est largement supérieur à la moyenne communautaire. **Ici se concentre la fonction de commandement.**

A l'inverse, d'autres régions présentent un grave retard de développement. Il s'agit en premier lieu des **montagnes** et des **espaces périphériques** de la Communauté, Danemark excepté. La plupart de ces régions offrent une densité faible, le plus souvent inférieure à 70 habitants par kilomètre carré : 51 en Irlande, 26 en Estremadure, 28 en Corse, 61 en Crète. La population rurale y demeure importante et l'agriculture emploie souvent plus de 15 pour cent des actifs, à l'image du Sud-Ouest français 15,5 pour cent, de la Basilicate 27,7 pour cent, de l'Andalousie 20 pour cent et de l'Irlande 16,5 pour cent. Ces régions, où la fécondité est demeurée longtemps élevée, ont été des **terres d'émigration**. Après avoir privilégié des destinations lointaines, notamment le continent américain au XIXᵉ siècle, les départs se sont concentrés sur les autres pays de la Communauté, comme le démontrent les 765 000 Portugais vivant en France. Dans le même temps se sont développées d'importantes migrations intérieures vers les régions les plus riches. C'est ainsi que les Italiens du Sud ont pris le chemin de Milan, de Turin ou de Gênes et les Andalous celui de Barcelone, de Valence ou de Madrid. Ces zones de départ sont donc peu peuplées et vieillies.

A ces espaces défavorisés, s'ajoutent aujourd'hui certaines régions industrielles durement affectées par le **déclin des activités traditionnelles**, qu'il s'agisse des industries de première génération, comme les charbonnages, la sidérurgie, le textile, mais aussi la construction navale. Les vieux « pays noirs », comme la Ruhr, le Nord-Pas-de-Calais, la Wallonie et le Pays de Galles offrent les exemples les plus manifestes du déclin, enregistrant des taux de chômage élevés et la multiplication des friches industrielles.

Le FEDER, instrument privilégié

L'élaboration d'une véritable politique régionale communautaire a longtemps été contrariée par la diversité des politiques nationales, l'inégale acuité des déséquilibres régionaux dans les pays membres et le désir de certains États de limiter l'intervention de la Communauté.

Dès 1957, la Communauté se dote cependant de moyens spécifiques d'intervention : Fonds social européen, Banque européenne d'Investissement et section « Orientation » du FEOGA. Avec le premier élargissement, s'y ajoute, en 1975, **le Fonds européen de développement régional, ou FEDER.**

La politique régionale européenne privilégie d'abord trois axes d'intervention :

— **coordonner les politiques régionales** des États membres et veiller à ce qu'aucune mesure régionale ne soit une subvention déguisée à un secteur industriel, ce qui fausserait le jeu de la libre concurrence ;

— **donner une dimension régionale aux différentes politiques communautaires ;**

— **accorder des soutiens financiers** à des actions de développement intéressant des régions défavorisées, par l'octroi d'aides ou de prêts.

L'action régionale de la Communauté s'exerce essentiellement par l'intermédiaire du **FEDER**. Depuis 1975, ce dernier accorde des aides directes à l'aménagement des infrastructures, au développement de l'artisanat, de l'industrie et des services. C'est ainsi que le Fonds a participé à l'approvisionnement en gaz naturel du Mezzogiorno et à la construction de l'autoroute Toulon-Hyères. De 1975 à 1988, le FEDER a dépensé 20,7 milliards d'Écu dans le cadre de près de 35 000 projets d'investissement. L'Italie a été la principale bénéficiaire, totalisant 33,5 pour cent de l'enveloppe globale. Elle devance le Royaume-Uni 21,9 pour cent, la France 12 pour cent et la Grèce 11,2 pour cent.

Les dotations du FEDER ont d'abord été réparties en fonction de **quotas nationaux**, périodiquement révisés. En 1979, une nouvelle section « hors quota » a été mise en place. Elle privilégie les régions françaises et italiennes directement concernées par l'élargissement méditerranéen de la Communauté, les régions affectées par les difficultés de l'industrie sidérurgique et de la construction navale ainsi que certaines régions frontalières.

En 1985, une réforme du FEDER permet le financement de **programmes spécifiques** destinés à améliorer l'impact des interventions du Fonds. Il peut s'agir de programmes communautaires ou de programmes nationaux d'intérêt communautaire.

Les premiers assurent une synergie entre les objectifs de développement régional et les objectifs des

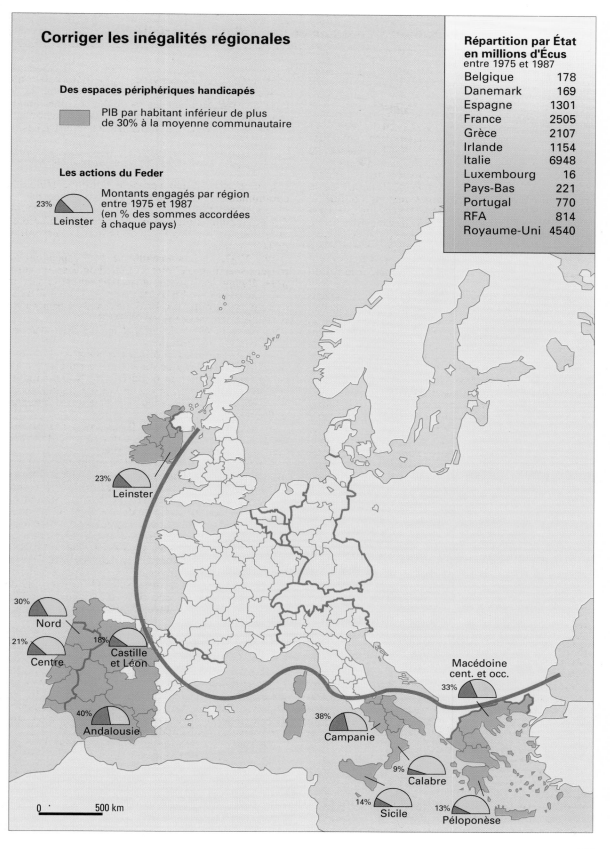

Corriger les inégalités régionales

Des espaces périphériques handicapés

PIB par habitant inférieur de plus de 30% à la moyenne communautaire

Les actions du Feder

23%
Leinster

Montants engagés par région entre 1975 et 1987 (en % des sommes accordées à chaque pays)

Répartition par État en millions d'Écus entre 1975 et 1987

Belgique	178
Danemark	169
Espagne	1301
France	2505
Grèce	2107
Irlande	1154
Italie	6948
Luxembourg	16
Pays-Bas	221
Portugal	770
RFA	814
Royaume-Uni	4540

23%
Leinster

30%
Nord

21%
Centre

18%
Castille et Léon

40%
Andalousie

Macédoine cent. et occ.
33%

38%
Campanie

9%
Calabre

14%
Sicile

13%
Péloponèse

0   500 km

197

autres politiques de la Communauté. Ils privilégient le développement des régions les plus défavorisées par un meilleur accès aux services avancés de télé-communications (programme STAR), par la valori-sation du potentiel énergétique endogène (VALO-REN). Ils facilitent aussi la reconversion des chantiers navals (RENAVAL) et des industries sidérurgiques (RESIDER). Plus récemment, des programmes ont été mis en place pour assurer une meilleure liaison avec la politique de recherche et de développement technologique d'une part (STRIDE) et la politique de l'environnement d'autre part (ENVIREG).

Quant aux **programmes nationaux d'intérêt commu-nautaire**, PNIC, ils contribuent à la réalisation de politiques communautaires. Ils concernent surtout la France, notamment la Lozère, l'Auvergne et la Corse, et le Royaume-Uni. Cependant, d'autres régions, telles les Asturies, les îles de la mer Égée et le Limbourg ont également bénéficié des interventions du FEDER.

La BEI, ou **Banque européenne d'Investissement**, créée en 1957, a pour but de « contribuer au déve-loppement équilibré et sans heurts du Marché commun, dans l'intérêt de la Communauté » (article 130 du traité CEE). Les États membres ont souscrit au capital de la banque qui se procure ses fonds sur les marchés financiers de la Communauté ou des pays tiers. Elle accorde des prêts à taux privilégié ou des garanties à des entreprises privées ou publiques, ainsi qu'à des collectivités publiques. Elle ne peut cepen-dant financer qu'une partie des projets.

Trois objectifs sont privilégiés :

— contribuer à la mise en valeur des régions sous-développées ;

— permettre la modernisation ou la reconversion d'entreprises ;

— constituer une initiative d'intérêt commun pour plusieurs États.

La BEI a, par exemple, participé à la construction du complexe pétrochimique de Brindisi, accordé des prêts à la sidérurgie britannique, financé en partie la construction de l'autoroute A 10 en France. La banque a accordé depuis sa création plus de 45 milliards d'Écu de prêts.

Le **Fonds social européen**, créé également en 1957, favorise l'emploi et la mobilité des travailleurs par des aides financières. Ces aides privilégient les moins de 25 ans, qui bénéficient de 75 pour cent des crédits, et les régions les plus défavorisées. Il accorde aussi un large soutien aux chômeurs de longue durée, aux femmes souhaitant reprendre une activité profession-nelle, aux handicapés et aux travailleurs migrants. Il joue un rôle important dans les vieilles régions industrielles en cours de reconversion. Au total, près de 2,5 millions d'Européens ont bénéficié de son aide en 1988.

La **CECA** accorde des prêts aux charbonnages et aux entreprises sidérurgiques pour la modernisation de leurs installations et la commercialisation de leur production, mais aussi aux entreprises qui embau-chent des travailleurs licenciés de ces deux branches d'activité. Depuis 1954, les prêts accordés dépassent 14 milliards d'Écu. S'y ajoutent des aides pour l'amé-lioration des logements des mineurs ou des sidérur-gistes ainsi que pour la promotion des énergies nouvelles.

Le **FEOGA**, par le biais de sa section « Orienta-tion », accorde des aides à l'adduction d'eau, à l'électrification, à l'irrigation, à l'aménagement de la voirie et à la construction d'industries agro-alimen-taires, contribuant ainsi à la modernisation du monde rural.

Une nouvelle approche

Pour améliorer l'impact économique et social des différentes actions des « fonds structurels » et de la BEI, la Communauté procède en 1985 à la mise en œuvre de nouvelles modalités d'intervention finan-cière. Il s'agit de **rassembler dans les régions en difficulté des aides communautaires, mais aussi natio-nales et régionales**. Ces opérations intégrées, qui bénéficient d'une priorité de financement, concernent essentiellement deux types d'actions :

— Les **programmes intégrés méditerranéens** (PIM) qui disposent d'une enveloppe de 12 milliards d'Écu pour la période 1986-1993. Ils permettent une diver-sification et une modernisation agricole, l'améliora-tion des infrastructures de transport, le développe-ment de l'artisanat et du tourisme, mais aussi le développement des activités de pointe.

— Les **Opérations intégrées de développement** (OID) qui privilégient des régions enclavées, parfois mena-cées de dépeuplement. En France sont par exemple concernées l'Auvergne, la Bretagne centrale, le Limousin et l'Ariège.

L'Acte unique européen, entré en vigueur en juillet 1987, donne une impulsion nouvelle à la politique régionale communautaire. En juin 1988, le Conseil des ministres adopte une réforme des fonds structu-rels, marqué par la **concentration des interventions** sur un nombre limité d'objectifs :

— promouvoir le développement et l'ajustement structurel des régions en retard de développement ;

— reconvertir les régions affectées par le déclin industriel ;

— combattre le chômage de longue durée ;

— faciliter l'insertion professionnelle des jeunes ;

— accélérer l'adaptation des structures agricoles et promouvoir le développement des zones rurales.

Pour assurer ces objectifs, le Conseil des ministres décide de **doubler les crédits d'engagement des trois fonds structurels entre 1987 et 1993** et de simplifier les règles de leur gestion. Le supplément de croissance attendu du grand marché risque en effet de ne pas se répartir uniformément dans la CEE ; le renforcement de la politique régionale apparaît donc nécessaire. Certains cependant lui reprochent de relever d'une philosophie égalitariste et lui opposent la leçon de la crise : celle-ci ne redonne-t-elle pas toute sa force à la polarisation de l'espace ? **La mode est aujourd'hui favorable aux technopoles localisées dans des régions privilégiées**, grandes zones urbaines, carrefours, « **ceintures de soleil** », plus qu'aux investissements dans des espaces déprimés.

La Communauté au secours de l'industrie européenne

Aux actions communautaires purement régionales s'ajoutent des interventions sectorielles qui ont eu un grand impact économique et social dans les régions industrielles en déclin. En effet, si la Communauté ne dispose pas d'une véritable politique industrielle, elle a cependant mis en place des mesures spécifiques pour faciliter la modernisation de certaines branches.

C'est **le cas dans la sidérurgie**. La **CECA**, instrument de développement de la production charbonnière et sidérurgique, devient à la suite du déclin de ces activités **un instrument de régulation du marché mais aussi l'initiateur d'une restructuration ordonnée des sidérurgies nationales**. Le plan Davignon, suivi depuis 1977, permet d'obtenir de la part des principaux groupes sidérurgiques européens la limitation de la production et l'application de prix plancher destinés à éviter une guerre des tarifs meurtrière pour les entreprises. Il met aussi en place un système de surveillance des importations et contribue à la restructuration des entreprises et à la diversification industrielle des régions sidérurgiques.

Ce plan s'avère cependant insuffisant pour combattre l'effondrement des prix. Dès 1980, la Commission doit déclarer l'« état de crise manifeste » qui lui permet, conformément à l'article 58 du traité CECA, d'imposer des quotas de production et de livraison d'acier. De plus, elle décide d'interdire, après 1985, toutes les aides nationales, à l'exception de celles revêtant un caractère social.

A la suite de la reprise très nette des marchés sidérurgiques, l'« état de crise manifeste » est levé en 1988, laissant la place à un régime de surveillance statistique de la production et des livraisons.

Dans **le domaine des industries textiles**, la politique de la Communauté consiste surtout à maintenir l'unité du marché européen, à coordonner les politiques nationales et à conduire une politique commerciale extérieure dynamique. Pour éviter une concurrence ruineuse entre les entreprises européennes, la Communauté définit dès 1970 les niveaux maxima des aides publiques et elle demande dès 1973 aux États de ne plus accorder d'aides créant de nouvelles capacités de production dans le domaine des fibres synthétiques. Elle cofinance aussi des recherches visant à moderniser l'industrie textile et participe à la restructuration des entreprises par le biais de la BEI et des fonds structurels.

Face à l'essor rapide des importations en provenance du tiers monde, surtout du Sud-Est asiatique, la Communauté conclut, dans le cadre du GATT, les accords multi-fibres, AMF. Signés pour la première fois en 1974, ces derniers ont depuis lors été renouvelés jusqu'en 1991. Ils permettent d'obtenir de nombreux pays tiers une autolimitation de leurs ventes sur le marché européen, ce qui facilite la restructuration de l'industrie communautaire. Des accords commerciaux ont également été signés avec d'autres pays, notamment ceux du Bassin méditerranéen.

Contribuant à la restructuration des vieilles industries, la Communauté participe aussi à la promotion des industries d'avenir. **De nombreux programmes de recherche** sont mis en place avec des aides financières importantes. Ils visent à la promotion des nouvelles technologies, en favorisant la synergie entre les laboratoires de recherche et les entreprises européennes. C'est le cas dans le domaine des technologies de l'information, **programme ESPRIT**, des télécommunications, **RACE**, de la construction automobile, **DRIVE**, des biotechnologies, **BAP**, ou des nouveaux matériaux, **EURAM**.

La BEI, source de modernisation industrielle. Ici, un laboratoire de l'entreprise Philips ayant reçu une aide de la banque.

La politique monétaire : avant le SME

Une lente émergence

Au moment de la signature du traité de Rome, les relations de change entre les Six pays fondateurs de la Communauté sont réglées dans le cadre du **Système monétaire international, mis au point à Bretton Woods, aux États-Unis, en 1944.** Il existe donc des taux de change fixes entre les monnaies européennes comme entre celles-ci et le dollar. Une marge modeste de fluctuation est cependant tolérée, plus ou moins 1 pour cent par rapport au dollar et plus ou moins 2 pour cent par rapport aux autres monnaies.

Le traité reste très vague sur les mesures monétaires. Il institue seulement un Comité monétaire consultatif et envisage un concours mutuel entre partenaires pour redresser le déséquilibre éventuel de la balance des paiements de l'un des États.

La relative stabilité des changes permet durant une dizaine d'années le fonctionnement correct du Marché commun et de la politique agricole commune.

Les problèmes commencent en 1969, avec la dévaluation du franc français et l'instauration d'un contrôle des changes, puis la réévaluation du deutschemark. Ces mesures imposent la mise en place de correctifs pour assurer le bon fonctionnement de la PAC ; apparaissent alors les « **monnaies vertes** » et les **montants compensatoires monétaires.**

Face à ces fluctuations, la Commission propose dans le cadre du plan Barre (Raymond Barre est alors commissaire européen) un système de soutien monétaire à court terme entre les banques centrales des Six et un concours à moyen terme en faveur des pays enregistrant un déficit de leur balance des paiements. Les chefs d'État et de gouvernement chargent alors la Commission de préparer un rapport visant à l'établissement progressif d'une véritable union économique et monétaire.

Le rapport Werner, du nom du premier ministre luxembourgeois dirigeant le groupe d'experts, est publié en 1970. Il propose dans une première étape un rapprochement des politiques économiques et monétaires nationales et l'élargissement du rôle du Comité des gouverneurs des banques centrales. Une seconde étape serait marquée par la création d'un Fonds européen de coopération monétaire. A ces mesures s'ajouteraient l'harmonisation des politiques budgétaires, l'instauration de parités fixes entre les monnaies des Six et la mise en place de politiques régionales et structurelles.

Au début de l'année 1971, le Conseil des ministres européens se rallie à ce plan visant à faire de la Communauté un ensemble monétaire homogène en dix ans, l'objectif ultime étant de créer une monnaie européenne unique.

Ces projets ambitieux sont immédiatement compromis par la **désagrégation du système monétaire international** qui met en évidence l'absence d'une politique économique et monétaire européenne.

1971-1979 : la tourmente monétaire

L'ampleur du **déficit de la balance des paiements américaine** provoque durant l'automne 1970 une **montée des cours de l'or** et des achats massifs de deutschemark et de florins néerlandais. L'annonce par les États-Unis, au printemps 1971, de leur premier déficit commercial depuis la guerre accélère le mouvement. La RFA et les Pays-Bas ne peuvent faire face à la montée de leur monnaie qui sert de refuge pour les capitaux internationaux et ils décident de la laisser flotter.

Pour réduire le déficit américain, le 15 août 1971 Nixon se résoud à **supprimer la convertibilité du dollar en or** et à imposer une surtaxe de 10 pour cent sur de nombreux produits importés. Dès lors, le désordre monétaire est total. Certains pays européens, comme les Pays-Bas et la RFA, décident de

---

Les montants compensatoires monétaires

Les montants compensatoires résultent du désordre monétaire qui s'est développé à partir de la fin des années 60. La fixation de prix communs suppose en effet des parités fixes entre les monnaies des pays membres. Toute fluctuation perturbe le marché et entraîne des distorsions de concurrence.

Prenons un exemple. Si le prix d'intervention pour la tonne de blé tendre est fixé à 200 Écu et que l'Écu vaille 7 francs français, le prix minimum garanti aux céréaliculteurs français sera donc $200 \times 7 = 1\,400$ francs français par tonne. Si, à la suite d'une dévaluation, le franc perd 10 pour cent de sa valeur par rapport à l'Écu, ce dernier vaudra donc 7,70 francs français. De ce fait, le prix garanti aux exploitants sera porté à $200 \times 7,7 = 1\,540$ francs français. Ceci ferait certes le bonheur des exploitants, mais pas celui du gouvernement, qui cherche à limiter l'inflation. Pour éviter ce dernier écueil, il est alors décidé de conserver pour les produits agricoles l'ancien taux de change. C'est ce que l'on appelle le « taux vert » ou « franc vert ».

Si l'inflation est contrôlée, le marché céréalier est perturbé. En effet, les minotiers des autres pays membres ont alors tout intérêt à acheter du blé français. Ils l'acquièrent en effet au taux de change réel, c'est-à-dire avec un franc dévalué de 10 pour cent. Pour éviter toute distorsion de concurrence, le blé français est affecté d'une taxe de 10 pour cent au passage de la frontière. C'est cette taxe que l'on appelle montant compensatoire monétaire, ou MCM.

Bien entendu, toute réévaluation monétaire est suivie, de la même façon, de la mise en place d'un « taux vert » et d'un MCM, mais ce dernier fonctionne alors comme une subvention à l'exportation.

La mise en place du SME, en limitant les fluctuations des taux de change, facilite le démantèlement progressif des MCM.

laisser flotter leur monnaie ; d'autres, comme la France et la Belgique, instaurent un double marché des changes, l'ancien taux de change étant réservé aux seules affaires commerciales ; d'autres enfin, comme le Royaume-Uni et l'Italie, défendent les anciennes parités avec des marges de fluctuation assez larges. Le système monétaire international a disparu.

Lors de la conférence de Washington en décembre 1971, les États-Unis, désireux de rétablir la compétitivité de leurs produits sur le marché mondial, obtiennent contre quelques concessions la réévaluation des monnaies des autres puissances occidentales et du Japon. Un système de parité fixe est alors rétabli, mais avec des marges de fluctuations plus élevées : plus ou moins 2,25 pour cent par rapport au dollar et plus ou moins 4,5 pour cent entre les autres monnaies. C'est ce que l'on appelle le « tunnel ».

Ces marges de fluctuations, trop larges, menacent la réalisation de l'union économique et monétaire et perturbent le fonctionnement de la politique agricole commune. Aussi, les pays européens signent-ils à Bâle, en mars 1972, **des accords réduisant les marges de fluctuations entre monnaies européennes à plus ou moins 2,25 pour cent. C'est le « serpent ».** Ils décident aussi de retirer au dollar son rôle de monnaie de compte dans la Communauté, le remplaçant par l'**unité de compte, UC,** valant 1/35 d'once d'or fin.

Toutes ces mesures sont rapidement bousculées par la tourmente monétaire. Dès 1972, le Royaume-Uni décide de laisser flotter la livre sterling, attaquée sur les marchés. La monnaie britannique quitte donc le « tunnel ». L'année suivante, l'Italie instaure un double marché des changes : la lire commerciale respecte les marges fixées, mais la lire financière flotte, quittant ainsi tunnel et serpent.

En février 1973, les États-Unis, pour pallier les déficits de leurs balances commerciale et des paiements, **dévaluent le dollar de 10 pour cent.** Les pays européens, incapables de défendre les nouvelles partiés, se résolvent à laisser flotter leurs monnaies. **Le désordre monétaire est total.**

Aussi, en mars 1973, les neuf pays de la Communauté décident, lors de la Conférence de Bruxelles, de conserver le système du serpent, en le désolidarisant du dollar : **le serpent sort du tunnel.** Certaines monnaies faibles, comme les livres britannique et irlandaise et la lire, obtiennent toutefois la possibilité de flotter jusqu'au rétablissement des situations économiques nationales.

Les négociations internationales se poursuivent, notamment au sein du FMI. Elles se terminent par les **accords de la Jamaïque** de janvier 1976. Ceux-ci marquent l'**abandon de l'or comme référence pour le système monétaire international.** Le métal jaune devient une banale marchandise. Il est remplacé par **les DTS ou droits de tirage spéciaux,** créés en 1969, définis par un panier de monnaie et émis par le Fonds monétaire international. Le DTS est à la fois un instrument de réserve et un étalon international, déterminant la valeur des monnaies.

Pour remédier à l'absence de parités fixes qui perturbe le fonctionnement du Marché commun, les pays européens s'efforcent d'améliorer le système du serpent. Ceci est d'autant plus nécessaire qu'en 1976 l'Italie, la France, le Royaume-Uni et l'Irlande sortent de ce dernier et laissent flotter leurs monnaies affaiblies, situation qui contraste avec l'appréciation continue du deutschemark. Il ne subsiste donc plus qu'un mini-serpent réunissant les monnaies du Benelux, du Danemark et de la RFA.

L'échec du serpent rend impossible la construction de l'union économique et monétaire et entraîne la multiplication des montants compensatoires monétaires.

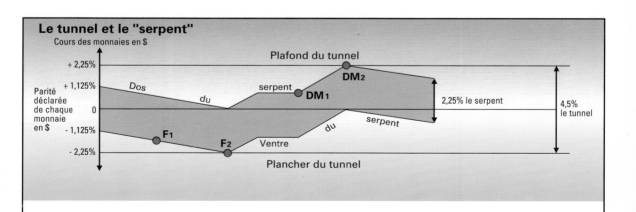

Le tunnel et le "serpent"

Cours des monnaies en $

Plafond du tunnel

+ 2,25%

+ 1,125%   Dos   serpent   DM2

Parité déclarée de chaque monnaie en $ 0   du   DM1   2,25% le serpent   4,5% le tunnel

- 1,125%   F1   du   serpent

- 2,25%   F2   Ventre

Plancher du tunnel

1. Le franc français baisse sur les marchés. Il atteint le ventre du serpent, ce qui contraint la Banque de France à vendre des devises européennes pour ramener la monnaie nationale au sein du serpent.

2. Le franc touche à la fois le ventre du serpent et le plancher du tunnel. La Banque de France doit donc vendre des monnaies européennes pour maintenir le franc dans le serpent et des dollars pour le ramener dans le tunnel.

3. Le deutschemark atteint le dos du serpent : la Bundesbank doit acheter des monnaies européennes pour abaisser la valeur relative de la monnaie nationale.

4. Le deutschemark atteint à la fois le dos du serpent et le plafond du tunnel : la Bundesbank achète donc des monnaies européennes et des dollars pour ramener sa valeur à des niveaux satisfaisants.

(D'après J. BOURGET, *Monnaies et Systèmes monétaires dans le monde au XXᵉ siècle,* Bréal, 1987.)

1979 : la mise en place du SME

La poursuite de la construction européenne impose pourtant une stabilité monétaire au sein de la Communauté, d'autant plus que le système monétaire mondial n'est pas prêt de retrouver sa stabilité. **Sur une initiative de Valéry Giscard d'Estaing et du chancelier allemand Helmut Schmidt**, le Conseil européen de Copenhague des 7 et 8 avril 1978 décide la relance de la coopération monétaire. Les grandes lignes du projet sont révélées en juillet et les modalités définitives de fonctionnement sont arrêtées par le Conseil européen de Bruxelles des 4 et 5 décembre 1978.

Le but du système est d'abord d'établir une coopération plus étroite permettant de **mettre en place une zone de stabilité monétaire en Europe.** Il vise aussi à faciliter le retour de la croissance économique par la stabilisation des changes et le rapprochement des politiques économiques et monétaires des États membres. **Le SME comprend trois éléments essentiels : l'Écu, des mécanismes de crédit spécifiques et un Fonds Européen de Coopération monétaire, ou FECOM.**

L'Écu, ou *European Currency Unit*, est l'élément central du système. C'est l'unité monétaire européenne qui remplace l'ancienne unité de compte. **Sa valeur est calculée chaque jour** sur la base d'un « panier » des monnaies européennes, assorties chacune d'un cœfficient prenant en compte l'importance du PNB et du commerce extérieur des douze pays. Les parts respectives des différentes monnaies ont été revues à plusieurs reprises à la suite de l'admission de la drachme en septembre 1984, puis de la peseta et de l'escudo en 1989.

L'Écu est le dénominateur commun des taux de change, l'unité de compte pour les dettes et les créances, un moyen de règlement entre les autorités monétaires de la Communauté.

Chaque monnaie se voit attribuer un **taux-pivot** rattaché à l'Écu. Ses fluctuations sont limitées à plus ou moins 2,25 pour cent par rapport à ce taux-pivot, à l'exception de la lire et de la peseta qui bénéficient d'une marge plus élevée, fixée à plus ou moins 6 pour cent. Afin de détecter très rapidement les fluctuations monétaires, un **seuil de divergence** a été fixé pour chaque monnaie à 75 pour cent. Si une monnaie, qu'elle se renchérisse ou s'affaiblisse, franchit ce seuil, les autorités monétaires nationales doivent intervenir pour redresser la situation, soit en rachetant ou vendant des devises sur les marchés financiers, soit en prenant des mesures de politique monétaire intérieure, soit encore en modifiant les taux-pivots, c'est-à-dire en fait en procédant à une réévaluation ou une dévaluation de la monnaie nationale.

Trois mécanismes de crédit sont mis en place pour pallier au mieux les effets de la spéculation et pour faciliter les interventions des États :
— les banques centrales peuvent se faire des crédits illimités pour leurs interventions au jour le jour ;
— un soutien monétaire à court terme — jusqu'à neuf mois — est possible par accord entre banques centrales ; la dotation est de 14 milliards d'Écu ;
— un concours financier à moyen terme — de 2 à 5 ans — peut être octroyé par accord entre pays ; la dotation est de 11 milliards d'Écu.

Pour financer ces mécanismes est institué un **Fonds européen de coopération monétaire**, ou FECOM. Afin de permettre d'éventuelles interventions, les participants au SME doivent déposer auprès de ce fonds 20 pour cent de leurs réserves de change. En retour, ils sont crédités en Écu, monnaie qui fait ainsi son entrée dans le bilan des banques centrales comme unité de compte pour une partie des réserves.

Le SME présente plus de souplesse que le serpent et bénéficie surtout d'une substantielle augmentation du montant des crédits, ce qui est fondamental pour enrayer toute spéculation d'envergure sur une monnaie.

Le SME est mis en place le **13 mars 1979**, après que la France ait obtenu comme préalable à son application la suppression progressive des montants compensatoires monétaires.

Si toutes les monnaies communautaires entrent désormais dans la composition de l'Écu, **trois pays restent à l'écart du mécanisme de change : la Grèce, le Portugal et le Royaume-Uni.** Ce dernier craint une appréciation de la livre qui diminuerait sa compétitivité et refuse toute immixion dans sa politique monétaire. La chute récente de la monnaie britannique n'a pas fait changer d'avis le gouvernement de Margaret Thatcher.

ECU (Composition)
Septembre 1989

Deutschemark	30,10 %
FF	19 %
Livre britannique	13 %
Livre italienne	10,15 %
Florin	9,40 %
Francs belge et luxembourgeois	7,90 %
Peseta	5,30 %
Couronne danoise	2,45 %
Livre irlandaise	1,10 %
Drachme	0,80 %
Escudo	0,80 %

Un bilan encourageant

Le SME souffre dans ses débuts des disparités de l'inflation et des divergences des politiques économiques nationales. Néanmoins, il résiste bien aux chocs externes qu'ont été le second choc pétrolier, les fluctuations du dollar et le renchérissement du yen. Au fil des années, le système conforte son efficacité, d'autant qu'il bénéficie de la réduction de l'inflation et de la récente reprise économique.

Le SME contribue à stabiliser les taux de change des monnaies européennes. La variabilité de ceux-ci demeure en effet bien inférieure à celle des autres monnaies, qu'il s'agisse du dollar, du yen ou du franc suisse. Certes, il faut procéder depuis 1979 à douze réaménagements de parités, mais ces derniers se raréfient depuis 1983 et l'ampleur des réalignements diminue.

Le rôle de l'Écu s'est affirmé sur le plan international. Le Conseil des Ministres des Finances, tenu à Palerme, en avril 1985 entérine d'ailleurs cette tendance en autorisant les banques centrales européennes à échanger des Écu contre des dollars auprès d'autres banques centrales par l'intermédiaire du FECOM et en permettant aux banques centrales de pays tiers de détenir des Écu. La monnaie européenne est cotée sur la plupart des places boursières ; des banques centrales la comptabilisent comme une devise, au même titre que le dollar.

L'usage privé de l'Écu s'est également développé. Les banques commerciales et d'autres opérateurs privés recourent de plus en plus à la monnaie communautaire, tant en Europe que sur les autres continents. Des obligations, des dépôts et des crédits bancaires, des chèques de voyages sont désormais libellés en Écus.

Le SME demeure cependant inachevé. La mise en place d'un Fonds monétaire européen, embryon d'une banque centrale, a été reporté ; **tous les pays membres ne participent pas encore pleinement au système** et **les disparités des balances commerciales pèsent sur les taux de change.**

La réalisation du grand marché de 1993 impose de concilier la totale mobilité des capitaux avec des changes fixes et une relative autonomie des politiques économiques. C'est pourquoi le « Comité Delors » a récemment remis des propositions pour accélérer la réalisation de l'Union économique et monétaire. Il propose un plan en trois étapes. La première consisterait à renforcer la coordination des politiques économiques et à intégrer dans le SME les monnaies encore absentes. La seconde verrait la signature d'un nouveau traité créant un système européen de banques centrales qui, fort de solides réserves de change, mettrait en place une politique monétaire commune. La dernière étape consisterait à doter ce système des réserves officielles des États et à créer une monnaie communautaire unique.

Les positions des États sur cette approche sont encore très éloignées. C'est ainsi que la RFA fait de la convergence des économies un préalable à toute nouvelle avancée dans le domaine monétaire. Les Allemands s'opposent en effet à une extension du rôle de l'Écu, craignant que le deutschemark n'en soit affaibli et que cela relance l'inflation dans leur pays. Quant au Royaume-Uni, il s'oppose aux deux dernières étapes.

Évolution de l'Écu par rapport au dollar américain et au yen		
1 Écu =	Dollars	Yens
1960	1,056	380,23
1961	1,067	384,24
1962	1,069	385,13
1963	1,069	385,13
1964	1,069	385,13
1965	1,069	385,13
1966	1,069	385,13
1967	1,064	383,33
1968	1,028	370,40
1969	1,022	367,99
1970	1,022	368
1971	1,047	363,83
1972	1,121	339,72
1973	1,231	333,17
1974	1,192	347,47
1975	1,240	367,68
1976	1,118	331,21
1977	1,141	305,81
1978	1,274	267,08
1979	1,370	300,47
1980	1,392	315,04
1981	1,116	245,38
1982	0,979	243,55
1983	0,890	211,35
1984	0,789	187,09
1985	0,763	180,56
1986	0,984	165
1987	1,145	166,81
1988	1,160	151,88

Évolution de la valeur du deutschemark et du franc français par rapport à l'Écu		
1 Écu =	en DM	en FF
1960	4,43	5,21
1961	4,30	5,26
1962	4,27	5,28
1963	4,27	5,28
1964	4,27	5,28
1965	4,27	5,28
1966	4,27	5,28
1967	4,25	5,25
1968	4,11	5,07
1969	4,02	5,29
1970	3,74	5,67
1971	3,64	5,77
1972	3,57	5,65
1973	3,37	5,46
1974	3,08	5,73
1975	3,04	5,31
1976	2,81	5,34
1977	2,64	5,60
1978	2,55	5,73
1979	2,51	5,82
1980	2,52	5,86
1981	2,51	6,03
1982	2,37	6,43
1983	2,27	6,77
1984	2,23	6,87
1985	2,22	6,79
1986	2,12	6,79
1987	2,07	6,92
1988	2,07	7,00

La politique sociale

Un héritage ancien

L'Europe occidentale est le berceau de la protection sociale. Dès les années 1880, les travailleurs allemands bénéficient d'une assurance contre les accidents du travail et la maladie. Au début du XXᵉ siècle, l'Angleterre se dote d'une législation sociale exceptionnelle pour l'époque associant une couverture des grands risques sociaux, une protection des travailleurs à domicile et une assurance chômage, la *dole*. Les congés payés sont institués dès 1927 en Italie, 1934 en Allemagne et au Royaume-Uni, et 1936 en France. **Après 1945, le *Welfare State* s'impose partout** : l'assistance aux plus démunis est inscrite dans la loi ; les aides aux familles, aux chômeurs, aux régions en difficulté sont renforcées ; les droits reconnus aux travailleurs sont élargis et consolidés, qu'il s'agisse de sécurité sociale ou de participation à la vie des entreprises. **La Communauté réunit donc dès l'origine des États bénéficiant d'une protection sociale avancée.**

Les fondements de la politique communautaire

Le traité de Rome ne comporte qu'un nombre réduit de dispositions à caractère social et plusieurs d'entre elles ne sont pas contraignantes. Ces dispositions privilégient la libre circulation des travailleurs, l'égalité des rémunérations entre les hommes et les femmes, l'amélioration des conditions de vie et de travail et la mise en place d'une politique commune de formation professionnelle.

> **Article 48-1.** — La libre circulation des travailleurs est assurée à l'intérieur de la Communauté au plus tard à l'expiration de la période de transition.
>
> **Article 48-2.** — Elle implique l'abolition de toute discrimination fondée sur la nationalité, entre les travailleurs des États membres, en ce qui concerne l'emploi, la rémunération et les autres conditions de travail. [...]
>
> **Article 52.** — Dans le cadre des dispositions ci-après, les restrictions à la liberté d'établissement des ressortissants d'un État membre dans le territoire d'un autre État membre sont progressivement supprimées au cours de la période de transition. [...]
>
> **Article 117.** — Les États membres conviennent de la nécessité de promouvoir l'amélioration des conditions de vie et de travail de la main-d'œuvre permettant leur légalisation dans le progrès.
>
> Ils estiment qu'une telle évolution résultera tant du fonctionnement du marché commun, qui favorisera l'harmonisation des systèmes sociaux, que des procédures prévues par le présent traité et du rapprochement des dispositions législatives, réglementaires et administratives.
>
> **Article 118.** — Sans préjudice des autres dispositions du présent traité, et conformément aux objectifs généraux de celui-ci, la Commission a pour mission de promouvoir une collaboration étroite entre les États membres dans le domaine social, notamment dans les matières relatives :
>
> — à l'emploi,
> — au droit de travail et aux conditions de travail,
> — à la formation et au perfectionnement professionnels,
> — à la sécurité sociale,
> — à la protection contre les accidents et les maladies professionnelles,
> — à l'hygiène du travail,
> — au droit syndical et aux négociations collectives entre employeurs et travailleurs.
>
> A cet effet, la Commission agit en contact étroit avec les États membres, par des études, des avis et par l'organisation de consultations, tant pour les problèmes qui se posent sur le plan national que pour ceux qui intéressent les organisations internationales.
>
> Avant d'émettre les avis prévus au présent article, la Commission consulte le Comité économique et social.
>
> **Article 119.** — Chaque État membre assure au cours de la première étape, et maintient par la suite, l'application du principe de l'égalité des rémunérations entre les travailleurs masculins et les travailleurs féminins pour un même travail.
>
> Par rémunération il faut entendre, au sens du présent article, le salaire ou traitement ordinaire de base ou minimum, et tous les autres avantages payés directement ou indirectement, en espèces ou en nature, par l'employeur au travailleur en raison de l'emploi de ce dernier. [...]
>
> **Article 120.** — Les États membres s'attachent à maintenir l'équivalence existante des régimes de congés payés.
>
> **Article 123.** — Afin d'améliorer les possibilités d'emploi des travailleurs dans le marché commun et de contribuer ainsi au relèvement du niveau de vie, il est institué, dans le cadre des dispositions ci-après, un Fonds social européen qui aura pour mission de promouvoir à l'intérieur de la Communauté les facilités d'emploi et la mobilité géographique et professionnelle des travailleurs.

La libre circulation des travailleurs est effective dès 1968. Elle garantit aux ressortissants de la Communauté le droit à :

— **la mobilité géographique.** Tout citoyen européen peut entrer sur le territoire d'un autre État membre, y séjourner et y exercer une activité salariée de durée variable.
— **la mobilité professionnelle.** Tout ressortissant de la Communauté doit bénéficier des mêmes conditions d'emploi et de travail que les citoyens du pays d'accueil.
— **l'insertion sociale.** Ces migrants bénéficient des mêmes rémunérations et des mêmes avantages sociaux que les citoyens locaux.

Jusqu'en 1971, l'intervention du Fonds social se limite à des actions d'accompagnement. Il accorde ainsi des aides à la rééducation professionnelle et au maintien des salaires des travailleurs qui ont dû trouver un nouvel emploi, comme les mineurs et les sidérurgistes déjà touchés par la restructuration de leurs branches industrielles. Dès les années 60, en effet, **l'ouverture accrue à la concurrence interne et externe a des effets sociaux ambigus** : en dynamisant les économies, elle favorise la croissance de la production et du niveau de vie ; en imposant une politique de productivité, de concentration des entreprises, de renouvellement des gammes, elle détruit des emplois, marginalise les travailleurs peu qualifiés et menace les secteurs de production les plus anciens. A la fin de la période de transition, le bilan social est beaucoup plus contrasté que le bilan économique.

De 1972 à 1985 : une nouvelle approche

La situation évolue rapidement au début des années 70. **Le progrès social devient un objectif privilégié de l'Europe élargie.** En octobre 1972, lors du Conseil européen de Paris, les chefs d'État et de gouvernement se déclarent prêts à « renforcer la Communauté en établissant une union économique et monétaire, gage de stabilité et de croissance, fondement de leur solidarité et base indispensable du progrès social, et en remédiant aux disparités géographiques ». Forts de cette résolution, les États affirment la nécessité d'élaborer rapidement un programme communautaire d'action sociale.

Cette ambition se heurte aux conséquences économiques du désordre monétaire et de la crise énergétique. **La récession se traduit en effet par une brusque montée du chômage.** Toutefois, si l'approche globale disparaît, bon nombre d'actions partielles conduisent à des progrès substantiels.

C'est d'abord le cas dans le domaine de l'emploi. **Le Fonds social est réformé en 1972, puis en 1984, et ses mécanismes sont améliorés.** Il aide les travailleurs de l'industrie textile et de l'agriculture et sert aussi à la lutte contre le chômage structurel dans les régions en retard ou en déclin. A partir de 1984, il réserve les trois quarts de ses ressources aux jeunes

de moins de 25 ans et les régions les plus défavorisées reçoivent 40 % des crédits, part portée à 44,5 % après l'élargissement aux pays ibériques. Par ailleurs, il soutient les projets pilotes du centre européen de formation professionnelle créé à Berlin et destiné à améliorer et rapprocher les niveaux de formation dans la Communauté. En 1976, une Fondation européenne pour l'amélioration des conditions de vie et de travail est installée à Dublin.

Dans le même temps, **la Communauté multiplie les directives.** Dans le domaine de la santé, elles sont destinées à limiter les risques liés à l'utilisation de certaines matières, comme le plomb et l'asbeste, à **protéger la sécurité et la santé des travailleurs** dans les charbonnages, la sidérurgie, les installations nucléaires et les transports. D'autres directives rappellent le **principe de l'égalité** en matière de rémunérations, promotions et formations professionnelles ou assurent aux travailleurs la conservation des droits acquis en cas de transfert d'entreprise, ou de faillite de leur employeur. Enfin, un programme spécifique est lancé en faveur de **l'intégration des travailleurs migrants.**

Le Parlement européen ainsi que le Comité économique et social, composé des représentants des employeurs, des travailleurs, des consommateurs et autres partenaires sociaux, jouent un rôle important dans cet effort de promotion. D'autres organismes spécialisés sont consultés par la Commission. C'est le cas du comité permanent de l'emploi qui permet un dialogue entre la Commission, les ministres du Travail et les partenaires sociaux.

De 1972 à 1985, la politique sociale communautaire, malgré d'incontestables progrès, souffre d'une conjoncture économique défavorable et se heurte à la lourdeur des prises de décision : l'unanimité des membres du Conseil freine les interventions communautaires. **De plus, les élargissements successifs accroissent les disparités** entre les niveaux de vie et les systèmes sociaux et entravent l'harmonisation des dispositifs nationaux.

Une couverture sociale variable selon les pays

Au cours des prochaines années, les dépenses sociales vont continuer à progresser au sein des Douze. La progression annuelle devrait être comprise entre 1 % au Royaume-Uni et 3,6 % en Espagne. Toutefois, leur part dans le PIB est sans doute appelée à diminuer dans beaucoup d'États, le taux de croissance économique étant encore plus élevé. Les écarts déjà élevés entre les pays membres s'accentueront.

La hausse des dépenses conduit bien des pays à rechercher de nouvelles sources de financement pour assurer le maintien de l'État-Providence. Ces ressources ont des origines très variées selon les pays. C'est ainsi qu'aux Pays-Bas les ménages apportaient en 1984 36,9 % des recettes, alors que les entreprises et les administrations publiques versaient chacune un peu plus de 30 %. En France, les entreprises contribuaient pour 40,9 % au budget social, contre 29,8 % pour les administrations publiques. Au Danemark, c'est l'État qui versait l'essentiel des recettes, 90,4 %.

Poids des dépenses de protection sociale dans le PIB (en %)

	1980	1984	1990
Belgique........	28,1	29,6	29,6
Danemark......	29,7	28,9	27
Espagne........	15,6	17,4	18
France.........	25,9	29,4	28,4
Grèce..........	13,3	20	20,2
Irlande........	20,6	23,9	22,3
Italie	22,8	27,3	26,4
Luxembourg ...	26,4	25,2	24,4
Pays-Bas	30,4	32,8	32,1
Portugal........	14,6	15,2	13,4
RFA	28,6	28,5	26,4
Royaume-Uni ...	21,7	24,6	22,8
Communauté ...	24,9	27,1	25,6

Horizon 1992 : vers un espace social européen

Une nécessaire solidarité

La création d'un **espace social européen** devient l'un des éléments essentiels de la politique communautaire. Le grand marché exige en effet une forte cohésion économique et sociale, afin que la dynamique profite à toutes les régions et à toutes les catégories sociales.

Les disparités géographiques et sociales demeurent en effet considérables. Pour réduire les déséquilibres régionaux **le Conseil décide le doublement des crédits des trois fonds structurels**, Fonds social, Feoga-Orientation et Feder, d'ici 1993, ce qui porterait leur enveloppe globale à près de 14 milliards d'Écu... Le Fonds social privilégiera les aides aux régions en difficulté, aux chômeurs de longue durée et aux jeunes en attente d'une insertion professionnelle. Les actions devront s'intégrer dans une programmation pluriannuelle.

Une action est également conduite en faveur des **populations les plus vulnérables**. Pour les jeunes, qui représentent 32 % des chômeurs, des aides sont données à l'embauche et à la création d'entreprises. En faveur des femmes qui forment 50 % des sans-emploi, un programme 1985-1990 vise à promouvoir l'éducation, la formation, les nouvelles technologies et la protection sociale.

Par ailleurs, plus de 30 millions de ressortissants de la Communauté, soit près de 10 % de la population, souffrent d'un handicap contrariant leur intégration sociale. Un nouveau programme communautaire, « Helios », a été adopté à ce effet. Doté de 19 millions d'Écu pour les années 1988-1991, il encourage l'**insertion professionnelle et l'intégration économique et sociale des handicapés**.

La lutte contre la pauvreté est un autre aspect de l'action communautaire. On estime à 44 millions l'effectif des personnes actuellement en état de pauvreté. Un nouveau programme quinquennal est mis en œuvre pour remédier à la situation la plus dramatique, celle des exclus appartenant au « quart monde ». S'y ajoutent des actions ponctuelles, telles l'aide alimentaire et l'aide d'urgence. La Communauté verse ainsi des excédents agricoles aux organisations caritatives comme les « restaurants du cœur ».

Vers une Charte communautaire des droits sociaux

La priorité accordée aux questions sociales est confirmée en juin 1988 par le Conseil européen : il considère que l'achèvement du marché unique offre une grande chance de promouvoir l'emploi et d'accroître la prospérité. Il souligne l'importance de la formation professionnelle et de la reconnaissance mutuelle des diplômes. Le Conseil européen de Madrid des 26 et 27 juin 1989 rappelle qu'il convient **d'accorder autant d'importance aux aspects sociaux qu'aux objectifs économiques dans la construction du marché unique**. Il privilégie la lutte contre le chômage de longue durée et l'insertion des jeunes dans la vie active, appelant par ailleurs au dialogue social dans le cadre communautaire.

La Commission a présenté en juin 1989 un avant-projet de « **charte communautaire des droits sociaux fondamentaux** » soumis au Conseil européen de **décembre 1989 à Strasbourg**.

Cette charte rappelle les grands objectifs de la politique sociale communautaire.

— Promouvoir l'**amélioration des conditions de vie et de travail**, tant dans le domaine de la sécurité, de l'hygiène et de la santé que sur le plan du travail flexible ou du travail à durée déterminée (temps partiel, intérim...).

— Assurer la **libre circulation des personnes**, l'égalité de traitement des travailleurs et de justes rémunérations. La mobilité doit être renforcée par la généralisation du droit de séjour, la reconnaissance des diplômes et la correspondance des qualifications,

Répartition des dépenses de protection sociale en 1989 (en %)

	Santé	Vieillesse	Famille	Emploi	Divers*
Belgique	32	38,3	10,4	13,1	6,2
Danemark..............	30,6	36,4	10,2	17,4	5,4
Espagne...............	35,2	46,6	1,4	15,6	1,2
France................	33,3	40,7	11,1	10,3	4,6
Grèce.................	19,6	70,5	2,9	1,5	5,5
Irlande	35,3	31,4	12,1	15,3	5,9
Italie	43,5	46,1	6,7	3,5	0,2
Luxembourg...........	43,3	45,4	9	2,2	0,1
Pays-Bas..............	44	31,2	8,5	12,8	3,5
Portugal	48,4	36,6	7,1	2,5	5,4
RFA	40,7	42,6	6,9	6,5	3,3
Royaume-Uni..........	30	42,9	11,8	10,2	5,1

* Aide au logement et autres.

206

mais aussi par le développement de programmes communautaires d'échanges tels Comett, Erasmus ou « Jeunesse pour l'Europe ».

— Définir les **conditions d'une bonne adaptation au grand marché.** La formation professionnelle initiale et continue tient à cet égard un rôle important. Il faut développer la correspondance des qualifications, la formation aux nouvelles technologies, l'apprentissage des langues et la coopération entre les institutions de formation et les entreprises.

— **Renforcer les droits** à la protection sociale, à la liberté d'association, à l'information et à la participation des travailleurs.

— **Développer la protection des enfants** et des adolescents en fixant à 16 ans l'âge minimum du travail et en aménageant les règles du droit du travail en faveur des jeunes travailleurs.

— **Fixer un revenu minimum** pour les personnes âgées ne disposant pas d'une retraite suffisante.

— Favoriser **l'insertion des handicapés.**

L'action de la Communauté ne vise pas à unifier les systèmes sociaux nationaux, mais à promouvoir des priorités communes et renforcer l'efficacité et la cohérence des actions nationales. Une harmonisation par le haut est impossible à court terme pour des raisons économiques, car elle déstabiliserait les économies des pays méditerranéens et de l'Irlande. Une harmonisation par le bas ne saurait être admise par les travailleurs des pays disposant d'une législation sociale très avantageuse.

Son action sera favorisée par les nouvelles possibilités offertes par l'Acte unique. Celui-ci stipule que **les décisions du Conseil relatives à l'adoption de prescriptions sociales minimales** pour l'amélioration du milieu de travail, notamment de la sécurité et de la santé des travailleurs, **peuvent être prises à la majorité qualifiée et non plus à l'unanimité.**

Le Fonds social européen

Année	Dépenses en millions d'Écu	% du budget européen
1961	8,6	25,2
1962	11,3	12,2
1963	4,6	5,5
1964	7,2	7,7
1965	42,9	21,3
1966	26,2	6,5
1967	35,6	5,3
1968	43	1,8
1969	50,5	1,2
1970	64	1,2
1971	56,5	2,5
1972	97,5	3,2
1973	269,2	5,8
1974	292,1	5,8
1975	360,2	5,8
1976	176,7	2,2
1977	55,3	0,7
1978	256,5	2,2
1979	527	3,6
1980	502	3,1
1981	547	2,9
1982	910	4,2
1983	801	3,2
1984	1 116,4	4,2
1985	1 413	5
1986	2 533	7,3
1987	2 542	7,2
1988	2 600	5,9
1989	2 970	6,4

Soutenir les grandes causes

La Communauté participe aux grandes campagnes de protection sociale, qu'il s'agisse de la lutte contre la drogue, le sida ou le cancer. Ce dernier tue chaque année plus de 720 000 personnes dans la Communauté. Cette dernière accorde des bourses aux chercheurs, stimule la coordination des recherches, développe des campagnes d'information, assure une meilleure formation du personnel médical.

L'EUROPE CONTRE LE CANCER

EUROPE AGAINST CANCER

CODE EUROPÉEN CONTRE LE CANCER
CERTAINS CANCERS PEUVENT ÊTRE ÉVITÉS:

1. Ne fumez pas.
2. Modérez votre consommation de boissons alcoolisées.
3. Évitez les expositions excessives au soleil.
4. Respectez les consignes professionnelles de sécurité lors de la manipulation de toute substance cancérigène.
5. Consommez fréquemment des fruits et des légumes frais et des aliments riches en fibres.
6. Évitez l'excès de poids

UN PLUS GRAND NOMBRE DE CANCERS SERONT GUÉRIS S'ILS SONT DÉTECTÉS PLUS TÔT:

7. Consultez un médecin en cas d'évolution anormale: changement d'aspect d'un grain de beauté, apparition d'une grosseur, saignement anormal.
8. Consultez un médecin en cas de troubles persistants: toux, enrouement, trouble du transit intestinal, perte inexpliquée de poids.
Pour les femmes:
9. Faites pratiquer régulièrement un frottis vaginal.
10. Surveillez vos seins régulièrement.

L'EUROPE CONTRE LE CANCER

Sixième

L'Europe a

Le tournoi des Cinq Nations, un affrontement pacifique entre Français et Britanniques.

Partie

ujourd'hui

La réconciliation franco-allemande, des armées qui coopèrent.

A. L'Europe de la recherche

La prise de conscience du retard européen

La **R & D (Recherche et Développement)**, qui permet à la recherche fondamentale de déboucher sur des innovations technologiques, est aujourd'hui au cœur de la compétition économique mondiale. Les dépenses consacrées par l'**État** et les **entreprises** à la R & D conditionnent l'adaptation de chaque économie à une évolution de plus en plus rapide. Quand les gammes de produits se renouvellent très vite, quand les secteurs porteurs de l'industrie succèdent les uns aux autres, le gagnant est celui qui sait innover et anticiper.

Or les pays de la CEE accusent dans ce domaine un **retard** certain par rapport à leurs concurrents. Leurs dépenses de R & D, en pourcentage du PIB, sont comparables à celles du Japon et des États-Unis (chacun autour de 2,7 %), du moins en ce qui concerne la RFA (2,8 %), le Royaume-Uni, la France et les Pays-Bas (chacun autour de 2,3 %). Mais ces dépenses augmentent à un rythme moins soutenu que celles du Japon et des États-Unis. Et surtout aucun pays de la CEE pris séparément n'a les moyens financiers des laboratoires américains et japonais. Résultat : l'industrie européenne fournit moins de 40 % de la consommation européenne de **produits de haute technologie.**

L'union est nécessaire, non seulement pour bénéficier des avantages d'échelle d'un grand marché de 320 millions d'habitants, mais aussi pour éviter le gaspillage des ressources humaines et financières de l'Europe. Les cloisonnements nationaux entraînent des rivalités inutiles et des **doubles emplois** coûteux, comme la mise au point simultanée d'un standard de télévision en France (SECAM) et en RFA (PAL), ou bien le développement en Europe de dix systèmes d'autocommutateurs numériques concurrents (contre deux au Japon et trois aux États-Unis).

Les Européens ont pris conscience au début des années 80 de la nécessité d'accentuer et de coordonner leurs efforts, sous peine de voir le **fossé technologique** entre la CEE et ses concurrents se creuser irrémédiablement, et le Vieux Continent tomber au rang de **sous-traitant** du Japon et des États-Unis. Le détonateur de cette prise de conscience est le lancement par le président Reagan, le 23 mars 1983, de l'**IDS** (Initiative de Défense stratégique). Ce programme de recherche vise à doter les États-Unis d'un

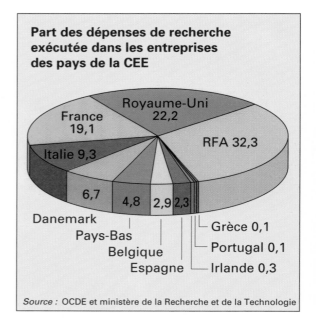

Part des dépenses de recherche exécutée dans les entreprises des pays de la CEE

Royaume-Uni 22,2
RFA 32,3
France 19,1
Italie 9,3
6,7 Danemark
4,8 Pays-Bas
2,9 Belgique
2,3 Espagne
Grèce 0,1
Portugal 0,1
Irlande 0,3

Source : OCDE et ministère de la Recherche et de la Technologie

La compétition technologique

	Dépenses intérieures de R & D en milliards de francs			Nombre de brevets déposés dans le pays par les entreprises nationales			Nombre de personnes travaillant dans la R & D pour 10 000 actifs	
	1979	1983	1987	1979	1983	1987	1975	1984
France	44,2	84,7	121,4	11 349	11 278	12 805	29,4	41,2
RFA	68,3	113,2	170,2	31 024	32 094	32 211	38,6	49,1
Royaume-Uni .	—	84,8	120,4	19 538	19 977	20 123	31,1	34,2
Total CEE	154,8	363,4	552,6	—	—	—	—	—
États-Unis	332,2	605,8	901,1	60 535	59 391	68 315	55,3	65,1
Japon	98	195,7	319,2	150 623	227 708	310 908	47,9	62,4

« bouclier spatial » ; mais, au-delà des objectifs militaires de la « guerre des étoiles », c'est aussi un moyen d'injecter des sommes considérables dans la R & D et de relancer l'innovation technologique civile. Ce **défi américain** est d'autant plus dangereux que les États-Unis proposent aux entreprises japonaises et européennes de coopérer à l'IDS, en risquant ainsi de les détourner de leurs propres programmes de recherche.

La réponse de l'Europe ne se fait pas attendre : en 1984-1985, les Européens élaborent enfin une stratégie commune de R & D, en lançant le premier grand programme communautaire (Esprit), puis en se ralliant à un vaste projet, d'origine française, débordant le cadre de la CEE (Eurêka). Présentant Esprit, Étienne Davignon, vice-président de la Commission de Bruxelles, déclare en 1984 : « **L'Europe redevient ambitieuse.** » Et en proposant Eurêka en 1985, le président Mitterrand annonce le réveil de l'Europe sous le choc de l'IDS.

Un modèle de coopération : l'Europe du ciel

L'« europtimisme » renaissant peut se fonder sur les succès des **industries aéronautique et aérospatiale** européennes. Dans ce domaine, en effet, les États européens ont su depuis longtemps mettre en commun leurs efforts de R & D et accomplir un certain nombre de percées technologiques. Cette coopération se fait dans un cadre extracommunautaire, puisqu'il s'agit d'accords bilatéraux ou multilatéraux entre firmes ou États, membres ou non de la CEE. Elle a commencé au début des années 1960, quand les pays européens mettent sur pied une politique spatiale, tandis que la Snias et British Aircraft construisent Concorde.

Le supersonique franco-anglais a été une réussite technique mais un échec commercial (16 exemplaires fabriqués). Il n'en est pas de même de l'Airbus, qui s'est taillé une part importante du marché mondial des moyens courriers. Créé en 1970, le Groupement d'intérêt économique Airbus industrie associe des entreprises aéronautiques de 4 pays européens : la **France** (37,9 %) et la **RFA** (37,9 %), initiatrices du projet, le **Royaume-Uni** (20 %) et l'**Espagne** (4,2 %), qui au départ du programme étaient en dehors de la CEE. Les Pays-Bas participent indirectement à la construction de l'Airbus et les États-Unis fournissent l'essentiel des moteurs. Exemplaire par son succès, le programme Airbus l'est aussi par sa dimension européenne : les Français, Allemands, Britanniques et Espagnols qui assurent la fabrication de l'Airbus depuis quinze ans à Toulouse — et demain peut-être à Hambourg, où il est question de transférer la chaîne de montage final des A-320 — sont un peu les pionniers de l'Europe technologique.

Après quelques déboires — l'échec des lancements de la fusée Europa en 1968-1969 —, l'Europe de l'aérospatiale est aussi un succès. Le 24 décembre 1979 a lieu à Kourou (Guyane) le premier tir victorieux de la fusée Ariane, lanceur de satellites mis au point par les 13 pays membres de l'ESA (Agence spatiale européenne), sous la direction française du CNES (centre national d'études spatiales). L'exploitation commerciale d'Ariane est confiée en 1980 par l'ESA à la Société Arianespace : le CNES en est le principal actionnaire (34 %), mais de nombreuses entreprises européennes ont pris des participations. Arianespace a brisé le monopole de la Nasa sur le marché du lancement des satellites, en attirant même des clients américains (lancement du satellite GTE-Spacenet en 1984) par ses prix moins élevés. Ariane IV peut aujourd'hui placer en orbite géostationnaire des

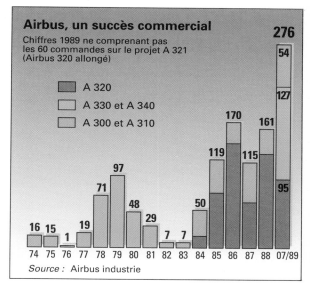

Airbus, un succès commercial

Chiffres 1989 ne comprenant pas les 60 commandes sur le projet A 321 (Airbus 320 allongé)

- A 320
- A 330 et A 340
- A 300 et A 310

Source : Airbus industrie

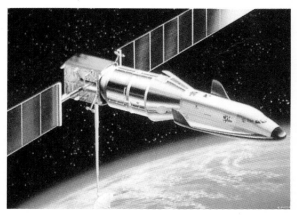

La future navette.

211

Les principales instances européennes de la R & D

CCR : Centre commun de recherche. Créé en 1958 comme centre de recherches nucléaires dépendant d'Euratom, il est devenu en 1971 l'instrument des trois Communautés européennes, avec des fonctions élargies. Le CCR, dont la direction est à Bruxelles, se compose de quatre établissements spécialisés :

— à Geel (Belgique), le Bureau central de mesures nucléaires (*cf.* l'encadré sur la normalisation) ;

— à Karlsruhe (RFA) l'Institut européen des transuraniens, qui travaille notamment sur le plutonium ;

— à Petten (Pays-Bas), un réacteur à haut flux, servant à tester des matériaux à haute température ;

— à Ispra (Italie), l'établissement le plus important du CCR, qui travaille sur le nucléaire (sécurité des réacteurs) et sur les autres énergies (solaire, nouvelles technologies du charbon).

CERN : Conseil européen pour la recherche nucléaire. Créé en 1953, installé à Genève-Leyrin, c'est un organisme de coopération européenne dans la recherche nucléaire fondamentale, par opposition à Euratom, chargé de l'utilisation industrielle de l'énergie nucléaire. Le CERN compte 14 pays membres : les États de la CEE, sans l'Irlande et le Luxembourg, mais avec la Suisse, l'Autriche, la Suède et la Norvège. La Pologne, la Yougoslavie et la Turquie ont un statut d'observateurs. Bien que son nom soit officiellement devenu : Organisation européenne pour la recherche nucléaire, cet organisme est toujours appelé CERN, et aussi souvent « Laboratoire européen pour la physique des particules ».

Commission des Communautés européennes : Au sein de la Commission de Bruxelles, la politique de la recherche est gérée par la direction générale XII Science, Recherche et Développement. En 1985 est créée la DG Télécommunications, Industries de l'information et de l'innovation pour superviser ce nouveau secteur stratégique.

Conseil des Communautés européennes : Le Conseil a institué en 1974 le Crest : Comité de la recherche scientifique et technique. Il a pour but d'assister la Commission et le Conseil des ministres de la Recherche dans la définition de la politique européenne de la R & D.

ESA : European Space Agence. C'est généralement par le sigle anglais qu'on désigne l'Agence spatiale européenne, née en 1975 du regroupement de deux organisations antérieures :

— l'ESRO (European Space Research Organisation), créée en 1962 pour développer la collaboration entre États européens dans la recherche spatiale à des fins pacifiques, c'est-à-dire pour construire des satellites.

— l'ELDO (European Space Vehicle Launcher Development Organisation), créée en 1962 pour mettre au point des lanceurs d'engins spatiaux.

L'ESA comprend 13 pays membres : les États de la CEE, sauf le Luxembourg, la Grèce et le Portugal ; la Suisse, l'Autriche, la Suède et la Norvège. La Finlande a le statut d'État associé ; le Canada a signé un accord de coopération avec l'ESA. Installé à Paris, l'Agence gère trois établissements :

— l'ESRIN (European Space Research Institute), à Frascati (Italie), responsable du traitement des images satellitaires ;

— l'ESTEC (European Space research and Technology Center), à Noordwijk (Pays-Bas), centre de recherche appliquée ;

— l'ESOC (European Space Operations Center), à Darmstadt (RFA), centre de calculs et de contrôle des satellites.

---

satellites de 2 à 4 tonnes. Dans les années 1990, la position de l'Europe sur le marché de l'espace doit être renforcée par trois grands projets : le lanceur lourd Ariane V ; la station orbitale Colombus ; le planeur spatial Hermès, concurrent de la navette américaine.

Ces succès de l'aérospatiale favorisent l'utilisation des **satellites**, qui est gérée au niveau européen par Eutelsat (European Telecommunications Satellite Organisation), rassemblant 26 pays depuis 1985. On retrouve là les télécommunications, qui constituent l'un des enjeux majeurs de la compétition technologique et l'un des axes prioritaires de l'action européenne.

Un symbole de l'Europe qui réussit : Ariane.

Vers une Europe de la technologie ?

Le « réveil » de l'Europe au milieu des années 80 a abouti au lancement de vastes programmes visant à accélérer et à harmoniser les efforts de R & D des entreprises et des États européens, dans toutes les technologies de pointe, et non plus seulement dans le domaine de l'espace ou dans les quelques autres secteurs pionniers, comme la **recherche nucléaire**, où la coopération européenne existe depuis longtemps.

On met alors sur pied une véritable **politique communautaire**. Jusque-là les programmes de recherche financés par la Communauté étaient peu nombreux, dispersés, et essentiellement effectués par la CCR. Le lancement d'Esprit en 1984, bientôt suivi d'autres programmes (Race, Brite...), pousse la Communauté à systématiser ses efforts. Un **programme cadre** d'aide à la R & D est institué avec un budget de 1,225 milliard d'Écu pour la période 1984-1987. A ce financement de la Communauté doit bien sûr s'ajouter l'apport — à peu près équivalent — des entreprises collaborant à Esprit ou aux autres programmes.

Une étape capitale est franchie en 1985 avec l'**Acte unique**, qui fait officiellement entrer la recherche et le développement technologique dans les compétences de la Communauté. Un chapitre spécialement consacré à ce domaine est ajouté au traité de Rome. La R & D devient ainsi une « politique d'accompagnement » de la réalisation du Grand Marché. Un **second programme cadre** est adopté pour la période 1987-1991, avec un budget de 5,4 milliards d'Écu.

Répartition sectorielle des 213 projets ayant reçu le label Eurêka (au 22 juin 1988)

Secteurs d'intervention	Ensemble des projets	Projets à participation française
Technologies d'information	35	15
Productique - Robotique	46	26
Matériaux	21	10
Transport	11	5
Océan - Environnement - Urbanisme	12	4
Biotechnologies et secteur médical	40	16
Laser	13	7
Énergie	10	6
Communication	11	5
Micro-électronique	14	8
TOTAL	213	102

Le programme-cadre des actions communautaires de recherche et de développement technologique (1987-1991) (en millions d'Écu)

Qualité de la vie		375
Santé	80	
Radioprotection	34	
Environnement	261	
Vers un grand marché et une société de l'information et de la communication		2 275
Technologies de l'information	1 600	
Télécommunications	550	
Services nouveaux d'intérêt commun (y compris les transports)	125	
Modernisation des secteurs industriels		845
Sciences et technologies des industries manufacturières	400	
Sciences et technologies des matériaux avancés	220	
Matières premières et recyclage	45	
Normes techniques, méthodes de mesure et matériaux de référence	180	
Exploitation et valorisation des ressources biologiques		280
Biotechnologie	120	
Technologies agro-industrielles	105	
Compétitivité de l'agriculture et gestion des ressources agricoles	55	
Énergie		1 173
Fission : sécurité nucléaire	440	
Fusion thermonucléaire contrôlée	611	
Énergies non nucléaires et utilisation rationnelle de l'énergie	122	
Science et technique au service du développement		80
Exploitation des fonds et valorisation des ressources marines		80
Sciences et technologies marines	50	
Pêche	30	
Amélioration de la coopération scientifique et technique européenne		288
Stimulation, valorisation et utilisation des ressources humaines	180	
Utilisation des grandes installations	30	
Prospective et évaluation et autres actions de support (y compris statistiques)	23	
Dissémination et exploration des résultats de la recherche scientifique et technique	35	
TOTAL		5 396

Tableaux tirés du supplément aux « Dossiers et Documents du Monde » intitulé : *Europe, les promesses de l'Acte unique*, mai 1989.

Un effort trop dispersé ?

Les grands programmes européens de R & D

(Le nom des actions strictement communautaires est souligné, le nom des actions extra-communautaires ne l'est pas.)

BAP : Biotechnology Action Program. *Lancement :* 1985. *Objectif :* renforcer les positions de l'Europe dans le secteur en pleine croissance des biotechnologies (ensemble des techniques exploitant les propriétés des organismes vivants à des fins agricoles, industrielles ou médicales). *Moyens :* mettre en commun les ressources des meilleurs laboratoires européens, notamment pour l'étude de l'architecture des protéines et l'analyse *in vitro* des propriétés pharmacologiques et toxicologiques des molécules. Le programme Bridge (Biotechnology Research for Innovation Development and Growth in Europe) prendra le relais en 1990.

BRITE : Basic Research in Industrial Technologies for Europe. *Lancement :* 1985. *Objectif :* appliquer les nouvelles technologies aux secteurs industriels traditionnels pour y maintenir la compétitivité européenne. *Moyens :* coordonner à l'échelle communautaire la mise au point de nouveaux matériaux, de nouveaux procédés dans la chimie, la construction métallique, l'automobile, et surtout le textile. La Communauté a en effet choisi l'industrie de l'habillement comme secteur pilote pour Brite (conception assistée par ordinateur, nouvelles techniques de découpage et d'assemblage...).

DIANE : Direct Information Access Network for Europe. Aussi appelé Euronet, ce réseau européen de transmission de données, réalisé par les administrations des PTT, est opérationnel depuis 1980. Il permet d'accéder à 300 banques de données scientifiques, techniques, économiques... Au-delà de la Communauté, il s'étend à la Suisse, à l'Autriche, à la Suède et à la Finlande.

ESPRIT : European Strategic Program for Research and development in Information Technologies. *Lancement :* 1984. *Objectif :* mettre l'Europe au niveau de ses concurrents dans le secteur clé de l'avenir, les TI (technologies de l'information). *Moyens :* développer et harmoniser la « recherche précompétitive » (intermédiaire entre la recherche fondamentale et les travaux de développement précédant la commercialisation) dans l'électronique et l'informatique de pointe (circuits à très haut niveau d'intégration, réseaux de gestion informatisés, synthèse de la parole et des images...). Environ 500 partenaires européens (industries, universités, administrations) — reliés par un réseau d'information électronique avancé — collaborent à Esprit.

EURÊKA : La célèbre formule d'Archimède, symbole de la découverte scientifique, a été choisie comme nom de ce programme parce qu'elle rappelle aussi les mots Europe et recherche. *Lancement :* 1985. *Objectif :* combler le retard technologique de l'Europe en mobilisant les industries de pointe, les centres de recherche et les universités. *Moyens :* l'agence Eurêka, installée à Bruxelles, dotée de l'autonomie financière et juridique, accorde son label et son aide aux projets de haute technologie présentés par aux moins deux entreprises de deux États européens, débouchant sur des produits commerciaux et comprenant une participation financière des industriels. 19 pays participent actuellement à ce programme : les 12 États de la CEE, les 6 pays de l'AELE et la Turquie. La Communauté est associée à Eurêka : elle a un représentant permanent au sein de l'agence, met à la disposition d'Eurêka ses bases de données et participe directement à certains projets. Plus de deux cents projets, dans tous les domaines technologiques, ont été estampillés Eurêka. Parmi les plus célèbres : la télévision à haute définition, qui associe Thomson (France), Philips (Pays-Bas), Bosch (RFA) et Fergusson (Royaume-Uni) ; l'avion convertible en hélicoptère Eurofar ; Prometheus, qui mobilise pratiquement tous les constructeurs automobiles d'Europe (Fiat, Renault, PSA, Saab, Volvo, VW, BMW, Daimler, Porsche et Jaguar) pour améliorer la sécurité routière.

FAST : Forecasting and Assessment in the field of Science and Technology. *Lancement :* 1979. *Objectif :* définir les objectifs généraux et les priorités de la recherche communautaire, en support de tous les programmes sectoriels. *Moyens :* coordonner les études de prospective dans tous les domaines — les relations technologie/emploi, la mutation des services, les nouveaux secteurs industriels (communication, agro-alimentaire), etc.

JET et **NET :** Joint European Torus et Next European Torus. *Lancement :* 1983. *Objectif :* démontrer la faisabilité scientifique puis technologique de la fusion thermonucléaire, pour exploiter un jour cette énergie inépuisable. *Moyens :* sous l'égide d'Euratom, mais dans un cadre extra-communautaire puisque la Suisse et la Suède participent, des centres de recherches sont associés dans la gestion du JET, le plus grand dispositif expérimental de fusion au monde, opérationnel depuis 1983 à Culham (Royaume-Uni). Le JET sera remplacé en 1990 par le NET, en construction à Garching (RFA) et qui constitue une étape supplémentaire sur la voie d'un réacteur commercial de fusion.

RACE : Research and Development in Advanced Communication Technologies for Europe. *Lancement :* 1985. *Objectif :* harmoniser les télécommunications, secteur cloisonné et réglementé à l'extrême dans la Communauté, et mettre en place à l'horizon 1995 un réseau européen de communications intégrées à large bande. *Moyens :* coordonner toutes les recherches sur ce réseau du futur, le RNIS (Réseau numérique à intégration de services, qui permet de brancher sur une prise universelle tous les équipements : téléphone, télécopieurs, ordinateurs, etc.) à large bande (elle est indispensable pour la vidéophonie).

Les grands programmes comme Esprit sont reconduits, tandis que de nouveaux sont mis en chantier dans tous les domaines. Mais l'**effort financier** de la Communauté est en deçà de ce qu'avait demandé la Commission (10,3 milliards d'Écu) et il reste modeste : environ 3 % du budget global de la CEE et seulement 4 % des investissements de R & D réalisés par l'ensemble des pays membres.

Parallèlement à cette politique communautaire *stricto sensu*, se sont développés d'autres programmes, intéressant les États européens en général, qu'ils soient ou non membres de la CEE et en relation plus ou moins étroite avec les instances de Bruxelles. Les expériences de fusion thermonucléaire menées au sein du **Jet** sont gérées par la Communauté ; le financement est assuré à 80 % par Euratom, même si la Suisse et la Suède y collaborent. En revanche, le projet **Eurêka** est une initiative française, à laquelle la Commission de Bruxelles a accepté de collaborer non sans quelques réticences. Lancé en 1985, Eurêka a rallié peu à peu des entreprises, des instituts de recherche et des universités de 19 pays européens. La France est de loin le principal participant : parmi les 213 projets ayant reçu le label Eurêka à la date de juin 1988, elle est présente dans 102 et finance 29 % du coût total (4,75 milliards d'Écu).

Les programmes européens de R & D représentent encore un **effort insuffisant**. Les programmes nationaux des grands pays (RFA, France, Royaume-Uni, Italie...) constituent toujours l'essentiel des investissements, et les gaspillages par redondance sont loin d'avoir disparu. D'autre part, on a pu critiquer la complémentarité insuffisante entre Eurêka et les initiatives communautaires, et l'éparpillement excessif de la coopération européenne dans de multiples

directions. L'Europe n'a pas les moyens de développer toutes les nouvelles filières technologiques : sa stratégie doit reposer sur des choix réfléchis, sur la définition de **priorités**.

En tout cas, l'insistance actuellement mise sur les **technologies de l'information** (TI) et sur les **télécommunications** va certainement dans la bonne voie. L'Europe pourra peut-être combler son retard dans ce domaine dont on a déjà dit l'importance. Elle s'est bien défendue dans la formidable guerre de la **télévision à haute définition** (TVHD). Ce téléviseur des années 90, outre le saut qualitatif qu'il représente à la fois pour l'image et le son, est un enjeu considérable, puisqu'il implique le renouvellement à terme du parc d'appareils existant actuellement. Les Japonais, très en avance sur leurs concurrents, espéraient voir leur prototype devenir une norme universelle, mettant un terme à la coupure actuelle du monde entre les normes américano-japonaises et européennes. Mais les constructeurs européens, unissant leurs efforts dans le cadre d'Eurêka, ont su rapidement mettre au point leur propre modèle de TVHD.

Outre cet exemple encourageant, il faut souligner que, malgré toutes ses insuffisances, la coopération européenne naissante prépare l'avenir de trois manières. D'abord, elle permet un travail considérable de **normalisation**, qui est la base même d'une véritable intégration de la R & D. Ensuite, elle incite les chercheurs européens à une plus grande **mobilité** : les contacts qui se multiplient entre les laboratoires des divers pays d'Europe sont le plus sûre façon de préparer l'harmonisation des politiques nationales. Enfin, la **formation** des futurs chercheurs et ingénieurs est devenue une des priorités de la politique éducative de la Communauté.

La normalisation

Le grand marché, qui implique que tous les produits puissent être vendus et utilisés partout dans la Communauté, pose le problème des différences de normes techniques d'un pays à l'autre. L'Europe technologique, c'est d'abord la normalisation : il faut harmoniser les normes déjà existantes, voire définir une norme communautaire avant même de mettre sur le marché un nouveau produit. La normalisation est particulièrement cruciale dans le domaine des TI (technologies de l'information) : pas question de lancer un produit informatique qui ne serait pas interconnectable avec d'autres systèmes. Ici la norme européenne est même quasi nécessairement la norme mondiale OSI (Open Systems Interconnection).

La Commission a donc défini une politique européenne de normalisation. Dans la plupart des programmes communautaires, comme Esprit, l'élaboration de standards européens est encouragée. Le **BCR** (Bureau communautaire de référence) a pour tâche d'éliminer les différences qui peuvent exister, d'un laboratoire à l'autre, dans les mesures physiques (longueur, masse, volume, intensité de courant électrique...) et les analyses chimiques. Le même rôle est joué dans le domaine nucléaire par le **BCMN** (Bureau central de mesures nucléaires), un des quatre établissements du CCR. Au-delà de la métrologie, la définition des normes européennes est confiée à

trois organismes, qui travaillent à l'échelle de toute l'Europe (CEE + AELE), et en étroite collaboration avec leurs homologues mondiaux :

— le **CEN** (Comité européen de normalisation), qui cherche à définir des normes dans 180 secteurs industriels, en liaison avec l'Organisation internationale de standardisation (ISO) ;

— le **CENELEC** (Comité européen de normalisation électronique), qui travaille dans une centaine de secteurs, en liaison avec le Comité électronique international (CEI) ;

— la **CEPT** (Conférence européenne des administrations des PTT), qui est évidemment intéressée à la normalisation dans les TI et qui a chargé de cette tâche un nouvel organisme, créé en 1988 : l'**ETSI** (European Telecommunications Standards Institute).

A ce processus de normalisation collaborent spontanément les industriels, qui se regroupent en associations européennes, notamment dans le domaine des TI. Ainsi en France, l'Aérospatiale a mis au point le SET (Standard d'échange et de transfert), qui permet de traduire sous une forme standard les données de tout système de CFAO (Conception et Fabrication assistées par ordinateur). Cet interface a été adopté par l'entreprise européenne Airbus Industrie — qui utilise plus d'une dizaine de logiciels de CFAO incompatibles entre eux — pour construire l'A-320 et servira à la construction des Airbus A-330 et A-340 et à celle de la navette Hermès.

La technologie militaire

Des enjeux financiers considérables

Depuis l'échec de la CED en 1954, les problèmes de la défense relèvent soit des États soit de l'Alliance atlantique : **la Communauté n'a aucune compétence dans le domaine militaire.**

Cependant, **la plupart des pays membres disposent d'une puissante industrie de l'armement** qui s'appuie sur une histoire ancienne, sur une main-d'œuvre qualifiée et sur la maîtrise des techniques les plus élaborées. La sophistication croissante des armements explique que, dans ce secteur plus que dans tout autre, la recherche-développement soit une composante essentielle des matériels : elle atteint par exemple 30 % de la valeur d'un avion de combat, comme le « Rafale » de Dassault, dont le coût unitaire est estimé à plus de 150 millions de francs. Chaque année, la France consacre près de 20 milliards de francs à la R-D militaire.

Parmi les Douze, seuls la France et le Royaume-Uni ont des moyens militaires importants. Ils assurent à eux seuls 60 % de la production d'armes en Europe et se classent respectivement au troisième et quatrième rang des exportateurs mondiaux de matériel militaire. **Exporter est en effet une nécessité** pour amortir les dépenses initiales et pour renforcer sa présence sur les théâtres d'opération extérieurs. Un client est peu ou prou un partenaire diplomatique privilégié. Ainsi, la France mais aussi le Royaume-Uni ont réussi à « fidéliser » certains États du Proche et Moyen-Orient. Les contrats d'exportation constituent donc une véritable manne tant pour les entreprises que pour la balance commerciale nationale. Le contrat « Al Yamamah » conclu en 1985 entre le Royaume-Uni et l'Arabie Saoudite pour la livraison de 60 avions de combat et d'entraînement aura des retombées sur l'industrie d'outre-Manche au-delà de 1990. D'autre part, le commerce des armes représente pour la France près de 5 % des exportations totales et il dégage un excédent structurel de plus de 30 milliards de francs en 1988.

Le Royaume-Uni et la France maîtrisent une panoplie militaire complète ; aux armes chimiques et même bactériologiques s'ajoutent les moyens conventionnels, en particulier une puissante marine, et surtout la capacité opérationnelle nucléaire tactique et stratégique. Au contraire, la RFA n'a retrouvé qu'une partie de sa souveraineté militaire en 1955. Les armes nucléaires présentes sur son territoire relèvent de l'Otan.

Une rapide concentration des firmes

Dans ce secteur stratégique par excellence, **les États exercent une stricte tutelle sur la branche**, en définissant les grands programmes, en fixant les commandes et en choisissant leurs fournisseurs. Ainsi, la France fait appel à des entreprises étatisées, comme le Groupement industriel des armements terrestres, GIAT, et les arsenaux. En Italie, les deux tiers de la production sont aux mains d'entreprises publiques,

en Espagne, plus de la moitié. Toutefois, la fabrication d'armement est aussi assurée par des entreprises industrielles privées disposant d'une branche spécialisée.

Ces firmes connaissent depuis quelques années une rapide concentration qui s'effectue presque exclusivement dans le cadre national en raison des impératifs stratégiques pesant sur leurs activités.

En France, où le chiffre d'affaires annuel de l'armement dépasse les 100 milliards de francs, **Thomson CSF** domine le secteur, notamment dans le domaine de l'informatique militaire. Cette entreprise devance la Direction des chantiers navals, l'Aérospatiale, Dassault, le commissariat à l'Énergie atomique, le GIAT, Matra et la Snecma.

Au Royaume-Uni, malgré la politique de privatisation, **Bristih Aerospace** rassemble les forces essentielles.

En RFA, le rapprochement entre **Daimler et MBB** a permis de mettre en place une entreprise géante figurant désormais au deuxième rang des sociétés européennes d'armement. Peu à peu se constitue un groupe principal dans chaque secteur : Deutsche Aerospace pour l'aéronautique, Bremer Vulcan pour le naval, Mannesmann et Diehl pour le matériel terrestre.

Dans les autres pays, les entreprises sont de moindre envergure. En Espagne, où le chiffre d'affaires de l'armement ne dépasse pas 10 milliards de francs par an, les principaux fabricants, CASA, Lnisel, Basan, Santa Barbara et Ceselsa n'ont pas atteint la taille suffisante pour s'imposer sur les marchés étrangers. En Italie, les sociétés spécialisées très nombreuses sont contrôlées par des organismes d'État, comme l'IRI ou l'EFIM, ou dépendent du groupe Fiat.

Les principales sociétés d'armement européennes
(en milliards de francs 1988)

Nom	Pays	Chiffre d'affaires dans la défense
Thomson-CSF	France	31,5
Daimler-MBB	RFA	28
GEC	R-U	19,9
Don Chantiers navals	France	17
Aérospatiale	France	15,4
Dassault	France	15,3
CEA	France	8
Ferranti	R-U	7,6
GIAT	France	7,1
Matra	France	6,4
Snecma	France	4,6
Plessey	R-U	4,4
Diehl	RFA	3,9

Une coopération européenne encore limitée

Les États européens ont lancé dès le début des années 60 des programmes d'équipement militaire bilatéraux ou multilatéraux. Les gouvernements européens cherchent à renforcer **la standardisation et l'interopérabilité entre les matériels.** Ainsi, la Conférence des directeurs nationaux des armements, CDNA, a encouragé dans le cadre de l'Otan des programmes comme celui de l'avion franco-britannique « Jaguar », des hélicoptères « Gazelle », « Lynx » et « Puma », fruits de la collaboration entre l'Aérospatiale et Westland. Dans le domaine des missiles, le CDNA a favorisé l'arme antichars franco-allemande « Milan ».

La mise au point de systèmes de défense communs peut très bien se réaliser en dehors de ces structures plus ou moins formelles, plus ou moins efficaces. Ainsi, les industriels de la Communauté sont parvenus à de belles réalisations : dans le domaine des transmissions, le système franco-belge « Rita » ; dans ·le domaine aéronautique, l'avion de combat polyvalent « Tornado », construit par l'Italie, la RFA et le Royaume-Uni.

Malgré ces réussites, le coopération reste trop limitée : il n'existe ni char de combat européen, ni frégate, ni sous-marin d'attaque.

La coopération militaire européenne, un bilan décevant

Matériels aéronautiques	Avions de combat	Jaguar (France, Grande-Bretagne, lancé en 1965)
		Alphajet (France, RFA, lancé en 1972)
		Tornado (Grande-Bretagne, RFA, Italie, lancé à la fin des années 1960)
	Avions de patrouille maritime	Atlantic 1 (France, RFA, Pays-Bas, Italie)
		Atlantic 2
	Avions de transport militaire	Transall (France, RFA, 1959)
	Hélicoptères	Lynx, Gazelle, Puma (France, Grande-Bretagne, 1972)
	Moteurs	Adour (France, Grande-Bretagne, 1966)
		RTM 322 (pour hélicoptères)
		RB 199 (moteur du Tornado) fabriqué par Rolls-Royce, MTU, Fiat aviazione depuis 1969
	Missile Martel	France, Grande-Bretagne
		Version française : anti-chars ; version anglaise : télécommandé
Matériels navals	Chasseurs de mines tripartite (CMT)	
	Missiles anti-navires	RB08 (France, Suède)
		Otomat (France, Italie)
Armements terrestres		Exocet (France, Grande-Bretagne)
	Matériels d'artillerie	Obusier de 155 mm FH 70 en 1968
		MLRS (France, RFA, Grande-Bretagne, Italie, 1979)
	Artillerie anti-aérienne	Programme Guépard (RFA, Belgique, Pays-Bas, 1976)
	Missile sol-air	Programme Hawk
		Programme Roland (France, RFA, 1963)
	Missiles anti-chars	Milan (France, RFA, 1962)
		Hot
Matériels d'observation du champ de bataille	Transmissions	Rita (France, Belgique)

Les inconvénients du « chacun pour soi »

« La fragmentation du marché européen de l'armement entraîne un rythme d'augmentation des coûts qui, durant les années 70, a été très supérieur à celui de l'inflation. En outre, les dépenses de recherche et de mise au point d'armements de plus en plus sophistiqués augmentent encore plus rapidement pour devenir parfois prohibitives. Le rapport entre les dépenses de recherche et, si l'on peut dire, l'amortissement industriel en matière d'armement est de plus en plus difficile à assumer en raison de la tension entre ce coût grandissant des dépenses de recherche et la rapidité du vieillissement et de l'obsolescence des matériels militaires.

Du point de vue technique, la standardisation des matériels de défense en Europe occidentale apporterait un surcroît d'efficacité, sur le plan logistique et non pas seulement sur celui des coûts. L'inter-opérabilité des matériels facilite, par exemple, leurs réparations, alors que si chaque puissance, au sein d'une alliance, possède des gammes différentes, si la standardisation n'est pas développée, il faut stocker des matériels supplémentaires, sans possibilité d'échange et, sous couvert d'impératif de défense strictement nationale, assumer un coût de la défense plus onéreux. Le manque de coordination entraîne des surcoûts significatifs, en particulier dans le domaine de l'industrie aéronautique, face aux États-Unis, en multipliant les travaux de recherche et de mise au point qui se chevauchent. Il est facile d'observer le même phénomène dans l'électronique et dans l'informatique et de dénoncer, comme l'a fait M. Albert, le coût de la non-Europe, de l'absence de coopération, notamment dans les industries de pointe. » (J.-T. NORDMANN, *Questions pour une Europe à faire. La Défense de l'Europe.* Sous la direction de R. Girardet. Éditions Complexe, 1988.)

La coopération militaire, une nécessité

« Je suis un fervent partisan de la coopération européenne qui est un impératif politique et économique. Il y a une importante réflexion en cours dans le cadre du Groupement européen indépendant de programme (GIEP*) qui est une structure multi-latérale dont il ne faut peut être pas attendre de miracles mais qui est un forum d'échanges très utiles.

La coopération peut s'envisager à plusieurs niveaux. A terme, il est bien sûr souhaitable d'harmoniser les besoins des états-majors en ce qui concerne les spécifications et les calendriers. Il y a le niveau des alliances industrielles à travers les frontières. Le troisième niveau consiste à mener des programmes en commun chaque fois que possible ou à s'acheter mutuellement des matériels comme nous en avons lancés dans la perspective d'un accord franco-britannique. [...]

Je crois beaucoup à la nécessité d'un effort en amont des programmes d'armement comme il en existe déjà dans la recherche civile. Dans le cadre du GIEP, une commission a été chargée d'y réfléchir. Nous sommes tout proches du lancement d'une initiative dans ce domaine de la recherche militaire, avec une différence importante par rapport au programme civil Eurêka : dans le secteur militaire, il faut être directif car les besoins sont fixés par les états-majors. L'idée serait de définir un certain nombre de domaines d'intérêts prioritaires, de recenser les projets de chaque pays, d'en informer les industriels pour qu'ils se rapprochent et fassent des propositions communes. » (Interview du délégué général pour l'armement français, M. SILLARD, *Le Monde,* 24 juin 1989.)

* Le GIEP réunit les pays européens membres de l'alliance atlantique en matière de coopération d'armement.

les Pays-Bas. Malgré quelques succès flatteurs comme l'adoption par l'armée américaine du système de transmission « Rita », **les exportations de matériels européens vers les États-Unis sont dix fois moins importantes que les ventes d'armes américaines à l'Europe.**

Les dépenses militaires dans les pays de la Communauté en 1987
(en % du PIB)

Grèce	6,6
Royaume-Uni	5,2
France	4
Espagne	3,3
Portugal	3,2
Pays-Bas	3,1
RFA	3,1
Belgique	3
Italie	2,7
Danemark	2,1
Irlande	1,6
Luxembourg	1,1

Vers un rapprochement accéléré ?

En dépit du désaccord sur la construction du futur avion de combat qui oppose le « Rafale » français à l'« EFA », European Fighter Aircraft, réalisé par le Royaume-Uni, la RFA, l'Espagne et l'Italie, la coopération militaire entre pays européens semble s'accélérer depuis quelques années.

La RFA et la France qui ont constitué une brigade commune signent, en novembre 1989, le contrat de construction d'un nouvel hélicoptère de combat devant équiper les deux armées à l'horizon 2000. Pour construire les 427 exemplaires prévus, un groupement d'intérêt économique, appelé Eurocoptère, réunit l'Aérospatiale et Daimler-MBB. Rolls Royce participe à la construction du moteur et Bristish Aerospace à la mise au point d'un nouveau missile qui équipera ces hélicoptères, missile antichars de troisième génération ou AC3G.

De même, la France et l'Italie ont créé un groupement d'intérêt économique « Eurosam » destiné à développer une « famille de systèmes antiaériens futurs » ou FSAF.

La dynamique européenne s'instaure aussi dans le domaine spatial. L'Italie et l'Espagne collaborent avec la France pour le satellite d'observation militaire « Hélios ».

La coopération européenne se heurte souvent à la coopération atlantique souhaitée par les États-Unis. Première nation militaire de la planète, maîtres d'œuvre de l'Otan, **les États-Unis prônent la standardisation, c'est-à-dire l'adoption de matériels identiques par les forces armées de l'Otan. Au contraire, la France est plutôt partisane de l'interopérabilité, ou définition de performances communes à des matériels différents mais complémentaires.** La victoire de l'avion de combat américain « F 16 » sur le « Mirage » français dans le « marché du siècle », en 1975/1977, démontre la domination des États-Unis sur nombre de pays européens, comme la Belgique, le Danemark,

Organisations intéressées par la coopération en matière d'armement

Otan	Eurogroupe	UEO	Finabel	GIEP
↓	↓	↓	↓	↓
Conseil de l'Atlantique Nord	Ministres de la Défense	Conseil	(chefs d'état-major)	Sous-secrét. d'État à la Défense
↓		↓	↓	↓
Conférence des directeurs nationaux des Armements	Secrétariat international	Comité permanent des Armements	Principaux experts militaires	Directeurs nationaux des Armements
		↓		
		Secrétariat international		

Otan 1949	Eurogroupe 1968	UEO 1948/54	Finabel 1953	GIEP 1976
Belgique	**Belgique**	**Belgique**	**Belgique**	**Belgique**
Canada	—	—	—	—
Danemark	**Danemark**	—	—	**Danemark**
France	—	**France**	**France**	**France**
RFA	**RFA**	**RFA**	**RFA**	**RFA**
Grèce	**Grèce**	—	—	**Grèce**
Islande	—	—	—	—
Italie	**Italie**	**Italie**	**Italie**	**Italie**
Luxembourg	**Luxembourg**	**Luxembourg**	**Luxembourg**	**Luxembourg**
Pays-Bas	**Pays-Bas**	**Pays-Bas**	**Pays-Bas**	**Pays-Bas**
Norvège	Norvège	—	—	Norvège
Portugal	**Portugal**	—	—	**Portugal**
Turquie	Turquie	—	—	Turquie
Royaume-Uni	**Royaume-Uni**	**Royaume-Uni**	**Royaume-Uni**	**Royaume-Uni**
États-Unis				
Espagne (juin 1982)	**Espagne**			

Ces cinq organismes de coopération peuvent être répartis en deux ensembles distincts :
— ceux rattachés à une organisation internationale, par exemple au sein de l'Otan, la CDNA et l'Eurogroupe, et dans l'UEO, le Comité permanent des armements ;
— ceux créés de façon informelle en dehors des organisations internationales, le comité Finabel formé à l'initiative de la France, de l'Italie, du Benelux et de l'Allemagne, pour standardiser les armements, le GIEP, groupe indépendant et européen de programme.

B. L'Europe de la culture

Absente du traité de Rome, et même de l'Acte unique, l'éducation reste encore aujourd'hui de la compétence des États. Pendant longtemps, les instances dirigeantes de l'Europe se sont bien gardées d'aborder le domaine de la formation des jeunes, qui est l'un de ceux où se cristallisent le plus les différences entre les identités nationales. Et pourtant, la **volonté de créer une éducation européenne** se manifeste de plus en plus nettement depuis quelques années. L'éducation est au cœur même des grands défis auxquels est confrontée l'Europe. L'adaptation de l'économie de la CEE aux **nouvelles technologies**, qui conditionne sa survie dans la compétition mondiale, est impossible sans une véritable politique européenne de la formation. L'émergence d'une conscience européenne, d'une **identité européenne**, qui permette de transcender les différences nationales, se joue aujourd'hui dans l'éducation des jeunes générations. Enfin, la libre circulation des personnes suppose l'harmonisation des diplômes et des formations.

C'est pourquoi plusieurs grands **programmes communautaires de formation** ont été mis en œuvre depuis 1987. Ils visent à encourager la mobilité des étudiants européens — qui renoueraient ainsi avec la grande Europe universitaire du Moyen Age —, à mieux adapter la formation des jeunes et aussi la formation continue aux besoins d'une économie en mutation, à améliorer la connaissance des langues étrangères par les Européens. Les instances dirigeantes de la Communauté veulent ainsi amorcer un mouvement d'harmonisation des politiques éducatives nationales. Il ne s'agit encore que d'une politique incitative, aux moyens modestes : ainsi, le budget de Comett I (45 millions d'Écu pour trois ans) ou celui d'Erasmus I (85 millions pour trois ans)

doivent être comparés aux dépenses agricoles (60 millions d'Écu... par jour !). Mais la Commission de Bruxelles, qui s'est dotée d'une structure pour superviser ce nouveau champ d'activité, entend accélérer les choses. L'un de ses objectifs est d'obtenir la **reconnaissance mutuelle des diplômes**, qui n'est actuellement acquise que dans quelques domaines (professions de santé, architectes...)

L'Europe de l'enseignement supérieur — **6,5 millions d'étudiants** dans 3 500 universités et grandes écoles — n'a cependant pas attendu les programmes communautaires pour commencer à s'organiser. En pointe, on trouve logiquement les établissements préparant les étudiants à entrer dans le monde des affaires, où l'on pense depuis longtemps en termes européens. Ainsi quatre établissements prestigieux — HEC (Jouy-en-Josas), l'Esade (Barcelone), l'Université Bocconi (Milan) et l'Université de Cologne — ont formé ensemble la Community European Management School, qui délivre un diplôme européen de management. Dans les universités, les responsables des relations internationales jouent avec Erasmus un rôle grandissant : ils ont formé en 1989 l'European International Education Association pour améliorer leur statut et leur formation (langues, droit européen...).

Le secteur actuellement le moins « européanisé » est l'**enseignement primaire et secondaire**. C'est là que les différences (programmes, rythmes scolaires, méthodes d'évaluation) sont les plus grandes d'un pays à l'autre, et que l'harmonisation sera la plus difficile. Jacques Delors songe à des « classes 92 », qui, sur le modèle des « classes de neige », feraient découvrir pendant un mois aux élèves un pays de la Communauté. Et le premier salon européen de l'éducation, « Scola 89 », s'est tenu à Rennes en novembre 1989.

Les principales instances européennes de la culture et de l'éducation

CEDEFOP : Fondé en 1975 et installé à Berlin-Ouest, le Centre européen pour le développement de la formation professionnelle a pour mission d'assister la Commission de Bruxelles dans toutes les actions de formation professionnelle et de formation continue. Il organise notamment des échanges de formateurs à l'intérieur de la CEE.

Centre européen de la culture : Fondé en 1950 par Denis de Rougemont et installé à Genève, c'est une association de droit suisse chargée de promouvoir l'union des peuples européens en valorisant leur patrimoine culturel commun. Le CEC assure notam-

ment le secrétariat de l'Association des instituts d'études européennes, qui rassemble une trentaine d'établissements.

Collège d'Europe de Bruges : Fondé en 1949 par le militant européen Henri Brugmans, il a pour mission de former les futurs cadres de l'Europe. C'est le plus ancien institut européen d'études post-universitaires. L'ouverture de l'année académique du Collège de Bruges, en octobre, est toujours l'occasion d'un important discours d'une personnalité européenne.

Commission des Communautés européennes : Au sein de la Commission de Bruxelles, la **direction générale X** est intitulée « Information, Communication et Culture ». Pour superviser l'effort croissant de la Communauté dans le domaine de la formation, jusque-là réservé aux États, Jacques Delors a créé une « Task Force Ressources humaines, éducation, formation et jeunesse ». Cette structure de travail pourrait devenir une nouvelle direction générale de la Commission.

Conseil de l'Europe : Parfois en collaboration avec la Communauté, mais dans le cadre plus large de ses 21 États membres, le Conseil de l'Europe a de multiples activités culturelles. En 1975, il a organisé l'Année européenne du patrimoine architectural, en 1985 l'Année européenne de la musique.

Conseil des Communautés européennes : Dans le cadre du Conseil, la première réunion des ministres de l'Éducation a eu lieu en 1971. En 1974, le Conseil a créé un **Comité de l'éducation** chargé de coopérer avec la Commission dans les actions de formation. La première réunion des ministres de la Culture a eu lieu en 1983.

Institut universitaire européen : Créé par une convention multilatérale signée par les Six en avril 1972, installé à Florence, cet établissement post-universitaire a commencé à fonctionner à l'automne 1976. Il accueille des étudiants de la CEE déjà titulaires d'un diplôme universitaire pour parfaire leur formation dans l'un des quatre départements : « Histoire et civilisation », « Sciences économiques », « Sciences juridiques » et « Sciences politiques et sociales ». Ces étudiants obtiennent le titre de docteur de l'IUE de Florence après deux années d'études et la présentation d'un travail de recherche.

La culture, cœur de l'identité européenne

La culture au sens large est entrée encore plus tard que l'éducation dans les préoccupations communautaires : c'est en 1983 à Delphes, haut lieu de la civilisation grecque et du patrimoine européen, que se sont rencontrés pour la première fois les ministres de la Culture de la CEE. « Si c'était à refaire, je recommencerais par la culture », aurait dit Jean Monnet au soir de sa vie. Que ce propos soit ou non authentique, il illustre bien la nécessité actuellement ressentie de construire une Europe qui ne soit pas seulement celle des marchands. Le paradoxe, c'est que l'**Europe de la culture est à la fois la plus évidente et la plus difficile à faire**, parce que l'histoire a légué aux Européens un riche patrimoine commun, mais qui s'est enraciné dans de multiples identités nationales.

Dans le processus actuel d'accélération de la construction européenne, la culture doit apparaître à la fois comme **une des forces de la Communauté** par rapport à l'extérieur et comme le moyen par excellence de construire une **identité européenne**. Les Européens n'ont d'ailleurs plus le choix : s'ils veulent préserver leur culture, dans toute sa diversité, ils doivent s'unir. Dans la compétition économique mondiale, dont la culture est maintenant l'un des terrains, aucun pays européen n'a les moyens de lutter seul.

La Communauté se préoccupe donc de plus en plus — en liaison avec d'autres organismes comme le Conseil de l'Europe — de la protection et de la mise en valeur du **patrimoine** européen. Avec l'aide de la Banque Européenne d'Investissement, elle finance la sauvegarde de monuments comme le Parthénon à Athènes et le palais des Doges à Venise. Depuis 1985, elle désigne une « **ville européenne de la culture** » où sont organisées des manifestations : Athènes (1985), Florence (1986), Amsterdam (1987), Berlin (1988)... La Commission de Bruxelles patronne et subventionne, dans la mesure de ses moyens, les projets culturels ayant une dimension européenne, comme le Théâtre de l'Europe, couronnement de l'action de **G. Strehler**. En 1989, la Commission a passé sa première commande officielle, en demandant à douze artistes originaires des douze pays de la Communauté de créer une œuvre sur le thème de l'Europe des citoyens.

Bien au-delà de la politique communautaire, les initiatives se multiplient pour organiser un véritable **espace culturel européen**. A Paris, à la fin de 1989, s'est tenu le « premier salon des métropoles culturelles d'Europe », appelé « l'Europe des créateurs » et rassemblant, sur le thème de l'utopie, des projets venus de 70 villes ou régions d'Europe. Le plus symbolique sans doute, parmi ces projets, est celui du **pont de l'Europe**. Conçu sous la direction de l'architecte G. Pesce, ce pont sur le Rhin relierait la France et l'Allemagne, au Sud de Strasbourg. En forme de S, il aurait pour piles douze bâtiments symbolisant les divers aspects de la Communauté, et enjamberait une carte de l'Europe figurée par des plates-formes...

Venise, patrimoine européen à préserver.

Un pionnier de l'Europe culturelle : Strehler

Giorgio Strehler est né en 1921 dans la région de Trieste, au cœur de ce qu'il appelle lui-même l'« Europe du Milieu », là où se rencontrent les influences latine, germanique et slave. Issu d'une famille cosmopolite (aux racines à la fois autrichiennes, slovènes, italiennes et françaises), Strehler est un véritable Européen, pouvant diriger ses acteurs dans cinq langues. D'abord acteur, il fonde en 1947 avec Paolo Grassi le Piccolo Teatro de Milan ; il fait alors découvrir ou redécouvrir à l'Italie tout le répertoire européen, de Sophocle à Pirandello, en passant par Shakespeare, Calderon, Molière, Goldoni, Tchekhov, Ibsen, Büchner, Brecht... Il monte de plus en plus souvent des pièces dans les grands théâtres européens, à Zurich, Berlin, Vienne, Paris (Théâtre des Nations). Strehler s'intéresse aussi depuis toujours à l'opéra : il met en scène tout le répertoire lyrique à la Scala de Milan, à la Fenice de Venise, au Festival de Salzbourg, à l'Opéra de Paris. Couvert d'honneurs par les gouvernements italien, allemand, français, il reçoit en 1972 le prix Goethe, décerné à Hambourg par une des plus importantes fondations européennes. Militant du Parti socialiste italien, il s'intéresse lui-même à la construction européenne, puisqu'il est candidat en 1979 et en 1984 aux élections du Parlement européen. L'inlassable activité de Strehler pour une Europe culturelle est consacrée par sa nomination en 1983 (renouvelée en 1986) à la tête du Théâtre de l'Europe, chargé de faire venir à Paris les troupes de tout le continent.

Un secteur clé : la communication

Si l'on quitte les symboles et les rêves pour revenir aux réalités de la compétition internationale, l'avenir de l'Europe culturelle se joue dans le domaine de la communication. L'édition, la presse, les médias audiovisuels sont en effet aujourd'hui les principaux vecteurs de la culture. Et ils constituent un secteur économique à part entière, qui échappe d'autant moins aux dures lois du marché qu'il est intimement lié aux nouvelles technologies (informatique, industries de la langue, nouvelles formes de télévision, etc.). La véritable « **guerre de la communication** » que se livrent l'Europe, les États-Unis et le Japon, s'explique par ce double enjeu, économique — la compétition technologique — et culturel — l'expression, voire la survie d'une identité.

Beaucoup d'intellectuels et d'artistes en Europe s'insurgent contre l'invasion des produits culturels américains et redoutent en effet la mort de la culture européenne. L'**hégémonie américaine** s'explique aisément : adossée à l'énorme marché des États-Unis, l'industrie américaine de la communication a les moyens de produire et d'exporter des produits à prix compétitif. L'Europe, au contraire, est **cloisonnée** en de multiples marchés par les différences nationales (langues, goûts, normes techniques, réglementations, etc). Incapables d'amortir des grands projets, les pays européens sont condamnés à acheter aux États-Unis. D'où, par exemple, la pénétration des films *made in Hollywood* sur les marchés du Vieux Continent : 40 % en Italie, 50 % en Allemagne, 55 % en France, 80 % aux Pays-Bas, 92 % au Royaume-Uni.

Pour survivre, les entreprises européennes doivent se diversifier et s'internationaliser : d'où la constitution en Europe de grands « **groupes multi-médias** » capables de rivaliser avec les géants américains. Mais au-delà, l'idée d'une action communautaire dans ce domaine a fait son chemin. « Il faut d'urgence créer un minimum de règles communes susceptibles d'empêcher le paysage audiovisuel européen de devenir une jungle ou un champ de ruines », affirmait Simone Veil en 1988 à l'occasion de l'Année européenne du cinéma et de la télévision.

Cette volonté de construire une politique européenne s'est cristallisée autour des **programmes de télévision**. Parallèlement au formidable enjeu économique que représentent les nouvelles technologies de la télévision, les programmes ont pris une place croissante. Les 50 chaînes de télévision qui existent aujourd'hui dans la Communauté seront environ 100 à la fin de la décennie 90. Le volume de programmes consommés en Europe ne cesse donc de croître, alors que la **production européenne ne couvre que 10 à 15 % des besoins**. D'où le recours massif aux États-Unis, qui assurent les trois quarts des exportations mondiales d'images.

Soucieuse de protéger et d'encourager la production européenne, la Commission de Bruxelles publie en 1984 le « **Livre vert** » *Télévision sans frontières*, qui propose de fixer un certain nombre de règles communautaires (sur la publicité, la violence, etc.) et surtout d'instaurer l'obligation de diffuser au moins 60 % de programmes européens. Le débat sur ces **quotas** enflamme alors l'Europe, les uns criant au protectionnisme, les autres refusant de céder au nom de la survie de la culture européenne. Un accord est finalement obtenu en octobre 1989 sur une directive quelque peu édulcorée, demandant aux pays de s'engager à atteindre dès que possible **une part majoritaire d'œuvres européennes**. Après avoir tout fait pour couler ce projet, les États-Unis ont saisi le GATT pour atteinte aux règles du libre-échange.

Parallèlement, une autre initiative en faveur d'un espace audiovisuel européen a vu le jour : l'idée d'un « **Eurêka de l'audiovisuel** », lancée en 1987 par F. Mitterrand et reprise au Conseil européen de Rhodes en décembre 1988. Comme son modèle, l'Eurêka technologique, ce projet est plus souple et plus vaste que la politique communautaire. Il vise à encourager les initiatives venues de toute l'Europe. Dans ce but, la France et la Commission de Bruxelles ont organisé à Paris à l'automne 1989 les Assises européennes de l'audiovisuel, qui ont rassemblé 300 professionnels de 27 pays.

Les programmes communautaires de formation

COMETT : Lancé avec un budget de 45 millions d'Écu pour 1987-1989, puis reconduit avec un budget de 200 millions d'Écu pour 1990-1994, ce programme signifie : Community in Education and Training for Technology. Il s'agit de créer une synergie entre les universités et les entreprises dans le domaine des nouvelles technologies. L'objectif est d'accompagner les mutations de l'industrie européenne en renforçant la formation dans les créneaux de pointe. Pour ce faire, la Communauté finance les stages d'étudiants en entreprise, les échanges de formateurs, les opérations de formation continue... Le budget considérablement augmenté de Comett II témoigne du succès de ce programme, qui a permis d'organiser un important réseau d'AUEF (Associations Universités-Entreprises pour la Formation).

ERASMUS : Lancé avec un budget de 85 millions d'Écu pour 1987-1989, puis reconduit avec un budget de 192 millions d'Écu pour 1990-1992, ce programme signifie : European Action Scheme for the Mobility of University Students. Il s'agit d'encourager la coopération interuniversitaire et de favoriser la mobilité des étudiants à l'intérieur de la CEE. L'objectif est de permettre en 1992 à 10 % des étudiants européens de faire une partie de leurs études dans une université d'un autre pays de la Communauté. Cet objectif ne sera sans doute pas atteint, car le budget prévu est insuffisant pour faire face à la demande de bourses, à moins que les États et les partenaires régionaux des universités n'acceptent de partager les frais avec la Communauté. Actuellement, plus de 1500 PIC (Programmes Interuniversitaires de Coopération) ont été conclus entre les établissements européens pour échanger des étudiants (parfois aussi des enseignants). Pour aller vers de véritables diplômes communautaires et vers une harmonisation des programmes, certains établissements partenaires d'Erasmus testent l'European Credit Transfer System, qui doit permettre aux étudiants d'avoir leur diplôme en additionnant les « crédits académiques » obtenus dans plusieurs universités différentes.

EURYDICE : Opérationnel depuis 1980, ce Réseau d'information sur l'éducation dans la Communauté européenne est une des premières réalisations communautaires en matière d'éducation. Une unité centrale, installée à Bruxelles et reliée aux différentes unités nationales, permet d'échanger toutes les informations nécessaires aux spécialistes de l'éducation.

LINGUA : Lancé avec un budget de 200 millions d'Écu pour 1990-1992, ce programme a pour objectif de réduire l'obstacle que peut représenter le multilinguisme pour l'Europe. La connaissance des langues étrangères doit être améliorée dans quatre directions prioritaires : les enseignants et formateurs ; les étudiants en langues ; les salariés des PME ; les élèves de l'enseignement technique et professionnel.

PETRA : Adopté pour la période 1987-1991 et destiné spécifiquement à la formation professionnelle et à l'insertion sociale des jeunes en difficulté, ce programme encourage notamment les « Projets d'initiatives jeunes », menés par des jeunes de 15-25 ans.

YES pour l'Europe : Adopté pour la période 1988-1990 avec un budget encore en discussion, ce programme signifie : Youth Exchange Scheme (on l'appelle aussi : « Jeunesse pour l'Europe »). Il s'agit de promouvoir les échanges de jeunes dans la CEE, dans la lignée des échanges de jeunes travailleurs organisés depuis 1963. L'objectif est de favoriser une prise de conscience européenne dans la jeunesse de tous les milieux. C'est pourquoi ces séjours dans un autre pays de la Communauté s'adressent en priorité aux jeunes de 15-25 ans qui ne sont plus scolarisés.

Les principaux groupes multimédias

Groupe et capital	Chiffre d'affaires (en milliers de francs)	Titres et participations
Bertelsmann (RFA) — 46,6 %, J. Mohn (famille fondatrice) — 42,6 %, R. Mohn — 10,7 %, G. Brucerius (propriétaire de *Die Zeit*)	CA : 24 288 390 Bénéfice : 1 051 156 50 % du CA dans le livre, 40 % dans la presse et 10 % dans les nouveaux médias — 252 filiales (24 pays)	— 395 quotidiens, 25 millions d'exemplaires — 1 131 périodiques, 95,3 millions d'exemplaires — 30 sociétés d'édition — 30 % du livre allemand, 40 % de RTL, 74,9 % de Grüner und Jahr et 33 % de KMG — Rachat aux États-Unis des disques RCA et de l'éditeur Doubleday pour 5 milliards de francs — 31 % du CA réalisé en Europe
Hachette (France) — Marlis : 52 % — Le reste dans le public (Marlis est détenu à 41,7 % par MMB, à 35 % par le groupe Filipacchi, à 12 % par le Crédit Lyonnais et à 11,3 % par S. Floirat)	CA : 21 500 000 (17 200 000 + 2 700 000 provenant du CA de Grolier et 1 800 000 de Diamandis). CA espéré pour 1988 : 22 000 000 F — Implantation dans 36 pays	— Une centaine de sociétés — 49 % des NMPP — 94,5 % de France Éditions et Publications — 50 % de Hachette-Filipacchi avec Europe I (39,71 %) et de Nouvelle Imprimerie Le Monde (34 %) — 99 % de Brodard et Taupin (impression) — Audiovisuel : Europe I, Hachette Première, Télé Hachette, Canal J, Channel 80 — Affichage : Giraudy, AAP - 26 000 salariés (18 000 en 1987) — Rachat des américains Grolier (448,6 millions de dollars) et de Diamandis (712 millions de dollars) pour 7 milliards de francs — Rachat des Éditions Rombaldi (140 millions de francs de CA en 1987)
Maxwell Communication Corporation (Grande-Bretagne) — 51,3 %, Groupe Pergamon — 48,7 %, Galaxie de petits actionnaires — MCC détient 100 % de BPCC et BNPC (Pergamon Press et Maxwell Holding)	CA : 9 300 000 Bénéfice : 1 700 000, soit un doublement de son chiffre par rapport à 1986	— Minor Group (*Sunday, Sunday People, Daily Record et Sunday Mail*) — Pergamon Journal (375 titres) — 51 % *Première* — 60 % du câble — 10 % de Canal 10 (Espagne) — 10 % de TF1 — Opera Mundi — 80 % de Maxwell Media Int. — Actionnaire de MTV — URSS : un quotidien ; RFA : rachat d'un club de livres à Bertelsmann — Projets de deux quotidiens, l'un européen en langue anglaise, l'autre populaire en français. Lancement en 1989

C. L'Europe du quotidien

Automobile : La voiture — symbole tout à la fois de la société de consommation et de la guerre économique — est au cœur de la vie quotidienne des Européens. Avec une production annuelle supérieure à 10 millions de véhicules particuliers, la CEE se place au premier rang mondial ; avec un parc supérieur à 100 millions d'unités, elle arrive juste derrière les États-Unis. Dans ce domaine, l'intégration européenne n'a pas supprimé la conduite à gauche en Irlande et au Royaume-Uni, mais elle s'est traduite par un permis de conduire européen* et peut-être bientôt par une plaque minéralogique européenne. Différente de celle actuellement réservée aux « eurocrates », la plaque communautaire sera constituée de chiffres noirs sur fond blanc ou jaune, et comportera à gauche un drapeau* européen et le sigle national. Mais l'Europe de l'automobile, c'est surtout l'imposition aux constructeurs des normes anti-pollution venues des États-Unis. Le souci de protéger l'environnement* (pluies acides) pousse en effet la Commission de Bruxelles à imposer la « voiture propre » dotée d'un pot catalytique et utilisant de l'essence sans plomb. Les écologistes* réclament aussi une harmonisation par le bas des limitations de vitesse, les émissions de dioxyde de carbone étant décuplées par les vitesses élevées. Est visée la RFA, dont les autoroutes sont les seules de la Communauté où la vitesse n'est pas limitée.

Cartes bancaires : En attendant que l'Écu* devienne une vraie monnaie européenne, les cartes bancaires sont le seul moyen pour le citoyen d'un État de la CEE de régler directement ses achats dans un autre État membre ou de retirer automatiquement de l'argent liquide. Deux grands réseaux, dont on envisage l'interconnexion, se partagent la clientèle européenne : Visa et Eurocard. Il faut y ajouter le réseau Eurochèque : il s'agit d'une carte qui garantit le paiement de chèques acceptés pratiquement partout en Europe, y compris à l'Est.

Chasse : L'Europe de la chasse n'est pas la plus facile à faire. La Commission de Bruxelles projette la création d'une carte européenne d'armes à feu qui permettrait aux chasseurs de franchir sans formalités les frontières. On supprimerait ainsi un obstacle à la libre circulation des personnes dans la CEE, tout en donnant des garanties aux polices nationales. Mais le problème le plus épineux est celui de la directive de 1979 sur les oiseaux migrateurs, qui n'est encore vraiment appliquée par aucun pays et qui soulève la colère des chasseurs, surtout actifs en Europe du Sud. En France, près de 2 millions de chasseurs forment un groupe de pression assez puissant pour obtenir le maintien des « chasses traditionnelles » comme la chasse à la palombe dans le Sud-Ouest. Leur force — dirigée contre les « eurocrates » de Bruxelles et les

Le nombre de chasseurs en Europe. *Le Point*, nº 887, 27 novembre 1988.

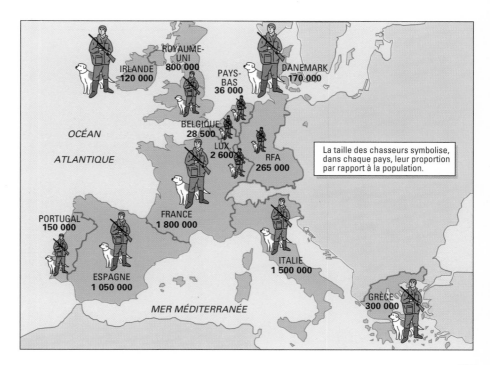

La taille des chasseurs symbolise, dans chaque pays, leur proportion par rapport à la population.

IRLANDE 120 000 — ROYAUME-UNI 800 000 — PAYS-BAS 36 000 — DANEMARK 170 000 — BELGIQUE 28 500 — LUX. 2 600 — RFA 265 000 — OCÉAN ATLANTIQUE — PORTUGAL 150 000 — FRANCE 1 800 000 — ESPAGNE 1 050 000 — ITALIE 1 500 000 — GRÈCE 300 000 — MER MÉDITERRANÉE

écologistes* — s'est manifestée aux élections européennes de 1989, où la liste « Chasse, pêche, tradition » a rassemblé 750 000 voix (soit plus de 4 % des suffrages exprimés). Un parti analogue est en train de se former en Italie, à Gênes. Des contacts entre chasseurs se nouent à Bruxelles, siège de la Face, Fédération des associations de chasseurs de l'Europe. Peut-être verra-t-on un jour un groupe politique des chasseurs et pêcheurs venir au Parlement de Strasbourg contester le monopole des Verts sur la nature.

Congrès : L'Europe — CEE, plus Suisse et Autriche — est la terre par excellence des congrès internationaux, loin devant les États-Unis. La carte *(ci-dessous)* montre la place à part de Paris, première ville mondiale de congrès, et de Londres. A un second niveau, on trouve Genève, centre des institutions internationales, les capitales les plus prestigieuses (Rome, Vienne, Bruxelles, Copenhague) et, chose plus inattendue, deux villes anglaises (Manchester et Birmingham).

Consommateurs : Que signifiera le Marché unique pour le consommateur européen ? Les associations de consommateurs craignent qu'il ne se traduise par

une déréglementation ou une harmonisation par le bas des dispositions nationales. C'est pourquoi le Bureau européen des unions de consommateurs, présent à Bruxelles depuis 1962, est plus vigilant que jamais. La Commission de Bruxelles, auprès de laquelle travaille un Comité consultatif des consommateurs, se veut rassurante : elle poursuit son effort de protection des consommateurs en préparant une directive sur la sécurité des produits. Mais sa volonté d'instaurer un droit alimentaire communautaire — qui fixerait des normes strictes d'hygiène, d'étiquetage, etc. — se heurte à l'hostilité de l'industrie agroalimentaire, le premier secteur industriel de la CEE. Jusqu'à présent, la Cour de justice européenne de Luxembourg a donné raison aux industriels, au nom de la libre circulation des marchandises : en 1988, la France a été condamnée pour avoir imposé des normes de qualité trop strictes sur le yaourt, de même l'Italie pour les pâtes. De toute façon, les goûts nationaux, l'absence d'une opinion* européenne, empêchent une standardisation trop poussée des produits. Pour d'autres produits, le consommateur aura intérêt à jouer sur les différences de prix entre les pays (jusqu'à 50 % sur les automobiles et les micro-ordinateurs), à condition que soient véritablement harmonisés à l'échelle européenne le crédit, la garantie des produits, le service après-vente, etc.

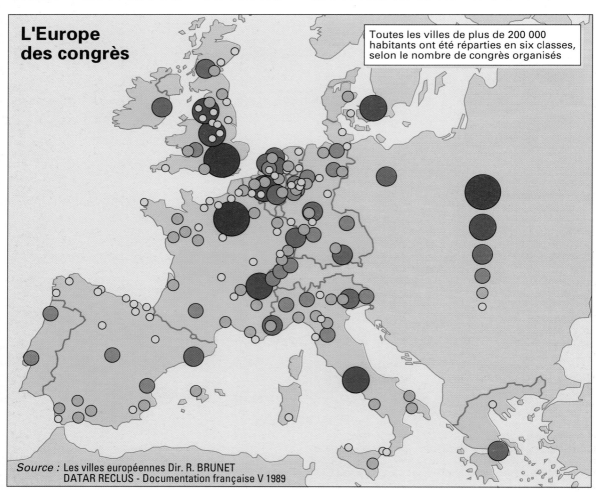

L'Europe des congrès

Toutes les villes de plus de 200 000 habitants ont été réparties en six classes, selon le nombre de congrès organisés

Source : Les villes européennes Dir. R. BRUNET
DATAR RECLUS - Documentation française V 1989

Drapeau : Aujourd'hui familier et largement utilisé par la publicité, le Drapeau de l'Europe a été adopté en 1955 comme emblème officiel du conseil de l'Europe. En 1986, il est devenu aussi l'emblème des institutions de la CEE, mais pas de la Communauté elle-même. Les douze étoiles d'or disposées en cercle sur un fond d'azur symbolisent l'union entre les peuples européens. Le nombre douze, symbole de perfection, est invariable ; il n'a rien à voir avec le nombre actuel des membres de la CEE.

Écologistes : Absents du premier Parlement européen élu au suffrage universel en 1979, les écologistes ont peu à peu gagné du terrain dans l'opinion publique des divers pays européens. En 1984, ils forment à Strasbourg un « groupe arc-en-ciel » fort d'une vingtaine de députés, qui rassemble des régionalistes, des pacifistes... autour du noyau dur des sept « Grünen » allemands. Le groupe double de puissance à l'issue des élections de 1989 : 41 députés se rassemblent derrière les huit « Grünen » et les neuf « Verts » français. Le travail de la Commission de l'environnement, de la santé publique et de la protection des consommateurs — qui comprend 36 députés et est présidée depuis 1984 par la bouillonnante socialiste allemande Beate Weber — s'en trouve évidemment facilité. La pression en faveur d'une véritable politique européenne de l'environnement* est aussi exercée à Bruxelles même par le Bureau européen de l'environnement, qui regroupe une soixantaine d'organisations écologistes.

Écu : L'Écu n'est pas encore une véritable monnaie européenne, utilisable pour les achats courants : les billets de banque en Écu sont à l'état de projet, et seule la Belgique a émis en 1987 des pièces de 5 et 50 Écu ayant cours légal. Mais l'Écu est déjà plus qu'une unité de compte. Moins sujet aux variations des taux de change et des taux d'intérêt qu'une monnaie nationale, l'Écu est de plus en plus utilisé pour la souscription d'emprunts, l'émission d'obligations, les crédits bancaires internationaux. Il sert aussi de monnaie de facturation pour certaines entreprises : la multinationale française Saint-Gobain est la première firme à avoir systématiquement utilisé l'Écu pour les échanges entre filiales, puis pour les échanges avec d'autres entreprises. Le groupe Fiat a publié pour la première fois ses résultats de 1987 en lires et en Écu, et son P-DG, G. Agnelli, milite pour la création d'une véritable monnaie européenne. Pour les particuliers, l'usage de l'Écu est encore très limité. Un Français, par exemple, peut disposer de chèques de voyage en Écu (depuis 1985), et même ouvrir un compte bancaire en Écu (depuis 1989). Mais cela ne lui sert à rien, car l'Écu n'est pratiquement accepté nulle part (sauf au Luxembourg) comme moyen de règlement : il devra donc acquitter une taxe pour toute conversion de ses Écu en francs ou en devises. Une carte bancaire libellée en Écu, qui permettrait de régler ses achats dans le village olympique, sera sans doute testée en 1992 aux jeux Olympiques d'Albertville et de Barcelone.

Environnement : C'est aujourd'hui une des préoccupations majeures en Europe, aussi bien à l'Ouest qu'à l'Est. M. Gorbatchev lui-même insiste sur la nécessité de garder « propre » la Maison commune européenne. De fait, la pollution fait des ravages en

Europe orientale, la Pologne étant l'un des pays les plus touchés au monde. À l'Ouest, la Communauté européenne se préoccupe de plus en plus de la protection de l'environnement et tente d'imposer des normes dans de nombreux domaines, de la chasse* à l'automobile*. Mais la politique communautaire de l'environnement reste encore limitée (0,25 % du budget total) et peu suivie d'effets : la directive sur les eaux de baignade (1976) est mal appliquée en RFA et en Grèce ; la directive « de Seveso » sur les installations à haut risque (1984) n'est respectée qu'en France et en RFA... L'Acte unique européen devrait accélérer les choses : depuis le 1er juillet 1987, l'environnement est entré officiellement dans les compétences communautaires (titre VIII ajouté au traité de Rome) ; ce qui renforce considérablement le pouvoir du Parlement européen dans ce domaine, et donc la pression des écologistes*.

Eurovision : Les programmes télévisés en Eurovision sont les programmes réalisés et diffusés en commun par les membres de l'Union européenne de radiodiffusion. Basée à Genève et à Bruxelles, l'UER diffuse des programmes dans 31 pays. Les émissions en Eurovision ont commencé en 1954. Une des plus célèbres est le « Grand Prix Eurovision de la chanson européenne » décerné chaque année depuis 1956 par des jurys de téléspectateurs de tous les pays membres.

Football : L'Europe du football existe depuis plus de trente ans : elle s'étend de l'Atlantique à l'Oural et elle est régie par l'UEFA (Union Européenne de Football-Association). Les supporters des grands clubs sillonnent l'Europe, et leurs déplacements posent souvent des problèmes aux polices nationales. Après le drame du Heysel, en 1985, l'UEFA a suspendu la participation des clubs anglais aux compétitions européennes, pour que l'Europe du football ne devienne pas celle des *hooligans* et de la violence. Les meilleurs clubs européens disputent trois coupes : la Coupe d'Europe des Clubs champions (créée en 1955), la Coupe d'Europe des Clubs vainqueurs de coupe (1960) et la Coupe de l'UEFA (1955), réservée aux clubs ayant terminé la saison dans leur pays derrière le vainqueur du championnat et le vainqueur de la coupe. Les équipes nationales s'affrontent tous les quatre ans depuis 1960 dans le Championnat d'Europe des nations. L'Acte unique, en parachevant la libre circulation des personnes, devrait mettre un terme aux clauses limitant le nombre des joueurs étrangers dans les clubs de certains pays (deux en France, en RFA, en Espagne et aux Pays-Bas ; trois en Italie). Cette perspective inquiète les pays du sud de l'Europe, qui risquent d'être confrontés à une « invasion » de joueurs du Nord (Britanniques surtout), moins bien payés chez eux et prêts à « casser les prix ».

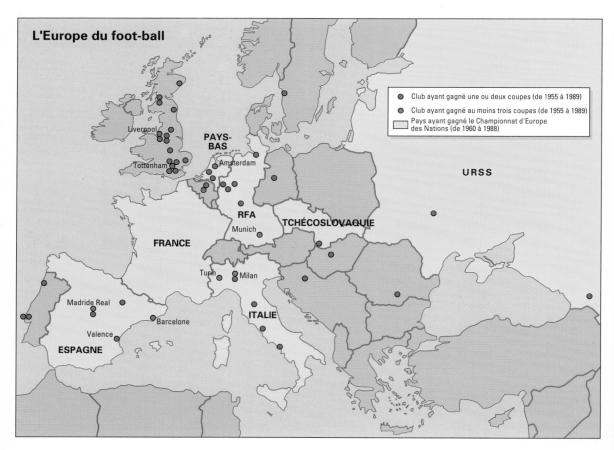

L'Europe du foot-ball

● Club ayant gagné une ou deux coupes (de 1955 à 1989)
● Club ayant gagné au moins trois coupes (de 1955 à 1989)
▭ Pays ayant gagné le Championnat d'Europe des Nations (de 1960 à 1988)

Hymne : En 1972, le Comité des ministres du Conseil de l'Europe a adopté comme hymne européen le prélude à l'*Hymne à la joie*, célèbre conclusion de la *IXe Symphonie* de Beethoven. Cet hymne sans paroles a été spécialement arrangé par Herbert von Karajan. Même s'il est utilisé lors des manifestations européennes, il n'est pas l'hymne officiel de la Communauté européenne.

Langues : Depuis le 1er janvier 1986, les langues officielles des Communautés européennes sont au nombre de neuf : allemand, anglais, danois, espagnol, français, grec, italien, néerlandais et portugais. L'irlandais (gaélique) n'a pas statut de langue officielle, mais les traités qui concernent l'Irlande sont aussi rédigés en irlandais. Le multilinguisme peut être considéré comme un obstacle. Il coûte cher aux institutions européennes : les traducteurs et interprètes représentent près de la moitié des fonctionnaires de rang A de la Commission de Bruxelles. Il oblige les industriels à trouver des marques ayant une signification dans les différentes langues de la CEE : les cabinets spécialisés dans la création de marques ont mis au point des outils informatiques sophistiqués (banques de mots communs aux diverses langues). Certains ont songé à imposer une langue officielle européenne. L'anglais, véhicule d'une civilisation américaine dominante, peut difficilement être l'expression de l'identité européenne. Le français, seule autre langue au rayonnement international, pourrait prétendre à ce rôle : il a ses partisans, comme l'archiduc Otto de Habsbourg, président du Comité international pour le français langue européenne. Mais la plupart des observateurs estiment qu'il faut assumer le multilinguisme comme une richesse et le défendre en développant l'enseignement des langues européennes. Pour éviter la suprématie de l'anglo-américain, chaque Européen devrait être trilingue. C'est le sens de l'ambitieux programme Lingua de la Commission de Bruxelles.

Opinion : Existe-t-il une opinion européenne, un Européen moyen, un comportement européen ? Tous les publicitaires, sondeurs, responsables d'études de marché, directeurs du personnel des firmes multinationales répondent par la négative : il est impossible de définir un profil unique pour les consommateurs* ou pour les salariés européens. La diversité des mentalités nationales est irréductible : il faut bien la connaître et s'y adapter. Les consultants proposent maintenant aux entreprises de former leur personnel à la « communication interculturelle » ou se spécialisent dans l'adaptation des campagnes de promotion à la spécificité de chaque marché national. C'est ainsi que des institutions comme le Center for International Briefing *(voir encadré)* ne font que renouer avec la « psychologie des peuples », science des caractères nationaux élaborée il y a un siècle par le philosophe français Alfred Fouillée *(Esquisse psychologique des peuples européens*, Paris, 1903).

Orchestre : Créé le 31 décembre 1977, l'Orchestre des jeunes de la Communauté européenne a pour but de rassembler la jeunesse d'Europe dans un projet commun qui transcende les frontières. Il ras-

---

Apprendre aux Européens à se comprendre

« Situé à 65 kilomètres au sud-ouest de Londres, Farnham Castle abrite aujourd'hui le Center for International Briefing (Centre de préparation à l'expatriation). Unique au monde, cet établissement fondé en 1953 par un médecin missionnaire aux Indes, a pour vocation de "préparer les futurs expatriés et leur conjoint à leur nouvel environnement afin qu'ils puissent profiter pleinement de l'expérience, pour leur bénéfice et pour celui de l'entreprise qui les emploie". [...] D'une durée moyenne de quatre jours, chaque stage comprend une série de conférences sur le pays (passé, présent, avenir), d'ateliers au cours desquels les participants analysent leurs valeurs, leurs croyances, leurs comportements... et ceux de l'autre, de discussions individuelles avec des ressortissants du pays concerné et des expatriés qui en reviennent. [...] Spécialisé au départ dans la sensibilisation aux pays "exotiques", pour une clientèle essentiellement occidentale, le centre a élargi son offre au fil des années. [...] Il prévoit d'organiser, pour les entreprises européennes, des stages de préparation à la vie et au travail dans les différents pays de la Communauté. "Pour un Anglais, la Grèce est aussi exotique que le Chili", sourit Claire Stewart. Et pas forcément plus hospitalière ! Considérant les sujets de Sa Royale Majesté comme des descendants des soldats qui ont écrasé l'insurrection communiste de l'après-guerre, certains Grecs peuvent avoir des réactions hostiles à leur égard. "Dans ce cas, notre rôle sera d'analyser la situation avec les stagiaires, et de réfléchir à la meilleure attitude à adopter en réponse", déclare la directrice du marketing. De la même façon, les Français installés en Allemagne devront accepter de commencer leur journée à 7 h 30 du matin, les Allemands installés en Espagne de la terminer après 20 heures... »

C. Coroller, « Une pouponnière pour voyageurs », *Le Monde*, n° spécial *Entreprises 93*, 15 octobre 1988, p. 22.

---

semble 140 à 150 garçons et filles originaires des pays de la CEE et âgés de 14 à 23 ans. Dirigé par Edward Heath (1978-1980), puis par Claudio Abado (1980-1989), il effectue des tournées dans les villes de la CEE. Le secrétariat est à Londres. Le financement est assuré par des dons et des subventions, dont celle de la Commission de Bruxelles.

Passeport : Le « passeport européen », avec sa couverture bordeaux, n'est pas un véritable passeport communautaire. C'est un passeport national, délivré par chaque État membre, mais d'un modèle uniforme, défini en 1982 par le Conseil des Communautés européennes. Il est aujourd'hui délivré par tous les États de la CEE. A quand l'Europe sans passeport, la totale liberté de circulation, qui était celle du monde d'avant 1914 chanté par Stefan Zweig ? *(Voir l'encadré.)*

Un monde sans passeports ni douaniers

« Rien ne rend plus sensible le formidable recul qu'a marqué le monde depuis la Première Guerre mondiale que les restrictions apportées à la liberté de mouvement des hommes et généralement à leurs droits. Avant 1914 la terre avait appartenu à tous les hommes. Chacun allait où il voulait et y demeurait aussi longtemps qu'il lui plaisait. Il n'y avait point de permissions, point d'autorisations, et je m'amuse toujours de l'étonnement des jeunes gens, quand je leur raconte qu'avant 1914 j'avais voyagé dans l'Inde et en Amérique sans posséder un passeport, sans même en avoir jamais vu un. On montait dans le train, on en descendait sans rien demander, sans qu'on vous demandât rien, on n'avait pas à remplir une seule de ces mille formules et déclarations qui sont aujourd'hui exigées. Il n'y avait pas de permis, pas de visas, pas de mesures tracassières ; ces mêmes frontières qui, avec leurs douaniers, leur police, leurs postes de gendarmerie, sont transformées en un système d'obstacles, ne représentaient rien que des lignes symboliques qu'on traversait avec autant d'insouciance que le méridien de Greenwich. »

S. Zweig, *Le Monde d'hier*, Belfond, 1944, 1982.

Le passeport européen.

Permis de conduire : Le « permis de conduire européen » est un permis national mais établi sur un modèle communautaire (petit format, couleur rose) adopté en 1980. Il est destiné à faciliter la libre circulation des personnes dans la CEE, en permettant, par exemple, à un citoyen allemand installé en France de conduire avec son permis passé en RFA, sans avoir à subir un nouvel examen.

Police : L'avènement en 1993 d'une « Europe des citoyens », où la libre circulation des personnes sera totalement assurée, peut sembler contradictoire avec le maintien de la sécurité et bouscule les prérogatives des polices nationales. Celles-ci doivent abandonner les contrôles aux frontières intérieures de la CEE, pour mieux coordonner leurs activités aux frontières extérieures, notamment la lutte contre le terrorisme international et contre le trafic de drogue. Ce processus est déjà largement engagé. Depuis 1976 existe une structure intergouvernementale (sans participation de la Commission de Bruxelles), chargée d'harmoniser les politiques de sécurité : le groupe Trevi (abréviation de : Terrorisme, Radicalisme et Violence Internationale). Depuis 1985, la France, la RFA et les trois pays du Benelux ont formé le « groupe de Schengen » (du nom d'un village situé aux confins de la France, de l'Allemagne et du Luxembourg), chargé d'anticiper sur l'Europe policière de 1993. Les cinq États membres ont jeté les bases d'un fichier informatique commun. De son côté, la Commission de Bruxelles étudie l'organisation d'un corps de garde-côtes européen. En mars 1989, les experts du groupe Trevi réunis à Séville ont envisagé la création d'une

sorte de « FBI européen » et d'une école européenne de police. Mais une police fédérale européenne ne pourra exister que lorsque les législations nationales auront été harmonisées sur de nombreux points délicats : statut des ports et des aéroports (Londres les considère systématiquement comme des frontières extérieures à la CEE) ; problèmes du droit d'asile, de l'extradition, du contrôle de l'immigration ; réglementation de l'usage des stupéfiants. Ainsi la législation « libérale » des Pays-Bas, où l'usage et le petit commerce des drogues douces sont autorisés, a créé un afflux de toxicomanes allemands et embarrasse le groupe de Schengen. De même, les experts considèrent avec appréhension la tolérante Espagne, qui pourrait devenir le centre d'un grand marché européen de la drogue pour les trafiquants sud-américains.

Postes : Le monopole national des Postes résiste toujours à l'Europe, même si l'on a vu, en France par exemple, certains timbres surchargés en Écu. Il n'existe pas encore de véritable marché commun postal, tous les pays de la CEE n'appliquant pas le tarif intérieur aux lettres à destination d'un autre État membre. Cependant les postes des 12 pays de la CEE coopèrent depuis 1959 au sein de la Conférence européenne des administrations des postes et des télécommunications. Il s'agit d'une organisation extra-communautaire, fondée en 1959 et qui rassemble les 21 pays membres du Conseil de l'Europe ainsi que la Yougoslavie, la Finlande, le Vatican, Saint-Marin et Monaco. Chaque année depuis 1960, les administrations membres de la CEPT émettent un timbre « Europa ».

Santé : L'« Europe blanche » n'est pas encore faite. Les professions de santé (médecins, infirmiers, dentistes, sages-femmes, pharmaciens et vétérinaires) jouissent de la reconnaissance mutuelle des diplômes et de la liberté d'établissement dans la CEE. Des mesures spectaculaires ont été prises, comme la campagne communautaire de lutte contre le Sida, décidée au Conseil européen de Londres en décembre 1986. Mais le vrai problème est celui de la Sécurité sociale européenne. L'Acte unique ne prévoit rien dans ce domaine : un assuré social français ne pourra décider de se faire opérer en RFA ou en Italie en 1993. Actuellement les assurés d'un pays de la CEE qui séjournent dans un autre État membre, les étudiants par exemple, doivent remplir le formulaire communautaire E 111 pour bénéficier pendant un an du régime de protection sociale du pays d'accueil. La Commission de Bruxelles bute sur l'harmonisation des régimes de sécurité sociale, très différents d'un pays à l'autre. Cette diversité handicape l'industrie pharmaceutique européenne, qui se place au premier rang mondial mais souffre du cloisonnement du marché. Quant aux consommateurs*, s'ils constatent de fortes différences de prix entre les États, ils ne veulent pas d'un alignement sur les réglementations nationales les moins strictes (en dehors de la France, de la Belgique et de la RFA, par exemple, les fabricants de médicaments n'ont pas l'obligation de fournir une notice d'information). On voit mal ce qui pourrait changer, tant que les États resteront libres de fixer le prix des remèdes et leur niveau de remboursement.

Train : Le 2 octobre 1989, le roi Juan Carlos inaugurait le premier tronçon de la voie ferrée Madrid-Séville à « écartement européen » (1,43 mètre l'écartement espagnol étant de 1,67 mètre). Le 21 novembre 1989, les ministres des transports français, allemand, britannique, belge et néerlandais ont donné leur accord au TGV nord-européen, qui reliera en 1998 Paris, Londres (*via* le tunnel sous la Manche), Bruxelles, Amsterdam et Francfort. L'amélioration des réseaux ferroviaires dans la CEE devrait permettre de désengorger un peu les routes et les aéroports. Mais l'Europe du rail existe depuis longtemps, dans un cadre extra-communautaire. Depuis 1953. la France, la Belgique, le Luxembourg, les Pays-Bas, le Danemark, la RFA, l'Autriche, la Suisse et l'Italie utilisent en commun un parc de plus de 200 000 wagons de marchandises marqués « Europa ». En 1971, les mêmes pays ont formé le Pool européen des wagons-lits. Surtout, à partir de 1957, s'organise, dans le cadre de l'Union internationale des chemins de fer, le réseau Trans-Europ-Express, qui assure des liaisons rapides et de qualité entre les principales villes d'Europe occidentale. Parmi les TEE les plus prestigieux, on peut citer l'*Étoile du Nord* (de Paris à Bruxelles et Amsterdam), le *Robert-Schuman* (Paris-Metz-Luxembourg), le *Palatino* (Paris-Rome), le *Talgo* (de Paris et Genève à Barcelone et Madrid)... Le 31 mai 1987, l'appellation TEE a pratiquement disparu au profit du réseau Euro-City, qui relie plus de 200 villes européennes, dont 14 capitales. Héritiers des TEE, les 76 trains qui portent le label Euro-City portent tous un nom choisi dans le patrimoine culturel des pays desservis.

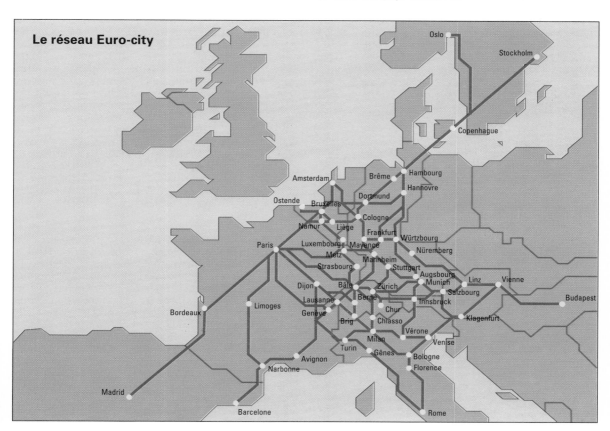

Le réseau Euro-city

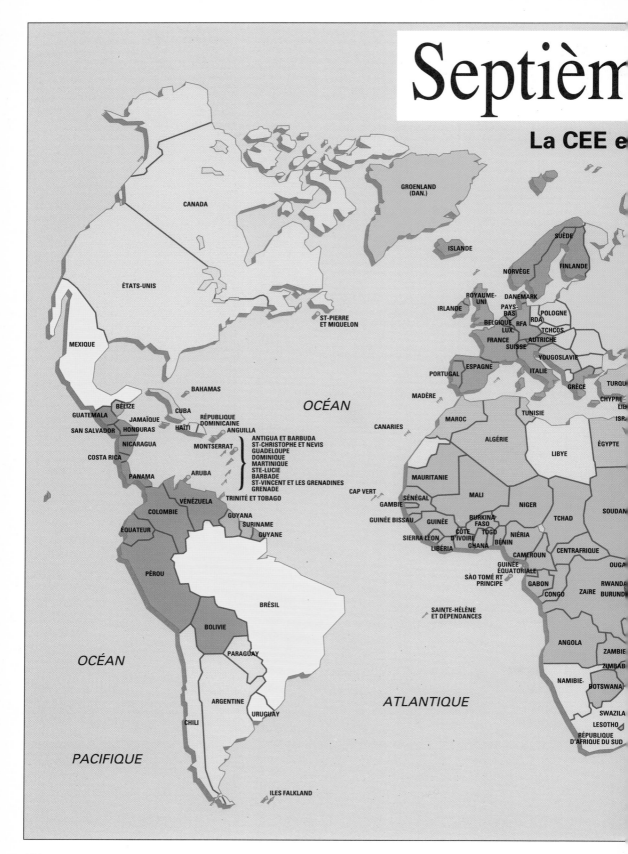

Septièm

La CEE e

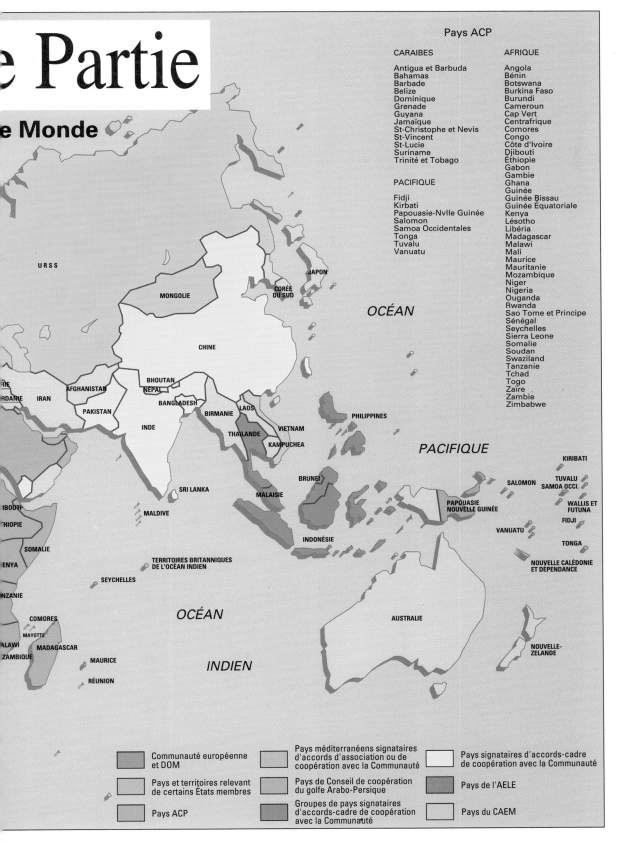

Partie

e Monde

CARAIBES

Antigua et Barbuda
Bahamas
Barbade
Belize
Dominique
Grenade
Guyana
Jamaïque
St-Christophe et Nevis
St-Vincent
St-Lucie
Suriname
Trinité et Tobago

PACIFIQUE

Fidji
Kirbati
Papouasie-Nvlle Guinée
Salomon
Samoa Occidentales
Tonga
Tuvalu
Vanuatu

AFRIQUE

Angola
Bénin
Botswana
Burkina Faso
Burundi
Cameroun
Cap Vert
Centrafrique
Comores
Congo
Côte d'Ivoire
Djibouti
Éthiopie
Gabon
Gambie
Ghana
Guinée
Guinée Bissau
Guinée Équatoriale
Kenya
Lésotho
Libéria
Madagascar
Malawi
Mali
Maurice
Mauritanie
Mozambique
Niger
Nigeria
Ouganda
Rwanda
Sao Tome et Principe
Sénégal
Seychelles
Sierra Leone
Somalie
Soudan
Swaziland
Tanzanie
Tchad
Togo
Zaïre
Zambie
Zimbabwe

URSS

MONGOLIE

JAPON

CORÉE DU SUD

OCÉAN

CHINE

BHOUTAN
NÉPAL
BANGLADESH

AFGHANISTAN

RDANIE
IRAN
PAKISTAN

INDE

BIRMANIE
LAOS
THAÏLANDE
VIETNAM
KAMPUCHEA

PHILIPPINES

PACIFIQUE

KIRIBATI

SRI LANKA

MALDIVE

BRUNEI

MALAISIE

SALOMON

TUVALU
SAMOA OCCI.

PAPOUASIE
NOUVELLE GUINÉE

WALLIS ET
FUTUNA

FIDJI

VANUATU

TONGA

INDONÉSIE

IBOUTI

THIOPIE

SOMALIE

ENYA

TERRITOIRES BRITANNIQUES
DE L'OCÉAN INDIEN

SEYCHELLES

NZANIE

OCÉAN

AUSTRALIE

NOUVELLE CALÉDONIE
ET DÉPENDANCE

COMORES

MAYOTTE

ALAWI
MADAGASCAR

ZAMBIE

MAURICE

RÉUNION

INDIEN

NOUVELLE-
ZELANDE

■ Communauté européenne et DOM	■ Pays méditerranéens signataires d'accords d'association ou de coopération avec la Communauté	□ Pays signataires d'accords-cadre de coopération avec la Communauté	
□ Pays et territoires relevant de certains États membres	■ Pays de Conseil de coopération du golfe Arabo-Persique	■ Pays de l'AELE	
■ Pays ACP	■ Groupes de pays signataires d'accords-cadre de coopération avec la Communauté	□ Pays du CAEM	

A. Les relations avec le Sud

Une interdépendance étroite

La coopération entre l'Europe et les pays en voie de développement est souvent citée en exemple. En effet, au moment de la formation de la CEE en 1957, la France, l'Italie, les Pays-Bas et la Belgique conservent des lambeaux de leur ancienne splendeur coloniale. La quatrième partie du traité de Rome est donc consacrée à la définition d'une association entre les Six et leurs dépendances d'outre-mer.

> Article 131. [...] « Le but de l'association est la promotion du développement économique et social des pays et territoires, et l'établissement de relations économiques étroites entre eux et la Communauté dans son ensemble.
>
> Conformément aux principes énoncés dans le préambule du présent traité, l'association doit en premier lieu permettre de favoriser les intérêts des habitants de ces pays et territoires et leur prospérité, de manière à les conduire au développement économique, social et culturel qu'ils attendent. »
>
> Article 132 : « L'association poursuit les objectifs ci-après :
>
> 1. Les États membres appliquent à leurs échanges commerciaux avec les pays et territoires le régime qu'ils s'accordent entre eux en vertu du présent traité.
>
> 2. Chaque pays ou territoire applique à ses échanges commerciaux avec les États membres et les autres pays et territoires le régime qu'il applique à l'État européen avec lequel il entretient des relations particulières.
>
> 3. Les États membres contribuent aux investissements que demande le développement progressif de ces pays et territoires.
>
> 4. Pour les investissements financés par la Communauté, la participation aux adjudications et fournitures est ouverte, à égalité de conditions, à toutes les personnes physiques et morales ressortissant des États membres et des pays et territoires.
>
> 5. Dans les relations entre les États membres et les pays et territoires, le droit d'établissement des ressortissants et sociétés est réglé conformément aux dispositions et par application des procédures prévues au chapitre relatif au droit d'établissement et sur une base non discriminatoire, sous réserve des dispositions particulières prises en vertu de l'article 136. » [...]

Les conventions de Yaoundé : une première approche

L'accélération de la décolonisation à l'aube de la décennie 1960 rend caduc le titre IV du traité de Rome. Devenus indépendants, les anciens territoires coloniaux négocient un accord de substitution. Le **20 juillet 1963**, la Communauté signe avec **18 pays africains et malgache, EAMA, la convention d'association de Yaoundé**, au Cameroun. Elle crée entre les signataires un vaste espace sans douanes et définit les conditions d'une aide européenne au développement africain.

Un nouveau Fond européen de développement, ou FED, est établi à cette occasion, pour la période 1964-1969, avec une dotation de 800 millions d'Écu, dont 85 % sous forme de dons. 40 % de ces crédits privilégient le secteur productif, d'abord l'agriculture, par la fourniture de matériel et la coopération technique.

La coopération se traduit aussi par la mise en place d'institutions paritaires. Un conseil réunit les ministres des États signataires et possède le pouvoir de décision, un comité d'association, qui peut recevoir une délégation de pouvoir du conseil, rassemble les ambassadeurs européens, africains et malgache et une conférence parlementaire regroupe des parlementaires de chacun des 24 pays. Une Cour arbitrale juge des différends pouvant survenir dans le cadre de la Convention.

La **seconde convention de Yaoundé, signée le 20 juillet 1969**, entre en vigueur en 1971. Elle reprend les mécanismes de la précédente : un **troisième FED**, doté d'un milliard d'Écu, dont 81 % sous forme de dons, confirme la priorité accordée à l'agriculture, mais l'industrie et les activités touristiques reçoivent une dotation accrue.

Le **24 septembre 1969**, la Communauté signe la **convention d'Arusha**, en Tanzanie, avec trois États de l'Afrique orientale : Kenya, Ouganda et Tanzanie. C'est une ouverture vers les pays anglophones, confirmée après 1973 à la suite de l'adhésion britannique.

Comme le souligne F. Perroux dans son livre *L'Économie des jeunes nations* : « Toute l'entreprise européenne change de face si un très grand projet de développement africain la soutient. Celui-ci lie pour une longue période des pays industrialisés du nord à des pays sans industrie au sud. Il ouvre une perspective de développement largement indépendante des régimes politiques et sociaux. Et il offre à l'Occident une de ces entreprises révolutionnaires de conquête sur la nature dont il est probablement meilleur de ne pas laisser à l'Est le monopole apparent. »

Lomé 1 : un nouveau regard sur la coopération

L'élargissement de la Communauté conduit à redéfinir les relations entre l'Europe et les pays du Sud pour tenir compte des intérêts du Commonwealth.

Le 28 février 1975, la convention de Lomé, signée au Togo entre les **Neuf et 46 pays d'Afrique, des Caraïbes et du Pacifique**, dits ACP, symbolise le « nouvel ordre économique international » réclamé par les pays en voie de développement. Malgré la crise, les crédits publics d'aide au développement sont portés à 2,98 milliards d'Écu, dont 69 % sous forme de dons. Cette convention privilégie quatre éléments :

— **La coopération technique et financière.**

— **La coopération industrielle** visant à développer les infrastructures : barrages hydroélectriques, industries agro-alimentaires, cimenteries...

— **L'ouverture commerciale** : la presque totalité des produits agricoles des pays ACP pénètre sur le marché communautaire sans acquitter de droits de douane et la Communauté s'engage à acheter chaque année 1,4 million de tonnes de sucre de canne au prix européen. En retour, la Communauté bénéficie de la clause de la nation la plus favorisée pour ses exportations vers les pays ACP.

— **La garantie des recettes d'exportation** pour certains produits des pays ACP destinés au marché communautaire : un nouveau système, le **Stabex**, compense en effet les baisses conjoncturelles de recettes, fonctionnant donc comme une assurance contre les mauvaises années. Il couvre une large partie des produits agricoles, bois, café, coton, arachides, bananes, thé, huile de palme, caoutchouc... et le minerai de fer. Il faut cependant que le produit concerné représente plus de 7,5 % des recettes d'exportation nationales : c'est le « seuil de dépendance » ; et que la baisse de recettes excède 7,5 %

par rapport aux quatre dernières années : c'est le « seuil de déclenchement ». Les États bénéficiaires — à l'exception des plus démunis — doivent aussi reconstituer les ressources du Stabex dès que leurs recettes le permettent. De 1975 à 1979, 388 millions d'Écu sont versés à 37 pays pour 24 produits. L'Afrique de l'Ouest, en particulier le Sénégal, est la première bénéficiaire ; l'arachide, le minerai de fer et le coton figurent en tête des produits soutenus.

Une conférence ministérielle gère la Convention, assistée d'un comité paritaire d'ambassadeurs et d'une assemblée consultative rassemblant en nombre égal des parlementaires de la Communauté et des États ACP.

Lomé 2 : une association renforcée

la convention de Lomé 2 est signée le 31 octobre 1979, avec 58 pays ACP auxquels s'ajoutent par la suite trois autres États du tiers monde. La dotation financière du FED est portée à 4,6 milliards d'Écu, dont 3 milliards de subventions.

Le **Stabex**, doté de 557 millions d'Écu, est étendu à 45 produits. Il ne peut cependant faire face aux dépenses lors des premières années en raison de la chute des cours de nombreux produits.

Un nouveau système, le **Sysmin**, est mis en place pour les produits miniers : minerai de fer, étain, bauxite et aluminium, manganèse, phosphates, cuivre et cobalt. Il garantit le maintien de la capacité de production des pays ACP, sous réserve que les produits couverts représentent au moins 15 % des recettes d'exportation du pays — 10 % pour les pays les moins avancés, enclavés ou insulaires. Le Sysmin a servi à soutenir les productions de cuivre de la Zambie et du Zaïre et celle d'étain du Rwanda.

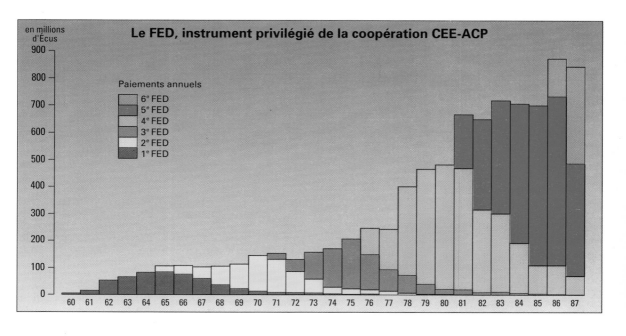

en millions d'Écus

Le FED, instrument privilégié de la coopération CEE-ACP

Paiements annuels
- 6ᵉ FED
- 5ᵉ FED
- 4ᵉ FED
- 3ᵉ FED
- 2ᵉ FED
- 1ᵉ FED

Lomé 3 : une priorité au développement autocentré

La convention de Lomé a été renouvelée pour la troisième fois le 8 décembre 1984 avec 66 pays ACP. Pour pallier certaines insuffisances des précédentes actions, la nouvelle convention, dotée de 8,5 milliards d'Écu, présente quelques nouveautés :

— **Une prise en compte systématique de la dimension culturelle, sociale et humaine des différents projets.** Ainsi, un crédit est alloué pour l'accueil de réfugiés dans les pays ACP et l'attention est portée sur les droits de l'homme et le respect de la personne.

— **Le développement agricole et rural est de plus en plus privilégié.** Priorité est donnée à la satisfaction des besoins alimentaires immédiats, mais aussi à la lutte contre la sécheresse et la désertification.

— **Une attention nouvelle à la pêche.** Il s'agit de promouvoir l'exploitation des ressources halieutiques des pays ACP dans le cadre du nouveau droit de la mer, par des accords de coopération technique et commerciale. Les flottilles européennes pourront exploiter les eaux de pays ACP ne disposant pas encore des moyens techniques nécessaires ; les pays européens verseront en échange des compensations techniques et financières aux pays ACP concernés.

Le Sysmin est doté de 415 millions d'Écu de crédits et le Stabex voit son enveloppe passer de 557 à 925 millions d'Écu et il est étendu à 48 produits, ce qui couvre 45 % des exportations des pays ACP vers la Communauté. De plus, les seuils de dépendance et de déclenchement du Stabex sont abaissés à 6 % et même à 1,5 % pour les pays les moins avancés, enclavés ou insulaires.

Lomé 3 se traduit par des modifications institutionnelles. L'assemblée consultative et le comité paritaire sont remplacés par l'assemblée paritaire, composée d'un nombre égal de parlementaires européens ou ACP.

La coopération financière et technique est développée. L'objectif est de permettre aux pays ACP d'assurer un développement autocentré et auto-entretenu, dans un esprit d'indépendance ; de contribuer au relèvement des niveaux de vie des populations ; de mobiliser les collectivités et d'encourager la participation des citoyens ; de promouvoir une utilisation rationnelle des ressources naturelles ; de permettre l'établissement de relations économiques et sociales plus équilibrées dans le cadre du nouvel ordre économique international.

En règle générale, les fonds octroyés par la Communauté à des administrations, des organismes ou même des entreprises, ne peuvent être utilisés pour régler les dépenses courantes d'administration, d'entretien ou de fonctionnement.

Lomé 4 : une aide renforcée

Les négociations en vue de la signature d'une nouvelle convention CEE-ACP se sont déroulées en 1989 puisque Lomé 3 expire le 28 février 1990. Les Douze ont accepté de porter le volume de l'aide financière de Lomé 4, qui couvre la période 1990-1994, à 11,9 milliards d'Écu, dont 10,7 milliards pour le FED et 1,2 milliard sous forme de prêts de la Banque européenne d'investissement. S'ajoutent à ces dotations une enveloppe supplémentaire pour les pays et territoires d'outre-mer : 140 millions d'Écu par le FED et 25 millions de prêts de la BEI. La durée du prochain accord est portée à dix ans, le protocole financier étant renégociable tous les cinq ans.

Un chapelet d'accords commerciaux

Une ouverture aux produits industriels

La Communauté joue depuis les années 60 un rôle fondamental dans le dialogue Nord-Sud. Elle participe aux différentes conférences internationales destinées à favoriser l'essor économique du tiers monde. Ainsi, elle est à l'origine du **système des préférences généralisées** adopté par la deuxième conférence des Nations Unies sur le commerce et le développement, Cnuced, réunie à New Delhi, en 1968. Les SPG ont pour but d'accroître les recettes d'exportation des pays du Sud et de promouvoir leur industrialisation.

C'est la Communauté qui met la première en place son système, dès le 1er juillet 1971, un mois avant le Japon et cinq ans avant les États-Unis. Elle l'a reconduit en 1980 pour une durée de dix ans.

Les préférences généralisées se traduisent par la suppression des droits de douane sur les importations de produits industriels finis ou semi-finis en provenance des pays en voie de développement. Pour certains produits, fabriqués dans la Communauté, des limites quantitatives ou contingents sont cependant fixés, afin de ne pas entraîner une aggravation de la crise de certaines branches industrielles. Depuis 1978, les pays les moins avancés, PMA, en sont toutefois totalement exemptés.

La Communauté a aussi participé aux accords multifibres, AMF, négociés au sein du Gatt au début de la décennie 70. Le premier accord, conclu en 1973 et couvrant les années 1974-1977, permet aux pays en voie de développement d'accroître leur part de marché au sein de la Communauté et, effet pervers, d'accentuer la crise de l'industrie textile européenne, crise d'autant plus grave qu'elle affecte de vieilles régions industrielles déjà touchées par le déclin des charbonnages et, un peu plus tard, de la sidérurgie. Les importations communautaires progressent de 80 % entre 1973 et 1976, surtout celles en provenance du Sud-Est asiatique, Corée du Sud, Hong Kong, Singapour, alors que la production européenne diminue de 5,8 %.

Le renouvellement de cet accord AMF pour les années 1978-1981 conduit la Communauté à établir **des plafonds d'importation pour les « produits sen-**

sibles », comme les fils de coton, les T-shirts et les chemisiers, et à limiter le taux de croissance des importations pour d'autres produits. Par ailleurs, elle signe des accords bilatéraux avec une quarantaine de pays afin de déterminer le volume de leurs livraisons sur le marché communautaire.

Renouvelé en 1981, puis en 1985, l'AMF comporte toujours des clauses de contrôle des importations en provenance des pays tiers, et notamment des « fournisseurs dominants » de l'Asie du Sud-Est.

Des accords préférentiels tous azimuts

En plus de cette approche globale, la Communauté a multiplié les négociations avec un grand nombre de pays en voie de développement, soit **dans un cadre bilatéral, soit par le biais des organisations régionales.**

Expression de l'intensité des liens géographiques, historiques et culturels entre les deux rives de la Méditerranée, **la coopération s'est d'abord développée avec les pays riverains de l'ancienne *Mare nostrum*. Après la période des accords commerciaux, la Communauté mène depuis 1972 une véritable politique méditerranéenne** qui contribue au développement économique des pays partenaires et favorise l'essor des échanges commerciaux.

Sur la rive nord de la Méditerranée, des accords d'association lient la Communauté à la Turquie en **1963, à Malte en 1971, et Chypre en 1973.** Les trois pays signataires bénéficient du libre accès au marché européen pour leurs produits industriels, de concessions tarifaires pour leurs productions agricoles et d'une aide financière. Bien plus, en avril 1987, la Turquie dépose une demande officielle d'adhésion à la Communauté.

De même, la Yougoslavie bénéficie depuis 1980 de la franchise douanière pour la plupart de ses exportations vers les Douze et de prêts avantageux de la Banque européenne d'investissement.

Sur la rive sud de la Méditerranée, la Communauté mène une politique identique avec les pays du Maghreb, Algérie, Maroc, Tunisie en 1976 **et du Machrek**, Jordanie, Égypte, Israël, Liban et Syrie en 1977. Cette coopération commerciale, industrielle et technique ouvre le marché européen aux exportations industrielles de ces pays — sauf dérogations temporaires —, leur octroient des tarifs préférentiels pour certains de leurs produits agricoles et une importante aide financière, 1,6 milliard d'Écu de 1986 à 1991. Les travailleurs immigrés maghrébins bénéficient d'une égalité des droits sociaux et des conditions de rémunération avec les travailleurs européens. En échange, la Communauté obtient des tarifs douaniers avantageux pour ses exportations. **L'adhésion de l'Espagne et du Portugal a beaucoup inquiété les pays de la rive sud de la Méditerranée** en raison de la concurrence de certaines productions ibériques, légumes, fruits, huile d'olive. Le Maroc a posé sa candidature à

L'agriculture, secteur privilégié de l'aide communautaire

Le niébé est la seconde légumineuse d'Afrique. Très riche en glucides, protides et sels minéraux, c'est une plante peu exigeante qui supporte assez bien la sécheresse. Le Sénégal a largement développé cette culture depuis 1984 avec l'aide de la Communauté. Cette dernière a fourni les fonds pour l'achat des semences et des produits phytosanitaires.

l'adhésion en juillet 1987, mais celle-ci a été repoussée, le pays n'appartenant pas au continent européen.

Tels sont les fondements du **dialogue euro-arabe** voulu d'abord par la France depuis la fin de la IVe République, mais aussi par ses partenaires. **La coopération s'est développée avec l'Orient, en particulier avec l'Association des nations du Sud-Est asiatique**, Asean, qui regroupe Singapour, Brunei, l'Indonésie, la Malaisie, les Philippines et la Thaïlande. En 1980, les parties prenantes s'octroient la clause de la nation la plus favorisée, décident une coopération industrielle, commerciale et une aide au développement. D'autres accords, conclus au milieu de la décennie 70, renouvelés et élargis en 1981 et en 1986, lient la Communauté avec les pays de l'Asie méridionale, l'Inde et le Pakistan. De même, en 1985, l'Europe conclut un accord non préférentiel avec le Yémen du Nord et achève la négociation en 1988, avec les pays arabes du Golfe persique.

Avec **l'Amérique latine**, la Communauté parvient d'abord à un accord commercial avec l'Uruguay en 1974, puis de coopération avec le Mexique en 1975 et avec le Brésil en 1980. En décembre 1983, c'est au tour du Pacte andin qui regroupe l'Équateur, la Bolivie, le Venezuela, la Colombie et le Pérou d'obtenir les mêmes avantages de la part de la Communauté. Depuis 1985, l'Europe se lie aux États de l'isthme centro-américain : Costa-Rica, Guatemala, Honduras, Nicaragua, Panama et Salvador. **L'adhésion de l'Espagne et du Portugal conduit les Douze à développer leurs relations avec les pays d'Amérique latine en raison des liens étroits conservés par les pays ibériques avec leurs anciennes colonies.**

Des flux commerciaux croissants

Biens manufacturés contre produits bruts

Les échanges commerciaux avec les pays en voie de développement, PEVD, n'ont cessé de se développer depuis 1958. **Le tiers monde constitue aujourd'hui le premier partenaire de la Communauté**, assurant 30 % des importations et 31,3 % des exportations européennes. De même, l'Europe est le premier marché du tiers monde et représente de ce fait un débouché vital pour bon nombre de PEVD. C'est ainsi que les pays de la rive sud de la Méditerranée exportent les trois quarts de leurs produits agricoles vers les Douze et que les pays ACP trouvent en Europe un débouché pour 40 % de leurs exportations. **Ces échanges soulignent l'interdépendance étroite de deux ensembles de pays à niveau de développement différent et reflètent les forces et les faiblesses des deux zones.**

En effet, la Communauté, forte de sa puissance agricole, exporte des produits agro-alimentaires, en particulier des céréales et de la viande. Mais principalement, les Douze profitent de leur avance industrielle pour vendre des produits manufacturés à haute valeur ajoutée, machines, matériel de transport et biens de consommation. La tertiairisation grandissante de la société et de l'économie européenne explique la montée en puissance des exportations de services : formation technique, encadrement et conseil, *know how* aux entreprises, ingénierie financière, transferts de brevets ou plus traditionnellement transports aériens et maritimes. **Au contraire, les importations communautaires sont constituées pour l'essentiel de produits bruts.** Les ressources énergétiques représentent le premier poste : pétrole du Moyen-Orient, d'Afrique et d'Amérique latine, gaz naturel d'Algérie, charbon d'Afrique du Sud. Viennent ensuite les matières premières industrielles, fer du Libéria et du Brésil, bauxite de Jamaïque et de Guinée, cuivre du Zaïre et du Chili... et les produits agricoles tropicaux : café et cacao du Brésil, du Ghana et de Côte-d'Ivoire, fruits exotiques,

oléagineux comme l'arachide du Sénégal... Le tiers monde fournit également du coton, du bois, de la laine. Quant aux importations de produits industriels, elles sont dominées par des biens de consommation à forte intensité en main-d'œuvre, textiles, vêtements et appareils électriques à technologie rudimentaire.

Comme tous les pays développés d'économie de marché, les États européens entretiennent des relations avec l'ensemble des pays en voie de développement. Bien souvent, les Douze occupent la première place dans le commerce extérieur des PEVD, totalisant, par exemple, 62 % des importations et 69 % des exportations algériennes, 42 % des importations et 44 % des exportations égyptiennes. Ils se classent aussi en tête des fournisseurs et des clients pour de nombreux pays d'Asie et d'Afrique noire, assurant 35 % des achats et 24 % des ventes de l'Inde, 55 % des échanges zaïrois et 28 % de ceux du Pakistan. La Communauté ne cède sa suprématie qu'en Amérique latine où, pour des raisons géographiques et politiques, l'influence des États-Unis demeure prépondérante et en Asie du Sud-Est où le Japon conforte son leadership.

Part du Sud dans les échanges extérieurs de la Communauté en 1988

	Exportations	Importations
Produits alimentaires, boissons et tabacs	43,7 %	59,2 %
Matières premières	13,9 %	31,7 %
Produits énergétiques	15,5 %	62,9 %
Produits chimiques	34,5 %	13,2 %
Machines et matériel de transport	30,4 %	12,9 %
Autres produits industriels	11,4 %	26,6 %

Une balance déficitaire

La balance commerciale de la Communauté présente paradoxalement un déficit structurel depuis 1958. Celui-ci a été gonflé par les deux chocs pétroliers de 1973 et de 1979-1980 qui ont affecté une Communauté dépendant du Sud pour son approvisionnement énergétique. Le déficit a cependant diminué depuis 1985 à la suite de l'effondrement simultané du cours du « brut », des matières premières et du dollar.

Toutefois, la chute des revenus pétroliers et l'endettement excessif de bon nombre de partenaires affectent les exportations européennes vers le tiers monde de moins en moins solvable : les interruptions de paiement à répétition de nombreux débiteurs du tiers monde suscitent la méfiance grandissante des exportateurs européens qui cherchent, dès lors, à se protéger en faisant appel à la garantie des pouvoirs publics.

Les échanges Nord-Sud, comme le commerce intracommunautaire, reflètent les forces et les faiblesses économiques des Douze. Ainsi, la RFA assure à elle seule 23,2 % des exportations européennes en 1988, devançant dans l'ordre la France, 20,8 %, le Royaume-Uni, 19 %, et l'Italie, 12,9 %. L'Allemagne fédérale figure également en tête des importateurs, avec 21,7 % des achats communautaires devant le Royaume-Uni, 16,7 %, la France, 16,7 %, et l'Italie, 14,6 %.

Les balances commerciales nationales font apparaître des disparités accusées. Le Danemark, la RFA, la France et l'Irlande présentent des excédents au cours des dernières années, alors que la Belgique offre un relatif équilibre et que les autres pays enregistrent un déficit plus ou moins accusé.

Les principaux fournisseurs de la Communauté en 1988

Pays	Importations en millions d'Écu
Afrique du Sud et Namibie ..	12 502
Brésil	9 198
Taïwan	7 965
Chine	6 946
Hong Kong	6 259
Arabie Saoudite	5 479
Libye	5 083
Algérie	4 793
Inde	3 238
Iran	3 094

Les principaux clients de la Communauté en 1988

Pays	Exportations en millions d'Écu
Arabie Saoudite	7 534
Hong Kong	6 759
Afrique du Sud et Namibie ..	6 355
Chine	5 788
Inde	5 628
Israël	4 686
Taïwan	4 450
Corée du Sud	4 378
Singapour	4 062
Algérie	3 693

Les échanges de la Communauté avec le Sud
(en millions d'Écu)

Années	Exportations communautaires	Importations communautaires	Années	Exportations communautaires	Importations communautaires
1958	9 496	10 984	1974	36 649	67 415
1959	9 354	11 127	1975	45 679	60 745
1960	10 371	12 161	1976	53 483	77 771
1961	10 475	12 244	1977	65 114	83 544
1962	9 710	13 064	1978	70 278	78 756
1963	9 980	14 101	1979	74 419	97 875
1964	10 639	15 504	1980	89 296	129 233
1965	11 504	16 284	1981	118 472	144 448
1966	12 049	17 227	1982	124 416	144 765
1967	12 187	17 640	1983	123 593	138 610
1968	13 560	19 057	1984	131 136	151 769
1969	15 141	21 234	1985	128 913	155 945
1970	16 789	23 512	1986	107 602	107 663
1971	18 766	25 295	1987	104 675	108 492
1972	19 860	26 579	1988	112 942	115 253
1973	24 049	34 698			

Une attitude exemplaire ?

Une synergie profitable

L'aide cumulée de la Communauté et des États membres fait de **l'Europe des Douze la première source d'aide publique au développement**, avec plus de 12 milliards de dollars par an.

L'Europe dépasse de 25 % les États-Unis, bien que ce pays dispose d'un PIB par habitant supérieur de 60 %. Les contributions des pays de l'OPEP, du Japon et des pays du Caem représentent moins d'un tiers des transferts unilatéraux européens. Malheureusement, les flux multilatéraux ne représentent que 10 % du total ; le reste est accordé par les États dans le cadre bilatéral.

L'aide européenne concerne un espace géographique plus large que celui des autres puissances. En 1986, 27 pays bénéficient à ce titre de plus de 100 millions de dollars, contre 11 pour l'aide américaine, 10 pour l'aide japonaise et celle provenant du Caem et 5 pour les pays de l'Opep. Alors que les six premiers bénéficiaires des capitaux publics européens ne reçoivent que 16 % des attributions, le pourcentage atteint plus de 50 % pour l'aide américaine, près de 50 % pour l'aide japonaise et 76 % pour le Caem.

Dans l'ensemble, **l'Europe privilégie l'Afrique subsaharienne** qui totalise 55 % des crédits, loin devant l'Asie méridionale, l'Europe du Sud — essentiellement la Turquie —, l'Amérique latine, les Caraïbes et l'Extrême-Orient. Elle représente dans la plupart des régions une part essentielle de l'aide internationale : 50 % pour l'Europe méditerranéenne, 59 % pour l'Afrique subsaharienne, 53 % pour l'Amérique du Sud. Sa contribution est cependant plus modeste en Asie, du fait du soutien massif octroyé par les États-Unis à Israël, des apports des pays de l'Opep et de l'assistance offerte par le Caem à certains États du Sud-Est asiatique.

La Communauté participe aussi aux distributions alimentaires mondiales. En 1988, elle a réparti 1,36 million de tonnes de céréales, 110 000 tonnes de lait en poudre, 34 000 tonnes d'huile, 25 000 tonnes de *butteroil*, 11 000 tonnes de sucre et 291 000 tonnes d'équivalent céréales sous forme de produits divers. Les destinataires ont été surtout les populations victimes de déficiences alimentaires chroniques. Des céréales ont ainsi été expédiées au Mozambique et au Bangladesh, du lait en poudre vitaminé en Bolivie, au Honduras, au Liban, au Pérou. D'autre part, la Communauté assure des envois de nourriture dans le cadre de programmes pluri-annuels, notamment vers l'Inde et la Chine.

A cette aide alimentaire normale s'ajoutent des **secours d'urgence** dont le montant dépasse 71 millions d'Écu en 1988, le FED et le budget général en assurant le financement. Elle privilégie les populations victimes de calamités, qu'il s'agisse d'inondations, de sécheresse, de séismes ou de cyclones, et celles touchées par les guerres civiles. C'est ainsi que 100 000 tonnes de céréales et 1 800 tonnes d'huile végétale sont octroyées au Bangladesh ravagé par les inondations. 20 000 tonnes de céréales sont accordées au Vietnam ; 5 000 tonnes de céréales, 500 tonnes de lait en poudre et 180 000 Écu sont remis aux réfugiés somaliens et soudanais en Éthiopie où un pont aérien permet de distribuer rapidement les vivres. De même, la Jamaïque, ravagée par le cyclone Gilbert, en septembre 1988, bénéficie d'une aide de 650 000 Écu.

Une approche nouvelle

Depuis 1957, l'attitude des pays européens à l'égard du tiers monde fait l'objet de constantes controverses. La concentration de l'aide sur les anciennes dépendances africaines nourrit de la part des pays latino-américains et asiatiques un double critique : **la Communauté est accusée de régionalisme** et suspectée de chercher à maintenir et développer une zone d'influence, l'Eurafrique, de type néo-colonial. **En outre, cette stratégie a posé des problèmes lors des négociations d'élargissement** : c'est pour répondre à la pression conjuguée du Royaume-Uni et des pays du Commonwealth que l'Europe fait un pas en 1975 **vers le mondialisme**, en diffusant son aide publique aux pays ACP. A ces critiques s'ajoute une interrogation sur la nature des projets financés. A l'ère des grandes opérations budgétivores ont succédé, depuis la crise, des aménagements plus modestes, plus auto-centrés, et donc mieux adaptés à la diversité du tiers monde. Après avoir encouragé les cultures commerciales, destinées au marché mondial, la Communauté privilégie le soutien des cultures vivrières seules capables de répondre à la malnutrition croissante des pays pauvres, et surtout des PMA africains.

En plus de l'aide directe apportée par la Communauté, chacun des États membres transfère vers des zones spécifiques des capitaux publics. La France privilégie par exemple, outre les DOM-TOM, l'Afrique subsaharienne et le Maghreb. De tels choix reflètent le passé colonial de l'Hexagone dont l'empire était centré sur l'Afrique occidentale et équatoriale.

Si la France figure en tête des donateurs pour le volume de l'aide, ce sont les Pays-Bas qui se montrent les plus généreux si l'on rapporte cette aide au PIB national. Leur contribution représente en effet 1 % de leur PIB. A l'inverse, la contribution des pays méditerranéens et de l'Irlande, dont les capacités de financement sont, il est vrai, limitées, ne dépasse pas 0,2 % du PIB national.

L'aide au développement représente une part non négligeable des budgets nationaux : plus de 3 % en France, 2,7 % aux Pays-Bas, 2,6 % en RFA et au Danemark, contre 1,2 % au Japon et 1,1 % aux États-Unis.

Les Douze figurent pour la plupart d'entre eux parmi les plus généreux de la planète, n'étant devancés que par les pays scandinaves et certains membres de l'Opep. Ils assurent d'ailleurs l'essentiel de la contribution européenne globale. Mais, si généreux soient-ils, leurs transferts vers le Sud ne dépassent pas ceux prévus lors de la première Cnuced, à Genève, en 1964 : 1 % du PNB des pays riches.

B. Les relations avec l'Ouest

Le poids des héritages

la solidarité du monde occidental est perceptible à travers le respect de la démocratie, la formation d'une alliance militaire, l'essor des flux de marchandises, de capitaux et la libre circulation des personnes.

La Communauté et les pays capitalistes libéraux industrialisés appartiennent à l'**Organisation de coopération et de développement économique, OCDE.** Créée le 14 décembre 1960, cette structure vise à coordonner les politiques économiques et sociales des États membres pour améliorer le niveau de vie des populations et faciliter le bon fonctionnement de l'économie mondiale.

Les Douze pays de la Communauté et la Commission sont aussi représentés au Gatt. Les négociations commerciales multilatérales ou NCM conduites au sein de cet organisme visent à réduire les droits de douane entre les parties contractantes.

Par ailleurs, **l'interpénétration des économies ne cesse de se renforcer.** Les investissements croisés, la multinationalisation des entreprises et des banques, la libéralisation des mouvements de capitaux, les migrations de « cerveaux » nourrissent un monde solidaire de part et d'autre de l'Atlantique et du Pacifique.

La suppression progressive des frontières

Pour des raisons géographiques évidentes, la Communauté a tissé les liens commerciaux les plus étroits avec les pays membres de l'AELE, Association européenne de libre-échange, constituée en 1960 à l'initiative du Royaume-Uni. En 1972, l'entrée dans la Communauté de la Grande-Bretagne, du Danemark et de l'Irlande entraîne l'ouverture de négociations **avec les autres membres de l'AELE** : signés le 22 juillet 1972 avec la Suisse, l'Autriche, l'Islande et la Suède, le 14 mai 1973 avec la Norvège et le 5 octobre 1973 avec la Finlande, ces accords aboutissent à la suppression progressive des droits de douane sur les échanges industriels. Par contre pour les produits agricoles, les principes communautaires interdisent tout libre-échange entre l'AELE et la Communauté. L'accès aux marchés est en effet subordonné à la solidarité financière face aux dépenses suscitées par le soutien du revenu paysan. Seuls des accords bilatéraux limités sont donc possibles.

Les deux organisations régionales signent, **le 9 avril 1984, la déclaration de Luxembourg** qui vise à créer **un espace économique européen unifié**, où serait assurée la libre circulation des hommes, des marchandises, des capitaux et des services. En effet, la

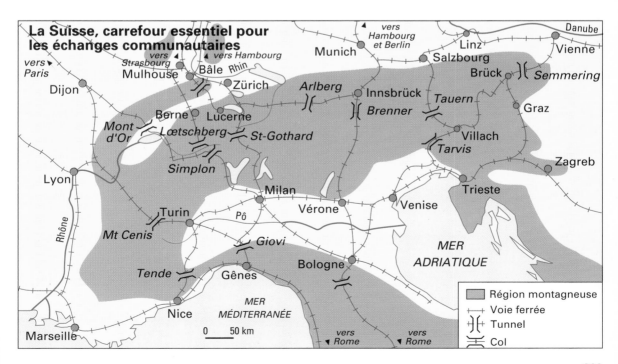

La Suisse, carrefour essentiel pour les échanges communautaires

situation géographique confère à **la Suisse et à l'Autriche une position de carrefour pour les échanges intracommunautaires**. Depuis 1987, un document administratif unique pour les douanes et un système commun de transit facilite les relations.

Avec les États-Unis, les échanges commerciaux s'effectuent selon les principes du Gatt. Toutefois, les contacts entre les deux partenaires sont constants et des consultations à haut niveau entre la Commission et l'administration américaine se tiennent deux fois par an à Bruxelles et Washington pour faire le point sur les problèmes réciproques.

Ce sont également les règles du Gatt qui président aux flux avec le Japon, l'Australie et la Nouvelle-Zélande. La Communauté souhaite encourager l'ouverture du marché intérieur japonais afin de rétablir l'équilibre des échanges. Les deux partenaires créent un centre de coopération industrielle en 1987, concluent un accord sur la fusion nucléaire en 1989 et des groupes de travail mixtes sont institués pour les télécommunications numériques et la télévision à haute définition.

Par ailleurs, le programme de promotion des exportations européennes, ou « Exprom » envoie chaque année de jeunes cadres européens suivre une formation linguistique accélérée au Japon et acquérir une expérience de travail dans les entreprises nippones.

Les points de friction

La solidarité qui unit la Communauté aux autres puissances occidentales n'empêche pas les conflits commerciaux. Ceux-ci ont pris une acuité particulière depuis une dizaine d'années à la suite de la crise économique et de la concurrence de plus en plus rude qui sévit sur les marchés mondiaux, mais aussi de la montée en puissance du Japon. Certains de ces conflits ont conduit à des plaintes auprès du Gatt, d'autres ont été réglés à l'amiable assez rapidement, d'autres enfin font toujours l'objet d'âpres discussions.

CEE-États-Unis : l'agriculture, nerf de la guerre

Les tensions commerciales entre la Communauté et les États-Unis tiennent pour l'essentiel à des problèmes agricoles : **la surproduction chronique qui affecte chacune des agricultures conduit les deux partenaires à rivaliser sur le marché mondial.**

Critiques dès l'esquisse de la PAC en 1962, les États-Unis passent à l'offensive au début des années 70, moment où leurs difficultés commerciales s'aggravent et où le poids de l'Europe s'alourdit.

Ainsi, les préférences commerciales accordées par la Communauté aux pays du Bassin méditerranéen conduisent les États-Unis à porter plainte devant le Gatt en 1982, puis à prendre des mesures de rétorsions en 1985, jusqu'à ce qu'un accord commercial intervienne en 1986.

L'entrée de l'Espagne et du Portugal dans la CEE rallume le conflit. Les États-Unis reprochent aux Douze de les priver, au nom de la préférence communautaire, de leur traditionnel débouché espagnol pour le sorgho et le maïs. Devant la menace des États-Unis de surtaxer certaines importations en provenance de la Communauté, comme le cognac, le gin, les vins ou les fromages, l'Europe se résigne à signer un accord en janvier 1987.

Les négociations actuellement conduites au sein du Gatt dans le cadre de l'Uruguay Round donnent lieu à un vif affrontement. Les États-Unis continuent à reprocher à la Communauté sa politique agricole protectionniste et ses subventions à l'exportation. Au même moment, **d'autres conflits commerciaux empoisonnent les relations entre les deux rives de l'Atlantique.** Malgré le président Reagan, le lobby protectionniste, et même isolationniste, pousse le Congrès américain à engager de nouvelles batailles contre les Douze : après la « guerre de l'acier », au début des années 80, la « bataille de l'Airbus » fait rage devant les instances du Gatt en 1988.

CEE-Japon : la tentation protectionniste

Avec le Japon, les tensions résultent avant tout du déficit commercial considérable enregistré par la Communauté.

Le solde des échanges s'est en effet dégradé depuis le début des années 70. En 1988, le déficit atteint 24 milliards d'Écu. La pression japonaise tend à se concentrer sur l'Europe en raison des barrières protectionnistes mises en place par les États-Unis. Enfin, les produits *made in Japan* grignotent des parts de marché détenues jusqu'alors par les Européens dans les pays tiers comme l'Afrique. Le déséquilibre commercial traduit la concentration des exportations japonaises sur des créneaux porteurs traditionnels tels l'automobile, et surtout sur les « industries d'intelligence », l'informatique, l'optique et la hi-fi.

A ce conflit commercial s'ajoutent les rivalités nées de l'investissement massif réalisé par les firmes nippones en Europe. Les Européens critiquent vivement les « usines-tournevis » qui se contentent en fait de pratiquer des opérations de montage de pièces venues du Sud-Est asiatique. Pour limiter cette pratique, la Communauté a exigé que le contenu local, c'est-à-dire la part de la production réalisée en Europe, représente plus de 40 % du prix total. Les entreprises nippones ont alors eu recours aux sous-traitants européens. **« L'Europe ne sera ni une forteresse, ni une passerelle »** déclarent les responsables communautaires, désireux de ne pas céder au protectionnisme. Cependant, certains États, comme la France et l'Italie, maintiennent pour l'instant des quotas pour limiter l'importation de véhicules en provenance du Japon.

. Si le marché européen est largement ouvert aux produits japonais, en revanche, **le marché nippon offre des rigidités structurelles qui rendent difficile la pénétration communautaire. L'éloignement, la culture et le nationalisme des consommateurs hypothèquent les exportations communautaires.**

Pour réduire ces obstacles, la Commission mène depuis 1987 de dures négociations pour faciliter les exportations européennes de véhicules à moteur, de cosmétiques et d'appareils médicaux. De nouvelles actions sectorielles se développent dans le domaine des produits laitiers, des produits pharmaceutiques et pour la propriété intellectuelle. Il semble que les mesures prises par le gouvernement japonais pour développer la consommation intérieure commencent à porter leurs fruits en 1989. Toutefois, l'essor récent des exportations européennes reste limité aux voitures de luxe, même si les textiles, les produits chimiques et pharmaceutiques ont également profité de cette récente ouverture du marché nippon.

L'AELE face au grand marché de 1993

Les pays de l'AELE émettent certaines craintes à la perspective de l'échéance 1993. Ils redoutent en effet de voir diminuer leurs exportations vers les Douze à la suite de la libéralisation totale des échanges intracommunautaires. C'est pourquoi ils désirent être associés à la réalisation du grand marché.

Certains d'entre eux envisagent même d'adhérer à la Communauté. L'Autriche a officiellement posé sa candidature en 1989 ; la Norvège, en raison de la baisse brutale de ses revenus pétroliers, penche de nouveau vers l'adhésion qu'elle a refusée en 1972. L'adhésion d'autres membres de l'Association pose

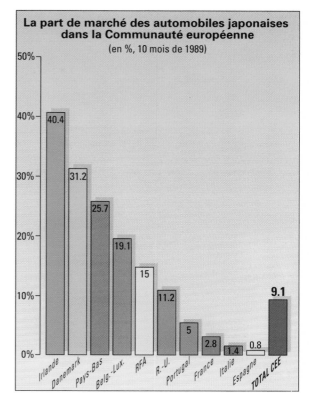

La part de marché des automobiles japonaises dans la Communauté européenne
(en %, 10 mois de 1989)

de redoutables problèmes politiques et géostratégiques, en raison de leur neutralité. C'est le cas de la Suède, de la Finlande et surtout de la Suisse, qui souhaite d'ailleurs conserver son autonomie : « La Suisse entend participer à la construction européenne sans pour autant souhaiter le statut d'État membre à part entière », déclare en 1988 le conseiller fédéral, J.-P. Delamuraz.

La structure des échanges

La prépondérance des produits industriels

Les biens manufacturés, qui totalisent 71 % des importations et 78 % des exportations européennes, représentent la majeure partie des échanges communautaires avec les pays de l'OCDE. La Communauté, premier exportateur mondial en ce domaine, est bien placée pour les biens intermédiaires tels que les produits sidérurgiques, métalliques, chimiques et pour les biens d'équipement. Par contre, sa position est faible dans les secteurs de haute technologie de la troisième révolution industrielle, qu'il s'agisse des télécommunications, de l'informatique ou du matériel de précision.

Les denrées alimentaires tiennent aussi une place de choix. Les exportations européennes sont surtout représentées par des céréales, des boissons et alcools, de la viande et des produits laitiers. Quant aux importations, elles sont dominées par les aliments pour le bétail et les viandes.

Les échanges de matières premières et de produits énergétiques n'occupent qu'une place modeste ; ils se traduisent par un déficit considérable de la Communauté qui importe des combustibles solides, notamment d'Australie et des États-Unis, mais aussi des hydrocarbures du Canada et de Norvège.

La structure des échanges reflète la mise en place d'une division internationale du travail peu favorable aux Douze qui ont trop tardivement anticipé sur les mutations industrielles de la fin du XXe siècle.

CEE, États-Unis, Japon, les trois pôles du commerce mondial

Les pays occidentaux, poids lourds de l'économie mondiale
(PIB en millions de dollars)

Communauté.................	4 158 880
États-Unis....................	4 497 220
Canada.......................	373 690
AELE.........................	590 680
Australie et Nouvelle-Zélande ...	215 130
Japon........................	2 376 420

La structure des échanges entre la Communauté et les pays de l'OCDE en 1987 (en %)

	Importations communautaires	Exportations communautaires
Produits agro-alimentaires, boissons et tabacs .	5,5	5,7
Matières premières ..	9,4	2,2
Produits énergétiques	5,7	3,8
Produits chimiques ..	8,3	10,1
Machines et matériel de transport	36	39,2
Autres produits industriels	35,1	39

Les échanges entre la Communauté et les États-Unis
(en millions d'Écu)

Année	Importations communautaires	Exportations communautaires
1958.........	4 252	2 726
1959.........	4 154	3 734
1960.........	5 920	3 480
1961.........	6 023	3 369
1962.........	6 457	3 742
1963.........	7 153	3 928
1964.........	8 097	4 406
1965.........	8 613	5 273
1966.........	9 201	6 425
1967.........	9 243	6 813
1968.........	10 096	8 694
1969.........	13 425	9 773
1971.........	12 913	11 154
1972.........	12 770	12 068
1973.........	16 360	13 601
1974.........	23 037	16 898
1985.........	23 391	14 058
1976.........	28 308	17 285
1977.........	28 361	21 611
1978.........	31 024	24 348
1979.........	36 984	26 291
1980.........	47 735	27 760
1981.........	54 657	38 590
1982.........	59 343	44 490
1983.........	58 654	52 202
1984.........	67 112	73 701
1985.........	68 942	85 523
1986.........	56 643	75 151
1987.........	67 909	71 506

L'évolution des échanges avec le Japon
(en millions d'Écu)

Années	Importations communautaires	Exportations communautaires
1958	258	211
1959	289	274
1960	397	313
1961	402	453
1962	477	453
1963	556	523
1964	670	601
1965	798	531
1966	900	643
1967	921	880
1968	1 105	931
1969	1 434	1 111
1970	2 090	1 426
1971	2 458	1 394
1972	3 029	1 564
1973	3 901	2 406
1974	4 994	2 913
1975	5 599	2 345
1976	7 786	2 885
1977	9 239	3 232
1978	10 073	3 932
1979	10 899	4 958
1980	13 968	4 810
1981	17 288	5 925
1982	19 253	6 609
1983	21 940	7 710
1984	25 668	9 364
1985	28 586	19 475
1986	33 215	11 399
1987	40 983	16 948

Les principales exportations japonaises vers la Communauté en 1988 (en %)

Véhicules à moteur	16,4
Machines de bureau	11,3
Produits chimiques	9,7
Équipement optique	7,5
Équipement radio	4,5
Composants électroniques	3,7
Télécommunication	3,5
Caméra et télévision	2,5
Magnétophones	2,5

Principales exportations communautaires vers le Japon en 1988 (en %)

Produits chimiques et plastiques	15,4
Véhicules à moteur	11
Produits agro-alimentaires	10
Textiles	7,3
Produits pharmaceutiques	5,3
Métaux non ferreux	3,7

L'explosion des flux « immatériels »

En 1958, le rétablissement de la convertibilité des monnaies des principaux pays signataires des accords de Bretton-Wood accélère la circulation des capitaux entre les pays de l'OCDE. **L'essor de ces flux accompagne la délocalisation des grosses sociétés américaines attirées par l'Europe :** un marché de consommation en plein essor, une main-d'œuvre abondante et qualifiée, de remarquables infrastructures, la perspective de l'union douanière, tout pousse les FMN américaines à franchir l'Atlantique. Peu après, c'est au tour des banques de suivre leurs clients et surtout de vouloir échapper aux mesures de contrôle prises par le gouvernement Johnson en 1966. **Avec la crise des années 70**, ces mouvements de capitaux à long terme sont brutalement dépassés par l'**explosion des flux de *hot money* ou capitaux à court terme.** Produits de l'incertitude, ils tirent partie du flottement généralisé des monnaies, alimentent la solidarité entre les grandes places boursières et nourrissent la spéculation, en jouant la réévaluation du deutschemark.

Simultanément, les Européens profitent de l'affai-blissement du dollar, dévalué après les accords du Smithsonian Institute de décembre 1971, pour investir aux États-Unis : Volkswagen, Michelin, Lafarge, Olivetti... prennent ainsi le contrôle de nombreuses sociétés américaines. A la « colonisation » venue d'outre-atlantique succède celle, atténuée, des Européens.

Les Japonais ont, avec un décalage de vingt ans environ, suivi la même voie que les Américains. Aujourd'hui, leurs grandes firmes industrielles, bancaires et commerciales investissent essentiellement en Europe, tandis que les épargnants nippons sous-crivent aux bons du Trésor émis par l'État fédéral de Washington. L'échéance de 1993 et la perspective du grand marché unique pressent ce mouvement.

L'essor des réseaux téléphoniques, marqué par les satellites de communication, **la révolution de l'informatique** offrent aux grandes banques des moyens relationnels hors pair. **Le décloisonnement des marchés monétaires et financiers est donc la principale caractéristique des vingt dernières années.** Bien plus, les

Opérateurs au travail dans le London Stock Exchange.

systèmes de cotation en continu en vigueur dans les grandes *cities* symbolisent l'émergence d'un monde sans frontières. Dès lors, les places européennes sont de plus en plus sensibles aux évolutions survenues à l'extérieur de leurs frontières. Une chute du Dow Jones, l'indice des valeurs boursières à New York, et tous les indices européens en accusent les conséquences. En effet, la plus importante des places européennes, Londres, ne représente que le quart de la capitalisation boursière new-yorkaise.

Cependant, le « vieux continent » continue de demeurer **le siège des grandes innovations financières**. A la fin des années 50, les banques anglaises ont été les premières à utiliser les eurodollars, c'est-à-dire les dollars déposés par les non-résidents américains. Aujourd'hui, le *libor*, calculé par référence au papier commercial émis par les banques anglaises de pre-

mière catégorie, détermine les eurotaux. Au début des années 80, la **bourse londonienne** est l'une des premières à créer un marché des *futures*, c'est-à-dire des produits financiers à terme. En 1986, la *City* connaît le *Big Bang*, la cotation en continu sans intermédiaire. Autant d'innovations que les places parisienne et allemande suivent avec quelque retard.

Cette course à la modernité accentue paradoxalement le fossé entre une économie réelle faite de produits matériels et une économie immatérielle dominée par les échanges financiers. Dans les pays de l'OCDE, en 1989, pour 12,4 milliards de dollars d'échanges commerciaux quotidiens, on compte 420 milliards de dollars de flux de capitaux ! Les inquiétudes quant à la solidité des systèmes financiers et à la possibilité pour l'Europe de déterminer son propre avenir sont donc quelque peu fondées.

Valeur cumulée des investissements directs américains à l'étranger : total et pays industrialisés
(valeur en millions de dollars au 31 décembre)

	1981	1982[1]	1983	1984	1985	1986	1987
Tous pays	228 348	207 752	207 203	211 480	229 748	259 562	308 793
Pays industrialisés	167 439	154 381	155 736	157 123	171 869	194 691	233 315
Canada	47 073	43 511	44 339	46 730	47 106	49 994	56 879
EUROPE	101 601	92 449	92 178	91 589	105 371	122 165	148 954
dont CEE[2]	80 743	71 712	70 210	69 500	81 337	98 472	122 247
Belgique	6 288	5 549	4 438	4 584	5 333	5 229	7 078
Danemark	1 377	1 155	1 136	1 144	1 304	1 113	1 114
France	9 132	7 391	6 614	6 406	7 870	8 857	11 478
RFA	15 841	15 463	15 319	14 823	16 743	20 846	24 450
Grèce	346	412	327	265	209	172	215
Irlande	2 701	2 031	2 460	2 869	3 608	4 395	5 484
Italie	5 275	4 316	4 461	4 594	5 711	6 935	28 449
Luxembourg	655	1 098	1 206	424	471	726	723
Pays-Bas	8 813	6 760	6 613	5 839	7 286	11 618	14 164
Portugal	(299)	(277)	(219)	(205)	(236)	278	381
Espagne	(2 876)	(2 350)	(2 287)	(2 139)	(2 510)	2 612	4 037
Royaume-Uni	30 316	27 537	27 637	28 853	32 801	35 692	44 673
dont pays hors CEE	(20 858)	(20 737)	(21 968)	(22 089)	(24 034)	23 693	26 707
Autriche	597	562	545	530	493	386	387
Islande							
Finlande		178	197	191	258	292	387
Norvège	2 291	2 735	3 094	2 841	3 216	3 626	4 142
Suède	1 387	1 103	894	844	942	1 002	1 188
Suisse	12 499	12 863	14 099	14 725	15 765	17 842	19 973
Turquie	209	146	121	228	226	242	241
Autres pays européens[3]	699	524	512	385	388	302	390
Japon	6 762	6 407	7 661	7 936	9 246	11 332	14 270
Australie	8 762	9 089	9 005	8 918	8 427	9 120	10 988
Nouvelle-Zélande	623	644	566	510	565	513	635
Afrique du Sud	2 619	2 281	1 987	1 440	1 154	1 567	1 590

1. Chiffres calculés avec une méthodologie différente (recensement de 1982). Les chiffres relatifs aux années 1982 et suivantes ne sont donc pas comparables à ceux des années précédentes.
2. CEE à 10 jusqu'à la fin 1985 ; CEE à 12 à partir de 1986.
3. Principalement Liechtenstein.
Source : Département américain du Commerce (Bureau of Economic Analysis).

Les principaux pays d'accueil de l'investissement manufacturier américain
(en milliards de dollars)

1.	Canada	25,8
2.	Royaume-Uni	18,3
3.	RFA	16,0
4.	France	8,4
5.	Brésil	7,7
6.	Japon	7,1
7.	Italie	6,1
8.	Pays-Bas	5,3
9.	Irlande	4,1
10.	Mexique	4,0
11.	Australie	3,5
12.	Belgique	3,5

La part du chiffre d'affaires réalisé à l'étranger pour dix sociétés américaines

Exxon	75,1 %
Pan Am	67,8 %
Gillette	63,2 %
Mobil	60,5 %
Colgate-Palmolive	56 %
Dow Chemical	55,6 %
Bankers Trust	55,4 %
Coca-Cola	54,7 %
NCR	54,6 %
IBM	54 %

Les acquisitions étrangères aux États-Unis

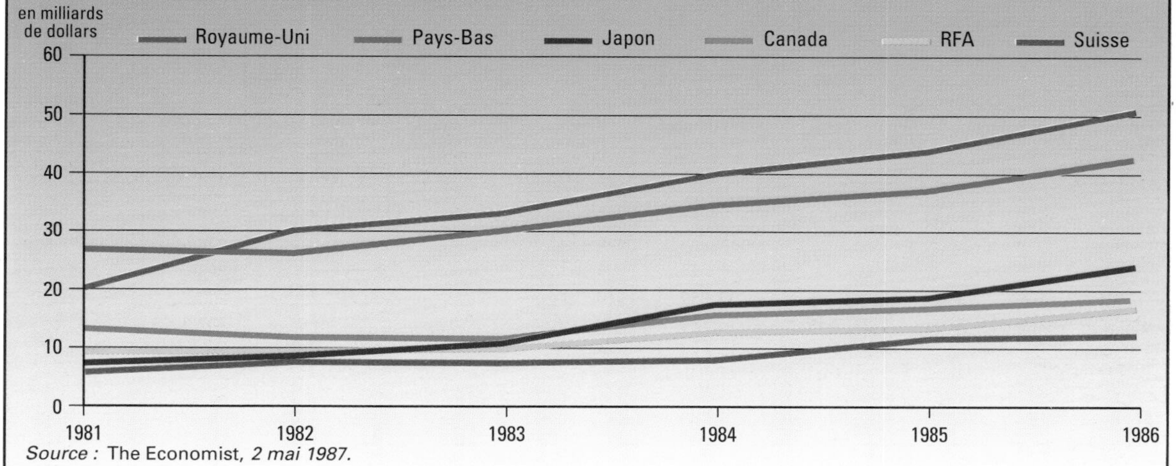

en milliards de dollars

Royaume-Uni — Pays-Bas — Japon — Canada — RFA — Suisse

Source : The Economist, 2 mai 1987.

Les investissements directs du (au) Japon
(en millions d'Écu en 1986)

	Étrangers au Japon	Japonais à l'étranger
Allemagne fédérale	118,9	154,6
France	19,0	133,4
Italie	8,0	18,0
Pays-Bas	13,3	131,7
Espagne	0,6	113,6
Portugal	0,0	1,2
Royaume-Uni :		
• de source japonaise	22,4	978,5
• de source anglaise	175,7	22,3
CEE :		
• de source japonaise	54,9	2 792,2
• de source européenne	318,0	529,0
États-Unis :		
• de source japonaise	202,2	8 101,8
• de source américaine	1 914,3	4 163,9
Monde (source japonaise)	229,6	14 713,0

Source : Eurostat.

Les quinze premières banques mondiales[1]

Dai-Ichi Kangyo Bank (Japon)	212,097
Sumitomo Bank (Japon)	195,040
Fuji Bank (Japon)	187,935
Crédit Agricole (France)	184,071
Industrial Bank of Japan (Japon)	183,304
Mitsubishi Bank (Japon)	178,513
Sanwa Bank (Japon)	171,822
Norinchukin Bank (Japon)	171,100
Banque Nationale de Paris (France)	149,847
National Westminster Bank (Royaume-Uni)	142,905
Mitsubishi Trust & Banking (Japon)	142,096
Crédit Lyonnais (France)	141,747
Barclays (Royaume-Uni)	138,239
Sumitomo Trust & Banking (Japon)	136,393
Tokai Bank (Japon)	129,107

1. Sur la base du total des dépôts au 31 décembre 1987, exprimés en milliards de dollars.

C. Les relations avec l'Est

Une hostilité de principe

A la fin de la décennie 50, la création de la Communauté est suivie avec beaucoup de réticences, sinon d'hostilité, par l'Urss et ses alliés. Les officiels soviétiques voient alors en elle le « bras économique de l'Otan » et « la Sainte Alliance contre le communisme et les travailleurs ». La RDA bénéficie cependant d'un protocole d'accord annexé au traité de Rome qui facilite les échanges inter-allemands.

En dépit de cette attitude, la Communauté tente dès 1963 d'amorcer un dialogue avec les pays du Caem, Conseil d'assistance économique mutuel. Elle adresse à l'Union soviétique un aide-mémoire relatif à la normalisation des relations entre les deux organisations régionales, mais l'approche demeure sans résultat.

Cet échec s'explique d'abord par des obstacles juridiques et politiques. A la différence de la Communauté, le Caem n'a pas de compétence pour conclure des accords globaux engageant chacun des pays membres. Son objectif n'est pas la réalisation d'un marché commun, mais la coopération économique et l'assistance mutuelle en renforçant la « **division socialiste du travail** ». Il ne permet donc que des accords bilatéraux, se contentant de coordonner les plans nationaux, de favoriser la spécialisation industrielle de ses membres et de définir des normes techniques et scientifiques. De plus, si la Tchécoslovaquie, la Hongrie, la Pologne et la Roumanie sont membres du Gatt, il n'en est pas de même de l'Urss et de la RDA. Quant au Vietnam, à la Mongolie et à Cuba, leurs échanges avec la Communauté sont très faibles. **La Communauté, quant à elle, privilégie l'approche nationale.** Elle refuse de reconnaître au Caem le droit de négocier des traités commerciaux au nom de ses membres alors que celui-ci impose comme préalable à de tels accords bilatéraux la conclusion d'un accord entre les deux organisations.

Le dégel commercial

Si les deux institutions continuent de s'ignorer, la détente et l'essor du commerce entre l'Est et l'Ouest renforcent les relations bilatérales entre la Communauté et plusieurs pays de l'Est. Un accord est conclu avec la Roumanie en 1976 pour les échanges textiles ; il est suivi d'arrangements sur les produits sidérurgiques et agricoles, puis en 1980 d'un accord à long terme sur les produits industriels. D'autres textes de portée limitée sont signés avec les autres pays de l'Est à l'exception de l'Union soviétique. Ils se limitent à des approches sectorielles, notamment dans le domaine de l'acier, des textiles et de l'agriculture. En outre, les firmes et même les banques occidentales commencent à s'établir dans les pays socialistes : les premières usines « produits en mains » sont ainsi construites en Urss par Fiat, Péchiney... Mais ces échanges sont très fragiles car **soumis à la conjoncture politique. Après l'invasion de l'Afghanistan, la proclamation de l'état de guerre en Pologne**, les transferts sont pratiquement interrompus. **Le Cocom**, comité de coordination pour le contrôle multilatéral des exportations de technologie sensible, créé par les Occidentaux en 1949, **est réactivé** sous la pression de l'administration Reagan.

Mais les Soviétiques profitent du contexte de crise. La dépression des années 70-80 oblige les Occidentaux à exporter à tout prix pour payer la note énergétique et à diversifier leurs approvisionnements

---

Le Cocom, barrière militaro-industrielle ?

Cocom est l'abréviation de « Comité de coordination pour le contrôle multilatéral des exportations ». Fondé en 1949, il rassemble les pays de l'Otan, sauf l'Islande et le Japon. Il a pour objectif d'interdire la vente aux pays communistes de technologies et de produits susceptibles d'être utilisés à des fins militaires.

La liste des produits soumis au contrôle est divisé en dix groupes : machines-outils à métaux, équipement pétrolier et chimique, équipement électrique, équipement industriel général, équipement de transport, appareils électroniques et de précision, métaux, et minerais, produits chimiques et métalloïdes, produits pétroliers, caoutchouc et produits assimilés. Tous les trois ans, cette liste est revue.

Le Cocom est, entre 1980 et 1986, l'objet d'un contentieux entre les Occidentaux : l'administration

Reagan souhaite le réactiver contre l'Urss qui envahit l'Afghanistan. Des contrôles plus étroits sur les produits tels que les semi-conducteurs, le silicium polycristallin, les fibres optiques sont introduits, de même que les Américains étendent les restrictions aux micro-ordinateurs, aux logiciels, aux robots industriels, aux centraux téléphoniques. Mais les Européens continuent à fournir les matériels indispensables à l'exploitation du gisement de gaz d'Ourengoï.

Des scandales régulièrement révélés par la presse démontrent la faible efficacité de cet organisme. Les marchés orientaux sont en effet décisifs pour certaines firmes à la recherche de clients nouveaux. Quant aux États-Unis, ils sont parfois accusés de se servir du Cocom pour éliminer certains concurrents des marchés de l'Est.

pétroliers. Ils jouent les Européens les uns contre les autres pour obtenir malgré tout les produits dont ils ont besoin : céréales, produits laitiers, et même technologie indispensable à la mise en exploitation de leurs ressource énergétiques, par exemple, le gisement gazier d'Ourengoï.

1985 : l'heure du dialogue

La « gorbymania »

Au milieu de 1985, l'Union soviétique esquisse un rapprochement diplomatique avec la Communauté, à la suite de l'arrivée au pouvoir de M. Gorbatchev. Le secrétariat du Caem, désireux de « conclure un accord afin d'élargir les échanges et les relations économiques », propose au président de la Commission européenne, Jacques Delors, d'établir des relations officielles entre les deux organisations. La réponse est positive, la Commission prenant cependant soin de consulter chacun des pays membres du Caem, soulignant ainsi son attachement à l'approche nationale.

Le changement d'attitude du Caem s'explique d'abord par des raisons politiques, la *perestroïka* et la détente internationale contribuant à modifier l'attitude soviétique vis-à-vis de la Communauté. Il résulte aussi de facteurs économiques. Pour assurer la modernisation de leur économie, les pays du Caem ont un besoin croissant de la technologie et de l'aide financière occidentales.

Les négociations commencent en 1986. Elles sont freinées par les problèmes soulevés par le statut de Berlin. C'est pourquoi **il faut attendre le 25 juin 1988 pour que soit publiée une déclaration conjointe sur l'établissement de relations officielles.** Cette déclaration ouvre la voie à des accords de coopération : échanges de statistiques, d'informations, analyses communes en matière d'environnement et de transport... Elle encourage aussi la signature d'accords bilatéraux de commerce et/ou de coopération entre la CEE et les différents pays du Caem.

Le rapprochement entre les deux parties de l'Europe est confirmé par l'intervention de M. Gorbatchev le 6 juillet 1989 devant l'assemblée parlementaire du Conseil de l'Europe, institution qui accueille par ailleurs, à titre d'invités spéciaux, l'Urss, la Pologne et la Hongrie. Le Premier secrétaire du PCUS évoque alors la **« maison commune »**, privilégiant la nécessité de favoriser le maintien de la paix.

1989 : la ruée vers l'Est

Dès lors, le rapprochement s'accélère. Il est d'abord encouragé par les réformes qui amorcent une démocratisation de la vie politique en Hongrie, puis en Pologne, en RDA, en Bulgarie, en Roumanie. Il est aussi favorisé par les Douze qui souhaitent apparaître sur le plan international comme un pôle de première importance aux côtés des deux grands. Il est enfin vivement souhaité par les entreprises de la Communauté qui voient dans l'aide à l'Europe de l'Est l'occasion d'élargir leur marché.

La Communauté conclut d'abord des accords de commerce et de coopération avec la Hongrie et la Pologne et des accords commerciaux avec la Tchécoslovaquie et l'Urss. Par contre, les négociations avec la Roumanie sont interrompues durant l'été 1989 en raison du non-respect par ce pays des conclusions de la conférence d'Helsinki et des Droits de l'Homme.

La commission octroie aussi une importante aide financière. Elle participe aux côtés des pays membres et de douze autres États occidentaux à l'opération « Phare », nom de code de l'aide internationale accordée à la Pologne et à la Hongrie à l'issue du « sommet de l'Arche », en juillet 1989. La commission a été chargée de coordonner les initiatives qui comprennent une aide alimentaire à la Pologne, l'encouragement aux investissements industriels, la mise en place de sociétés mixtes dans le cadre de *joint ventures*, une aide à la gestion et à la formation professionnelle, une coopération en matière d'envi-

L'évolution des échanges entre la Communauté et le Caem (en millions d'Écu)

Années	Importations communautaires	Exportations communautaires	Années	Importations communautaires	Exportations communautaires
1958........	1 410	1 504	1974........	9 655	11 785
1959........	1 605	1 548	1975........	10 327	14 117
1960........	1 891	1 876	1976........	13 435	15 052
1961........	1 951	1 885	1977........	14 315	15 328
1962........	2 286	1 919	1978........	15 092	16 228
1963........	2 412	1 887	1979........	18 917	18 287
1964........	2 517	2 022	1980........	22 993	19 812
1965........	2 912	2 441	1981........	26 027	20 873
1966........	3 249	3 026	1982........	30 367	20 673
1967........	3 442	3 603	1983........	32 889	24 608
1968........	3 625	3 844	1984........	39 823	26 825
1969........	4 077	4 282	1985........	38 468	31 794
1970........	4 459	4 771	1986........	29 542	27 617
1971........	4 769	4 957	1987........	30 186	25 427
1972........	5 399	5 617	1988........	31 755	27 035
1973........	6 963	7 659			

ronnement, et l'octroi de certaines facilités aux exportations de la Pologne et de la Hongrie. En novembre 1989, l'ensemble des mesures d'aides décidées en faveur de ces deux pays atteint près de 6,5 milliards d'Écu.

En outre, la Communauté prévoit pour 1990 d'attribuer 400 millions d'Écu à la Hongrie et à la Pologne pour des aides à l'investissement, des programmes de formation, la protection de l'environnement et l'aide sociale. S'y ajoutent 1 milliard d'Écu de prêts garantis par la BEI et un prêt de 24 millions d'Écu de la Ceca.

A Paris, le 19 novembre 1989, les Douze décident de constituer une Banque continentale de développement dotée d'un capital initial de 11 milliards d'Écu et destinée à aider les pays de l'Est à condition qu'ils poursuivent leur démocratisation, en procédant notamment à des élections libres. La Communauté envisage en outre la participation des pays de l'Est à des programmes comme l'Eurêka audiovisuel et elle étudie une éventuelle coopération technique, universitaire et scientifique. Un accord commercial sera conclu avec la RDA et des plans d'urgence sont étudiés pour la Yougoslavie.

A ces initiatives communautaires s'ajoutent celles des États membres, notamment de la RFA, 2 milliards d'Écu, et de la France, 700 millions d'Écu, mais aussi celles des banques et des entreprises. Ainsi, depuis octobre 1988, des crédits d'un montant de près de 7 milliards d'Écu ont été accordés ou proposés par des consortiums de banques européennes, en particulier allemandes, françaises, britanniques et italiennes. L'Urss a lancé trois emprunts en 1988 dont deux sur le marché allemand. Une certaine réticence se manifeste cependant au sein de quelques banques en raison de l'insuffisance des garanties et des risques de dérapage de l'endettement des pays de l'Est.

Renouant avec le passé marqué par l'établissement de relations privilégiées avec l'Europe danubienne et orientale, les entreprises allemandes et même italiennes manifestent le même empressement. Ainsi, les industriels allemands signent plus de trente contrats

lors de la visite du chancelier Kohl à Moscou en octobre 1988, le groupe italien Ferruzzi s'apprête à cultiver 500 000 hectares de céréales, de betteraves à sucre et de soja en Ukraine, Olivetti va construire une usine de matériel informatique à Leningrad et Fiat se prépare à investir 7 milliards de francs dans la construction d'une vaste usine de construction automobile en Urss. Début 1989, de nombreuses entreprises des Douze participent déjà à des sociétés mixtes en Urss, parmi lesquelles 27 entreprises allemandes, 14 italiennes, 9 britanniques et 8 françaises. Leurs investissements sont favorisés par la libéralisation des contraintes. Ainsi, depuis fin 1988, 50 % du capital des sociétés mixtes peuvent être contrôlés par les étrangers ; dirigées par un non-soviétique, elles peuvent faire leurs dépenses locales en roubles et n'être assujetties à l'impôt qu'après trois années de bénéfice.

En dépit de ces progrès spectaculaires, des difficultés persistent. Les différences de structure et de développement entre la CEE et le Caem limitent en effet les perspectives de coopération. **La pénurie de devises freine les achats des pays de l'Est qui souffrent par ailleurs d'un fort endettement.** Ce dernier s'élève, sans l'Urss, à 99 milliards de dollars en 1989. Le service de cette dette représente 45 % des exportations polonaises, 41 % de celles de la RDA et 35 % de celles de la Hongrie.

La brutale accélération de l'histoire, depuis le 9 novembre 1989, moment de l'écroulement du mur de Berlin, pose de façon urgente le problème du renforcement de la Communauté pour mieux se préparer à intégrer les démocraties allemande, hongroise, polonaise, et demain tchécoslovaque, bulgare et, pourquoi pas, soviétique.

La structure des échanges entre la Communauté et le Caem (en %)

	Importations communautaires	Exportations communautaires
Produits agro-alimentaires, boissons et tabac	7,9 %	6,4 %
Matières premières ..	10,4 %	3,6 %
Produits énergétiques	31,2 %	0,5 %
Produits chimiques ..	6,6 %	15 %
Machines et matériel de transport	6,7 %	37,7 %
Autres produits industriels	37,2 %	36,8 %

La RDA, membre de la Communauté ?

Le commerce entre les deux Allemagnes, conformément à d'anciens accords conclus entre les deux pays et confirmés par le traité de Rome, bénéficie pour la plupart des produits de la franchise douanière. De plus, ces accords permettent à la RDA d'exporter ses produits agricoles vers la RFA à des prix inférieurs aux prix européens. Seuls quelques contingentements et interdictions persistent, notamment dans le domaine des équipements militaires.

Les échanges inter-allemands s'élèvent en 1988 à 14 milliards de deutschemarks. Ils stagnent cependant depuis plusieurs années à la suite de la baisse des cours des matières premières et des produits semi-finis qui constituent une bonne partie des flux.

La mise en place du grand marché et la réunification font craindre à certains que l'Allemagne ne profite de l'occasion pour écouler sur le marché communautaire un volume accru de marchandises.

L'endettement des pays de l'Est
(en milliards de dollars)

Pays	1973	1975	1977	1981	1984	1987
Bulgarie	1,5	2,4	3,3	2,4	0,7	4,5
Hongrie	2	3,2	4	7,8	7,3	13,5
Pologne	2	7,8	13	25,4	25,4	36
RDA	2,8	4,9	6,9	12,3	7,1	10
Roumanie......	2,1	2,8	3,2	9,9	6,6	6
Tchécoslovaquie .	0,9	1,5	2,9	3	2,1	4,1
Urss.........	4	11,4	15,9	20,5	23,6	24,2
TOTAL	17,6	36,8	53,9	81,3	89,7	98,4

Les échanges avec l'Est

Des flux dominés par la RFA et l'Urss

Les pays de l'Est assurent aujourd'hui 7,2 % des importations et 6,7 % des exportations communautaires contre respectivement 5,4 % et 5,2 % en 1958. Cette faible progression apparente masque en réalité des évolutions très contrastées au cours de cette période. Longtemps stagnants, les échanges entre les deux organisations connaissent en effet une nette progression à partir de 1970, à la faveur de la politique d'ouverture à l'Est pratiquée par la France et la RFA, et à la suite de l'essor rapide des exportations soviétiques d'hydrocarbures vers l'Europe occidentale.

Depuis, les économies d'énergie réalisées dans la Communauté et la baisse des prix du brut d'une part, le resserrement des liens commerciaux au sein du Caem et les restrictions imposées aux importations des pays membres endettés d'autre part, entraînent un tassement des flux commerciaux entre les deux organisations. Ceci contribue à réduire le déficit commercial des Douze dont le taux de couverture est tombé à 68 % en 1982.

La RFA assure une part essentielle des exportations communautaires, profitant de sa situation géographique frontalière, mais aussi de son passé dominé par des échanges vers la *Mitteleuropa*. La puissance de son appareil industriel dans le domaine des machines-outils, des matériels de transport et de la chimie, exprime l'adaptation des produits *made in Germany* aux besoins des économies socialistes en voie de développement.

Au sein du Caem, l'Union soviétique constitue le partenaire privilégié des Douze. Elle devance la RDA, le « treizième membre de la Communauté », qui dispose du meilleur équipement industriel de l'Europe orientale, et la Pologne.

Des flux différenciés

La structure des échanges entre la Communauté et le Caem révèle l'inégal développement économique des deux parties de l'Europe.

Les exportations communautaires sont surtout constituées par des produits agro-alimentaires, par des biens industriels à haute valeur ajoutée et à forte composante technologique. Les machines, les véhicules de transport terrestre et les biens de consommation tiennent une place particulièrement importante. Les ventes de produits agricoles massives à l'Union soviétique ont d'ailleurs contribué à la réduction des stocks de beurre et de viande bovine des Douze durant les dernières années.

En revanche, les importations communautaires sont dominées par des produits primaires : charbon soviétique et polonais, pétrole et gaz naturel soviétiques. La dépendance énergétique de la Communauté à l'égard de l'Urss a été considérablement accrue par la mise en service du gazoduc apportant en Europe occidentale le gaz sibérien du nouveau gisement d'Ourengoï. La Communauté achète aussi du bois et de la pâte à papier. Les importations de produits agricoles et agro-alimentaires, comprennent entre autres des bovins roumains sur pied, des vins hongrois et du caviar soviétique. Quant aux achats de biens manufacturés, ils portent sur des machines-outils est-allemandes, mais aussi des aciers tchèques, des textiles polonais et roumains. La ventilation des produits échangés entre les deux zones souligne les retards de développement des pays de l'Est.

La non-convertibilité du rouble a conduit les pays du Caem à développer le troc ; beaucoup d'exportateurs européens doivent accepter d'être payés en matériels souvent difficiles à écouler à l'Ouest en raison de leur qualité médiocre.

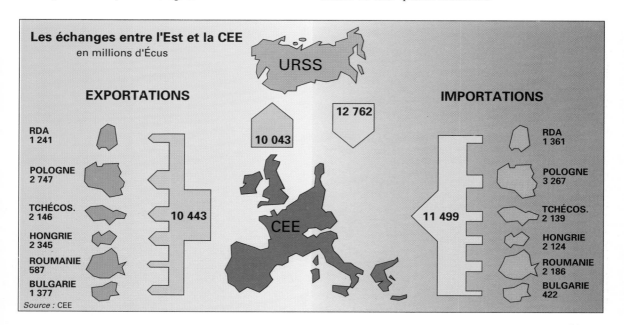

Les échanges entre l'Est et la CEE
en millions d'Écus

URSS

EXPORTATIONS

IMPORTATIONS

12 762

10 043

10 443

11 499

CEE

EXPORTATIONS		IMPORTATIONS
RDA 1 241		RDA 1 361
POLOGNE 2 747		POLOGNE 3 267
TCHÉCOS. 2 146		TCHÉCOS. 2 139
HONGRIE 2 345		HONGRIE 2 124
ROUMANIE 587		ROUMANIE 2 186
BULGARIE 1 377		BULGARIE 422

Source : CEE

Selon vous, dans cette liste, quelles sont les deux priorités pour les Français dans les vingt prochaines années ?

	%[1]
Construire l'Europe unie	51
Lutter pour la réduction des armements	35
Accélérer le progrès scientifique et technique. .	32
Aider les pays en voie de développement	31
Construire une société libérale	23
Construire le socialisme	5
Sans opinion	4

1. Le total des pourcentages est supérieur à 100, les personnes interrogées ayant pu donner deux réponses.

Dans vingt ans, souhaiteriez-vous avoir la nationalité française ou la nationalité européenne ?

	%
La nationalité française	62
La nationalité européenne.	26
Sans opinion	12
	100

Selon vous, quelle est la priorité d'aujourd'hui ?

	Rappel enquête *Figaro*-SOFRES Mars 1984	Février 1989
	%	%
Faire avancer la construction de l'Europe	43	30
Défendre les intérêts de la France dans la Communauté européenne	50	64
Sans opinion.	7	6
	100	100

On parle beaucoup du grand Marché unique européen de 1992-1993. Voyez-vous venir cette échéance avec confiance ou avec inquiétude ?

	%
Avec confiance	33
Avec inquiétude	58
Sans opinion	9
	100

La réalisation du Marché unique européen va-t-elle, selon vous, aggraver ou réduire les difficultés économiques de la France ?

	%
Elle va les aggraver	41
Elle va les réduire	27
Ni l'un ni l'autre	16
Sans opinion	16
	100

Huitièm

Le grand

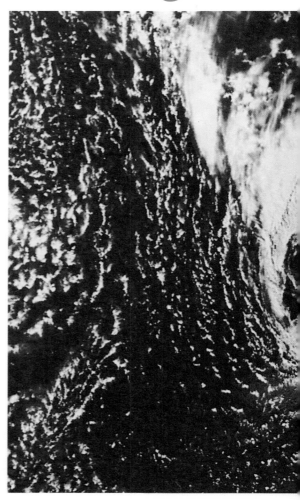

Partie

marché

Pensez-vous que l'ouverture du Marché unique européen aura en France des effets positifs, négatifs ou aucun effet sur :

	Effets positifs	Effets négatifs	Aucun effet	Sans opinion
Le niveau de vie	39	25	24	12
Le montant des impôts . . .	26	25	24	25
L'emploi	43	30	16	11
La protection sociale	30	24	25	21
Les conditions de travail . .	40	24	21	15

Pensez-vous que l'ouverture du Marché unique européen aura en France des effets positifs, négatifs ou aucun effet sur :

	Effets positifs	Effets négatifs	Aucun effet	Sans opinion
L'automobile	43	22	15	20
L'industrie aéronautique et spatiale	63	7	9	21
La sidérurgie	27	30	14	29
L'agriculture	29	43	12	16
Le secteur public	32	19	23	26
Le tourisme	78	5	7	10

Pensez-vous que l'ouverture du Marché unique européen aura en France des effets positifs, négatifs ou aucun effet sur :

	Effets positifs	Effets négatifs	Aucun effet	Sans opinion
Les chefs d'entreprises	55	15	9	21
Les ouvriers	36	29	18	17
Les professions libérales . .	41	17	19	23
Les commerçants	40	25	15	20
Les cadres	47	13	16	24
Les fonctionnaires	25	22	31	22
Les agriculteurs	27	43	11	19

Sondage réalisé du 18 au 22 février 1989 pour *Le Monde*, RTL. Échantillon de 1 000 personnes représentatif de la population âgée de plus de dix-huit ans.

Dans l'ensemble, pensez-vous, que la réalisation du Grand marché européen en 1992, sera...

	Une bonne chose	Ni bonne ni mauvaise	Une mauvaise chose	Sans réponse
Belgique.	57	31	5	7
Danemark	39	25	22	14
RFA	47	37	8	9
Grèce	53	25	6	15
Espagne	59	24	5	13
France.	45	43	7	5
Irlande.	71	15	4	10
Italie	78	15	2	5
Luxembourg. . . .	36	42	14	8
Pays-Bas	50	33	7	10
Portugal.	65	16	2	17
Royaume-Uni . .	47	29	13	11
Communauté . . .	55	30	7	9

Eurobaromètre n° 30, décembre 1988. Sondage sur 11 795 personnes âgées de 15 ans au moins, du 17 octobre au 21 novembre 1988.

A. Les engagements de l'Acte unique

Le tournant de 1985

En 1985, la Commission européenne, par l'intermédiaire de son président, J. Delors, présente aux chefs d'État et de gouvernement **le *Livre blanc* contenant 300 propositions destinées à permettre la réalisation d'un véritable marché intérieur** et à donner à la Communauté les moyens de retrouver la compétitivité face aux États-Unis et au Japon.

L'Italie, qui préside le Conseil européen de Milan en juin 1985, annonce la convocation d'une conférence intergouvernementale pour élaborer des propositions de réforme des traités et jeter les bases d'une véritable coopération politique entre les États. Trois pays sont pourtant défavorables à cette démarche, le Royaume-Uni, le Danemark et la Grèce. La France et la RFA jouent un rôle essentiel dans les travaux, auxquels sont associés la Commission et le Parlement européen.

Le texte de l'Acte unique est approuvé par le Conseil européen des 2 et 3 décembre 1985. Il est jugé trop timide par le Parlement européen, mais adopté le 17 février 1986 à Luxembourg par neuf États membres et quelques jours plus tard, à La Haye, par la Grèce, le Danemark et l'Italie. Il est ensuite ratifié par les Parlements nationaux à une large majorité dans tous les pays, mais nécessite cependant l'organisation d'un référendum et une modification de la Constitution en Irlande suite à la requête d'un citoyen devant la Haute Cour de justice.

Une réponse à la non-Europe

La fragmentation du marché européen porte un tort considérable aux hommes, aux États et aux entreprises.

Les consommateurs en sont les premières victimes. **Le maintien de ces entraves limite en effet la concurrence des entreprises et majore le prix des produits ou des services.** Selon une étude financée par la Commission, l'ouverture des marchés permettrait de réduire le prix des médicaments de 40 % au Royaume-Uni, de 52 % en RFA, celui des liaisons téléphoniques de 40 % en France et de 60 % en Belgique, celui des véhicules motorisés de 13 % en France et de 10 % en Italie, celui du charbon de 25 % au Royaume-Uni et de 50 % en RFA.

Les États et les collectivités publiques voient également leurs dépenses accrues par l'existence de marchés largement réservés aux entreprises natio-

---

Des objectifs ambitieux, des moyens renforcés

L'Acte unique, qui remplace désormais les traités antérieurs, comporte plusieurs points essentiels :
— **La réalisation d'un grand marché unique au 31 décembre 1992** au sein duquel la libre circulation des personnes, des marchandises, des capitaux et des services serait pleinement assurée.
— Le renforcement de la cohésion économique et sociale entre les États membres.
— La réalisation d'une communauté de la recherche et de la technologie.
— La consécration de l'union économique et monétaire, du système monétaire européen et de l'Écu.
— L'affirmation de la compétence communautaire dans le domaine social et en matière d'environnement.
Sur le plan institutionnel, l'Acte unique marque :

— L'institutionnalisation du Conseil européen qui réunit au moins deux fois par an les chefs d'État et de gouvernement des États membres et le président de la Commission.
— **Le recours plus systématique à la majorité qualifiée au sein du Conseil des ministres.** Le vote majoritaire s'étend notamment à des décisions intéressant le marché intérieur, mais aussi à la recherche et la technologie, à la politique régionale et à l'amélioration du milieu de travail. Le recours à l'unanimité est cependant maintenu dans le domaine de la fiscalité et de la libre circulation des personnes. La nouvelle procédure est donc en fait un compromis entre la volonté d'intégration et le maintien de la souveraineté nationale.
— Le renforcement des pouvoirs du Parlement européen dans le cadre de la coopération établie avec le Conseil et la Commission.
— L'extension des pouvoirs de la Commission.

nales. En 1986, le montant des marchés publics dépasse 530 milliards d'Écu dans la Communauté, soit 15 % du PIB des Douze ; la concurrence ne joue que sur 10 % de l'ensemble, soit 500 millions d'Écu. L'ouverture de ces marchés devrait entraîner des économies appréciables pour les entreprises opérant dans l'énergie, les transports ou les télécommunications et les administrations. Les fournisseurs de marchés publics, obligés de soutenir une nouvelle concurrence, seront contraints de réduire leurs prix, ce qui les rendra plus compétitifs sur le plan mondial. L'ouverture des marchés publics devrait permettre une augmentation de 0,5 % du PIB de la Communauté et la création de 400 000 emplois à moyen terme.

Par ailleurs, les formalités plus ou moins complexes maintenues au passage des frontières européennes entraînent des dépenses élevées pour les entreprises communautaires, estimées à environ 8 milliards d'Écu par an. Il en résulte que certaines entreprises hésitent à développer leurs exportations vers les autres pays membres, ce qui freine leur essor. On estime que les pertes économiques résultant de ces formalités douanières s'élèvent de 4,5 à 15 milliards d'Écu par an.

Les trois grandes figures de l'Acte unique

Altiero Spinelli

Antifasciste convaincu, A. Spinelli se rallie dès 1941-1942 à l'idée européenne. Le *Manifeste de Ventotene*, la création éphémère du parti Azione témoignent de la volonté partagée par Spinelli et Rossi de voir une fédération européenne se constituer pour sortir l'Europe du chaos des années 40.

Après une longue période de recueillement, ce militant infatigable de la cause européenne est membre de la Commission de 1970 à 1976. Élu député au Parlement européen sur les listes du PCI en 1979 et en 1984, Spinelli n'a de cesse de voir son projet d'union européenne aboutir. Après trois années de discussion, ce texte est finalement voté par 237 voix contre 31 et 43 abstentions, le 14 février 1984.

Ses 83 articles sont un ensemble de mesures à réaliser pour transformer le marché commun en une véritable union européenne. Ce projet de traité n'a pas été retenu par les gouvernements des Douze mais il sert de base pour définir l'Acte unique.

Inspirateur précoce du fédéralisme européen, Spinelli est certes moins connu que Monnet, mais il est à l'origine de la grande mutation de 1985.

Lord Cockfield

Commissaire de 1984 à 1988, lord Cockfield est l'auteur du *Livre blanc* sur le marché intérieur. Examiné les 28 et 29 juin 1985, lors du 32e Conseil européen, ce rapport présente les différentes mesures à prendre dans le cadre communautaire pour parvenir au grand marché sans frontières. Il contient aussi un calendrier détaillé pour lutter contre les trois catégories d'entraves existantes : les entraves physiques à la libre circulation des biens et des personnes, les frontières techniques ainsi que les obstacles fiscaux.

La contribution de lord Cockfield, confident de Margaret Thatcher, à l'Acte unique est décisive, même si ce dernier est moins contraignant que le *Livre blanc*. Le départ du vice-président de la Commission en 1988 sème la consternation dans les milieux bruxellois, tant lord Cockfield s'était identifié au projet de grand marché unifié. Ardent européen, cet ancien ministre de la « dame de fer » se fait l'avocat indéfectible de l'intégration européenne qu'il défend à la Chambre des lords.

Jacques Delors

Président de la Commission depuis le 6 janvier 1985, Jacques Delors symbolise la volonté de l'Europe d'aller de l'avant.

Cet ancien de la JEC, Jeunesse étudiante chrétienne, admirateur de l'action et des idées de Pierre Mendès France, est aussi compagnon de Jacques Chaban-Delmas. Il se fait connaître auprès des médias et de l'opinion publique, quand, ministre de l'Économie et des Finances de Pierre Mauroy, il incarne la « pause » de 1982 et la rigueur de 1983. Au cours du mois de mars 1983, Jacques Delors sait convaincre le président de la République française de la nécessité de voir la France respecter ses engagements internationaux, particulièrement vis-à-vis de l'Europe : seule une France ouverte au « vent du large » parviendra à échapper à la spirale du déclin, seule une pédagogie de l'effort collectif partagé entre tous les partenaires économiques et sociaux remettra la France sur les rails de la croissance, seul un approfondissement de l'Europe facilitera la sortie de crise.

La réussite de cette politique économique lui permet d'accéder à la présidence de la Commission, où il s'attelle à la construction du marché unique. Son « parler vrai », sa passion de l'Europe menacée par l'égoïsme des États, sa technique de gestion dominée par le gradualisme font de Jacques Delors l'un des artisans de la grande aventure de 1992. A ce titre, il devient la bête noire de Margaret Thatcher, car il ose souligner l'absolue nécessité de créer une « amorce de gouvernement européen ».

B. Les chantiers de l'Europe

Accélérer la décision

La fin du blocage institutionnel ?

La généralisation du vote à la majorité qualifiée est inscrite dans l'Acte unique de 1985 et applicable dès 1987. Elle entraîne une **accélération de la prise de décision. Sur les 279 directives prévues pour adapter l'Europe au grand marché de 1992, plus de la moitié a été déjà acquise.**

Moins de douze mois sont nécessaires pour l'adoption de règles techniques relatives à la sécurité des machines alors qu'il avait fallu près de six ans pour adopter une directive sur le bruit des tondeuses à gazon ! L'harmonisation de l'ensemble des diplômes de niveau universitaire est obtenue en dix-huit mois, contre dix-huit années pour le libre établissement des architectes !

De même, la procédure institutionnelle est accélérée. Ainsi, le Parlement examine dans un délai d'un mois la position commune des États relative à la télévision et dans un laps de temps de six mois la proposition relative à l'ouverture des marchés publics.

Les progrès sont par contre plus lents dans les domaines où subsiste le vote à l'unanimité au sein du Conseil qui ne délègue pas ses pouvoirs à la Commission aussi rapidement et largement que prévu par l'Acte unique.

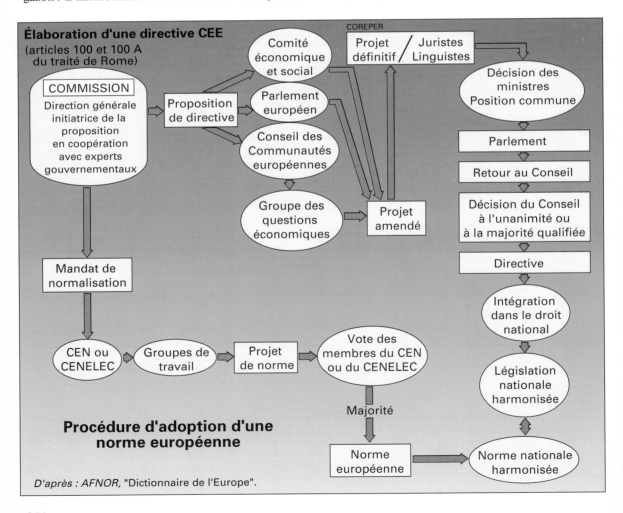

Élaboration d'une directive CEE (articles 100 et 100 A du traité de Rome)

Procédure d'adoption d'une norme européenne

D'après : AFNOR, "Dictionnaire de l'Europe".

Abolir les frontières

La libre circulation des marchandises : des progrès sensibles

La libre circulation des marchandises connaît de nouveaux progrès depuis quelques années. Elle soulève cependant de nombreux problèmes techniques et fiscaux.

D'ores et déjà, les procédures douanières sont simplifiées ; un **document administratif unique remplace les formulaires nationaux**, dont le nombre excédait 70. Il permet d'accélérer le franchissement des frontières et facilite la collecte statistique.

L'harmonisation des normes est rendue complexe par la multitude des spécifications nationales ; on en compte plus de 100 000 au sein des Douze, dont 25 000 pour la seule RFA.

Le processus concerne d'abord les produits agricoles et alimentaires : 70 des 279 réglementations indispensables au marché intérieur relèvent de ce domaine et les travaux sont encore peu avancés en raison de la mauvaise volonté de plusieurs pays.

Pour les produits industriels, la Commission ne préconise pas d'harmonisation à outrance, ce qui freinerait les travaux, mais la fixation d'exigences minimales pour la protection de la santé et de la sécurité des personnes, pour la défense de l'environnement... La Communauté peut aussi agir par le biais des programmes de recherche comme Esprit ou Eurêka. De nouvelles spécifications européennes sont ainsi définies pour les récipients à pression, les jouets, la télévision à haute définition et le radio-téléphone mobile. Elles constituent de précieux atouts pour les entreprises communautaires face à la concurrence étrangère.

L'harmonisation est aussi avancée dans la domaine des produits chimiques et des tracteurs et d'autres directives ont été adoptées pour les produits alimentaires. L'utilisation des hormones et la commercialisation de la viande en contenant sont interdites dans la Communauté.

De nombreuses entreprises de la Communauté se rapprochent pour définir des normes communes. En mars 1988, un institut européen des normes de télécommunications rassemble tous les acteurs concernés.

Les marchés publics : une timide ouverture

La directive adoptée par le Conseil renforce les mesures déjà prises depuis 1971 ; son respect est obligatoire pour les États membres depuis le 1er janvier 1989, à l'exception de la Grèce, de l'Espagne et du Portugal, pour lesquels elle est applicable avant le 1er mars 1992.

Tout marché public excédant la valeur de 200 000 Écu hors taxes doit faire l'objet d'une publication au supplément du *Journal officiel des Communautés européennes* et permettre un appel d'offre européen. Les États doivent faire connaître l'ensemble des marchés publics inscrits au budget dès lors que le montant estimé égale ou dépasse 750 000 Écu.

C'est un premier pas important alors que 20 % seulement du total des marchés publics des Douze sont actuellement adjugés conformément aux textes en vigueur.

Les transports : la bataille de la libéralisation

Bien qu'elle figure dans le traité de Rome comme l'un des fondements de la Communauté, la politique commune des transports n'a guère avancé, au point que le Parlement européen fait condamner le Conseil des ministres pour carence en 1985.

La création du grand marché intérieur et différents arrêts de la Cour de justice entraînent depuis quelques années une accélération de la procédure de libéralisation. Phénomène qui ne satisfait pas toujours les États, d'autant plus tentés par le protectionnisme qu'ils contrôlent les compagnies ferroviaires et la plupart des compagnies aériennes.

C'est dans le domaine du transport routier que les mesures sont les plus importantes. Plusieurs décisions avaient déjà été adoptées avant la signature de l'Acte unique sur les conditions de travail des chauffeurs et les dimensions des poids lourds, mais le « cabotage » qui représente les quatre cinquièmes du trafic routier dans le cadre communautaire, demeurait interdit : un camion espagnol pouvait certes livrer des marchandises de son pays vers la France ou vice versa, mais il n'était pas autorisé à effectuer la relation entre deux villes françaises. Une nouvelle directive datant de 1989 ouvre les espaces nationaux au « cabotage ». Par ailleurs, le Conseil fixe les exigences de capacité financière et de compétence professionnelle pour les transporteurs routiers dans la Communauté.

Le démantèlement du protectionnisme avance aussi dans le domaine des transports aériens. La Cour de justice, dans le cadre de l'arrêt « Nouvelles Frontières », décide en 1986 que les transports aériens sont également de la compétence du traité de Rome et que par conséquent la concurrence s'applique aussi en ce secteur. En 1987, le Conseil adopte plusieurs mesures visant à libérer les trafics. Désormais, les États ne peuvent plus refuser la mise en place de tarifs réduits alors qu'auparavant les prix des billets étaient identiques sur une même ligne pour toutes les compagnies la desservant. De même, le partage des capacités et des droits de trafic respectent en partie les règles de la concurrence.

Enfin, les compagnies bénéficient de la « cinquième liberté », c'est-à-dire qu'elles peuvent transporter, dans certaines limites, des passagers entre deux autres États membres.

En ce qui concerne les transports maritimes, l'obligation de réserver tout ou partie de l'acheminement de certaines marchandises sur les navires battant pavillon national disparaît le 31 décembre 1989 pour le transport entre États membres effectué par des navires de la Communauté ; le 31 décembre 1991 pour les échanges entre État membre et pays tiers sur navire communautaire.

Une « Europe du ciel » aujourd'hui indispensable

« Les compagnies européennes en ont assez de voir leurs avions retardés par les incohérences des systèmes nationaux de contrôle du trafic aérien. Leur association a publié, le 6 septembre [1989] à Bruxelles un *Livre blanc* demandant aux gouvernements, à la Commission, au conseil des ministres et au Parlement de la CEE, de mettre en chantier une réforme qui devrait déboucher, en 1991, sur la création d'un seul organisme de contrôle du trafic à l'échelle du continent.

« La situation n'était déjà pas brillante en 1988, puisque les vingt et un membres de l'Association of European Airlines (AEA) ont perdu l'an dernier, 330 000 heures en raison des retards imputables au contrôle aérien et que 20 % de leurs vols sont arrivés à destination avec au moins quinze minutes de retard. Cette perturbation s'est encore aggravée en juin et juillet derniers, et elle a atteint 30 % des vols réguliers.

« Les compagnies incriminent la parcellisation des systèmes nationaux de contrôle aérien qui, selon elle, est devenue un obstacle au développement du trafic. "En Europe, souligne M. Karl-Heinz Neuemeister, secrétaire général de l'AEA, nous dénombrons vingt-deux systèmes nationaux utilisant quarante-deux centres de contrôle en route avec des niveaux d'équipements et de performances tellement différents qu'ils sont incompatibles. [...]"

« Par comparaison, l'espace aérien américain, qui est deux fois plus vaste que les vingt-deux États européens concernés, est géré par un système unique, fort de vingt-deux centres seulement. Autrement dit, pour une même distance, un avion effectuant la liaison Chicago-Boston parlera à trois "aiguilleurs du ciel" et un avion effectuant la liaison Francfort-Madrid à sept.

« La division de l'Europe de l'air se fait aussi sentir dans l'incapacité où se trouvent les ordinateurs de dialoguer entre eux pour gérer le trafic : les contrôleurs des différents pays sont obligés d'utiliser le téléphone pour se transmettre les avions. Si les pays du Nord acceptent de réduire l'intervalle entre deux avions à 5 milles nautiques, la France et le Portugal exigent 10 milles, l'Espagne 15 milles et la Grèce 60 milles. Cela varie en fonction de la qualité de la couverture radar.

« Chaque pays a réglementé à sa manière l'espace aérien supérieur ; pour les Pays-Bas, celui-ci commence à 30 000 pieds (10 000 mètres), pour la RFA à 24 500 pieds (8 100 mètres) et pour la France à 19 500 pieds (6 500 mètres). Les appareils montent et descendent en gaspillant du carburant au gré des règlementations.

« Ajoutons à cette complainte des compagnies des routes inadéquates parce que l'avion est contraint de respecter une frontière, un espace aérien militaire ou bien de suivre des balises disposées en zigzag. La route Amsterdam-Francfort est ainsi de 40 % plus longue que la ligne droite et la ligne Bruxelles-Zurich de 45 %.

« Faut-il s'étonner si le coût du contrôle aérien européen est aussi cher — 1,6 milliard de dollars (10,5 milliards de francs) en 1988 — que le contrôle américain qui achemine trois fois plus de vols ?

« Quant l'AEA met bout à bout le coût des retards et des incohérences pour les compagnies, pour les passagers, pour le système de contrôle lui-même et pour l'économie toute entière, elle arrive au prix de l'inefficacité, soit 4 190 millions de dollars (27 milliards de francs) en 1988. »

Alain FAUJAS, *Le Monde*, 8 septembre 1989.

Libérer les flux

La libre circulation des capitaux : l'obstacle de la TVA

Depuis le 1er octobre 1989, la libre circulation des capitaux et des services financiers est assurée pour les organismes de placement collectif de valeurs mobilières, OPCVM. Elle sera réalisée le 1er juillet 1990 pour l'assurance. Déjà, des directives sont adoptées pour la garantie des grands risques industriels et la circulation automobile : à partir de 1993, l'indemnisation des automobilistes victimes d'un accident dans un autre pays membre sera au moins égale à celle de leur pays de résidence. Si le sinistre a lieu dans un État où les garanties sont plus élevées, ils bénéficieront de ces prestations. De plus, la responsabilité civile couvrira de manière automatique les dommages corporels de tous les passagers.

La libéralisation des serices financiers et des mouvements de capitaux sera totale dès juillet 1990 entre sept des pays membres, l'Irlande, la Grèce, l'Espagne et le Portugal bénéficiant d'un délai supplémentaire jusqu'en 1992. Il sera donc possible à un ressortissant européen d'ouvrir un compte dans une banque d'un autre pays membre, d'y placer son épargne, d'y souscrire à des emprunts ou de solliciter des prêts.

L'élimination des frontières fiscales s'avère plus difficile, dans la mesure où elle affecte directement le droit régalien traditionnel de l'État, mais aussi des volumes de recettes considérables pour ce dernier. La fiscalité de l'épargne, mais aussi et surtout la TVA restent toujours à des niveaux très différents selon les pays membres. La Commission souhaite un rapprochement suffisant des taux de TVA pour éviter les distorsions de concurrence d'origine fiscale. Une plus grande latitude est tolérée pour le rapprochement des taxes concernant l'alcool et les tabacs, les produits pétroliers.

Évolution de l'actif net des OPCVM dans différents pays
(Fonds immobiliers et spéciaux non compris)

PAYS	Encours (milliards d'Écu)			Part du marché européen
	1985	1987	1988	
France.......	96,8	157,4	202,9	48,0 %
Royaume-Uni	32,9	52	64,2	15,2 %
Luxembourg..	14,2	25,7	48,9	11,6 %
RFA........	23	32,4	43,5	10,3 %
Italie........	13,3	39	33,5	7,9 %
Reste CEE ...	15,8	22,2	30	7,0 %
CEE	196	328,7	423,1	100,0 %
États-Unis....	547,9	590,4	692,1	
Japon	112,3	271	360,9	

Le 1er octobre 1989, la Communauté fait disparaître les frontières en matière de distribution des OPCVM, organes de placement collectif en valeurs mobilières, et qui rassemblent SICAV, société d'intérêt à capital variable et FCP, fonds communs de placement.

La libre circulation des personnes : des avancées encore timides

La libre circulation des personnes impose toujours le vote à l'unanimité au sein du Conseil, ce qui freine l'adoption de directives, d'autant que cette mesure soulève de nombreux problèmes : immigration clandestine, trafic d'armes, drogue, terrorisme.

Elle est effective pour les travailleurs depuis 1968, excepté pour certaines professions relevant du secteur tertiaire. La directive, adoptée en décembre 1989, permet aux étudiants et aux retraités justifiant entre autres de ressources propres ou garanties et d'une assurance maladie, de séjourner au moins cinq ans dans un autre pays membre.

Par contre, l'accord dit de « Schengen », conclu en juin 1985 par la RFA, la France et les pays du Benelux pour supprimer les contrôles aux frontières de leurs ressortissants respectifs, est remis en cause à la fin de 1989.

La reconnaissance réciproque des diplômes de l'enseignement supérieur sanctionnant au moins trois ans d'études est décidée depuis juin 1988. Des difficultés subsistent toutefois dans certaines branches, par exemple pour les ingénieurs en raison de la diversité des cursus.

La Commission, se référant à la jurisprudence de la Cour de justice, annonce en mars 1988 sa volonté **d'ouvrir la fonction publique à tous les ressortissants des pays membres**. La mobilité des jeunes est facilitée en outre par la multiplication de programmes communautaires, tels Érasmus, Comett ou Jeunesse pour l'Europe.

Le rapport Boiteux sur le marché unique européen (1989)

« La réalisation d'un espace financier unique pose des problèmes spécifiques. Elle implique, en effet, l'addition volontaire et la conjugaison des trois libertés fondamentales qui feront des marchés encore morcelés par pays un marché unique : la liberté d'établissement, déjà largement ouverte, la liberté des mouvements de capitaux, qui tend à se généraliser, et la liberté des prestations de services, qui reste encore moins développée.

« La conjonction de ces trois libertés aura des conséquences importantes pour les concurrences entre produits financiers, entre places financières et entre intermédiaires financiers. Dans ces trois domaines, la fiscalité est un facteur de compétitivité. Entre prestataires de services, elle contribue à la formation des coûts et des marges. Entre places financières, elle peut constituer un facteur de localisation des holdings. Entre produits financiers, l'enjeu est le déplacement de l'épargne d'un pays à l'autre du fait des différences de traitement entre résidents et non-résidents.

« La Commission des Communautés n'a pas présenté à ce jour de projet d'ensemble dans ces domaines. Le postulat est en effet que l'harmonisation, même minimale, des règles fiscales ne constitue pas un préalable à la libération des mouvements de capitaux et des prestations de services.

« Il appartient donc à chaque État de définir la stratégie qu'il entend mener dans le nouvel espace financier européen.

« Les effets les plus significatifs de la libération des mouvements de capitaux et de la liberté de prestation de services se produiront dans le domaine de la gestion de l'épargne des particuliers. [...] En pratique, la levée complète du contrôle des changes rendra facile la constitution d'actifs à l'étranger et caduque l'obligation de dépôt chez un intermédiaire agréé.

« Certes, le système des conventions fiscales devrait tendre à limiter, sinon à interdire, cette évasion potentielle. On constate aujourd'hui que la majorité des non-résidents préfère déjà ne pas demander le bénéfice de ces conventions et accepte le régime, pourtant moins favorable, des retenues à la source de droit interne. Ces derniers fonctionnent donc en fait comme des prélèvements libératoires. Le problème de la délocalisation de l'épargne des particuliers se résume donc très simplement, dans sa composante fiscale, en une concurrence entre la fiscalité des résidents et la fiscalité des non-résidents, cette dernière considérée comme libératoire. »

Une renaissance interne ?

La disparition du chômage

« La réalisation du grand marché européen permettra de libérer les forces du marché et d'aviver la concurrence, favorisant ainsi la constitution d'unités de production et d'ensembles économiques ayant une dimension européenne, capables d'affronter la concurrence internationale. [...] Sur la base de diverses estimations, les avantages microéconomiques dus à une plus grande efficacité devraient entraîner au niveau macroéconomique la création d'un grand nombre d'emplois nouveaux, jusqu'à 5 millions, et une baisse des prix à la consommation de l'ordre de 4,5 % à 6 % sans alourdir pour autant les budgets publics ni détériorer le solde des balances commerciales. »

Rainer CLEMENT, *Wirtschaftdienst*, Hambourg, août 1988.
Cité dans *Problèmes économiques*, 3 novembre 1988.

Le retour de la croissance

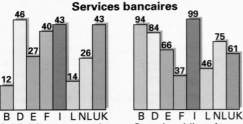

Source: 1992: la nouvelle économie européenne. Économie Européenne n°35, mars 1988.

Source: "Recherches sur le coût de la non-Europe", données de base, vol.9: *Le coût de la non-Europe dans les services financiers*, étude réalisée pour la Commission des Communautés européennes

La fin du gaspillage
Quelques prix comparatifs dans divers pays de la Communauté (en Écus)

Services bancaires

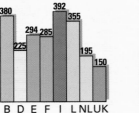

Crédit à la consommation: coût annuel d'un crédit de 500 Écus*

Carte de crédit: coût annuel d'une dette de 500 Écus*

Services d'assurances

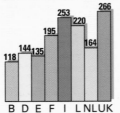

Assurance vie: coût annuel moyen de polices d'assurances en cas de décès, d'une durée de cinq à dix ans, souscrites à divers âges

Assurance habitation: coût annuel d'une assurance incendie-vol pour un logement de 70 000 Écus et un mobilier de 28 000 Écus dans une ville moyenne

Assurance automobile: coût annuel d'une assurance RC et dégâts matériels pour une voiture de 1,6 litre, sans bonus

Services sur titres

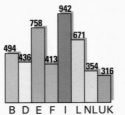

Transaction privée sur valeurs: coût de commission d'une opération au comptant de 1 440 Écus

* Différence entre les taux d'intérêt et les taux du marché monétaire

La renaissance de l'Europe

« L'action que nous avons engagée et que nous développons s'inscrit dans la perspective supérieure de l'Union européenne. Cette Union ne viendra pas d'en haut, plaquée sur nos institutions, mais elle sera le fruit d'un travail intense de rapprochement, de coopération entre les Européens qui, le moment venu, décideront de la forme à lui donner. L'étudiant qui participe à un programme Comett ou Erasmus qui lui permet d'effectuer un stage ou une période d'étude dans un autre pays membre, le responsable de PME qui, s'appuyant sur notre réseau d'Euroguichets, lance son entreprise dans une opération de recherche impliquant des universités et des grandes firmes, le syndicaliste qui promeut un comité de groupe européen dans sa société, le producteur de télévision qui réunit des partenaires autour d'une même coproduction permettant l'expression des divers talents européens, le laboratoire qui coordonne sa recherche sur le cancer ou le sida avec celle de ses homologues d'autres pays membres... tous concourent à l'émergence de cette Europe, tous participent de cette aventure formidable. La construction européenne n'est pas une panacée, il ne faut pas en attendre de recette miracle, mais nous savons qu'en dehors d'elle, il n'existe aucune issue réaliste pour assurer à nos « vieux pays » — au prix certes d'un effort de tous, mais en unissant nos forces — un avenir fait de prospérité matérielle, de capacité d'assurer notre sécurité, de possibilité d'agir dans le monde et surtout, car c'est la fin ultime, d'épanouissement humain et spirituel. »

Jacques DELORS, *1992, le Défi*, Flammarion, 1988.

Une nouvelle dynamique régionale

« Trente millions d'habitants, trois agglomérations de plus d'un million de personnes et vingt-cinq de plus de cent mille habitants, une économie exportatrice sur des secteurs de haute technologie, une place financière de calibre international, quatre cent cinquante mille étudiants répartis dans trente et une universités... S'agit-il du treizième État membre de la communauté européenne ? Nullement, malgré les apparences. Mais du potentiel impressionnant de quatre des plus importantes et des plus dynamiques régions européennes ; le Bade-Wurtemberg en République fédérale d'Allemagne, la Lombardie en Italie, la Catalogne en Espagne et Rhône-Alpes en France.

« Régions concurrentes, autour de leur capitale respective, Stuttgart, Milan, Barcelone et Lyon ? Sans aucun doute. Mais régions complémentaires, à la charnière de l'Europe du Nord et de l'Europe du Sud. Et assez conscientes des enjeux de demain à l'échelle continentale pour s'être engagées, depuis quelques années, dans une politique de rapprochement et de partenariat. Dès juin 1986 un premier accord est signé entre Rhône-Alpes et le Bade-Wurtemberg, qui comporte un important volet formation (échanges d'étudiants et de stagiaires en formation professionnelle, bourses pour les jeunes scientifiques, visites technologiques réciproques d'industriels, formation de dirigeants d'entreprise avec l'aide des écoles de commerce des deux régions). [...] Un second accord [est] signé en mars 1988 entre la Catalogne et Rhône-Alpes. Si les projets de coopération en matière économique, culturelle et touristique (les jeux Olympiques de 1992 auront lieu l'hiver à Albertville et l'été à Barcelone) sont importants, les échanges dans les domaines de la recherche et de la formation ne sont pas oubliés. [...] Enfin, en septembre 1988, une convention analogue, quoique pour l'instant plus modeste, est conclue entre Rhône-Alpes et la Lombardie.

« Au même moment, les quatre partenaires décident de franchir une étape importante. Le 9 septembre 1988, à Stuttgart, les présidents des quatre régions signaient en effet un memorandum destiné à formaliser et à développer leur coopération. »

Gérard COURTOIS, *Le Monde*, 7 décembre 1989.

Des effets contrastés

« L'ouverture des frontières et le renforcement de la concurrence devraient avoir des effets contrastés.

« On peut en attendre un renforcement de l'efficacité et de la compétitivité du système financier européen, qui profitera prioritairement aux agents non financiers de l'économie.

« L'extension de la liberté d'établissement et l'instauration de la libre prestation de services au-delà des frontières devraient améliorer les conditions de l'offre des services financiers. L'intensification de la concurrence qui en résultera [...] permettra de réduire le coût de financement pour les emprunteurs et/ou d'accroître la rémunération des épargnants.

« On peut en attendre aussi une diversification de l'offre, qui pourra ainsi être mieux adaptée aux besoins des utilisateurs. Les opérateurs étrangers sont souvent les vecteurs de nouvelles technologies financières qui se diffusent ensuite dans les pays d'accueil, par importation ou par imitation. L'exemple des euromarchés en est une bonne démonstration. [...]

« Mais ouverture et concurrence peuvent aussi accroître les risques de déstabilisation et d'insécurité du système financier.

« Il est à craindre, tout d'abord, qu'une concurrence excessive, plus attachée aux gains immédiats de parts de marché qu'aux résultats à terme, ne comprime les marges des intermédiaires au point de compromettre leur solidité et leur aptitude à faire face aux risques inhérents à leurs activités. On ne peut totalement ignorer ce danger lorsqu'on constate qu'aux États-Unis où, à la suite de la déréglementation, la profitabilité des banques a baissé de 0,77 en 1979 à 0,64 en 1986, le nombre des faillites bancaires a augmenté au cours de ces dernières années jusqu'à atteindre 130 en 1986. La même année 2 741 banques, soit 20 % du total, affichaient des résultats déficitaires. »

J. DELMAS-MARSALET, *Eurépargne*, décembre 1987.

Une renaissance externe ?

La déclaration finale du dernier Conseil européen tenu à Strasbourg, le 9 décembre 1989

« Chaque jour en Europe centrale et orientale, le changement s'affirme avec plus de force. Partout s'exprime une puissante aspiration à la liberté, à la démocratie, au respect des droits de l'homme, à la prospérité, à la justice sociale et à la paix. Les peuples manifestent clairement leur volonté de prendre en main leur destin et de choisir la voie de leur développement. Une évolution aussi profonde, aussi rapide n'eût pas été possible sans la politique d'ouverture et de réformes menées par M. Gorbatchev [...]. Il s'agit là d'événements historiques, sans doute les plus importants depuis la seconde guerre mondiale et auxquels le succès d'une Communauté européenne forte et dynamique, la vitalité du processus de la CSCE et la stabilité en matière de sécurité, à laquelle participent les États-Unis et le Canada, ont largement contribué [...].

« Nous recherchons l'établissement d'un état de paix en Europe, dans lequel le peuple allemand retrouve son unité à travers une libre autodétermination. Ce processus doit se réaliser démocratiquement et pacifiquement, dans le respect des accords et traités, sur la base de tous les principes définis par l'Acte final d'Helsinki, dans un contexte de dialogue et de coopération Est-Ouest. Il doit se situer dans la perspective de l'intégration communautaire [...].

« Le Conseil européen est convaincu que dans les circonstances actuelles chacun doit faire preuve plus que jamais de sens des responsabilités. Il importe que les changements et les transitions nécessaires ne s'opèrent pas au détriment de la stabilité de l'Europe mais qu'au contraire ils contribuent à la renforcer.

« Loin de vouloir tirer des avantages unilatéraux de la situation présente, la Communauté et ses États membres entendent apporter leur soutien aux pays qui sont entrés dans la voie des changements démocratiques. Ils déplorent d'autant plus que, dans certains pays, ce processus soit encore entravé.

« La Communauté et ses États membres sont [...] prêts à développer avec l'Urss et les autres pays de l'Europe centrale et orientale qui se sont engagés dans cette voie des relations plus riches et plus étroites qui reposeront sur une intensification du dialogue politique et une coopération accrue dans tous les domaines. En particulier la Communauté est décidée à soutenir les réformes économiques entreprises dans ces pays [...].

« A cette époque de changements profonds et rapides la Communauté constitue et doit rester un pôle de référence et de rayonnement. Elle demeure la pierre angulaire d'une nouvelle architecture européenne et, dans sa volonté d'ouverture, un môle d'ancrage d'un futur équilibre européen [...]. La construction communautaire doit donc aller de l'avant. »

Vœux du président de la République française, le 31 décembre 1989

« Mes chers compatriotes,

« Nous avons été fiers de fêter, cette année, le bicentenaire de notre révolution, de commémorer le rôle joué par la France dans le combat pour la liberté et pour l'égalité, pour la défense des droits de l'homme. Et voilà qu'à deux cents ans de distance les mêmes mots, porteurs des mêmes espérances, ont renversé d'autres Bastilles, là où en Europe régnait encore la dictature.

« Chacun le sait, le changement qui s'est produit ces derniers mois dans les pays de l'Est dépasse en importance tout ce que nous avons connu depuis la seconde guerre mondiale et s'inscrit sans aucun doute parmi les grands événements de l'Histoire. Il a fallu pour cela que se conjuguent un échec économique et politique sans appel, l'intuition et la volonté de Mikhaïl Gorbatchev, la force de conviction et le courage moral des résistants à l'oppression, l'étonnante maturité enfin des peuples en révolte contre la tyrannie.

« Quoi qu'il en soit, nous venons d'assister à la plus éclatante victoire de la démocratie. 1789-1989, personne n'aurait osé rêver pareille célébration pour un si bel anniversaire. Mais le drame roumain nous rappelle que l'Histoire est tragique et que la liberté se paie au prix de la souffrance. N'oublions pas ce qu'ont subi des millions et des millions de femmes et d'hommes, pendant une si longue nuit. Leur soudaine libération ne peut faire illusion. Ils ont devant eux beaucoup d'obstacles à surmonter, et ils auront besoin de nous.

« L'Europe, c'est évident, ne sera plus celle que nous connaissons depuis un demi-siècle. Hier dépendante des deux superpuissances, elle va, comme on entre chez soi, rentrer dans son histoire et sa géographie. Des questions nouvelles commencent à se poser qui n'auront pas de réponse en un jour. Mais elles sont posées : l'avenir des alliances, l'alliance atlantique et le pacte de Varsovie ; à quel rythme poursuivre le désarmement ; sous quelle forme et dans quelles conditions se réunira le peuple allemand ; quel type de coopération entre l'Est et l'Ouest ; l'intangibilité ou non des frontières existantes et jusqu'où ; le réveil des nationalités.

« Ou bien la tendance à l'éclatement, à l'émiettement s'accroîtra et nous retrouverons l'Europe de 1919 — on connaît la suite —, ou bien l'Europe se construira. Elle peut le faire en deux étapes.

« D'abord grâce à notre communauté des Douze, qui doit absolument renforcer ses structures, comme elle vient de le décider à Strasbourg. Je suis persuadé qu'elle a, par sa seule existence, puissamment contribué au sursaut des peuples de l'Est en leur servant de référence et de pôle d'attraction.

« La deuxième étape reste à inventer. A partir des accords d'Helsinki, je compte voir naître, dans les années 90, une confédération européenne, au vrai sens du terme, qui associera tous les États de notre continent dans une organisation commune et permanente d'échanges, de paix et de sécurité. Cela ne sera évidemment possible qu'après l'instauration, dans les pays de l'Est, du pluralisme des partis, d'élections libres, d'un système représentatif et de la liberté d'information. A la vitesse où vont les choses, nous n'en sommes peut-être pas si loin.

« Souvent on dit que les foules de Prague, de Bucarest, de Varsovie ou de Berlin mettaient à bas les murs de toutes sortes où l'on voulait les enfermer. Je me disais que nous avions de la chance, nous Français, de vivre dans un pays comme le nôtre, formé par les principes de 1789 et cent vingt ans de République. Mais je pensais aussi qu'il nous fallait en être dignes. Les peuples libérés ne nous demandent pas l'aumône, mais des raisons de croire dans un régime de liberté et de justice, c'est-à-dire un certain modèle de vie au sein d'une société de droit. [...]

L'Europe triomphe dans la paix

Le Monde. Les promesses de l'Acte unique, mai 1989.

Neuvièm

Le b
de la Com

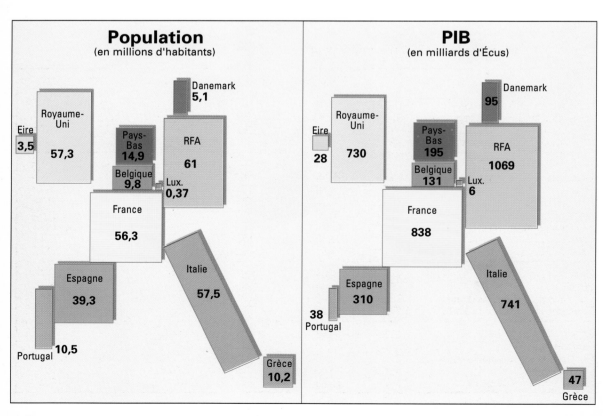

Population
(en millions d'habitants)

Eire
3,5

Royaume-Uni
57,3

Pays-Bas
14,9

Danemark
5,1

RFA
61

Belgique
9,8

Lux.
0,37

France
56,3

Espagne
39,3

Italie
57,5

Portugal **10,5**

Grèce
10,2

PIB
(en milliards d'Écus)

Eire
28

Royaume-Uni
730

Pays-Bas
195

Danemark
95

RFA
1069

Belgique
131

Lux.
6

France
838

38
Portugal

Espagne
310

Italie
741

47
Grèce

Le poids de la CEE (en millions de tonnes, sauf indications contraires)

	CEE	% Monde	États-Unis	Japon	URSS	Monde
Superficie en millions de km²...	2,252	1,66	9,363	0,372	22,402	135,391
Population en millions d'hab....	325,9	6,20	248,8	123,2	289	5 234
Densité en hab./km²	144,7		26,6	330,9	12,9	38,6
PNB en milliards de dollars	4 159		4 497	2 376	1 666	
Blé....................	76,3	14,90	49,3	0,8	88	511,3
Orge..................	51,4	29,90	6,2	—	49	171,9
Maïs..................	25,9	16,50	115,6	—	15	394,4
Pommes de terre............	39,6	13,80	14	4	82	287,2
Sucre	14,2	13,70	6,3	0,9	9,6	103,5
Vin en millions d'hl.	188,3	62,80	17	—	20	299,7
Lait	119,7	25,40	65,2	7,5	106,3	471
Viande	28	17,30	27,8	3,6	19,2	162,2
Houille................	214,6	6,05	760	11,2	602	3 544
Pétrole	138,5	4,56	453,6	0,6	624	3 031
Gaz naturel en milliards de m³..	146,1	7,42	472	2,1	770	1 969
Électricité en milliards de Kwh..	1 705	16,26	2 701	665	1 705	10 481
Acier	137,5	17,62	90	106,7	163	780
Aluminium..............	2 311,5	13,30	3 900		2 400	17 358
Constructions automobiles (¹)...	15 225	31,77	11 190	12 700	2 189	47 909
Constructions navales (²)	1 632,2	13,60	7,3	4 546,4		11 997
Flotte en milliers de tjb	62 382	15,46	20 832	32 074	25 784	403 406

1. En milliers. — 2. en milliers de tjb.

A. La CEE, premier grand ?

Une zone de basse pression démographique

La troisième puissance démographique du globe...

En 1990, la Communauté regroupe 326 millions d'habitants, soit 6,2 % de la population de la planète. Si elle est devancée sur l'échiquier mondial par la Chine avec 1 104 millions d'habitants et l'Inde avec 835 millions de personnes, elle recense plus d'habitants que chacun des deux super-grands, sur un territoire quatre fois plus petit que celui des États-Unis et dix fois inférieur à celui de l'Urss. La Communauté compte en effet une densité moyenne élevée, 145 habitants par kilomètre carré, et rares sont les régions où l'on compte moins de 26 habitants par kilomètre carré, chiffre correspondant à la densité moyenne des États-Unis. **Si le territoire européen est densément peuplé, la situation démographique des Douze s'avère toutefois inquiétante.** La chute de la fécondité qui affecte la plupart des pays septentrionaux dès le milieu des années 60 s'est étendue depuis une dizaine d'années aux États méditerranéens. Entre 1950 et 1965, sous les effets conjugués de l'accroissement naturel et de l'immigration, la population des Douze augmente chaque année de 2 500 000 habitants. Mais depuis le début de la décennie 80, l'excédent annuel est tombé à 800 000 personnes. Entre 1960 et 1990, les Douze n'ont gagné que 47 millions d'habitants alors que durant le même temps, les États-Unis accroissaient leur effectif de 70 millions et l'Union soviétique de 77 millions. **Le taux d'accroissement annuel de la population européenne est passé de 1,9 % par an durant la période 1960-1965 à 0,27 % actuellement**, soit un chiffre six fois inférieur à la moyenne mondiale. Même le Japon, avec un accroissement naturel de 0,65 %, et les États-Unis, avec 1 %, dépassent l'Europe.

« Il n'est de richesse que d'hommes. » J. Bodin

PAYS ou entités	Superficie milliers de km²	Population mi-1989 millions	Taux de natalité pour 1 000 habitants	Taux de mortalité pour 100 habitants	Taux de mortalité infantile pour 1 000 naissances	Indice synthétique de fécondité enfants par femme	% < 15 ans / % > 64 ans	Espérance de vie (2 sexes) en années	PIB 1986 milliards de dollars
Monde	133 897	5 234	28	10	75	3,6	33/6	63	
Inde	3 286	835,0	33	11	96	4,3	37/4	58	219
Chine (sans Taïwan)	9 597	1 103,9	21	7	44	2,4	29/6	66	492,8
États-Unis	9 372	248,8	16	9	9	1,9	21/12	75	4 191,4
Europe (sans l'Urss)	4 870	499	13	10	12	1,7	20/13	74	—
Allemagne fédérale	249	61,5	11	11	8	1,4	15/15	75	889,3
Belgique	30	9,9	12	11	9	1,5	19/14	75	111,5
Danemark	43	5,1	11	11	8	1,5	18/15	75	82,4
Espagne	505	39,2	11	8	8	1,5	22/12	76	228,1
France	551	56,1	14	10	7	1,8	20/14	76	726,9
Grèce	132	10,0	11	10	12	1,6	21/13	74	39,5
Irlande	70	3,5	17	9	7	2,3	29/11	73	24,9
Italie	301	57,6	10	9	10	1,3	19/13	74	605,2
Luxembourg	3	0,4	11	11	9	1,4	17/13	74	4,9
Pays-Bas	41	14,9	13	8	7	1,6	19/12	77	175,4
Portugal	92	10,4	12	9	14	1,6	23/12	74	29,4
Royaume-Uni	244	57,3	14	11	9	1,8	19/15	75	551,9
Urss	22 402	289	20	10	25	2,5	25/9	69	1 621

Source : Population et sociétés, nº 237, Ined.

La menace du « péril gris »

La population européenne fait aujourd'hui figure de population vieillie. En effet, si les Douze comptent parmi les pays offrant l'espérance de vie la plus élevée avec les pays scandinaves, la Suisse et le Japon, ils recensent aussi 45 millions de personnes de plus de 65 ans, contre 29 millions pour les États-Unis, 26 millions pour l'Urss et 14 millions pour le Japon. Seule la Chine compte davantage de personnes âgées, mais pour une population plus de trois fois supérieure à celle de la Communauté. le troisième âge représente aujourd'hui 13,5 % de la population européenne et sa part ne cessera de croître. Cela sera notamment le cas entre 2010 et 2035 lorsque les classes nombreuses nées lors du baby boom arriveront à un âge élevé, alors que les jeunes et les adultes offriront des effectifs réduits, à la suite de la chute de la natalité.

De plus, la reprise de l'accroissement démographique est hypothéquée pour une longue période car même en cas de reprise forte et durable de la fécondité, les classes à effectifs réduits ne peuvent donner naissance à des générations nombreuses. **Le poids démographique de l'Europe sur l'échiquier mondial est donc appelé à diminuer durant une longue période. En 2025, les Douze ne devraient plus rassembler que 4 % de la population mondiale.**

Ce vieillissement pose de redoutables problèmes de main-d'œuvre : après la situation de chômage des années de crise provoquée par la moindre création d'emplois et l'arrivée des générations pleines du baby boom, l'Europe risque de connaître à terme **un déficit préoccupant de main-d'œuvre.** Mais aujourd'hui, cette perspective alarmante est totalement cachée par les débats passionnels sur la présence des travailleurs immigrés.

En outre, la « peste blanche » hypothèque gravement **le financement des retraites et de la Sécurité sociale.** La consommation médicale d'un sexagénaire est en effet trois fois supérieure à celle d'un adulte de 20 à 40 ans, celle d'un septuagénaire est cinq fois plus forte et celle d'un octogénaire six fois. Les caisses de retraite ne connaissent pas encore de véritable problème financier car, au début de la décennie 80, les retraités qui cessent leur activité faisaient partie des classes creuses des années 30 et parce que les caisses avaient accumulé des avoirs pendant la période de forte activité précédant la crise. Les tensions commenceront à se faire sentir lorsque les tranches d'âge nouvellement bénéficiaires seront plus nombreuses alors que le nombre de cotisants va stagner ou même diminuer dans plusieurs pays. Un seuil critique sera atteint à l'aube du XXIe siècle lors des départs massifs à la retraite de générations nées durant le baby boom.

Cependant, le troisième âge constitue de plus en plus un marché spécifique. En effet, la prolongation de l'espérance de vie, l'amélioration du niveau des pensions et la généralisation de la double retraite au sein des ménages résultant de la progression du travail féminin entraînent des disponibilités financières accrues. Les clubs d'entretien et de remise en forme, les stations thermales, les activités de loisirs, les universités du troisième âge mobilisent un nombre croissant de personnes âgées désireuses de conserver une grande mobilité et un rôle social actif.

Le malthusianisme démographique ne risque-t-il pas d'ici peu d'entraîner un malthusianisme économique caractérisé par la volonté de conserver plus que d'entreprendre, par la généralisation d'attitudes défensives dans un monde de plus en plus agressif ? Seule la formation de haut niveau de la population active européenne, son pouvoir d'achat élevé retarderont cette évolution préoccupante, source de déclin.

La Communauté ne peut guère élaborer une politique nataliste qui, dans bon nombre de pays, la RFA, l'Italie, l'Espagne et le Portugal, a encore des résonances malsaines ; en effet, seuls les régimes totalitaires et fascistes ont développé de telles politiques ; en France, au contraire, il existe un consensus durable sur la nécessité de soutenir la natalité par des mesures volontaristes.

Moins de 6 % de la population mondiale en 2000

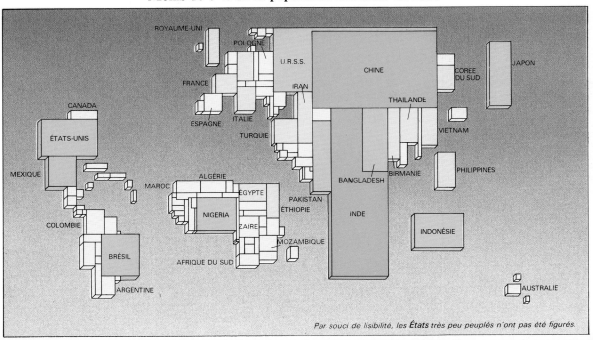

*Par souci de lisibilité, les **États** très peu peuplés n'ont pas été figurés.*

Le pivot du commerce mondial

La première puissance commerciale du globe

La création de la Communauté entraîne un développement considérable des échanges entre les pays membres, mais aussi entre la Communauté et les pays tiers. Les échanges extracommunautaires représentent aujourd'hui 41 % des échanges totaux des Douze et font de la **Communauté le premier exportateur et le premier importateur du monde**, devant les États-Unis et le Japon. Ces échanges sont favorisés par le désarmement douanier, la forte croissance économique des « Trente Glorieuses », la révolution des transports et l'essor des firmes multinationales.

La Communauté a donc mis à profit la DIT, division internationale du travail, pour faire du commerce un des moteurs de la croissance économique interne. Les politiques de « triangle magique » qui cherchent à concilier fort accroissement du PIB, faible taux de chômage et stabilité des prix, ont été facilitées par cette ouverture à la concurrence.

La Communauté assure aujourd'hui 18 % du commerce mondial, échanges intracommunautaires exclus, et la valeur des échanges extérieurs des Douze a été multipliée par 16 depuis 1958, soit un rythme plus rapide que l'évolution du commerce mondial.

L'évolution des échanges entre la CEE et le monde (en millions d'Écu)

	Exportations			Importations		
	1958	1975	1988	1958	1973	1988
Pays industriels	10 541	57 035	221 963	11 682	60 744	238 651
dont États-Unis	2 726	14 058	71 794	4 252	23 391	68 330
dont Japon	211	2 345	17 019	258	5 599	41 572
PEVD	9 496	45 679	113 597	10 984	60 745	116 535
dont Opep	2 651	19 383	31 222	4 023	37 061	31 850
Pays d'économie planifiée	1 504	14 117	27 251	1 410	10 327	32 371
Divers non classés	220	1 733	3 797	50	1 152	1 869
Total commerce extracommunautaire	21 761	118 564	366 608	24 126	132 969	389 426

Des flux de dimension planétaire

La majeure partie des échanges s'effectue avec les pays industriels d'économie libérale, les États-Unis demeurant de loin le premier client et le premier fournisseur des Douze. Ils devancent les pays européens voisins, au sein desquels la Suisse occupe une place de choix en dépit de la modestie de sa population. Les échanges avec le Japon connaissent certes une impressionnante progression depuis 1950, mais ils ne représentent encore que 7,7 % du commerce extracommunautaire, avec un net déséquilibre au détriment des Douze.

Les pays en voie de développement assurent 31 % des échanges extérieurs de la Communauté. Parmi eux, les pays méditerranéens et les membres de L'Opep tiennent une place privilégiée. Toutefois, les pays exportateurs de pétrole voient leur part s'effondrer depuis quelques années à la suite des mesures d'économie d'énergie mises en place en Europe et de la baisse simultanée du dollar et du cours du baril après 1985. De même, les relations commerciales avec le Sud sont limitées par l'évolution des cours déprimés des matières premières et par les incidents de paiements que connaissent ces pays trop endettés.

Les pays de l'Est totalisent moins de 9 % des échanges extérieurs de la Communauté. Marqués par le poids des matières premières et des produits énergétiques aux importations et des biens manufacturés aux exportations, ces flux sont sans doute appelés à connaître une rapide expansion lors des prochaines années à la suite de la libéralisation politique et de l'ouverture commerciale des pays d'Europe centrale et orientale.

La structure du commerce extérieur de la Communauté (en %)

	Exportations			Importations		
	1961	1973	1988	1961	1973	1988
Produits agro-alimentaires, boissons et tabacs	8,6	8,5	7,1	24,6	17,1	8,9
Produits énergétiques	3,9	3,2	2,4	15,3	19,7	12,2
Matières premières	3,8	2,8	2,3	29,8	18,7	9,6
Produits chimiques	9,7	10,9	12,2	3,9	4,6	6,5
Machines et matériel de transport	37,1	40,1	39	9,2	14,9	27,5
Autres produits industriels et divers non classés	36,9	34,5	37	17,2	25	35,3

La RFA « superstar » du commerce européen

La RFA figure en tête des Douze pour les exportations à destination des pays tiers, comme pour les échanges intracommunautaires. Elle assure à elle seule 34,5 % des exportations extracommunautaires, ayant même conforté sa suprématie depuis 1958 grâce à la puissance de son appareil industriel, à la renommée de ses produits et au dynamisme des sociétés commerciales implantées à Hambourg et à Brême. Elle est d'ailleurs le seul pays de la Communauté à enregistrer un excédent commercial continuel depuis 1958. Si la France, l'Irlande et le Danemark enregistrent aussi des soldes favorables dans leurs échanges extracommunautaires depuis quelques années, les bénéfices restent dérisoires à côté de celui de la RFA qui excède 25 milliards d'Écu en 1988.

Les qualités du *Made in...*

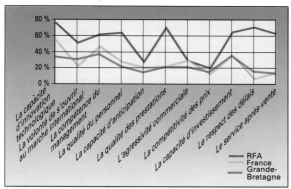

Selon 300 dirigeants de grandes entreprises européennes. Enquête réalisée en août 1988 par la Sofres.

La place croissante des échanges de services

Depuis le début de la crise, les échanges de services croissent à un rythme exceptionnel et font de la Communauté le premier fournisseur mondial de « produits tertiaires ». Dans les NCM, négociations commerciales multilatérales, ouvertes à Punta del Este, la CEE cherche à définir les règles indispensables à l'essor de ces flux de biens immatériels très sensibles aux aléas économiques et politiques.

Les exportations de services des pays de la CEE
(croissance annuelle moyenne, en %, de 1971 à 1986)

Pays	Exportations de biens (FOB)	Exportations de services (sans les revenus des capitaux)	Revenus des capitaux
Allemagne fédérale.....	11,5	11,9	14,7
France........	11,4	14,0	17,6
Italie.........	12,2	9,8	10,8
Grande-Bretagne....	10,2	8,9	19,4
Espagne	14,8	12,4	22,4
Pays-Bas	11,6	11,0	14,1
Belgique-Luxembourg	11,2	13,4	21,6
Danemark	11,2	10,3	20,7
Grèce........	12,2	11,7	12,1
Portugal......	10,7	6,5	5,8
Irlande.......	15,2	9,5	10,0
TOTAL CEE..	11,5	11,3	17,5

Importance et structure des exportations de services dans les pays de la CEE en 1986

Pays	Produit intérieur brut (en milliards de DM)	Exportations de services en % du PIB	Exportations de services en % du total exporté	Structure des exportations de services (en %) Revenus des capitaux	Transports	Voyages	Autres services
Allemagne fédérale	1 937	7,6	22,6	30,2	15,7	11,5	42,6
France...........	1 544	9,7	36,9	32,6	19,0	14,1	34,4
Italie	1 305	5,2	24,4	17,4	16,9	31,6	34,0
Grande-Bretagne...	1 188	19,4	49,9	65,5	8,2	7,4	18,8
Espagne..........	496	8,6	42,5	7,6	18,6	61,2	
Pays-Bas	377	16,3	27,8	37,3	30,2	6,8	25,7
Belgique-Luxembourg......	255	35,3	40,6	55,8	9,2	5,5	29,4
Danemark........	178	10,3	28,6	23,6	30,8	20,8	24,8
Grèce...........	86	8,5	42,9	2,4	7,6	53,9	36,1
Portugal	63	9,6	28,1	8,0	20,2	55,5	16,3
Irlande	53	9,3	15,9	32,8	25,1	28,3	13,8

Sources : OCDE, *Principaux Indicateurs économiques* ; FMI, *Statistiques financières internationales* et *Balance of Payments Statistics*.

Une économie en mutation

La seconde puissance économique du monde

Avec un PIB de 4 159 milliards de dollars, la Communauté n'est devancée sur l'échiquier mondial que par les États-Unis et elle précède de loin le Japon et l'Union soviétique.

Son rayonnement économique réside d'abord dans son développement industriel. Berceau des révolutions industrielles, elle joue un rôle fondamental dans l'expansion économique et technologique mondiale depuis le XIXe siècle. Elle se classe aujourd'hui parmi les principaux producteurs mondiaux dans la plupart des secteurs. Elle est au premier rang pour la construction automobile, les matières plastiques, les filés de laine, le ciment, au second pour l'acier, l'aluminium, les textiles synthétiques.

La Communauté est également la première puissance agricole du monde et figure même au premier rang pour les exportations agricoles, devant les États-Unis.

Géant économique, la Communauté est aussi une plaque tournante du trafic maritime et aérien mondial. Rotterdam se classe en tête des ports mondiaux, la Manche et la mer du Nord demeurent les mers les plus fréquentées du globe et la façade nord-ouest du continent européen, point d'aboutissement du « track Atlantique Nord », assure une part importante du trafic maritime de la planète, devançant encore l'archipel japonais. Cette puissance maritime est d'autant plus manifeste que bon nombre d'autres navires européens naviguent sous pavillon de complaisance pour des raisons sociales et fiscales. Ces pavillons et ceux des pays de l'Est sont d'ailleurs devenus de rudes concurrents puisque la flotte communautaire n'assure plus que la moitié des échanges maritimes des Douze.

La Communauté compte aussi des flottes aériennes puissantes. La Lufthansa, Air France et British Airways se classent parmi les huit premières compagnies mondiales pour le trafic et assurent de nombreuses prestations pour des pays tiers. **Cependant, l'Europe souffre d'une concurrence stérile entre les différents organismes portuaires, ainsi qu'entre les trop nombreuses compagnies aériennes qui n'ont pas cette taille critique indispensable à la bataille mondiale pour conquérir les cieux.** De plus, la très rapide reprise du trafic aérien dans un espace difficilement unifié, obéissant à des réglementations différentes, nourrit des retards grandissants au décollage et à l'atterrissage.

La Communauté est aussi le principal espace touristique mondial. Le tourisme représente 5,5 % du PIB total, 8 % des dépenses de consommation, 4 % du commerce extérieur, emploie 7,5 millions de personnes, soit 6 % des actifs, et connaît un taux de croissance de 5 %. La France, l'Italie et l'Espagne rivalisent avec les États-Unis pour la première place des pays d'accueil. Certes, les flux intracommunautaires dominent, mais les arrivées en provenance d'Amérique et d'Asie augmentent rapidement.

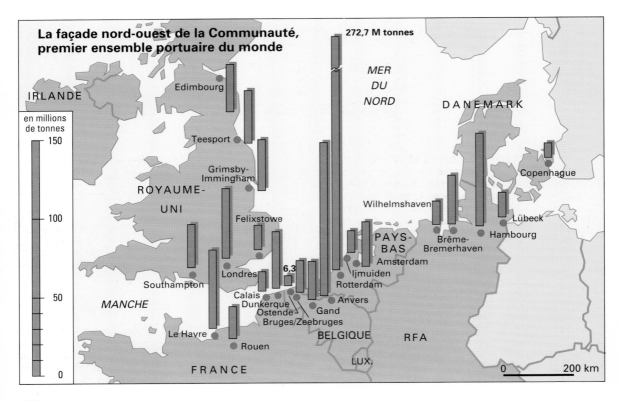

La façade nord-ouest de la Communauté, premier ensemble portuaire du monde

Les limites de la puissance

Les faiblesses de la Communauté tiennent d'abord à sa **dépendance énergétique**. Bien que cette dernière ait diminué depuis le premier choc pétrolier à la faveur des politiques d'économies adoptées dans tous les pays membres, mais aussi de la mise en exploitation des hydrocarbures de la mer du Nord et de la multiplication des centrales nucléaires, elle atteint encore 45 %. Ce taux demeure certes très inférieur à celui du Japon, 85 %, mais les États-Unis, 10 %, et surtout l'Urss, excédentaire, présentent une situation plus favorable.

De même, l'approvisionnement en matières premières provient à raison de 75 % de l'extérieur. Mais les importations doivent couvrir tous les besoins en métaux non ferreux à usages stratégiques tels le manganèse, le chrome, le platine, le vanadium.

Plus grave encore apparaît sa position défensive dans un certain nombre de secteurs industriels. La Communauté est en effet menacée par deux concurrences.

Les États-Unis et le Japon prennent l'ascendant dans le domaine des industries de pointe, qu'il s'agisse de l'informatique, de l'électronique ou de l'optique. Il en résulte un déficit de la balance des brevets. Sur dix ordinateurs personnels vendus en Europe, huit viennent des États-Unis et, sur dix magnétoscopes, sept sont fournis par des entreprises japonaises. L'Europe, qui absorbe 1/5 du marché mondial des circuits intégrés, n'en produit que 6 %. **La production industrielle européenne augmente d'ailleurs moins vite que celle des États-Unis et du Japon.** Ainsi, de 1981 à 1988, elle n'a progressé en moyenne que de 1,04 % par an contre 2,7 % aux États-Unis et 3,4 % au Japon, ce qui explique en partie le maintien d'un taux de chômage plus élevé que dans ces deux pays.

A l'opposé, les pays en voie de développement deviennent de rudes concurrents pour les secteurs traditionnels. Face à cette double menace, la Commu-

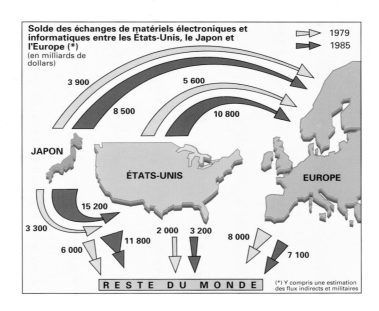

nauté n'a pas réussi à mettre en place une véritable politique. **Elle s'est contentée de limiter la concurrence des pays tiers pour certains produits sensibles**, en concluant des accords commerciaux incitant ces pays à auto-limiter leurs exportations vers l'Europe. Elle **encourage la restructuration des vieilles industries** communautaires. Elle a évité une concurrence trop forte entre les Douze (plan Davignon pour l'acier), mais a aussi contribué à la modernisation des outils de production par le biais des différents fonds structurels et par des programmes spécifiques.

La Communauté s'efforce également de promouvoir une synergie dans le domaine de la recherche-développement où elle perd du terrain sur les États-Unis et le Japon. La coopération est d'autant plus nécessaire que la Communauté dispose de solides atouts dans certains domaines comme la fusion nucléaire contrôlée, les biotechnologies, la physique des particules et les télécommunications. Les différents pro-

Dépôts de brevets sur le plan international, 1985

Allemagne fédérale.	12 263
France.	3 953
Royaume-Uni.	4 268
États-Unis.	15 972
Japon	11 391

Source : Institut der Deutschen Wirtschaft.

grammes, Eurêka, Brite, Race, Esprit..., devraient renforcer le poids technologique de la Communauté et lui permettre d'entrer dans de bonnes conditions dans la troisième révolution industrielle qui s'esquisse depuis une quinzaine d'années.

Une plaque tournante financière

A la table des grands

La Communauté est actuellement la troisième puissance financière du globe, derrière le Japon et les États-Unis. A ce titre, **elle tient, par l'intermédiaire de ses pays membres, une place importante au sein des grandes instances financières internationales, qu'il s'agisse du Fonds monétaire international ou de la Banque mondiale**, créée en 1945 pour fournir une assistance financière et technique au tiers monde. La Communauté participe également aux réunions des pays les plus riches du monde, comme le sommet de l'Arche en juillet 1989 à Paris.

Si le dollar demeure la monnaie la plus utilisée dans les échanges internationaux et sert toujours de première monnaie de réserve, **l'Écu** voit s'accroître son rôle sur le marché international. Par ailleurs, le **deutschemark** est devenu au fil des années **une liquidité internationale et une monnaie refuge très recherchée en cas de baisse du dollar**, ce qui n'est d'ailleurs pas sans provoquer de dangereuses tensions au sein du SME.

Les opérations des banques européennes en Écu (en milliards d'Écu)

	1983	1984	1985	1986	1987	1988
Les avoirs	**14,4**	**39,9**	**61,2**	**67,7**	**79,8**	**98,3**
— sur d'autres banques	9,7	28,7	47,0	51,5	59,3	73,6
— sur banques centrales	—	—	0,3	0,5	0,3	0,3
— sur non-banques	4,7	11,2	13,9	15,7	20,2	24,4
Les engagements	12,2	31,4	55,0	57,9	66,3	84,4
— sur d'autres banques	0,5	28,1	46,8	50,5	57,6	72,5
— sur banques centrales	0,3	0,6	1,0	1,1	1,9	3,7
— sur non-banques	1,4	2,8	7,2	6,3	6,8	8,2
Engagements/avoirs (en %)						
— sur d'autres banques	5,2	97,9	99,6	98,1	97,1	98,5
— sur banques centrales	—	—	333,3	220,0	633,3	1 233,3
— sur non-banques	29,8	25,0	51,8	40,1	33,7	33,6

Des réseaux financiers bien structurés

La puissance financière de la Communauté s'appuie sur un système bancaire particulièrement développé. Si les banques européennes sont devancées depuis quelques années par leurs concurrentes japonaises à la faveur de la réévaluation du yen, 12 d'entre elles figurent parmi les 40 premières mondiales si l'on considère le montant des bilans. Depuis une dizaine d'années, les banques françaises, très concentrées, ravissent la vedette aux établissements britanniques, et devançant toujours les banques allemandes, essentiellement régionales et locales.

La structure bancaire de la Communauté est très diversifiée. Aux côtés des banques publiques nationalisées, comme le Crédit Lyonnais et la BNP en France, l'Europe compte des banques privées, telles la Deutschebank et la Dresdnerbank en RFA, ainsi que des instituts de crédit de type coopératif comme le Crédit Agricole en France et les Raiffeisen Kassen en RFA.

Les banques européennes se sont rapidement internationalisées depuis une quinzaine d'années et beaucoup d'entre elles possèdent de nombreuses agences sur tous les continents. Elles s'associent souvent pour faciliter les opérations dans les différents pays membres, comme l'ont fait le Crédit Lyonnais, la Commerzbank et la Banco di Roma, pour former le groupe Europartner.

Les bourses européennes tiennent depuis la fin du Moyen Age une place de choix sur l'échiquier mondial, comme le soulignent le poids de la capitalisation boursière et la valeur des transactions sur les places de Londres, Paris ou Francfort. Elles sont cependant largement dépassées par les places de New York et de Tokyo. **Londres demeure la première place européenne la plus internationalisée.** Cette prééminence résulte pour un large part de l'antériorité du développement bancaire et industriel, mais elle tient aussi à la diversité des institutions présentes dans la City. Londres ajoute en effet à la bourse des valeurs plus de six cents banques étrangères, la première compagnie d'assurances du monde — la Lloyd's —, une grande bourse de frêt pour les transports maritimes et des bourses de commerce. Londres participe entre autres à la cotation du cacao, du café, du caoutchouc, du soja, de la laine et du sucre. Elle fixe aussi les cours du cuivre, de l'étain, de l'argent, du plomb. De plus l'International Petroleum Exchange participe à la fixation des cours mondiaux du brut.

Si Londres conserve une primauté incontestée, **le Luxembourg a connu depuis une dizaine d'années une montée en puissance rapide de son poids financier** en dépit de la modestie de son économie. Le Grand-Duché abrite aujourd'hui plus de 120 banques et 6 700 sièges sociaux d'entreprises étrangères. Certains n'hésitent pas à désigner le pays comme un « cheval de Troie » utilisé pour pénétrer le marché européen.

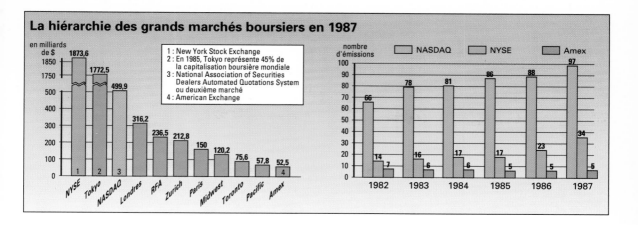

La hiérarchie des grands marchés boursiers en 1987

en milliards de $

1 : New York Stock Exchange
2 : En 1985, Tokyo représente 45% de la capitalisation boursière mondiale
3 : National Association of Securities Dealers Automated Quotations System ou deuxième marché
4 : American Exchange

NYSE 1873,6 (1)
Tokyo 1772,5 (2)
NASDAQ 499,9 (3)
Londres 316,2
RFA 236,5
Zurich 212,8
Paris 150
Midwest 120,2
Toronto 75,6
Pacific 57,8
Amex 52,5 (4)

nombre d'émissions — NASDAQ / NYSE / Amex

Année	NASDAQ	NYSE	Amex
1982	66	14	7
1983	78	16	6
1984	81	17	6
1985	86	17	5
1986	88	23	5
1987	97	34	5

Il est vrai que de nombreuses firmes américaines et japonaises se sont installées dans le pays, profitant d'une législation libérale et d'une situation géographique particulièrement favorable. En outre, la place de Luxembourg tient un grand rôle dans le traitement des euro-monnaies.

Des investissements aux quatre coins du monde

La Communauté a été le cadre privilégié des investissements étrangers depuis la Seconde Guerre mondiale. Les investissements américains, les plus importants, ont joué un rôle considérable dans le relèvement économique du vieux continent et se sont intensifiés à la suite de la création du Marché commun pour contourner la législation douanière. Ils se sont concentrés dans l'industie, les hydrocarbures et la construction mécanique. Privilégiant le Royaume-Uni, la RFA et la France, ils se sont ensuite diversifiés, notamment vers l'Irlande et l'Espagne.

Ces investissements sont relayés depuis plusieurs années par les flux en provenance du Japon. Désireuses de prévenir toute tentation protectionniste dans la perspective du Grand Marché, les entreprises japonaises multiplient les prises de participation et les constructions d'usines au sein des Douze, à l'image des constructeurs automobiles Honda et Toyota ou des firmes Sony et Akaï dans le domaine de l'électronique grand public.

Grande région d'accueil des capitaux étrangers, la Communauté est aussi un puissant investisseur international. Les investissements européens sont présents sur tous les continents. Ils privilégient certes toujours l'Amérique du Nord, mais ils ont élargi considérablement leur horizon depuis 1970, se dirigeant vers l'Asie, mais aussi l'Amérique latine et les pays de l'Est.

Depuis plusieurs années, les investissements européens aux États-Unis sont supérieurs à ceux réalisés par les firmes d'outre-Atlantique en Europe, alors qu'ils n'en représentaient que 36 % en 1973. La baisse du dollar dans la décennie 70, une législation sociale plus libérale et l'importance du marché américain ont facilité le renversement des flux. Le Royaume-Uni reste le premier investisseur de la Communauté sur le marché américain. Il devance les Pays-Bas, la RFA et la France. L'industrie est le secteur priori-

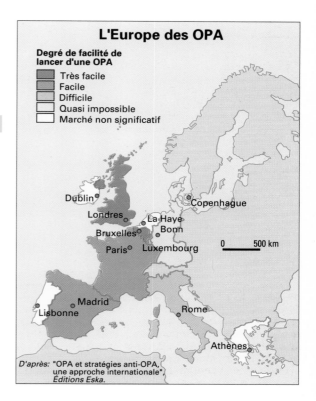

L'Europe des OPA

Degré de facilité de lancer d'une OPA

- Très facile
- Facile
- Difficile
- Quasi impossible
- Marché non significatif

D'après: "OPA et stratégies anti-OPA, une approche internationale" Éditions Eska.

Après l'homologation en France d'un nouveau règlement sur les OPA, proche des projets de la directive européenne en la matière, la carte des OPA en Europe est très contrastée. La Grande-Bretagne reste le pays où la réglementation est la plus souple. A l'inverse, au Danemark, aux Pays-Bas et en Allemagne fédérale, toute attaque est quasiment impossible.

taire, notamment la chimie, l'agro-alimentaire et les machines. Les tentatives de pénétration ont été plus décevantes dans le domaine de l'automobile comme le soulignent les échecs de Renault et de Volkswagen.

Dans les pays en voie de développement, les investissements européens prennent de plus en plus souvent la forme de « joint ventures », de livraisons d'usines clés en main, de sous-traitance et de transfert de technologie.

B. La CEE, un atout pour les pays membres ?

La CEE, une chance pour les États

La France et la RFA, partenaires privilégiés

L'axe Paris-Bonn est, depuis la CECA, le moteur de la construction européenne. Bénéficiant de la bonne entente de la plupart des responsables politiques de part et d'autre du Rhin, à l'image des **« tandems » de Gaulle-Adenauer, Giscard-Schmidt et Mitterrand-Kohl,** cet accord entre les deux pays permet d'accélérer certains programmes, par exemple la mise en place du système monétaire européen en 1979, et de vaincre les tendances centrifuges. Mais, depuis peu, la RFA est accusée par la France de montrer des réticences à la poursuite de l'intégration européenne. Ainsi, la « Buba », Bundesbank, s'oppose-t-elle à la perte de son indépendance et souhaite voir le SEBC, système européen de banque centrale, conserver cette même autonomie vis-à-vis des pouvoirs politiques. Les récents événements survenus en Europe centrale et danubienne ne risquent-ils pas d'amener la RFA à renouer avec le passé de l'Allemagne essentiellement préoccupée de la « poussée vers l'Est » ?

Ces relations privilégiées entre les deux grands de la Communauté à six ont souvent indisposé les « petits » États inquiets devant ce condominium franco-allemand.

L'Italie, grande bénéficiaire des fonds structurels communautaires, et les pays du Benelux ont aussi manifesté un certain enthousiasme pour la cause européenne. Étroitement insérés dans les échanges intracommunautaires et véritables plaques tournantes du commerce extérieur européen, la Belgique et les Pays-Bas profitent de la libre circulation et de la politique agricole commune. Celle-ci contribue à la modernisation de leur agriculture et à l'élargissement de leurs marchés extérieurs. **Le Luxembourg, quant à lui, s'appuie sur la CECA pour développer sa sidérugie**, puis pour la restructurer. La puissante firme Arbed, l'un des premiers groupes sidérurgiques mondiaux, offre aujourd'hui une productivité remarquable qui lui permet de compenser en partie le handicap d'une situation intérieure peu favorable. Le Grand-Duché a aussi tiré parti du choix de sa capitale comme siège de plusieurs institutions communautaires pour développer ses activités tertiaires, notamment bancaires.

Une occasion ratée pour le Royaume-Uni

La conviction européenne apparaît moins solide au sein des pays ayant adhéré en 1973. Le Danemark bénéficie pourtant des largesses de la politique agricole commune. Spécialisés dans les productions animales, les producteurs danois profitent en effet de la garantie de prix élevés, de la mise en place de montants compensatoires positifs qui facilitent les ventes vers les pays partenaires ainsi que des subventions accordées aux exportations vers les pays tiers. Il en est de même dans le domaine de la pêche avec la création d'une politique commune en 1983. Le Danemark est le premier pays de la Communauté pour le volume des prises et une grande partie de celles-ci, transformée en huiles et en farines de poissons, est consommée dans le cadre européen.

François Mitterrand reçoit des mains du chancelier Helmut Kohl le prix Charlemagne, le 1er novembre 1988, à Aix-la-Chapelle.

L'Irlande, où le revenu par habitant demeure l'un des plus bas de la Communauté, reçoit de larges dotations du Feoga et du Feder, et l'agriculture nationale connaît une modernisation rapide, notamment dans les comtés orientaux.

Seul le Royaume-Uni pose un réel problème. Après l'adhésion obtenue en 1972, travaillistes et conservateurs se sont empressés de faire de la surenchère pour renégocier les conditions d'entrée de leur pays. **Les gouvernements successifs de M. Thatcher ont une attitude encore plus réservée, sinon hostile.** Ils refusent d'intégrer totalement le Royaume-Uni dans le système monétaire européen, puis demandent, en fonction du principe du « juste retour », que la contribution britannique au budget européen soit réduite. Nouveau succès qui encourage l'intransigeance de la « dame de fer ». Celle-ci se manifeste à nouveau en 1989 lorsqu'elle refuse, lors du Conseil européen de Strasbourg, d'adopter la charte sociale proposée par la Commission, et ce, contre l'avis de tous les autres pays membres. De telles attitudes ne peuvent s'expliquer par de simples considérations financières. Ayant conservé des liens commerciaux étroits avec des pays tiers, notamment les anciens membres du Commonwealth, le Royaume-Uni doit verser à Bruxelles d'importants droits de douane et prélèvements agricoles. Il suffirait que le pays s'intègre davantage dans la Communauté pour réduire ces versements !

L'insularité, l'histoire coloniale, les relations privilégiées entretenues avec les États-Unis contribuent aussi grandement à expliquer la réserve des gouvernements d'outre-Manche. Depuis quelques années, l'opinion britannique, les milieux d'affaires et de nombreux hommes politiques adoptent une attitude plus constructive à l'égard de l'Europe et donc plus critique vis-à-vis du nationalisme thatchérien.

La Communauté, locomotive des pays méditerranéens

L'élargissement méditerranéen de la Communauté permet de conforter la démocratie en Grèce, en Espagne et au Portugal, pays qui relèvent, surtout les deux derniers, de longues périodes de dictature. Cet objectif politique est d'ailleurs l'une des motivations de l'entrée des pays ibériques.

Si l'adhésion de la Grèce ne soulève pas de difficultés particulières, celle de l'Espagne et du Portugal demande de longues négociations et la mise en place de périodes transitoires. Les régions agricoles méridionales de la France, de l'Italie et de la Grèce doivent s'adapter à la nouvelle concurrence. Il est encore trop tôt pour juger des effets de l'adhésion sur les économies de ces États, mais les premières années se traduisent, comme pour les autres pays membres, par une progression rapide des échanges avec les partenaires européens. D'autre part, les trois États bénéficient largement des aides et des prêts offerts par les différents fonds communautaires. La Grèce profite de la mise en application des programmes intégrés méditerranéens, le gouvernement héllène ayant fait de l'augmentation de leur enveloppe une condition indispensable à l'acception de l'adhésion de l'Espagne et du Portugal.

Le miracle espagnol (1960-1988)

	1960-68	1968-73	1973-79	1979-86	1982	1983	1984	1985	1986	1987	1988
PIB (en volume)[1]											
Espagne	7,5	6,6	2,2	2,1	1,2	1,8	1,8	2,3	3,3	5,6	5,4
CEE	4,6	4,9	2,4	1,6	0,8	1,7	2,5	2,4	2,6	2,9	3,7
Demande intérieure[1]											
Espagne		6,9	2,2	1,5	1,1	−0,1	−0,7	2,9	6,1	8,5	7
CEE					0,8	1,3	1,9	2,2	3,9	4,1	4,7
FBCF[2]											
Espagne	12,5	7,2	−1,3	0,6	0,5	−2,5	−5,8	4,2	10	14,6	16,7
CEE	5,9	4,8	0,3	0,3	−2,1	0,3	1,7	2,5	3,4	4,8	7,3
Exportations de biens et services[1]		13,4	5,8	5,7	4,8	10,1	11,7	2,8	1,3	5,9	6
Importations de biens et services[1]		12,9	3,8	3,5	3,9	−0,6	−1	6,2	16,5	20,4	14,7
Prix à la consommation[1]											
Espagne	6,6	7,1	18,3	12,2	14,4	12,2	11,3	8,8	8,8	5,2	4,8
CEE	3,6	6	11,3	8,3	10,4	8	6,8	5,8	3,8	3,4	3,7
Emploi											
Croissance de l'emploi[2]		0,9	−0,9	−1,3	−1,3	−1,1	−1,8	−0,9	2,2	3,1	2,8
Taux de chômage[3]	2,3	2,7	5,2	17,6	16,4	18,2	20,1	21,5	21	20,5	18,9

1. Taux de croissance annuels en %.
2. Variation annuelle en %.
3. En % de la population active.

Source : Ramsès 90. Dunod.

La Communauté, un accélérateur des mutations

Comme les autres grandes puissances occidentales, les pays de la Communauté connaissent depuis trois décennies une modification spectaculaire de leur structure économique. La création du Marché commun accélère ces bouleversements, même s'il n'est pas possible de différencier son impact de celui de l'environnement national et mondial.

La fin des paysans traditionnels

L'agriculture est sans aucun doute la plus grande bénéficiaire de la mise en place de la Communauté. Elle le doit à la politique agricole commune qui a mobilisé en moyenne plus des deux tiers du budget européen.

La transformation des paysages depuis la fin des années 50 est révolutionnaire. Le tracteur et la moissonneuse-batteuse remplacent l'attelage de chevaux et la batteuse, encourageant le remembrement, imposant la construction de vastes hangars et expliquant la réduction rapide des superficies cultivées en avoine. **La garantie de prix rémunérateurs offerte pour la majeure partie des productions entraîne une course aux rendements** qui se traduit par une utilisation sans cesse croissante d'engrais, de produits phytosanitaires, de nouvelles variétés de semences et une sélection de plus en plus rigoureuse des cheptels.

Si la production agricole de la Communauté progresse de façon impressionnante, le nombre des exploitants, lui, ne cesse de diminuer. La mécanisation, la concentration des terres, l'appel des autres secteurs d'activité vident bien des campagnes de leur population, au point que la Communauté et plusieurs États se penchent aujourd'hui sur les remèdes à apporter pour éviter une désertification totale de certains espaces ruraux.

Une ferme traditionnelle dans l'Orne, en France

exploitations, mais beaucoup d'entre elles sont inéluctablement appelées à disparaître. **Ainsi, en moins de trois décennies, le paysan européen laisse place à l'entrepreneur, disposant d'un capital d'exploitation considérable et ayant recours à une comptabilité rigoureuse pour gérer son entreprise.**

La liberté de circulation facilite par ailleurs la mobilité des exploitants. Des agriculteurs néerlandais s'implantent de plus en plus en France, dans le Berry, des exploitants allemands partent vers le Sud-Est anglais à la recherche de terres plus vastes.

L'inexorable repli de l'emploi agricole
(en % de la population active des Douze)

	1958	1988
Primaire	23	8
Secondaire	41	33
Tertiaire	36	59

Toutes les campagnes ne profitent pas également de la politique agricole commune. Les grands exploitants du Bassin parisien, du Sud-Est anglais et de la Börde, les « usines à lait » néerlandaises et danoises perçoivent les plus gros bénéfices en raison de la forte garantie dont bénéficient leurs productions et de leurs rendements records. A l'opposé, les petites exploitations italiennes, sans compter leurs homologues grecques et ibériques, insérées plus tardivement dans la PAC, demeurent souvent dans une situation critique. La réforme récente de la politique agricole et le doublement des fonds du Feoga-Orientation peuvent certes activer la modernisation de ces

De nouveaux paysages industriels

L'industrie connaît des mutations comparables. Berceaux de la révolution industrielle du XIXe siècle, les vieux pays noirs du nord-ouest de la Communauté constituaient encore en 1951, lors de la signature du traité CECA, l'image de la puissance industrielle de l'Europe. En moins de trois décennies, la mondialisation des échanges, les progrès techniques et la montée en puissance de nouveaux concurrents en ont fait des symboles d'une époque révolue. **Les mines ferment, les aciéries quittent les bassins houillers et ferrifères pour gagner les littoraux et les usines textiles encore en activité ne doivent leur survie qu'à un gigantesque effort de productivité accompagné de licenciements massifs.** Retournement de situation spectaculaire qui bouleverse totalement les fonctions de la CECA. Outil de promotion des charbonnages et de la sidérurgie, l'institution devient l'instrument de la restructuration industrielle, permettant de conjuguer les politiques nationales et d'aider les travailleurs victimes de licenciement ou de reclassement.

L'absence de politique industrielle commune ne permet pas à la Communauté de jouer un rôle aussi

important dans le développement des nouvelles activités. Celles-ci privilégient les établissements de taille plus modeste, situés à la périphérie des agglomérations, à proximité des échangeurs autoroutiers et dans un environnement plus favorable que celui des vieux pays noirs.

Certes, les prêts de la Banque européenne d'investissement facilitent la construction ou la modernisation de bien des établissements, les programmes de recherche récemment mis en place jouent un rôle de catalyseur décisif dans la promotion des hautes technologies, mais la coordination des politiques industrielles fait défaut. Il n'existe pas de véritable « espace industriel européen ». La mise en place du Marché commun modernise cependant les entreprises par le renforcement de la concurrence. Dans bien des pays, comme en France et en Italie, la disparition des protections douanières entraîne un changement rapide de mentalité au sein du patronat. **Il devient désormais indispensable de raisonner en terme de marché européen et non plus national, ce qui modifie les stratégies, impose une compétitivité renforcée et un nouveau dynamisme commercial.**

L'essor du tertiaire

Au sein du secteur tertiaire, plusieurs branches ont déjà largement ressenti les effets du Marché commun, en dépit des retards apportés à la mobilité effective des hommes, des marchandises, des capitaux et des services. **L'essor des échanges intracommunautaires encourage l'amélioration des infrastructures routières, ferroviaires et fluviales entre les pays membres.** La France et l'Italie assurent le creusement des tunnels alpins du Mont-Blanc et du Saint-Gothard ; le Royaume-Uni développe ses échanges maritimes avec le continent. Les grands chantiers sont appelés à se multiplier au cours des prochaines années, comme le soulignent les travaux actuels du tunnel sous la Manche et du TGV-Nord.

De même, les entreprises de transport ferroviaire mettent en place des services de desserte rapide des principales villes européennes dans le cadre des TEE, aujourd'hui Intercity. Elles coordonnent aussi leurs politiques commerciales pour faciliter les déplacements des voyageurs, surtout celui des jeunes, sur l'ensemble de leurs réseaux.

La Défense, à Paris, premier quartier d'affaires européen

La Communauté, un effet régional ambigu

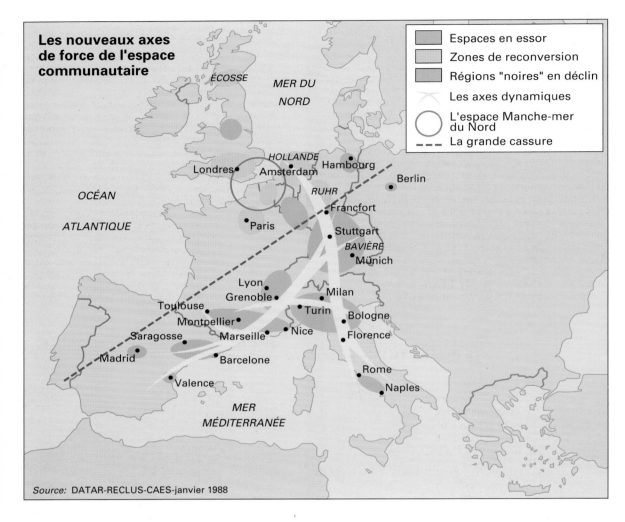

Les nouveaux axes de force de l'espace communautaire

Un atout pour la réduction des inégalités ?

Comme pour les États, l'économie régionale profite de l'effet d'entraînement global et sectoriel induit par le Marché commun.

Cependant, plus de trente ans après la signature du traité de Rome, les écarts entre les niveaux de développement régional se sont accentués : d'un côté **le cœur de l'Europe** formé du « Randstad Holland », de la dorsale rhénane prolongée par le sillon rhodanien et par la plaine du Pô, cumulent tous les avantages : une situation exceptionnelle de carrefour, un réseau urbain très hiérarchisé, une tradition industrielle ancienne et un dynamisme hors pair de la population.

Au contraire, les espaces périphériques, Bretagne, Schleswig... sont encore plus excentrés et ne bénéficient que des « miettes » de l'intégration. Malgré les efforts consentis par la Communauté et la politique **d'aides et de prêts concentrés sur les régions les plus défavorisées,** par exemple le Mezzogiorno italien, **l'action de la Communauté ne saurait être suffisante pour pallier ces déséquilibres.** Complétant ces dipositions communautaires, les politiques régionales nationales sont très inégalement développées.

Aux Pays-Bas, les autorités sont très soucieuses de préserver un environnement d'autant plus menacé que la pression démographique est forte et l'industrialisation puissante ; en Italie, où les pouvoirs publics créent en 1950 la « Cassa per il Mezzo-

276

giorno », l'industrialisation du Midi est assez décevante. Les foyers de Bari, de Brindisi et de Tarente bénéficient de l'implantation de grandes unités de production, mais l'effet polarisateur a été limité. Peu d'entreprises se sont développées à la périphérie de ces « cathédrales dans le désert ». De même en France, vingt ans après les grandes opérations menées par les gouvernements de la Vᵉ République, les déconvenues sont nombreuses : la plate-forme industrialo-portuaire de Fos-sur-Mer a été très sévèrement atteinte par la crise économique et le Midi languedocien n'en finit pas avec sa traditionnelle crise viticole. Au Royaume-Uni, où les politiques d'aménagement du territoire ont débuté dans les années 30, l'écart entre le bassin de Londres et les régions noires déprimées n'a pas été comblé.

Depuis le début des années 80, le renouveau du libéralisme économique dénie toute efficacité à ces politiques volontaristes qui défient souvent les lois de la rentabilité économique. **Est-ce à dire que l'Europe doive s'accommoder de la juxtaposition de deux espaces**, l'un dynamique et prospère formé de certains littoraux, des carrefours, des grosses métropoles et des « ceintures de soleil » et un autre déprimé, répulsif, n'ayant comme seul avenir que celui de la crise endémique ?

Un tel dualisme spatial et social est totalement contraire à l'idée même de l'Europe. L'article 23 de l'Acte unique ne réaffirme-t-il pas que la « **Commu-**naulté vise à réduire l'écart entre les diverses régions et le retard des régions les moins favorisées » ? Dès lors, la seule issue repose sur une politique moins ambitieuse menée plus rationnellement.

Les transports, nouvel enjeu régional

Pour faire face au défi de 1992, les régions européennes privilégient les investissements de transport. L'essor des échanges qui résultera de la mise en place du grand marché nécessite en effet une valorisation maximale de la situation géographique des régions. Le Languedoc-Roussillon et l'Alsace se déclarent prêts à participer à la construction d'une ligne de TGV pour ne pas demeurer à l'écart du futur réseau européen. De même, la région Midi-Pyrénées et la Catalogne font pression sur les États français et espagnol pour la réalisation d'une liaison transpyrénéenne sous le Puymorens, afin de développer les échanges franco-ibériques.

L'action des régions est cependant très variable, tant en fonction du cadre institutionnel national que de leurs capacités financières. Il n'y a aucune comparaison possible entre la Rhénanie-Westphalie, forte de ses 17 millions d'habitants, de sa puissance industrielle et disposant d'un réseau de transport performant et l'Alentejo qui ne compte que 570 000 habitants et ne dispose que de ressources modestes.

Le tracé du TGV-Nord, un enjeu décisif pour les régions

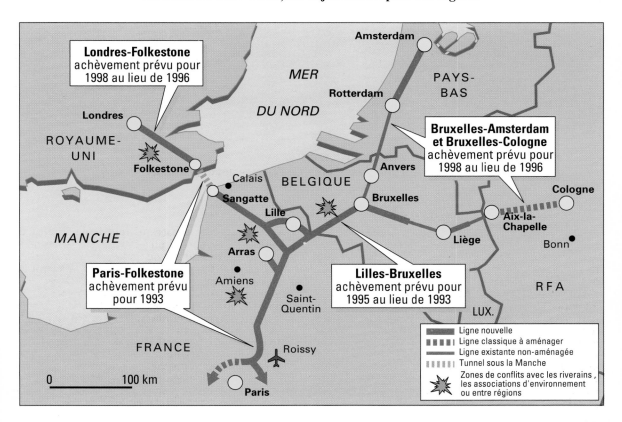

C. La Communauté, une chance pour les hommes ?

Un bain de jouvence pour les entreprises

Une accélération de la concentration

La création de **la Communauté européenne du charbon et de l'acier, en 1951, entraîne rapidement un mouvement de concentration des entreprises sidérurgiques :** en France, de Wendel et Sidelor s'associent dans Sacilor en 1964, Usinor absorbe Lorraine-Escaut en 1966 ; en RFA, les Konzern, comme Krupp, confortent leur puissance ; en Belgique, les firmes se rassemblent autour de Cockerill ; au Royaume-Uni et en Italie, la concentration s'opère sous la direction de l'État, dans le cadre respectif de British Steel Corporation et de Finsider. Dans le même temps, la CECA dynamise l'extraction de minerai de fer lorrain.

Six ans plus tard, **le Marché commun, ouvrant de nouvelles concurrences dans les autres secteurs, encourage également les regroupements,** à l'image de la constitution de BSN-Gervais-Danone, de PUK et de Thomson-Brandt en France.

La concentration s'effectue presque exclusivement dans le cadre national. Elle se fait plus rapidement en RFA qu'en France où les pouvoirs publics contrôlent une part plus importante de l'économie par le biais des entreprises nationalisées à la veille ou au lendemain de la Seconde Guerre mondiale, qu'il s'agisse de banques, de la SNCF ou de Renault.

Le regroupement des entreprises s'accélère durant les décennies 70 et 80, à la faveur certes de l'élargissement de la Communauté à six nouveaux membres, mais surtout à la suite de la mondialisation des échanges et de l'apparition de nouveaux concurrents. On assiste à un essor des investissements croisés à l'intérieur de la Communauté. Les groupes agroalimentaires britanniques, très concentrés, se lancent à la conquête des marchés allemands et français : Cadbury et Schweppes multiplient les acquisitions ; Rowntree-Mackintosh conforte sa position dans la chocolaterie-confiserie, en absorbant Nuts, Smarties, Treets ; d'autres groupes alimentaires anglais acquièrent des laiteries danoises. Dans le même temps, le français Perrier conquiert la RFA et l'Italie, avant de partir sur le marché américain. Les autres branches industrielles ne sont pas en reste : Volkswagen acquiert le constructeur automobile espagnol Seat, délaissé par Fiat. Les entreprises européennes d'automobiles signent entre elles des accords de coopération technique ou commerciale.

Toutefois, la coopération privilégie toujours le cadre des États : en 1985, c'est le cas de 75 % des 480 opérations financières qui ont eu lieu entre entreprises de taille communautaire.

Les 15 premières entreprises de la Communauté

Nom	Pays	Rang mondial	Chiffre d'affaires en millions de F	Nombre de salariés
Royal Dutch Shell............	P-B	4	466 182	134 000
British Petroleum	R-U	10	274 617	125 950
IRI	Italie	11	271 264	417 826
Daimler-Benz	RFA	13	249 295	338 749
Fiat	Italie	16	202 842	277 353
Siemens	RFA	17	201 397	353 000
Volkswagen	RFA	18	200 877	252 066
Unilever....................	P-B	21	186 750	291 000
Philips	P-B	24	169 022	310 000
Renault	France	28	161 438	181 715
ENI	Italie	30	150 343	116 364
BASF......................	RFA	32	148 800	134 834
BAT Industries	R-U	33	148 612	310 779
Veba	RFA	34	144 653	84 715
EDF.......................	France	36	139 526	125 321

Source : *Le Nouvel Économiste*, hors série, décembre 1989.

Un marché commun convoité par les entreprises étrangères

La création du Marché commun incite également les firmes étrangères à s'implanter au sein des pays membres **pour éviter les droits de douane, profiter d'un marché unique, bénéficier d'un remarquable réseau d'infrastructures et vendre à une population dont la propension à consommer est forte.**

Après l'irruption des FMN d'outre-Atlantique, les initiatives se diversifient. Les entreprises des autres pays européens, par exemple de Suisse, saisissent l'intérêt d'un marché élargi et créent de nombreuses filiales, comme Nestlé en RFA et en France. Les pays du Moyen-Orient, enrichis par les hausses spectaculaires du brut, placent une partie de leurs « pétrodollars » dans les entreprises européennes. Ainsi le Koweit investit dans Daimler-Benz, la Libye devient actionnaire de Fiat et l'Arabie Saoudite prend des participations dans l'entreprise chimique italienne Montedison. **A partir du milieu de la décennie 70, les entreprises japonaises passent à leur tour à l'offensive.** Elles privilégient le Royaume-Uni avant de se lancer dans les implantations continentales. Honda s'associe ainsi avec Rover et Toyota signe un accord avec Fiat.

Ces investissements étrangers permettent la création d'emplois et favorisent le développement industriel de certaines régions sous-industrialisées ou devant faire face à une difficile reconversion. Les capitaux américains jouent un grand rôle dans l'émergence industrielle de l'Irlande dont le gouvernement offre des avantages fiscaux importants aux investisseurs étrangers.

Ainsi, la Communauté dynamise l'économie européenne et encourage le regroupement des entreprises, mais la concentration ne permet pas encore à l'Europe de disposer d'entreprises aussi puissantes que celles des États-Unis et du Japon. Les Douze ne classent que deux sociétés dans les dix premières mondiales contre six aux États-Unis. De plus, les grandes entreprises européennes enregistrent souvent des résultats commerciaux et financiers inférieurs à leurs concurrentes.

Une politique communautaire de soutien

La Communauté ne réussit pas à mettre en place une véritable politique industrielle. Ceci ne facilite pas la coopération entre les entreprises des Douze, d'autant que les politiques suivies par les États membres présentent des disparités considérables. Le libéralisme sauvage du gouvernement britannique qui procède depuis 1979 à de nombreuses privatisations est aux antipodes de la « politique économique mixte » suivie par les gouvernants français.

Par ailleurs, la RFA privilégie le développement de certaines branches porteuses, telles la machine-outil, les constructions mécaniques, l'automobile et la chimie, alors que la France, notamment pour des raisons sociales, souhaite préserver un tissu industriel plus diversifié.

A ces difficultés s'ajoutent le maintien d'entraves fiscales, techniques et le cloisonnement des marchés financiers.

La Communauté joue pourtant un rôle considérable auprès des entreprises. Elle intervient directement dans leur financement. C'est ainsi que le Fonds européen de développement régional accorde des aides à la construction et à l'extension d'entreprises agricoles, artisanales ou industrielles. De même, le Feoga-Orientation peut participer au financement de certaines implantations agro-alimentaires et la Banque européenne d'investissement accorde des prêts à taux privilégié à de nombreuses entreprises.

La Communauté veille aussi à contrôler les aides accordées par les pouvoirs publics pour qu'elles n'entraînent pas de distorsions de concurrence. Elle surveille aussi les éventuelles ententes entre sociétés, pour que le marché demeure ouvert et condamne les abus de position dominante. Depuis les débuts de la crise, elle accorde une attention particulière aux PME, en leur octroyant de nombreuses aides financières ; symboliquement, l'année 1983 a été proclamée « année européenne des petites et moyennes entreprises et de l'artisanat ».

Son action en ce domaine vise à :
— contribuer à la création d'un environnement favorable dans la perspective du grand marché, par la promotion de l'esprit d'entreprise, l'amélioration de l'environnement administratif, l'adaptation du droit des sociétés et l'amélioration de l'environnement social ;
— apporter une contribution au besoin de flexibilité des PME par des projets de formation, d'information, d'exportation, de création d'entreprises et d'innovation et par la coopération entre entreprises.

La Communauté crée un réseau d'Euroguichets dans de nombreuses villes européennes. Ces organismes fournissent aux entreprises des informations relatives aux marchés, aux législations, aux normes, aux règles techniques, aux programmes de recherche et de développement, à la coopération industrielle, aux financements et à la formation. Ils doivent aussi recevoir des suggestions des entreprises et des demandes de services pour des projets européens.

Vers l'entreprise européenne ?

La Communauté a pris de nombreuses mesures pour harmoniser la concurrence et rapprocher le contexte juridique des sociétés. Le Conseil des ministres a adopté sept directives sur les sociétés et sept autres propositions sont actuellement soumises à délibération.

La première directive, prise en 1968, définit le système de publicité applicable à toutes les sociétés. Chaque État membre doit tenir un registre officiel des entreprises et celui-ci peut-être consulté par le public. La seconde directive est relative au capital des sociétés anonymes : une souscription minima de 25 000 Écu est exigée pour pouvoir fonder une société anonyme. Les bénéfices sont définis de manière à éviter que leur distribution n'entame le capital ou les réserves.

Les autres directives définissent les principes juridiques régissant les principales opérations de restructuration des sociétés et amorcent la création d'un code de législation comptable européen de haut niveau. Toutes ces actions visent à une harmonisation du droit des sociétés.

La Communauté met en place le 25 juillet 1985 un instrument original de coopération entre les entreprises d'États membres différents par le biais du Groupement européen d'intérêt économique, GEIE. Entré en vigueur le 1er juillet 1989, ce règlement permet ainsi à des entreprises de plusieurs pays de poursuivre ensemble des activités, tout en conservant leur forme juridique nationale et en préservant leur indépendance économique.

La Commission présente dès 1970 une proposition de société anonyme de droit européen qui favoriserait la coopération transfrontalière entre les différentes entreprises. Remodelé en 1975, ce projet est actuellement examiné par le Conseil. Il prévoit qu'une société européenne pourra être réalisée à partir de fusion ou de création d'une holding ou encore par le biais d'une filiale commune. Afin de rendre ce statut attrayant pour les PME, le capital minimal exigé ne dépasserait pas 100 000 Écus. Pour associer les travailleurs à l'entreprise, plusieurs formes de participation sont prévues. Sur le plan fiscal, la société européenne serait soumise à la législation du pays dont elle est résidente. Le projet envisage cependant la possibilité d'imputer sur les bénéfices les pertes subies par les établissements stables situés dans les autres pays.

Une providence pour les Européens ?

Les États membres de la Communauté projettent d'achever le marché unique européen fin 1992. Êtes-vous pour ou contre ce projet, en tant que moyen de faire progresser l'union européenne ?

	G.-B.	France	Espagne	RFA
Très favorable....	13 } 46	13 } 66	19 } 58	18 } 62
Favorable	33	53	39	44
Ni pour ni contre	18	26	22	19
Contre.........	15 } 24	5 } 7	3 } 5	9 } 11
Tout à fait contre	9	2	2	2
Ne se prononce pas	11	2	16	7

Les États membres de la Communauté européenne examinent un projet qui mènerait au remplacement des monnaies nationales par une monnaie européenne unique. Que pensez-vous de ce projet ?

	G.-B.	France	Espagne	RFA
Très favorable....	10 } 37	15 } 65	19 } 58	14 } 46
Favorable	27	50	39	32
Ni pour ni contre	12	21	19	16
Contre.........	22 } 46	11 } 13	6 } 8	22 } 31
Tout à fait contre	24	2	2	9
Ne se prononce pas	5	2	15	7

La Communauté européenne a été créée il y a plus de trente ans. A votre avis, pendant ce laps de temps, quelle part de pouvoir a été transférée des gouvernements nationaux à la Communauté ?

	G.-B.	France	Espagne	RFA
Beaucoup	10	5	7	5
Pas mal.........	33	35	22	20
Un peu	41	39	34	57
Aucun..........	3	5	5	6
Ne se prononce pas	14	16	32	12

Diriez-vous que les changements intervenus dans votre pays du fait de son appartenance à la Communauté européenne ont été en général des changements pour le meilleur, ou pour le pire ?

	G.-B.	France	Espagne	RFA
Pour le meilleur ..	28	52	55	51
Pour le pire......	34	16	12	16
Pour le meilleur et pour le pire..	30	21	19	26
Ne se prononce pas	9	11	14	7

Pensez-vous que, dans chacun des domaines suivants, les décisions devraient être prises par la Communauté européenne ou par chacun des pays ?

	G.-B.	France	Espagne	RFA
● Les impôts sur le revenu				
Par la Communauté	13	37	24	28
Par chacun des pays	82	57	58	65
Ne se prononce pas	4	6	18	7
● Les lois concernant la protection sociale (les pensions et l'aide à l'enfance par exemple)				
Par la Communauté	36	45	46	71
Par chacun des pays	60	51	39	62
Ne se prononce pas	4	4	15	7
● Les lois concernant les droits des travailleurs				
Par la Communauté	41	61	54	45
Par chacun des pays	53	35	29	47
Ne se prononce pas	6	4	17	8
● Les sujets enseignés à l'école				
Par la Communauté	24	55	53	50
Par chacun des pays	70	40	29	42
Ne se prononce pas	6	4	17	8
● La politique de défense				
Par la Communauté	45	63	45	74
Par chacun des pays	49	31	29	16
Ne se prononce pas	6	5	26	10
● Les lois concernant la pollution				
Par la Communauté	72	63	62	86
Par chacun des pays	24	15	20	8
Ne se prononce pas	5	3	19	5
● Les produits chimiques utilisés dans l'alimentation				
Par la Communauté	71	61	64	81
Par chacun des pays	25	35	18	13
Ne se prononce pas	4	4	19	6
● La qualité de l'eau potable				
Par la Communauté	63	76	46	79
Par chacun des pays	34	21	35	16
Ne se prononce pas	1	4	19	5

Sondage réalisé par l'institut britannique Harris Research Center, en collaboration avec les instituts qui lui sont associés en France, en Espagne et en RFA. *Le Monde*, 19-20 novembre 1989.

Les citoyens européens face à l'union européenne

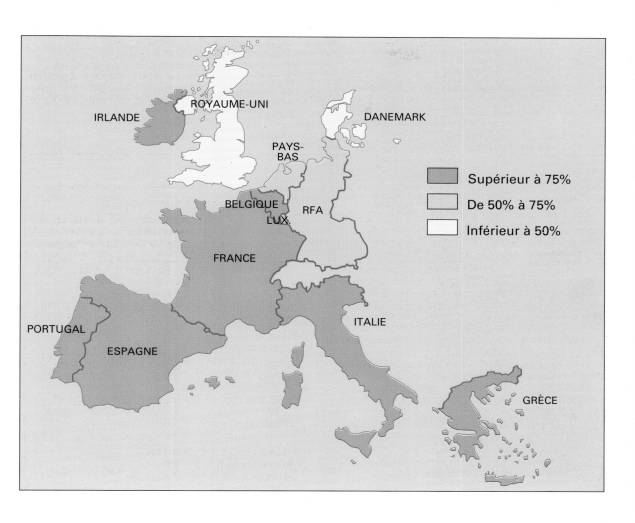

Pourcentage de personnes favorables à la formation, d'ici 1992, d'une Union européenne avec un gouvernement responsable devant le Parlement européen.

Les avantages du grand marché, vus par les citoyens européens

Effectuer des paiements librement	80 %
Résider n'importe où sans restriction	80 %
Acquérir des produits régulièrement admis à la vente ailleurs dans la CEE	79 %
Emporter de l'argent librement	79 %
Travailler n'importe où sans restriction	77 %
Ouvrir un compte en banque n'importe où	73 %
Acquérir des biens fonciers ou immobiliers librement partout	73 %
Voir se rapprocher les taux de TVA	65 %
Voir éliminer les contrôles douaniers	64 %
Passer librement des marchés de travaux publics	55 %

Eurobaromètre n° 30. Décembre 1988. Sondage sur 11 795 personnes âgées de 15 ans au moins. Enquête du 17 octobre au 21 novembre 1988 dans les douze pays de la Communauté.

Conclusion

L'Europe,
une construction à géographie variable ?

L'historien Jean Baptiste Duroselle définit l'Europe comme **« une construction de l'esprit humain à partir d'une réalité géographique mal délimitée »**.
Depuis la Seconde Guerre mondiale, les ambitions européennes ont été limitées par le contexte géopolitique à la partie occidentale du continent. Si la coopération économique, culturelle, monétaire s'élargit dès la fin des années 40 à l'ensemble des démocraties occidentales, l'intégration esquissée par la CECA et amplifiée par la CEE est réduite à une poignée de pays. Inévitable sans doute, cette limitation de l'espace initial de la construction européenne induit des contraintes qui freinent les ambitions des fondateurs. L'effet positif attendu du grand marché suppose un rassemblement plus large et la volonté de redonner aux pays européens un rôle éminent dans le monde nécessite un poids démographique, économique et financier au moins comparable à celui dès deux grands. **L'élargissement est donc, dès l'origine, une stratégie fondamentale de la Communauté.**
L'Acte unique confirme les principes adoptés en 1969 à La Haye : la Communauté doit mener de front son extension et le renforcement de sa cohésion. Malgré la crise et les divergences affichées notamment par l'Angleterre, elle a jusqu'ici réussi à concilier ces deux exigences.
Les bouleversements politiques qui se sont succédés au cours de l'année 89 en Europe de l'Est, redevenue en quelques mois l'Europe centrale, donnent au principe communautaire d'élargissement des perspectives tout à fait nouvelles. La volonté des peuples d'Europe centrale « de prendre en mains leur destin et de choisir la voie de leur développement » modifie en effet brusquement la dynamique européenne. La coupure de l'Europe aux lendemains de la guerre n'est pas, contrairement au mythe répandu, le résultat des décisions de Yalta mais bien le fruit de leur non application. Étrange ironie de l'histoire : ultime défaite de Staline et victoire posthume de Roosevelt, les élections libres prévues en Europe centrale par les accords de Yalta sont en voie d'organisation en... 1990 ! Le fondement de la guerre froide en Europe est donc en train de disparaître.
Dès lors, la Communauté peut-elle se dilater pour, selon le mot du président de la République française, « rentrer dans son histoire et sa géographie » ? C'est ce que souhaitait le pape Jean Paul II dans son discours devant le Parlement européen, le 11 octobre 1988 : « Mon vœu de pasteur suprême de l'Église universelle, venu de l'Europe de l'Est et qui connaît les aspirations des peuples slaves, cet autre poumon de notre patrie européenne, mon vœu est que l'Europe, se donnant souverainement des institutions libres, puisse un jour se déployer aux dimensions que lui ont données la géographie et plus encore l'histoire. Comment ne le souhaiterais-je pas, puisque

la culture inspirée par la foi chrétienne a profondément marqué l'histoire de tous les peuples de notre unique Europe, grecs et latins, germaniques et slaves ? »
Face à ce brusque retour dans le champ du possible de cette vieille utopie gaullienne d'une « Europe de l'Atlantique à l'Oural », la Communauté a déjà affiché une attitude de sympathie et d'ouverture mais aussi de prudence. Les **Douze peuvent notamment répondre à l'aspiration politique** exprimée par les populations des anciennes démocraties populaires. Le Conseil de l'Europe est une structure d'accueil toute indiquée pour ces nouvelles démocraties.
Les Douze doivent plus encore mettre à la disposition de ces économies bloquées à la recherche d'un renouveau les moyens financiers indispensables pour leur redressement. Au-delà de la marche accélérée vers une union monétaire entre les deux Allemagnes et des secours d'urgence à la Pologne, à la Hongrie et à la Roumanie, c'est un transfert massif de capitaux, de technologies manquantes, qui s'esquisse entre les deux Europes.
A terme, les pays de la Communauté ont le choix entre plusieurs solutions : former une vaste confédération libre-échangiste à travers toute l'Europe ; coopter les pays d'Europe centrale à la CEE dans un délai plus ou moins long ou leur accorder un statut d'association. Quelle que soit la formule retenue, le perspective est désormais une grande Europe forte de quatre cent quarante millions d'habitants, bien différente des modestes débuts de 1957 mais conforme aux rêves les plus fous caressés par les grands visionnaires du XIXᵉ siècle et par les « pères fondateurs ».

L'Europe, une idée à géométrie variable ?

A la question « qu'est-ce que l'Europe ? » on peut donner des réponses diverses correspondant à une cascade hiérarchisée d'ambitions.
L'exigence minimale se résume au marché commun. Elle vise, en supprimant les frontières, à redonner toute sa force au principe de concurrence et, en dépassant la taille étriquée des marchés nationaux, à faire jouer les « économies d'échelle », à éviter les doubles emplois et les gaspillages. Le rendez-vous de 1992 vise à rendre toute sa force à ce principe initial.
L'Europe se présente aussi comme une Communauté économique, ce qui revient à ajouter au principe de concurrence le principe de coopération. Celui-ci suppose des politiques communes et par conséquent un sentiment de solidarité entre les pays membres et des concessions au bien commun. Comme le rappelle l'Acte unique, la construction communautaire doit comporter une ambitieuse politique sociale et régionale ainsi que des engagements clairs dans les domaines clés de l'industrie, de la technologie, de la monnaie... **Le troisième étage de la fusée européenne suppose la marche vers une union politique.** Cette ambition

essentielle est rendue délicate par la coexistence depuis l'origine de deux conceptions irréductibles. Les fédéralistes rêvent de l'apparition d'un pouvoir européen, aux dépens des États nations dont une partie de la souveraineté serait transmise à l'échelon communautaire. Les défenseurs de « l'Europe des patries », aux premiers desquels se sont illustrés hier le Général de Gaulle et aujourd'hui Margaret Thatcher, souhaitent au contraire se limiter à une confédération qui laisse le dernier mot aux États et au Conseil européen et accorde à chacun un droit de véto si ses intérêts vitaux sont en jeu. L'évolution se fait cependant progressivement vers une supranationalité limitée certes mais indispensable à la cohérence et à une rapidité de réaction de l'Europe : l'Acte unique substitue dans de nombreux cas le vote à la majorité au principe du vote unanime.

L'ambition ultime de la Communauté est de rendre au vieux continent sa place dans le concert des nations et de lui donner un rayonnement conforme au passé prestigieux de l'Europe. Ainsi conçue, l'Europe n'est plus la simple affaire des marchands mais peut devenir un mythe mobilisateur.

Comme le souligne cet extrait du Rapport sur les institutions européennes de 1980, **le chemin parcouru depuis les lendemains de la guerre représente une expérience à la fois unique dans l'histoire du vieux continent et largement constructive.** « La Communauté est une création sans précédent. Elle est peut-être moins qu'une fédération ou même qu'une confédération, mais elle représente beaucoup plus qu'une alliance ou qu'une organisation internationale traditionnelle. En créant la Communauté, les États membres ont accepté de lui transférer des pouvoirs importants, quoique dans un nombre limité de domaines. Il ne s'est pas agi d'un transfert unique, mais de transferts répétés à travers toute l'étendue de ce qu'est devenu le domaine communautaire. »

Pour que l'Europe aille au bout de ses ambitions, les défis à relever d'ici la fin du XXᵉ siècle ne manquent pas : éviter la captation du grand marché unifié par les seules forces de l'idéologie néo-libérale qui transformerait l'espace européen sans frontières en jungle au profit des plus puissants, achever la marche vers la monnaie commune, élaborer un espace sociale qui protège les plus démunis, renforcer les pratiques démocratiques et le respect des droits de l'homme, développer les échanges culturels et la coopération technologique entre les pays membres mais aussi avec les pays du tiers monde, créer dans les générations montantes la conscience de l'identité européenne etc. **L'Europe reste un grand chantier inachevé.**

L'Europe, une entité à géostratégie variable ?

les contraintes de la guerre froide ont placé la construction communautaire dans l'ombre et sous la protection des États-Unis. Les démocraties occidentales ont affirmé dès la fin des années 40 leur solidarité face à l'Est soviétique. La coupure de l'Europe n'est donc pas seulement économique et politique ; elle est d'abord stratégique. La mise en place successive de l'Otan et du Pacte de Varsovie traduit la militarisation des deux Europes et y organise la veille permanente des deux grands.

Le climat de détente et de coexistence pacifique des années 60 ne modifie pas en profondeur cette situation. Si, à l'Ouest, la réussite économique de la CEE tend à rééquilibre les relations atlantiques et si la France gaulliste affirme son souci de préserver son autonomie au sein de l'alliance, à l'Est, la subordination des démocraties populaires à Moscou reste totale. Le surarmement des deux blocs et des deux Europes en particulier demeure la règle.

La situation actuelle est toute autre. **Les forces mises en mouvement par la perestroïka de Mikhaïel Gorbatchev modifient de fond en comble le paysage international, mais aussi européen.** L'accord du 8 décembre 1987 entre les États-Unis et l'Urss conduit à une dénucléarisation partielle de l'espace européen. L'accord réciproque des deux grands pour accélérer les conversations de désarmement et réduire à deux cent mille hommes leurs forces conventionnelles dans chaque Europe remettent en cause la situation figée héritée de la guerre froide. Enfin, les mouvements qui secouent l'Europe centrale périment la plupart des donnés antérieures. Le démantèlement du mur de Berlin et le processus accéléré de réunification de l'Allemagne suffisent à eux seuls à imposer une révision totale des conceptions stratégiques.

Trois grands problèmes dominent cette révision. Quelles conséquences la **réunification allemande** entraîne-t-elle sur les rapports de force et les équilibres stratégiques ? Sur plusieurs millénaire d'histoire, l'unité allemande ne représente qu'un instant puisqu'elle n'a duré que soixante-dix ans. Mais cette éphémère période d'unité s'est accompagnée d'un déluge de feu et de sang et a laissé en Europe et dans le monde des souvenirs cruels. Ainsi s'expliquent les divergences : pour les uns, la réunification est une espérance ; pour les autres, un risque majeur.

La deuxième question concerne **l'avenir des systèmes d'alliance nés après la guerre.** Ne sont-ils pas rendus caducs par la disparition du « rideau de fer » et par les propositions de Mikhaïel Gorbatchev en faveur de la « maison commune » ? Doivent-ils disparaître ou se transformer plutôt et selon quels principes ? La réponse est d'autant plus urgente que la réunification allemande progresse vite.

La troisième interrogation n'est pas la moindre. **Comment répondre à la résurgence des vieux démons nationalistes, aux réveils des revendications de minorités et à ces « bouffées de mémoire » qui accompagnent la libéralisation en cours contestant les frontières de 1945, voire celles de 1919 ?** Les accords d'Helsinki soulignent, faut-il le rappeler, la stabilité des frontières, mais aussi le droit au respect pour les minorités nationales : Hongrois en Roumanie, Turcs en Bulgarie...

Contrairement à certaines affirmations péremptoires, les évolutions récentes et notamment l'effondrement de l'idéologie marxiste ne signifient nullement la « fin de l'histoire » mais au contraire pour l'Europe son accélération. **Renforcer la Communauté, créer une Confédération englobant les nouvelles démocraties d'Europe centrale, développer la sécurité et la coopération entre les trente-cinq pays signataires des accords d'Helsinki, favoriser le redressement économique de l'Est sans oublier le tiers monde, accélérer le désarmement sans négliger la défense... la fin du siècle est pour les Douze et l'Europe lourde de défis, mais aussi riche de promesses.**

Les grands textes

1. La convention de coopération économique européenne signée le 16 avril 1948 (extraits).
2. La déclaration française du 9 mai 1950.
3. Le traité instituant la Communauté européenne du charbon et de l'acier, signé à Paris, le 18 avril 1951 (extraits).
4. La déclaration des Six du 9 mai 1952 définissant la Communauté européenne de défense.
5. Le traité de Paris définissant la Communauté européenne de défense, 27 mai 1952 (extraits).
6. La résolution adoptée à l'issue de la conférence de Messine, les 1er et 2 juin 1955.
7. Le traité instituant la Communauté économique européenne, signé à Rome, le 25 mars 1957 (extraits).
8. Le compromis de Luxembourg, signé le 29 janvier 1966 entre les six membres de la CEE.
9. La Convention de Lomé signée entre la CEE et les pays ACP, le 31 octobre 1979 (extraits).
10. L'Acte unique européen, entré en vigueur le 1er juillet 1987 (extraits).

Convention de coopération économique européenne (16 avril 1948) (extraits)

Les gouvernements de l'Autriche, de la Belgique, du Danemark, de la France, de la Grèce, de l'Irlande, de l'Islande, de l'Italie, du Luxembourg, de la Norvège, des Pays-Bas, du Portugal, du Royaume-Uni, de la Suède, de la Suisse, de la Turquie et les Commandants en chef des zones d'occupation en Allemagne de la France, du Royaume-Uni et des États-Unis d'Amérique :

Considérant qu'une économie européenne forte et prospère est essentielle pour atteindre les buts des Nations unies, sauvegarder les libertés individuelles, accroître le bien-être général et qu'elle contribuera au maintien de la paix ;

Reconnaissant que leurs économies sont interdépendantes et que la prospérité de chacune d'elles dépend de la prospérité de toutes ;

Estimant que seule une coopération étroite et durable des parties contractantes permet de restaurer et de maintenir la prospérité de l'Europe et de relever les ruines de la guerre ;

Résolus à mettre en œuvre les principes du rapport général du Comité de coopération économique européenne et à atteindre les objectifs qu'il définit, notamment à établir rapidement des conditions économiques saines qui permettront aux parties contractantes de parvenir aussitôt que possible et de se maintenir à un niveau d'activité satisfaisant sans aide extérieure d'un caractère exceptionnel, ainsi que d'apporter leur pleine contribution à la stabilité économique du monde ;

Déterminés à conjuguer à ces fins leurs forces économiques, à s'entendre sur l'utilisation la plus complète de leurs capacités et de leurs possibilités particulières, à augmenter leur production, développer et moderniser leur équipement industriel et agricole, accroître leurs échanges, réduire progressivement les entraves à leur commerce mutuel, favoriser le plein emploi de la main-d'œuvre, restaurer ou maintenir la stabilité de leurs économies ainsi que la confiance dans leurs devises nationales ;

Prenant acte de la volonté généreuse du Peuple américain exprimée par les mesures prises pour apporter l'aide sans laquelle les objectifs assignés ne pourraient être atteints ;

Décidés à créer les conditions et à établir les institutions nécessaires au succès de la coopération économique européenne et à l'usage efficace de l'aide américaine et à conclure une convention à cette fin.

Ont désigné les plénipotentiaires soussignés, lesquels, après présentation de leurs pleins pouvoirs, trouvés en bonne et due forme, sont convenus des dispositions suivantes :

Article premier. Les parties contractantes conviennent de pratiquer une étroite coopération dans leurs relations économiques mutuelles.

Elles s'assignent comme tâche immédiate l'établissement et l'exécution d'un programme commun de relèvement. Ce programme aura pour objet de permettre aux parties contractantes de parvenir aussitôt que possible et de se maintenir à un niveau d'activité économique satisfaisant sans aide extérieure de caractère exceptionnel. A cet effet, le programme devra notamment tenir compte de leur besoin de développer dans toute la mesure du possible leurs exportations vers les pays non participants.

A ces fins, les parties contractantes s'engagent à remplir, par leurs efforts individuels et dans un esprit d'entr'aide, les obligations générales ci-après et instituent une organisation européenne de coopération économique, dénommée ci-dessous l'Organisation. [...]

Déclaration française (9 mai 1950)

La paix mondiale ne saurait être sauvegardée sans des efforts créateurs à la mesure des dangers qui la menacent.

La contribution qu'une Europe organisée et vivante peut apporter à la civilisation est indispensable au maintien des relations pacifiques. En se faisant depuis plus de vingt ans le champion d'une Europe unie, la France a toujours eu pour objet essentiel de servir la paix. L'Europe n'a pas été faite, nous avons eu la guerre.

L'Europe ne se fera pas d'un coup, ni dans une construction d'ensemble : elle se fera par des réalisations concrètes — créant d'abord une solidarité de fait. Le rassemblement des nations européennes exige que l'opposition séculaire de la France et de l'Allemagne soit éliminée : l'action entreprise doit toucher au premier chef la France et l'Allemagne.

Dans ce but, le gouvernement français propose de porter immédiatement l'action sur un point limité mais décisif :

Le gouvernement français propose deplacer l'ensemble de la production franco-allemande de charbon et d'acier, sous une Haute Autorité commune dans une organisation ouverte à la participation des autres pays d'Europe.

La mise en commun des productions de charbon et d'acier assurera immédiatement l'établissement de bases communes de développement économique, première étape de la Fédération européenne, et changera le destin de ces régions longtemps vouées à la fabrication des armes de guerre dont elles ont été les plus constantes victimes.

La solidarité de production qui sera ainsi nouée manifestera que toute guerre entre la France et l'Allemagne devient non seulement impensable, mais matériellement impossible. L'établissement de cette unité puissante de production ouverte à tous les pays qui voudront y participer, aboutissant à fournir à tous les pays qu'elle rassemblera les éléments fondamentaux de la production industrielle aux mêmes conditions, jettera les fondements réels de leur unification économique.

Cette production sera offerte à l'ensemble du monde sans distinction ni exclusion, pour contribuer au relèvement du niveau de vie et au progrès des œuvres de paix. L'Europe pourra, avec des moyens accrus, poursuivre la réalisation de l'une de ses tâches essentielles : le développement du continent africain.

Ainsi sera réalisée simplement et rapidement la fusion d'intérêts indispensable à l'établissement d'une communauté économique et introduit le ferment d'une communauté plus large et plus profonde entre des pays longtemps opposés par des divisions sanglantes.

Par la mise en commun de productions de base et l'institution d'une Haute Autorité nouvelle, dont les décisions lieront la France, l'Allemagne et les pays qui y adhéreront, cette proposition réalisera les premières assises concrètes d'une Fédération européenne indispensable à la préservation de la paix.

Pour poursuivre la réalisation des objectifs ainsi définis, le gouvernement français est prêt à ouvrir des négociations sur les bases suivantes :

La mission impartie à la Haute Autorité commune sera d'assurer dans les délais les plus rapides : la modernisation de la production et l'amélioration de sa qualité ; la fourniture à des conditions identiques du charbon et de l'acier sur le marché français et sur le marché allemand, ainsi que sur ceux des pays adhérents ; le développement de l'exportation commune vers les autres pays ; l'égalisation dans le progrès des conditions de vie de la main-d'œuvre de ces industries.

Pour atteindre ces objectifs à partir des conditions très disparates dans lesquelles sont placées actuellement les productions des pays adhérents, à titre transitoire, certaines dispositions devront être mises en œuvre, comportant l'application d'un plan de production et d'investissements, l'institution de mécanismes de péréquation des prix, la création d'un fonds de reconversion facilitant la rationalisation de la production. La circulation du charbon et de l'acier entre les pays adhérents sera immédiatement affranchie de tout droit de douane, et ne pourra être affectée par des tarifs de transports différentiels. Progressivement se dégageront les conditions assurant spontanément la répartition la plus rationnelle de la production au niveau de productivité le plus élevé.

A l'opposé d'un cartel international tendant à la répartition et à l'exploitation des marchés nationaux par des pratiques restrictives et le maintien de profits élevés, l'organisation projetée assurera la fusion des marchés et l'expansion de la production.

Les principes et les engagements essentiels ci-dessus définis feront l'objet d'un traité signé entre les États et soumis à la ratification des Parlements. Les négociations indispensables pour préciser les mesures d'application seront poursuivies avec l'assistance d'un arbite désigné d'un commun accord ; celui-ci aura charge de veiller à ce que les accords soient conformes aux principes et, en cas d'opposition irréductible, fixera la solution qui sera adoptée. La Haute Autorité commune chargée du fonctionnement de tout le régime sera composée de personnalités indépendantes désignées sur une base paritaire par les gouvernements ; un président sera choisi d'un commun accord par les gouvernements ; ses décisions seront exécutoires en France, en Allemagne et dans les autres pays adhérents. Des dispositions appropriées assureront les voies de recours nécessaires contre les décisions de la Haute Autorité. Un représentant des Nations unies auprès de cette Autorité sera chargé de faire deux fois par an un rapport public à l'ONU, rendant compte du fonctionnement de l'organisme nouveau, notamment en ce qui concerne la sauvegarde de ses fins pacifiques.

L'institution de la Haute Autorité ne préjuge en rien du régime de propriété des entreprises. Dans l'exercice de sa mission, la Haute Autorité commune tiendra compte des pouvoirs conférés à l'autorité internationale de la Ruhr et des obligations de toute nature imposées à l'Allemagne, tant que celles-ci subsisteront.

Traité instituant la Communauté européenne du charbon et de l'acier (Paris, 18 avril 1951) (extraits)

Le Président de la République fédérale d'Allemagne, Son Altesse Royale le Prince de Belgique, le Président de la République française, le Président de la République italienne. Son Altesse Royale la Grande-Duchesse de Luxembourg, Sa Majesté la Reine des Pays-Bas.

Considérant que la paix mondiale ne peut être sauvegardée que par des efforts créateurs à la mesure des dangers qui la menacent ;

Convaincus que la contribution qu'une Europe organisée et vivante peut apporter à la civilisation est indispensable au maintien de relations pacifiques ;

Conscients que l'Europe ne se construira que par des réalisations concrètes créant d'abord une solidarité de fait et par l'établissement de bases communes de développement économique ;

Soucieux de concourir par l'expansion de leurs productions fondamentales au relèvement du niveau de vie et au progrès des œuvres de paix ;

Résolus à substituer aux rivalités séculaires une fusion de leurs intérêts essentiels, à fonder par l'instauration d'une communauté économique les premières assises d'une communauté plus large et plus profonde entre des peuples longtemps opposés par des divisions sanglantes, et à jeter les bases d'institutions capables d'orienter un destin désormais partagé ;

Ont décidé de créer une Communauté européenne du charbon et de l'acier et ont désigné à cet effet comme plénipotentiaires...

Lesquels, après avoir échangé leurs pleins pouvoirs, reconnus en bonne et due forme, sont convenus des dispositions qui suivent.

Titre premier

DE LA COMMUNAUTÉ EUROPÉENNE DU CHARBON ET DE L'ACIER

Article premier. Par le présent traité les hautes parties contractantes instituent entre elles une Communauté européenne du charbon et de l'acier, fondée sur un marché commun, des objectifs communs et des institutions communes.

Art. 2. La Communauté européenne du charbon et de l'acier a pour mission de contribuer, en harmonie avec l'économie générale des États membres et grâce à l'établissement d'un marché commun dans les conditions définies à l'article 4, à l'expansion économique, au développement de l'emploi et au relèvement du niveau de vie dans les États membres.

La Communauté doit réaliser l'établissement progressif de conditions assurant par elles-mêmes la répartition la plus rationnelle de la production au niveau de productivité le plus élevé, tout en sauvegardant la continuité de l'emploi et en évitant de provoquer, dans les économies des États membres, des troubles fondamentaux et persistants.

La déclaration des Six définissant la Communauté européenne de défense, 9 mai 1952 (extraits)

Cet ensemble de conventions, qui a pour origine l'initiative prise par le gouvernement français en 1950, a pour objet l'établissement d'une défense commune aux six pays signataires en coopération avec les autres nations libres. Cette défense sera obtenue par l'intégration aussi complète que possible, dans la mesure compatible avec les nécessités militaires, des éléments humains et matériels dont disposent les États membres responsables au sein d'une organisation européenne supra-nationale.

Le traité, grâce à l'établissement d'un budget commun et d'un programme d'armement commun, tend à l'emploi le plus rationnel et le plus économiques des ressources des pays participants. Ce programme commun réalisera, dans les conditions les meilleures, la standardisation des armes.

La communauté projetée a des objectifs exclusivement défensifs. Elle doit assurer contre toute agression la sécurité des États membres, en participant à la défense occidentale dans le cadre du traité de l'Atlantique-Nord. Les dispositions du traité soulignent ce caractère pacifique en même temps que la nécessité d'une coopération étroite entre la communauté et les puissances atlantiques, notamment les États-Unis d'Amérique et le Royaume-Uni, dont les gouvernements représentés ainsi que le SHAPE à la conférence par des observateurs ont constamment marqué l'intérêt qu'ils portaient à l'heureux aboutissement de ses travaux.

Les textes aujourd'hui paraphés marquent également le fait que la constitution d'une Communauté euorpéenne de défense représentera une étape nouvelle et essentielle dans la voie de la formation d'une Europe unie. Aux rivalités qui ont pendant des siècles opposé les États qui y participeront doit se substituer, en vue de la défense, l'application de règles communes, dans des conditions analogues à celles qui règleront la marche unique de leurs principales matières premières : charbon et acier.

Il est prévu d'ailleurs que l'Assemblée de la Communauté européenne de défense, en dehors des pouvoirs de contrôle qu'elle exercera dès l'entrée en vigueur du traité, notamment en matière budgétaire, sera chargée d'étudier immédiatement, la constitution des institutions politiques d'une structure fédérale ou confédérale de l'Europe.

Le traité de Paris définissant la Communauté européenne de défense, 27 mai 1952 (extraits)

Art. 9. — Les Forces armées de la Communauté, ci-après dénommées « Forces européennes de défense », sont composées de contingents mis à la disposition de la Communauté par les États membres, en vue de leur fusion dans les conditions prévues au présent traité.

Aucun État membre ne recrutera ou n'entretiendra de forces armées nationales en dehors de celles qui sont prévues à l'article 10 ci-après.

Art. 10. — 1. Les États membres peuvent recruter et entretenir des forces armées nationales destinées à être employées dans les territoires non européens à l'égard desquels ils assument des responsabilités de défense, ainsi que les unités stationnées dans leurs pays d'origine et nécessaires à la maintenance de ces forces et à l'exécution des relèves.

2. Les États membres peuvent également recruter et entretenir des forces armées nationales répondant aux missions internationales qu'ils ont assumées, à Berlin, en Autriche ou en vertu de décisions des Nations unies. A l'issue de ces missions, ces troupes seront soit dissoutes, soit mises à la disposition de la Communauté. Des relèves peuvent être exécutées, avec l'accord du commandant suprême compétent relevant de l'Organisation du traité de l'Atlantique-Nord, par échange avec des unités composées de contingents originaires des États membres intéressés et appartenant aux Forces européennes de défense.

3. Les éléments destinés, dans chaque État membre, à assurer la garde personnelle du chef de l'État demeurent nationaux.

4. Les États membres peuvent disposer de forces navales nationales, d'une part pour la garde des territoires non européens à l'égard desquels ils assument les responsabilités de défense visées au paragraphe 1 du présent article et pour la protection des communications avec et entre ces territoires et, d'autre part, pour remplir les obligations qui découlent pour eux des missions internationales visées au paragraphe 2 du présent article ainsi que d'accords conclus dans le cadre du traité de l'Atlantique-Nord antérieurement à l'entrée en vigueur du présent traité.

5. Le volume total des forces armées nationales visées au présent article, y compris les unités de maintenance, ne doit pas être d'une ampleur telle qu'elle compromette la participation de chaque État membre aux Forces européennes de défense, déterminée par un accord entre les gouvernements des États membres.

Les États membres ont la faculté de procéder à des échanges individuels de personnel entre les contingents qu'ils mettent à la disposition des Forces européennes de défense et les forces qui n'en font pas partie, sans qu'il doivent en résulter une diminution des Forces européennes de défense.

Résolution adoptée par les ministres des Affaires étrangères des États membres de la CECA à la conférence de Messine (1ᵉʳ-2 juin 1955)

Les gouvernements de la République fédérale d'Allemagne, de Belgique, de France, d'Italie, du Luxembourg et des Pays-Bas croient le moment venu de franchir une nouvelle étape dans la voie de la construction européenne. Ils sont d'avis que celle-ci doit être réalisée tout d'abord dans le domaine économique.

Ils estiment qu'il faut poursuivre l'établissement d'une Europe unie par le développement d'institutions communes, la fusion progressive des économies nationales, la création d'un marché commun et l'harmonisation progressive de leurs politiques sociales.

Une telle politique leur paraît indispensable pour maintenir à l'Europe la place qu'elle occupe dans le monde, pour lui rendre son influence et son rayonnement, et pour augmenter d'une manière continue le niveau de vie de sa population.

I

A ces fins, les six ministres se sont mis d'accord sur les objectifs suivants :

A) 1. l'extension des échanges de marchandises et le mouvements des hommes appellent le développement en commun de grandes voies de communication.

A cette fin, sera entreprise l'étude en commun de plans de développement axés sur l'établissement d'un réseau européen de canaux, d'autoroutes, de lignes électrifiées et sur une standardisation des équipements, ainsi que la recherche d'une meilleure coordination des transports aériens.

2. La mise à la disposition des économies européennes d'énergie plus abondante à meilleur marché constitue un élément fondamental de progrès économique.

C'est pourquoi toutes dispositions devront être prises pour développer les échanges de gaz et de courant électrique propres à augmenter la rentabilité des investissements et à réduire le coût des fournitures.

Des méthodes seront étudiées pour coordonner les perspectives communes de développement de la production et de la consommation d'énergie et pour dresser les lignes générales d'une politique d'ensemble.

3. Le développement de l'énergie atomique à des fins pacifiques ouvrira à brève échéance la perspective d'une nouvelle révolution industrielle sans commune mesure avec celle des cent dernières années.

Les six États signataires estiment qu'il faut étudier la création d'une organisation commune, à laquelle seront attribués la responsabilité et les moyens d'assurer le développement pacifique de l'énergie atomique, en prenant en considération les arrangements spéciaux souscrits par certains gouvernements avec des tiers.

Ces moyens devraient comporter :

a) L'établissement d'un fonds commun alimenté par des contributions de chacun des pays participants et permettant de financer les installations et les recherches en cours ou à entreprendre.

b) L'accès libre et suffisant aux matières premières, le libre échange des connaissances et des techniques, des sous-produits et des outillages spécialisés.

c) La mise à disposition, sans discrimination, des résultats obtenus et l'octroi d'aides financières en vue de leur exploitation.

d) La coopération avec les pays non membres.

B) Les six gouvernements reconnaissent que la constitution d'un marché commun européen, exclusif de tout droit de douane et de toute restriction quantitative, est l'objectif de leur action dans le domaine de la politique économique.

Ils considèrent que ce marché doit être réalisé par étapes. Sa mise en application nécessite l'étude des questions suivantes :

a) La procédure et le rythme de la suppression progressive des obstacles aux échanges dans les relations entre pays participants, ainsi que les mesures appropriées tendant à l'unification progressive du régime douanier à l'égard des pays tiers.

b) Les mesures à prendre afin d'harmoniser la politique générale des pays participants dans les domaines financiers, économiques et sociaux.

c) L'adoption de méthodes susceptibles d'assurer une coordination suffisante des politiques monétaires des pays membres pour permettre la création et le développement d'un marché commun.

d) Un système de clauses de sauvegarde.

e) La création et le fonctionnement d'un fonds de réadaptation.

f) L'établissement graduel de libre circulation de la main-d'œuvre.

g) L'élaboration de règles assurant le jeu de la concurrence au sein du Marché commun de manière à exclure notamment toutes discrimination nationale.

h) Les modalités institutionnelles appropriées pour la réalisation et le fonctionnement du Marché commun.

C) La création d'un fonds d'investissements européen sera étudiée. Ce fonds aurait pour but le développement en commun des virtualités économiques européennes et en particulier, le développement des régions moins favorisées des États participants.

D) En ce qui concerne le domaine social, les six gouvernements considèrent comme indispensable d'étudier l'harmonisation progressive des réglementations en vigueur dans les différents pays, notamment celles relatives à la durée du travail, la rémunération des prestations supplémentaires (travail de nuit, travail du dimanche, et des jours fériés), la durée de ces congés et leur rémunération.

II

Les six gouvernements ont décidé d'adopter la procédure suivante :

1. Une ou des conférences seront appelées à élaborer les traités ou arrangements relatifs aux matières envisagées.

2. La préparation en sera assurée par un comité de délégués gouvernementaux assistés d'experts sous la présidence d'une personnalité politique chargée de coordonner les différents travaux.

3. Le comité sollicitera de la Haute Autorité de la CECA, ainsi que des secrétariats généraux de l'OECE du Conseil de l'Europe et de la Conférence européenne des ministres des Transports les concours nécessaires.

4. Le rapport d'ensemble du comité sera soumis aux ministres des Affaires étrangères au plus tard le 1er octobre 1955.

5. Les ministres des Affaires étrangères se réuniront avant cette date pour prendre connaissance des rapports intérimaires préparés par le comité et lui donner les directives nécessaires.

6. Le gouvernement du Royaume-Uni, en tant que puissance membre de l'UEO .et puissance associée de la CECA, sera invité à participer à ces travaux.

7. Les ministres des Affaires étrangères décideront en temps voulu des invitations à adresser éventuellement à d'autres États de participer à la ou aux conférences prévues au paragraphe 1.

Traité instituant la Communauté économique européenne (25 mars 1957) (extraits)

Sa Majesté le roi des Belges, le Président de la République fédérale d'Allemagne, le Président de la République française, le Président de la République italienne, Son Altesse Royale la Grande-Duchesse de Luxembourg, Sa Majesté la Reine des Pays-Bas.

Déterminés à établir les fondements d'une union sans cesse plus étroite entre les peuples européens.

Décidés à assurer par une action commune le progrès économique et social de leurs pays en éliminant les barrières qui divisent l'Europe,

Assignant pour but essentiel à leurs efforts l'amélioration constante des conditions de vie et d'emploi de leurs peuples,

Reconnaissant que l'élimination des obstacles existants appelle une action concertée en vue de garantir la stabilité dans l'expansion, l'équilibre dans les échanges et la loyauté dans la concurrence,

Soucieux de renforcer l'unité de leurs économies et d'en assurer le développement harmonieux en réduisant l'écart entre les différentes régions et le retard des moins favorisées,

Désireux de contribuer, grâce à une politique commerciale commune, à la suppression progressive des restrictions aux échanges internationaux,

Entendant confirmer la solidarité qui lie l'Europe et les pays d'outre-mer, et désirant assurer le développement de leur prospérité, conformément aux principes de la Charte des Nations unies,

Résolus à affermir, par la constitution de cet ensemble de ressources, les sauvegardes de la paix et de la liberté, et appelant les autres peuples de l'Europe qui partagent leur idéal à s'associer à leur effort,

Ont décidé de créer une Communauté économique européenne et ont désigné à cet effet comme plénipotentiaires : [...]

Lesquels, après avoir échangé leurs pleins pouvoirs, reconnus en bonne et due forme, sont convenus des dispositions qui suivent.

LES PRINCIPES

Article 1

Par le présent traité, les hautes parties contractantes instituent entre elles une COMMUNAUTÉ ÉCONOMIQUE EUROPÉENNE.

Article 2

La Communauté a pour mission, par l'établissement d'un marché commun et par le rapprochement progressif des politiques économiques des États membres, de promouvoir un développement harmonieux des activités économiques dans l'ensemble de la Communauté, une expansion continue et équilibrée, une stabilité accrue, un relèvement accéléré du niveau de vie et des relations plus étroites entre les États qu'elle réunit.

Article 3

Aux fins énoncées à l'article précédent, l'action de la Communauté comporte, dans les conditions et selon les rythmes prévus par le présent traité :

a) l'élimination, entre les États membres, des droits de douane et des restrictions quantitatives à l'entrée et à la sortie des marchandises, ainsi que de toutes autres mesures d'effet équivalent ;

b) l'établissement d'un tarif douanier commun et d'une politique commerciale commune envers les États tiers ;

c) l'abolition, entre les États membres, des obstacles à la libre circulation des personnes, des services et des capitaux ;

d) l'instauration d'une politique commune dans le domaine de l'agriculture ;

e) l'instauration d'une politique commune dans le domaine des transports ;

f) l'établissement d'un régime assurant que la concurrence n'est pas faussée dans le marché commun ;

g) l'application de procédures permettant de coordonner les politiques économiques des États membres et de parer aux déséquilibres dans leurs balances des paiements ;

h) le rapprochement des législations nationales dans la mesure nécessaire au fonctionnement du marché commun ;

i) la création d'un Fonds social européen, en vue d'améliorer les possibilités d'emploi des travailleurs et de contribuer au relèvement de leur niveau de vie ;

j) l'institution d'une Banque européenne d'investissement, destinée à faciliter l'expansion économique de la Communauté par la création de ressources nouvelles ;

k) l'association des pays et territoires d'outre-mer, en vue d'accroître les échanges et de poursuivre en commun l'effort de développement économique et social. [...]

Article 6

1. Les États membres, en étroite collaboration avec les institutions de la Communauté, coordonnent leurs politiques économiques respectives dans la mesure nécessaire pour atteindre les objectifs du présent traité.

2. Les institutions de la Communauté veillent à ne pas compromettre la stabilité financière interne et externe des États membres.

Article 7

Dans le domaine d'application du présent traité, et sans préjudice des dispositions particulières qu'il prévoit, est interdite toute discrimination exercée en raison de la nationalité.

Le Conseil, sur proposition de la Commission et après consultation de l'Assemblée, peut prendre, à la majorité qualifiée, toute réglementation en vue de l'interdiction de ces discriminations.

Article 8

1. Le marché commun est progressivement établi au cours d'une période de transition de douze années.

La période de transition est divisée en trois étapes, de quatre années chacune, dont la durée peut être modifiée dans les conditions prévues ci-dessous.

2. A chaque étape est assigné un ensemble d'actions qui doivent être engagées et poursuivies concurremment.

Arrangements intervenus à Luxembourg entre les six États membres de la CEE (29 janvier 1966)

Au sujet du vote majoritaire au Conseil de la CEE

I. Lorsque, dans le cas de décisions susceptibles d'être prises à la majorité sur proposition de la Commission, des intérêts très importants d'un ou plusieurs partenaires sont en jeu, les membres du Conseil s'efforceront dans un délai raisonnable d'arriver à des solutions qui pourront être adoptées par tous les membres du Conseil dans le respect de leurs intérêts mutuels et de ceux de la Communauté, conformément à l'article 2 du traité.

II. En ce qui concerne le paragraphe précédent, la délégation française estime que, lorsqu'il s'agit d'intérêts très importants, la discussion devra se poursuivre jusqu'à ce que l'on soit parvenu à un accord unanime.

III. Les six délégations constatent qu'une divergence subsiste sur ce qui devrait être fait au cas où la conciliation n'aboutirait pas complètement.

IV. Les six délégations estiment néanmoins que cette divergence n'empêche pas la reprise, selon la procédure normale, des travaux de la Communauté.

V. Les membres du Conseil se proposent d'adopter les décisions ci-après d'un commun accord à l'unanimité :

— règlement financier agricole,

— complément à apporter à l'organisation du marché des fruits et légumes,

— règlement portant organisation du marché du sucre,

— règlement portant organisation du marché des matières grasses,

— fixation des prix communs : viande bovine, riz, sucre, huile d'olive, graines oléagineuses, lait.

D'autre part, il a été reconnu que toutes les questions concernant le *Kennedy Round* seraient considérées comme « très importantes ».

Au sujet de la collaboration entre le Conseil et la Commission de la CEE

Une étroite collaboration entre le Conseil et la Commission constitue un élément essentiel pour le fonctionnement et le développement de la Communauté.

Le Conseil, afin d'améliorer et d'intensifier encore, à tous les niveaux, cette collaboration, considère qu'il convient d'appliquer les modalités pratiques de coopération suivantes à arrêter, d'un commun accord, sur la base de l'article 162 du traité CEE sans qu'elles puissent porter atteinte aux compétences et attributions respectives des deux institutions.

I. Avant d'adopter une proposition présentant une importance particulière, il est souhaitable que la Commission prenne les contacts appropriés avec les gouvernements des États membres, par l'entremise des représentants permanents, sans que cette procédure puisse porter atteinte au droit d'initiative que la Commission tient du traité.

II. Les propositions et tous autres actes officiels que la Commission adresse au Conseil et aux États membres ne pourront être rendus publics qu'après que ceux-ci en auront été saisis formellement et que les textes seront en leur possession.

Le *Journal officiel* devrait être aménagé de façon à faire apparaître de manière distincte les actes ayant force obligatoire. Les modalités selon lesquelles pourront être publiés les textes dont la publication est requise seront arrêtées dans le cadre des travaux en cours pour la réorganisation du *Journal officiel*.

III. Les lettres de créance des chefs de mission des États tiers accrédités auprès de la Communauté seront présentées aux présidents du Conseil et de la Commission réunis à cette occasion.

IV. Les démarches portant sur des questions de fond effectuées auprès du Conseil ou de la Commission par les représentants d'États tiers feront l'objet d'une information réciproque aussi rapide que complète.

V. Dans le cadre de l'application de l'article 162, le Conseil et la Commission procèdent à des consultations sur l'opportunité, les modalités et la nature des liaisons que la Commission pourrait établir en vertu de l'article 229 du traité avec les organisations internationales.

VI. La coopération entre le Conseil et la Commission dans le domaine de l'information de la Communauté qui a fait l'objet de la délibération du Conseil en date du 24 septembre 1963 sera renforcée de telle sorte que le programme du service de presse et d'information sera défini et sa mise en œuvre suivie conjointement selon les procédures qui seront précisées ultérieurement et qui pourraient comporter la création d'un organisme *ad hoc*.

VII. Le Conseil et la Commission définiront, dans le cadre des règlements financiers relatifs à l'établissement et à l'exécution des budgets des Communautés, les moyens d'accroître l'efficacité du contrôle de l'engagement, de l'ordonnancement et de l'exécution des dépenses des communautés.

Note : Un paragraphe concernant la réserve que doivent observer les membres de la Commission dans leurs déclarations publiques a été adopté. Cependant il n'a pas été publié car ce point doit être traité discrètement entre le président du Conseil des ministres et le président de la nouvelle Commission.

La Convention de Lomé, signée le 31 octobre 1979 (extraits)

CHAPITRE 1

Objectifs et principes de la coopération

Article 1

La Communauté et ses États membres, d'une part, et les États ACP, d'autre part, ci-après dénommés « parties contractantes », concluent la présente Convention de coopération en vue de promouvoir et d'accélérer le développement économique, culturel et social des États ACP et d'approfondir et de diversifier leurs relations dans un esprit de solidarité et d'intérêt mutuel.

Les parties contractantes affirment ainsi leur engagement à poursuivre, renforcer et rendre plus efficace le système de coopération instauré par les première et deuxième Conventions ACP-CEE et confirment le caractère privilégié de leurs relations, fondé sur leur intérêt réciproque et la spécificité de leur coopération.

Les parties contractantes expriment leur volonté d'intensifier leurs efforts en vue de créer dans la perspective d'un ordre économique international plus juste et équilibré un modèle de relations entre États développés et États en développement et d'œuvrer ensemble pour affirmer au plan international les principes qui fondent leur coopération.

Article 2

La coopération ACP-CEE, fondée sur un régime de droit et l'existence d'institutions conjointes, s'exerce sur la base des principes fondamentaux suivants :

— l'égalité des partenaires, le respect de leur souveraineté, l'intérêt mutuel et l'interdépendance ;

— le droit de chaque État à déterminer ses choix politiques, sociaux, culturels et économiques ;

— la sécurité de leur relation fondée sur l'acquis de leur système de coopération.

Article 3

Les États ACP déterminent souverainement les principes, stratégies et modèles de développement de leurs économies et de leurs sociétés.

Article 4

La coopération ACP-CEE appuie les efforts des États ACP en vue d'un développement plus autonome et auto-entretenu fondé sur leurs valeurs sociales et culturelles, leurs capacités humaines, leurs ressources naturelles, leurs potentialités économiques afin de promouvoir le progrès social et économique des États ACP et le bien-être de leurs populations, par la satisfaction de leurs besoins fondamentaux, la reconnaissance du rôle de la femme et l'épanouissement des capacités humaines dans le respect de leur dignité.

Article 5

Dans la perspective d'un développement économique plus équilibré et plus autonome des États ACP, des efforts particuliers sont consacrés dans la présente Convention pour promouvoir le développement rural, la sécurité alimentaire des populations, le rétablissement et le renforcement du potentiel de production agricole des États ACP.

Article 6

Afin de renforcer l'autonomie collective des États ACP, la présente Convention appuie les efforts des États ACP pour s'organiser régionalement et intensifier leur coopération au niveau régional et interrégional.

Dans ce cadre, la coopération accorde un intérêt particulier à la mise en œuvre d'actions pour lesquelles la dimension régionale est particulièrement appropriée et qui impliquent un effort de longue durée.

Article 7

Les parties contractantes reconnaissent la nécessité d'accorder un traitement particulier aux États ACP les moins développés et de tenir compte des difficultés spécifiques auxquelles sont confrontés les États ACP enclavés et insulaires. Elles accordent une attention particulière à l'amélioration des conditions de vie des couches de populations les plus défavorisées. [...]

L'Acte unique européen, 17 février 1986 (extraits)

Les signataires

— Animés de la volonté de poursuivre l'œuvre entreprise à partir des traités instituant les Communautés europénnes et de transformer l'ensemble des relations entre leurs États en une Union européenne, conformément à la Déclaration solennelle de Stuttgart du 19 juin 1983,

— Résolus à mettre en œuvre cette Union européenne sur la base, d'une part, des Communautés fonctionnant selon leurs règles propres et, d'autre part, de la Coopération européenne entre les États signataires en matière de politique étrangère, et à doter cette union des moyens d'action nécessaires,

— Décidés à promouvoir ensemble la démocratie en se fondant sur les droits fondamentaux reconnus dans les Constitutions et les lois des États membres, dans la Convention de sauvegarde des droits de l'homme et la Charte sociale européenne, notamment la liberté, l'égalité et la justice sociale,

— Convaincus que l'idée européenne, les résultats acquis dans les domaines de l'intégration économique et de la coopération politique ainsi que la nécessité de nouveaux développements répondent aux vœux des peuples démocratiques européens pour qui le Parlement européen, élu au suffrage universel, est un moyen d'expression indispensable,

— Conscients de la responsabilité qui incombe à l'Europe de s'efforcer de parler toujours davantage d'une seule voix et d'agir avec cohésion et solidarité afin de défendre plus efficacement ses intérêts communs et son indépendance, ainsi que de faire tout particulièrement valoir les principes de la démocratie et le respect du droit et des droits de l'homme auxquels ils sont attachés, afin d'apporter ensemble leur contribution propre au maintien de la paix et de la sécurité internationales conformément à l'engagement qu'ils ont pris dans le cadre de la Charte des Nations unies,

— Déterminés à améliorer la situation économique et sociale par l'approfondissement des politiques communes et par la poursuite d'objectifs nouveaux, et à assurer un meilleur fonctionnement des Communautés, en permettant aux Institutions d'exercer leurs pouvoirs dans les conditions les plus conformes à l'intérêt communautaire,

— Considérant que les chefs d'État ou de gouvernement, lors de leur Conférence de Paris des 19-21 octobre 1972, ont approuvé l'objectif de réalisation progressive de l'Union économique et monétaire,

— Considérant l'annexe aux conclusions de la Présidence du Conseil européen de Brême des 6 et 7 juillet 1978 ainsi que la résolution du Conseil européen de Bruxelles du 5 décembre 1978 concernant l'instauration du système monétaire européen (SME) et des questions connexes et notant que, conformément à cette résolution, la Communauté et les banques centrales des États membres ont pris un certain nombre de mesures destinées à mettre en œuvre la coopération monétaire,

ONT DÉCIDÉ d'établir le présent acte et ont désigné à cet effet leurs plénipotentiaires : [...]

LESQUELS, après avoir échangé leurs pleins pouvoirs reconnus en bonne et due forme, sont convenus des dispositions qui suivent :

Article 1

Les Communautés européennes et la coopération politique européenne ont pour objectif de contribuer ensemble à faire progresser concrètement l'Union européenne.

Les Communautés européennes sont fondées sur les traités instituant la Communauté européenne du charbon et de l'acier, la Communauté économique européenne, la Communauté européenne de l'énergie atomique, ainsi que sur les traités et actes subséquents qui les ont modifiés ou complétés. [...]

Article 2

Le Conseil européen réunit les chefs d'État et de gouvernement des États membres de la Communauté ainsi que le président de la Commission des Communautés européennes. Ceux-ci sont assistés par les ministres des Affaires étrangères et par un membre de la Commission.

Le Conseil européen se réunit au moins deux fois par an. [...]

L'Europe au fil des ans

1944

5 septembre   Traité d'union douanière Benelux

1945

8 mai   **Capitulation sans conditions de l'Allemagne hitlérienne**
17 juillet-2 août   Conférence de Potsdam

1946

5 mars   Discours sur le rideau de fer prononcé par Winston Churchill, à Fulton, Missouri
19 septembre   Discours de Winston Churchill à Zurich en faveur des États-Unis d'Europe : « Je vous dis donc, debout l'Europe ! »

1947

10 février   Traité de paix entre l'Italie et les vainqueurs
4 mars   **Traité de Dunkerque : alliance entre la France et la Grande-Bretagne**
28 mars   Création de la Commission économique pour l'Europe de l'ONU
24 avril   Échec de la Conférence des Quatre sur l'Allemagne
5 juin   Discours de George Marshall à Harvard
2 juillet   L'URSS et ses satellites refusent le plan Marshall
22 septembre   Conférence sur la coopération économique européenne

1948

1er janvier   Entrée en vigueur de l'Union douanière Benelux
17 mars   **Pacte de Bruxelles : alliance défensive entre la France, la Grande-Bretagne, la Belgique, les Pays-Bas, le Luxembourg. Création d'un comité d'étude pour l'union européenne**
16 avril   Création de l'OECE, Organisation économique de coopération européenne, chargée de mettre en œuvre le plan Marshall
7-10 mai   **Congrès du Mouvement européen à La Haye**
13-20 juin   « Recommandations de Londres » sur l'Allemagne (conférence de Londres) : unification des trois zones d'occupation alliées, création d'une monnaie commune, annonce de l'élection d'une assemblée constituante
24 juin   Débuts du blocus de Berlin par les Soviétiques

1949

4 avril   **Signature à Washington du Pacte atlantique**
5 mai   **Signature à Londres du statut du Conseil de l'Europe**
12 mai   Fin du blocus de Berlin
23 mai   La Loi fondamentale donne naissance à la RFA
15 septembre   Konrad Adenauer devient le premier chancelier de RFA
7 octobre   Proclamation de la RDA

1950

9 mai   **Déclaration de Robert Schuman**
2 juin   Refus britannique de participer au pool charbon-acier
20 juin   Ouverture à Paris, sous la présidence de Jean Monnet, des négociations sur le plan Schuman
25 juin   Début de la guerre de Corée
18 août   Code de libération des échanges à l'OECE
19 septembre   **Création de l'Union européenne des paiements, UEP**
24 octobre   Plan Pleven d'armée européenne
4 novembre   Signature à Rome dans le cadre du Conseil de l'Europe de la convention européenne des droits de l'homme

1951

18 avril   **Signature à Paris du traité créant la CECA**
2 mai   Entrée de la RFA au Conseil de l'Europe

1952

27 mai   Signature du traité de Communauté européenne de défense
10 août   Installation à Luxembourg de la Haute Autorité de la CECA sous la présidence de Jean Monnet

1953

1er janvier   Entrée en application du premier impôt européen : prélèvement de la CECA
10 février   Ouverture du marché commun pour le charbon et le minerai de fer
5 mars   **Mort de Staline**
10 mai   Ouverture du marché commun des produits sidérurgiques

1954

30 août   **Rejet par l'Assemblée nationale française de la CED**
23 octobre   **Accords de Paris : création de l'Union de l'Europe occidentale. Entrée de la RFA dans l'OTAN**
10 novembre   Démission de Jean Monnet de la présidence de la Haute Autorité

1955

2 avril   Initiative de Paul-Henri Spaak pour la relance communautaire
4 avril   Mémorandum Beyen sur un Marché commun
mi-avril   Jean Monnet envoie à Paul-Henri Spaak son plan de relance
14 mai   **Pacte de Varsovie entre l'URSS et ses alliés**
1er-3 juin   **Conférence de Messine**
9 juillet   Mise en place d'un comité d'experts chargés de rédiger un rapport sur les possibilités d'une union économique européenne et d'une union dans le domaine nucléaire
13 octobre   Création du Comité d'action pour les États-Unis d'Europe, de Jean Monnet

1956

24-25 février   Dénonciation des crimes staliniens par Khrouchtchev au XXe congrès du PCUS
21 avril   Remise du rapport Paul-Henri Spaak aux ministres des Affaires étrangères
23-30 mai   La conférence de Venise approuve le rapport Spaak
26 juin   Début de la conférence intergouvernementale de Val-Duchesse pour l'élaboration des traités du Marché commun et de l'Euratom
17 juillet   A l'initiative du Royaume-Uni, l'OECE crée un groupe de travail chargé d'étudier l'établissement d'une zone de libre-échange excluant toute union douanière
26 juillet   Nationalisation du canal de Suez par Nasser
6 novembre   Expédition franco-anglaise à Suez
4-8 novembre   Répression de la révolution de Budapest : « Europe, nous mourrons pour toi ! »

1957

19-21 février   Réunion des Six à Paris sur les projets de traités
25 mars   **Signature à Rome au Capitole, dans la salle des Horaces, du traité instituant la Communauté économique européenne et la Communauté européenne de l'énergie atomique**
juillet-novembre   Ratification par les parlements nationaux des Six du traité de Rome

1958

1er janvier   **Entrée en vigueur des traités de Rome**
3 février   Signature à La Haye du traité instituant l'union économique du Benelux
19 mars   Première réunion à Strasbourg de l'assemblée parlementaire européenne : Robert Schuman en est le président
3-11 juillet   Conférence de Stresa qui jette les bases du Marché commun agricole
14 septembre   Première rencontre à Colombey-les-Deux-Églises entre de Gaulle et Adenauer
15 décembre   Échec des négociations au sein de l'OECE sur la création d'une zone européenne de libre-échange

1959

1er janvier   Premières mesures de désarmement douanier des pays membres de la Communauté : baisse de 10 pour cent des droits de douane et élargissement contingentaire de 20 pour cent

1960

1er janvier   Deuxième élargissement contingentaire de 10 pour cent

4 janvier	**Convention de Stockholm créant l'Association européenne de libre-échange entre le Royaume-Uni, la Norvège, la Suède, le Danemark, l'Autriche, la Suisse, le Portugal**
11 mai	Création du FSE
12 mai	Les Six décident d'accélérer la réalisation du Marché commun et d'abaisser le tarif extérieur
1er juillet	Deuxième réduction des droits de douane de 10 pour cent
5 septembre	Conférence de presse du général de Gaulle qui expose sa conception de l'Europe des États, « un concert organisé, régulier des gouvernements responsables », l'établissement d'organismes spécialisés subordonnés aux gouvernements et l'organisation d'un référendum européen
14 décembre	**L'OECE devient L'OCDE**
19-20 décembre	Les Six adoptent les principes de la PAC

1961

1er janvier	Troisième réduction des droits de douane de 10 pour cent et troisième élargissement contingentaire de 10 pour cent
10-11 février	Les Six réunis à Paris se prononcent pour une union politique européenne
9-31 juillet	Association de la Grèce à la CEE
10 août	**Demande d'adhésion à la CEE de l'Irlande, du Royaume-Uni et du Danemark**
10 août	Premières mesures pour la libre circulation de la main-d'œuvre
août	Début de la construction du mur de Berlin
octobre	Ouverture des négociations pour l'élargissement de la CEE
2 novembre	La France présente à ses partenaires le plan Fouchet créant une union d'États indissoluble, jouissant de la personnalité juridique et « fondée sur le respect de la personnalité des peuples et des États membres »

1962

1er janvier	Quatrième réduction des droits de douane de 10 pour cent
14 janvier	Premier « marathon » à Bruxelles : après blocage de la pendule, le Conseil des ministres décide de procéder à la deuxième étape du Marché commun dont le début est fixé rétroactivement au 1er janvier : adoption des principes qui régissent le FEOGA, organisation des premiers marchés, aides à l'exportation
7 mars	Accords tarifaires entre les États-Unis et la CEE
30 mars	L'Assemblée européenne devient le Parlement européen
17 avril	**Échec des négociations sur l'union politique européenne, rejet du plan Fouchet**
30 avril	Demande d'adhésion de la Norvège
15 mai	Conférence de presse du général de Gaulle : critique de la supranationalité. « Il ne peut y avoir d'autre Europe que celle des États. »
22 juin	Accord des Six sur l'aide à l'Afrique
1er juillet	Cinquième réduction des droits de douane de 10 pour cent
4 juillet	**Discours de John Kennedy sur le *partnership* entre les États-Unis et la CEE**
30 juillet	Entrée en vigueur de la PAC
20 décembre	Signature à Bruxelles de la convention régissant les relations entre la CEE et les pays associés

1963

14 janvier	**Dans une conférence de presse, de Gaulle annonce le veto de la France à l'entrée britannique dans la CEE**
22 janvier	Signature à Paris du traité d'amitié et de coopération franco-allemand
1er juillet	Sixième réduction de 10 pour cent des droits de douane
20 juillet	**Convention de Yaoundé entre la CEE, Madagascar et 17 pays africains**
4 septembre	Décès de Robert Schuman
16-23 décembre	Deuxième « marathon » agricole. Organisation du marché des produits laitiers, de la viande bovine et du riz

1964

12-15 décembre	Troisième « marathon » agricole : organisation du marché des céréales

1965

1er janvier	Septième réduction des droits de douane de 10 pour cent
31 mars	La Commission de Bruxelles fait des propositions pour se donner des pouvoirs supranationaux pour le financement de la PAC
8 avril	**Traité fusionnant les exécutifs des trois Communautés, CECA, CEE et Euratom, en un Conseil et une Commission unique**
22 juin	Organisation du Marché commun des transports

30 juin	Début de la crise sur le financement de la politique agricole commune : la France refuse l'attribution de ressources financières propres à la CEE et le contrôle parlementaire de leur emploi. **La « politique de la chaise vide » menée par la France dure sept mois**
9 septembre	A nouveau, le général de Gaulle réaffirme son hostilité à une Europe supranationale

1966

1er janvier	Passage à la troisième étape de la période transitoire et huitième réduction de 10 pour cent des droits de douane
29 janvier	**Compromis de Luxembourg mettant fin à la crise ouverte le 30 juin : vote à l'unanimité pour toutes les questions importantes**
11 mai	Accord de principe sur le règlement financier agricole et sur les étapes de la réalisation définitive de l'union douanière fixée au 1er juillet 1968
10 novembre	Harold Wilson annonce au parlement britannique son désir d'engager des consultations pour l'entrée de son pays dans la CEE

1967

9 février	Adoption des premières directives visant à une harmonisation de la fiscalité indirecte pour aboutir à un régime commun de TVA en 1970
10-11 mai	**Deuxième candidature officielle du Royaume-Uni, du Danemark et de l'Irlande suivie, le 21 juillet, par celle de la Norvège**
1er juillet	Neuvième réduction des droits de douane de 5 pour cent. **Installation de la Commission unique de quatorze membres présidée par Jean Rey.** Entrée en vigueur du marché unique pour les céréales, le porc, les œufs, les volailles et les graisses oléagineuses
27 novembre	Dans une conférence de presse, le général de Gaulle se prononce à nouveau contre l'adhésion du Royaume-Uni à la CEE

1968

1er juillet	**Achèvement avec une année et demi d'avance sur le calendrier initial de l'union douanière : baisse de 15 pour cent des droits de douane et mise en place du TEC, tarif extérieur commun**
26 juillet	Signature à Arusha de l'accord d'association entre la CEE et trois pays de l'Est africain, Kenya, Tanzanie et Ouganda
29 juillet	Libre circulation des travailleurs dans la CEE
10 septembre	Rapport Werner sur l'union monétaire européenne
18 décembre	Rapport Mansholt sur l'amélioration des structures agricoles

1969

29 juillet	**Signature de la deuxième convention de Yaoundé entre la CEE et les États africains et malgaches**
11 août	Dévaluation du franc : détachement des prix agricoles français des prix européens
24 octobre	Réévaluation du deutschemark : détachement des prix agricoles allemands des prix européens
1er-2 décembre	**Sommet de La Haye : les chefs d'État et de gouvernement décident de passer de la phase transitoire à la phase définitive du Marché commun ; les règlements définitifs de la PAC sont adoptés, la CEE décide de se doter de ressources propres qui se substituent aux contributions des États, la France lève son veto à l'entrée du Royaume-Uni dans la CEE**

1970

1er janvier	Fin de la période transitoire du Marché commun
6 mars	**Comité Werner sur la coopération monétaire**
22 avril	Accord à Luxembourg sur les principes de financement progressif des Communautés par des ressources propres et sur l'extension des pouvoirs de contrôle du parlement européen
30 juin	**Ouverture officielle des négociations pour l'élargissement de la Communauté**
2 juillet	La Commission est ramenée de 14 à 9 membres

1971

23 mars	A Bruxelles, grande manifestation des agriculteurs hostiles au plan Mansholt
19 mai	Création des MCM en faveur des Pays-Bas et de la RFA
1er juillet	Mise en place du système de préférence tarifaire en faveur des PEVD
15 août	Suite à la décision de Richard Nixon de suspendre la convertibilité du dollar, les MCM se généralisent
28 octobre	La Chambre des communes approuve le principe de l'entrée du Royaume-Uni dans la CEE

1972

22 janvier	Signature à Bruxelles des traités d'adhésion des quatre nouveaux membres, Danemark, Royaume-Uni, Irlande, Norvège
22 avril	**Création du « serpent » monétaire**
1er mai	Le Danemark, l'Irlande, le Royaume-Uni décident de se joindre au « serpent »
23 juin	Sortie du « serpent » des trois nouveaux entrants
26 septembre	Les Norvégiens se prononcent contre l'adhésion de leur pays à la CEE
12 octobre	Le Danemark réintègre le « serpent »
19-21 octobre	Sommet de Paris : adoption d'une déclaration sur l'« union européenne » à réaliser d'ici la fin de la décennie.

1973

1er janvier	**Entrée du Danemark, de l'Irlande, du Royaume-Uni dans la CEE**
22-24 janvier	Premier « marathon » agricole pour résoudre les problèmes nés de l'élargissement
12 février	La lire italienne quitte le « serpent »
mars	Flottement généralisé des monnaies
14-15 décembre	Sommet de Copenhague : adoption du principe de réunions plus fréquentes entre les chefs d'État et de gouvernement

1974

19 janvier	Le franc quitte le « serpent »
1er-2 avril	**Première demande britannique de renégociation des conditions de l'adhésion à la Communauté**
11 octobre	La CEE est admise comme observateur aux Nations unies
9-10 décembre	**Sommet de Paris : création, sur proposition française, du Conseil européen qui doit se réunir trois fois l'an. Proposition d'élection du parlement au suffrage universel direct. Mise en œuvre du FEDER**
12 décembre	Pour la première fois, le parlement européen adopte le budget général des Communautés européennes

1975

1er janvier	Financement du budget de la Communauté par des ressources propres
28 février	**Signature à Lomé de la convention de Lomé entre la CEE et 46 pays de l'Afrique, des Caraïbes et du Pacifique**
10-11 mars	Première réunion du conseil européen à Dublin
14 avril	Adoption d'une politique commune de protection et d'information des consommateurs
15 avril	Création de l'agence spatiale européenne
5 juin	Référendum en Grande-Bretagne confirmant l'adhésion à la CEE
12 juin	Demande d'adhésion de la Grèce
10 juillet	Le franc réintègre le « serpent »
22 juillet	Traité renforçant les pouvoirs budgétaires de l'assemblée européenne et créant une cour des comptes européenne
1er août	**Signature à Helsinki de l'Acte final sur la coopération et la sécurité en Europe**
29 décembre	Rapport de Léon Tindemans sur l'Union européenne

1976

15 mars	Le franc quitte le « serpent »
2 avril	Le Conseil européen décerne à Jean Monnet le titre de « citoyen d'honneur » de l'Europe
29 juin	Adoption d'un régime d'association des départements et territoires français d'outre-mer
20 septembre	Le Conseil de Bruxelles approuve l'« acte portant élection des représentants au Parlement au suffrage universel direct »
27 juillet	Ouverture des négociations officielles pour l'adhésion de la Grèce

1977

1er janvier	Création d'une zone de pêche de 200 milles nautiques le long des côtes de la CEE
18 janvier	Signature d'accords de coopération avec l'Égypte, la Jordanie et la Syrie
28 mars	Le Portugal présente sa demande d'adhésion
1er juillet	Union douanière entre les Six et les trois nouveaux membres
28 juillet	L'Espagne présente sa demande d'adhésion
22 novembre	Plan Davignon à propos de la sidérurgie européenne
5-6 décembre	Accord à Bruxelles sur l'introduction de l'Unité de compte européenne dans le budget général des Communautés
31 décembre	Fin de la période transitoire pour les nouveaux États membres

1978

7 avril	Accord au dixième Conseil européen sur les dates des élections au suffrage universel du parlement européen
7 juillet	Accord au onzième Conseil européen sur le SME devant remplacer le « serpent »
4-5 décembre	Au douzième Conseil européen, réuni à Bruxelles, adoption des mesures précises permettant la mise en place du SME

1979

13 mars	**Début de fonctionnement du SME : utilisation de l'Écu dans les comptes européens**
28 mai	Signature de l'acte d'adhésion de la Grèce
7-10 juin	**Première élection au suffrage universel des 410 membres du parlement européen**
17 juillet	Première réunion de la nouvelle assemblée à Strasbourg : Simone Veil en devient la présidente
24 septembre	Le deutschemark est réévalué de 2 pour cent
31 octobre	**Signature de la deuxième convention de Lomé CEE/ACP, 58 pays**
29-30 novembre	Au Conseil de Dublin, Margaret Thatcher demande une réduction de la contribution britannique au budget communautaire
13 décembre	Pour la première fois, le parlement rejette le budget général des Communautés

1980

31 mars-1er avril	Ajournement du Conseil européen en raison du désaccord franco-britannique sur le problème budgétaire
30 mai	Accord sur la réduction des deux tiers de la contribution britannique et sur une hausse de 5 pour cent des prix agricoles
30 octobre	Proclamation de l'« état de crise manifeste » dans la sidérurgie : contingentements de production d'acier

1981

1er janvier	**Entrée de la Grèce dans la CEE**
24 mars	La lire italienne est dévaluée de 6 pour cent au sein du SME
22 juin	Institution du passeport européen
4 octobre	Réajustement monétaire au sein du SME : le deutschemark et le florin sont réévalués de 5 pour cent, le franc français et la lire sont dévalués de 3 pour cent.

1982

19 janvier	P. Dankert succède à Simone Veil à la présidence du parlement européen
21 février	Réajustement des parités dans le SME : les francs belge, luxembourgeois et français sont dévalués de 8,5 pour cent, la couronne danoise de 3 pour cent
23 février	Le Groenland demande à quitter la CEE et à bénéficier du statut de « pays et territoire d'outre-mer associé »
18 mai	Malgré le veto anglais, le Conseil européen décide d'adopter l'accord sur les prix agricoles
24 mai	Accord sur une diminution supplémentaire de la contribution britannique au budget européen
30 mai	Entrée de l'Espagne dans l'OTAN
14 juin	Réajustement monétaire au sein du SME : réévaluation du deutschemark et du florin de 4,25 pour cent, dévaluation du franc français de 5,5 pour cent, de la lire italienne de 2,75 pour cent

1983

25 janvier	Après dix ans de négociation, définition d'une politique commune de la pêche : Europe bleue
7 février	Livre vert de la Commission sur la réforme du financement de la Communauté
21 mars	Réajustement monétaire au sein du SME : réévaluations du deutschemark de 5,5 pour cent, du florin de 3,5 pour cent, de la couronne danoise de 2,5 pour cent, des francs belge et luxembourgeois de 1,5 pour cent, dévaluations du franc français et de la lire italienne de 2,5 pour cent, de la livre irlandaise de 3,5 pour cent.
17-19 juin	Compensation budgétaire de 750 millions d'Écu accordée au Royaume-Uni
4-5 décembre	Le Conseil européen d'Athènes ne parvient pas à dégager de compromis ni sur les questions budgétaires, ni sur le problème des prix agricoles.

1984

février	Le parlement adopte le projet Spinelli d'union européenne
28 février	Adoption du programme « ESPRIT » de recherche et de développement dans le domaine des techniques de l'information

19-20 mars	Le Royaume-Uni, au Conseil de Bruxelles, rejette les propositions de compromis relatifs à sa contribution budgétaire
14-17 juin	**Les élections européennes sont marquées par d'importants taux d'abstention. Pierre Pflimlin est élu président de l'Assemblée de Strasbourg (434 membres)**
25-26 juin	Le Conseil européen de Fontainebleau met fin au contentieux qui dure depuis 1979 à propos de la contribution budgétaire britannique ; accord pour déplafonner le prélèvement communautaire de 1 pour cent du produit de la TVA : 1,4 pour cent au 1ᵉʳ janvier 1986, 1,6 pour cent au 1ᵉʳ janvier 1988
27 octobre	Accord de principe entre les sept pays membres de l'UEO pur relancer cette dernière
8 décembre	**Signature de la troisième convention de Lomé CEE/66 pays ACP**

1985

17 avril	Paris propose le projet « Eurêka » pour mettre en place l'Europe de la technologie
12 juin	Signature des actes d'adhésion de l'Espagne et du Portugal
20 juillet	Réajustement de parités au sein du SME : la lire est dévaluée de 6 pour cent, les autres monnaies réévaluées de 2 pour cent.
5-6 novembre	Accord à Hanovre sur dix projets « Eurêka »
2-4 décembre	**Le Conseil européen de Luxembourg s'entend pour relancer l'intégration européenne par la rédaction d'un « Acte unique européen »**

1986

1ᵉʳ janvier	**Entrée effective du Portugal et de l'Espagne : naissance de l'Europe des Douze**
17 février	Neuf pays de la CEE ratifient l'Acte unique européen
28 février	Les trois derniers pays ratifient l'Acte unique
6 avril	Nouvel ajustement de parités dans le cadre du SME : le franc français est dévalué de 3 pour cent, le deutschemark et le florin réévalués de 3 pour cent, la couronne danoise, le franc belge et luxembourgeois de 1 pour cent
16 décembre	Les ministres de l'Agriculture des Douze décident de réduire la production laitière et les prix de la viande bovine

1987

12 janvier	Réajustement des parités : le deutschemark et le florin sont réévalués de 3 pour cent, le franc belge et luxembourgeois de 2 pour cent.
29 janvier	Accord signé entre la CEE et les États-Unis à propos des exportations de céréales américaines en Espagne
1ᵉʳ juillet	**Entrée en vigueur de l'Acte unique européen**
29 septembre	François Mitterrand propose une extension du programme « Eurêka » à l'audiovisuel

1988

11-12 février	Après 26 heures de négociations, au Conseil européen de Bruxelles, les Douze parviennent à s'entendre sur la réforme du financement de la Communauté. Le compromis sur la limitation des dépenses agricoles facilite la réalisation du grand marché unique européen prévu pour le 1ᵉʳ janvier 1993
13 juin	Les ministres des Finances des Douze adoptent une directive prévoyant la libération complète des capitaux entre huit pays, à partir de juillet 1990 ; la Grèce, le Portugal, l'Espagne, l'Irlande bénéficient d'un délai supplémentaire jusqu'à la fin 1992
27-28 juin	Les Douze se donnent un an pour préparer l'union monétaire. Jacques Delors est reconduit pour deux années à la tête de la Commission
2-3 décembre	Les Onze approuvent les propositions de François Mitterrand relatives à l'extension du programme « Eurêka » à l'audiovisuel

1989

18 janvier	Le Parlement européen vote le principe du transfert partiel de ses activités à Bruxelles, malgré l'opposition des Français et des Luxembourgeois
8 février	La Commission présente ses propositions pour l'harmonisation de la fiscalité de l'épargne avant la libération des mouvements de capitaux : opposition de la Grande-Bretagne et du Luxembourg
17 avril	Présentation du rapport Delors relatif aux « étapes concrètes devant mener à l'union économique et monétaire »
2-5 juin	Débuts des négociations entre la CEE et les 66 pays ACP en vue du renouvellement de la convention de Lomé
30 sept.-2 oct.	Assises européennes de l'audiovisuel pour définir les principes d'un projet « Eurêka » de l'audiovisuel
9 novembre	Pour la première fois depuis 1961, les Berlinois de l'Est peuvent accéder directement à l'Ouest.
8-9 décembre	Le Conseil européen réuni à Strasbourg examine les mesures à prendre pour accélérer l'intégration monétaire et pour adopter une Charte de l'Europe sociale

L'Europe de A à Z

Accords méditerranéens : Accords conclus par la CEE avec des pays tiers situés sur le pourtour de la Méditerranée ; les États associés à la CEE sont la Turquie, Chypre et Malte ; les pays liés par des accords de coopération commerciale, industrielle, technique et financière sont les États du Maghreb, du Machreq, la Yougoslavie, Israël. L'ensemble de ces pays bénéficie de clauses commerciales préférentielles.

Acte unique européen : Signé à Luxembourg le 17 février 1986, il entre en vigueur en juillet 1987. Il modifie les traités de la CECA, de la CEE et de l'Euratom, pour réaliser un marché intérieur harmonisé et une union européenne. Il accroît les pouvoirs du Parlement en prévoyant une coopération avec le Conseil. Il étend les compétences de la CEE à de nouveaux domaines : politique sociale, recherche et développement technologique, environnement.

Asmodée : Système de contrôle d'application des directives de la CEE, mis en place en 1978, qui permet à la Commission de recenser les manquements au droit communautaire.

Assemblée de la CECA : Fonctionne dans le cadre du traité de la CECA, du 10 septembre 1952 au 28 février 1958. Elle réunit 78 parlementaires.

Assemblée des Communautés européennes : Voir Parlement européen.

Assemblée paritaire ACP-CEE : Organisme consultatif parlementaire pour l'application des accords de Lomé, il rassemble un nombre égal de représentants de la CEE et des pays ACP.

Assemblée parlementaire du Conseil de l'Europe : Organe délibérant formé de 170 représentants des 21 pays membres du Conseil de l'Europe. Siège à Strasbourg.

Assemblée de l'Union de l'Europe occidentale : Composée de 89 membres, cette assemblée a un pouvoir délibératif sur l'ensemble des problèmes de défense de l'Europe. Siège à Paris.

Banque des réglements internationaux, BRI : Créée en 1930, la BRI est, dans le cadre de la CEE, chargée de la gestion du FECOM. Elle exécute les opérations financières de règlement des soldes pour les pays signataires des accords de Bâle de 1979.

Banque européenne d'investissement, BEI : Décidée dans les articles 129 et 130 du traité de Rome, la BEI est mise en place en 1959. Elle « a pour mission de contribuer, en faisant appel aux marchés des capitaux et à ses ressources propres, au développement équilibré et sans heurt du marché commun dans l'intérêt de la Communauté ».

Budget général : Voir pages 157, 160.

Bureau de rapprochement des entreprises, BRE : Depuis 1973, le BRE s'efforce d'établir un rapprochement entre les différentes entreprises de la CEE, pour améliorer leur compétitivité et les préparer à affronter la concurrence.

Bureau européen de l'environnement, BEE : Le BEE regroupe une soixantaine d'associations européennes spécialisées dans la protection de l'environnement.

Censure du parlement européen : Prévue par les traités de la CECA, de l'Euratom et de la CEE. Le Parlement européen peut censurer la Commission à la majorité des deux tiers et la contraindre à démissionner collectivement.

Commission européenne de l'aviation civile : Conférence intergouvernementale régionale fonctionnant dans le cadre de l'OACI, Organisation de l'aviation civile internationale.

Commission européenne des droits de l'homme : Organisme chargé de l'instruction des requêtes et de la concilation entre parties adverses. Peut saisir la Cour européenne des droits de l'homme.

Commissions de la CECA : Organismes à caractère technique créés par le traité de Paris de 1951.

Commissions du Parlement européen : 18 commissions facilitent le travail du parlement européen dans les domaines aussi divers que la politique, l'agriculture, le budget, l'économie, l'énergie, les questions juridiques et les droits des citoyens... Voir page 151.

Comité des ministres du Conseil de l'Europe : Organe suprême de décision du Conseil de l'Europe, formé par les ministres des Affaires étrangères.

Comité économique et social de la Communauté européenne : Organisme consultatif institué en 1958 qui réunit des représentants des employeurs, des travailleurs et des intérêts « divers ». Voir page 156.

Comités de la CEE : Très nombreux, ces centaines de comités sont soit consultatifs, de gestion, de réglementation, paritaires, permanents, scientifiques, techniques, mixtes.

Commission des Communautés européennes : Voir page 156.

Compromis de Luxembourg : Consécutif à la politique de la « chaise vide » menée par la France en 1965, le compromis de Luxembourg affirme en janvier 1966 la primauté des États sur la Commission présidée alors par Walter Hallstein : « Lorsque des intérêts très importants d'un ou de plusieurs partenaires sont en jeu, les membres du Conseil s'efforceront d'arriver à des solutions qui pourront être adoptées par tous les membres du Conseil. »

Conseil des Communautés européennes : Voir page 148.

Confédération européenne des syndicats : Créée en 1973, cette institution représente le mouvement syndical européen auprès de la Communauté. Seuls trois syndicats ne font pas partie de la CES ; la CGT, la CGTP portugaise, les Commissions ouvrières espagnoles.

Conseil de l'Europe : Depuis le 5 mai 1949, le Conseil de l'Europe est l'organisation européenne intergouvernementale de coopération politique, culturelle, sociale, juridique des pays européens décidés à défendre les droits de l'homme : il comprend l'Autriche, la Belgique, Chypre, le Danemark, l'Espagne, la France, la RFA, la Grèce, l'Islande, l'Irlande, l'Italie, le Liechstenstein, le Luxembourg, Malte, la Norvège, les Pays-Bas, le Portugal, le Royaume-Uni, la Suède, la Suisse, la Turquie, la Hongrie.

Conseil des ministres ACP-CEE : Dans le cadre des conventions de Lomé, il en définit les grandes orientations.

Conseil d'Euratom : De 1958 à 1968, il est la deuxième institution mentionnée dans le traité de l'Euratom. Il est remplacé depuis 1967 par le Conseil des Communautés européennes.

Conseil européen : Créé le 10 décembre 1974, à l'initiative du président de la République française, il réunit jusqu'en 1985, trois fois par an, les chefs d'État et de gouvernement des pays membres de la CEE. Depuis 1986, il n'est plus astreint à ces trois réunions annuelles, mais il est devenu la structure essentielle de décision.

Conventions : Accords, arrangements, protocoles... destinés à harmoniser les règles du droit interne des pays membres de la CEE.

Convention européenne des droits de l'homme : Signée le 4 novembre 1950, à Rome, la convention protège les droits de l'homme dans le cadre du Conseil de l'Europe, grâce à la Commission européenne des droits de l'homme et à la Cour européenne des droits de l'homme.

Conventions ACP-CEE : Depuis sa création, la CEE a toujours cherché à associer les pays du Sud, ex-colonies, devenus indépendants ; les conventions signées à Lomé réglementent les conditions de l'aide et de la coopération entre la CEE et les pays « Afrique, Caraïbes, Pacifique ».

Cour de justice des Communautés européennes : Depuis 1958, cette juridiction se substitue à la cour de justice de la CECA. Elle est chargée d'assurer « le respect du droit dans l'interprétation et l'application des traités ». Siège à Luxembourg.

Cour européenne des droits de l'homme : Siège à Strasbourg.

Cour des comptes des Communautés européennes : Remplace le commissaire aux comptes de la CECA et la commission de contrôle des Communautés européennes. Elle établit un rapport financier annuel sur le fonctionnement des Communautés.

Décision communautaire : Depuis le compromis de Luxembourg en 1966, la Conseil décide à l'unanimité, par consentement mutuel des États. Juridiquement, la Commission n'a pas perdu son pouvoir d'initiative. L'Acte unique réintroduit le vote à la majorité qualifiée sauf cas précisés par le texte. La fonction du Parlement est accrue : une proposition refusée par le Parlement européen ne pourra être adoptée par le Conseil qu'à l'unanimité.

Délégations de la Commission des Communautés européennes auprès des organisations internationales : La CEE est représentée auprès des Nations unies, du GATT, de l'Agence internationale de l'énergie, de l'ONUDI, de l'OCDE.

Dépenses communautaires : Dépenses financées par le budget général des communautés européennes. Les dépenses « obligatoires » (75 pour cent du total) découlent des engagements du traité de Rome. Elles comprennent les sommes relatives à la section garantie du FEOGA, celles du FED, celles qui dérivent des accords de coopération inscrits au budget général... Les dépenses « non obligatoires » concernent la presque totalité des dépenses de personnel, d'immeubles, celles de la section orientation du FEOGA, celles du FEDER, du FSE... Voir pages 157, 160.

Députés : Voir pages 150, 151.

Directives communautaires : Elles lient « tout État membre destinataire quant au résultat à atteindre, tout en laissant aux instances nationales la compétence quant à la forme et aux moyens ».

Discrimination : Mesure qui fausse les objectifs, le fonctionnement du marché commun.

Droit communautaire : Droit qui trouve son origine dans les traités des Communautés européennes et dans les décisions du Conseil et de la Commission. Il est protégé par la Cour de justice des Communautés. Il prime le droit national. Voir page 153.

Droits de douane : Les droits perçus à l'importation dans la Communauté constituent, depuis 1978, une partie des « ressources propres » du budget communautaire. Dans le cadre de la PAC, les droits de douane mobiles sont appelés prélèvements agricoles.

Droits de l'homme : Solennellement affirmés dans la Convention de sauvegarde des droits de l'homme et des libertés fondamentales, signée à Rome, le 4 novembre 1950.

Écu : *European Currency Unit*, entré en vigueur depuis le 13 mars 1979, dans le cadre du SME, système monétaire européen. C'est une unité de compte, un moyen de règlement entre les autorités monétaires de la Communauté, un numéraire dans les mécanismes de change — notamment pour la définition des cours pivot des monnaies européennes —, une monnaie privée de plus en plus utilisée par les agents économiques, les entreprises, et les particuliers. La composition de l'Écu est la suivante :

Drachme	0,80 %
Escudo	0,80 %
Livre irlandaise	1,10 %
Couronne danoise	2,45 %
Peseta	5,30 %
Franc belge/lux.	7,90 %
Florin	9,40 %
Lire	10,15 %
Livre	13 %
Franc français	19 %
Deutschemark	30,10 %

Tous les cinq ans, ou si l'une des monnaies entrant dans la composition de l'Écu a varié de plus de 25 pour cent, la pondération des différentes unités peut être revue.

Élargissement : Depuis le sommet de La Haye, en 1969, l'élargissement signifie l'adhésion de nouveaux États à la CEE.

Élections : Voir pages 150, 151.

État de crise manifeste : Prévu à l'article 58 du traité de la CECA, l'« état de crise manifeste » implique l'instauration de quotas de production. Cette procédure a été appliquée dans la sidérurgie européenne de 1980 jusqu'en 1988.

États africains et malgaches associés : Les 18 EAMA ont bénéficié des conventions de Yaoundé I et II, signées les 20 juillet 1963 et les 29 juillet 1969. Depuis 1975, ils sont associés à la CEE par les conventions de Lomé.

Euratom : Nom donné à la Communauté européenne de l'énergie atomique, l'Euratom doit permettre aux Six d'acquérir la maîtrise et l'indépendance dans le domaine énergétique grâce au nucléaire civil.

Eurocrates : Au nombre de 25 000 environ, ces fonctionnaires vivent dans les trois capitales européennes.

Fiscalité : L'Acte unique européen modifie l'article 99 du traité de Rome : « Le Conseil statuant à l'unanimité sur proposition de la Commission et après consultation du Parlement européen, arrête les dispositions touchant à l'harmonisation des législations relatives aux taxes sur le chiffre d'affaires, aux droits d'accises et autres impôts indirects dans la mesure où cette harmonisation est nécessaire pour assurer l'établissement et le fonctionnement du marché intérieur » avant le 31 décembre 1992.

Fonds européen de coopération monétaire : Administré par le Comité des gouverneurs des banques centrales de la CEE, le FECOM a, depuis 1979, à sa disposition un cinquième des réserves en or et devises de chacun des pays membres de la CEE. En contrepartie, les États reçoivent un actif libellé en Écu qui sert aux règlements entre les différents pays. En cas de besoin, le FECOM offre aussi à ses adhérents des crédits à court terme transformables en concours financiers à moyen terme.

Fonds européen de développement : En 1957, appelé FEDOM, Fonds de développement pour les pays et les territoires d'outre-mer, il est institué par la convention de Yaoundé en 1963. Depuis les conventions de Lomé, le FED participe au financement du développement économique et social des pays ACP.

Fonds européen de développement régional : Mis en place en 1975, le FEDER se consacre à l'action régionale pour remédier aux principaux déséquilibres ; il accorde surtout des soutiens financiers à des opérations nationales.

Fonds européen d'orientation et de garantie agricole : Le FEOGA, datant du 4 avril 1962, est l'agent principal de la politique agricole commune. Dans l'esprit de ses concepteurs, la section « orientation » devait l'emporter sur celle « garantie » : la première concerne les améliorations de structures agricoles, les actions communes dans le domaine de la commercialisation. Les secondes sont les interventions sur le marché intra-communautaire. En fait, les dépenses du FEOGA qui pèsent lourdement sur le budget communautaire, sont dominées par les interventions destinées à garantir un prix minimum aux producteurs : 90 pour cent des dépenses du fonds ! Administrant les prix intra-communautaires à un niveau supérieur à ceux en vigueur à l'extérieur de la CEE, le FEOGA est devenue une machine à nourrir les excédents agricoles.

Fonds européen pour la jeunesse : Dans le cadre du Conseil de l'Europe, ce fonds encourage la coopération de la jeunesse.

Fonds monétaire européen : Le FME doit prendre la succession du FECOM, une fois l'union monétaire faite.

Fonds social européen : Prévu par l'article 123 du traité de Rome, le FSE est depuis 1960 le principal instrument de la politique communautaire de l'emploi dans les régions dites défavorisées.

Groupe ACP : Formé en 1975, il regroupe les pays de l'Afrique, des Caraïbes et du Pacifique pour « promouvoir et renforcer la solidarité entre eux » et contribuer au dialogue interrégional. Le groupe dispose de trois structures, le Conseil des ministres, le comité des ambassadeurs, le secrétariat général.

Groupement européen d'intérêt économique : Structure d'association en vue de faciliter le développement de sociétés européennes.

Groupes politiques du Parlement européen : Au nombre de onze — coalition des gauches, gauche unitaire européenne, socialiste, libéral démocratique et réformateur, démocrate européen, parti populaire européen, rassemblement des démocrates européens, arc-en-ciel, vert, groupe technique des droites européennes, non-inscrits —, ils jouent dans le Parlement européen le même rôle que les groupes parlementaires dans les assemblées représentatives démocratiques. Voir pages 150, 151.

Harmonisation : Principale conséquence de l'Acte unique, l'harmonisation s'oriente dans trois directions principales : la fiscalité, la législation bancaire, les normes techniques.

Haute Autorité de la CECA : Première institution supranationale, confiée à Jean Monnet, la Haute Autorité fonctionne de 1951 à 1967, pour être remplacée par la Commission.

Institutions européennes : Le législatif et l'exécutif comprennent le Conseil européen, le Conseil des Communautés européennes, la Commission ; le contrôle démocratique est assuré par le Parlement européen. Le judiciaire est dévolu à la Cour de justice des Communautés ; le contrôle comptable et de la gestion financière est confié à la Cour des comptes des Communautés européennes. De multiples comités consultatifs complètent cet ensemble institutionnel.

Libre circulation des capitaux : Malgré sa définition dans l'article 67 du traité de Rome, la libre circulation des capitaux a été, jusqu'en 1990, plus théorique que réelle. Mais l'échéance de 1993 contraint les États membres à accélérer la politique de rapprochement et d'harmonisation des différentes législations.

Libre circulation des travailleurs : L'article 48 du traité de 1957 prévoit « l'abolition de toute discrimination, fondée sur la nationalité, entre les travailleurs, en ce qui concerne l'emploi, la rémunération et les autres conditions de travail ». Effective depuis 1968, cette libre circulation se heurte cependant à de multiples difficultés : problème d'harmonisation des diplômes...

Libre concurrence : Plus de trente années après le traité de Rome, la libre concurrence, condition indispensable du Marché commun, n'est pas encore totale ; les normes ou règlements nationaux, les pratiques monopolistes, la persistance des marchés publics sont autant d'entorses à cette règle.

Manquement d'État : Après un manquement à une obligation prévue par les traités de la Communauté, un recours peut être intenté contre l'État fautif auprès de la Cour de justice des Communautés européennes.

Marathons : Nom donné aux sessions interminables réunissant les ministres de l'Agriculture des États membres dans les années 60.

Marché intérieur : « Le marché intérieur comporte un espace sans frontières intérieures dans lequel la libre circulation des marchandises, des personnes, des services et des capitaux est assurée » (article 13 de l'Acte unique).

Marges de fluctuations d'une monnaie : Dans le cadre du SME, les marges de fluctuation des monnaies est de plus ou moins 2,25 pour cent de part et d'autre du taux pivot, exception faite de la marge de plus ou moins 6 pour cent pour la lire italienne.

Montants compensatoires monétaires : Créés en 1969, après la dévaluation du franc et la réévaluation du deutschemark, les MCM sont des mesures financières destinées à rétablir les conditions de la concurrence entre les pays de la Communauté. Pour les pays à monnaie forte, RFA, Pays-Bas, les MCM, dits positifs, sont perçus aux importations et accordés aux exportations. Pour les pays à monnaie faible, France, Italie, les MCM, dits négatifs, sont perçus à l'exportation et octroyés aux importations. Gérés par le FEOGA, les MCM devraient disparaître avec le renforcement de l'Europe monétaire.

Normes européennes : Dérivant de la réglementation communautaire, les normes européennes cherchent à éliminer les entraves techniques aux échanges.

Organisation commune de marché : Clé de voûte de la politique agricole commune, chaque OCM fixe les règlements communautaires pour les produits agricoles : en vigueur depuis 1967 pour les céréales, le sucre, les matières grasses végétales et oléagineuses, les OCM garantissent des prix supérieurs à ceux du marché mondial sans limite de quantité... jusqu'en 1984.

Organisation européenne de coopération économique : Dirigée par R. Marjolin, l'OECE réunit les 18 pays concernés par le plan Marshall ; elle a établi les fondements de la coopération en Europe, permis la libération des échanges et rapproché les politiques économiques.

Parlement européen : Voir pages 150, 151.

Période de transition : Durée pendant laquelle sont mises en œuvre certaines dispositions du traité de la Communauté. Pour les trois nouveaux adhérents de 1973, Danemark, Irlande, Royaume-Uni, la période transitoire dure cinq années. Pour les deux pays de la péninsule ibérique, la durée a été allongée à dix ans.

Plan Davignon : Portant le nom d'un des commissaires chargé des questions industrielles, ce plan, mis en pratique en 1977, prévoit des mesures interventionnistes pour remédier à la crise de la sidérurgie, impose une politique de restructuration et d'élimination des surcapacités.

Plan Fouchet : Proposé par C. Fouchet en février 1961, ce plan prévoyait une union politique européenne conforme à la vision gaullienne de l'« Europe des patries ». Il est rejeté par les partenaires de la France en avril 1962.

Plan Jenkins : Du nom du président de la Commission, ce plan, défini en février 1978, ouvre la voie qui conduit au système monétaire européen.

Plan Mansholt : Rendu public en 1968, le plan Mansholt propose une modernisation accélérée des exploitations agricoles, la cessation d'activité pour bon nombre d'agriculteurs trop âgés et une amélioration de la formation professionnelle des actifs agricoles. Ce plan souleva le tollé des organisations syndicales paysannes.

Plan Pleven : Présenté le 24 octobre 1950 par René Pleven à l'Assemblée nationale française, le plan Pleven ouvre la question de la CED, Communauté européenne de défense.

Préférences tarifaires : Ensemble des avantages tarifaires octroyés par la CEE à des pays tiers : pays ACP, pays et territoires d'outre-mer, pays méditerranéens.

Prélèvement de corresponsabilité : Mis en pratique sur le lait depuis 1977, sur les céréales depuis 1986, ce prélèvements sert à financer des recherches de marchés et des campagnes de promotion.

Prélèvements agricoles : Différence entre les cours mondiaux et les prix de seuil, perçue sur les importations agricoles en provenance des pays tiers. Ils symbolisent la préférence communautaire, principe essentiel de la PAC. Les prélèvements sont une ressource importante du budget de la Communauté.

Président du Parlement européen : Depuis 1979, date à laquelle le Parlement européen est élu au suffrage universel, le président du Parlement dirige l'assemblée de Strasbourg pour une durée de deux années et demi.

Président en exercice du Conseil : Tous les six mois, la présidence du Conseil est confiée à un chef d'État ou de gouvernement d'un État membre qui préside aux destinées de la Communauté.

Prêts bonifiés : Prêts à des conditions plus avantageuses que celles du marché. La bonification d'un prêt est financée dans le cadre de la Communauté par le budget général.

Principe communautaire de non-discrimination : Appliqué à la libre circulation des marchandises, des travailleurs..., ce principe contraint chaque capitale à consentir aux produits et ressortissants d'un État membre le même traitement qu'aux produits nationaux.

Prix agricoles : Chaque année, le Conseil des ministres fixe des « prix indicatifs » pour les céréales, les produits laitiers, le sucre, l'huile d'olive et des « prix d'orientation » pour la viande bovine. Les prix de soutien, effectivement garanti aux producteurs, sont légèrement inférieurs aux prix indicatifs. Ils sont qualifiés de « prix d'orientation » pour la plupart des produits, « prix de base » pour la viande, « prix de retrait » pour les fruits et légumes, « prix minimum » pour la betterave à sucre.

La protection face à la concurrence étrangère repose sur trois prix calculés annuellement ou trimestriellement par la Commission : le « prix de seuil » est le prix minimum imposé aux céréales, lait, huile d'olive, sucre venus de l'étranger. Le « prix de référence » protège les fruits, légumes, vin contre les importations excessives. Quant aux « prix d'écluse », ils concernent les produits agricoles transformés à partir des céréales fourragères, (œufs, volailles, viande porcine).

Tous les prix sont fixés en Écu et gérés par la section garantie du FEOGA.

Programmes intégrés de développement : Les PID, mis en œuvre par le FEDER, concernent les régions les plus défavorisées de la Communauté.

Programmes intégrés méditerranéens : Les PIM cherchent à moderniser les régions méditerranéennes de la France, de l'Italie et de la Grèce menacées par l'élargissement de la Communauté à l'Espagne et au Portugal. Financés par le budget général des Communautés, ils sont mis en application dans le cadre du FSE, du FEDER, de la BEI ; les interventions des PIM concernent l'agriculture, la pêche, les industrie agro-alimentaires, le tourisme, les infrastructures...

Quotas : Les « torrents de crème fraîche », « fleuves de lait » et autres « montagnes de beurre » sont le résultat le plus tangible de la fixation des prix communautaires supérieurs à ceux du marché mondial ; la Communauté a longtemps hésité avant de limiter les productions pour diminuer les dépenses. Mis en place en 1967, pour le sucre, les quotas s'étendent au lait en 1984. D'autres mécanismes indirects réglementent la production des céréales, du vin, du colza... : baisse du prix indicatif et du prix d'intervention, si la production excède un quantum global.

Ressources communautaires : Perçues par les États membres au profit de la Communauté, les ressources comprennent les prélèvements agricoles, les droits de douane et un pourcentage des recettes de TVA, taxe sur la valeur ajoutée : 1 pour cent de 1979 à 1986, 1,4 pour cent à partir de 1986.

Restitutions à l'exportation : Différence entre le prix mondial et le prix communautaire, souvent plus élevé, restituée au producteur qui exporte ses produits agricoles vers des pays tiers. Les États-Unis dénoncent dans ce mécanisme une subvention aux exportations faussant la concurrence.

Serpent monétaire européen : Après la suspension de la convertibilité du dollar en août 1971, et sa dévaluation en décembre de la même année, le serpent monétaire européen fonctionne d'avril 1972 à mars 1979 : il établit à 2,25 pour cent la marge maximale de fluctuation de change pour les monnaies européennes qui flottent de façon concertée par rapport au dollar.

Seuils de divergence : Prévus par les accords de Bâle qui, en 1979, établissent le SME, système monétaire européen, les seuils de divergence sont placés à 75 pour cent de l'écart maximum de fluctuation des monnaies par rapport à leur taux pivot. Ils déclenchent les interventions concertées des banques centrales.

Stabex : La stabilisation des recettes d'exportations est instituée dans les relations entre la CEE et les pays ACP, depuis la signature de la première convention de Lomé, en 1975. Cette garantie de recettes accordée aux exportateurs de matières premières agricoles et industrielles intervient en cas de baisse des cours, seuil de déclenchement, et doit être remboursée quand les cours se redressent. Les pays les plus pauvres, appelés pays les moins avancés, PMA, ne rétrocèdent pas les avances sur recettes.

Subventions communautaires : Aides communautaires non remboursables.

Sysmin : Système d'aide aux produits miniers mis en place lors de la signature de la deuxième convention de Lomé ; il garantit à l'exportateur de minerais des recettes stables ; il assure à la CEE une forme de sécurité d'approvisionnements.

Système des préférences généralisées : Le SPG est un régime préférentiel accordé par les pays industriels aux pays en voie de développement à la suite de la deuxième CNUCED, Conférence des Nations unies pour le commerce et le développement, tenue à New Delhi en 1968 : depuis 1971, la CEE accepte en franchise douanière des importations provenant des PEVD.

Système monétaire européen : Adopté le 5 décembre 1978, le SME entre en vigueur le 13 mars 1979 et prend la relève du serpent monétaire européen. Il met en place un système de parités « stables mais ajustables », pour remédier au flottement généralisé des monnaies qui entravait le fonctionnement du marché communautaire. L'Écu, défini par un « panier » de monnaies, devient l'unité de compte de la Communauté. Les monnaies des pays membres ne peuvent fluctuer de plus ou moins 2,25 pour cent par rapport à un « taux pivot » défini en Écu. En cas de divergence, l'ensemble des Banques centrales intervient pour maintenir autant que possible la « grille de parité ».

Tarif extérieur commun : Le TEC a été progressivement mis en place de 1958 au 1er juillet 1968 par les Six ; il s'applique aux États-Unis, au Canada, à l'Australie, à la Nouvelle-Zélande, à l'Afrique du Sud et au Japon.

Taux pivots : Taux des monnaies nationales définis par rapport à l'Écu. Les taux pivots ne peuvent être modifiés qu'après des négociations collectives. Depuis 1979, il y a eu onze ajustements des taux pivots.

Taux verts : Appelés aussi taux représentatifs, ce sont les taux de conversion en monnaie nationale des prix agricoles fixés en Écu. Inventés en 1969 pour éviter que la dévaluation d'une monnaie n'entraîne une augmentation des prix agricoles dans le pays dévaluateur, et à l'inverse, pour qu'une réévaluation ne conduise à une baisse des prix agricoles dans le pays réévaluateur. Le recours aux taux verts explique la mise en place des MCM.

Taxe sur la valeur ajoutée : Instituée en France sous le gouvernement Edgar Faure en 1953, la TVA s'est progressivement généralisée à toute l'Europe des Neuf ; elle est appliquée en Grèce depuis 1984, en Espagne et au Portugal depuis 1987. Cependant, la différence entre les taux réduits, normaux, majorés appliqués par les Douze, est telle que la concurrence en est faussée. L'Acte unique se propose donc d'harmoniser les taux. La TVA constitue une source importante des ressources de la Communauté.

Part de la TVA dans les recettes fiscales des États membres en 1987 (données OCDE) : Belgique = 23,7 pour cent, Danemark = 31 pour cent, Irlande = 23,5 pour cent, Italie = 22,3 pour cent, Luxembourg = 18,4 pour cent, Pays-Bas = 28,6 pour cent, RFA = 25,1 pour cent, Royaume-Uni = 19,6 pour cent.

Union douanière : « La Communauté est fondée sur une union douanière qui s'étend à l'ensemble des échanges de marchandises, et qui comporte l'interdiction entre les États membres, des droits de douane à l'importation et à l'exportation et de toutes taxes d'effet équivalent, ainsi que l'adoption d'un tarif douanier commun dans leurs relations avec les pays tiers » (article 9 du traité de Rome). Réalisée depuis le 1er juillet 1968 par les Six, elle l'est au 1er juillet 1977 par les Neuf. Elle sera effective le 1er janvier 1993 entre les Douze.

S'informer, se documenter...

Sur la CEE

● Commission des Communautés européennes, Bureaux de représentation pour la France, 61, rue des Bellefeuilles, 75782 Paris Cedex 16 - Tél. : 45-01-58-85.

Sur le Parlement

● Bureau d'information
288, boulevard Saint-Germain, 75007 Paris - Tél. : 40-63-40-00.

Pour les chefs d'entreprise

● Les Euroinfocentres
80, rue d'Arlon, B. 1040 Bruxelles - Tél. : (32-2) 236 11 11.

39 euroguichets (dont cinq en France) pour répondre à toutes les questions sur le marché unique, les programmes d'action et aiguiller les chefs d'entreprise vers les organismes adéquats.

Ville	Organisme hôte	Responsable	Assistants	Téléphone	Fax	Télex
● Lyon	Chambre de commerce et d'industrie de Lyon. Rue de La Bourse 20 F-69289 Lyon Cedex 02	M. Maury	M. Beschi M. Poulet	33-78-10-10	33-78-37-94-00	
● Bordeaux	Comité d'expansion Aquitaine Place de La Bourse, 2 F-33076 Bordeaux	M. Massiah	M. Rauscent Mlle Dronval	33-56-52-65-47	33-56-44-32-69	
● Metz	Région lorraine Place G.-Hocquard BP 1004 57036 Metz Cedex	Général Roudier	Mlle Rock Mlle Decaux	33-87-33-60-00	33-87-32-89-33	
● Nantes	Chambre de commerce et d'industrie de Nantes Centre des Salorges - BP 718 F-44027 Nantes Cedex 04	M. Jouvenet	Mme Levant	33-40-44-60-60	33-40-44-60-90	
● Strasbourg	Chambre de commerce et d'industrie de Strasbourg et du Bas-Rhin 10, place Gutenberg F-67081 Strasbourg Cedex	M. Edel	Mlle Schmidt	33-88-32-12-55	33-88-22-31-20	870068

Réseau « Point Europe »

● Les CCI viennent de créer un réseau « Point Europe » qui doit permettre de renforcer l'intervention des chambres par une mise en commun de leurs compétences. Ainsi toute entreprise quel que soit son lieu d'implantation pourra bénéficier des mêmes services sur les sujets les plus complexes.
UN SERVICE CENTRAL
2, rue des Viarmes, 75001 Paris - Tél. : 45-08-35-90
Responsables : Mme Frager-Berlet
Antenne de la CCIP créée pour informer les entreprises.
● LA TASK FORCE PETITES ET MOYENNES ENTREPRISES
200, rue de la Loi, B 1049 Bruxelles - Tél. : (32 2) 235 31 88.
La Task Force est la structure chargée de mettre en application le programme d'action pour les PME défini par la Commission européenne.

● LE BUREAU DE RAPPROCHEMENT DES ENTREPRISES
80, rue d'Arlon, B 1040 Bruxelles - Tél. : (32 2) 230-39-49.
Le BRE regroupe trois cent cinquante conseillers d'entreprises auxquels les PME peuvent s'adresser pour trouver un partenaire pour des coopérations techniques, commerciales, financières ou de sous-traitance.
Depuis juillet 1988, les conseillers sont reliés entre eux par un réseau informatisé, le Business Cooperation Network (BC-NET) qui facilite et accélère la recherche de partenaires.
● EUROCRÉATION
3, rue Debelleyme, 75003 Paris - Tél. : (1) 48-04-78-79.
Eurocréation apporte un soutien technique et financier aux projets portés par de jeunes créateurs (de 18 à 30 ans).

- LE CENTRE FRANÇAIS DU COMMERCE EXTÉRIEUR
10, avenue d'Iéna, 75783 Paris Cedex 16 - Tél. : (1) 45-05-30-00.
Les services du CFCE répondent aux questions sur la réglementation communautaire, les aspects juridiques et fiscaux européens et la politique agricole commune.
Le CFCE est également correspondant BC-NET et collabore avec les Chambres de commerce et d'industrie pour la tenue du service télématique Export accessible par Minitel (36-28-20-01).
- L'ASSOCIATION POUR LA FORMATION PROFESSIONNELLE DES ADULTES (AFPA)
88, rue Robespierre, 93100 Montreuil - Tél. : (1) 48-51-98-36, M. Cherradi.
- DIRECTION RÉGIONALE DU COMMERCE EXTÉRIEUR
2, place de la Bourse, 75002 Paris - Tél. : (1) 42-33-57-20.

Services télématiques

- 36-17 Euro 92 : Informations fournies par le ministère de l'Industrie.
- 36-17 Europ : Informations sur les actions de la Communauté en faveur des entreprises. Service mis au point par deux attachés parlementaires et un consultant en affaires européennes.
- 36-15, Eurocréation : pour les jeunes créateurs d'entreprises.
- 36-17 code CCIPLUS : la Chambre de commerce et d'industrie met à la disposition des entreprises : Docpratic, pour connaître la réglementation européenne et l'actualité en la matière ; Télexport, banque de données sur le commerce international coproduite avec le Centre français du commerce extérieur.

Les représentations diplomatiques en France des pays de la Communauté

AMBASSADE DE BELGIQUE
9, rue de Tilsitt, 17e - Tél. : (1) 43-80-61-00.

AMBASSADE DU DANEMARK
77, avenue Marceau, 16e - Tél. : (1) 47-20-32-66.

AMBASSADE D'ESPAGNE
13, avenue George-V, 8e - Tél. : (1) 47-23-61-83.

AMBASSADE DE GRANDE-BRETAGNE
35, rue du Faubourg-Saint-Honoré, 8e - Tél. : (1) 42-66-91-42.

AMBASSADE DE GRÈCE
17, rue Auguste-Vacquerie, 16e - Tél. : (1) 47-23-31-60.

AMBASSADE D'IRLANDE
4, rue Rude, 16e - Tél. : (1) 45-00-20-87.

AMBASSADE D'ITALIE
47, rue de Varenne, 7e - Tél. : (1) 45-44-38-90.

AMBASSADE DU LUXEMBOURG
33, avenue Rapp, 7e - Tél. : (1) 45-55-13-37.

AMBASSADE DES PAYS-BAS
7, rue Eblé, 7e - Tél. : (1) 43-06-61-88.

AMBASSADE DU PORTUGAL
3, rue Noisiel, 16e - Tél. : (1) 47-27-35-29.

AMBASSADE DE LA RÉPUBLIQUE FÉDÉRALE D'ALLEMAGNE
13, avenue Franklin-Roosevelt, 8e - Tél. : (1) 42-99-78-00.

Les centres de références sur les Communautés, bibliothèques...

Faculté de droit et de sciences politiques d'Aix-Marseille, Service de documentation et des salles de travail,
3, avenue Robert-Schuman, 13628 Aix-en-Provence.

Université d'Amiens, Université d'Économie et de gestion, Centre de documentation et de recherche européennes,
Chemin du Thil, 80000 Amiens.

Université d'Angers, Faculté de droit et des sciences économiques,
Boulevard Beaussier, 49045 Angers Cedex.

Université de Besançon, UFR droit, Centre de documentation et de recherche européennes,
Avenue de l'Observatoire, La Bouloie, 25030 Besançon Cedex.

Université de Bordeaux, Centre de documentation et de recherche européennes de la Faculté de droit et de sciences économiques,
Avenue Léon-Duguit, 33604 Pessac.

Université de Bretagne occidentale, Faculté de droit et de sciences économiques, Centre de documentation et de recherche européennes,
BP 331, 29279 Brest Cedex.

Université de Caen, Faculté de droit et des sciences politiques, Centre d'études européennes,
Esplanade de la Paix, 14032 Caen Cedex.

Université de Clermont, Faculté de droit, Centre de documentation européenne,
41, boulevard Gergovia, BP 54, 63002 Clermont-Ferrand Cedex.

Université de Dijon, Faculté de droit et de sciences politiques, Centre de documentation et de recherche européennes,
4, boulevard Gabriel, 21000 Dijon.

Institut européen d'administration des affaires, Bibliothèque et Centre de documentation,
Boulevard de Constance, 77305 Fontainebleau.

Centre universitaire de recherche européenne et internationale,
Documentation, BP 47, 38040 Grenoble Cedex.

Université des sciences sociales de Grenoble,
Institut d'études politiques,
Centre de documentation,
BP 45, 38402 Saint-Martin-d'Hères Cedex.

Bibliothèque universitaire du Maine, Section lettres-droit,
Route de Laval, 72017 Le Mans Cedex.

Université de Limoges, Bibliothèque universitaire, Droit,
39, rue Camille-Guérin, 87031 Limoges Cedex.

Groupe école supérieure de commerce de Lyon
à l'attention de Mme Gisèle Blanc,
23, avenue Guy-de-Collongue,
BP 174, 69132 Écully Cedex.

Centre de documentation et de recherches européennes,
Université de Lille II, Pont-de-Bois,
BP 169, 59653 Villeneuve-D'Ascq Cedex.

Faculté des sciences et des techniques, Université de Lille I, UER de sciences économiques et sociales,
Bâtiment 5, Centre de documentation,
59655 Villeneuve-d'Ascq Cedex.

Université de Lyon III, Institut d'études politiques,
Centres d'études des sciences politiques et de documentation européennes,
1, rue Raulin, 69365 Lyon Cedex 07.

Université Jean-Moulin Lyon III, CDRE,
BP 0638, 69239 Lyon Cedex 02.

Manistel, Management Info-Service, Télématique,
Mme Christine Faurie Geli,
11, allée Michel-Delalande, 78180 Montigny.

Université de Montpellier, Centre de documentation européennes,
5, boulevard Henri-IV, BP 1017 l'Université,
34006 Montpellier.

Université de Nancy, Centre européen universitaire,
Bibliothèque,
15, place Carnot, 54042 Nancy Cedex.

Université de Nantes, Faculté de droit et des sciences politiques, Centre de droit européen,
Chemin de la Sensive-du-Tertre, 44036 Nantes Cedex.

Université de Nice, Institut du droit de la paix et du développement,
Avenue Robert-Schuman, 06050 Nice Cedex.

Université d'Orléans, Faculté de droit, d'économie et de gestion, Centre de documentation,
BP 6739, 45067 Orléans Cedex 02.

Centre judiciaire - Documentation européenne du palais de justice, Bibliothèque, Droit communautaire et européen, Palais de Justice,
34, quai des Orfèvres, 75001 Paris.

Livres - Hebdo, Livres de France,
Marianne Grangié,
30, rue Dauphine, 75006 Paris.

Bibliothèque Nationale, Département des publications officielles,
58, rue de Richelieu, 75084 Paris Cedex 02.

École nationale d'administration, Centre de documentation,
13, rue de l'Université, 75007 Paris.

Université de Paris, Bibliothèque Cujas de droit et sciences économiques, Services des publications internationales,
2, rue Cujas, 75005 Paris.

Centre universitaire d'études des Communautés européennes, Université de Paris I,
12, place du Panthéon, 75231 Paris Cedex 05.

Bibliothèque de l'Université René-Descartes - Paris V,
Centre de la Porte-de-Vanves,
10, avenue Pierre-Larousse, 92241 Malakoff Cedex.

Université de Paris XI, UER de sciences juridiques et économiques, Centre de documentation et de recherche européennes,
54, boulevard Desgranges, 92330 Sceaux.

Université de Paris X-Nanterre, IPIE Bâtiment F,
2, rue de Rouen, 92001 Nanterre Cedex.

Université de Paris XII, Centre de documentation et de recherche européennes, Faculté de droit et de sciences politiques et économiques de Saint-Maur,
58, avenue Didier, 94210 La Varenne-Saint-Hilaire.

Université de Paris XIII-Nord, Faculté de droit et de sciences politiques,
93, avenue Jean-Baptiste-Clément,
93430 Villetaneuse.

Université de Pau et des pays de l'Adour, Faculté de droit et des sciences économiques, Documentation,
avenue du Doyen-Poplaswski, 64000 Pau.

CDRE, Université / SHS,
Avenue de Villeneuve, 66025 Perpignan Cedex.

Université de Poitiers, Faculté de droit et sciences sociales, Centre d'études européennes - Bibliothèque,
93, avenue du Recteur-Pineau, 86022 Poitiers.

UER Faculté de droit et sciences économiques de Reims, Centre de documentation et de recherche européennes,
57 bis, rue Pierre-Taittinger, 51096 Reims Cedex.

Centre de documentation et de recherche européennes, Faculté des sciences juridiques,
9, rue Jean-Macé, 35042 Rennes Cedex.

Faculté de droit et de sciences économiques et de gestion de Rouen, Centre de documentation européenne,
BP 158, 76135 Mont-Saint-Aignan Cedex.

Université des sciences juridiques politiques et sociales, Institut de recherches juridiques politiques et sociales, CEIE,
Place d'Athènes, 67084 Strasbourg.

Université des sciences juridiques politiques et sociales de Strasbourg, Institut des hautes études européennes, Centre de documentation européenne, M. Stern,
8, rue des Écrivains, 67081 Strasbourg Cedex.

Chambre de commerce et d'industrie de Strasbourg et du Bas-Rhin, Service des affaires européennes,
10, place Gutenberg, 67081 Strasbourg Cedex.

Bibliothèque de l'Université de Toulon,
BP 122, Château Saint-Michel, 83130 La Garde.

Université des sciences sociales de Toulouse I, Centre de documentation et de recherche européennes,
Place Anatole-France, 31042 Toulouse Cedex.

Université François-Rabelais de Tours, Faculté des sciences juridiques et économiques, Centre de documentation et de recherche européennes,
116, boulevard Béranger, BP 1208,
37012 Tours Cedex.

Chambre de commerce et d'industrie de La Réunion, BP 120, 93463 Saint-Denis-de-la-Réunion.

Centre de références européennes, CCI de Guyane, BP 49, 97203 Cayenne Cedex.

Centre de référence sur les Communautés européennes, CCI de Basse-Terre,
45, rue du Docteur-Cabre, BP 19, 97100 Basse-Terre.

Centre de référence sur les Communautés européennes, CCI de Pointe-à-Pitre, Ex. Grand Hôtel,
BP 64, 97152 Pointe-à-Pitre.

CCI de la Martinique, PO Box 478,
53, rue Victor-Hugo, Fort-de-France.

Bibliographie

Documentation

Annuaire européen, publié par le Conseil de l'Europe, La Haye.

L'Année politique en Europe, publié par l'UEO, Paris.

« Traités et Documents relatifs à la CEE », *Notes et Études documentaires*, n° 5756, La Documentation française.

● Les publications officielles des Communautés européennes, Luxembourg :
Rapport annuel sur l'activité des Communautés.
Bulletin des Communautés européennes (mensuel).
Économie européenne (mensuel).

● Les publications du bureau de Paris des Communautés :
Trente jours d'Europe (mensuel).
Dossiers par problème.
Fiches documentaires.

● Les publications du Parlement européen :
L'Europe aujourd'hui, état de l'intégration européenne (annuel).

● Journaux :
Le Monde, Le Monde diplomatique.
Dossiers et documents du Monde, notamment :
« Europe les promesses de l'acte unique » (mai 1989).

● Revues
Relations internationales, revue de la SEHRIC, Paris, et de l'Institut universitaire des hautes études internationales, Genève.

Revue du Marché commun (mensuel), Paris.
Ramses, rapport annuel de l'IFRI, Institut français de relations internationales, Éditions Economica, puis Dunod.

Revues de La Documentation française : *Problèmes économiques ; Problèmes politiques et sociaux ; Notes et études documentaires* (notamment son numéro annuel sur « Les Pays d'Europe occidentale ».

● Dictionnaires :

PAXTON, *A dictionnary of the European Economic Community*, Macmillan, Londres, 1977.

VISINE, *Dictionnaire de l'Européen*, Fondation du mérite europen, Luxembourg, 1987.

Mémoires et témoignagnes

ADENAUER, K., *Mémoires*, 3 tomes, Hachette, Paris, 1965, 1967, 1969.

COUDENHOVE-KALERGI, R., *J'ai choisi l'Europe*, Plon, Paris, 1942.

COUVE de MURVILLE, M., *Une politique étrangère, 1958-1969*, Plon, Paris, 1971.

GAULLE, C. de, *Mémoires d'espoir*, 2 tomes, Plon, Paris, 1970.

GAULLE, C. de, *Discours et Messages*, 5 tomes, Plon, Paris, 1974.

KEYNES, J.M., *Les Conséquences économiques de la paix*, 1920.

KISSINGER, H., *A la Maison-Blanche*, 3 tomes, Fayard, Paris, 1979.

MARJOLIN, R., *Le Travail d'une vie*, Laffont, Paris, 1986.

MASSIGLI, R., *Une comédie des erreurs, 1943-1956*, Plon, Paris, 1978.

MONNET, J., *Mémoires*, Fayard, Paris, 1976.

PASSERON, A., *De Gaulle parle*, Fayard, Paris, 1966.

SCHUMAN, R., *Pour l'Europe*, Nagel, Paris, 1963.

SPAAK, P.H., *Combats inachevés*, Fayard, Paris, 1969.

Manuels et ouvrages généraux

BERTHAUD, C., *Le Marché commun*, Masson, Paris, 1986.

DOREL, G., GAUTHIER, A., REYNAUD, A., *Genèse et Économie de la CEE*, Bréal, Paris, 1987.

DENIAU, J.-F., DRUESNE G., *Le Marché commun*, PUF, Paris, coll. « Que sais-je ? »

GERBET, P., *La Construction de l'Europe*, Imprimerie nationale, Paris, 1983.

GUTH, J.-J., *Comprendre l'Europe,* Ellipses, Paris, 1980.

LABORI M., BOURDELIN, D., *L'Europe des Douze*, Ellipses, Paris, 1986.

MOREAU G., *La CEE*, Sirey, Paris, 1982.

L'évolution historique

ALBONETTI, A., *Préhistoire des États-Unis d'Europe*, Sirey, Paris, 1963.

ARON, R., *Plaidoyer pour une Europe décadente*, Laffont, Paris, 1977.

BARIETY, J., POIDEVIN, R., *Les Relations franco-allemandes*, Masson, Paris, 1979.

BELOF, N., *Le Général dit non*, Plon, Paris, 1964.

BONNEFOUS, E., *L'Europe en face de son destin*, PUF, Paris, 1952.

CHABOT, J.-L., *L'Idée d'Europe de 1919 à 1939*, Université des sciences sociales de Grenoble, 1978.

CLAVEL, J.-C., COLLET, P., *L'Europe au fil des jours : les jeunes années de la construction européenne, 1948-1978*, NED, n° 4509/4510, La Documentation française, Paris.

COURTIN, R., *L'Europe de l'Atlantique à l'Oural*, L'Esprit nouveau, Paris, 1963.

CURCIO, C., *Europe, Storia di un 'idea*, Florence, 1958.

DELORME, H., TAVERNIER, Y., *Les Paysans français et l'Europe*, Colin, Paris, 1969.

DEMANGEON, A., *Le Déclin de l'Europe*, Librairie Guénégaud, Paris, 1932.

DIEBOLD, W., *The Schuman Plan, a Study in Economic Cooperation, 1950-1959*, Praeger, New York, 1959.

DUBY, G., MANDROU, R., *Histoire de la civilisation française*, Colin, Paris, 1976.

DUROSELLE, J.-B., *L'Idée d'Europe dans l'histoire*, Denoël, Paris, 1965.

GERBET, P., *La Naissance du Marché commun*, Complexe, Bruxelles, 1987.

GERBET, P., *La Genèse du plan Schuman*, Centre de recherches européennes, Lausanne, 1962.

GERBET, P., *La France et les Communautés européennes*, Librairie générale de droit et de jurisprudence, Paris, 1975.

GROSSER, A., *La Politique extérieure de la Ve République*, Le Seuil, Paris, 1965.

GROSSER, A., *La IVe République et sa politique extérieure*, Colin, Paris, 1967.

JOUVE, E., *Le Général de Gaulle et la construction de l'Europe, 1940/1966*, Librairie générale de droit et de jurisprudence, Paris, 1967.

LAMBERT, J., *Britain in a federal Europe*, Chatto & Windo, Londres, 1968.

LAURENS, A., *L'Europe avec les Anglais*, Arthaud, Paris, 1972.

LECERF, J., *Histoire de l'intégration européenne*, Gallimard, Paris, 1965.

MAILLET, P., *La Construction européenne*, PUF, Paris, 1975.

MASSIP, R., *Voici l'Europe*, Fayard, Paris, 1958.

MASSIP, R., *De Gaulle et l'Europe*, Flammarion, Paris, 1963. Office des publications officielles des Communautés européennes.

VAN DER BEUGEL, E., *From Marshall Plan to Atlantic Partnership, Europe integration as a concern of American Foreign Policy*, Elsevier, New York, 1966.

VAN DER MENSBRUGGHE, J., *Les Unions économiques*, Institut royal des relations internationales, Bruxelles, 1949.

MILWARD, A.S., *The Reconstruction of Western Europe, 1945-1971*, Methuen and Co, Londres, 1984.

MILWARD, A.S., GRIFFITHS, R., *The European Agricultural Community 1948-1954*, Uni euro de Florence, 6/87, col. 6.

MOREAU-DEFARGES, P., *L'Europe et son identité dans le monde*, ISTH, Paris, 1983.

MORIN, E., *Penser l'Europe*, Gallimard, Paris, 1987.

POIDEVIN, R., *Histoire des débuts de la construction européenne*, Bruylant, Bruxelles, 1986.

REUTER, P., *La Communauté européenne du charbon et de l'acier*, LGDJ, Paris, 1953.

RENOUVIN, P., *Les Idées et les Projets d'union européenne au XIXe siècle*, Publication de la conciliation internationale, *Carnegie Bulletin*, n° 6, 1931.

ROUGEMONT, D. de, *28 siècles d'histoire. La conscience européenne à travers les siècles*, Payot, Paris, 1961.

TEITGEN, P.-H., *Origines, Objectifs et Nature des Communautés européennes*, Bureau d'information des Communautés, Bruxelles, 1979.

VISINE, F., *Trente ans d'Europe, 1945-1975*, Éditions techniques et économiques, Paris, 1975.

VISINE, F., *9 mai 1950 : naissance de l'Europe*, La Documentation française, 1987.

Colloque organisé par la Commission des Communautés européennes à l'occasion du centenaire de la naissance de J. Monnet, Bruxelles, 20 novembre 1988, Luxembourg, 1989.

La CEE

Institutions

ALONSO BECAVIN, C., *Comprendre l'Europe*, Edinovation, Le Cannet, 1988.

DUCLOS, P., *Le Conseil de l'Europe*, PUF, Paris, 1970.

HALLSTEIN, W., GÖTZ, H.H., NARJES K.-H., *L'Europe inachevée*, Laffont, Paris, 1970.

ISSAC, G., *Droit communautaire général*, Masson, Paris, 1983.

MANZANARES, H., *Le Parlement européen*, Berger-Levrault, Paris, 1964.

MASCLET, J.-C., *L'Union politique de l'Europe*, PUF, Paris, 1978.

MEGRET, J., *Le Droit de la CEE*, 12 tomes, Éditions universitaires, Bruxelles, 1970.

MEGRET, J., *Le Droit de la Communauté économique européenne*, Bruxelles, 1970.

MELCHIOR de MOLENES, C., *L'Europe de Strasbourg*, Roudil, Paris, 1971.

NOËL, E., *Les Rouages de l'Europe*, Nathan, Paris, 1979.

ORSONI, G., *La Cour des comptes des Communautés européennes*, Economica, Paris, 1983.

SPINELLI, A., *Agenda pour l'Europe : ce qui existe, ce qui reste à faire*, Hachette, Paris, 1972.

VISINE, F., *Comment fonctionne l'Europe ?*, Delta, Paris, 1979.

Aspects économiques et sociaux

ALBERT, M., *Un pari pour l'Europe*, Le Seuil, Paris, 1983.

BUZELAY, A., GAILLARDIN, J.-L., *La Politique régionale communautaire*, PUF, Paris, 1983.

CLERC, F., *Le Marché commun agricole*, PUF, Paris, 1981, coll. « Que sais-je ? ».

DAHRENDORF, R., *La Crise en Europe*, Fayard, Paris, 1982.

FLORY, J., TOULEMON, R., *Une politique industrielle pour l'Europe*, PUF, Paris, 1974.

GENTI, J.-P., *Intégration européenne et concurrence des monnaies*, Economica, Paris, 1984.

HABERER, J.-Y., « Les Problèmes de l'identité monétaire européenne », La Revue des Deux Mondes, Paris, 1981.

KAELBLE, H., *Vers une société européenne, 1880-1980*, Belin, Paris, 1988.

LEMAITRE, P., GOYHET, C., *Les Entreprises multinationales dans la CEE*, PUF, Paris, 1984.

MAILLET, P., *L'Europe à la recherche de son essor industriel*, Nathan, Paris, 1983.

MEYNAUD, J., SIDJANSKI, D., *Groupes de pression et coopération européenne. Organisations professionnelles au plan régional européen*, FNSP, Paris, 1968.

MEYNAUD, J., SISDJANSKI, D., *L'Europe des affaires. Rôle et structure des groupes*, Payot, Paris, 1967.

MEYNAUD, J., *L'Action syndicale et la CEE*, centre de recherche européen, Lausanne, 1962.

MOREAU, A.-M., *L'Europe dans la négociation Nord/Sud*, PUF, Paris, 1984.

MOUSSIS, N., *Les Politiques de la CEE*, Dalloz, Paris, 1982.

RIES, A., *L'ABC du Marché commun*, Nathan, Paris, 1982.

ROMUS, P., *L'Europe et les régions*, Labor, Paris, 1979.

RIBAS, J.-J., *La Politique sociale des Communautés*, Dalloz, Paris, 1969.

SALIN, P., *L'Unification monétaire européenne*, Calmann-Levy, Paris, 1984.

SALIN, P., *L'Unité monétaire européenne au profit de qui ?*, Economica, Paris, 1979.

SCHMITT, B., *L'Écu et les souverainetés nationales*, Dunod, Paris, 1988.

Relations internes et externes

BLUMANN, C., *La CEE en crise*, Faculté de Toulouse, 1982.

BOURRINET, J., TORRELLI, M., *Les Relations extérieures de la Communauté économique*, PUF, Paris, 1989, coll. « Que sais-je ? ».

CAGNAT, R., DOLY, G., FONTAINE, P., *Euroshima, construire l'Europe de la détente*, Média, Paris, 1979.

CAMPS, M., *Britain and the European Community 1955-1963*, Princeton University Press, 1963.

CASTARÈDE, J., *De l'Europe de la raison à celle du cœur*, Nathan, Paris, 1979.

DEFOIS, G., *L'Europe et ses valeurs, une question neuve pour l'Église*, Le Centurion, Paris, 1983.

DENIAU, J.-F., *L'Europe interdite*, Le Seuil, Paris, 1977.

DONAT, M. von, *Europe : qui tire les ficelles ?*, Presses d'Europe, Bruxelles, 1979.

ELGOZY, G., *La France devant le Marché commun*, Flammarion, Paris, 1958.

HERMANN, A., KRIGE, J., MERSITS, U., PESTRE, D., *History of CERN*, vol. I, Elsevier, Amsterdam, 1987.

LAYTON, C., *Une seule Europe*, Economica, Paris, 1986.

L'ECOTAIS, Y. de, *L'Europe sabotée*, Rossel, Paris, 1976.

MANEL, M., *L'Europe sans défense*, Berger-Levrault, Paris, 1982.

MELANDRI, P., *Les États-Unis et le « défi européen », 1955-1958*, PUF, Paris, 1975.

MELANDRI, P., *Une incertaine alliance. Les États-Unis et l'Europe, 1973-1983*, publications de la Sorbonne, 1988.

PIGASSE, J.-P., *Le Bouclier de l'Europe*, Seghers, Paris, 1982.

PUISSOCHET, J.-P., *L'Élargissement des Communautés européennes*, Éditions techniques, Paris, 1982.

RABIER, J.R., *L'information des Européens et l'intégration de l'Europe*, IEE, Paris, 1967.

TOMSA, B., *La Politique commerciale commune de la CEE et les pays de l'Europe de l'Est*, Bruylant, Bruxelles, 1977.

URI, P., *la Grande-Bretagne ou point l'Europe*, Plon, Paris, 1967.

VISINE, F., *L'Europe, quel destin ?* Nagard, Paris, 1977.

Sur 1992

CECCIHINI, P., *Rapport sur le coût de la non-Europe. 1992, le défi*, Flammarion, Paris.

FROMENT-MEURICE, H., *L'Europe de 1992. Espace et puissance. Rapport au ministre des Affaires étrangères*, La Documentation française, Paris, 1988.

NEMROD, J., *Le Mal européen : le surprenant trompe-l'œil de l'Acte unique*, Rivages, Paris, 1987.

NETTER, P., *L'Espace unique européen, chances et risques pour l'économie française. Rapport au Conseil économique et social*, Direction des Journaux officiels, Paris, 1988.

RUYDT, J. de, *L'Acte unique européen*, Université de Bruxelles, 1987.

JACQUE, J.-P., *L'Acte unique européen*, Revue trimestrielle de droit européen 1986/2.

Index des personnes, des lieux, des thèmes

En gras, (ex. **Monnet, J.**) sont indiqués les acteurs de l'histoire de l'Europe ; en gras italique, (ex. *RFA*), les noms géographiques. Les autres entrées renvoient à des notions thématiques.

Table des tableaux et schémas

Table des cartes

Crédits photographiques

L'ensemble des illustrations proviennent des ouvrages de la collection Grehg - Histoire/Géographie - Hachette, et de l'*Atlas géopolitique* d'Alexandre de Marenches, à l'exception des documents utilisés aux pages 44, 45, 48, 49, 50 © AFP ; 47 © Roger-Viollet ; 53 © Keystone ; 126 © *Le Monde, France-Soir, L'Humanité, Dernières Nouvelles d'Alsace* ; 143 © *Le Monde* ; 130, 199, 211, 212, 220, 235 © CEE ; 225 © Crédit Lyonnais ; 225 © *L'Express* ; 228 © EPPE.

Table des photos

Achevé d'imprimer sur les presses de Ouest Impressions Oberthur à Rennes
pour le compte des Éditions Stock/Édition° 1, le 22 mars 1990
Composition réalisée par C.M.L., Montrouge
N° d'impression : 10499 - 54-23-3860-01 - Dépôt légal : Avril 1990 - N° d'éditeur : 7549
ISBN : 2-234-02219-3 - 54-3860-1

1990, la fin d'un monde ?

ISLANDE
● Reykjavik

Légende :

- Pays membres de la Communauté
- Pays officiellement candidats à la CEE
- Pays membres de l'AELE
- Pays membres du CAEM
- État ayant des accords d'association avec le CAEM et la Communauté
- Alliance atlantique
- Pacte de Varsovie
- ⬤ Pays membre de l'OCDE
- ✴ Révolution de 1989
- ✉ Election en 1989, ou prévue en 1990
- ① En 1966 la France quitte le commandement militaire intégré de l'Alliance atlantique
- ② La Yougoslavie participe à certains travaux de l'OCDE
- ③ Albanie : membre du CAEM en 1949, rupture en 1963, membre du Pacte de Varsovie en 1955, rupture en 1968

0 ———— 500 km

NORVÈGE

DANEMARK

IRLANDE
● Dublin

ROYAUME-
-UNI

PAYS-
BAS
● Amsterdam

Londres ●

Bruxelles ●
BELGIQUE
LUX
Paris ●

● Bonn

RFA

① FRANCE

Berne ●
SUISSE

ITALIE

Madrid ●

Lisbonne ●

ESPAGNE

Rome ●

PORTUGAL

MAROC   ALGÉRIE

TUNISIE